中国社会科学年鉴

中国地方志年鉴 2017

YEARBOOK OF CHINESE LOCAL RECORDS

中国地方志指导小组办公室 主办

中国社会科学出版社

图书在版编目（CIP）数据

中国地方志年鉴.2017／中国地方志指导小组办公室主办.—北京：中国社会科学出版社，2019.7

ISBN 978-7-5203-4727-3

Ⅰ.①中… Ⅱ.①中… Ⅲ.①地方志—编辑工作—中国—2017—年鉴 Ⅳ.①K290-54

中国版本图书馆CIP数据核字(2019)第149580号

出 版 人 赵剑英
责任编辑 孙铁楠
责任校对 林福国
责任印制 张雪娇

出　　版 中国社会科学出版社
社　　址 北京鼓楼西大街甲158号
邮　　编 100720
网　　址 http://www.csspw.cn
发 行 部 010-84083685
门 市 部 010-84029450
经　　销 新华书店及其他书店

印刷装订 三河市东方印刷有限公司
版　　次 2019年7月第1版
印　　次 2019年7月第1次印刷

开　　本 889×1194 1/16
印　　张 34
插　　页 12
字　　数 1002千字
定　　价 288.00元

编辑说明

一、《中国地方志年鉴》是由中国地方志指导小组办公室主办、国内外公开发行的正式出版物，是一部全面系统地记述中国地方志事业发展状况的专业年鉴，从2002年创刊起，每年出版一卷。

二、《中国地方志年鉴（2017）》的编纂，坚持以马克思列宁主义、毛泽东思想、邓小平理论、“三个代表”重要思想、科学发展观、习近平新时代中国特色社会主义思想为指导，客观翔实记述2016年全国及各省（自治区、直辖市）、市（地、州、盟）、县（市、区、旗）三级地方志编纂委员会（办公室）、新疆生产建设兵团志办公室、武警总部编研部、国务院有关部委局史志机构等地区、部门（行业）地方志工作的基本情况。

三、为了更好地反映全国地方志系统的工作情况，结合地方志工作的实际，《中国地方志年鉴（2017）》设特载，特辑，大事记，中国地方志指导小组及其办公室工作，志书编纂与出版，旧志整理与出版，年鉴编纂与出版，地方志资源开发利用，信息化与方志馆建设，理论研究与期刊出版，依法治志与督促检查，工作会议，专业培训与考察交流，机构队伍，人物，文献等类目。

四、在栏目编排上，《中国地方志年鉴（2017）》采用分类编辑法，类目下设分目，分目下设条目，以条目为主体。大事记等类目按时间排序；特载、特辑、中国地方志指导小组及其办公室工作等类目按时间排序；其他类目依行政区划排列，同一行政区域的在相对集中的前提下，再按时间排序。全书使用规范的语体文记述，文字言简意赅。

五、为便于读者查阅，卷首设中英文目录，卷末有索引。索引采用主题分析法，包括地方志工作机构名和书名，按汉语拼音音序排列。

六、本年鉴所采用的文字内容和数据，除特载、论点摘编和论文索引为特约稿外，其他资料基本由各级地方志工作机构提供，并经单位领导审定。对部分遗漏和不完整的资料，则从全国地方志系统期刊简报摘录补充，以全面系统地反映地方志工作情况。

《中国地方志年鉴》编辑委员会

《中国地方志年鉴（2017）》主要撰稿人名单

北京市： 姜　坤　王韧洁

天津市： 天津市地方志办公室

河北省： 王慧卿　李苍绵　赵　霞　华晓梅　赵　斌　魏铁军　康　卓　鲍秋芬　冯金生　张耀鑫

山西省： 杨建中　胡彦利　张瑞琴　武　岭

内蒙古自治区： 内蒙古区志办

辽宁省： 梁忠音　杜祥武　姜潮洋　由林鹏　宁　芳　胡　亮

吉林省： 李　雯　周玉顺　张圣祺　寇旭华　高　岩　张成训　肖志刚　刘士宏　李　刚　常京锁　于泳生　闫佳函　赵德新　何长江　苏悦博　冯占文

黑龙江省： 由岳峰

上海市： 王荣发　刘雪芹　赵明明　孙长青　吴　韵　唐长国　吴一峻　李洪珍　童庆荣

江苏省： 武文明　朱莉萍　朱崇飞　张　丽　李海宏　周文燕　吉　祥　焦寨军

浙江省： 段　愿　黄健生　浙江省志办　湖州市史志办　嘉兴市史志办　温州市史志办　绍兴市史志办　衢州市志办　台州市志办　丽水市志办　金华市志办　舟山市史志办

安徽省： 史五一　章慧丽

福建省： 欧长生　孙洁斐　徐　露　福建省地方志编委会

江西省： 朱　岳

山东省： 李　坤　孙　杰　吴　亮　山东省史志办

河南省： 王　颖　汪朝霞　程　茜　马俊明　胡柱文

湖北省： 湖北省志办

湖南省： 张　睿　黄俊军　隆清华　孟东华　蔡素云　李章进　黄真龙　谭文美　阳雍悦　胡亿群　杨　帆　刘运华　刘狂彪　任璀洛　张征远　易可倩　余勇辉　任国瑞　唐润秀　余勇辉　湖南省地方志编委会　茶陵县档案史志局　湘潭市史志办

广东省： 广东省志办

广西壮族自治区： 韦　晓　刘　妍　覃志婷　周珍朱

海南省： 李　鑫　张永翠　蓝碧茹　梁德珍　赵哲先　陈家传　游宪军　程小斌　郭　城　丁　洁　符思权　钱　堃　吴钟宝　吴春妹　陈文惠　卫静春　朱兴明　万宁市史志办　海南省文体厅　白沙县史志办　海南省志办

陵水县史志办

重庆市：杨祖静 谌 泓 罗 泽 李才东 蒋德明 马必波 杨佳音 王尔欢 吴 毅 江 雨 赵辉志 谭巧玲 殷 智 重庆市志办年鉴处 垫江县档案局 忠县党史研究与地方志编纂办公室 巫山县党史研究室

四川省：牛 森 朱艳林 朱 丹 罗一洋 刘艳平 黄 绚

贵州省：贵州省志办

云南省：郑灵琳 赵 芳 字应军

西藏自治区：徐文玉 刘小莉 陈 薇 何仕林 达瓦扎西 王梅杰 邹廷波

陕西省：丁 喜

甘肃省：梁兴明

青海省：马 渊

宁夏回族自治区：张明鹏

新疆维吾尔自治区：陈 忠

新疆生产建设兵团：周 崇 陈俊芳 曾庆硕 张 畅 严芬芳 郭建英 叶小芳 刘雅韵 第一师阿拉尔市史志办 第七师史志办

石家庄市：肖海军

太原市：刘雁珍 张裕晋

沈阳市：俄文亮

大连市：宫宗缘 孙建宏 刘 成 阎 利

长春市：崔玉恺

南京市：王艳荣

杭州市：蔡建明 刘金炎 冯跃民 金利权 倪 晴 许红霞 高 丹 李景苏 张 红 吴爱林 刘东山 钟丽佳 陈炜祥 刘雪萍 秦文蔚 吴 铮 俞美娜 俞胜男 沈伟富 李天骅 高明明 楚克静 徐 宏 《杭州文化年鉴》编辑部 下城区志办

宁波市：高曙明

合肥市：田 文

福州市：福州市地方志编委会

厦门市：郑 欣

南昌市：邓水龙 南昌市史志办公室

济南市：胡映雪

青岛市：李 乒

郑州市：高 畅

武汉市：邹 璇

长沙市：曾牧野

广州市：杨宏伟 李启伦 郑剑锋 贺 坤 张丽蓉 李玉平 王艺霖 梁斯豪 谢亚新 王 娜

深圳市：黄 玲 周 华 刘 耀 岳 颖 沈晓娟 深圳市史志办
南宁市：钟婉悦
成都市：成都市志办
昆明市：字应军
武警部队：高 虹 邓禄燕
中国铁路总公司：叶 清
《中国长城志》编辑部：黄秀环
中国地方志指导小组办公室：刘永强 冷晓玲 朱文清 杨卓轩 朱 海 范锐超 宿万涛
摄影：黄建义 李 坤 陈广通 武 斌

有关组织机构全称、简称对照表

全称	简称
中国共产党中央委员会	中共中央
中华人民共和国全国人民代表大会	全国人大
中国人民政治协商会议	政协
中国共产党中央军事委员会	中央军委
中华人民共和国国务院办公厅	国务院办公厅
中华人民共和国国家发展和改革委员会	国家发展改革委
中华人民共和国国家民族事务委员会	国家民委
中华人民共和国财政部	财政部
中华人民共和国人力资源和社会保障部	人社部
中华人民共和国教育部	教育部
中华人民共和国国土资源部	国土资源部
国家新闻出版广播电影电视总局	国家新闻出版广电总局
中国民用航空总局	国家民航总局
新疆生产建设兵团	兵团
中国共产党××省（自治区、直辖市）、市（地、州、盟）、县（市、区、旗）委员会	××省（自治区、直辖市）、市（地、州、盟）、县（市、区、旗）委
××省（自治区、直辖市）、市（地、州、盟）、县（市、区、旗）人民代表大会	××省（自治区、直辖市）、市（地、州、盟）、县（市、区、旗）人大
中国人民政治协商会议××省（自治区、直辖市）、市（地、州、盟）、县（市、区、旗）委员会	××省（自治区、直辖市）、市（地、州、盟）、县（市、区、旗）政协
中国地方志指导小组	中指组
中国地方志指导小组办公室	中指办
××省（自治区、直辖市）、市（地、州、盟）、县（市、区、旗）地方志编纂委员会	××省（自治区、直辖市）、市（地、州、盟）、县（市、区、旗）地方志编委会

全称	简称
××省（自治区、直辖市）、市（地、州、盟）、县（市、区、旗）地方志编纂委员会办公室	××省（自治区、直辖市）、市（地、州、盟）、县（市、区、旗）志办
××省（自治区、直辖市）、市（地、州、盟）、县（市、区、旗）人民政府地方志办公室	××省（自治区、直辖市）、市（地、州、盟）、县（市、区、旗）志办
××省（自治区、直辖市）、市（地、州、盟）、县（市、区、旗）地方志办公室	××省（自治区、直辖市）、市（地、州、盟）、县（市、区、旗）志办
××省（自治区、直辖市）、市（地、州、盟）、县（市、区、旗）地方志工作办公室	××省（自治区、直辖市）、市（地、州、盟）、县（市、区、旗）志办
××省（自治区、直辖市）、市（地、州、盟）、县（市、区、旗）地方史志办公室	××省（自治区、直辖市）、市（地、州、盟）、县（市、区、旗）史志办
科学技术委员会	科委
卫生和计划生育委员会	卫计委
文学艺术界联合会	文联
社会科学界联合会	社科联
教育委员会	教委
地质矿产厅	地矿厅
外事办公室	外事办
规划委员会	规划委
住房和城乡建设委员会	住建委
管理委员会	管委会
烟草专卖局	烟草局
经济贸易委员会	经贸委
纪律检查委员会	纪检委（纪委）
工商业联合会	工商联
工商行政管理局	工商局
人民武装部	人武部
《全国地方志事业发展规划纲要（2015—2020年）》	《规划纲要》

王伟光调研

◀8月4日至6日，中国社会科学院院长、中指组组长王伟光到广西调研地方志工作。广西壮族自治区主席陈武在南宁市会见王伟光一行

▶8月8日至11日，王伟光先后到新疆克拉玛依、和田等地调研地方志工作，并在和田市召开座谈会

李培林调研

▶ 3 月 25 日，中国社会科学院副院长、中指组常务副组长李培林到江苏省苏州市吴中区东山镇调研地方志工作

◀ 4 月 19 日至 20 日，李培林到重庆市调研地方志工作

▶ 7 月 15 日，李培林到山西省调研地方志工作

◀ 9 月 27 日，李培林到青海省调研地方志工作

▶ 9 月 28 日，中国社会科学院与宁夏回族自治区政府全面合作协议签署暨国情调研基地揭牌仪式举行。仪式期间，李培林到宁夏回族自治区调研地方志工作

◀ 12 月 5 日，李培林出席中国社会科学院、中指组国情调研广东基地揭牌仪式

《汶川特大地震抗震救灾志》出版座谈会

► 5月12日，《汶川特大地震抗震救灾志》出版座谈会在北京人民大会堂召开。主席台就座领导（自左至右）有：中央军委联合参谋部作战局副局长曲睿少将，军事科学院副院长、中指组副组长何雷中将，人力资源和社会保障部副部长、国家公务员局局长信长星，中央宣传部副部长、国务院新闻办副主任崔玉英，四川省委副书记、省长尹力，国务委员王勇，中国社会科学院院长、中指组组长王伟光，国务院副秘书长孟扬，中国社会科学院副院长、中指组常务副组长李培林，中国地震局副局长赵和平

◄《汶川特大地震抗震救灾志》出版座谈会会场

首届全国名镇论坛
暨中国名镇志丛书出版座谈会

◀5月12日，首届全国名镇论坛暨中国名镇志丛书出版座谈会在北京人民大会堂召开。主席台就座领导（自左至右）有：中国社会科学院副院长、中指组常务副组长李培林，第十届全国政协副主席、中国名镇志文化工程专家委员会名誉主任徐匡迪，中国社会科学院院长、中指组组长王伟光，中指组副秘书长兼办公室副主任冀祥德

纪念国务院《地方志工作条例》
颁布实施10周年座谈会

▶5月13日，纪念国务院《地方志工作条例》颁布实施10周年座谈会在北京召开。主席台就座领导（自左至右）有：中指办副主任刘玉宏，中指办原党组书记田嘉，中国社会科学院副院长、中指组常务副组长李培林，中指组副秘书长兼办公室副主任冀祥德，中指组原秘书长兼办公室主任秦其明，中指办副主任邱新立

《中国方志发展报告（2015）》出版座谈会暨《中国方志发展报告（2016）》编纂启动会

▶ 8 月 31 日，《中国方志发展报告（2015）》出版座谈会暨《中国方志发展报告（2016）》编纂启动会在北京召开。主席台就座领导（自左至右）有：中指办副主任刘玉宏，中国社会科学院副院长、中指组常务副组长李培林，中指办主任冀祥德，中指办副主任邱新立

全国地方志基层基础工作会议

◀ 4 月 19 日至 20 日，全国地方志基层基础工作会议在四川省凉山彝族自治州西昌市召开。开幕式主席台就座领导（自左至右）有：凉山州副州长肖春，四川省志办党组书记、主任马小彬，中指组副秘书长兼办公室副主任冀祥德，中国社会科学院副院长、中指组常务副组长李培林，四川省政府党组成员、省政府资政张作哈，中指办副主任邱新立，凉山州委常委、州委秘书长、州总工会主席龙伟

2016年全国地方志系统信息化工作会议

◀ 4月26日至27日，2016年全国地方志系统信息化工作会议在贵州省贵阳市召开。开幕式主席台就座领导（自左至右）有：贵州省志办主任田洪，中指办副主任刘玉宏，贵州省政府副秘书长潘小林，中国社会科学院信息化管理办公室副主任罗文东

第一次全国年鉴工作会议

▶ 7月15日至16日，第一次全国年鉴工作会议在山西省太原市召开。开幕式主席台就座领导（自左至右）有：山西省志办党组书记、主任李茂盛，中国社会科学院副院长、中指组常务副组长李培林，中指办主任冀祥德

第一次全国地方志科研工作会议

▶ 11 月 1 日至 2 日，第一次全国地方志科研工作会议在安徽省铜陵市召开。开幕式主席台就座领导（自左至右）有：铜陵市政府秘书长陈昌生，中指办副主任邱新立，安徽省志办主任朱文根，中国社会科学院副院长、中指组常务副组长李培林，中指办主任冀祥德，铜陵市委常委、副市长罗云峰，安徽省志办巡视员刘成典

第一次全国地方志工作经验交流会暨 2017 年全国地方志机构主任工作会议

◀ 12 月 6 日至 7 日，第一次全国地方志工作经验交流会暨 2017 年全国地方志机构主任工作会议在广东省广州市召开。开幕式主席台就座领导（自左至右）有：广东省志办党组书记陈华康，中指办副主任邱新立，中指办主任冀祥德，中国社会科学院副院长、中指组常务副组长李培林，广东省政府党组成员陈云贤，中指办副主任刘玉宏，广东省志办主任温捷香

国家数字方志馆揭牌
暨"方志中国"展览开展仪式

◀ 5月 13 日，国家数字方志馆揭牌暨"方志中国"展览开展仪式在国家方志馆举行，主席台就座领导（自左至右）有：中指办副主任刘玉宏，中指组原秘书长兼办公室主任秦其明，中国社会科学院科研局局长马援，中国社会科学院院长、中指组组长王伟光，中指组副秘书长兼办公室副主任冀祥德，中指办原党组书记田嘉，中指办副主任邱新立

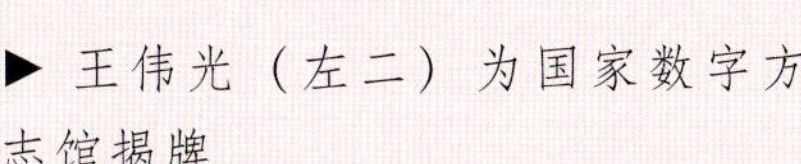

► 王伟光（左二）为国家数字方志馆揭牌

中国名村志文化工程启动仪式

▶ 10 月 31 日，中国名村志文化工程启动仪式在安徽省绩溪县举行。主席台就座领导（自左至右）有：宣城市副市长黄敏，中指办副主任邱新立，中指办主任冀祥德，中国社会科学院副院长、中指组常务副组长李培林，安徽省副省长谢广祥，安徽省政府副秘书长吴行，安徽省志办主任朱文根，绩溪县县长黄德泉

国家方志馆黄河分馆黄河文化馆建设工作领导小组第一次全体会议

◀ 12 月 17 日，中指办、东营市政府、黄河水利委员会三方共建国家方志馆黄河分馆黄河文化馆建设工作领导小组第一次全体会议在北京召开

业务培训

◀ 4 月 13 日至 14 日，全国精品年鉴指导培训会在北京召开

▶ 8 月 3 日至 6 日，第一期全国年鉴主编培训班在山东省日照市举办

◀ 8 月 17 日至 20 日，全国地方志工作机构新任负责人培训班在内蒙古自治区鄂温克族自治旗举办

▶ 11 月 8 日至 11 日，第一期全国地方志信息化业务培训班在云南省普洱市举行

学术研讨

▶9月5日至6日，第六届中国地方志学术年会暨“一带一路”与地方志创新学术研讨会在甘肃省兰州市召开

◀11月15日至16日，第一次全国省级综合年鉴编纂研讨会在福建省福清市召开

目　　录

特　　载

特　　辑

• 各省工作

大事记

中国地方志指导小组及其办公室工作

志书编纂与出版

• 编纂进展

• 省级志书出版

• 地市级志书出版

• 县级志书出版

• 乡镇村志书出版

• **行业志书出版**

旧志整理与出版

• 工作开展

• 旧志出版

年鉴编纂与出版

● 年鉴创刊

● 年鉴选介

地方志资源开发利用

● 地情书出版

● 信息咨询与服务

信息化与方志馆建设

● 网站建设

● 数字化建设

理论研究与期刊出版

· 期刊出版

依法治志与督促检查

• 督促检查

工作会议

• 地方志工作会议

专业培训与考察交流

• 考察交流

机构队伍

• 机构设置

• 表彰先进

人　物

• 领导名录

文　　献

● **领导讲话摘要**

索　引

Contents

特　　载

·王伟光工作讲话

在《汶川特大地震抗震救灾志》出版座谈会上的讲话

（2016 年 5 月 12 日）

王伟光

尊敬的王勇国务委员，各位领导，各位同志：

大家上午好！今天是汶川特大地震发生八周年纪念日，在这个特殊的日子里，我们在人民大会堂隆重召开《汶川特大地震抗震救灾志》出版座谈会，向党中央国务院和全国人民交上答卷，有着非常特殊的意义。在此，我代表中国地方志指导小组和汶川特大地震抗震救灾志编纂委员会，对各位领导、各位来宾、各位同志来参加这个座谈会，表示热烈的欢迎和衷心的感谢！

《汶川特大地震抗震救灾志》是新中国成立以来第一部由国家层面上组织编纂的专题性志书，编纂工作自 2008 年 11 月启动以来，在国务院有关领导同志的关怀下，在全志编委会和各分卷编委会的有力领导下，在各部门、单位和地方的积极支持、大力配合下，经过编纂人员的艰苦努力，圆满完成了编纂任务，今天终于面世了。编纂《汶川特大地震抗震救灾志》，既是国家层面的一项重大基础性文化工程，又是社会主义新方志编纂历史上一件具有里程碑性质的大事，具有非常重大的意义。翻阅这部志书，回顾那段与灾区人民同呼吸、共命运，与全国人民一道携手并肩、众志成城的难忘历史，让人感动，令人难忘！

下面，借这部志书出版之机，我谈四点意见：

一、这部志书体现了改革创新的发展取向

党的十八大以来，新一届中央领导集体高度重视地方志工作。习近平总书记就传承中华传统文化发表了一系列重要讲话，还就修史修志工作作出一系列重要指示。李克强总理就地方志工作三次作出重要批示，包括这次专门就《汶川特大地震抗震救灾志》公开出版作出重要批示。刘延东副总理也就地方志工作两次发表重要讲话，两次作出重要批示。中央领导同志的这些重要指示、重要批示、重要讲话，充分肯定地方志工作的重要作用，并对地方志工作提出新任务、新要求。2015 年 8 月国务院办公厅印发《全国地方志事业发展规划纲要（2015—2020 年）》（以下简称《规划纲要》），今年 3 月发布的国家“十三五”规划又明确提出“加强修史修志”，将贯彻落实中

央领导同志重要指示、重要批示、重要讲话精神明确体现在国家政策层面，为地方志事业发展提供了强有力的政策保障。面对新机遇、新形势，地方志工作只有牢固树立创新驱动理念，坚持改革创新，正确把握发展规律，深化改革，与时俱进，才能担负起历史使命，推动地方志事业不断向前发展，在国家“四个全面”战略布局中作出更大贡献。

《汶川特大地震抗震救灾志》的出版发行，可谓适逢其时，不仅是宣告我们能够胜任并且圆满完成了党和国家交办的重大任务，更是用事实证明改革创新是推动地方志事业长远发展的强大驱动力，只有不断改革创新，地方志事业才能不断迸发活力，实现科学发展。之所以这样说，是因为大规模、全方位地记述一场抗震救灾和灾后恢复重建斗争，在历史上没有先例可循，没有现成经验可以借鉴，无论是组织还是编写，都是一次全新的尝试。

面对巨大的困难，全志编委会及其办公室和各分卷编委会抱持敬畏之心、戒惧之感，不断改革创新，在理论创新、制度创新、管理创新、方法创新等方面都取得了很大成绩，不仅成功创造出了一个全新的编纂模式，还创造出了很多行之有效的工作制度与工作方法。在理论创新方面，在记述时既坚持发挥志书这种传统文化载体形式的优点和特点，又兼顾考虑重大灾害和抗震救灾工作的特点，作出适度的突破和变通。在制度创新方面，在充分借鉴地方修志经验的基础上，制定了一系列重要的指导性文件，有效指导和规范了编纂工作的有序推进。后来，这些文件又反过来被地方修志广为参考和借鉴。在管理创新方面，在全志编委会的领导下，志书编纂工作基本上形成一套完整的工作体制，并按照“谁主管、谁负责”的原则，明确分工，落实责任，确定人员，保障经费，精心组织实施。在方法创新方面，这部志书立足于国家全局的高度，立足于事后总结的角度，妥善处理全志整体性和各分卷独立性之间的关系，既保证了志书的全面性、系统性，又充分突出重点、亮点，反映出特色。

二、这部志书体现了深挚浓烈的家国情怀

汶川特大地震，是中华人民共和国成立以来破坏性最强、波及范围最广、救灾难度最大的一次地震灾害。面对这场特大地震灾害，全党全军全国各族人民在党中央、国务院和中央军委的坚强领导下，在国务院抗震救灾总指挥部的直接指挥下，众志成城，迎难而上，开展了中国历史上救援速度最快、动员范围最广、投入力量最大的抗震救灾斗争，最大限度地挽救了受灾群众的生命，最大限度地降低了灾害造成的损失，夺取了抗震救灾斗争的伟大胜利。在随后进行的恢复重建斗争中，全国人民在党中央、国务院的坚强领导下，全面落实党和国家关于灾后恢复重建的方针政策和工作部署，在全国支援和灾区人民的共同努力下，仅3年时间便完成了恢复重建各项任务，取得了灾后恢复重建的全面胜利。抗击汶川特大地震、取得灾后恢复重建胜利的伟大壮举，充分展示了中国共产党的坚强领导，充分展示了中国特色社会主义制度的优越性，充分展示了中华民族压倒一切困难而不被任何困难所压倒的勇气与中华儿女团结一致、共赴时艰、创造历史的伟大力量。

这部志书，在全面反映上述宏大历史场景的基础上，还非常生动细致地记述了很多感人的故事，充分展现了很多中国人在重大灾害面前以国家为重、牺牲小我成就大我的高尚情操和英雄事迹。如地震发生时，北川县长经大忠正在县委礼堂参加全县青年创业表彰大会，他大呼：“让学生先走，党员干部留下!”掩护学生安全撤离后，他立即到县城各处查看灾情，组织群众转移。如地震发生后，通江县洪口镇永安坝村小学年轻教师苟晓超，用身躯挡住坠落物从而保护了两个学生，身受重创，当被救出时，还用手指向顶楼，断断续续地说：“先救楼上的孩子。”在被送往县医院抢救途中因伤势过重去世。如地震发生后，彭州市公安局民警蒋敏在得知10名亲人已被确认在地

震中遇难后，毅然选择了坚强，一直忙碌在抗震救灾第一线，维持震后社会秩序，后因劳累和悲伤在临时安置点晕厥过去，醒过来就立即要求回安置点。又如执行任务返航途中不幸失事的邱光华机组，因抢救群众牺牲的牛玉新，以及对口援建阶段不分“白 + 黑”（白天夜间）、“晴 + 雨”（晴天雨天）、“5 + 2”（工作日和周末工作），以最快的建设速度使灾区浴火重生的各方面专家和建筑工人，等等。还有青川县黄坪乡枣树村村民，他们在自建住房上贴上“出自己的力，流自己的汗，自己的事情自己干”“有手有脚有条命，天大的困难能战胜”的标语，展现出灾区群众自力更生、乐观向上的良好精神风貌。他们职业不同，身份各异，是党员干部，是教师，是解放军指战员，是农民，还是医护人员、工人、志愿者……无一例外的是，他们个个舍小家为大家，与灾区人民共抗危难、不畏艰险，将国家责任勇挑肩上、同进共退，展露出一种浓厚的家国情怀。这种情怀，令我们震撼，令我们感动，令我们鼓舞，让我们认识到自己的责任，也激励我们更加坚定地担负起历史的使命，不断努力，不断前进。

为记好这段历史，参与这部志书编纂工作的各级领导、有关专家、编纂人员同样身怀浓厚的家国情怀，并将这种情怀转化为扎实细致的工作，体现在志书的字里行间。国务院领导同志高度重视，批准编纂这部志书，并一直关注编纂工作进展。国务院应急管理办公室的领导和同志们始终关心、支持编纂工作，对遇到的重大事项积极进行协调、指导，帮助解决困难和问题。各分卷承编牵头单位的领导以及参编单位的领导，为编纂工作从组织到经费提供最大的支持，有的还身体力行，亲自撰写和修改志稿。有关专家在培训队伍、指导修志等方面表现了感人至深的高度责任意识，发挥了重要作用。据了解，这些专家平均年龄在67岁以上，几年里，他们不顾年迈、体弱和多病，不辞辛苦，不计名利，奔波往返，涌现出许多感人事迹：有的在参加全志办会议的途中腿骨摔伤，有的在编写志稿的工作中突然中风，有的在评读志稿时心脏病突发，有的家中妻子病故……但是，他们在医院接受手术后，或是处理完家中丧事后，都立即返回岗位继续工作。各分卷编纂人员及参编人员承担了繁重的编写任务，几年间，他们许多人都没有休双休日，没有度节假日，没有时间陪伴家中老人，没有时间与爱人团聚，没有时间照顾子女。正是浓厚的家国情怀，让所有参与编纂工作的人员都满怀热情，全心全意地投入编纂工作，为我们奉献了这部沉甸甸的成果。

三、这部志书体现了质量至上的使命意识

编纂《汶川特大地震抗震救灾志》，是一项规模宏大的系统工程，涉及的部门多、专业性强、工作量大，编纂难度极大。2008年11月，时任国务委员兼国务院秘书长马凯同志在《汶川特大地震抗震救灾志》编纂委员会成立大会暨第一次全体会议上讲话指出，志书编纂要把好“四关”：“一要把好政治关。全面贯彻党的路线、方针、政策，避免出现政治性和科学性差错。二要把好内容关。志稿篇章结构、章节内容务求翔实、准确。三要把好文字关。志稿文字表述务求严谨、生动。四要把好体例关。要密切联系抗震救灾工作，同时确保符合志书的编纂体例和规范要求。总之，要通过我们的努力，使这部志书成为高质量的传世之作，经得起实践和历史的检验。”全志编纂人员对照马凯同志的要求，按照国务院《地方志工作条例》以及中国地方志指导小组《地方志书质量规定》关于志书编纂质量的规定，始终本着对历史、对人民负责的态度，高标准高质量地完成了编纂工作。

质量是志书的生命，坚持质量第一的原则，是编纂志书的基本要求。更何况，编纂《汶川特大地震抗震救灾志》是国务院交办的一项重要任务，社会关注度高，历史影响久远，对质量的要求更非一般志书可比。为编纂好这部志书，确保质量，全志编委会及其办公室和各分卷编委会不

断制订、完善各项规章制度，组织采用多种方法和途径开展有针对性的修志业务培训，精心选择方志专家加强指导，并根据阶段性工作要求，召开了一系列协调调度会、业务研讨会、征求意见会等，研究解决不同阶段遇到的理论和实践问题。志稿编写完成后，全志编委会及其办公室和各分卷编委会又组织力量进行反复修改和打磨，仅志稿复审后就组织一批优秀方志专家和统计专家对各分卷志稿进行三次较大规模的统稿、校核，特别是邀请了四川、陕西两省地方志工作机构以及四川省6个地震灾害严重的市（州）地方志工作机构的专家参与统稿、校核。志稿终审完成后，又不断对志稿进行修改完善，对一些敏感事件和人物进行了必要的处理。

经过艰辛的努力，这部志书在质量上达到了一个较高的水平，在评审环节和终审验收环节，就得到了有关领导和专家的肯定和认可。第一，在严肃性上，这部志书牢牢把握正确的政治方向，各卷引用领导人讲话、官方文件等，均以公开发表者为准，与中共中央、国务院正式文件的表述一致，部分文献还经中共中央办公厅、国务院办公厅确认并协助解密。涉及党和国家领导同志的记述，专门报送了各领导同志办公室进行审核，各领导同志办公室还补充提供了很多珍贵资料。《图志》卷选用党和国家领导人的照片全部经过新闻出版总署（现国家新闻出版广电总局）报请中共中央办公厅及各位领导同志办公室审定。第二，在结构上，这部志书大致按述、记、志、传、图、表、录等体裁形式设计，综合运用这几种体裁形式进行谋篇布局，最大限度地发挥了各种体裁之长，全面系统客观地记述了抗震救灾和灾后恢复重建的历史。第三，在资料上，这部志书依托全志编委会办公室与各分卷编委会办公室、灾区省市建立的资料共享机制、资料收集长效机制，可资选用的资料数以亿字计，资料基础非常扎实。而且，这部志书在选用资料时反复进行鉴别、核实，最大程度保证编纂选用资料的权威性、准确性。第四，在数据上，这部志书经过反复校核、修改，统一了主要灾情数据和其他数据使用标准、办法，确保了数据记述准确，前后一致。第五，在敏感、涉密等问题上，这部志书凡涉及国防军工领域和外事、港澳台、华人华侨等方面的内容均请有关部门进行审核，按照国家有关规定以及维护国家统一的原则予以记述，涉及民族、宗教等方面的内容也都严格遵循国家有关政策予以记述。

四、这部志书体现了修志编鉴的强大生命力

地方志是传承中华文明、发掘历史智慧的重要载体，在当今改革发展的伟大时代，其存史、育人、资政功能日益彰显，其与时俱进的独特魅力也日益焕发出来。习近平总书记强调要“高度重视修史修志”，把历史智慧告诉人们，使人们了解过去、把握现在、开创未来；指示要统筹协调包括地方志在内的多个部门和机构的力量，深入开展中国人民抗日战争研究。李克强总理强调“修志问道，以启未来”，要求“为弘扬优秀传统文化、服务经济社会发展作出新的贡献”；指出地方志“贵在史识，重在致用”，要求“为当代提供资政辅治之参考，为后世留下堪存堪鉴之记述”。编纂《汶川特大地震抗震救灾志》，就高度契合了总书记、总理对地方志工作的殷切期望，很好适应了时代发展对地方志工作的更高要求，也充分证明了修志编鉴在当今时代的强大生命力。

《汶川特大地震抗震救灾志》，全景式地记录了党中央、国务院、中央军委带领全国人民沉着应对特大地震灾害、夺取抗震救灾斗争和灾后恢复重建伟大胜利的历史过程，为国家保存了非常全面系统的珍贵历史资料。这对于系统总结抗震救灾经验，进一步弘扬伟大抗震救灾精神，提高我国防灾减灾工作水平，为全世界提供应对突发事件、抗击特大自然灾害的宝贵经验，促使人类更加自觉地去认识和把握自然规律、增强抵御自然灾害能力，进而推动人类文明进步，都具有重大的现实意义和深远的历史意义。

正因为志书体现的巨大史料价值，受编纂这部志书辐射影响，国务院很多部门和四川、陕西、

甘肃等省份以及一些社会团体，在优先为这部志书保障资料的同时，还编纂出版了自己的抗震救灾志及援建志，形成了一个庞大的抗震救灾志系列。比如，国土资源部、农业部、水利部、国家质检总局、国资委、国务院侨办、电监会、全国总工会等以及陕西、甘肃两省的抗震救灾志均已经出版，四川省抗震救灾志共8卷即将出版；四川省全部受灾市（州）、县（市、区）的抗震救灾志均已经出版，部分地方在抗震救灾志之外还出版了抗震救灾图志、抗震救灾影视志；上海、江苏、山东等对口援建省（市）以及一些对口援建地级市出版了本地的抗震救灾志或对口援建志；《玉树大地震救灾重建志》《芦山强烈地震雅安抗震救灾志》编纂工作均已启动，进入关键阶段。这不仅创立了一个地方志的新种类，丰富和拓展了地方志的内涵，还使得地方志工作者就如何编纂“大事件志”这一新生事物进行了积极的理论研讨和实践探索，在赓续传统、创新理念方面向前迈出了一大步。与此相应，《北京奥运会志》《上海世博会志》《第十一届全国运动会志》等“大事件志”近年也陆续编纂出版，取得了良好的社会效益，地方志工作对经济社会发展的“溢出效应”愈来愈大，影响越来越广。

修志为用，存史资鉴。与2006年5月国务院颁布施行的《地方志工作条例》相比，去年8月国务院办公厅印发的《规划纲要》强化了地方志工作机构对地方史编写、乡镇村志书编纂以及行业、部门、单位等志鉴编纂工作的业务指导和管理，明确拓展了各级地方志工作机构的职责范围。这是党和国家在实施“四个全面”战略布局大背景下作出的一种制度性安排，给地方志工作者提供了更加广阔的舞台。《汶川特大地震抗震救灾志》的出版发行，正好给我们提供了一个契机，启示我们要牢牢把握时代发展脉搏，主动着眼于为国家实施“四个全面”战略布局提供历史智慧，创造性地开展地方志工作。一直以来，各地围绕党委政府中心工作，主动作为，积极探索，如编写抗战题材丛书、深化抗战研究，如开展地情研究、编写资政刊物，如深度挖掘地方历史文化资源、服务相关文化建设等，做了大量工作。近来，为贯彻落实《规划纲要》，中国地方志指导小组办公室组织编写出版《中华家训精编100则》《中国古代为官箴言》，正在推进中国名镇志文化工程，即将启动中国名村志文化工程，以及根据全国社科规划办《抗日战争研究中长期规划实施方案》的要求，正在筹划《中国地方志抗日战争资料选编》《中国抗日战争人物志》《中国抗日战争志》等丛书编纂工作；尤其是四川省地方志工作办公室为贯彻落实李克强总理2016年4月25日夜访成都宽窄巷子时提出应该把有关宽窄巷子的历史脉络梳理清楚的要求，迅速启动了《走向世界的宽窄巷子》编写工作，都反映了这种努力。我相信，随着全国二轮修志工作进入收官阶段，这种势头会越来越强劲！

同志们，《汶川特大地震抗震救灾志》编纂工作历时七年多时间，今天终于面世了。我相信，这部鸿篇巨制的问世，必将引起社会各界的广泛关注，必将发挥出精品佳志的独特效应，成为一部不朽的传世之作。

在首届全国名镇论坛暨中国名镇志丛书出版座谈会上的讲话

（2016 年 5 月 12 日）

王伟光

在“十三五”开局之年，今天在北京人民大会堂召开首届全国名镇论坛暨中国名镇志丛书出版座谈会，意义重大。刚才，播放了名镇志宣传片，冀祥德同志代表中指办作了名镇志文化工程的阶段性总结，周庄镇作了经验交流，等一下徐匡迪同志还要发表重要讲话。名镇志文化工程自启动以来，在中指办和各级地方志工作机构的共同努力下，取得了重要阶段性成果，我代表中指组对取得的成绩给予充分肯定。名镇志文化工程是地方志工作的重大创新，在组织模式、编纂形式、内容记述等方面有重大突破，用喜闻乐见的方式推广地方志成果，延伸了地方志工作的触角，提升了社会效益，希望大家继续努力，打造成为地方志系统标志性文化品牌，成为国家文化软实力的重要载体，走进寻常百姓家，走向全国，走向世界。借此机会，专门讲一讲地方志事业发展创新问题。

习近平总书记指出：“创新是一个民族进步的灵魂，是一个国家兴旺发达的不竭动力，也是中华民族最深沉的民族禀赋。在激烈的国际竞争中，惟创新者进，惟创新者强，惟创新者胜。”党的十八届三中全会作出了《关于全面深化改革若干重大问题的决定》，十八届五中全会明确“创新、协调、绿色、开放、共享”五大发展理念，创新居于首位。创新已经成为我国在“十三五”期间，乃至更长时期内的发展思路、方向和着力点，是推动国家、民族向前发展的第一动力。地方志源远流长，两千余年赓续不断，是我国独有的文化传统。深厚的历史积淀，孕育和铸就了地方志深沉的文化底蕴和不可磨灭的文化价值。时代在变，形势在变，地方志正是在发展中通过不断创新和完善，才让这一古老文化传统在各个历史时期熠熠生辉，历久弥新。新时期地方志工作，要把创新摆在发展大局的核心位置，以创新驱动地方志事业的转型升级。

一、创新是地方志事业发展的不竭动力

马克思主义认为，物质生活资料的生产及其生产方式制约着整个政治生活和文化生活的过程。回顾地方志发展史，都是在不断适应经济、政治、社会、文化的发展中找准定位，通过创新和进化，才演变出今天地方志事业发展的欣欣向荣。

创新孕育了地方志的传承。“苟日新，日日新，又日新。”从两汉、魏晋南北朝地记，隋唐图经，再到宋代方志定型，延续至明清古代方志的繁荣，地方志每一次跨越都是一次蜕变。地记的产生，缘于郡县制的建立、两汉时期地方经济文化的发展和魏晋时期门阀制度的形成；图经则是伴随着世家大族的式微和中央集权的加强而应运而生；方志的定型和古代方志的繁荣、方志学的创立，更是为适应经济、社会、政治形势变化而顺势而为。地方志的每次传承和发展，无不洋溢着创新的气息。

创新造就了地方志的转型。民国时期是中国历史发展的转折期，也是地方志发展的重要转型期。地方志能够以新姿态屹立于历史潮流，成为文化园地的奇葩，创新是关键中的关键。正是在

组织编纂模式上官修机制的完善，体例、内容等方面的兼容并蓄和创新，志书科学性、实用性的不断提高，才促使古代方志向现代方志的华丽转身。

创新迎来了地方志事业的繁荣。新中国成立后，社会主义地方志事业走过了不平凡的发展历程。在毛泽东、周恩来、邓小平、陈云等老一辈无产阶级革命家的关心和支持下，建国初地方志工作实现新发展。改革开放以来，地方志事业经历了恢复、发展、繁荣三个重要阶段。20世纪80年代初到90年代中期，方志人筚路蓝缕、栉风沐雨，地方志编纂工作在全国全面铺开，奠定了坚实的发展基础；90年代中期到21世纪初，方志人披荆斩棘、攻坚克难，“一纳入、五到位”的提出，党委领导、政府主持、各级地方志工作机构组织实施、社会各界广泛参与的领导机制的建立等，开辟了事业发展新局面；2006年国务院《地方志工作条例》颁布后，方志人开拓进取、奋斗不息，依法治志不断深入、多业并举不断巩固、工作体制机制不断完善、社会效益不断提高，迎来了事业全面发展的新春天。回顾每个阶段的发展和跨越，无不渗透和记录着创新的智慧和荣光。

二、创新是新时期地方志事业转型升级的核心

在新的历史时期，党中央国务院高度重视地方志工作，习近平总书记、李克强总理、刘延东副总理作出系列重要指示、批示、讲话，“加强修史修志”被纳入国家“十三五”规划，国务院办公厅印发了《全国地方志事业发展规划纲要（2015—2020年）》，赋予了地方志事业发展新的高度、新的禀赋、新的使命。今年4月25日，李克强总理在视察成都宽窄巷时对同行的地方负责人提出“把过去的历史资料、成都志，特别是有关宽窄巷子的历史脉络梳理清楚”，“宽窄巷子要有根基，要有历史的脉络。只有守住历史传统的根脉，才能打开面向世界的门窗”的要求，这既是对地方志工作者的鞭策和鼓励，又提出了新的更高的要求。宋代诗人黄庭坚说：“随人作计终后人，自成一家始逼真。”时代在召唤，形势比人强，方志人使命光荣，责任重大，要留住地方志事业发展的春天，必须以创新为精神内核，才能让方志文化焕发新的魅力和活力。

创新是地方志事业发展的时代要求。党的十八大以来，创新发展渗透到我国经济社会、百姓生活的方方面面。创新驱动，成为中国发展的核心战略之一，成为时代的最强音。适应新常态，离不开创新精神；解决新问题，必须走创新道路；实现新发展，需要增强创新能力。方志人要适应时代，把握时代脉搏，就必须敢于创新、善于创新、乐于创新。地方志事业发展应借全国上下改革创新的东风，策马扬鞭，不断突破，才能创造新的辉煌。

创新是地方志事业发展的内在禀赋。马克思主义实践观指出，人类实践既是一种物质运动的客观过程，又是能动性、创造性的活动过程。人类的进化、文明的提升、民族的昌盛、文化的繁荣，都与创造力的发展息息相关。“周虽旧邦，其命维新。”编修地方志虽然是古老的文化传统，在新时期却扮演着越来越重要的文化角色。与古代、近代，乃至改革开放以来到21世纪初的情况相比，当前地方志事业发展不论是内容还是形式，都有本质的区别，需要有创新的理念、创新的方法、创新的举措，才能够适应经济社会发展需要并满足人民群众日益增长的文化需求，才能够提质增速、做大做强。

创新是地方志事业发展的价值转换。地方志事业之所以能够常变常新，在于其在不同历史时期表现出的历史价值、社会价值和文化价值。“满眼生机转化钧，天工人巧日争新。”新时期的地方志事业发展，必须不断创新，不断发展，才能在“四个全面”战略布局中找准定位，在全面建成小康社会和实现中华民族伟大复兴中国梦的进程中体现价值，肩负起方志人的历史使命和责任担当。

三、当前和今后一个时期地方志工作创新需要把握的几个问题

习近平总书记指出："纵观人类发展历史，创新始终是推动一个国家、一个民族向前发展的重要力量，也是推动整个人类社会向前发展的重要力量。创新是多方面的，包括理论创新、体制创新、制度创新、人才创新等，但科技创新地位和作用十分显要。"地方志事业发展创新，绝非推倒重来，而是立足传统、突破传统，依托现实、推动变革，在继承的基础上创新，利用创新驱动，不断深化改革、优化发展，确保地方志事业发展永葆活力。

一是理念创新。"问渠哪得清如许，为有源头活水来。"理念引领观念，观念引导行动。地方志的创新，首先是要树立崇尚创新的发展观，把认识和行动凝聚到创新发展上来，形成抓创新就是抓发展、谋创新就是谋未来的共识。历史是最好的教科书，地方志悠久的发展历史是创新肥沃的土壤和牢固的根基，我们要在全面总结历朝历代、新中国地方志事业发展理念的基础上，在经济、社会、文化发展大局中谋发展，在丰富的工作实践中求突破，筑牢创新引领地方志事业发展的思想基础。

二是理论创新。实践是理论的基础，理论是实践的指导。理论创新既是对以往实践经验的提炼和升华，又是对出现的新情况、新问题的理性分析和理性解答，是对认识对象或实践对象的本质、规律和发展变化趋势的揭示和预见。地方志理论的前瞻性、系统性、科学性，深刻影响着地方志事业的发展方向、发展质量。地方志理论研究不是可有可无，地方志理论创新不是无足轻重，而是地方志事业发展的基本支撑。当前，有不少地方的地方志工作还存在重实践、轻理论研究现象，甚至忽视理论研究，必须切实改正，把理论研究、理论创新摆在更加突出的位置，引领地方志工作实践迈上新台阶。

三是体制机制创新。体制创新是改革发展的重点，破除体制障碍，才能迸发出事业发展的活力和动力。越是在新的起点上深化改革，越要创新和完善体制机制。经过多年的实践，地方志工作基本形成以依法治志为核心，党委领导、政府主持、地方志工作机构组织实施、社会各界广泛参与的工作体制；形成将地方志工作纳入各地国民经济和社会发展规划、地方各级政府工作任务，"认识、领导、机构、编制、经费、设施、规划、工作"到位的"一纳入、八到位"工作机制。但同时，也面临着依法治志落实不到位，有些地方领导对地方志工作重视不够，"一纳入、八到位"贯彻落实失位、缺位现象时有发生等困难和问题。到2020年要基本形成地方志编修体系、理论研究和学科建设体系、质量保障体系、资源开发利用体系、工作保障体系"五位一体"的地方志事业发展综合体系，建立科学、高效的体制机制必不可少，是重中之重。

四是制度创新。科学、严密、完备、管用的制度对于固化工作经验、规范工作行为、促进工作实效、强化工作执行，保证各项任务圆满落实和完成，具有不可替代的作用。地方志工作制度建设任重道远，必须在全面梳理和总结现有制度基础上不断创新，摸索出包括目标考核责任制度、行政督查通报制度、地情资料收（征）集及管理制度、修志编鉴业务指导制度、主编（总纂）责任制度、志稿评议制度、志书出版审查验收制度、地方志工作成果报送备案制度等一系列规章制度，做到有章可循、有据可依。

五是人才创新。"国以才立、政以才治、业以才兴。""致天下之治者在人才。"事业发展，关键在人，关键在人才。当前，地方志队伍建设正处于关键时期，实现新老交替，培养一批素质高、能力强、有担当、讲奉献的地方志业务骨干迫在眉睫。各级地方志工作机构要有强烈的人才意识，让优秀人才脱颖而出，不断探索地方志人才培养、引进等措施；建立国家级、省级地方志专家库，分级实施专项培训，实现岗前培训全覆盖、培训工作常态化；积极与高等院校、科研机构联合，

不断完善地方志工作人员接受专业继续教育的机制；定期开展先进集体和先进工作者评选表彰活动，不断完善干事创业的激励机制，营造良好氛围。

六是服务创新。地方志的优势在于掌握大量的地情资源，是一座文化宝藏。服务创新是近几年地方志事业发展的亮点，但也面临着“藏在深山无人识”的尴尬。新时期地方志工作，应该接地气，始终坚持修志为用，全面提升服务水平。地方志服务创新，要紧紧围绕“资治、育人”两大目标，拓宽服务渠道，增强服务功能，创新服务手段，更好地贴近经济社会发展实际，贴近人民群众需要。在服务路径方面，要加快方志馆建设，把方志馆建设成为地方公共文化服务的重要基础设施；要引进先进的科技手段，充分利用“互联网+地方志”平台，以数字方志馆、网站、数据库、微信公众号、手机报等为载体，加快地方志信息化建设步伐，加强对不同载体的地方文献收（征）集、保护和开发利用，提高方志服务的时效性、普及性。在服务手段方面，要通过编纂地情丛书、干部读本、简便地情读物、资政简报、举办地情讲座等，利用各类媒体广泛宣传地方志成果，推动方志文化进机关、进农村、进社区、进校园、进企业、进军营等。

同志们，创新引领国家和民族发展的未来，地方志事业创新发展正当其时，希望大家开拓思路、勇于进取、顽强拼搏，真正使创新创造落地生根、开花结果，迎接地方志事业发展的新明天。

最后，祝论坛和座谈会取得圆满成功！

在国家数字方志馆揭牌暨“方志中国”展览开展仪式上的讲话

（2016年5月13日）

王伟光

在这春和景明的时节里，我们隆重举行国家数字方志馆揭牌及“方志中国”展览开展仪式，这是全国地方志系统一件富有意义的大事，标志着国家方志馆建设进入了崭新的阶段。在此，我代表中国地方志指导小组对国家数字方志馆揭牌和“方志中国”展览成功开展表示热烈的祝贺！

党的十八大以来，在党中央、国务院的亲切关怀下，全国地方志事业实现了跨越式发展，形成了以修志编鉴为主业、各项工作协调开展的格局，在提升国家文化软实力、建设社会主义文化强国进程中发挥了独特而不可替代的重要作用。其中，方志馆作为集藏书、展示、科研、学术交流、资源开发利用、爱国主义教育等多种功能于一体的公共文化基础设施，作为推动地方志事业前进和发展的重要阵地，得到了党和国家的高度重视。2014年4月，中共中央政治局委员、国务院副总理刘延东同志在与第五次全国地方志工作会议部分会议代表座谈时指出，各地要自觉把地方志工作纳入公共文化服务体系建设当中，加快方志馆、地情网站、数据库等基础设施建设。2015年8月，国务院办公厅印发《全国地方志事业发展规划纲要（2015—2020年）》（以下简称《规划纲要》），对全国地方志事业发展进行了顶层设计，明确将“加快信息化和方志馆建设”确定为全国地方志事业发展的总体目标之一。方志馆建设面临着前所未有的历史机遇。

在全国地方志事业发展和各级方志馆建设不断深入推进的大好形势下，国家方志馆作为国家级公共文化基础设施，如何加快自身功能的建设，如何更好地发挥在各级方志馆建设中的引领示范作用，是需要认真思考并不断作出探索的重大命题。借此机会，我想对国家方志馆的建设和发展谈几点要求和希望：

第一，要进一步加强馆藏资源建设。馆藏资源是方志馆的立身之基，是方志馆实现可持续发展的前提。国家方志馆要立足于全国地方志系统，放眼于整个人文社会科学领域，把馆藏资源建设作为一个重要课题加以研究，制定切实可行的建设方案。要注重搜集种类的多元化，积极开拓购买、征集、报送、捐赠等多种搜集渠道；要注重资源形式的多样化，不仅要强化以志鉴收藏为中心，还应注重历史学、文学、社会学、政治学、经济学、法学等相关学科资料的入藏；不仅要入藏图书资料，影像、音频、实物等资源也应开展专题化搜集。通过努力，全面扩大志鉴和地情图书资料的收藏种类和数量，力争后来者居上，占据全国志鉴收藏的领先地位。同时，不断优化馆藏资源体系，确立国家方志馆的馆藏特色和资源优势，以更好地满足社会各界的文化需求，最大程度地发挥馆藏资源的社会效益。

第二，要进一步加快推进信息化建设。当今世界信息化已成为不可逆转的潮流。今天，国家数字方志馆正式揭牌，标志着国家方志馆信息化建设开始起步。国家方志馆的信息化建设要依托国家数字方志馆来进行。数字方志馆建设作为全国信息方志与数字方志工程建设的重要内容，在建设中要注重与实体方志馆的协调发展与共同推进，注重传统和现代相得益彰与融合发展。要深刻认识大数据、“互联网＋”时代带来的冲击，以及同时带来的难得机遇，树立创新意识，发挥后发优势，注重与科技前沿接轨，在馆藏资源的收藏、整理、开发利用及服务社会等各方面，积极引进计算机技术、网络技术和通信技术等先进技术和新兴传播媒介，最大限度地发挥信息化带来的便捷和高效，提高国家方志馆资源的开发能力和传播效率，切实提升公共文化服务能力。

第三，要进一步推进展览陈列工作。展览陈列是方志馆的基本功能之一。“方志中国”展览比较成功，实现了传播方志历史、普及方志知识、展示方志事业、宣传方志文化等预期效果，为第二个展陈项目“魅力中国”展览提供了宝贵的经验。但是，“魅力中国”展览在主题、立意、内容等方面要求更高，难度更大。要充分认识任务的艰巨性，立足于把国家方志馆建设成为国情馆，深入挖掘国情信息，准确把握中国魅力和时代特点，精心撰写展陈大纲，反复推敲设计方案，努力把“魅力中国”展览办成一个样板，为各级方志馆的地情展览提供重要参考。

第四，要进一步提高理论研究水平。国家方志馆的建设与发展，离不开业务知识和理论水平的提升。国家方志馆的理论研究要重点从三个方面推进：一是尽快启动《国家方志馆馆刊》创刊工作。筹办刊物要循序渐进，充分兼顾人文社会科学研究相关要求，注意借鉴《中国国家博物馆馆刊》《故宫博物院院刊》《国家图书馆学刊》等文博、图书馆系统的办刊经验，合理设置框架栏目，积极开展组稿工作，建设理论研究平台，引导方志馆研究，并带动与方志馆相关的史志理论研究和地情研究。二是要扎实开展《方志馆概论》《方志馆发展史》《中国历代方志导读》等相关著述的编写工作，通过开展理论研究，有效提升国家方志馆工作人员的理论水平和业务素质。三是要创新理念，加强国际国内交流与合作，汲取各地办馆先进经验，努力宣传方志文化，在社会主义文化强国建设进程中发挥独特的作用。

第五，要进一步提高组织指导全国方志馆建设的能力。与其他各级方志馆和公共图书馆不同，国家方志馆的建设不仅包括自身的软硬件设施建设，还承担着指导全国各级方志馆建设与发展的重要职能。

为适应当前全国方志馆建设不断深入推进的形势，近期国家方志馆要重点抓好三个方面的工作：一是推动方志馆建设的科学化、规范化。要启动《全国地方志系统方志馆建设标准》制定工作，立足地方志工作实际，突出方志馆建设特色，参考《公共图书馆建设标准》《博物馆建设标准》等相关领域或行业的建设规范，吸收其他各类场馆的建设经验，争取为各级方志馆建设提供一个定位科学、设计合理、易于操作的全国方志馆建设统一标准和规范。同时，根据各级方志馆建设与发展的实际，制定出台《国家方志馆分馆准入标准和管理规定》，稳步推进国家方志馆分馆的申报和建设工作。

二是拟制适合方志馆馆藏特点的馆藏资源管理规范。国家方志馆在馆藏资源管理方面要发挥典型示范作用，研究拟制包括馆藏图书编目规则在内的一系列的管理制度和规范，确保方志馆各类藏品收藏的科学性、合理性和安全性，创立一套独具地方志特色的藏书规范和藏品保管规范，并在此基础上形成一种科学、高效的方志馆馆藏资源管理体系。

三是推进中国地方志学会方志馆研究会筹办工作。方志馆研究会是组织各级方志馆开展理论研究、业务交流的重要平台。要做好前期准备工作，设计好发展思路，搭建好组织架构，制定好工作方案。今年3月，国家方志馆在广西南宁成功举办首届全国方志馆业务培训班，为方志馆研究会的成立创造了有利条件。国家方志馆要本着组织交流、服务建设的宗旨，以方志馆研究会工作为抓手，有针对性地开展相关研讨、培训等活动，密切各级方志馆之间的馆际交流与合作，整合全国各级方志馆的智慧和力量，推动全国方志馆建设再上一个新台阶。

下面，我对今天下午将要召开的纪念国务院《地方志工作条例》颁布实施10周年座谈会讲两点意见。一是高举依法治志的旗帜，不断推进地方志法治化建设。依法治志是实现全国地方志事业发展的基本保障。国务院《地方志工作条例》颁布实施以来，全国地方志工作逐步走上了依法修志的轨道。2015年《规划纲要》的出台，将坚持依法治志确定为基本原则。要紧密结合地方志发展实际，充分认识依法治志在包括依法治国在内的“四个全面”战略布局中的重要地位，坚持事业发展从法治中找依据，从法治中找思路，切实提高依法治志的自觉性和主动性。中国地方志指导小组及其办公室要适时启动《中华人民共和国地方志法》立法可行性研究，推动《地方志工作条例》修订工作，不断建立健全法规规章体系，确保全国地方志事业在依法治志的旗帜下，实现持续、健康发展。二是以“一纳入、八到位”为抓手，不断将依法治志落到实处。刘延东副总理提出“一纳入、八到位”的要求，是依法治志理念的重要体现，也是实现依法治志的重要抓手。今年，加强修史修志已经被纳入国家“十三五”规划，各地也在陆续跟进，这是一个非常可喜的局面。各级地方志工作机构要把握历史机遇，继续牢牢抓住“一纳入、八到位”不放松，把能否真正落实“一纳入、八到位”作为考量地方志工作的最主要依据，积极争取各级党委政府的支持，积极联合政府法制部门依法开展执法监督检查，确保各项要求和规定落地生根，为地方志事业发展保驾护航。

同志们，国家方志馆是全国地方志系统共有的家园，离不开大家的关心和爱护。希望各级地方志工作机构和全国广大地方志工作者一如既往地支持和参与国家方志馆建设，出谋划策，积极捐赠，在大家的共同努力下，争取把国家方志馆建成能够代表全国地方志事业发展水平、体现国家级方志馆气派的公共文化服务设施。

在新疆地方志工作调研座谈会上的讲话

（2016 年 8 月 10 日，根据录音整理）

王伟光

这次到新疆调研地方志工作，很高兴和同志们见面并召开座谈会。

刚才听取了新疆维吾尔自治区地方志编委会党组书记、副主任廖运建与和田地委委员、纪委书记胡国强两位同志对新疆、和田地方志工作的汇报，对新疆、和田的地方志工作有了深刻的印象。在此，我谨代表中国地方志指导小组及其办公室向新疆从事地方志工作的同志们、和田从事地方志工作的同志们表示亲切的慰问！

新中国成立以来，党中央、国务院高度重视地方志工作，先后成立五届中国地方志指导小组（以下简称中指组）。2013 年 12 月，第五届中指组成立，根据中央的安排，由我担任组长。我担任组长以来，已到 19 个省份开展工作调研，了解了很多实实在在的情况，收获很大。这次到新疆调研，想进一步了解新疆地方志工作情况。刚才听了同志们的汇报，对新疆地方志、和田地方志的工作所取得的重大进展和很好的成绩感到非常满意。

听了廖运建同志的汇报，我认为新疆地方志工作有几点很有特色：一是按《地方志工作条例》和规矩办志，依法治志理念逐步深入人心。2006 年 5 月，国务院出台《地方志工作条例》（以下简称《条例》），为我们依法修志提供了基本依据，标志着全国地方志工作走上依法修志的轨道；去年国务院办公厅又颁布了《全国地方志事业发展规划纲要（2015—2020 年）》（以下简称《规划纲要》），进一步将“坚持依法治志”明确为地方志工作的一条基本原则。围绕贯彻落实《条例》和《规划纲要》，新疆分别出台《新疆维吾尔自治区实施〈地方志工作条例〉办法》和《新疆维吾尔自治区贯彻落实国务院〈全国地方志事业发展规划纲要（2015—2020 年）〉的实施意见》，大力推进依法治志，充分体现了依法治志理念逐步深入人心。二是第二轮修志工作全面推进，任务完成得好。三是加强领导，充分发挥大编委会的作用。这项工作做得很不错，其经验值得向全国推广。四是坚持质量第一，抓好质量建设。地方志编修出版后，不仅要给今人看，还要给后人看，保证质量很重要。质量不高，就会误导工作，贻误后人。五是加强队伍建设，营造地方志工作的良好氛围。最近几年，新疆地方志每年都开展主题教育活动，坚决治理地方志工作中存在的“懒、散、庸、拖、贪”五种机关病，这一经验值得向全国推广。六是开发利用地方志资源，为新疆经济社会发展服务。七是加快推进地情网站和地情资料库建设，信息化建设走在全国前列。

刚才听了胡国强同志的汇报，我觉得和田地方志工作与新疆全疆地方志工作一样，也取得了很大成绩，大体上可概括为五个“好”：一是第五次全国地方志工作会议精神贯彻落实得好。刚才胡国强同志介绍了和田地方志工作的机构、编制情况，这是第五次全国地方志工作会议上提出来的“一纳入、八到位”中的两个“到位”，和田的机构、编制落实很到位。二是《条例》和《新疆维吾尔自治区实施〈地方志工作条例〉办法》落实得好。三是志书编写任务完成得好。四是年鉴编纂进度好。五是地方志资源开发利用成效好。

下面，就进一步做好新疆地方志工作，我谈几点意见：

一是要学习好、贯彻好、落实好中央领导同志的重要讲话、重要批示精神和第五次全国地方志工作会议精神，以及中指组关于地方志工作的各项部署。习近平总书记高度重视地方志工作，他在福建宁德担任地委书记的时候亲自出席地方志工作会议并讲话，在浙江担任省委书记的时候亲自指导白沙村的地方志编纂，在上海担任市委书记的时候也是高度重视地方志工作，担任总书记后在参观首都博物馆时强调要“高度重视修史修志”。李克强同志也对地方志工作高度重视，他两年多来连续对地方志工作作出三次重要批示，特别是提出了“修志问道，以启未来”的重要论断。“修志问道”指明了修志的目的，就是为了探索中国共产党执政的规律、社会主义发展的规律、人类社会发展的规律。刘延东同志在第五次全国地方志工作会议上发表重要讲话，去年年底在表彰全国地方志系统先进集体和先进工作者时又作重要讲话。我们要把中央领导同志关于地方志工作的重要讲话、重要批示精神融在脑子里，落实在行动上，切实把中央领导的重要讲话、重要批示精神变成地方志工作的实际行动。此外，我们还要继续贯彻落实好《条例》和《规划纲要》、学习贯彻好第五次全国地方志工作会议精神和中指组颁发的一系列文件要求。

二是要高度重视地方志工作，充分认识地方志工作的重要性和必要性，增强做好地方志工作的使命感和责任感。我担任中指组组长后到各地调研，感觉到地方志工作在前几届中指组的领导下取得了很大成绩，但也发现有两个问题值得引起重视：一是一些地方的领导对地方志工作重视不够，二是地方志工作者的积极性还没有充分调动起来。正如大家所说，地方志工作机构是冷部门、是边缘单位，一些地方还存在无房子、无经费、无编制、无机构的情况，特别是有些县级地方志工作机构更是如此。如何解决这些问题，推动地方志工作健康发展，最重要的是提高做好地方志工作的使命感和责任感，充分认识地方志工作的重要性和必要性，这是我们做好地方志工作首先要解决的问题，这也是“八到位”中的第一个要到位的，认识要到位，必须提高对地方志工作的认识。认识提高了，重视了，工作才能抓上去。我希望，同志们继续提高对地方志工作重要性和必要性的认识，进一步增强做好地方志工作的使命感和责任感。

三是要以马克思主义为指导，坚持正确的政治方向和学术导向。习近平总书记在“七一”讲话中指出，我们党一定要以马克思主义为指导，高举马克思主义旗帜；在5月17日主持召开哲学社会科学工作座谈会时指出，中国特色的哲学社会科学，特就特在必须以马克思主义为指导。从一定意义上讲，地方志属于哲学社会科学范畴。修志编鉴最重要的就是坚持马克思主义的指导地位，用马克思主义的立场、观点、方法来指导修志编鉴。马克思主义的立场，就是站在人民的立场上，从人民的利益出发来修志编鉴；马克思主义的观点，就是运用马克思主义基本原理，来指导修志编鉴；马克思主义的方法，就是运用马克思主义唯物辩证法、实事求是的思想方法来收集和分析资料，编修出经得起实践和历史检验的志鉴成果。我希望从事地方志工作的同志们一定要认真学习马克思主义的立场、观点和方法，真正用于指导修志编鉴。只有以马克思主义为指导，才能在修志编鉴中坚持正确的政治方向和学术导向。

四是要切实加强领导，不断加强地方志人才队伍建设。第一，要加强党对地方志的领导。习近平总书记在“七一”讲话中把加强党的领导作为一个重要原则提出来，在5月17日哲学社会科学座谈会讲话中把加强和改进党对哲学社会科学的领导也作为一个重要原则提出来，因此，我们在地方志工作中一定要体现党的领导。怎么体现？就是要把党中央的指示、要求真正吃透，树立看齐意识，切实抓好落实。要主动接受地方党委的领导，主动向地方党委汇报地方志工作，按照地方党委的要求做好地方志工作。第二，要加强地方志人才队伍建设。从2015年开始，中指组就把培训地方志人员作为一项重要任务来抓，各地有条件的也要组织培训。

五是要增强精品意识，进一步提高志鉴编纂质量。地方志工作要把质量放在首位，树立精品意识，把质量为先贯穿于志书编纂出版的全过程，创造出更多经得起历史和实践检验的名志佳鉴，做到以下几点：第一，要把好政治关。就是要把正确的政治方向和学术导向放在首要地位，不要出政治错误，不要违反四项基本原则，不要出现历史虚无主义的倾向，不要把错误的东西写到志书里。第二，要把好史实关。修志不是编故事，不能像电视剧那样搞什么戏说，而是要坚持实事求是的态度，按照历史的本来面目，遵照志书的要求来编写。第三，要把好文字关。文字上一定要过硬，不要有错别字，这是最低要求。

关于廖运建、胡国强两位同志提出的建议，我认为比较合理，要尽快研究解决。一是要尽快形成援疆援藏的意见，召开19省市对口援疆援藏会议。二是要加大对少数民族地区地方志人才的培养，可以专门举办少数民族地区地方志培训班，结合少数民族地区的特点开展培训工作，时间可以长一些，让大家多学一些。在这方面，中指办可以制订一个专门的培训计划。三是要加大对少数民族地区地方志经费方面的支持。刚才大家谈到，希望中指组在志鉴编纂出版方面加大支持力度。目前，中指组及其办公室推出的民族地区与贫困地区志书出版资助工程，初步解决了一些问题，今后还要重点研究有没有可能对有些经费特别困难的地方多给予一些支持。

·李培林工作讲话

在全国地方志基层基础工作会议上的讲话

（2016年4月19日）

李培林

今年是“十三五”规划的开局之年，也是地方志事业创新发展的关键一年。《中华人民共和国国民经济和社会发展第十三个五年规划纲要》正式写入“加强修史修志”，第一次把地方志工作纳入国家经济和社会发展五年规划。这是继2015年8月国务院办公厅印发《全国地方志事业发展规划纲要（2015　2020年）》后，再次把地方志事业发展提升到国家发展战略，意义十分重大。这次会议是中国社会科学院院长、中国地方志指导小组组长王伟光同志亲自倡议的，是全国第一次地方志基层基础工作会议。地方志事业发展根在基层，根基固，则事业兴；基础不牢，地动山摇。因此，会议的主题是深入学习贯彻习近平总书记系列重要讲话和李克强总理、刘延东副总理关于地方志工作的重要批示、讲话精神，全面落实国家“十三五”规划和《全国地方志事业发展规划纲要（2015—2020年）》，总结交流地方志基层基础工作经验和做法，研究分析存在的困难和问题，探讨进一步加强基层基础工作的方略与对策，为地方志事业全面协调可持续发展奠定坚实基础。这次会议得到四川省委省政府和凉山州委州政府的高度重视，四川省和凉山州的领导到会致辞，并为会议提供了良好保障，在此表示衷心感谢。这次会议也得到全国地方志系统的广泛关注，来自全国省市县三级地方志工作机构的140多位代表与会。借此机会，我代表王伟光组长和中国地方志指导小组，向大家表示诚挚的问候和崇高的敬意。

党中央国务院高度重视地方志工作，自2014年以来，习近平总书记两次提出要重视修史修志，李克强总理对地方志工作作了三次重要批示，刘延东副总理多次作出重要批示和讲话，为地方志事业发展提供了千载难逢的发展机遇。机不可失，时不再来，牢牢把握机遇，引领地方志事业快速发展，是全国广大地方志工作者的职责所在，使命光荣，任务艰巨。九层之台，起于累土，打基础、抓基层，是确保地方志事业保持良好发展势头的重中之重。下面，就全国地方志基层基础工作讲三个方面的问题。

一、全国地方志基层基础工作发展态势良好

第五次全国地方志工作会议以来，各地各级地方志工作机构着力抓好基层基础工作，固本培元，工作理念不断创新，工作措施得力到位，工作成效显著喜人。

一是以依法治志为核心、“一纳入、八到位”为总抓手的事业发展保障体系日益成熟。国务院《地方志工作条例》颁布施行后，各地借势用力，顺势而为，通过制定本地的地方志条例、规章或实施办法，深入推进依法治志。截至2015年底，全国有27个省（区、市）、150多个市县由人大

或政府出台了地方志工作条例、规定、实施办法等，尤其是山东省在全国率先实现省市县地方志规章全覆盖，全省17个市、137个县市区全部颁布了地方志规范性文件。北京、山西、安徽、广东、广西、四川等多个省份明确了省级或市县级地方志工作机构的行政权力清单，将地方志工作纳入政府依法行政范畴。根据刘延东副总理和第五次全国地方志工作会议要求，各地紧紧围绕“一纳入、八到位”，通过各级政府印发加强地方志工作意见、五年规划、强化行政督查等，在做好顶层设计的同时，努力解决机构、编制、经费、设施等方面存在的困难和问题，有力地促进了工作发展。目前，以依法治志为核心，以“一纳入、八到位”为总抓手，以“党委领导，政府主持，各级地方志工作机构组织实施，社会各界广泛参与”为体制机制，以执法检查、行政督查、质量控制等为管理手段的地方志事业发展保障体系日益完善。

二是以实现“两全”为目标的志鉴编修工作稳步推进。《全国地方志事业发展规划纲要(2015—2020年)》明确提出到2020年“全面完成第二轮修志规划任务”和“实现省、市、县三级综合年鉴全覆盖”的两全目标。围绕这一目标，各地通过组织召开工作会议、签订责任状、建立工作协调推进机制、理顺工作关系、强化质量保障等有效措施，提速保质，志鉴编修工作稳步推进。特别是西藏自治区，为切实加强地方志工作，印发了《全国地方志事业发展规划纲要(2015—2020年)》实施意见；2016年1月9日自治区党委、政府还组织召开了全区地方志工作会议，区党委书记陈全国专门作出批示，区党委副书记、自治区主席洛桑江村出席会议并讲话，开辟了工作新局面。截至2015年底，全国第二轮修志规划内志书累计出版2200多部，除广东全面完成外，多数省份任务完成过半，一些省份市县级志书已完成90%以上；北京、上海、安徽、福建、广东、宁夏等省（区、市）实现三级地方综合年鉴全覆盖，10余个省份覆盖率达80%以上。

三是以方志馆和“互联网+地方志”为依托的公共文化服务平台不断拓展。为适应新形势、新发展、新要求，各地加速推进方志馆建设和不断创新“互联网+地方志”的技术载体。方志馆作为区域内标志性文化基础设施，集志书收藏、地情展览、读者借阅、方志研究、信息咨询、文化交流等于一体的功能定位更加清晰；以网站、数据库、微信公众号、手机报等为载体，利用信息化手段让地方志走进千家万户的热潮方兴未艾，方志文化和成果的普及度不断提高。截至2015年底，全国累计建成方志馆390多个，累计建设网站1000余个，开辟了宣传、推广地方志的重要阵地。

四是以资政、育人为方向的地方志文化资源开发利用手段不断更新。方志文化源远流长、璀璨夺目，传世的8000余种旧志为传承中华文明发挥了极为重要的作用。改革开放以来，在党中央国务院的高度重视下，打造了我国有史以来最为丰富系统的社会科学成果群和地情资料库，数以百亿字计的地方志成果成为我国独有的文化宝藏。近几年，开发利用地方志文化资源，围绕中心、服务大局为各级党委政府决策服务，让广大人民群众共享地方志文化成果，以史为鉴、提供历史智慧，成为地方志事业发展的新亮点。地方志成果以丛书、资政刊物、展览、影视作品、文库等形式，进机关、进企业、进学校、进社区、进军营、进乡村、进寻常百姓家，在纪念抗战胜利70周年、家风建设、抢救和保护开发传统文化等重大活动、重大节庆、重大项目建设中发挥了重要作用，资政育人的社会效益更加突出。

五是以部门志、行业志、乡镇村志等为重要组成部分的地方志编修体系不断完善。截至2015年底，全国累计出版部门志、行业志、专题志23000多部，乡镇村志4500多部，河南、江苏、湖北等省在全省全面推进乡镇志编纂，不少市县级地方志工作机构将部门志、行业志、乡镇村志、街道志作为完善地方志编修体系的重要组成部分大力推进，成果丰硕。在各级地方志工作机构的引领和带动下，部门志、行业志、乡镇村志编修已经成为地方志事业今后发展新的增长极，地方志工作的触角不断延伸，体系更加完备，成果群效应更加突出。

六是以弘扬“修志问道、直笔著史”的方志人精神为价值追求的机构队伍建设不断加强。机构、编制、人员、经费，是影响地方志工作发展的核心要素。多年来，各地各级地方志工作机构以弘扬“修志问道、直笔著史”的方志人精神为价值追求，机构队伍建设不断得到加强。截至2015年底，全国共有独立的省市县地方志工作机构1042个，其中省级22个、地市级259个、县级761个；与别的部门合署的共2138个，其中省级9个、地市级134个、县级1995个；临时机构266个，其中地市级1个、县级265个。共有编制19746个，其中省级地方志工作机构1329个、地市级4283个、县级14134个；实际在编人员17494人，其中省级地方志工作机构1192人、地市级4283人、县级14134人。近3500个机构、17000余人的地方志队伍，成为地方志事业发展坚不可摧的基石，是事业持久发展的根本保障。

二、全国地方志基层基础工作的主要经验

源净则流清，本固则丰茂。数十年来，正是广大地方志基层工作者的艰辛努力，默默无闻，无私奉献，地方志事业之树才能根深本固、枝繁叶茂、常绿常青，创造、积累了丰富的工作经验。

一是有为有位，争取领导重视是基本前提。地方志工作机构作为“冷部门”，能够有今天的成绩和成就，靠的是广大基层地方志工作者以有为谋有位，以有位促有为，赢得了各级领导的重视。特别是近两年来，各地各级党委政府对地方志工作的重视程度不断提高，仅2015年至今就有10余个省份的省委书记、省长对地方志工作作出多次批示、出席会议并讲话，地方志工作在各地经济社会文化建设中的地位和作用日益突出。实践证明，争取领导重视不能靠空谈，等靠要不会得到领导的重视。地方志工作“给点阳光就能灿烂”，花小钱就能办大事，用心用力就能干出成绩，就能得到领导的重视。

二是依法治志，建立完善的事业发展保障体系是核心要求。历史证明，自隋唐确立地方志官修制度以来，地方志迎来了发展繁荣；民国时期、新中国成立以来地方志工作推动的手段、模式，进一步证明地方志事业发展必须紧紧依靠行政力量推动。《地方志工作条例》颁布10周年以来，各地各级地方志工作机构不断深入贯彻落实，以依法治志为核心，以“一纳入、八到位”为总抓手，以“党委领导，政府主持，各级地方志工作机构组织实施，社会各界广泛参与”为体制机制，以执法检查、行政督查、质量控制为手段的管理体制机制不断完善，是地方志工作能够取得重大突破的关键。

三是找准定位，弘扬方志人精神是内在动力。地方志工作要坐“冷板凳”，是个苦差事；更不是权力部门，职位不高，权力不大。但是，一代又一代的方志人矢志不渝，以强烈的责任意识和高度的担当精神，默默坚守，淡泊名利，甘于奉献，锲而不舍，笔耕不辍，以“板凳坐得十年冷，文章不写半句空”的干劲，用事业心和热心肠，把“冷板凳”坐热，把“冷部门”做热，凝练成“修志问道、直笔著史”的方志人精神，肩负起党和国家、人民和时代交付的新时期史家的职责，究天人之际，通古今之变，呕心沥血，奋发有为，才促使地方志事业开花结果，开创出发展新局面。

四是确保质量，打造堪存堪鉴的志鉴成果是首要任务。质量是地方志书的生命，编修出无愧于历史、无愧于时代、无愧于人民的精品佳作是方志人的职责所在。数十年来，广大地方志基层工作者以堪存堪鉴为目标，搜资料、核史实、撰志稿、保质量，编修出大量的志鉴成果。各级地方志工作机构不断完善质量控制体系、建立质量标准、明确岗位职责，在确保志书质量方面做了大量工作。志书千古事，得失寸心知，正是广大地方志工作者以堪存堪鉴为首要任务，才能在志书质量建设方面取得新的进展。

五是创新思维，因地制宜构建地方志工作新格局是时代要求。经过30多年的努力，地方志事

业已经形成以志鉴编纂为主业，方志馆、网站、数据库、开发利用、理论研究等多业并举的新格局。各地各级地方志工作机构因地制宜，结合当地经济社会文化发展水平，在确保志鉴编修主业的前提下不断拓展工作领域，不断延伸工作触角，不冒进、不脱节，稳扎稳打，稳步推进，逐渐摸索出适应当地经济社会文化发展的地方志工作格局，地方志工作在各地经济社会发展的定位更加清晰，作用更为明显。

六是资政育人，服务党委政府工作大局和让广大人民群众共享成果是价值追求。地方志工作不能固步自封，地方志成果不能束之高阁，地方志文化资源要充分发挥社会价值，已经成为广大基层地方志工作者的共识。服务党委政府工作大局，地方志工作才能为经济社会发展提供历史智慧；让广大人民群众共享地方志工作成果，地方志工作才能扩大社会影响力，已经成为基层地方志工作者的行动规范。特别是近几年来，各级地方志工作机构开发利用地方志文化资源资政育人的形式不断创新，社会认知度和价值不断提高。

三、对地方志基层基础工作的几点要求

面对新形势、新机遇、新任务，打基础、抓基层是全面贯彻落实国家“十三五”规划和《全国地方志事业发展规划纲要（2015—2020 年)》的重中之重。地方志事业发展根在基层，上下联动、生动活泼、层层递进，基本形成地方志编修体系、理论研究和学科建设体系、质量保障体系、资源开发利用体系、工作保障体系“五位一体”的地方志事业发展综合体系，是当前和今后一个时期地方志基层基础工作的基本任务。毋庸讳言，当前地方志基层基础工作还存在区域发展不平衡、一些地区的领导对地方志工作重视不够、机构队伍不稳定、部分地区经费短缺和设施落后、基层地方志工作推进难度大、个别基层地方志机构负责人思想不稳定等问题，希望大家通过此次会议，在基层基础工作方面出思路、出措施、出经验，谱写地方志事业发展的新华章。就基层基础工作，提几点要求：

一要继续深入贯彻习近平总书记系列重要讲话和李克强总理、刘延东副总理关于地方志工作的重要批示、讲话精神。中央领导同志发表的系列重要讲话、作出的多次重要批示，进一步明确了地方志工作在协调推进“四个全面”战略布局中的地位和作用，进一步明确了地方志事业发展对激发民族自豪感和自信心，坚定全体人民振兴中华的信心和决心，在实现“两个一百年”奋斗目标和中华民族伟大复兴中国梦进程中不可代替的地位和作用，提升到新的高度。抓基层基础工作，首先是提高认识，明确定位，统一思想。各地各级地方志工作机构要通过学习系列重要讲话和重要批示精神，把思想统一到党中央国务院对地方志工作的要求上来，明确肩负的神圣使命，增强责任意识和使命担当，全心全意做好地方志工作。

二要充分利用国家规划做好顶层设计。“十三五”规划写入“加强修史修志”和 2015 年 8 月国务院办公厅《全国地方志事业发展规划纲要（2015—2020 年)》，是国家层面对地方志事业发展的顶层设计。今年是“十三五”规划的开局之年，各地陆陆续续要出台本地的“十三五”规划，各地务必要争取把地方志工作写入当地的经济社会发展“十三五”规划之中；条件成熟的地方，要制定本地区的地方志事业发展五年规划。实践证明，规划先行，通过“一纳入”做好地方志工作的顶层设计，对促进事业发展意义重大，可起到事半功倍的效果。

三要依法层层加强对地方志工作的管理和规范。党的十八大以来，党中央全面深入推进“四个全面”战略布局，全面依法治国成为基本方略。抓好基层基础工作，关键是各级地方志工作机构各司其职、各得其所。各地要继续坚持和完善以依法治志为核心，以“一纳入、八到位”为总抓手，以“党委领导，政府主持，各级地方志工作机构组织实施，社会各界广泛参与”为体制机

制，以执法检查、行政督查、质量控制为管理手段的地方志工作和质量保障体系。对于个别地区领导不重视，上级地方志工作机构要敢于发声，依法加强督促检查。中国地方志指导小组办公室要进一步发挥“统筹规划、组织协调、督促指导”的职能作用，逐步建立健全第二轮志书规划任务推进备案制度、志书成果备案制度、全国地方志工作通报制度和筹建专家库等，定目标、定任务、定措施。各省级地方志工作机构要加强摸底调查，为基层地方志工作机构解决实际困难，进一步加强管理和规范。

四要坚持进度和质量兼顾实现“两全”目标。2020年完成“两全”目标是《全国地方志事业发展规划纲要（2015—2020年）》确定的硬指标、硬任务，务必确保完成。从目前的情况看，不抓进度完成不了；但在抓进度的同时，还应狠抓质量。实现“两全”目标是我们的主业，是评价地方志工作成果的核心指标，主业完成不了，其他工作再有声有色也要打折扣。规划任务还未完成的地区，应倒排工期，强化督导，确保按时完成任务。同时，要加强质量控制，逐步建立和完善质量保障体系。质量关乎地方志事业发展的根基，志存千古，差之毫厘，后人就会谬以千里。必须始终以堪存堪鉴为标准，建立科学的志书编纂流程控制，严格审核把关，力争出精品佳志。

五要因地制宜构建事业发展新局面。地方志工作要做大做强，发挥更大的社会效益，就必须当事业来做。地方志基层基础工作千差万别，不能一概而论，更不能一蹴而就，完全套用一个模式、走一条道路，硬性要求全面发展。量体裁衣、因地制宜，是做好基层基础工作的科学方法。各地各级地方志工作机构要结合本地的经济社会发展水平和地域文化特点，充分借鉴兄弟单位好的做法、好的经验，逐步构建和完善适应当地实际的地方志工作格局。既不能裹足不前，又要实事求是；既要有全面发展的事业观，又要有按部就班、扎实推进的措施办法，有纲有目、纲举目张，张弛有度，有条不紊地推进各项工作。

六要创新资政、育人路径推广地方志成果。方志资源开发利用水平是衡量地方志工作成绩的重要标准，资源开发利用做得越好、推广越得力、运用越广泛，地方志工作的现实意义和价值就会越大，普及度就会越高。各级地方志工作机构不能“守着青山要饭吃”，要发挥掌握系统的、丰富的、真实的地情资料的优势，在资政、育人方面做好文章、做大文章。紧紧围绕党和国家发展大局和中心工作，紧紧围绕当地党委政府的工作大局，主动作为，善于发声，不断扩大地方志工作的社会影响力，让社会了解方志工作，关注方志工作，支持方志工作，让方志工作深入人心。

同志们，千里之行，始于足下，“得之在俄顷，积之在平日”，地方志事业要长治久安，基层基础工作是关键。万丈高楼平地起，希望大家以本次会议的召开为契机，交流经验，取长补短，认真抓好基层基础工作，夯实基础，打好根基，创新发展，为地方志事业续写华章作出新的更大的贡献。

在重庆市调研地方志工作时的讲话

（2016 年 4 月 20 日，根据录音整理）

李培林

受王伟光院长的委托，这次专程到重庆来调研。这届中指组领导提出要求，任期内要走遍全国 31 个省市区，了解基层地方志工作情况，重庆是我们调研的第 28 个省份。刚才听了 6 个区县地方志工作机构负责人的汇报，感觉到重庆市地方志工作取得不少成绩，有特色，也有亮点。比如把乡镇志全部纳入规划；主动指导军事志编纂，军地合作紧密；还有围绕三峡移民这一重大历史事件编纂专题志，如此大规模的水库建设移民，在世界水利史上是罕见的，用志书记录下来，不仅完整留存好这段历史，也为后人提供历史智慧、历史借鉴，体现了三峡移民精神。总之，在重庆市委市政府的重视和全市广大地方志工作者的努力下，重庆市地方志工作成绩明显。下面，结合当前全国地方志发展形势，我就重庆市地方志工作讲三点意见。

一是坚持依法治志，全面完成《全国地方志事业发展规划纲要（2015—2020 年）》确定的各项目标任务。依法治志是第五届中指组遵照中央提出“四个全面”战略布局，特别是全面依法治国提出的，并成为做好地方志工作的重要要求。所谓依法治志，就是要全面贯彻国务院《地方志工作条例》，明确地方志工作是政府行为，明确各级地方志工作机构的职责，建立起党委领导、政府主持，各级地方志工作机构组织实施，社会各界广泛参与的工作体制机制。首先要明确的是地方志工作是党委领导下的一项政府职责，是省、市、县三级政府必须完成的工作任务。各级地方志工作机构只是代表政府行使统筹规划、组织协调、督促指导地方志工作的职责。连绵不断地编修地方志是中国独有的文化传统，是中国传统文化的重要内容，志书官修也是中国独有的文化传统。正因如此，国务院办公厅才会印发《全国地方志事业发展规划纲要（2015—2020 年）》，才会从中央到地方建立起一支专职 2 万人、兼职 20 万余人的地方志工作队伍，才会每年拨付财政经费开展地方志工作。依法治志，就得依照《条例》做好地方志工作，落实好《规划纲要》确定的各项目标任务。特别是到 2020 年实现“全面完成第二轮修志规划任务、全面实现省市县三级综合年鉴全覆盖”的“两全”目标，这既是《条例》规定的工作内容，又是《规划纲要》明确的核心目标任务，也是全国地方志系统向全面建成小康社会的一份献礼。中国地方志指导小组及其办公室对实现“两全”目标高度重视，在年度工作会、专项布置会等都提出明确要求，还针对民族地区、贫困地区启动了志书出版资助工程。重庆市作为直辖市，作为中西部地区的重镇，要起到带头引领作用。刚才大家在汇报中也提到，现在完成第二轮修志规划任务难点在市志。第二轮重庆市志规划任务是 110 部，除了要继续加强领导、加强督查、加强组织管理以外，有些确实因为机构改革没有承编部门、难以完成的，要考虑采取适当措施进行调整。比如适当调整原有的修志规划，对同一部类的一些难以完成的志书进行合并。当然，调整规划必须上报重庆市政府批准，同时要上报中指办备案。在实现综合年鉴编纂全覆盖方面，重庆市已经实现了全覆盖，现在还有不少省份没有实现。重庆市要继续在一年一鉴、公开出版上下功夫，在提高编纂质量上下功夫。总之，重庆市在贯彻落实依法治志、《规划纲要》方面要趁热打铁，充分利用好 2016 年是国家“十三五”规划纲要开局之年的有利时机，争取由市政府出台重庆市地方志工作五年规划或加强地方志工作的意见，把地方志工作列入市政府督办事项等。

二是围绕中心、服务大局，让地方志成为文化大市的一张靓丽名片。重庆不仅要成为经济强市，还要成为文化大市。现在各级领导观念都在发生变化，对文化的要求越来越高，越来越自觉。地方志工作是社会主义先进文化的重要组成部分，是继承和发扬传统文化的重要载体。各级地方志工作者要有事业心，要围绕中心服务大局，寻找切入点进入中心工作。在这方面全国地方志系统创造了很多很好的经验，比如山东省，2015 年省长对地方志工作作了 8 次批示，就是因为山东省史志办紧紧抓住纪念抗日战争胜利 70 周年的契机，主动请缨，主动作为，在很短的时间内就编纂出版了一系列的抗战研究成果，社会反响很大。重庆市经济社会发展迅猛，是巴渝文化发祥地，红岩文化、抗战文化等内容丰富、特色鲜明。重庆市各级地方志工作机构要有所作为，把握好全市的经济社会发展大局，主动靠拢，以有为谋有位。地方志工作机构确实是边缘部门，如果缺乏政治意识、大局意识、核心意识、看齐意识，不主动作为，就无法改变冷部门、边缘部门的现状。地方志的优势是掌握丰富的、系统的地情资料，这是其他部门难以比拟的。档案部门资料很丰富，但是容易碎片化；党史部门资料很丰富，但是达不到地方志如此全面系统。地方志地理、政治、经济、文化、社会、人物等内容包罗万象，并且成体系、成规模，经过三十多年的积累，价值更加突出。重庆市要建设文化大市，离不开地方志工作；反过来，地方志工作一定要主动作为，打造成文化大市的一张靓丽名片。

三是要适应广大人民群众的文化需求和新媒体发展大势，让地方志成果走进千家万户。地方志书内容丰富，部头大、篇幅长，作为资料性文献、作为工具书，价值很大。但是，也带来了一个问题，就是领导没时间看、老百姓不爱看。现代社会节奏很快，传统的纸质传媒在新媒体冲击下急剧下滑。大家没时间坐下来看书，更没时间看一本厚厚的志书。要适应广大人民群众不断增长的文化需求，适应新媒体对地方志工作的冲击，一方面在编修好传统志书的同时，要开发出短平快、群众喜闻乐见的地方志工作成果；另一方面要让地方志工作、地方志成果和新媒体结合起来，比如建立微信公众号、建地方志网站、将地方志成果数字化等。中国地方志指导小组办公室从 2015 年启动了中国名镇志文化工程，开通了“方志中国”微信公众号、中国方志网、方志中国手机报，全面推进国家数字方志馆、中国地情网建设，就是要引领全国地方志工作适应新形势、新变化、新需求，社会反响很好。地方志工作千万不能固步自封，只有不断创新，才能不断发展，才能让古老的文化传统焕发出时代的魅力和活力。用群众喜闻乐见的方式让地方志成果走进千家万户，从第五次全国地方志工作会议刘延东副总理代表党中央国务院发表重要讲话时就已经要求，这几年各地取得了不少成绩。重庆市是少数还没有开通网站的省份之一，在这方面的工作还要不断加强。

最后，希望重庆市地方志工作要把握好当前地方志事业发展的大好形势，争做中西部地区的排头兵，为重庆市经济社会文化发展作出更大的贡献。谢谢大家。

在纪念国务院《地方志工作条例》颁布实施10周年座谈会上的讲话

（2016 年 5 月 13 日）

李培林

近来，地方志工作喜事连连。昨天，在人民大会堂举行《汶川特大地震抗震救灾志》出版座谈会、首届全国名镇论坛暨中国名镇志丛书出版座谈会。今天上午，又在这里举行了国家数字方志馆揭牌及“方志中国”展览开展仪式，王伟光同志发表了重要讲话。“加快信息化和方志馆建设”是全国地方志事业发展的总体目标之一，方志馆建设也面临着前所未有的发展机遇。我认为，在全国地方志事业发展和各级方志馆建设不断深入推进的大好形势下，国家方志馆的建设更要做好馆藏资源建设、信息化建设、展览陈列等基础工作，提高理论研究水平以及业务指导能力，将国家方志馆建成能够代表全国地方志事业发展水平、体现国家级方志馆气派的公共文化服务设施。

2006 年 5 月 18 日，国务院正式颁布了《地方志工作条例》（以下简称《条例》），这是我国第一部有关地方志工作的行政法规。今天，我们在这里隆重集会，纪念《条例》颁布实施 10 周年，就是要确保《条例》的有效实施，确保依法治志的全面推进，确保地方志事业的全面发展，在国家“四个全面”战略布局和中国特色社会主义“五位一体”的总体布局中作出更大贡献。在此，我谨代表中国地方志指导小组及其办公室向大家的到来表示热烈的欢迎，对大家刚才积极建言献策表示衷心的感谢！

“历史是最好的教科书”“历史总能给人以深刻启示”。回顾延续两千多年的方志发展史，我们感到，地方志编修之所以能持续不断、延绵不绝，与行政推动分不开，与“官修”传统分不开。自隋唐基本确立史志官修制度后，历代不断颁布政令对修志进行统一规范，通过行政命令推动修志工作。据不完全统计，新中国成立前，历代共发布修志命令 46 份，包括清以前 35 份、民国时期 11 份。这些政令确立了编修地方志是“官职”“官责”，并不间断地从编纂方法、内容要求等方面进行统一规范，为我们留下了 8000 多种旧志典籍。

新中国成立后，党和国家领导人非常关心地方志工作。毛泽东主席要求全国各地编修地方志。为此，1958 年 10 月，国务院科学规划委员会地方志小组起草了《关于新修方志的几点意见》，这是新中国成立以后关于新修方志编纂原则的第一个纲领性意见，对 20 世纪 50 年代新编地方志工作产生了积极的影响。1959 年，在周恩来总理支持下，中国地方志小组成立。随后，《关于新修方志提纲（草案）》《关于编写地方志工作的几点意见》出台，这对新中国成立后的新方志编修提出了基本的规范性要求，是对新方志编修工作制度化建设的早期探索，为改革开放后首轮修志的开展奠定了基础。

改革开放以后，地方志工作通过行政手段加以推动的力度进一步加大。1985 年 7 月，经国务院同意，中国地方志指导小组颁布《新编地方志工作暂行规定》，对编修地方志作出了具体而系统的规定。这是首轮新编地方志工作第一个政策性规定，确定了首轮修志一系列重要原则。1996 年 11 月，国务院办公厅出台了《关于进一步加强地方志编纂工作的通知》，进一步明确了地方志工作在社会主义文化建设事业中的地位，完成了省、市、县三级志书体系的建构，确定了志书“每20年左右续修一次”的国家要求，标志着新中国地方志工作步入制度化阶段。1998年2月，中国地方志指导小组颁布《关于地方志编纂工作的规定》，对修志体制、修志机构、修志经费、志书体裁等普遍性问题作出了更为具体的规定。与此同时，各级地方政府和地方志工作机构根据党中央、国务院有关部门的规定，也制定了一系列规章制度。依靠这些行政命令，有力推动了地方志工作的发展，也为后来的地方志工作立法打下了基础。但是随着改革的进一步深化，地方志工作仍靠过去行政命令推动的方式已难以适应形势需要，迫切需要通过立法加以规范。

自1995年起，党和国家领导人就对地方志工作法制化问题多次作出专门指示。1995年8月，中共中央政治局委员、国务委员、中国地方志指导小组组长李铁映指出：“根据当前修志工作的实际需要，应当考虑把制定地方志工作条例的工作提上议事日程。”1996年5月，国务院总理李鹏在接见全国地方志第二次工作会议代表时指出：“编修地方志要制定章程或规定，以便使工作有章可循。”在党和国家领导人的大力支持下，地方志立法工作启动，2006年5月18日，国务院总理温家宝签署第467号国务院令公布了《条例》。这是我国历史上第一部有关地方志工作的行政法规。“法律政令者，吏民规矩绳墨也。”《条例》的公布施行结束了地方志工作无法可依的历史，是具有全局性、根本性、战略性的一件大事，标志着地方志工作从此进入有法可依的法制化新阶段和大规模、正规化修志的新时代，对于建立修志工作长效机制，保障我国地方志工作持续健康稳定发展，具有重要的现实意义和深远的历史意义。

党的十八大以来，党中央国务院高度重视地方志工作。习近平总书记就传承中华传统文化发表了一系列重要讲话，还就修史修志工作作出一系列重要指示，李克强总理对地方志工作作了三次重要批示，刘延东副总理发表两次重要讲话、作出两次重要批示，为全国地方志事业发展指明了方向，提供了根本遵循。在党和国家领导人的关注下，2015年8月国务院办公厅印发《全国地方志事业发展规划纲要（2015—2020年）》（以下简称《规划纲要》），标志着全国地方志事业走上了规划先行、以科学规划引领发展的道路。《规划纲要》明确将坚持依法治志作为“六大基本原则”之一，这是在当前我国建设社会主义法治国家的背景下提出的，是全面推进依法治国的应有内涵与必然要求。它意味着全国地方志从依法修志走向依法治志，从法制化迈入法治化的新阶段。2016年3月，《中华人民共和国国民经济和社会发展第十三个五年规划纲要》正式发布，其中明确写入“加强修史修志”，首次把地方志作为国家战略实施在文化领域不可或缺的重要一环，列入国民经济和社会发展五年规划，意义十分重大。

《条例》颁布实施10年来，地方志法治化建设成就显著。10年来，各级党委、政府高度重视，积极贯彻落实国务院《条例》。通过制定本地的地方志条例、规章或实施办法，不断努力推进本地法治化建设，为构建全国地方志工作法规体系奠定了坚实的基础。通过贯彻落实《条例》及“一纳入、八到位”总体要求，逐一解决了制约地方志事业发展的机构、经费、编制等问题，地方志工作保障体系初步建立。通过明确省级或市县级地方志工作机构的行政权力清单，将地方志工作纳入政府依法行政范畴，强化依法行政意识，提升依法行政履职的能力水平。通过强化行政督查，形成从组织领导、指导推动到督查检查的完整工作链条，不断夯实依法治志的工作基础。通过开展主题鲜明的法治宣传教育活动，各地地方志工作系统的干部职工积极执行《条例》的主动性有了很大提升，《条例》的社会知晓率和关注度有了较大提高，《条例》在各地得到顺利实施并取得较好效果，有力地促进了工作发展。

总结经验，我们更加感到，地方志法治化建设首先离不开各级领导的重视、关注与支持，离不开地方志工作者默默无闻的坚守，以有为换有位。其次，必须坚持贯彻落实“一纳入、八到位”总体要求。要以“一纳入、八到位”为总抓手，健全“党委领导、政府主持、各级地方志工作机构组织实施、社会各界广泛参与”的工作体制机制。惟其如此，才能把法治化建设落到实处。再次，必须善于“借力”整合资源。在依法督查中，要通过与各级人大、政府法制办联合行动，进一步增强地方志行政执法的权威和效果；在普法宣传上，要系统上下、内外资源整合，争取取得“1+1”大于2的功效。

当然，在充分肯定落实《条例》及法治化建设取得成绩的同时，我们也应看到存在的不足，主要表现在：各地各级地方志事业法治化建设不均衡，个别地区尚未出台相应的法规；确保《条例》实施的监督机制还不健全；《条例》在一些地方的社会知晓率低，普法宣传覆盖面不够；一些地方志工作者的法律意识、法治思维、法治能力还有待进一步提高，等等。对这些问题，我们必须高度重视，以改革创新的精神，以只争朝夕的紧迫感和舍我其谁的使命感，切实加以解决。

党的十八届四中全会强调：“全面推进依法治国是一个系统工程，是国家治理领域一场广泛而深刻的革命，需要付出长期艰苦努力。全党同志必须更加自觉地坚持依法治国、更加扎实地推进依法治国，努力实现国家各项工作法治化，向着建设法治中国不断前进。”地方志工作要实现法治化，就必须全面贯彻实施《条例》。法律的生命力在于实施，法律的权威也在于实施。同样，《条例》的生命力与权威也在于实施。我们要以踏石留印、抓铁有痕的劲头，坚持不懈地抓好《条例》的贯彻落实，善始善终、善做善成，全面推进地方志法治化建设。就此，我提几点要求：

第一，坚持正确政治方向。地方志事业是党领导的中国特色社会主义事业的有机组成部分，要坚定不移走中国特色社会主义道路，始终高举中国特色社会主义伟大旗帜，始终坚持马克思主义的世界观和方法论。要继续深入学习贯彻习近平总书记系列重要讲话和李克强总理、刘延东副总理关于地方志工作的重要批示、重要讲话精神，明确地方志工作在国家实施“四个全面”战略布局中的地位和作用。

第二，牢固树立法治思维。习近平总书记强调：“法治是国家治理体系和治理能力的重要依托。要推动我国经济社会持续健康发展，不断开拓中国特色社会主义事业更加广阔的发展前景，必须全面推进社会主义法治国家建设。”地方志事业要繁荣发展，就必须把地方志工作纳入法治轨道，以“一纳入、八到位”为总体要求，推动地方志从依法修志到依法识志、依法修志、依法研志、依法用志、依法管志、依法存志和依法传志的转型发展，用法治思维破解发展难题，用法治手段解决问题，保障《条例》的贯彻落实。

第三，科学修订完善《条例》。“法律是治国之重器，良法是善治之前提。”科学立法是全面推进依法治国的重要前提和基础。要推进地方志的法治化建设，实现依法治志，就必须坚持立法先行，发挥立法的引领和推动作用，具体而言就是要做好法律法规的修订和完善工作。首先，《条例》作为地方志工作的“根本法”，需要不断适应新形势、吸纳新经验、确认新成果，才能具有持久生命力。随着依法治国的进一步推进，地方志事业的进一步发展，《条例》的修订工作也是迫在眉睫。根据大家的建议，此次座谈会的一项重要议程，就是对《条例》的修订完善征求意见，中指办要负责整理好这些宝贵意见，形成报告，提交相关部门，尽快启动修订程序。其次，要进一步完善地方志法规规章体系，没有制定或正在制定地方志工作法规规章的地方，要力争早日出台；已经出台的，要抓好贯彻落实。再次，要加快开展《中华人民共和国地方志法》立法可行性研究，努力提高地方志工作的法律地位。

第四，切实加强严格执法。“法立，有犯而必施；令出，惟行而不返。”贯彻落实《条例》，实现依法治志的关键就是在法律框架下要严格执法。各级政府、地方志工作机构要严格遵守《条例》，依法全面履行相关职能，推进机构、职能、权限、程序、责任法定化，推行政府权力清单制度；要将相关规定认真贯彻落实于地方志编纂、审查验收、出版、开发利用等全过程，维护《条例》权威；要强化地方志工作的督查考核，加大地方志法规规章的执行力度，对于违反《条例》

或违反相关法律法规的，由相关部门依法予以纠正，并视情节追究有关单位和个人的责任，构成犯罪的，依法追究刑事责任，杜绝“地方志违法行为”的发生。

第五，强化全社会依法治志意识。“法律的权威源自人民的内心拥护和真诚信仰。”法律只有被遵守，才能从字面上的法转化为行动中的法。十八届四中全会之所以将全民守法规定为社会主义法治新要求，就是要强调法律必须被遵守。建成中国特色社会主义法治国家重在追求法律的“内化于心，外化于行”，强调的是法律应当成为全体人民的共同追求和自觉行动。我们必须承认的现实是，公众对于地方志的认识还有所欠缺，远远没有形成普遍的社会意识，更不必说，对地方志法规规章的遵守。培育、强化全民依法治志意识时不我待。一方面，要强化各级地方志工作机构普法的主体责任，普及地方志法规任重道远。另一方面，强化全社会依法治志的责任意识。我们要将依法治志与弘扬社会主义法治精神、建设社会主义法治文化、增强全社会厉行法治的积极性和主动性紧密结合起来，培育、强化全社会依法治志意识，激发社会公众对地方志事业的参与热情。

同志们，两天来，我们以“方志速度”先后举行四项重要活动，每项活动的信息量都很大，对于地方志事业的发展都有很大的促进作用，大家要充分认识每项活动的重要意义，扎扎实实做好相关工作。这里，我再重点强调一下下一步工作的有关要求：一是各地必须全力以赴，确保在2020年前完成《规划纲要》规定的“两全”目标这个法定任务，在全国范围内实现县县有志；二是在有条件的地方，要推动志书编修向乡镇（街道）、村（社区）延伸，同时要认真研究如何充分地体现各地的文化底蕴；三是在方志馆建设上，各地要坚持创新引领、开放建馆、协调发展、共享服务的理念，要把公众参与、公众满意作为重要衡量标准，注重实效；四是在修订完善《条例》工作上，要尽快启动《条例》修订程序，在修订过程中要注意延伸地方志内涵，拓宽地方志工作领域，力争明确各级政府修史修志的主体责任。

同志们，我们今天在这里举办这个座谈会，立足现在，总结过去，展望未来。地方志法治化建设任重道远，希望大家以纪念《条例》颁布实施10周年为契机，把握时代脉搏，抓住当前地方志难得的发展机遇，坚定信心，齐心协力共同推进依法治志，为地方志事业的全面发展作出新的更大贡献。

在第一次全国年鉴工作会议上的讲话

（2016年7月15日）

李培林

在“十三五”规划实施和全面建成小康社会决胜阶段的开局之年，我们齐聚太原，召开第一次全国年鉴工作会议，共商年鉴事业发展大计。会议的主要任务是：全面贯彻党的十八大和十八届三中、四中、五中全会精神，深入贯彻习近平总书记系列重要讲话精神和李克强总理、刘延东副总理关于地方志工作的重要批示、重要讲话精神，贯彻中国地方志指导小组五届一次、二次会议和第五次全国地方志工作会议精神，认真总结改革开放近40年来尤其是《地方志工作条例》（以下简称《条例》）颁布施行10年来的年鉴工作，统一思想，凝心聚力，提高认识，科学谋划，攻坚克难，确保圆满完成《全国地方志事业发展规划纲要（2015—2020年）》（以下简称《规划纲要》）提出的年鉴工作目标任务，努力实现年鉴事业发展的新跨越。

围绕会议的主要任务，结合全国年鉴工作实际，下面我谈三个方面的问题。

第一个问题：认真总结改革开放近40年来尤其是《条例》颁布施行10年来的年鉴工作

改革开放以来，伴随着各行各业的拨乱反正和文化事业的复苏，我国年鉴编纂也摆脱停滞萧条的状态，开始走上快速发展的道路，年鉴种类数量增多，理论研究逐步活跃起来。

2006年5月，国务院颁布施行《条例》，这是新中国成立以来，第一部涵盖年鉴工作的全国性法规。《条例》从法律上规定了地方综合年鉴编纂是地方志工作的重要组成部分，明确了国家地方志工作指导机构对地方志工作的统筹规划、组织协调、督促指导职责，县级以上地方人民政府对地方综合年鉴编纂出版的领导职责，以及县级以上地方志工作机构对地方综合年鉴的组织编纂职责，明确地方志工作经费列入本级财政预算。《条例》的颁布施行，标志着年鉴工作迈入法治化轨道，开始改变我国年鉴长期面临的生存难题，逐步改善地方综合年鉴编纂缺乏统一管理和统一规划的状况。

《条例》颁布施行10年来，在党中央、国务院的亲切关怀下，在地方各级党委、政府的坚强领导和有关部门的大力支持下，各级地方志工作机构、年鉴编纂单位和广大年鉴工作者紧扣时代脉搏，紧跟时代步伐，开拓创新、奋力进取，年鉴各方面工作都取得了不凡的成绩，重点有以下三个方面：

一是《条例》和《规划纲要》的落实逐步深入，年鉴事业发展的保障更加有力。《条例》对地方综合年鉴的领导主体、工作经费、编纂机构、编纂质量、编纂人员、出版程序、开发利用，以及社会各界应担负的职责，都作出了明确的规定，为开展年鉴工作提供了有力的法律依据。古人说：天下之事，不难于立法，而难于法之必行。就当前年鉴工作而言，有法可依固然重要，更重要的是有法必依、执法必严、违法必究，切实把《条例》关于年鉴工作的法律条文真正落到实处。

10年来，一些地方以《条例》和本地区出台的地方志工作地方法规、政府规章或规范性文件为依据，联合地方人大或政府法制部门、政府督查部门，积极开展执法检查或行政督查。河北省地方志办公室会同省政府法制办进行执法检查，请求省政府办公厅督查室将地方志工作纳入政府督查序列并下发《督查情况通报》，推动许多“老大难”单位立即行动起来，创造条件启动年鉴编纂工作。贵州省地方志办公室与省人大法工委、省政府法制办每年组织联合执法检查组，对全省各地修志编鉴工作开展行政执法检查活动。江苏、山东、宁夏力度更大，江苏省政府召开常务会议，要求市辖区健全地方志工作机构，开展年鉴编纂工作；山东省分管地方志工作的副省长带队开展督查工作，宁夏回族自治区副主席两次专门召开年鉴编辑督导会议。其他一些省份如辽宁、黑龙江、江苏、河南、海南、四川等，通过不同方式开展修志编鉴工作督促检查。北京、山西、福建、江西、广东、广西、四川等省级政府通过规范行政许可或公布地方志工作机构权力清单、责任清单，强化地方志工作机构指导地方综合年鉴编纂的行政职能。通过《条例》的逐步落实，黑龙江、安徽、福建、广东、海南、四川、贵州、西藏、甘肃理顺了省级综合年鉴管理体制，省市两级的年鉴编纂机构、人员、经费等问题基本得到解决，县区一级年鉴编纂遇到的困境也有较大改观。

在《条例》的贯彻落实过程中，伴随着我国“五位一体”总体布局和“四个全面”战略布局的逐步推进，地方志事业面临着新的发展形势和发展难题。第五届中国地方志指导小组抢抓机遇、顺势而为，提请国务院办公厅印发了《规划纲要》，这是我国第一份关于全国地方志事业发展的规划文件，也是第一份规划年鉴事业发展的文件，在年鉴发展史上同样具有里程碑意义。《规划纲要》对当前和今后一个时期全国年鉴事业发展作出了顶层设计和统筹安排，提出了明晰的任务书、时间表、路线图，标志着年鉴事业从此走上以科学规划引领科学发展的道路。

当前，《规划纲要》的贯彻落实正在走向深入。中国地方志指导小组及其办公室除通过调研座谈，认真检查《规划纲要》的落实情况外，还组织起草了《全国年鉴事业发展规划（2016—2020年）》。这个文件已经印发给各位代表，请大家认真讨论。根据《规划纲要》，天津、河北、山西、内蒙古、辽宁、吉林、黑龙江、江苏、福建、江西、山东、河南、湖北、四川、新疆等15个省区市出台了本地地方志事业发展规划、实施方案或实施意见，对年鉴工作都进行了具体和科学的规划设计。

二是年鉴种类数量快速增长，年鉴成果粲然可观。10年来，按照《条例》规定和《规划纲要》要求，省、市、县三级地方志工作机构大力创办地方综合年鉴；各军区、省军区全面开展军事年鉴编纂工作，全军师以上单位逐步开展军事年鉴编纂工作；武警各总队、各机动师普遍开展武警年鉴编纂工作；各行业、各部门的志鉴机构也积极创办年鉴。截至目前，全国编纂各级各类年鉴5000多种（不含香港、澳门、台湾地区）。其中，省级综合年鉴32种，地市级综合年鉴390多种，县区级综合年鉴2300多种，军事年鉴320多种，武警及全国性专业年鉴1000多种，地方专业年鉴1300多种。此外，北京、黑龙江、江苏、山东、湖北、广东等省市的一些乡镇村和社区开始编纂本级年鉴，尤其是广东省深圳市、东莞市，乡镇和社区年鉴的编纂在逐渐铺开。

我国编纂出版的年鉴，不仅数量众多，种类也丰富多样，有反映全国和地方基本情况的全国性综合年鉴、地方综合年鉴，有反映某一方面、某一领域基本情况的行业年鉴、部门年鉴、军事年鉴、武警年鉴、企事业单位年鉴、学科年鉴。形式上也逐步多样化，除传统样式的年鉴外，还出版了年鉴袖珍本、简本；除中文版外，还出版了年鉴英文版、韩文版，新疆维吾尔自治区等民族自治地区还用少数民族语言出版年鉴。所有这些年鉴聚集起来，无疑形成了庞大的文化成果群，也使我国成为第一年鉴大国。

三是质量保障机制逐步健全，年鉴质量不断提升。年鉴数量的增长固然可喜，但质量的提升更为关键。没有质量作为基础的纯数量增长，不仅将损毁年鉴事业发展的根基，更会流毒当代、贻误子孙。中国地方志指导小组及其办公室高度重视年鉴质量建设，不仅在全国性会议上和下发的文件中反复强调，还制定印发《地方综合年鉴编纂出版规定（试行）》；实施中国年鉴精品工程，努力打造精品年鉴；启动中国年鉴论坛，发布《中国年鉴发展报告》。明天还将开展中国地方志学会年鉴研究会换届会议，讨论年鉴质量问题。10年来，各地、各部门地方志工作机构也都充分认识到年鉴质量建设的重要性和艰巨性，运用各种方式、采取多种措施狠抓年鉴质量。天津、河北、山西、吉林、上海、江苏、浙江、福建、湖南、山东、河南、湖北、广东、广西、海南、陕西、中国铁路总公司档案史志中心根据中国地方志指导小组下发的《地方综合年鉴编纂出版规定》，或者依照本地、本部门年鉴编纂实际，推动年鉴编纂的规范化建设；北京、吉林、山东、云南、青海组织编纂人员相互审读、交叉点评年鉴，开展优秀年鉴学习活动和“面对面”指导，提高编辑人员业务能力；北京、吉林、江苏、新疆生产建设兵团开通年鉴QQ群或年鉴工作微信群，促进编辑、组稿人员、撰稿人员相互交流学习；重庆、贵州、甘肃、新疆实施分级评审和审查验收制度，严把政治关、史实关、体例关、保密关、出版关；江苏、山东以省政府办公厅名义开展优秀年鉴成果评选活动，通报表彰优秀年鉴；广西设立年鉴精品工程专项资金，着力打造一批本地区年鉴精品；全军军事志指导小组印发《军事年鉴编纂细则》，各军区、省军区制定相应的编纂工作规定和编纂细则，军事年鉴编纂逐步得到规范。

总体来看，在中国地方志指导小组及其办公室的倡导推动下，通过各地、各部门的不懈努力，年鉴的框架更为科学，资料更加翔实，表现形式更为丰富多样，编辑校对更加严谨，时效性不断增强，社会的认可度不断提升。今年6月，中国地方志指导小组举办了全国地方志优秀成果评审，共评审出400多部优秀年鉴，在一定程度上表明我国的年鉴编纂已经达到较高水平。这次会议，将要对这些优秀年鉴编纂单位进行通报表扬，希望受到表扬的单位百尺竿头，更进一步，将年鉴编纂质量提高到一个新的水平。

10年来的年鉴工作成绩斐然，也积累了一些弥足珍贵的经验。这些经验主要是：必须坚持以邓小平理论、“三个代表”重要思想、科学发展观为指导，贯彻落实习近平总书记系列重要讲话精神，紧紧围绕中国特色社会主义事业发展改革大局，始终与党中央保持思想上、政治上、行动上的高度一致；必须坚持党委领导、政府主持、地方志工作机构和年鉴编纂单位组织实施的工作体制，引导和吸纳社会组织、专家学者参与年鉴编纂；必须大力推进年鉴工作法治化、制度化建设，牢固树立依法治鉴的观念，积极营造依法治鉴的氛围，依靠法律来布置工作、督查工作、推动工作；必须把年鉴工作纳入到国民经济和社会发展规划、各级政府工作任务之中，切实做到认识到位、领导到位、机构到位、编制到位、经费到位、设施到位、规划到位、工作到位；必须大力弘扬修志问道、直笔著史的修志人精神，加强年鉴主编、编辑、撰稿人队伍建设，努力造就一批政治水平高、创新能力强、业务素质棒、奉献意识浓的领军人才；必须始终坚持质量第一的原则，建立健全科学实用的年鉴质量保障和评价体系；必须把年鉴资源开发利用工作摆到重要位置，推动年鉴工作的信息化建设，增强公共服务意识和服务能力，提高年鉴的知晓度、利用率和影响力。

这些经验，是全国广大年鉴工作者集体智慧的结晶，既是对改革开放以来尤其是近10年来全国年鉴工作实践的精心总结，也是保证年鉴事业顺利前行的法宝。我们在今后的工作中一定要认真领会，并在实践中及时予以丰富和发展。

在充分肯定成绩的同时，我们也要清醒地看到工作中存在的困难和问题，有些问题困扰着年鉴事业的可持续发展。主要表现在：中指办统筹顶层设计不够，全国年鉴工作者齐心聚力不足；有些地方的领导同志对年鉴工作的重要性认识不够，地方志工作法规规章和“一纳入、八到位”的总要求落实不到位，一些地方尤其是县区一级的年鉴编纂，仍然缺机构、缺编制、缺人员、缺经费，直接导致不能连续编纂、按时公开出版年鉴；四个省市的省级综合年鉴管理体制还没有理顺，影响了本地区年鉴工作的正常开展；年鉴专业编辑队伍青黄不接，撰稿队伍不稳定现象比较突出；年鉴质量建设还任重道远，年鉴理论研究出现滑坡现象；年鉴数字化、网络化程度较低，服务水平还不能更多地满足社会需求。以上问题，虽然是前进中的问题，但必须引起高度的警惕和重视，并在今后的工作中根据不同情况，有重点、有步骤地切实加以解决。

第二个问题：进一步深化《规划纲要》关于年鉴工作要求的认识

去年8月25日，国务院办公厅印发《规划纲要》，这是在国务院严格规范发文的条件下出台的，充分表明了党中央、国务院对地方志事业的高度重视。《规划纲要》全文虽只有4800余字，但每个条款都经过了反复的讨论、锤炼，内容极其丰富，其中对年鉴工作提出了一系列要求，影响当前年鉴事业发展的主要是省、市、县三级综合年鉴全覆盖问题、年鉴质量建设问题和队伍建设问题。我们要立足于国家发展改革大局和社会主义文化事业建设全局领会这些要求，以强烈的时代责任感和历史使命感落实这些要求。

一是要从为全面建成小康社会提供智力支持的高度认识省、市、县三级综合年鉴全覆盖的意义。党的十八大作出全面建成小康社会的战略部署，明确要求到2020年全面建成小康社会。党的十八届五中全会强调，到2020年，如期实现全面建成小康社会的奋斗目标。在全面建成小康的伟大实践中，我们应当扮演什么样的角色，承担什么样的历史使命，作出什么样的贡献，这是每一个人应当思考的重大问题。毫无疑问，推动《规划纲要》提出的到2020年，做到地方综合年鉴由地方志工作机构组织编纂，一年一鉴，公开出版，实现省、市、县三级综合年鉴全覆盖，就是我们应当努力完成的一项神圣使命，更是我们为全面建成小康社会作出的一项重大贡献。

其一，通过实现省、市、县三级综合年鉴全覆盖，可以利用年鉴的年度资料性文献性质，及时记录各地区在全面建成小康社会伟大征程中，每年取得的新成绩和新经验，出现的新情况和新问题，涌现的优秀人物和典型事迹，在改革大潮中人民群众的所思所想、喜怒哀乐，在社会变迁中当地的风俗习惯、文化特性，将之全面、系统、客观地告诉世人、传及后代。

其二，通过实现省、市、县三级综合年鉴全覆盖，可以积累巨量的地情、国情资料，实现对地情、国情的系统调查。这样一座覆盖各个地域的资料宝库，可以为推动经济社会发展和深化改革提供智力支持，为各级领导干部了解熟悉地情提供咨询服务，为推进治理体系和治理能力现代化提供历史借鉴；可以为广大人民群众提供精神食粮，为弘扬社会主义核心价值观和中华民族传统美德提供基本素材；可以为各类智库建设，为开展哲学社会科学研究、新闻写作、文学影视创作提供基本信息资料。

二是要从繁荣社会主义文化事业的高度认识年鉴队伍建设的意义。经过近40年的蓬勃发展，年鉴事业的内涵和外延在逐步拓展和延伸，不仅包括覆盖许多地区和部门的年鉴编纂，还有理论研究和学科建设，数字化、网络化建设，地情书籍编写、信息资料咨询、对外文化交流和传播等工作。可以说，年鉴已经成为中华优秀文化不可分割的元素，成为社会主义文化建设的重要组成部分，更是各地各部门年度文化活动的一个闪光点。

继续书写年鉴事业发展的新篇章，关键在人。目前，全国年鉴专职和兼职编纂人员约2万人，参与省、市、县三级综合年鉴撰稿的人员有20多万人。这是一支能战斗、能吃苦的队伍，是一支不计名利、默默奉献的队伍，也是一支与时俱进、勇于创新的队伍。这支队伍分布在各条战线、各个领域，有的从事方志编修、年鉴编辑，有的从事文字写作、文学创作，有的从事理论宣传、社科研究，可以说，这支队伍也是强大的文化建设生力军。我们要尽最大努力关心爱护这支队伍，落实《规划纲要》提出的加强人才队伍建设的要求，重视人才选拔、培养和使用，加强专兼职结合、结构合理的人才队伍建设，建设一支高素质的年鉴编纂、研究队伍。

第三个问题：确保如期完成《规划纲要》提出的年鉴工作任务

《规划纲要》就年鉴工作提出了一些具体任务，除实现省、市、县三级综合年鉴全覆盖的刚性任务，以及加强质量建设和队伍建设这些具有现实和深远意义的任务外，还提出要重视军事、武警及其他各类专业年鉴编纂工作，加强年鉴理论研究和学科建设，加快年鉴信息化建设，提高年鉴资源开发利用水平，扩大国内年鉴的交流与合作。这些任务看似简单，实则艰巨复杂。我们要科学谋划，多管齐下，扎实推进，确保如期完成。

一是要继续加大宣传力度。年鉴工作在经济社会发展和社会主义文化强国建设中发挥着不可替代的重要作用，年鉴工作者全力投身全面建成小康社会的伟大实践，也作出了卓越贡献，但不可否认，年鉴工作在社会上的知名度、影响力仍然有限，原因之一就是宣传不到位。因此，要大力宣传年鉴工作服务经济社会发展和文化建设的重要作用。大力宣传年鉴的发展历史、基本知识、社会价值。宣传方式力求多样化，可以采取向领导汇报工作、向地方“两会”代表赠送年鉴成果的形式，可以利用在传统媒体和新媒体上撰写文章、在电视报刊开辟专栏的方式，也可以使用举办周年宣传日、开办学习讲座、开展知识竞赛的手段。通过宣传，做到领导干部了解年鉴，社会各界知晓年鉴，读者群体熟悉年鉴，逐步在全社会培育浓厚的年鉴意识，使年鉴编纂成为一个时代的文化自觉，从而为年鉴事业发展营造出良好的外部环境。

二是大力推动依法治鉴。《规划纲要》明确提出要坚持依法治志的原则，这是首次将“依法治志”写入国务院文件，具有非常重要的意义。“依法治志”的“志”，在外延上涵盖了年鉴，对于年鉴工作来讲，就是“依法治鉴”。这个“法”，既包括我国宪法、法律、行政法规等根本法、基本法，也包括《条例》和《规划纲要》特别法。《条例》明确规定：县级以上人民政府应当加强对本行政区域地方志工作的领导，地方志工作所需经费列入本级财政预算。按照“法定职责必须为”的要求，年鉴工作作为地方政府的一项“法定职责”，约束性非常强，不是想做或不想做的工作，而是必须完成好的法定工作职责。《规划纲要》又强调：国家地方志工作机构依法统筹规划、组织协调、督促指导全国地方志工作；省、市、县级地方志工作机构依法履行组织、指导、督促和检查地方志工作职责。所以，各级地方志工作机构要紧紧扣住这些规定，注重运用法治思维、法治方式来思考谋划《规划纲要》的贯彻落实。要以《条例》和《规划纲要》为依据，让主管领导明白当地党委、政府应当担负的年鉴工作责任，努力争得他们的关心和重视；要争取人大、政府法制部门和政府督查部门的支持和配合，定期开展执法监督检查或行政督查，解决年鉴机构、编制、人员、经费等问题，督促如期完成年鉴工作任务，尤其是省、市、县三级综合年鉴全覆盖的任务。

三是狠抓“一纳入、八到位”落实。《规划纲要》提出：要坚持“一纳入、八到位”的工作机制。“一纳入”就是将地方志工作纳入各地国民经济和社会发展规划、地方各级政府工作任务，“八到位”指的是认识、领导、机构、编制、经费、设施、规划、工作到位。“一纳入、八到位”也是近40年来年鉴工作经验的总结，是《地方志工作条例》各项规定的凝练和深化。实践证明，凡是“一纳入、八到位”落实得力的地方，党委政府就重视，机构就健全，制度就规范，人财物就有保障，实际问题就能得到解决，年鉴工作也就生机勃勃；凡是“一纳入、八到位”落实不得力的地方，年鉴工作就比较滞后，甚至机构都不设置。因此，“一纳入、八到位”的落实情况，直接影响着年鉴工作任务的完成。各级地方志工作机构要按照《规划纲要》要求，主动向各级领导请示汇报“一纳入、八到位”落实中的相关问题，争取他们的理解和支持，推动、督促“一纳入、八到位”的落实。

四是始终坚持创新理念。如期完成《规划纲要》提出的年鉴工作任务，尤其是地方综合年鉴全覆盖的艰巨任务，必须以创新思维来考虑问题、解决问题，创新工作模式、管理方式、工作手段。如针对县区综合年鉴编纂队伍短缺的状况，可以采取政府购买服务的方式，开门编鉴，聘请地方文化名人和专家学者参与年鉴编纂；为提高年鉴的时效性，更好发挥服务现实的功能，可以按照季度报送年鉴资料，适当采用统计快报数据；在年鉴质量建设中，探索建立社会供稿机制，丰富完善年鉴内容，有条件的地方，可以推行分级审核制度，逐步建立年鉴质量评价体系；为推进理论研究，加快学科建设，可以争取为业务人员评审专业技术资格，设立专项研究课题；在年鉴资源开发利用方面，可以利用地方综合年鉴资源，建立各类数据库和图片库，编纂出版系列图片集或反映地域文化的画册，举办地方图片展览，配合国家和地方发展战略，编纂出版区域性年鉴，等等。总之，办法总比困难多，只要我们肯动脑筋，勇于实践，敢于创新，就一定能够把困扰、阻碍年鉴工作任务如期完成的不利因素消除掉。

同志们！《规划纲要》已经绘就了年鉴事业发展的美好蓝图，年鉴工作大有可为。俗话讲：人心齐，泰山移。各地各部门只要统一思想，提高认识，通力协作，奋发有为，就一定能完成好《规划纲要》确定的各项目标任务，就一定能作出经得起实践、人民、历史检验的工作业绩，为全面建成小康社会作出新的更大贡献。

在辽宁省地方志工作调研座谈会上的讲话

（2016 年 8 月 14 日，根据录音整理）

李培林

首先，我代表中国地方志指导小组和王伟光组长对辽宁省全体地方志工作者表示亲切问候，对辽宁省地方志工作所取得的成绩给予充分肯定，对辽宁省委、省政府对全省地方志工作的关心和支持表示感谢。特别是在辽宁省当前经济运行困难、财政紧张的大形势下，在省直部门专项经费总量压缩 70% 的情况下，辽宁省志编修专项经费不减反增，殊为不易。第五届中国地方志指导小组于 2013 年 12 月组建后，按照王伟光组长的要求，为履行国务院交给的职责，我们要在任期内走遍全国 31 个省（自治区、直辖市），检查指导地方志工作，推动地方志工作迈上一个新的台阶。辽宁是我们调研的第 30 个省份。之所以没有早点来，主要是考虑辽宁现在经济上确实出现一些困难，我们也担心这时候来会给地方增加一些负担。这次借到长春参加会议之机，顺道过来进行调研，也是想尽早与辽宁省各级地方志工作机构的同志们见面，看望和慰问大家，同时也深入了解基层的工作情况。为召开这次座谈会，占用了大家的周末休息时间，在此也表示特别感谢。

我对辽宁省的情况有些了解，对这里也很有感情。在 1996 年、1997 年前后，辽宁省在推进国有企业大规模减人增效改革的时候，我在这里搞了很长时间的调查研究，见证了那个时候的悲壮。后来，李铁映同志担任中国社会科学院院长时，辽宁省领导到中国社会科学院请求支持，希望帮助调查资源枯竭型城市如何进行转型。我当时带了调查组，到抚顺、本溪、朝阳、阜新等城市做大规模的调研，去研究这些城市到底怎么转型。国际上有很多传统工业城市，像英国的曼彻斯特、德国的汉堡、美国的底特律，实现转型都超过了 30 年，有的甚至历时半个世纪，都经历了一个非常艰难的过程。辽宁省要转到技术创新和以新兴产业为主的经济结构，在人才结构、资源配置、机构调整等各方面都要经过一个特别艰难的过程，不是一天两天就能完成的。所以，对辽宁现在面对的这些困难，我也有深切的理解和感受。但辽宁有很好的工业基础和人才储备，要对产业结构的浴火重生充满信心并坚定不移地实施转型。

党的十八大以来，新一届中央领导集体高度重视地方志工作，多次进行强调。我自己这样理解，随着我国经济社会的发展，我们把更多的目光转向文化建设，就是说我国在国际上要称得起是一个大国，仅仅是经济上强大远远不够，文化上也必须强大起来，掌握话语权。所以，习近平总书记就传承弘扬中华传统文化发表了一系列重要讲话，多次强调要坚持文化自信，加强历史文化建设，提出要“高度重视修史修志”；李克强总理三次作出重要批示，提出“修志问道，以启未来”“直笔著信史，彰善引风气”等；刘延东副总理作出两次重要批示，还两次参加地方志活动并发表重要讲话，要求切实采取有效措施，推动地方志事业发展。在短短两三年时间里，中央领导同志如此密集地强调这个问题，是极为罕见的。而且，党中央、国务院还给予地方志工作一些特殊的支持，比如说去年 8 月国务院办公厅印发《全国地方志事业发展规划纲要（2015—2020 年）》（以下简称《规划纲要》），国务院是在严格控制发文的情况下对地方志工作给予了特殊的支持，非常不容易；今年 3 月，国家“十三五”规划还首次写入“加强修史修志”，实现了“一纳入、八到位”的“一纳入”在国家国民经济和社会发展五年规划层面的重大突破，对推进地方志事业科学发展有着非常重要的意义。

我希望，辽宁省要紧紧抓住当前难得的历史机遇，扎实推进各项工作。借此机会，我谈三点意见：

一、全面完成《规划纲要》提出的“两全”目标，为全面建成小康社会献礼

《规划纲要》提出，到2020年要“完成第二轮地方志书规划任务，省、市、县三级地方志书全部出版”“做到地方综合年鉴由地方志工作机构组织编纂，一年一鉴，公开出版，实现省、市、县三级综合年鉴全覆盖”，这就是“两全”目标。关于第一个“全”，工作重点是县一级，难点也是县一级。全国有2000多个县（市、区），在中华民族历史上每个县（市、区）同时都有志还从来没有过，要做到这一点非常困难。如西藏，至今大概三分之一的县还没有地方志工作机构，而且留下来的藏文资料也很少，这些地方怎样来修志？再如新疆，新疆维吾尔自治区地方志编委会三分之一的人员都被抽调进村去维护稳定和安全，这种情况下地方志工作如何保证？但是，即使是在这种情况下，我们仍要强调“两全”目标是刚性指标，必须落实。为此，我们也着手采取了一系列的措施，如对西藏、新疆地方志工作进行对口支援等。另外，如三沙市，刚成立不久，没有多少历史记载，但《三沙市志》必须编出来，不然全国省、市、县三级志书中唯独缺少《三沙市志》，就可能被理解成一个政治问题，影响到维护国家主权。现在，我们不但要把《三沙市志》编写出来，还要配合国家南海战略，在中国地方志指导小组的统筹下，集中力量编写《南海志》。刚才，听了樊文忠主任的汇报，感觉辽宁省在市、县两级志书方面问题不是太大，省志方面可能存在一些困难。关于省级志书的规划数，各省份的情况不太一致，少的有50—60部，多的如上海有200多部。但各地都遇到过对规划进行调整的情况，即随着机构改革调整和行业发展变化，原先列入规划的一些志书很难找到承编单位，完成任务很困难，在这种情况下不得不对规划进行调整。第二轮辽宁省志规划84部，下一步要认真研究这个规划数是否需要调整，如需调整就及时进行，使规划更加符合实际，并尽快报中国地方志指导小组和省政府备案。备案通过后，就按照新的规划扎实推进。

关于第二个“全”，同样是一个难点。过去，很多县（市、区）没有“鉴”，现在要实现一年一鉴、公开出版，的确非常困难。从比较实际的角度说，到2020年每个县（市、区）至少要有一本“鉴”，能做到这一点，就算统一达标、实现第二个“全”的刚性目标了。但这项工作还需要进一步来落实。现在，辽宁省有些县（市、区）财政压力比较大，在这种情况下如何保证这项工作，要认真加以研究，也需要向主管领导汇报一下。我认为，最主要的困难可能还是在基层。

无论如何，我们都要克服困难，到2020年实现“两全”目标。届时，我们要郑重对外宣布中国有史以来第一次做到了全国县级以上每个行政区域都有志有鉴，这是全国地方志系统为全面建成小康社会献上的一份大礼。

二、围绕地方经济社会工作中心，加强地情报告工作

大家从事地方志工作，非常辛苦。我们秉笔直书，字斟句酌，付出艰辛的劳动，才能把志鉴成果编纂出来。但是，辛辛苦苦编纂完成，使用得却太少，可能就是举行个仪式，领导出来照张相，很少有哪个领导能把一本志书从头到尾翻看一遍，老百姓能去看的恐怕就更少了。志鉴编纂完成之后，好像就成为一个非常珍贵的东西放在一边保存起来，到必要的时候再去查阅。也就是说，我们在用志方面一直没有找到一个很好的路子。我们总是说坐“冷板凳”，感觉地方志工作是

个边缘性工作，与地方经济社会发展大局和中心工作好像距离比较远。但是，这种情况已经发生了很大改变，前面已经提到，随着经济社会的发展，各地对文化建设也越来越重视，对地方志的需求也越来越大。刚才，大家在汇报中围绕开发利用地方志资源介绍了一些很好的经验，比如编纂简志。现在一些地方党政领导更换较为频繁，新领导到任都想先通过志书来了解地方情况，这时候拿一大厚本志书过去，他们会望而生畏，不得其门而入。对此，中指办也可以进行研究，考虑如何规范编纂《简志》，比如在内容、格式、字数等方面提出一些规范性要求。

我们还可以编写地情报告，有的地方称其为简本大事记。这个地情报告，是对上一年度本地地情作非常准确的记述，大概万字左右，可以在每年本地“两会”之前拿出来，提供给“两会”代表，使他们对本地上一年度总体概况有个了解。事实上，因为地方志工作者重在客观记述，存真求实，很多部门很多人还是很相信我们编写的报告的。关键是我们有没有这个条件、有没有这个能力，编写出一个涵盖本地各方面地情的综合性报告。中指办可以作进一步研究，看如何能让各级政府的相关人员读后对这个报告感兴趣。大连市刚才提到的《数字看大连》（年刊）让我很受启发。目前，很多地方志工作机构都在做类似的工作，都得到了各级政府的高度关注。统计部门虽会推出《统计摘要》，但《统计摘要》往往就是一些表格、数字，一般人看不太懂。地方志工作者可在《统计摘要》基础上撰写一些叙述、解说、解读，并创新发布手段，如使用微信公众号发布。这样，有关领导在介绍工作时，在手机上一点击，相关地情信息内容就可以全部呈现出来！今后，我们要围绕为地方经济社会发展中心工作提供服务进行深入探讨，强化这种服务意识。我们要把为地方经济社会工作中心服务当作今后工作的重点。只强调地方志工作就是记录历史，是远远不够的。

三、推动“互联网+地方志”建设，服务群众、服务生活

这里谈到的，还是属于用志范畴，但我们提到用志，不能只是服务政府、服务领导，还要服务群众、服务生活。我们编修出这么多优秀的志鉴成果，要认真考虑怎么样把它们充分运用起来，让它们发挥更大的作用。“互联网+地方志”就是一个很好的契机。让老百姓经常翻看厚重的志书是不现实的，他们也没有时间去看。现在很多人，尤其是年轻人，都是用手机进行阅读和获取信息，也同样不太可能到图书馆去翻看厚重的志书。但是，志书里蕴藏的知识又非常宝贵，如何把这些宝贵的知识挖掘出来并提供给群众，需要我们认真加以研究。为解决这个问题，我们已经采取了一些措施，如去年底中指办建成开通了中国地情网、中国方志网。目前，中国地情网只完成了第一期建设，实现了和各省（自治区、直辖市）地情网的链接，在信息检索等方面还不够深入。今年，中国社会科学院又投入经费用以支持中国地情网二期建设。我们的最终目标是要建立一个覆盖全国所有地情信息并提供便捷检索服务的中国地情网，让它成为社会各界了解有关地情信息的最佳平台。无论需要什么地情信息，如地理、天气、人口、旅游、交通、$PM_{2.5}$等，通过检索都能得到满足。地方志为一地之百科全书，横陈百科，包罗万象，依托我们掌握的地情资料优势，地方志工作机构完全具备提供这种服务的条件。简单地说，我们要做的，就是要让群众获取相关地情信息变得非常容易。而且，这在技术上也不存在很大的困难。我们要适应时代的发展和群众生活习惯的变化，紧紧抓住“互联网+”迅猛发展的趋势，利用互联网技术把地方志中蕴藏的宝贵知识开发出来，努力使地方志知识走进千家万户，让每一个老百姓都能得到便捷服务，实现文化知识共享。这也是地方志工作向群众、向基层的延伸，通过为群众提供公共产品，在推动全面建成小康社会的知识共享方面作出我们的贡献。

下一步，有一项工作希望得到辽宁省的支持。党中央很重视抗日战争史研究，但是截至目前

在资料建设上还很不完备。为了加强抗日战争史研究，有关部门制定了抗日战争史研究中长期规划，其中就包括基于国家层面的资料数据库计划。根据党中央的要求，中指办正在筹划建立抗日战争史料库，辽宁省在这方面具有较大优势，希望给予积极的支持。

在《中国方志发展报告（2015）》出版座谈会暨《中国方志发展报告（2016）》编纂启动会上的讲话

（2016年8月31日）

李培林

在国务院办公厅印发《全国地方志事业发展规划纲要（2015—2020年）》（以下简称《规划纲要》）一周年之际召开此次会议，很有意义。为全面贯彻习近平总书记、李克强总理和刘延东副总理对地方志工作的系列重要指示精神，落实《规划纲要》，推动全国地方志事业健康、可持续发展，2015年，中国地方志指导小组办公室（以下简称中指办）正式启动“一体两翼”工程，以《中国地情报告》为一体，《中国方志发展报告》（以下简称《发展报告》）《中国年鉴发展报告》为两翼。这一工程的推进，对坚持修志为用原则，充分发挥地方志资源优势，全面提升开发利用水平；进一步提高服务大局能力，为党政机关、社会各界和人民群众服务；搭建宣传、推广地方志工作平台，让社会各界了解地方志，推动方志文化进机关、进农村、进社区、进校园、进企业、进军营，全面提升地方志工作的社会影响力和社会效益，有着重要的意义。《中国方志发展报告（2015）》的正式出版，标志着“一体两翼”工程取得了重要成果。

这次会议还特别邀请多家媒体记者参加，颁布实施《中国地方志指导小组办公室新闻宣传工作管理办法（试行）》，正式推出中指办的新闻发言人制度。最近几年，党中央、国务院对政府信息公开、政务信息公开十分重视。根据国务院《地方志工作条例》，作为国家地方志工作指导机构的中国地方志指导小组及其办公室承担着“统筹规划、组织协调、督促指导”全国地方志工作的职责，现在各级地方志工作机构大部分参照公务员法管理，属于政府部门序列。中指办建立新闻发言人制度，是贯彻落实国务院有关法规规定的具体措施，是地方志信息公开的重要标志。希望通过这次会议，进一步引起大家对信息公开的重视，进一步加强新闻宣传工作，提高地方志工作的社会认知度和影响力。

《规划纲要》颁布一年来，各级党委政府不断加大对地方志工作的支持力度，各级地方志工作机构采取了很多行之有效的措施和办法，全国地方志事业发展呈现前所未有的大好形势。当前是地方志事业发展最为关键的时期，特别是第二轮修志按期保质完成的决战期，全面把握发展形势，谋势而动，顺势而为，是提升地方志事业发展品质、丰富发展内涵、扩大发展成效的基本要求，也是确保全面完成第二轮修志目标任务的基本要求。下面，我谈几点意见。

一、充分认识《发展报告》创办的重要意义

《发展报告》是全国地方志事业发展的年度报告，是地方志工作的创新之举，也是地方志功能

拓展、推动第二轮修志任务完成的重要载体。创办的目的是要全面反映全国地方志工作现状，分析事业发展形势，特别是对到2020年“全面完成第二轮修志规划任务，省、市、县三级地方志书全部出版”发展目标进行跟踪评估；围绕地方志工作中的热点、难点问题进行深入研究，提出对策建议；为全国地方志系统提供信息咨询、决策参考、发展指导服务；进一步提升地方志工作社会影响力和社会效益，促进事业科学发展。大家要充分认识创办该报告和《中国地情报告》《中国年鉴发展报告》的重要意义，积极配合，按时保质完成撰稿任务。中指办要进一步加强研究，不断创新，科学设置栏目，争取每年出一本高质量的发展报告。办好发展报告，关键是明确功能定位，抓好几个方面的工作。

（一）抓好形势研判

最近几年，第五届中国地方志指导小组（以下简称中指组）充分利用党和政府高度重视文化建设，高度重视传统文化的继承和发展的有利时机，积极争取支持，推动了地方志工作纳入国家“十三五”规划、国务院办公厅印发《规划纲要》，其中宝贵的工作经验，就是要把事业发展放在国家的总体布局当中，地方志事业发展才能上水平、上档次、上高度。地方志事业发展要上快车道，没有对形势的准确判断、做好顶层设计，就实现不了转型升级。《发展报告》既要把地方志事业发展放在国家的发展大局中去进行评估，判断好大形势，还要分析好地方志事业发展的总体态势、下一阶段的发展形势等，作为全国地方志系统开展工作，特别是推动修志工作的重要依据。

（二）抓好学术研究

就目前来看，不论是地方志的理论研究，还是志鉴编纂，都要不断提升学术水平和学术品位。《中国方志发展报告（2015）》已经作出了很好的尝试，组织了方志界和科研院校的专家学者，撰写了系列高水平的分析报告。《发展报告》要反映方志界最重要的学术研究成果、最权威的政策分析、最明确的研究观点和导向，学术研究水平决定了《发展报告》的质量和研究高度，务必抓好，为全国地方志系统树立典范。

（三）抓好宣传服务

地方志工作作为党委领导、政府主持的文化行为，需要有科学准确的决策依据，才能引领好事业发展，最大程度发挥社会效益。另外，地方志工作不能成为“关在书斋”、默默无闻的一项工作，要让社会了解、让社会关注，需要不断加大宣传和信息推送。《发展报告》不仅要在决策中发挥重要参考作用，还要在宣传地方志工作中扮演重要角色。

（四）抓好对策研究

地方志工作要常做常新，就得不断创新发展，不断分析存在的困难和问题，不断提出提升发展水平的对策建议。对策研究对于一项事业的发展十分重要，特别是当前地方志事业正处于转型升级的关键时期，会碰到很多困难和问题，需要在不断解决问题中加快事业发展步伐，引领事业发展提升水平和质量。《发展报告》既要探讨存在的困难和问题，更要提出科学可行的对策建议，作为引领事业发展的重要参考。

二、准确把握当前修志工作面临的机遇和挑战

修志编鉴是地方志工作的主业，基础不牢，地动山摇。作为基础工作，到2020年高质量完成第二轮修志任务，基本形成地方志编修体系、质量保障体系是《规划纲要》对修志工作的基本要求。截至目前，第五届中指组除了海南外，已经到30个省（自治区、直辖市）开展了调研。从调研情况看，要全面完成《规划纲要》确定的修志工作目标，时间紧，任务重，还需要付出艰辛的努力。当前的修志工作，主要有几方面特点：

（一）到2020年全面完成第二轮修志规划任务的硬性要求和总体进度还相对滞后

2020年全面完成第二轮修志规划任务，是国务院办公厅对全国地方志工作的硬性要求，必须坚决完成。但从目前的情况看，三级志书总体完成进度不容乐观。据不完全统计，截至2015年10月，全国第二轮省级志书规划2529部，出版455部，完成率为17.99%；地市级志书规划388部，出版177部，完成率为45.56%；县级志书规划2950部，出版1580部，完成率为53.56%。即便是进度最快的县级志书，还有将近一半没有完成；省级志书完成率还不到五分之一。影响总体进度突出的问题是第二轮修志发展很不平衡，一方面是省级志书和市县级志书完成进度不平衡，另一方面是地区之间的修志进度不平衡，有的已经或者接近完成，而个别省份是省、市、县三级志书完成率都较低，完成难度极大。剩余四年的时间，要全面完成编纂和出版，在全面推进市县志编纂的同时，加快省级志书和后进地区三级志书的编纂进度，是难点问题，需要花大力气解决。

（二）第二轮志书进度要求和质量保障体系建设还不够健全

要完成第二轮修志任务，进度很重要，不赶进度完不成任务。同时，更要注重志书质量，按照李克强总理“为当代提供资政辅治之参考，为后世留下堪存堪鉴之记述”的要求，编修出高质量的志书。针对志书质量建设，中指组2008年就颁布了《地方志书质量规定》，提出了系列的明确要求，对提高志书质量发挥了十分重要的作用。但从实际情况看，志书质量保障体系建设还任重道远。质量问题是大问题，怎么强调都不为过。编修出一部不合格的志书，不仅付出的努力付诸东流，还会贻误后人、留下骂名。志书质量保障体系建设存在的问题，比如重视程度不够、审核把关不严、编纂质量流程控制不完善、组织保障机制不健全、人员队伍素质不够高、出版机构选择不慎重等，必须引起大家的重视。

（三）专志和乡镇村志的编修逐渐形成热潮和志书编修体系还不够完善

最近几年，部门志、行业志、大事件志、山水志等专志和乡镇村志的编纂逐渐兴起，这是好现象，对于地方志事业发展十分有利。但就如何引导和规范专志和乡镇村志的编修，比如组织管理机制、审查验收机制、鼓励引导和规范管理机制的建立等，都在探索当中。特别是专志、乡镇村志的编纂理论研究，还存在诸多空白点。专志和乡镇村志的编纂，对于反映社会巨大变迁，把地方志工作向基层延伸，特别是扩大地方志成果的社会认同和社会效益，进一步构建科学完善的地方志编修体系、资料保障体系、成果配套体系，意义十分重大。对于专志和乡镇村志编纂的引导和规范，当前正处于十分关键的时期，需要因势利导，加强管理。

三、抓好主业，全面推进地方志工作

当前，地方志事业发展面临着前所未有的大发展、大繁荣的局面，形势逼人，时不我待，催人奋进。在当前的工作中，准确把握发展大局，抓好主业十分重要。

（一）准确把握地方志事业发展的内涵和外延

最近几年，地方志事业发展摊子越铺越大，现在大家都在提“志、鉴、库、馆、网、用、会、刊、研、史”等“十业并举”。全面发展、多业并举，证明地方志工作的触角在延伸，地方志事业在发展壮大，但要真正实现全面发展、规范发展、科学发展，必须厘清各业的内涵和外延的边界并固化下来。比如各业应该包含哪些内容，各业发展的目标定位是什么，推动各业发展的机制和手段是什么，等等。最近几年大家都在提修订国务院《地方志工作条例》或者地方志立法，不论是行政法规或者上升到法律，上述问题如果没有搞清楚，则法律的主客体对象、权利义务指向等重要问题便难以明确。地方志工作涉及自然、政治、经济、文化、社会的方方面面，涉及各行各业，可以做的事情很多，但又不能无限制地扩大，因为我们的机构和队伍承担不了那么多任务，特别是基层单位，“上面千条线，下面一根针”，有的县级地方志工作机构就一两个人。如果一味贪大求全，拼了命也完成不了那么多工作。因此，明确各业的内涵和外延，进而把握好事业发展的内涵和外延，因地制宜，分清主业，抓住主线，对于地方志事业发展十分重要。

（二）准确把握第二轮修志的完成进度

到2020年全面完成第二轮修志任务，是全国地方志系统向全面建成小康社会的献礼。如果到时能够实现全国省省有志、市市有志、县（区）县（区）有志，这不仅在中国历史上是没有过的，在世界任何一个国家也是没有的。如此浩大的文化工程按期完成，对于提升地方志工作的影响力，进一步引起国家的重视和全社会的关注，意义十分重大。这两年中指组及其办公室召开的多次会议，都要求各地要制定第二轮修志规划任务完成的任务书、时间表、路线图，马上还要开展督查、统计等多项工作。完成《规划纲要》确定的任务时间还有四年，四年时间一晃即过，各地要进一步加强重视，全面把握进度，全面推进，用只争朝夕的精神按期保质完成第二轮修志任务。

（三）准确把握影响和阻碍地方志工作的主要问题

现在发展形势总体很好，但同时还要看到地方志工作存在的困难和问题，特别是基层存在的困难更多。比如有些地方领导还不够重视，工作推动难度较大；机构不稳定，任务多、人员少；经费紧张，难以保障工作需要；机构改革方向不明确，职能定位不够清晰；理论研究热度不高，成果质量还需提升等，需要进行全面梳理。推动修志工作发展，需要我们不断发现问题、分析问题并进而解决问题，补齐“短板”，真正做到以问题为导向，指引工作方向；以问题为导向，倒逼工作落实。当然，认清问题不能丢失信心，更不能妄自菲薄，而是要增强动力，不忘初心，砥砺前行。

（四）准确把握下一阶段应采取的办法和措施

有句老话：“只要思想不滑坡，办法总比困难多。”发现问题最终还是要解决问题，有办法、有措施，才能有作为、有地位。最近几年，广大地方志工作者开动脑筋，集思广益，相互借鉴，对推动工作采取了很多很好的办法和措施，创造了丰富的工作经验。下一阶段，要在不断总结的基础上，采取新办法、新措施，引领事业向更高、更优、更强发展，特别是按期保质完成第二轮修志任务。

最后，祝会议取得圆满成功。

在中国名村志文化工程启动会暨业务培训会上的讲话

（2016年10月31日）

李培林

党的十八届六中全会刚刚胜利召开，这是载入史册的一次十分重要的会议。会议明确习近平总书记在全党的核心地位，这是全会根据当前国际国内形势、为全面实现“两个一百年”奋斗目标作出的重大决定，体现了全党的意志，代表了全国各族人民的共同愿望。借此次会议，我代表中国地方志指导小组要求，全国地方志系统要讲政治，坚决维护习近平总书记在全党的核心地位，学深、学透全会精神，贯彻落实好《关于新形势下党内政治生活的若干准则》和《中国共产党党内监督条例》，扎扎实实做好各项工作，用突出的工作业绩迎接党的十九大的召开。

今天，我们在安徽省宣城市绩溪县瀛洲镇仁里村召开中国名村志文化工程启动会议，这是中国地方志指导小组落实党的十八届六中全会精神，引领指导全国地方志工作创新发展的又一重大举措。本次会议得到了安徽省、宣城市、绩溪县各级党委政府和地方志工作机构的高度重视和大力支持，我代表中国地方志指导小组和王伟光组长表示衷心感谢，向与会各位代表表示诚挚问候！

根据国务院《地方志工作条例》（以下简称《条例》），省、市、县三级综合性行政区域志书编纂是规定动作，必须确保完成。最近几年，除了努力完成规定动作外，全国地方志系统不断改革创新，开展了不少自选动作，尤其是乡镇村志编纂逐渐形成热潮，成为地方志事业发展新的增长点。为了引导、规范乡镇村志编纂工作，2015 年 8 月国务院办公厅印发《全国地方志事业发展规划纲要（2015—2020 年）》（以下简称《规划纲要》），明确规定："指导有条件的乡镇（街道）、村（社区）做好志书编纂工作，做好中国名镇志文化工程、中国名村志文化工程组织编纂工作。"当前，我国正处于全面建成小康社会的决胜阶段和新型城镇化进程的关键时期，地方志事业的发展转型升级也处在重要关口，启动中国名村志文化工程，适得其时。下面，我讲三个方面的意见。

一、要充分认识实施中国名村志文化工程的重要意义

农村、农业、农民三农问题，是数千年来影响中国社会发展最核心的问题。作为传统农业大国，中国农村人口众多。党中央极其关注三农问题，从 2004 年起，连续 13 年每年的中央 1 号文件都聚焦三农问题。中国名村志文化工程的启动，是全国地方志工作配合国家重大发展战略的具体举措，意义重大。

第一，中国名村志文化工程是客观记录全面建成小康社会进程的重要载体。习近平总书记强调，"小康不小康，关键看老乡"。没有农村的小康，特别是没有贫困地区的小康，就没有全面建成小康社会。到 2020 年我国要全面建成小康社会，这是我们党对全国人民的庄严承诺，是实现中华民族伟大复兴中国梦的关键一步。在全面建成小康社会进程中，农村、农民始终站在波澜壮阔的改革开放浪潮的最前端，安徽小岗村"大包干"的伟大创举，江苏华西村、深圳南岭村的敢为天下先，都是农村改革开放的典型代表，谱写着最精彩、最华丽的乐章。通过名村志客观记录农村全面建成小康社会进程，向后人展示在中国共产党领导下农村千年未有的巨变，是地方志工作者肩负的重大历史责任。

第二，实施中国名村志文化工程，是在新型城镇化进程中抢救村落文化的重要举措。村落是中国传统文化的根基所在，农村的生产生活方式、社会规范、宗族家族文化、宗教文化、民风习俗、传统节日、民间艺术等，无不镌刻着中国人独特的民族性格。新型城镇化是中国经济社会发展的必由之路，但同时，城镇化步伐加快，政区变动频繁，造成了大量村落的消失，甚至是一些千年古村的消失。据统计，2000—2010 年的 10 年间，已经有近百万的自然村消失，各村落所蕴含的历史文化信息流失殆尽，抢救性保护刻不容缓。志书作为资料性文献，是抢救、保护村落文化最好的载体。通过实施中国名村志文化工程，把名村承载的历史文化信息完整记录保存下来，让百姓记得住乡思、留得下乡愁、听得见乡音、传承下乡俗，是中国名村志文化工程承载的基本功能。

第三，实施中国名村志文化工程，是深入贯彻落实《规划纲要》的必然要求。中国名村志文化工程是《规划纲要》部署的国家级重大文化工程，并不是一项可干可不干的工作，而是国家明确要求必须完成的一项重大任务。到 2020 年，全国地方志系统最核心的任务是全面深入贯彻《规划纲要》，不打折扣、实实在在落实好各项目标任务。作为中国名镇志文化工程的姊妹工程，中国

名村志文化工程同样要努力打造成为全国地方志系统的重要品牌，形成系列的高质量名村志和其他配套产品，让人民群众共享地方志成果，让地方志成果进入寻常百姓家，让地方志接地气。

第四，实施中国名村志文化工程，是促进地方志事业发展的重要支点。最近几年，地方志功能在不断拓展，影响力在不断扩大，表现在，一方面，地方志在纵向上向乡镇村基层延伸；另一方面，在横向上，向部门、行业延伸。这种强劲势头后劲十足，正在向形成以省市县三级综合志书为龙头、专志和乡镇村志为组成部分的地方志编修体系坚实迈进。从中国名镇志文化工程实施的效果来看，越是基层的志书，越能带动地方志社会影响力的提升、受众面的扩大、社会认知度的提高。中国名村志文化工程，涉及的范围更广、成果的数量更多、更贴近百姓生活，对于促进地方志事业发展的贡献会更大。

二、要充分把握中国名村志文化工程的基本要求

在国家层面全面推动中国名村志文化工程，宣传名村，推广名村，在中国历史上还是首次。这既是地方志改革创新的重要尝试，也可以说是“摸着石头过河”。中国名村志文化工程，要在充分借鉴中国名镇志文化工程实践经验的基础上进一步创新，迈出新步伐，取得新成就。实施中国名村志文化工程，要处理好几个方面的关系：

第一，要处理好全面推进和重点发展的关系。按照目前的方案设计，中国名村志文化工程包括编纂出版名村志丛书、举办全国名村论坛、拍摄名村纪录片三大组成部分，其中主体是名村志丛书。在该工程实施过程中，既要做到全面推进，丛书、论坛、纪录片三者兼顾，相辅相成，交相辉映，又要做到坚持以名村志为主体，以志为先，重点突出，根基扎实，切实保障推出成系列的、高质量的名村志，为文化工程的推进奠定坚实基础。同时，有条件的村应该首先推进，积累经验，带动中国名村志文化工程在全国的全面实施。

第二，要处理好名村志编纂继承和创新的关系。名村志是什么、怎么编名村志、编出什么样的名村志，是必须首先搞清楚的问题。中国名镇志丛书的编纂，是在坚持志体的前提下，突出“名”和“特”，在体裁运用、篇目设置、资料选择等方面作了大量的创新。从实施一年多的效果来看，得到了各级地方志工作机构和专家学者的一致好评，以及市场和社会各界的广泛认可。名村志的编纂，要吸收和借鉴名镇志的经验和做法，始终坚持志体，继续坚持创新，摒弃传统志书部头大、特点不突出、可读性不强的不足，编出体例灵活、“名”“特”突出、行文规范、语言精练、可读性强，让人民喜闻乐见、耳目一新的新村志。

第三，要处理好选择对象普及性和典型性的关系。中国名村志文化工程作为全国地方志事业发展的一项重要活动，要做到区域发展平衡，每个省市都有成果，东中西部协调发展、全面铺开。同时，既然是名村，就要考虑所选择的村的代表性和典型性。入选中国名村志文化工程的村，必须是在本市、本省甚至是全国具有较高知名度，一般的村以及特点不鲜明、影响力不大的村不能入选。因此，在工程推进过程中，既要考虑面上的铺开，又要确保推荐对象的典型性、代表性，严格标准，提高档次。

第四，要处理好质量和效益的关系。确保质量是任何一项工作的基本要求，中国名村志文化工程是个创举，就要趟好路子，探索好经验，起到示范带头作用。一方面，中国名村志文化工程要强调质量，确保观点正确，内容丰富，考证严谨，史实准确，特点鲜明，堪存堪鉴；另一方面，要注重扩大社会影响，多渠道宣传，多方面提升中国名村志文化工程的社会认知度和影响力，多形式扩大社会效益，让中国名村志文化工程有市场、有影响，真正形成品牌效应，真正为名村的经济社会建设服好务。

三、要充分保障中国名村志文化工程扎实实施

这次会议，既是全面动员工程启动实施的工作部署会，又是深入讨论研究实施方案的研讨培训会。中国名村志文化工程的实施是长期的工作任务，要真正做大做强，成为全国地方志事业的标志性工程，需要全国地方志系统上下联动，谋好篇，开好局，起好步，有规划、有组织地协调推进。

第一，要加强领导。按照实施方案要求，将建立起由中国地方志指导小组及其办公室领导，中国名村志文化工程领导小组统筹实施，省、市、县三级地方志工作机构具体落实的工程运行机制。中国名村志文化工程的推进，要纳入年度全国地方志机构主任工作会议的报告内容，纳入各省级地方志工作机构的年度工作任务，作为重要工作来抓。省级地方志工作机构要明确分管领导，对本省区市能够纳入文化工程的名村进行摸底调查，做好规划，选择有条件的村分期分批组织编纂。名村所在的县级地方志工作机构要牵好头，承担起责任，组织好力量，加强业务指导。

第二，要提供保障。根据《规划纲要》的要求，经财政部批准，中国名村志文化工程已经被纳入国家财政年度预算拨付项目，中国地方志指导小组办公室将对每部村志给予适当的出版补助。目前，各地正在申报2017年的财政预算，计划参与中国名村志文化工程的省市县三级地方志工作机构，要在申报年度经费预算中考虑好工作、编纂、出版经费，为工程的推进提供经费保障。此外，在人力上要加强组织，着力培养名村志编纂专家，为工程的推进提供人员保障和智力支持。

第三，要加大宣传。中国名村志文化工程之所以考虑以名村志为主体，以论坛、纪录片为组成部分，就是要形成宣传推广工程的系列内容，扩大规模效应，宣传好地方志，宣传好名村。要将中国名村志文化工程打造成全国地方志系统的重要品牌，离不开宣传和推广，宣传得越好，社会效益才能越突出。中国名村志文化工程的成果不能“藏在深闺人不识”，要充分利用好内容涉及老百姓生活的方方面面、最接地气的特点，通过电视、报刊、网站、微信公众号、自媒体等加大宣传，让社会知晓，让社会各界关注和广泛参与。我们还在谋划，与国际知名出版单位合作，将名镇志、名村志翻译成外文版，让名镇、名村走向世界。

第四，要加强服务。编修名村志的过程，实际也是对该村经济、社会、文化、生态、人物等方面进行全面普查的过程。农村的脱贫致富，离不开因地制宜，离不开明确的发展思路和科学的实施路径。地方志具有“存史、资政、教化”功能，名村志就是该村经济社会发展最好的资政读物。通过名村志，能够了解该村的“名”和“特”是什么，优势在哪些方面，最能吸引人的事物有哪些，对于做好名村的发展规划、资源开发、宣传推广，具有重要的作用。特别需要强调的是，不能简单地认为实施中国名村志文化工程就是编纂一部志书，而是要在这个基础上，为名村的经济发展提供历史智慧、经验借鉴和文化素材，为开发名村提供文化依据，成为宣传名村的文化名片，成为一项基础性的文化工程。

同志们，中国名村志文化工程是地方志工作的创新之举，凡事开头难，希望大家要高度重视，在实践中总结经验，在实践中提高水平，全面深入推进工程的实施，为地方志事业的发展探索出新经验，为推进社会主义新农村建设和新型城镇化作出新贡献。

在第一次全国地方志工作经验交流会暨2017年全国地方志机构主任工作会议上的讲话

（2016年12月6日）

李培林

大家好！今天，我们在美丽的“花城”广州市隆重聚会，召开第一次全国地方志工作经验交流会暨2017年全国地方志机构主任工作会议。在此，我谨代表中国地方志指导小组和王伟光组长，向各位代表表示热烈的欢迎！向给予本次会议大力支持的广东省委、省政府领导以及为承办这次会议付出艰辛劳动的广东省人民政府地方志办公室的同志们表示衷心的感谢！

这次会议的主题是：以习近平总书记治国理政思想为统领，贯彻落实第五次全国地方志工作会议精神和《全国地方志事业发展规划纲要（2015—2020年）》（以下简称《规划纲要》）有关要求，全面总结交流新方志编纂工作开展以来的经验与教训，探寻方志事业发展规律，研究分析存在的问题，树立方志文化自信，提高方志文化自觉，在全国范围内全面推进地方志转型升级，并就2016年工作进行总结，对2017年工作提出要求。

党的十八大以来，以习近平同志为核心的党中央站在历史的高度和时代的前沿，创造性地运用马克思主义立场观点方法，科学观察、分析、判断国际国内复杂形势，顺应时代发展趋势，准确把握发展规律，形成了一系列治国理政新理念新思想新战略，集中体现在习近平总书记系列重要讲话中。这是马克思主义中国化的最新理论成果，是党在新起点新阶段领导全国各族人民开展伟大斗争，进而赢得伟大胜利的强大思想武器，是我们全力推进全面建成小康社会，实现中华民族伟大复兴中国梦的科学指南，也为推进地方志事业转型发展、实现全面升级指明了前进方向，提供了根本遵循。学习好、宣传好、贯彻好习近平总书记系列重要讲话精神和治国理政新理念新思想新战略，是全党的重要政治任务，也是全国地方志工作者的首要任务。

一、总结经验，开拓创新，全面推进地方志事业转型升级

近年来，在习近平总书记系列重要讲话精神和治国理政新理念新思想新战略的统领下，在党中央国务院的亲切关怀下，全国地方志工作者修志问道、直笔著史，地方志事业开拓创新、成果丰硕。主要包括：《规划纲要》颁布实施；“加强修史修志”载入《中华人民共和国国民经济和社会发展第十三个五年规划纲要》；完成国务院交办的《汶川特大地震抗震救灾志》编纂工作，在北京人民大会堂举行首发式；在北京人民大会堂召开首届全国名镇论坛暨中国名镇志文化工程丛书首发式；启动中国名村志文化工程；召开第一次全国地方志基层基础工作会议，第一次全国地方志系统信息化工作会议，第一次全国方志馆工作会议，第一次全国地方志科研工作会议，第一次全国地方史志期刊工作会议等10多个全国性会议；成立中国地方志学会方志学研究会、年鉴研究会、方志馆研究会、信息化研究会、史志期刊研究会5个研究会；制定《〈全国地方志事业发展规划纲要（2015—2020年）〉实施方案》《全国年鉴事业发展规划（2016—2020年）》《全国地方

志信息化发展规划（2016—2020年）》《关于加强全国地方志科研工作的意见》《关于加强全国地方史志期刊工作的意见》等全国性专项规划和指导性文件。全国广大地方志工作者要认清事业发展现状，理清事业发展思路，把握事业发展规律，增强事业发展信心，全力推动地方志事业转型升级。

第一，要深刻认识全面推进地方志事业转型升级的重大意义。刘延东副总理在接见全国地方志系统先进模范代表时指出："今后五年是全面建成小康社会、实现我们党建党百年奋斗目标的决胜阶段。我们将在以习近平同志为总书记的党中央领导下，按照'四个全面'战略布局，将改革开放和现代化建设事业推向前进，这为地方志工作搭建了广阔的历史舞台。"这既充分肯定了地方志工作在中国特色社会主义建设事业中的重要地位和作用，也对地方志事业发展提出了更高的要求。地方志工作的重心始终是修志存史，但地方志的价值和活力又不仅仅局限于此，还在于对历史智慧与文明的记述与传承，更在于育人与资政，在于服务国家发展大局。地方志要在"五大建设"总体布局和"四个全面"战略布局中发挥与其自身价值、功能相匹配的作用，就要因时而谋、乘势而上、顺势而为，充分挖掘、开发利用地方志资源，全面推进地方志事业转型升级。我们要坚定信念、转变思路、胸怀全局、着眼长远，围绕经济社会发展大局，构建修志编鉴、开发利用、网馆库建设、理论研究等地方志事业发展综合体系，把地方志事业做大、做强。

第二，要全面认识当前全国地方志事业转型发展的现状。改革开放以来，地方志适应形势发展，推进以修志编鉴为主业，理论研究、开发利用、信息化建设、方志馆建设、旧志整理等工作协调开展的事业格局。地方志不是单纯修志编鉴工作，而是全体方志人"修志问道，以启未来"的一项事业，这一事业包含着巨大的时代担当与使命追求。《规划纲要》明确提出，到2020年，基本形成地方志编修体系、理论研究和学科建设体系、质量保障体系、资源开发利用体系、工作保障体系"五位一体"的地方志事业发展综合体系。所谓转型升级，当下的目标，就是完成"两全"目标，长远的目标就是形成成熟的地方志事业发展综合体系，从"一本书主义"向志、鉴、库、馆、网、用、会、刊、研、史"十业并举"转型。这种转型在一些地方发展较快，但是也有一些地方，"一本书主义"的观念影响很深，甚至有的地方，在第一轮修志结束后就把地方志工作机构撤销了，至今没有恢复，还有的地方，第二轮修志任务完成后就认为无事可干，人员也被任意抽调。所以，在全国范围内，全面推进地方志转型升级仍旧任重而道远。

第三，要准确认识地方志全面转型升级的基本内涵。地方志转型升级，要实现"六个转变"，即实现"六化"：一是从围绕自身工作向围绕经济社会发展大局转变，实现地方志事业的大局化；二是从单纯修志编鉴向同时多业并举全面发展转变，实现地方志事业的全面化；三是从依规修志向依法治志转变，实现地方志事业的法治化；四是从地方志机构修志向党委领导、政府主持、地方志机构组织实施、社会各界广泛参与转变，实现地方志事业的社会化；五是从单一纸媒体志向广泛运用数字媒体志转变，实现地方志事业的信息化；六是从修志囿于当地向把地方志推向全国、走向世界转变，实现地方志知识的全国化、国际化。通过"六个转变"，地方志将成为记述、传承中华民族文化的重要载体，成为展示中国国情、地情的重要窗口，成为"为当代提供资政辅治之参考、为后世留下堪存堪鉴之记述"的宝贵智库。

二、2016年全国地方志工作总结

自第五次全国地方志工作会议召开以来，中指组及其办公室一直致力于引领地方志事业在全国范围内转型升级。2015年，是培训年、调研年，中指组及其办公室一方面调查研究，发现与分析问题，一方面统筹规划，着手顶层设计。2016年，是改革年、创新年，为在全国范围内全面推动地方志转型升级，中指组及其办公室着力顶层设计，拓展地方志功能，增强地方志事业活力。主要抓了六个方面的工作：一是抓中心。这个中心就是《规划纲要》的贯彻落实，特别是坚决完成《规划纲要》确定的"两全"目标，确保到2020年，实现省省有志鉴、市市有志鉴、县县有志鉴，一个都不能少，以这样伟大的文化壮举，向全面建成小康社会献礼。二是抓拓展。立足于拓展地方志功能，提升主动服务经济社会大局能力，我们积极尝试，全面推进全国地方志"一体两翼"用志工程等，取得了阶段性成果，社会反响很大。三是抓质量。我们一方面以中国志书精品工程和中国年鉴精品工程两大工程为抓手，狠抓志鉴编纂质量；一方面加快推进全国地方志专业出版基地建设工程，先后在四川、湖南、山西、黑龙江、山东等地设立方志出版社分支机构，从出版环节严把质量关。四是抓队伍。在狠抓"机构到位、人员到位"的同时，我们一方面进一步强化全国地方志队伍培训，举办第一次全国年鉴主编培训班、第一次全国方志馆培训班、第一次全国地方志信息化培训班、第一次全国地方史志期刊培训班、全国地方志工作机构新任负责人培训班等；另一方面，与中国社会科学院研究生院合作办学，培养地方志专业人才，不断提升地方志队伍素质水平。五是抓平台。全力推进全国信息方志与数字方志建设工程、方志馆建设与研究工程，完成"方志中国"布展并对外开放，积极推进"魅力中国"布展工作，发挥中国地方志学会的桥梁纽带和学术引领作用，做好《中国地方志》编辑等，打造网、馆、刊新平台。六是抓自身建设。中指办深入开展"两学一做"学习教育，圆满完成巡视整改任务，建立健全有关规章制度，着力抓好内部建设。总体来看，中指组及其办公室2016年的工作可以说顶层设计科学，工作思路清晰，问题把握准确，措施办法得力，成绩有目共睹。但是，推进全国地方志事业全面转型升级，完成《规划纲要》任务依旧非常艰巨、担子依旧很重，还需继续努力拼搏，奋力攻坚，甩开膀子，迈开步子，苦干实干。

一年来，各地区各有关部门地方志工作机构和广大地方志工作者，继续贯彻落实习近平总书记系列重要讲话精神和李克强总理、刘延东副总理重要批示、重要讲话精神，继续贯彻落实第五次全国地方志工作会议精神，奋力拼搏，锐意进取，圆满完成各项工作任务。其中，以下方面成绩突出：

第一，贯彻落实《规划纲要》扎实到位。一年来，全国各地坚持"一纳入、八到位"工作要求，全面落实《规划纲要》。北京、内蒙古、辽宁、吉林、上海、福建、江西、广东、四川、云南、青海等省（区、市）和新疆生产建设兵团均将地方志工作纳入本省（区、市）"十三五"规划纲要中，多个省份均属首次。北京市"十三五"规划纲要中有5处提到地方志工作。北京、辽宁、吉林、江苏、安徽、福建、江西、山东、河南、湖北、广东、广西、重庆、四川、贵州、云南、陕西、新疆等省（区、市）还将地方志工作纳入2016年政府工作报告，明确为政府工作任务。辽宁、江苏、浙江、福建、山东、广东、四川、贵州、云南、新疆等省（区）主要领导重视地方志工作，分别作出批示。

在《规划纲要》的引领下，目前已有29个省（区、市）出台本地地方志事业发展的规划性文件。其中，北京、天津、河北、山西、吉林、黑龙江、上海、安徽、福建、江西、山东、河南、湖南、广东、广西、海南、四川、云南、陕西、甘肃、青海等省（区、市）及新疆生产建设兵团先后出台本地地方志事业发展规划或规划纲要，内蒙古、江苏、湖北、贵州、西藏、新疆等省（区）先后出台贯彻《规划纲要》的实施意见或方案，辽宁等省出台进一步加强地方志工作的意见。

第二，志书编修体系进一步完善。各地紧抓第二轮修志进度，截至2016年9月底，全国第二轮志书年内共出版213部，累计出版2400多部。除广东省全面完成第二轮修志规划任务外，吉林、江苏、安徽、山东、湖北、湖南、四川、西藏、宁夏等省（区）第二轮省、市、县三级志书编修任务完成过半，安徽市、县两级志书规划任务已完成，湖北市、县两级志书规划任务完成90%以上，西藏的市级志书规划任务已完成。部门志、行业志、专题志编修成果丰富，截至2016年9月底，全国年内出版部门志、行业志、专题志400多部，累计出版23500多部。乡镇志、村志编修掀起热潮，截至2016年9月底，全国年内出版乡镇志、村志250部，累计出版4700多部。

各地坚持狠抓志书质量，通过加大业务培训力度、建立志书专家库、规范评审验收办法、严格志书编纂程序、建立业务帮扶制度、健全和落实质量责任体系等，强化制度约束，强化流程管理，确保第二轮志书质量。

第三，年鉴工作又上新台阶。全国省、市、县三级地方综合年鉴覆盖面进一步扩大。截至2016年9月底，全国地方综合年鉴年内新创刊93种，共编纂出版2400多种。北京、上海、江苏、安徽、湖北、广东等省（市）实现三级地方综合年鉴全覆盖。总体来说，除个别省（区、市）外，省、市两级综合年鉴已全部覆盖；县级综合年鉴覆盖问题比较严峻，是下一步工作重点。在全覆盖问题上，今年有较突出进展的是，辽宁省地方综合年鉴工作管理体制取得突破性进展；江苏省三级地方综合年鉴管理体制已全部理顺，全部由地方志系统编纂。在出版时效性方面，山东、河南等省多措并举推动全省年鉴编纂提速，增强时效性。在扩大影响方面，北京市编纂出版《北京年鉴2015》（简本），通过全球华人华侨创业大会，把地方志工作推介到海外，扩大了影响力。专业年鉴编修成果丰硕，截至2016年9月底，全国年内新创刊专业年鉴9种，编纂出版1180多种。

第四，旧志整理工作稳步推进。各地加大旧志整理工作力度，北京制订旧志整理规划，黑龙江与国家图书馆出版社签订战略合作协议。2016年，广东省在完成《广东历代方志集成》出版后，开始了新一轮旧志整理工作。上海市完成《上海府县旧志丛书》出版，山东省完成《山东省历史地图集》编纂。江苏、福建、山东、河南、广东、四川、贵州、陕西、宁夏等省（区）继续推进《江苏历代方志全书》《闽台历代方志集成》《山东省历代方志集成》《河南历代方志集成》《民国广东年鉴资料汇编》《四川历代方志集成》《贵州历代方志集成》《陕西历代旧志文库》《宁夏旧方志丛书》编辑、出版工作。其中，《江苏历代方志全书》被列入“2011—2020年国家古籍整理出版规划项目”。福建、江西、湖南、广西、重庆、四川、云南等省（区、市）出版部分旧志点校本、影印本。截至2016年9月底，年内全国地方志系统整理出版旧志246部，累计达2800多部。旧志整理的范围不能仅限于当地，要进一步拓展。例如宁波天一阁藏有几十万卷文献，其中有非常丰富的明代旧志，涉及全国，要纳入旧志整理的规划范围，摸清全国旧志的底数。

第五，信息化建设加快推进。各地按照“互联网＋地方志”的新理念，加快推进网站、数据库、微信平台等建设。地情网站群覆盖面逐步扩大，河北省情网、内蒙古区情网蒙文版、手机版正式上线，山东、广东等省实现地情网省、市、县三级全覆盖，内蒙古、黑龙江、江苏、浙江、江西、湖北、广西、陕西等省（区）实现地情网省、市两级全覆盖；内蒙古、吉林、福建、江西、山东、湖北、海南、四川、贵州等省（区）完成地情网改版升级。地方志数据库（数字方志馆）建设规模快速扩容，各省（区、市）不断完善地情资源数据库建设。其中，上海市初步实现全市志书数字化，江苏省全面启动“智慧方志”信息化工程，福建省有序推进“数字方志”二期项目，山东省开展首轮县志数字化工作，湖南省正式启动“湖南数字方志馆”工程。方志新媒体矩阵初具规模，北京、内蒙古、江苏、福建、广西、海南、重庆、四川、宁夏等省（区、市）开设微信公众号，为社会各界读志用志提供服务，受到广泛关注。截至2016年9月底，全国地方志系统年内新建网站、网页57个，累计建设网站、网页1130个；开通省级方志微信19个，市、县级方志微信200多个。

第六，方志馆建设取得长足发展。运行中的北京、吉林、黑龙江、上海、江苏、江西、山东、湖南、广西、陕西等省级方志馆不断丰富馆藏，举办各种专题展，提升服务力，增强影响力。福建、湖北等省级方志馆完成改扩建，广东、海南等省方志馆开始布展，辽宁省内方志馆建设实现零的突破。山东省委、省政府明确在全省档案馆升级改造中把方志馆列入其中，推动全省方志馆建设。天津、河北、山西、吉林、重庆、四川、西藏、新疆等省级方志馆建设也取得实质性进展。北京市推进乡情村史馆建设。截至2016年9月底，全国年内新建各级方志馆69个，累计建成方志馆460多个。

第七，用志领域不断拓宽，服务大局能力不断提升。各地继续贯彻落实习近平总书记2015年7月在中共中央政治局第25次集体学习时的重要讲话精神，抗战研究工作不断深入，如黑龙江省启动编纂《东北抗日联军图志》等特色志书，山东省推出山东抗战研究丛书并完成专题片制作。四川省落实李克强总理夜访成都宽窄巷子的重要指示，启动中心城区《成都风土人文丛书》编纂工作，组织编纂《宽记窄览——宽窄巷子的成都记忆》。为纪念红军长征胜利80周年，弘扬伟大的长征精神，四川省编纂系列地情图书。各地深入开展地情研究，通过编辑资政刊物，编写志书干部读本或地情书籍，为党委政府科学决策提供信息咨询服务。广东省围绕中心工作先后编纂《广东省行政区划图志》《广东资政志鉴》《广东历代方志南海史料辑录》等。各地积极参与规划编制、旅游开发、气象研究、地名普查、历史文化遗产发掘保护、扶贫行动、陈列展览等方面的工作。北京市参加第十一届中国北京国际文化创意产业博览会、与市政府新闻办联合举办“记住乡愁——让地方志延续北京历史文脉”发布会、打造“一把手走上京华讲坛”文化品牌等，传承历史文化。江苏省组织编纂《江苏好家训》。河南省启动编纂《传承——河南省非物质文化遗产项目代表性传承人实录》丛书。广东省继续推进全省18万个自然村落历史人文普查工作，深度挖掘地方历史文化资源，服务文化建设。各地积极扩大地方志宣传工作，开展志鉴进机关、进农村、进社区、进校园、进企业、进军营活动，服务相关文化建设。广东省编印《领导同志关于历史文化和地方志工作讲话批示选编》，向全省各级党委政府主要领导及分管地方工作领导赠阅。北京、内蒙古等市（区）依托地方志资源，与电视台等媒体合作，深度挖掘地方历史文化资源，宣传地方历史文化。

第八，地方志理论研究稳步推进。理论研究管理体制逐步完善。北京市健全科研工作体制，发布年度地方志课题；广东省推行课题研究制度化，公开向社会征集研究成果。各地举办学术年会、理论研讨会，开展学术交流活动，推进地方志课题研究，组织优秀论文评选、编辑出版论文集，同时充分发挥地方志学会、地方志期刊等平台、阵地作用，努力推动地方志基础理论、应用理论、管理理论研究。河北、安徽两省联合举办第二届“冀皖方志论坛”，吉林省继续推进“方志理论研究三百工程”，影响力渐显。截至2016年9月底，全国地方志系统年内共发表志鉴论文1000多篇，出版专著、教材、论文集50多部。其中，浙江省《中国方志馆研究》课题成果经全国哲学社会科学规划办公室鉴定公布为“优秀”等级。

第九，依法治志取得较大进展。2016年，各地地方志法治化建设取得新进展。在山东省实现省、市、县三级地方志法规规章全覆盖基础上，西藏自治区出台实施《地方志工作条例》办法，使得出台省级地方志法规规章的省份达到28个。天津市将在年内出台《天津市地方志工作办法》，《吉林省地方志工作条例》修订已被列入2017年吉林省人大立法计划，《江苏省地方志条例》已被列入2017年江苏省人大常委会立法调研项目，黑龙江省修订《黑龙江省地方志工作规定》，《广东省地方志工作条例》被列为广东省人大立法预备项目（预计2017年出台）。北京、上海、广西、四川等省（区、市）政府正式公布本省（区、市）地方志工作机构权力清单、责任清单。江苏、山东、海南、四川、贵州等省依法对第二轮市县志编修工作进行督促检查，其中山东省由副省长带队开展督查工作。上海、广西、海南、陕西、宁夏、新疆等省（区、市）组织开展纪念《地方志工作条例》颁布实行10周年纪念活动，开展法规宣传。尤其是，上海市开展上海市“地方志知多少”网络与微信有奖竞赛活动，在市民中引起较大反响。

第十，地方志机构队伍建设不断强化。江苏省11个市辖区建立地方志工作机构，实现省、市、县三级修志机构全覆盖；山东省调整省志办内设机构，省情资料处更名为信息工作处，不再与年鉴工作处合署。广东省地方史处正式运作，内设机构增加领导职数。各地还认真组织开展“两学一做”学习教育，积极加强干部队伍建设；完善各项工作制度，以规范管理促进工作发展；不断完善学习制度、交流制度，举办多种形式的培训，提高地方志机构工作人员的业务素质；组织开展技能比赛、表彰先进等活动，营造风清气正、团结向上、干事创业的氛围。

同志们！2016年各项成绩的取得，离不开党中央国务院的高度重视和亲切关怀，离不开地方各级党委政府的大力支持和强力推动，离不开有关部门和社会各界的协同配合和积极参与，更是各级地方志工作机构和广大地方志工作者团结一致、勇于奉献、敢于担当，不怕苦、不怕累，用汗水浇灌出来的。在此，我谨代表中国地方志指导小组，向长期以来关心、支持地方志事业发展的各有关方面、有关部门、有关人士表示衷心的感谢！向全国广大地方志工作者致以崇高的敬意！

回顾一年来所取得的成绩，我们也应清醒地看到《规划纲要》任务的完成还任重道远。如一些地区机构、编制、经费落实还不到位，事业发展水平地区差别明显，第二轮志书编修进度形势逼人，质量参差不齐，理论研究水平亟须加强，服务大局能力还需提升，方志人才青黄不接，等等。面对这些制约事业发展的难题，我们必须高度重视，要以改革的精神、创新的理念、实干的作风认真加以解决。

三、2017年全国地方志工作部署

2017年是在全国范围内推进地方志转型升级的关键一年，是全面督促落实《规划纲要》任务的重要一年。我们要加大贯彻落实力度，以优异的成绩迎接党的十九大召开。2017年要着力抓好以下工作。

第一，深入学习，推动《规划纲要》目标任务落到实处。全国地方志系统要继续把深入学习贯彻习近平总书记系列重要讲话精神和治国理政新理念新思想新战略，李克强总理、刘延东副总理重要批示、重要讲话精神，以及第五次全国地方志工作会议精神作为当前的中心任务。要进一步增强政治意识、大局意识、核心意识、看齐意识，尤其是核心意识、看齐意识，更加紧密地团结在以习近平同志为核心的党中央周围，更加坚定地维护以习近平同志为核心的党中央的权威，更加自觉地在思想上政治上行动上同以习近平同志为核心的党中央保持高度一致。指导小组及其办公室要联合国务院办公厅督查室，开展《规划纲要》落实情况督查，建立督查通报和年报工作进度报告制度，以加强行政督查为手段，全力推进地方志工作。要加强分类指导，就《规划纲要》落实情况开展调研。各省、市、县三级地方志工作机构要积极争取当地党委政府的支持，各地区各部门要结合实际制定本地区、本部门地方志事业发展规划或实施方案。要严格按照本地落实《规划纲要》实施方案、实施意见，倒排工期，把控质量，加大对《规划纲要》落实工作督查考核力度，确保《规划纲要》任务的圆满完成。

第二，全面推进修志工作，努力打造精品志书。第二轮修志已进入攻坚期，要抢进度、抓质量，实现两手都要抓，两手都要硬。规划任务已经完成的地区，要认真总结首轮、第二轮修志经验教训，做好第三轮修志启动前的准备工作和为当地发展大局服务的工作；规划任务未完成的地区，要统一认识，明确这是在2020年前必须完成的刚性任务，要制定时间表、路线图，确保按时完成任务。指导小组及其办公室要出台《关于加快完成第二轮修志规划任务的若干意见》，加强业务指导；继续推进民族地区与贫困地区志书出版资助工程，支持民族地区做好地方志编纂工作；组织召开南海主权与地方志论坛暨《中国南海志》编纂启动会，继续推进《三沙志》编纂工作；启动编纂《中国抗日战争志》，做好抗战研究工作；适时建立中指组及其办公室督查通报制度和年度工作督查制度，强化责任落实，确保第二轮志书编纂质量和编纂进度。继续深入推进中国名镇志文化工程、中国名村志文化工程。要继续开展编修一统志的可行性研究。进一步推进中国志书精品工程，推动《地方志书质量规定》的贯彻落实，制定质量管理、质量监督等规定。

第三，继续加强年鉴工作，努力打造精品年鉴。指导小组及其办公室要召开第二次全国年鉴工作会议，全面部署安排年鉴工作。推动贯彻落实《全国年鉴事业发展规划（2016—2020 年）》，修订《地方综合年鉴编纂出版规定（试行）》，建立健全年鉴编纂评议机制。全面实施中国年鉴精品工程，加强对试点单位的业务指导，启动专业年鉴试点工作。组织全国专业年鉴编纂与出版研讨班，加强对专业年鉴的指导与管理。各地要继续高度重视年鉴工作，尚未理顺地方综合年鉴工作管理体制的，要加大推进力度；坚持一年一鉴，公开出版，积极推进地方综合年鉴编纂覆盖工作，争取尽早实现全国省、市、县三级综合年鉴编纂全覆盖。

第四，有步骤开展旧志整理工作，延续历史文脉。指导小组及其办公室要全面统筹全国旧志整理、保护工作，召开全国地方志系统旧志整理工作经验交流会。完成与哈佛大学燕京图书馆合作项目后期加工处理工作，并开放使用。积极推动旧志数字化建设，推进国家方志馆善本书库建设。各级地方志工作机构要继续集中整理本地历代方志，加强与国内外高等院校、科研院所、公共图书馆、档案馆等单位的交流、合作，开展旧志点校、提要、考录、辑佚等工作。

第五，稳妥推进地方史工作，加强规范管理。指导小组及其办公室要深入开展系列调研，开展地方史编写研讨，起草关于地方史编纂工作的指导意见，指导各地地方史编写、研究工作。要开展地方史理论研究，深化对地方史编写的认识，指导地方史编写实践。条件成熟的地区，要将地方史编写纳入地方志工作范畴，统一规范管理。

第六，扎实推进理论研究和学科建设，提高方志理论话语权。指导小组及其办公室要出台全国地方志科研工作规划，发布第一批地方志科研课题，并组织申报；要发挥中国地方志学会及其分支机构的平台作用，办好中国地方志学术年会及相关活动。启动中国方志文化走向世界工程，召开地方志国际学术研讨会，走出去考察台湾地方志编修和年鉴编纂，联合港澳台地区学者开展《中国抗日战争志》编纂，面向海内外征集抗日战争史料；赴相关国家交流地方志收藏研究情况。编辑出版《中国方志发展史》《方志馆概论》等。继续开展与中国社会科学院研究生院、有关高等院校合作办学。加强地方志期刊的理论引导作用，大力推进《中国地方志》名刊建设，创刊《中国年鉴研究》，编辑出版《史志集刊（第一辑）》《中国方志馆研究（第一辑）》。

第七，不断强化人才队伍建设，提升事业发展活力。要重视人才选拔、培养和使用。要完善教育培训制度，分类对地方志工作机构新任负责人、志鉴主编（总纂）、后勤业务人员等进行专项培训，组织地方志信息化、方志馆建设、科研工作、期刊工作等业务培训。建立各级地方志专家库，选拔一批方志和年鉴专业领军人才。出台全国地方志系统表彰和创建活动管理办法，支持地方志工作人员接受专业继续教育，努力培养一支现代化、专业化人才队伍。

第八，加快信息化建设步伐，积蓄事业发展新能量。指导小组及其办公室要深入贯彻落实《规划纲要》关于信息化工作的新任务、新要求，统筹协调全国地方志信息化工作，推动《全国地方志信息化发展规划（2016—2020 年）》的贯彻落实；有序推进全国信息方志与数字方志建设工程，中国地情网二期正式上线，完成国家数字方志馆（一期）建设，搭建国家数字方志馆平台。加强中国地情网、中国方志网的日常维护和安全管理，进一步扩大方志中国微信、方志中国手机报、《中国方志》报的影响力；要加快推进各级地方志信息化建设步伐，支持民族地区地方志信息化建设；加快信息化相关标准规范的制定。

第九，加强方志馆建设，规范方志馆管理。强化方志馆馆藏资源建设，出台《方志馆建设标准》，举办全国方志馆馆长论坛，推动方志馆建设的规范化。颁布《国家方志馆分馆管理规定》，指导国家方志馆分馆建设。深入推进全国各级方志馆申报立项和建设工作，大力加强馆藏资源建设，全面提升各级方志馆的公共文化服务水平，倾力打造方志馆品牌，不断扩大方志馆的社会影响力。

第十，深入挖掘地方志资源，提高服务大局能力。继续实施以《中国地情报告》为主体、《中国方志发展报告》《中国年鉴发展报告》为两翼的“一体两翼”工程。各级地方志工作机构要进一步加强对地方志资源的深加工，做好抗战研究相关工作；围绕党委政府中心工作，继续编辑信息简报、编写地方史和地情书籍、开展专题研究；推动方志文化进机关、进农村、进社区、进校园、进企业、进军营，发挥地方志资源在地方公共文化服务中的重要作用。

第十一，推进依法治志，加大执法力度。要启动国务院《地方志工作条例》的修订完善工作，开展《中华人民共和国地方志法》立法论证工作。各级政府、地方志工作机构要完善地方志法规规章体系，没有制定或正在制定地方志工作法规规章的地方，力争早日出台；要严格贯彻落实《地方志工作条例》，依法全面履行相关职能，推行政府权力清单制度；要将相关规定认真贯彻落实于地方志编纂、审查验收、出版、开发利用等全过程；要强化地方志工作的督查考核，加大地方志法规规章的执行力度，依法纠正、查处执行不力和违法行为；加大地方志工作法规规章的宣传力度。

第十二，加强组织领导，切实保障地方志事业发展。指导小组及其办公室要团结带领各级地方志工作机构和广大地方志工作者，有计划、有步骤地贯彻落实《规划纲要》，完成《规划纲要》既定任务。继续开展调查研究，全面掌握全国地方志工作情况，提高统筹规划、组织协调、督促指导能力；搭建交流学习平台，及时总结、推广各地好的经验；定期向党中央国务院报告工作进展情况，对地方志工作中涉及的重大方针政策问题及时请示、汇报。县级以上人民政府要根据新形势新任务新要求，依法加强对本行政区域地方志工作的领导，切实落实“一纳入、八到位”。各级地方志工作机构和广大地方志工作者，要对中指组及其办公室的顶层设计精准理解，精准发力，精准落实，无愧于党和人民的要求，无愧于时代的担当。

第十三，加强中指组及其办公室自身建设，进一步提高工作水平。中指组及其办公室要继续紧密结合“两学一做”学习教育，不断加强思想建设、制度建设、组织建设、作风建设和反腐倡廉建设，为事业发展提供强有力保障。要认真学习领会《关于新形势下党内政治生活的若干准则》《中国共产党党内监督条例》，进一步完善以中指办党组为领导核心、以机关党委为依托、以党支部为战斗堡垒的组织体系，认真落实好组织生活，在“严”和“狠”上下功夫，切实起到固本培元、激浊扬清的作用。要结合办公室工作实际，不断加强制度建设，通过建章立制，明确刚性规定，强化监督检查，增强党员干部的规矩意识、纪律意识和执行能力。

同志们，2016 年即将结束，2017 年的帷幕即将拉开，我们又将踏上新的征程。让我们紧密团结在以习近平同志为核心的党中央周围，高举中国特色社会主义伟大旗帜，坚定方志文化自信，不忘初心，敢作为、勇担当，抓住机遇，乘势而上，锲而不舍，保持高位运行态势，全面推进地方志事业转型升级，为全面建成小康社会作出更大贡献！

特　辑

·中指组工作

【国务委员王勇等领导出席《汶川特大地震抗震救灾志》出版座谈会】　5月12日，《汶川特大地震抗震救灾志》出版座谈会在北京人民大会堂召开。国务委员王勇出席座谈会并讲话。中国社会科学院院长、中指组组长王伟光，四川省委副书记、省长尹力，国务院副秘书长孟扬，中央宣传部副部长、国务院新闻办副主任崔玉英，人力资源和社会保障部副部长、国家公务员局局长信长星，中国社会科学院副院长、中指组常务副组长李培林，军事科学院副院长、中指组副组长何雷等出席会议。王勇指出，《汶川特大地震抗震救灾志》作为新中国成立以来第一部由国家层面组织、针对特大自然灾害编纂的专题性志书，系统客观地记述了汶川特大地震灾害，全景式地展示了抗震救灾和恢复重建的历史过程。该志书共11卷13册、约1400万字，它的出版发行对于促进和加强防灾减灾救灾工作，丰富和发展地方志编纂工作，具有十分重要的意义。他强调，要进一步大力弘扬伟大抗震救灾精神，使之在全社会进一步传播开来、生根发芽；要进一步研究总结好汶川抗震救灾经验，不断完善近几年探索形成的“分级负责、相互协同”抗灾救灾应急机制，健全应急管理体系和各类突发事件监测预警体系，切实提高我国应对特大自然灾害的能力和水平；要进一步传承弘扬修史修志优良传统，科学组织实施好《规划纲要》，弘扬传统文化，传承民族血脉，为实现中华民族伟大复兴的中国梦作出新的更大贡献。

（朱文清）

【第十届全国政协副主席徐匡迪、王伟光出席首届全国名镇论坛暨中国名镇志丛书出版座谈会】　5月12日，首届全国名镇论坛暨中国名镇志丛书出版座谈会在北京人民大会堂举行。第十届全国政协副主席、中国名镇志文化工程专家委员会名誉主任徐匡迪，中国社会科学院院长、中指组组长王伟光出席会议并讲话。徐匡迪在讲话中充分肯定了中国名镇志文化工程的系列成果。他指出，用中国独有的文化载体——地方志书来记录名镇，记录新型城镇化历程，是中华传统文化与现代化建设对接的重要尝试，也是提升新型城镇化文化内涵的重要举措。在新型城镇化中要记得住乡愁，充分考虑地方的人文和风俗，特别是名镇、名村，是中华民族文化多样性的体现，更需要得到保护。他指出，中国名镇志文化工程是提升新型城镇化文化内涵的重要举措，名镇志完整记录了我国城镇化历程，是今后开展中国城镇化研究真实可信的样本，是后人了解城镇化的重要历史资料。王伟光在题为《以创新驱动地方志事业发展转型升级》的讲话中指出，名镇志文化工程是地方志工作的重大创新，在组织模式、编纂形式、内容记述等方面有重大突破，用喜闻乐见的方式推广地方志成果，延伸了地方志工作的触角，提升了社会效益。　（朱文清）

【王伟光、李培林分别对山东省史志工作作出批示】　1月10日，中国社会科学院院长、中指组组长王伟光，中国社会科学院副院长、中指组常务副组长李培林分别在山东省史志办呈报的《关于2015年工作总结和2016年工作安排的报告》上作出批示。王伟光批示指出，地方志是传承中华文明、发掘历史智慧的重要载体。近两年来，山东地方志工作在刘爱军团队的努力下，勇于担当，主动作为，取得了显著成果，创造出“山东经验”，走在全国前列。希望山东地方志系统认真贯彻习近平总书记、李克强总理和刘延东副总理关于地方志工作的重要指示、重要讲话精神，切实做到“一纳入、八到位”，推动山东地方志工作再上新台阶。李培林批示指出，山东省政府对地方志工作高度重视，省长一年之内八次批示，对各省地方志工作是很好的示范。近两年山东省地方志工作锐意创新，围绕工作大局不断进取，为全国地方志系统作出表率。希望再接再厉，为塑造山东文化大省作出更大贡献。　（朱文清）

【王伟光、李培林听取江苏省地方志工作汇报】　3月1日，中国社会科学院院长、中指组组长王伟光，中国社会科学院副院长、中指组常务副组长李培林会见江苏省志办主任漆冠山一行。漆冠山向王伟光、李培林分别汇报了江苏省地方志近期工作和下一步工作打算。王伟光、李培林对江苏省地方志工作给予充分肯定，并对下一步工作提出要求。　（朱文清）

【王伟光、李培林到中指办检查指导工作】　3月8日，中国社会科学院院长、中指组组长王伟光，中国社会科学院副院长、中指组常务副组长李培林到中指办，检查指导工作，看望中指办、方志出版社全体人员，并召开座谈会。王伟光指出，中国社会科学院党组对中指办的整改工作非常满意。2016年要高度重视《规划纲要》的贯彻落实工作，对贯彻落实情况加强督查。当前，全国地方志事业发展势头很好，不仅要继续保持，还要抓好薄弱环节，保持高位运行，不断开创全国地方志事业发展的新局面。李培林还就《汶川特大地震抗震救灾志》出版、首批中国名镇志出版、首届全国名镇论坛举办、加强地方志工作调研等工作提出明确要求。　（朱文清）

【王伟光出席国家数字方志馆揭牌暨“方志中国”展览开展仪式】　5月13日，国家数字方志馆揭牌暨“方志中国”展览开展仪式在国家方志馆举行。中国社会科学院院长、中指组组长王伟光为国家数字方志馆揭牌并讲话。王伟光就国家方志馆建设提出：要进一步加强馆藏资源建设，通过不断优化馆藏资源体系，确立国家方志馆的馆藏特色和资源优势，以更好地满足社会各界的文化需求，最大程度地发挥馆藏资源的社会效益；要进一步加快推进信息化建设，最大限度地发挥信息化带来的便捷和高效，提高国家方志馆资源的开发能力和传播效率，切实提升公共文化服务能力；要进一步推进展览陈列工作，立足于把国家方志馆建设成为国情馆，深入挖掘国情信息，准确把握中国魅力和时代特点，精心撰写展陈大纲，反复推敲设计方案，努力把“魅力中国”展览办成一个样板，为各级方志馆的地情展览提供重要参考；要进一步提高理论研究水平，尽快启动《国家方志馆馆刊》创刊工作，扎实开展《方志馆概论》《方志馆发展史》《中国历代方志导读》等相关著述的编写工作；要进一步提高组织指导全国方志馆建设的能力，尽快启动《全国地方志系统方志馆建设标准》制定工作，制定出台《国家方志馆分馆准入标准和管理规定》，稳步推进国家方志馆分馆的申报和建设工作，推进中国地方志学会方志馆研究会筹办工作。　（朱文清）

【王伟光调研广西地方志工作】　8月4日至6日，中国社会科学院院长、中指组组长王伟光先后到广西柳州、南宁调研地方志工作。广西壮族自治区主席陈武在南宁会见王伟光一行。王伟光充分肯定广西经济社会发展取得的成绩，对广西各级党委、政府一直以来对地方志工作的高度重视表示感谢。他指出，广西在贯彻落实《地方志工作条例》、“一纳入、八到位”等方面取得明显成效，形成很好的经验做法，希望广西壮族自治区党委、政府能一如既往支持地方志工作，不断开创广西地方志工作新局面。　（朱文清）

【王伟光调研新疆地方志工作】　8月8日至11日，中国社会科学院院长、中指组组长王伟光先后到新疆克拉玛依、和田等地调研地方志工作，并在和田市召开座谈会。中共中央政治局委员、新疆维吾尔自治区党委书记张春贤，自治区党委副书记、自治区主席雪克来提·扎克尔在乌鲁木齐会见王伟光，并就地方志工作进行交流。张春贤、雪克来提·扎克尔表示，今后将加大对新疆地方志工作的支持力度。王伟光对新疆地方志工作取得的成绩给予充分肯定，对下一步新疆地方志工作，他提出五点要求：一是学习好、贯彻好、落实好中央领导的重要讲话、重要批示精神，第五次全国地方志工作会议精神，以及中指组关于地方志工作的重要部署；二是高度重视地方志工作，充分认识地方志工作的重要性和必要性，进一步增强做好地方志工作的使命感和责任感；三是以马克思主义为指导，坚持正确的政治方向和学术导向；四是切实加强领导，不断加强修史编鉴人才队伍建设；五是增强精品意识，进一步提高志鉴编修的质量。（朱文清）

【李培林出席《北京四合院志》出版座谈会】　1月20日，《北京四合院志》出版座谈会在北京召开，中国社会科学院副院长、中指组常务副组长李培林出席会议并讲话。李培林对《北京四合院志》和北京市地方志工作取得的成绩给予充分肯定。他强调，北京市地方志工作发挥了首善之区的作用，为全国树立了榜样，在方志馆建设、数字化建设、地方志资源开发利用等方面为全国地方志系统提供了重要借鉴。他指出，《北京四合院志》的编纂出版，及时体现和贯彻了习近平总书记、李克强总理、刘延东副总理等中央领导同志关于地方志工作的指示精神，体现和贯彻了《规划纲要》的要求，体现了地方志存史、资治、教化的重要社会功能。《北京四合院志》作为北京市地方志重大成果，必将促进优秀传统文化的弘扬，推动城市历史文脉的延续。他希望北京市要进一步深入贯彻落实中央领导同志关于地方志工作的重要讲话、批示精神，深入贯彻落实《规划纲要》，进一步开拓思路，深化对北京历史文化资源的研究，创新方志文化资源的开发和传播方式，为推动方志文化建设和社会主义文化大发展大繁荣，为北京建设全国文化中心和国际一流的和谐宜居之都作出新的更大贡献。（朱文清）

【李培林听取常州市地方志工作汇报】　3月11日，中国社会科学院副院长、中指组常务副组长李培林会见江苏省常州市副市长张云云、常州市志办主任李亚雄一行并听取地方志工作汇报。李培林对常州市地方志工作给予充分肯定，认为常州市地方志工作得到市政府领导高度重视，特色突出、成效显著，希望常州市要进一步重视推进地方志工作，继续创新性做好各项工作；抓好《常州市志》编纂，争取进入中国志书精品工程；进一步加强常州方志馆建设，提升内容，扩大社会影响力；做好《常州影像志》拍摄，在修志手段和方式上探索新路；围绕中国名镇名村志编修工程，规划常州名镇名村志编修工作。（朱文清）

【李培林到苏州市吴中区东山镇调研地方志工作】　3月25日，中国社会科学院副院长、中指组常务副组长李培林到苏州市吴中区东山镇调研地方志工作。李培林对东山镇地方志工作取得的成绩给予充分肯定。强调中国名镇志文化工程是中指组的一个新的创新尝试，希望能够在保持志书规范严谨体例的同时，突出地方的名和特，图文并茂，增强可读性，使志书不再作为资料束之高阁，而是进入寻常百姓家，将全国的名镇向全世界推广宣传；同时要求各级地方志工作人员利用名镇志编修契机，充分挖掘地方历史文化，把地方志与乡村旅游结合起来，并为下一步中国名村志文化工程做好准备工作。（朱文清）

【李培林到昆山市锦溪镇调研名镇志工作】　3月26日，中国社会科学院副院长、中指组常务副组长李培林就昆山市锦溪镇中国名镇志文化工程《锦溪镇志》编纂工作开展调研。李培林实地考察锦溪古镇在保护、开发和利用中所取得的积极成果，对锦溪镇立足深厚历史文化底蕴、独特水乡生态环境和浓郁乡土民俗风情，扎实深入有序开展中国名镇志编纂工作给予充分肯定。他要求锦溪镇在“名”与“特”上下功夫，与苏州市其他名镇志一起，为全国名镇志工作作出带头引领示范作用。（朱文清）

【李培林出席中国名镇志文化工程丛书编纂指导会暨与央视联合拍摄宣传片启动仪式】 3月26日，中指办主办的中国名镇志文化工程丛书编纂指导会暨与央视联合拍摄宣传片启动仪式在江苏省昆山市周庄镇举行。中国社会科学院副院长、中指组常务副组长李培林出席会议并发表题为《在新形势下充分发挥乡镇志的重要作用》的讲话。他在讲话中指出，全国地方志系统要牢牢把握机遇，以时不我待的精神抓好各项工作，以提质升级为目标抓好事业全面发展，以堪存堪鉴为目标抓好志鉴质量，以资治育人为目标抓好地方志资源开发利用。他强调，在新形势下要高度重视乡镇志的编纂，从中国社会发展视角、抢救和传承传统文化视角、完善地方志编修体系视角看待乡镇志编纂的意义，着力推进乡镇志编纂工作。就中国名镇志文化工程下一阶段的工作，他提出了要加强组织领导、提高编纂能力、遵循志书编纂规范、突出“名”和“特”、发挥社会效益等要求。（朱文清）

【李培林出席全国地方志基层基础工作会议】 4月19日至20日，中指办主办的全国地方志基层基础工作会议在西昌市召开。中国社会科学院副院长、中指组常务副组长李培林出席开幕式，并作题为《强本固基创新发展谱写地方志事业新华章》的讲话。李培林在讲话中指出，全国地方志基层基础工作创造、积累了丰富的工作经验，主要是：有为有位，争取领导重视是基本前提；依法治志，建立完善的事业发展保障体系是核心要求；找准定位，弘扬方志人精神是内在动力；确保质量，打造堪存堪鉴的志鉴成果是首要任务；创新思维，因地制宜构建地方志工作新格局是时代要求；资政育人，服务党委政府工作大局和让广大人民群众共享成果是价值追求。他要求，下一阶段全国地方志基层基础工作要出思路、出措施、出经验。他提出，要继续深入贯彻落实习近平总书记系列重要讲话和李克强总理、刘延东副总理关于地方志工作的重要批示、讲话精神，充分利用国家规划做好顶层设计，依法层层加强对地方志工作的管理和规范，坚持进度和质量兼顾实现“两全”目标，因地制宜构建事业发展新局面，创新资政、育人路径推广地方志成果。（朱文清）

【李培林调研重庆市地方志工作】 4月19日至20日，中国社会科学院副院长、中指组常务副组长李培林到重庆市调研地方志工作，并召开座谈会。李培林指出，重庆市要加强依法治志，建立起“党委领导、政府主持，各级地方志工作机构组织实施，社会各界广泛参与”的组织领导机制，将地方志工作纳入重庆市政府督办事项，纳入市政府考核体系；要确保完成《规划纲要》提出的“两全目标”，到2020年全面完成第二轮修志规划任务、实现省市县三级综合年鉴编纂全覆盖；要在科学论证的基础上，调整志书编修规划，同时报市政府提出修改规划，并报中指组备案；要切实做到市区县地方综合年鉴全覆盖，保证一年一鉴，积极创造条件公开出版；要围绕中心，服务大局，让方志成为文化大市名片，发挥地方志文化资源社会效益，创新地方志资源开发利用新模式，不断扩大地方志工作的影响。（朱文清）

【李培林出席纪念国务院《地方志工作条例》颁布实施10周年座谈会】 5月13日，纪念国务院《地方志工作条例》（以下简称《条例》）颁布实施10周年座谈会在北京召开。中国社会科学院副院长、中指组常务副组长李培林出席会议，并作题为《坚持依法治志，大力推进地方志事业科学发展》的讲话。李培林指出，《条例》颁布实施10年来，地方志法治化建设从无到有，取得突飞猛进的发展。“坚持依法治志”就是在当前我国建设社会主义法治国家的背景下提出来的，是全面推进依法治国的应有内涵与必然要求。李培林要求，要以踏石留印、抓铁有痕的劲头，坚持不懈抓好《条例》的贯彻落实工作，善始善终、善做善成，全面推进地方志法治化建设。一要坚持正确政治方向，二要牢固树立法治思维，三要科学修订完善《条例》，四要切实加强严格执法，五要强化全社会依法治志意识。他强调，各地必须全力以赴，确保在2020年前完成《规划纲要》规定的“两全目标”这个法定任务，在全国范围内实现县县有志；在有条件的地方，要推动志书编修向乡镇（街道）、村（社区）延伸，同时要认真研究如何充分地体现各地的文化底蕴；在方志馆建设上，各地要坚持创新引领、开放建馆、协调发展、共享服务的理念，要把公众参与、公众满意作为重要衡量标准，注重实效；在修订完善《条例》工作上，要尽快启动《条例》修订程序，在修订过程中要注意延伸地方志内涵，拓宽地方志工作领域，力争明确各级政府修史修志的主体责任。

（朱文清）

【李培林调研山西省地方志工作】　7月15日，中国社会科学院副院长、中指组常务副组长李培林在太原召开专题调研座谈会。李培林指出，山西是一个文化大省，近年来地方志工作发展进步快，成效明显。在全国地方志系统全面贯彻落实《规划纲要》进程中，山西要走在全国前列，率先全面完成省、市、县三级第二轮修志任务和省、市、县三级综合年鉴编纂全覆盖。他强调，全国地方志工作越往基层，机构、队伍和工作等越薄弱。地方志工作要把眼光一级一级往基层看，从省、市到县要多帮助基层解决实际困难。他强调，地方志工作要以创新的理念为引领、创新精神为动力，努力开创新局面。地方志编写要适应新的传媒发展的形势和人们的阅读习惯，积极推进地方志成果的数字化、信息化。创新地方志工作，要在做好规定动作的同时，积极开动脑子做好自选动作。

（朱文清）

【李培林出席第一次全国年鉴工作会议】　7月15日至16日，第一次全国年鉴工作会议在太原市召开。中国社会科学院副院长、中指组常务副组长李培林出席会议并讲话，宣读《中国地方志指导小组关于对全国地方志优秀成果（年鉴类）的通报表扬》。李培林作题为《统一思想，凝心聚力，深入贯彻落实〈规划纲要〉，努力实现年鉴事业发展新跨越》的主题报告，指出全面系统地总结改革开放近40年尤其是《地方志工作条例》颁布施行10年全国年鉴工作取得的成绩、积累的经验，指出工作中存在的困难和问题。他强调，要进一步深化《规划纲要》关于年鉴工作要求的认识，要从为全面建成小康社会提供智力支持和精神动力的高度认识省、市、县三级综合年鉴全覆盖的意义，要从繁荣社会主义文化事业的高度认识年鉴队伍建设的意义。

（朱文清）

【李培林调研辽宁地方志工作】　8月14日，中国社会科学院副院长、中指组常务副组长李培林到辽宁省调研地方志工作，并在沈阳市召开座谈会。李培林对辽宁地方志工作取得的成绩给予充分肯定，对于下一步辽宁地方志工作，他提出三点要求：一是要全面完成《规划纲要》提出的“两全目标”，为全面建成小康社会献礼；二是围绕经济社会工作中心，加强地情报告工作；三是要推进“互联网＋地方志”建设，服务群众，服务生活。

（朱文清）

【李培林出席《中国方志发展报告（2015）》出版座谈会暨《中国方志发展报告（2016）》编纂启动会】　8月31日，《中国方志发展报告（2015）》出版座谈会暨《中国方志发展报告（2016）》编纂启动会在国家方志馆召开。中国社会科学院副院长、中指组常务副组长李培林出席会议并讲话。李培林指出，2015年中指办正式启动“一体两翼”工程，以《中国地情报告》为一体，《中国方志发展报告》《中国年鉴发展报告》为两翼。这一工程的推进，对坚持修志为用原则，充分发挥地方志资源优势，全面提升开发利用水平；进一步提高服务大局能力，全面提升地方志工作的社会影响力和社会效益，有着重要的意义。他指出，作为全国地方志事业发展的年度报告，是地方志工作的创新之举，也是地方志功能拓展、推动第二轮修志任务完成的重要载体。他提出：一是准确把握地方志事业发展的内涵和外延；二是准确把握第二轮修志的完成进度；三是准确把握影响和阻碍地方志工作的主要问题；四是准确把握下一阶段应采取的办法和措施。

（朱文清）

【李培林调研青海地方志工作】　9月27日，中国社会科学院副院长、中指组常务副组长李培林到青海省调研地方志工作，并在西宁市召开调研座谈会。青海省副省长、省政府秘书长杨逢春出席座谈会。李培林对青海省地方志工作取得的成绩给予充分肯定和高度评价，就青海省下一阶段地方志工作，他提出四点要求：一是要确保“两全目标”按期实现；二是要围绕经济社会发展中心工作做好资政服务；三是要适应信息化发展的大势，让省情、地情进入寻常百姓家；四是要继续研究把对经济欠发达地区帮扶的政策落到实处。　（朱文清）

【李培林调研宁夏地方志工作】　9月28日，中国社会科学院副院长、中指组常务副组长李培林到宁夏回族自治区调研地方志工作，并在银川市召开调研座谈会。宁夏回族自治区副主席姚爱兴出席座谈会。李培林在听取汇报后指出，宁夏回族自治区党委、政府高度重视地方志工作，工作措施到位，各项工作按部就班推进，解决了地方志事业发展中不少实际问题，在自治区志办和部分县级志办还不够完善的情况下取得现在的成绩，来之不易。就宁夏下一阶段地方志工作，他提出四点要求：一是要全面贯彻《规划纲要》，确保实现“两全目标”；二是要全面贯彻依法治志和“一纳入、八到位”；三是要创造性开展地方志工作，为地方经济社会发展大局服务，为社会服务、为百姓服务；四是要适当考虑地方志工作向基层延伸。

（朱文清）

【李培林听取陕西省地方志工作汇报】　10月19日，中国社会科学院副院长、中指组常务副组长李培林会见陕西省志办主任秦向东一行并听取工作汇报。李培林指出，当前全国地方志系统的中心任务就是贯彻落实《规划纲要》，尤其是要如期实现“两全目标”。陕西省作为西部省份，任务更为艰巨。省志办要紧紧依靠本地党委、政府，积极谋划，主动作为，督促省志编修，加大对贫困区县志书编修、年鉴编纂的支持力度，力争到2018年基本实现“两全目标”。他强调，陕西省历史文化底蕴深厚，有做好地方志工作的独特优势。他希望新一届省志办领导班子不负重任，再接再厉，跑好实现“两全目标”的最后一棒；同时，要努力关心干部的成长进步，让大家有获得感和成就感，充分调动广大地方志工作者干事创业的积极性。　（朱文清）

【李培林出席中国名村志文化工程启动会】　10月31日，中国名村志文化工程启动仪式在绩溪县举行。中国社会科学院副院长、中指组常务副组长李培林出席开幕式并讲话。安徽省副省长谢广祥、宣城市副市长黄敏出席开幕式并致辞。李培林在大会上作题为《实施中国名村志文化工程，让地方志成果进入寻常百姓家》的讲话。他指出，当前启动中国名村志文化工程，是全国地方志工作配合国家重大发展战略的具体举措，适得其时。他提出，一是要充分认识实施中国名村志文化工程的重要意义，二是要充分把握中国名村志文化工程的基本要求，三是要充分保障中国名村志文化工程的扎实实施。他强调，中国名村志文化工程的实施是长期工作任务，需要全国地方志系统上下联动，谋好篇，开好局，起好步，有规划、有组织地协调推进。各级地方志工作机构要加强领导、提供保障、加大宣传和加强服务。

（朱文清）

【李培林听取铜陵市申请设立国家方志馆长江分馆情况汇报】 11月1日，中国社会科学院副院长、中指组常务副组长李培林出席铜陵市委、市政府申请设立国家方志馆长江分馆工作情况汇报会并讲话。李培林指出，国家方志馆分馆建设是一个新生事物，之前设立的分馆多是区域性的，而建设长江分馆则是跨区域的。长江流域存在着很多精彩的文化，通过建设长江分馆，一方面可以宣传长江文化，另一方面能够提升铜陵的文化地位。在长江分馆展览大纲的制定过程中，安徽省志办要组织有关方面的专家，加强收集长江流域的各种文献，然后加以精选、分配，以展示这些文化元素、文化符号的特色。在长江分馆建设面积方面还需要积极协调，与黄河分馆相匹配，以便充分展示长江文化，与黄河分馆一南一北，并驾齐驱。他强调，一定要重视展览的趣味性和吸引力，方志馆作为公共文化设施，要积极为大众服务，成为吸引游客的重要文化场所。（朱文清）

【李培林出席第一次全国地方志科研工作会议】 11月1日，第一次全国地方志科研工作会议在铜陵市召开。中国社会科学院副院长、中指组常务副组长李培林出席会议并讲话。李培林指出，经过改革开放近40年的发展，地方志事业形成了志、鉴、史、库、馆、网、刊、会、研、用十业并举的新格局，正在全国范围内全面推进从一项工作到一项事业的转型。他提出，一是要坚持以马克思主义为指导，自觉把中国特色社会主义理论体系贯穿于地方志科研工作的全过程，并转化为清醒的理论自觉、坚定的政治信念、科学的思维方法；二是充分认识科研工作在地方志事业创新发展中的重要地位，加大科研工作的力度，推动依法治志大背景下的理论创新，努力为地方志事业发展提供智力支持；三是以《规划纲要》的贯彻落实为契机，在坚持全面发展的同时，加强地方志理论研究和创新，活跃学术研讨的氛围，推动研究成果创新；四是以人为本，加强人才队伍建设，为科研工作提供高水平的人才储备，不断提升地方志科研工作服务大局的能力。他强调，要进一步加强地方志科研工作，上下联动，整体谋划，不断丰富方志理论研究成果，提升方志理论研究水平，夯实方志学学科建设的基础。要进一步加强科研管理能力，积极制定宏观规划，完善绩效评价机制，优化资源配置。（朱文清）

【李培林出席中国社会科学院、中指组国情调研广东基地揭牌仪式】 12月5日，中国社会科学院、中指组国情调研基地揭牌仪式在广东省方志馆举行，中国社会科学院副院长、中指组常务副组长李培林出席揭牌仪式。揭牌仪式上，广东省聘请李培林为广东省自然村落历史人文普查学术委员会主任委员。李培林对广东省地方志工作取得的重要成绩、自然村落历史人文普查和镇村志编修工作给予高度评价。

（朱文清）

【李培林出席第一次全国地方志工作经验交流会暨2017年全国地方志机构主任工作会议】 12月6日至7日，第一次全国地方志工作经验交流会暨2017年全国地方志机构主任工作会议在广州市召开。中国社会科学院副院长、中指组常务副组长李培林出席会议并作题为《全面推进地方志事业转型升级》的讲话。广东省政府党组成员陈云贤出席会议并致辞。李培林全面梳理总结2016年全国地方志工作，对2017年工作进行部署。他强调，2017年是在全国范围内全面推进地方志事业转型升级的关键一年，是全面落实《规划纲要》任务的重要一年。要加大贯彻落实力度，确保以优异的成绩迎接党的十九大召开。要深入学习贯彻，推动《规划纲要》目标任务落到实处；全面推进修志工作，努力打造精品志书；稳妥推进地方史工作，加强规范管理；扎实推进理论研究和学科建设，提高方志理论话语权；不断强化人才队伍建设，提升事业活力；加快信息化建设步伐，积蓄事业发展新能量；加强方志馆建设，规范方志馆管理；深入挖掘地方志资源，提高服务大局能力；推进依法治志，加大执法力度；加强组织领导，切实保障地方志事业发展；加强中指组及其办公室自身建设，进一步提高工作水平。会上，李培林为刚刚退出地方志工作岗位、担任省级地方志工作机构主要负责人十年以上的安徽省志办原主任朱文根、重庆市志办原主任周焕强、新疆生产建设兵团志办公室原主任刘和鸣颁发“你真方志”牌匾和荣誉证书。（朱文清）

【中国社会科学院副院长、党组副书记王京清到中指办检查指导工作】 6月15日，中国社会科学院副院长、党组副书记王京清到中指办检查指导工作并召开调研座谈会。王京清在听取汇报后，对地方志工作取得的成绩给予充分肯定，并围绕党的建设、班子建设、人才队伍建设等方面提出要求：一是要按照中国社会科学院党组要求，认真学习、宣传、阐释以习近平同志为总书记的党中央治国理政新理念新思想新战略，以及深入学习贯彻习近平总书记在哲学社会科学工作座谈会上的重要讲话精神；二是要坚持民主集中制原则，做到重大问题由集体研究决定；三是要抓好“两学一做”学习教育，通过“两学一做”学习教育要求每个党员切实增强党的意识，自觉做到在党言党、在党为党、在党忧党；四是要高度重视人才队伍建设，加强方志学科建设，进一步提高方志人才队伍整体素质。（朱文清）

【朱佳木出席《方志百科全书》编委会第二次全体会议】 1月19日，《方志百科全书》编委会在北京召开第二次全体会议。中国社会科学院原副院长、中指组原常务副组长、《方志百科全书》编委会主任朱佳木主持会议并讲话，北京市人大常委会原副主任、市地方志编委会常务副主任、《方志百科全书》编委会副主任兼主编段柄仁出席会议并作编纂工作总结。朱佳木指出，编纂一部具有完备性、准确性、规范性、权威性的《方志百科全书》，不仅是推动地方志事业进一步发展的需要，而且具有填补方志学学科门类空白的创新意义，是地方志与百科全书两门学科相互融合的成功尝试，为方志界今后编纂类似大型工具书，探索出了一条可资借鉴的路径。（朱文清）

【朱佳木出席《地方志工作文稿》（增订本）出版座谈会】 6月25日，《地方志工作文稿》（增订本）出版座谈会在梅州市召开。中国社会科学院原副院长、中指组原常务副组长朱佳木出席会议并讲话。朱佳木从地方志的属性、新编地方志的特点、志书质量的保证、读志用志的途径、方志理论研究的加强、方志队伍的建设等方面谈了自己的认识和体会，也对如何解决新形势下地方志工作中面临的一些困难和问题谈了自己的看法。（朱文清）

·各省工作

【北京市委副书记、市长王安顺出席市地方志编委会扩大会议】 5月24日，北京市地方志编委会扩大会议召开。市委副书记、市长、市地方志编委会主任王安顺出席会议并讲话。他强调，要结合开展“两学一做”学习教育，深入学习贯彻中央关于地方志工作的重要指示精神，认真落实规划纲要，积极推动首都地方志事业健康发展，更好地服务全国文化中心建设和文化强国战略，为加快建设国际一流的和谐宜居之都作出新的贡献。（王韧洁）

【河北省委副书记、省长张庆伟对省方志馆建设作出批示】 5月16日，河北省委副书记、省长张庆伟对《河北省发展和改革委员会关于河北省档案方志馆项目建设方案和资金安排的意见》作出批示。8月18日，河北省档案方志馆项目获批，项目总建筑面积57280平方米，其中省方志馆建筑面积9740平方米。

（王慧卿）

【河北省委副书记、省长张庆伟对《河北省地方志事业发展规划（2016—2020年）》作出指示】 6月1日，河北省委副书记、省长张庆伟主持召开省政府第84次常务会议，研究通过《河北省地方志事业发展规划（2016—2020

年)》。张庆伟指出:“地方志工作很重要,各地各部门要高度重视,大家都要按要求完成任务,这是我们的法定职责。”　(李苍绵)

【江苏省委副书记、省长石泰峰在政府工作报告中要求“推进二轮修志工作”】　1月24日,江苏省委副书记、省长石泰峰在江苏省第十二届人民代表大会第四次会议上所作的《政府工作报告》中肯定“十二五”时期全省地方志工作取得的成绩,并要求“推进二轮修志工作”。年内,省政府将“编纂48本江苏省志分(专)志和40部市、县(市、区)志”列入省政府2016年度十大主要任务考核指标。这是江苏地方志工作第一次被列入省政府主要任务考核指标。　(武文明)

【江苏省委副书记、省长石泰峰对地方志工作作出批示】　2月23日,江苏省委副书记、省长石泰峰对地方志工作作出批示:“地方志是一项传承历史、展现当今、启引未来的重要事业。近年来,在各地各有关方面的共同努力下,地方志编纂、管理和开发利用工作持续深入推进,方志编修成果丰硕,用志领域进一步拓展,保障力度不断加大,在服务经济社会发展中发挥重要作用。面对新形势新任务,各级政府各有关部门要深入贯彻习近平总书记等中央领导同志的重要指示,深刻认识做好地方志工作的重要意义,从战略全局高度重视和加强地方志工作,将其作为文化建设的一项重要基础性工作来抓,按照地方志事业发展规划纲要的要求,坚持质量第一原则,扎实推进第二轮修志,精心编纂综合年鉴,注重方志文献资源开发利用,不断推动地方志事业繁荣发展,为迈上新台阶、建设新江苏提供历史借鉴和智力支持。”　(武文明)

【浙江省委副书记、省长李强对地方志工作作出批示】　1月28日,浙江省委副书记、省长李强,副省长郑继伟先后听取《浙江通志》总编俞文华、省社科院党委书记张伟斌、省志办主任潘捷军等关于《浙江通志》编纂及全省地方志工作所作的专题汇报。李强在《关于〈浙江通志〉编纂等有关工作情况的汇报》上批示:“可以在下一次政府全体会议上就通志编纂工作作一强调,并适时召开一次编委会会议,作专题研究。”　(浙江省志办)

【浙江省委副书记、省长李强主持召开省地方志编委会暨《浙江通志》编委会会议】　5月4日,浙江省委副书记、省长李强主持召开省地方志编委会暨《浙江通志》编委会会议并作题为《以崇高使命担当编纂精品通志》的讲话。副省长、省地方志编委会暨《浙江通志》编委会副主任郑继伟出席会议。李强要求,各地要切实做好地方志工作,对标先进、加快进度,力求到2018年基本完成市县二轮志书编纂工作,实现综合年鉴编纂全覆盖;统筹兼顾、创新举措,促进全省地方志事业全面发展。　(浙江省志办)

【山东省委副书记、省长郭树清对史志工作提出表扬】　5月16日,山东省委副书记、省长郭树清在全省旅游产业发展大会的讲话中对史志工作提出表扬,他指出:“各级文物保护单位,博物馆、文化馆、艺术馆、美术馆、地方党史馆、方志馆,都是体验历史文化的重要载体。党史办、史志办都做了很好的努力、很好的工作。像史志办编的抗战丛书,不知道大家看了没有,很好。抗战亲历者说,等于抢救历史,找一些抗战老兵来采访,一些很多珍贵的图片、照片,我们都是第一次看到。这是全方位展示山东抗日战争,很有帮助。”

(山东省史志办)

【山东省委常委、常务副省长孙伟对史志工作作出批示】　2月22日,山东省委常委、常务副省长孙伟对省地方志工作作出批示:“近年来我省史志工作围绕大局、主动作为,发掘历史、传承文明,成果突出。望继续辛勤耕耘,扎实工作,再创佳绩。请各级政府及有关部门进一步重视修史修志工作,做到‘一纳入、八到位’,共同努力,圆满完成第二轮修志任务，实现综合年鉴编纂全覆盖”。

（山东省史志办）

【山东省副省长王随莲听取省史志办工作汇报并作出指示】 1月18日，山东省副省长王随莲听取省政府办公厅党组成员、省史志办主任刘爱军关于地方志工作的汇报，对2016年全省史志工作计划给予充分肯定。她指出，2016年全省史志工作谋划很细致，任务很饱满，要紧紧抓住修志编鉴这个中心任务，狠抓落实，多到基层去督导，确保《规划纲要》确定的完成第二轮修志任务和实现地方综合年鉴全覆盖的“两全目标”顺利实现。

（山东省史志办）

【山东省副省长王随莲对史志工作作出批示】

1月18日，山东省副省长王随莲在收到中国社会科学院副院长、中指组常务副组长李培林对山东省史志工作的批示后，作出批示：“请将培林同志的批示在工作大会上宣读，这是中指组对我省工作的肯定，更是鼓舞和鞭策，我们一定不负众望把工作做得更扎实更有效，落实好习总书记对山东走在前列的指示要求，为我省经济文化强省建设贡献史志人的力量。”

（山东省史志办）

【山东省副省长王随莲在《大众日报》就史志工作发表署名文章】 2月3日，山东省副省长王随莲在《大众日报》（理论实践版）头条发表署名文章《发展地方史志事业　弘扬优秀传统文化》。文章强调，要全面贯彻落实《规划纲要》，推进地方史志事业科学发展，一是深入贯彻依法治志理念，做到依法修志、依法管志、依法用志，用法治的思维和方式推动地方史志事业科学发展；二是努力打造无愧于时代、无愧于人民、无愧于历史、无愧于民族的精品佳作；三是积极发挥服务经济社会发展作用，进一步发掘史志资源的利用潜能，不断拓宽用志领域，创新用志手段，提升服务能力，形成修用结合、良性互动的工作新机制；四是切实加强公共文化服务功能，把地方史志工作纳入公共文化服务体系建设中，加快方志馆、地情网站、数据库等基础设施建设，为广大群众提供独具特色和魅力的地方史志文化服务。

（山东省史志办）

【山东省副省长王随莲到烟台市督导史志工作】

10月26日，山东省副省长王随莲到烟台市督导史志工作。王随莲听取烟台市史志工作情况汇报，并到市方志馆实地调研。她指出，近年来，山东省史志工作围绕大局、开拓创新，敢于担当、积极作为，取得了丰硕成果，走在了全国前列。烟台市要紧跟省里的步伐，把史志工作当作一项长期任务，纳入国民经济和社会发展规划，切实做到认识、领导、机构、编制、经费、设施、规划、工作到位，为史志事业创造良好发展环境，全面贯彻落实省政府办公厅印发的《山东省地方史志事业发展规划纲要（2016—2020年）》确定的各项目标任务。

（山东省史志办）

【河南省委副书记、省长谢伏瞻对地方史志工作作出批示】 2月15日，河南省委副书记、省长谢伏瞻对地方史志工作作出批示：“编史修志工作责任重大、意义深远。全省地方史志工作者要认真学习贯彻克强总理指示精神，淡泊明志、克勤奉献，努力修一代资辅当前、存鉴后世、经得起历史检验的佳作！”　（王颖）

【湖南省副省长蔡振红出席全省推进依法治志工作会议并讲话】 5月6日，湖南省政府在长沙市召开全省推进依法治志工作会议，副省长蔡振红出席会议并讲话。蔡振红指出，党中央、国务院和省委、省政府历来重视地方志工作，编修地方志是治国理政与推进国家治理能力现代化的必然要求，做好地方志工作是加快文化强国、强省建设的重要基础，发展地方志事业是服务湖南经济社会发展的重要途径。他要求，当前和今后一个时期，各级各部门要深入学习贯彻习近平总书记和李克强总理对加强新时期编史修志的重要指示精神，按照《规划纲要》明确的任务和要求，强化依法治志工作理念，进一步夯实地方志工作基础，完善地方志编修体系，加快推动地方志事业发展。

（张睿）

【广东省领导朱小丹、马兴瑞、徐少华分别对地方志工作作出批示】 1月，广东省委副书记、省长朱小丹，省委副书记、深圳市委书记马兴瑞，省委常委、常务副省长徐少华分别对地方志工作作出批示。朱小丹批示："地方志工作是传史鉴今、资政辅治的重要事业。我省地方志工作基础好、亮点多，一直走在全国前列。希望全省地方志工作者发扬志存高远、力学笃行精神，不断提升地方志工作质量和水平，当好实施《全国地方志事业发展规划纲要(2015—2020年)》的排头兵。"马兴瑞批示："希望全省地方志工作者全面、客观、真实记录我省改革发展进程，创新工作形式，开发好、传播好宝贵的史志资源，用历史的智慧启迪今天的工作。"徐少华批示："全省各级政府要关心重视和大力支持地方志事业发展，全省地方志工作者要贯彻落实好朱小丹省长批示精神，为文化强省建设作出新的更大的贡献。"

（广东省志办）

【广东省领导朱小丹、徐少华到省志办慰问干部职工】 2月15日，广东省委副书记、省长朱小丹，省委常委、常务副省长徐少华到省志办慰问干部职工。朱小丹、徐少华观看2015年广东省地方志主要成果，朱小丹发表讲话。朱小丹指出，广东地方志工作一直走在全国前列，2015年又取得多项全国第一或首创，得到中央和省委省政府的高度评价，离不开全省方志工作者的辛勤耕耘和默默奉献。广东在国家的历史发展上有特殊重要的意义，记载好广东的历史，不只是面向当前的一项任务，对于当前和未来、前人和后人，都是一件大事。当前重视改革发展，也要对得起历史，只有知道从哪里来，才能知道到哪里去，地方志要继续做好资政育人这项大工程。他指出，《广东省行政区划图志》一书厘清广东自秦朝以来的行政区划演变过程，贡献巨大，希望省志办干部职工继续发扬方志人精神，在新的一年里多出新成果，多出专家型的方志干部。他要求省志办把2015年在全国引起强烈社会反响广东省家谱家训家风展成果的《家训家风选编》送到农家书屋，让地方志成果惠及更多的人民群众。

（广东省志办）

【广东省委副书记、深圳市委书记马兴瑞到深圳市史志办调研】 7月4日，广东省委副书记、深圳市委书记马兴瑞到深圳市史志办调研。马兴瑞参观深圳方志馆大厅、党史馆展厅、文献阅览室、办公室等场所，听取市史志办主任、市方志馆馆长黄玲工作汇报。马兴瑞对市史志办近年来取得的成绩表示肯定，要求市史志办坚持围绕中心、服务大局，坚持创新工作思路、积极主动作为，充分发挥"以史鉴今、资政育人"的作用，进一步引导广大党员干部和全市人民为深圳勇当"四个全面"排头兵、加快建成现代化国际化创新型城市共同奋斗。他要求，进一步加快深圳方志馆布展综合配套工程和信息化系统建设项目立项工作。

（广东省志办）

【广东省委常委、广州市委书记任学锋与广州市市长温国辉到市方志馆调研】 6月8日，广东省委常委、广州市委书记任学锋，广州市市长温国辉到位于广州市城市规划展览中心的地方志新馆调研。任学锋指示：市地方志新馆展览要传承城市的历史和文脉，抓住城市的"根"和"魂"；考虑到不同群体的需要；展示方式上要体现大气、包容、厚重、简约、可持续的特点；要通过专家论证，多方面判断所反映大事对广州的影响程度，提升新馆展览的吸引力和生命力。温国辉指出，市地方志新馆要精益求精、精细建设。项目业主单位和代建、设计、施工及布展等各相关单位要高度重视，加强协调，落实责任。在展览风格上要给人敬畏感、厚重感、简约感、持续感。对影响一个地方发展的大事要充分论证，对得起历史，接得住未来。

（杨宏伟）

【广东省委常委、广州市委书记任学锋对地方志工作作出批示】 12月15日，广东省委常委、广州市委书记任学锋在《关于第一次全国地方志工作经验交流会暨2017年全国地方志机构主任工作会议召开情况的报告》上作出批示：“我市地方志工作有好的基础，市区两级党委、政府要关心地方志工作，作出广州特色。”

(杨宏伟)

【广东省委常委、常务副省长徐少华对全省自然村落历史人文普查工作作出批示】 12月12日，广东省委常委、常务副省长徐少华对全省自然村落历史人文普查工作作出批示：“省地方志办开展自然村落历史人文普查工作，部署有力，措施到位，各地配合，效果明显。各级有关同志为此付出了宝贵心血和辛勤劳动，应予充分肯定。望持之以恒，再接再厉，争取更优更大成效。”

(广东省志办)

【广东省副省长许瑞生对地方志工作作出批示】 6月，广东省副省长许瑞生对地方志工作作出批示：“习近平总书记指出‘让收藏在博物馆的文物、陈列在广阔大地上的遗产、书写在古籍里的文字都活起来’。地方志部门按照省委省政府部署，组织实施全省自然村落历史人文普查，摸清基本省情，抢救保护岭南历史文化遗产，留住历史文脉，记住乡愁，让文物、古籍古为今用。驿道是古代中央向各地传递谕令、公文，官员往来，运输物资的重要通道，对广东区域开发、经济发展、民风开化具有积极作用。加强南粤古驿道保护利用工作，既是广东省积极实施国家‘一带一路’倡议，也是推进精准扶贫、发展农村旅游、改善人居环境的重要抓手，对当前有效扩大投资、促进消费、推动经济社会发展具有重要意义。省地方志办按照省政府要求，把南粤古驿道的人文普查列入自然村落历史人文普查工作范围，部署开展南粤古驿道沿线自然村落调查，服务发展意识强，工作积极主动，发挥了重要作用。希望各级党委政府要高度重视古驿道调查工作，发挥地方志工作者的专业特长，积极参与古驿道保护利用工作，做好南粤古驿道沿线历史文化遗产、相关史料的挖掘、整理，有计划地宣传南粤古驿道调查新发现、新成果，传播广东历史文化、提升自豪感，加快调查成果的转化利用，更好地发挥地方志记录历史、服务发展、传承文明的作用。”

(广东省志办)

【广西壮族自治区党委常委、自治区副主席蓝天立到自治区志办调研】 5月4日，广西壮族自治区党委常委、自治区副主席蓝天立到自治区志办调研。自治区政府副秘书长黄武海陪同调研。蓝天立先后深入广西史志博物馆、广西方志馆进行调研，自治区志办主任李秋洪向蓝天立简要汇报广西方志馆的建设、使用和管理等情况。在广西史志博物馆，蓝天立详细询问广西地方志机构的历史沿革、地方志书和年鉴的编修情况；在古籍书库，蓝天立叮嘱要注意保持书库的温度和湿度，做好防虫防鼠防尘防火等工作，不断改善库存环境条件，认真保护好库内图书资料。得知在全国方志馆中，广西方志馆馆藏图书和馆藏条件是最好之一时，蓝天立勉励自治区志办领导要再接再厉，加强对方志馆的管理和使用，积极开发利用好宝贵的地情资源，注意搜集整理城市规划、壮医瑶药等方面的史料，为政府决策提供参考。

(韦晓　刘妍　覃志婷　周珍朱)

【海南省委常委、省委秘书长胡光辉对史志工作作出批示】 1月6日，海南省委常委、省委秘书长胡光辉对海南省史志工作作出批示：“2015年我省史志工作者围绕‘存史、资治、育人’，服务大局，履职尽责，工作颇有成效。请代向史志工作者致以敬意和问候。希望2016年继续努力，创新实干，取得更大成绩。”

(李鑫)

【海南省委常委、省委秘书长胡光辉看望史志工作者】 2月14日，海南省委常委、省委秘书长胡光辉到省志办看望史志工作者，并送上新春祝福。胡光辉一行在听取省志办主任毛志华简要介绍后，感谢在平凡工作岗位上的默默

坚守和奉献的地方志工作者，希望大家以对党的绝对忠诚，继续发扬爱岗敬业精神，再接再厉，取得更大的成绩。（李鑫）

【海南省委常委、省委秘书长胡光辉到海南史志馆建设工地和省志办调研】 3月4日，海南省委常委、省委秘书长胡光辉到海南史志馆施工现场考察，并召开现场会，要求各参建单位进一步增强政治意识、大局意识，一起把工作“扛起来”，各司其职，加强协作，确保2016年6月30日前工程顺利竣工。随后，胡光辉到省志办调研，听取工作汇报。（李鑫）

【海南省副省长王路对海南省地方志工作作出批示】 1月7日，海南省副省长王路对海南省地方志工作作出批示：“2015年，我省各级地方志工作部门和广大方志工作者认真贯彻落实第五次全国地方志工作会议精神和省委、省政府决策部署，做了许多富有成效的工作。希望你们认真贯彻落实好李克强总理批示精神，继续发扬‘修志问道、直笔著史’的方志人精神，抓住机遇，努力工作，争取2016年取得新的更大的成绩。”（李鑫）

【贵州省委领导孙志刚、秦如培对全省档案方志工作作出批示】 2月25日，贵州省委副书记、省长孙志刚对全省档案方志工作作出批示：“近年来，全省广大档案方志工作者认真贯彻党中央、国务院和省委、省政府决策部署，切实履行‘为党管档、为国守史、为民服务’和‘修志问道、以启未来’的职责，为全省经济社会发展作出重要贡献。档鉴古今、史远流长；最古之史、实为方志。全省各级政府都要关心和支持档案方志事业发展，切实帮助解决发展中面临的困难和问题。全省档案方志系统要认真学习贯彻李克强总理重要批示精神，紧紧围绕省委、省政府中心工作，锐意创新、开拓进取，不断开创档案方志工作新局面，为全省守底线、走新路、奔小康作出新的更大贡献。”随后，贵州省委常委、常务副省长秦如培也作出批示：“孙省长的重要批示，充分体现了省委、省政府对档案方志工作的高度重视和支持，指明了今后一段时期贵州档案方志事业发展的工作目标和重点任务。望全省广大档案方志工作者认真贯彻落实好志刚省长的重要批示精神，坚持干字当头，围绕中心、服务大局，再接再厉、扎实工作，争创更好的业绩，不断推动贵州档案方志工作迈上新台阶。”（贵州省志办）

【云南省委书记、省长陈豪对全省地方志工作作出批示】 11月4日，云南省召开第六次全省地方志工作会议期间，云南省委书记、省长陈豪对全省地方志工作作出批示，希望全省方志工作者“认真贯彻落实全国地方志事业发展纲要精神，坚持创新、协调、绿色、开放、共享的新发展理念，以对党、对人民、对历史高度负责的精神，编纂形成一大批具有重要历史文化价值的优秀史志成果，为推动云南实现跨越发展作出新贡献。”

【西藏自治区领导洛桑江村、吴英杰、邓小刚出席自治区地方志工作会议】 1月9日，西藏自治区地方志工作会议在拉萨召开，自治区党委副书记、自治区主席、自治区地方志编纂委员会主任洛桑江村出席会议并讲话，与部分承编单位负责人签订目标责任书。自治区党委常务副书记、自治区地方志编纂委员会副主任吴英杰主持会议并讲话。自治区党委副书记、自治区常务副主席、区党委政法委书记、自治区地方志编纂委员会副主任邓小刚传达李克强总理在全国地方志系统先进模范座谈会上的重要批示精神，传达自治区党委书记陈全国关于地方志工作的批示：“要重视地方志工作，也是弘扬优秀西藏文化和在党的领导下西藏发生的巨大变化的展示。”洛桑江村指出，地方志是传承中华文明、发掘历史智慧的重要载体，全区各级党政组织、各部门一定要站在战略全局的高度，充分认识做好地方志工作的深远历史意义和重大现实意义，坚决完成“全面完成第一轮、第二轮修志规划任务，全面完成地方综合年鉴编纂出版工作”的目标任务，为全面建成小康社会和长治久安作出更大贡献。吴英杰指出，认清新形势、统一新认识，明确新目标、落实新举措，切实把编修社会主义新方志作为一项重大的政治工程、战略工程、文化工程和固边工程，作为“十三五”时期的一项重要职责，层层召开会议进行安排部署、层层制定方案推动工作落实、层层明确责任强化监督检查，确保会议确定的各项任务和部署要求真正落到实处，有力推动方志事业全面科学发展，进一步提高服务全区改革发展稳定的能力水平。（徐文玉）

【陕西省委副书记、省长娄勤俭到省志办调研】 2月14日，陕西省委书记、省长娄勤俭到省志办看望慰问机关干部职工，并召开处级以上干部会议。在听取省志办工作汇报后，娄勤俭指出，2015年的地方志工作围绕中心，努力作为，成绩明显，值得肯定。他强调，修史修志是一个光荣而令人尊敬的重要工作，资政、存史和育人，十分重要，但同时又是一个比较寂寞和辛苦的工作，对大家长期以来默默无闻的付出和辛勤的劳动表示敬意和感谢。他要求，当前要继续发扬好作风，争取好成绩，再接再厉，抓好修志编鉴主业，确保在2020年之前，圆满完成《规划纲要》提出的目标任务；要进一步拓宽地方志工作领域，深入挖掘陕西丰厚的历史文化资源，在助力“三个陕西”建设上下功夫，在传承弘扬优秀传统文化，凝聚全面建成小康社会，实现中华民族伟大复兴“中国梦”的强大精神力量上下功夫；要形成工作合力，重视社会修志力量，调动一切可以调动的积极因素，共同做好这项工作；要进一步弘扬方志人精神，转变作风，切实促进地方志事业繁荣发展。（丁喜）

【甘肃省副省长夏红民出席西北五省区暨新疆生产建设兵团地方志工作协作会议】 10月12日至13日，西北五省区暨新疆生产建设兵团地方志工作协作会议在敦煌市召开，甘肃省副省长、省地方史志编委会主任夏红民出席会议并讲话。夏红民强调，地方志是具有独特历史文化和学术价值的资料性文献，具有“存史、资治、教化”的功能。甘肃省委、省政府历来重视地方志事业发展，颁布了一系列政策规定，使全省地方志事业进入以法治志、科学发展的新阶段，为全省地方志事业健康快速发展奠定了坚实的基础。近年来，全省地方志工作基础条件建设、业务建设、队伍建设、制度建设和理论建设有了很大提高，各项工作取得了长足发展，服务社会能力不断提升，地方志工作呈现出良好的发展势头。（梁兴明）

【青海省副省长高华出席第六次全省地方志工作会议】 3月11日，第六次青海省地方志工作会议在西宁召开，青海省副省长高华出席会议并讲话。他指出，全省地方志工作者秉持信念、执着守望、辛勤耕耘，做了大量有成效的工作。他强调，作为一项承上启下、继往开来、服务当代、有益后世的重要事业，地方志工作已成为全面反映经济建设、政治建设、文化建设、社会建设、生态文明建设和党的建设伟大成果的一项系统工程，要站在大局的高度、站在历史的高度、站在执政的高度进一步深化对地方志工作重要性的认识；要紧紧围绕《规划纲要》提出的“两全目标”，严格按照时间节点，加快修志进度，坚持质量、应用并重，保质保量完成各项任务；要大力弘扬新青海和方志人精神，加强组织领导，为实现地方志事业的科学发展创造良好的环境。他指出，2016年是国务院《地方志工作条例》颁布10周年和青海省地方志工作机构成立30周年，在新的历史起点上，要进一步振奋精神，锐意进取，改革创新，依法全面推动全省地方志事业发展繁荣，为讲好青海故事、续写中国梦青海篇章作出新的贡献。（马渊）

【青海省副省长杨逢春调研地方志工作】 7月7日，青海省副省长杨逢春到青海省志办调研并召开座谈会。听取省志办主任高煜工作汇报后，杨逢春在讲话中指出，地方志工作很重要，在文化传承、存史资政、爱国主义教育、对外宣传交流等方面发挥着独特的作用，是一项非常有意义的工作。他强调，完成《规划纲要》提出的到2020年实现“两全目标”是硬任务，必须要加大工作的推进力度，不折不扣地去落实，确保如期完成这一硬性任务；要以对历史、现实及未来负责的态度，坚持志鉴编纂客观、准确的原则，把好志鉴编纂质量关，努力提高志书和年鉴质量，确保编纂出版的地方志书经得起历史的检验；要坚定信心，振奋精神，努力培育地方志工作者的“精气神”，摒弃地方志部门是“冷部门”“边缘化”等消极思想，在平凡又默默无闻的岗位上钻研业务，努力成为地方志领域的行家里手，实现人生目标，体现人生价值；要创新思维方式，拓展工作思路，推动地方志事业科学发展的同时，主动将地方志工作融入全省经济社会发展大局当中，为全省改革、发展、稳定作出积极的贡献。（马渊）

【青海省副省长杨逢春出席纪念社会主义新方志编纂工作开展暨省地方志工作机构成立30周年座谈会】　8月2日，青海省纪念社会主义新方志编纂工作开展暨省地方志工作机构成立30周年座谈会召开，青海省副省长杨逢春出席会议并讲话。杨逢春代表省政府对青海省社会主义新方志编纂工作开展暨省地方志工作机构成立30周年表示祝贺，对曾经为全省地方志事业发展作出贡献的老领导、老同志表示敬意，对执着守望、辛勤耕耘在地方志工作战线的广大修志工作者致以问候。他认为，地方志作为“一方之全史”，通过记录历史的变迁、社会的发展、文化的传承，赋予人们积极进取、奋发图强的精神力量，这也是地方志编纂绵延两千多年的价值之所在。他强调，面向未来，要坚持推动依法治志，注重运用法治思维来深化对地方志工作重要性的认识，注重用法治方式来谋划和考量地方志工作，落实各级政府的工作责任，推动依法修志、依法管志、依法用志、依法传志；要确保到2020年全面完成第二轮修志任务，全面实现省、市、县三级综合年鉴全覆盖，把提高志书质量放在首位，把精品意识贯穿到修志工作的各个环节，努力编修出经世致用、流传千古的名志佳鉴；要坚持服务中心工作，加快地情资源的开发利用，服务于文化名省建设，服务于全省中心工作；要加强自身建设，依法推动地方志工作机构、编制人员、工作经费等基本保障的落实，坚定不移地加强队伍建设，注重培养和锻炼一支素质较高、相对稳定、专兼职结合的地方志工作队伍，大力弘扬方志界历经千年形成的“淡泊名利、甘于奉献、恪尽职守、锲而不舍、开拓进取”的优秀传统和“修志问道、直笔著史”的方志人精神；要抓好地方志制度建设，建立和完善地方志工作长效机制。（马渊）

大 事 记

1 月

5 日　长沙市地方志工作会议召开。

6 日　海南省委常委、省委秘书长胡光辉对海南省史志工作作出批示。

7 日　山西省政府办公厅印发《山西省地方志事业发展规划纲要（2015—2020 年）》。

是日　海南省副省长王路对海南省地方志工作作批示。

8 日　深圳市史志办召开 2015 年度全市史志工作总结暨表彰大会。

9 日　西藏自治区地方志工作会议召开。

10 日　中国社会科学院院长、中指组组长王伟光，中国社会科学院副院长、中指组常务副组长李培林分别在山东省史志办公室呈报的《关于 2015 年工作总结和 2016 年工作安排的报告》上作出批示。

11 日　福建省代省长于伟国在福建省人大十二届四次会议上所作的《政府工作报告》中强调，传承优秀传统文化，“做好第二轮志书和综合年鉴编纂工作”。

12 日　山西省方志办主任工作会议召开。

13 日　江苏省机构编制委员会办公室、省志办联合印发《关于规范和加强市辖区地方志工作机构的通知》。

是日　广西壮族自治区政府办公厅印发《广西贯彻落实全国地方志事业发展规划纲要（2015—2020 年）实施方案》。

是日　海南省委办公厅、省政府办公厅印发《关于建立全省史志资料年报制度的实施方案》。

14 日　全国第一部村级年鉴东莞市大朗镇《巷头年鉴》创刊号首发式在广东东莞大朗举行。同日，广东省第一个镇情网、村情网——大朗镇镇情网、巷头村情网正式上线。

15 日　吉林省副省长李晋修对省地方志工作作出批示。

18 日　山东省副省长王随莲对地方志工作作出批示。

19 日　漆冠山任江苏省地方志编委会办公室主任、党组书记；免去方未艾省地方志编委会办公室主任、党组书记职务。

20 日　“弘扬优秀传统文化延续城市历史文脉”《北京四合院志》出版座谈会召开，中国社会科学院副院长、中指组常务副组长李培林出席并讲话。

是日　广东省政协副主席温兰子到广东省方志馆调研，参观“广东省家谱家训家风展”。

是日　2016 年度四川省地方志工作会议召开。

24 日　江苏省委副书记、省长石泰峰在政府工作报告中要求“推进二轮修志工作”。

25 日　辽宁省政府印发《关于促进全省地方志事业发展的意见》。

28 日　浙江省委副书记、省长李强，副省长郑继伟先后听取关于《浙江通志》编纂及全省地方志工作所作的专题汇报。李强在《关于〈浙江通志〉编纂等有关工作情况的汇报》上作出批示。

是日　湖南省政府办公厅印发《关于进一步加强地方志工作的意见》。

是日　广东省地方志工作会议暨全国地方志系统先进模范事迹报告会召开。

29 日　河南省政府办公厅印发《关于 2015 年河南省修志编鉴工作的督查通报》。

是月 《杭州方志通讯》和《杭州方志》合并为《杭州月志》出刊，沿用《杭州方志》的刊号。

是月 湖南省地方志编委会印发《湖南省地方志事业发展规划纲要（2016—2020年）》。

是月 广东省委副书记、省长朱小丹，省委副书记、深圳市委书记马兴瑞，省委常委、常务副省长徐少华分别对地方志工作作出批示。

2月

1日 《中国方志》报创刊出版。

2日 山东省史志办开发的山东史志地理信息系统——俯瞰齐鲁上线试运行。

3日 山东省副省长王随莲在《大众日报》（理论实践版）发表署名文章《发展地方史志事业 弘扬优秀传统文化》。

14日 福建省副省长李红听取省地方志编委会主任冯志农关于全国会议主要精神和福建省贯彻意见的汇报，并就有关事项作出指示。

是日 陕西省委副书记、省长娄勤俭到省志办调研指导工作。

15日 河南省委副书记、省长谢伏瞻对全省地方史志工作作出批示。

是日 广东省委副书记、省长朱小丹，省委常委、常务副省长徐少华到省志办慰问干部职工。

22日 江西省政府办公厅印发《江西省地方志事业发展规划纲要（2016—2020年）》。

是日 山东省委常委、常务副省长孙伟对史志工作作出批示。

23日 江苏省委副书记、省长石泰峰对地方志工作作出批示。

24日至26日 贵州省地方志工作会暨表彰先进会召开。

25日 河南省政府召开全省地方史志工作会议。

是日 贵州省委副书记、省长孙志刚，省委常委、常务副省长秦如培对全省档案方志工作作出批示。

是日 新疆生产建设兵团党委决定：免去刘和鸣兵团党委党史研究室（兵团志办公室）主任职务，批准退休。

26日 江苏省政府召开全省地方志工作会议。

3月

1日 北京市政府决定，副市长王宁分管北京市地方志工作。

4日 海南省委常委、省委秘书长胡光辉到海南史志馆施工现场考察。

8日 中国社会科学院院长、中指组组长王伟光，中国社会科学院副院长、中指组常务副组长李培林到中指办检查指导工作。

11日 中国社会科学院副院长、中指组常务副组长李培林听取常州市地方志工作汇报。

14日 辽宁省政府印发《辽宁省国民经济和社会发展第十三个五年规划纲要》，明确提出“加强编史修志”。

14日至18日 全国方志馆业务培训班在广西南宁举办。

17日 《中华人民共和国国民经济和社会发展第十三个五年规划纲要》公布，明确提出“加强修史修志”。

22日 云南省政府印发《云南省国民经济和社会发展第十三个五年规划纲要》，明确提出“加强修史修志工作”。

是日 新疆维吾尔自治区党委办公厅、自治区政府办公厅印发《关于调整自治区地方志编委会组成人员的通知》，决定中共中央政治局委员、新疆维吾尔自治区党委书记张春贤任新疆维吾尔自治区地方志编委会名誉主任，自治区党委副书记、自治区主席雪克来提·扎克尔任主任。

23日 甘肃省政府办公厅印发《甘肃省地方志事业“十三五”发展规划》。

24日 吉林省委决定，赵飞、孟亚男任省地方志编纂委员会党组成员。

25日 中国社会科学院副院长、中指组常

务副组长李培林到苏州市吴中区东山镇调研地方志工作。

26 日　中国社会科学院副院长、中指组常务副组长李培林到江苏昆山锦溪镇调研中国名镇志文化工程工作。

29 日　广东省志办印发《关于印发 2016 年度全省综合年鉴工作计划的通知》。

是月　北京市《昌平区滨河幼儿园年鉴(2016)》创刊出版。

是月　贵州省志办创建《方志贵州》手机报。

4 月

5 日　上海市地方史志学会四届六次理事扩大会议召开。

7 日　山东省编办批复同意省史志办省情资料处不再与年鉴工作处合署，更名为信息工作处，并相应增加处级领导职数。

11 日至 15 日　海南省 2016 年史志系统新进干部培训班举办。

13 日至 14 日　全国精品年鉴指导培训暨《中国年鉴发展报告》启动会议在北京召开。

19 日至 20 日　全国地方志基层基础工作会议在西昌市召开。

19 日至 20 日　中国社会科学院副院长、中指组常务副组长李培林调研重庆市地方志工作。

22 日　四川省政府办公厅印发《四川省地方志事业第十三个五年发展规划（2016—2020 年)》。

25 日　河南省政府办公厅印发《河南省地方史志事业发展规划（2016—2020 年)》。

26 日　全国地方志系统信息化工作会议在贵州贵阳召开。

是日　中国地方志学会信息化研究会成立大会在贵州贵阳召开。

29 日　黑龙江省政府办公厅印发《黑龙江省地方志事业发展规划纲要（2016—2020 年)》。

是日　杭州市政府办公厅印发《关于贯彻落实〈全国地方志事业发展规划纲要（2015—2020 年)〉的实施意见》。

5 月

3 日　新疆生产建设兵团党委办公厅、兵团办公厅转发兵团党委党史研究室、兵团志办公室《兵团史志工作“十三五”发展规划》。

4 日　广西壮族自治区党委常委、自治区副主席蓝天立到自治区志办调研。

9 日　广东省政府印发《广东省国民经济和社会发展第十三个五年规划纲要》中提出“重视修史修志”。

12 日　《汶川特大地震抗震救灾志》出版座谈会在北京人民大会堂举行。

是日　首届全国名镇论坛暨中国名镇志丛书出版座谈会在北京人民大会堂举行。

是日　南昌市政府办公厅印发《南昌市地方志事业“十三五”（2016—2020 年）发展规划》。

13 日　国家数字方志馆揭牌暨“方志中国”展览开展仪式举行。

是日　纪念国务院《地方志工作条例》颁布实施 10 周年座谈会在北京召开。

16 日　河北省委副书记、省长张庆伟对《河北省发展和改革委员会关于河北省档案方志馆项目建设方案和资金安排的意见》作出批示。

是日　山东省委副书记、省长郭树清对史志工作提出表扬。

24 日　北京市地方志编委会扩大会议召开。

27 日　海南省委办公厅、省政府办公厅印发《海南省 2016—2020 年史志工作规划》。

30 日　青岛市政府办公厅印发《青岛市地方史志事业发展规划纲要（2016—2020 年)》。

是月　北京年鉴社编纂的《北京年鉴简本(2015)》创刊出版。

是月　陕西省政府印发《陕西省国民经济和社会发展第十三个五年规划纲要》，明确提出“完成第二轮地方志修编工作”。

6月

1日 河北省委副书记、省长张庆伟对《河北省地方志事业发展规划（2016—2020年）》作出指示。

1日至5日 全国地方志优秀成果（年鉴类）评审会议在吉林延吉召开。

2日 中国社会科学院党组决定：冀祥德任中指办主任、党组副书记，免去赵芮中指办主任职务。

是日 广东省政协副主席唐豪到省方志馆调研。

7日 云南省政府办公厅印发《云南省地方志事业发展规划纲要（2016—2020年）》。

14日 河北省政府办公厅印发《河北省地方志事业发展规划（2016—2020年）》。

15日 中国社会科学院副院长、党组副书记王京清到中指办检查指导工作。

17日 《上海地方志》改版创刊号出刊。

20日至22日 安徽省地方志成果评奖活动举行。

是月 广东省副省长许瑞生对地方志工作作出批示。

7月

3日 海南省委批准许达民任海南省委党史研究室（海南省志办）巡视员，免去其副主任职务。

4日 广东省委副书记、深圳市委书记马兴瑞到深圳市史志办调研。

5日 湖南省湘潭市新雨湖区首部志书《雨湖区志（1988—2007）》由方志出版社出版。

11日 广东省政府办公厅印发《广东省地方志事业发展规划（2016—2020年）》。

15日 中国社会科学院副院长、中指组常务副组长李培林调研山西省地方志工作，并为方志出版社太原工作站揭牌。

15日至16日 第一次全国年鉴工作会议在山西太原召开。

16日 中国地方志学会年鉴研究会第三届会员代表大会暨第三届理事会第一次会议在山西太原召开。

26日 广东省志办印发《关于贯彻落实广东省地方志事业发展规划（2016—2020年）的通知》。

8月

2日 长沙市政府办公厅印发《关于长沙市地方志事业发展规划纲要任务分解的通知》。

是日 青海省委副书记、省长、省志编委会主任郝鹏对青海省纪念社会主义新方志编纂工作开展暨省地方志工作机构成立30周年座谈会作出批示。

3日至5日 第一期全国年鉴主编培训班在山东日照举办。

4日至6日 中国社会科学院院长、中指组组长王伟光先后到广西柳州、南宁调研地方志工作。

8日至11日 中国社会科学院院长、中指组组长王伟光先后到新疆克拉玛依、和田等地调研地方志工作。

13日 中指办调研员王会世作为第八批援藏干部到西藏自治区党委党史研究室（区地方志办公室）就职，任区党委党史研究室（区地方志办公室）副主任。

14日 中国社会科学院副院长、中指组常务副组长李培林到辽宁省调研地方志工作。

16日 陕西省政府决定：任命秦向东为省志办主任。

17日至20日 全国地方志工作机构新任负责人培训班在内蒙古鄂温克族自治旗举办。

18日 山东省政府办公厅转发省地方史志编纂委员会《关于做好乡镇村志编修工作的意见》。

23日 广西壮族自治区政府办公厅印发《广西地方志事业发展规划（2016—2020年）》。

26 日　陕西省政府办公厅印发《陕西省地方志事业发展规划（2016—2020 年）》。

是日　青海省政府办公厅印发《青海省地方志事业发展“十三五”规划纲要》。

31 日　中国社会科学院副院长、中指组常务副组长李培林出席《中国方志发展报告（2015）》出版座谈会暨《中国方志发展报告（2016）》编纂启动会。

是月　河南省史志办副巡视员王中华退休。

9 月

5 日　第六届中国地方志学术年会暨“一带一路”与地方志创新学术研讨会在甘肃省兰州市召开。

7 日　方亚光任江苏省志办副主任、党组成员。

是日　郑州市政府办公厅印发《郑州市地方史志事业发展规划（2016—2020 年）》。

9 日　王依群任上海市志办副主任。

10 日　中国地方志学会方志馆研究会成立会议在江西景德镇召开。

10 日至 11 日　第一次全国方志馆工作会议在江西景德镇召开。

13 日　深圳市政府办公厅印发《深圳市地方志事业发展规划（2016—2020 年）》。

15 日　中指组印发《全国地方志信息化发展规划（2016—2020 年）》。

27 日　全国地方史志期刊工作会议在吉林长春召开。

是日　中国社会科学院副院长、中指组常务副组长李培林到青海省调研地方志工作。

28 日　中国社会科学院副院长、中指组常务副组长李培林到宁夏回族自治区调研地方志工作。

是日　中国地方志学会史志期刊研究会成立会议在吉林长春召开。

是月　广西壮族自治区志办开通“方志广西”微信公众号。

10 月

8 日　福建省委决定：陈秋平任省方志委党组书记、主任，冯志农不再担任省方志委党组书记、主任。

12 日至 13 日　西北五省区暨新疆生产建设兵团地方志工作协作会议在甘肃敦煌召开。

16 日　西藏自治区政府印发《西藏自治区实施〈地方志工作条例〉办法》。

19 日　中国社会科学院副院长、中指组常务副组长李培林听取陕西省地方志工作汇报。

21 日　黑龙江省志办印发《黑龙江省地方志编纂行文通则》。

是日　四川省政府办公厅印发《关于调整四川省地方志编纂委员会成员的通知》。

25 日　中国地方志学会方志学研究会成立大会在湖南长沙召开。

26 日　山东省副省长王随莲到烟台市督导史志工作。

11 月

1 日　第一次全国地方志科研工作会议在安徽铜陵召开。中国社会科学院副院长、中指组常务副组长李培林出席。

3 日　重庆市政府决定：任命姚红为重庆市志办（重庆市地方志编纂委员会总编辑室）主任（总编辑），免去周焕强的重庆市志办（重庆市地方志编纂委员会总编辑室）主任（总编辑）职务。

4 日　云南省第六次全省地方志工作会议召开。

是日　云南省委书记、省长陈豪对全省地方志工作作出批示。

8 日至 11 日　第一期全国地方志信息化业务培训班在云南普洱举办。

10 日　中国社会科学院党组决定：免去赵芮中指组秘书长、中指办党组书记职务。

14 日　安徽省委决定：朱文根不再担任省志办党组书记、主任，转到省政协工作；同时决定訾金雷担任省志办党组书记、主任。

是日 安徽省政府办公厅印发《安徽省地方志事业发展规划（2016—2020）》。

15日 黑龙江省政府印发《黑龙江省地方志工作规定》。

15日至16日 第一次全国省级综合年鉴编纂研讨会在福建福清召开。

20日 西藏自治区机构编制委员会印发《关于区党委党史研究室（区地方志办公室）设立年鉴编纂处的批复》。

25日 广西壮族自治区志办修订印发《广西壮族自治区地方志书评稿办法》《广西壮族自治区地方志书审查验收办法》《广西壮族自治区地方志书出版规定》《广西壮族自治区综合年鉴编纂规定》。

29日 广东省机构编制委员会办公室印发《关于深圳市史志办公室机构规格调整的批复》，同意将深圳市史志办机构规格调整为副厅级，并加挂中共深圳市委党史研究室牌子。

12月

2日 辽宁省委决定：樊文忠任省政府办公厅副主任，免去其省志办主任职务。

是日 上海市政府办公厅印发《上海市地方志事业发展规划纲要（2016—2020年）》。

5日 中国社会科学院副院长、中指组常务副组长李培林出席中国社会科学院、中指组国情调研广东基地揭牌仪式。

6日至7日 第一次全国地方志工作经验交流会暨2017年全国地方志机构主任工作会议在广东广州召开。

12日 广东省委常委、常务副省长徐少华对全省自然村落历史人文普查工作作出批示。

15日 广东省委常委、广州市委书记任学锋对地方志工作作出批示。

15日至16日 中国高校年鉴发展与现状论坛暨纪念中国新编高校年鉴30年研讨会在北京召开。

17日 福州市政府办公厅印发《福州市地方志事业发展规划纲要（2016—2020年）》。

19日 浙江省政府办公厅印发《关于推进地方志事业发展的实施意见》。

22日 中指组印发《全国年鉴事业发展规划（2016—2020年）》。

29日 2017年度四川省地方志工作会议召开。

30日 中指组印发《关于加强全国地方志科研工作的意见》《关于加强全国地方史志期刊工作的意见》。

是日 重庆市地方志工作会议召开。

是月 河南省史志办原党组书记、主任霍宪章退休。

中国地方志指导小组及其办公室工作

·中国地方志指导小组工作

【中指组印发《全国地方志信息化发展规划（2016—2020年）》】 9月15日，中指组印发《全国地方志信息化发展规划（2016—2020年）》。该规划提出未来5年全国地方志信息化发展的总体目标：到2020年，中国方志网、中国地情网、中国国情网进一步融合发展，建成集方志信息发布、地情资源宣传、国情教育展示于一体，在全社会有较大影响的地情资料网站群，形成“一网网天下、志鉴书古今”的格局；依托国家数字方志馆，加快制定相关标准，建设地方志数字资源中心，逐步建成统一、规范的全国地方志全文数据库（包括目录数据库、提要数据库）；基本实现主要新媒体技术在方志系统的覆盖，形成比较健全的方志新媒体传播平台矩阵，逐步扩大方志文化影响力；加大扶持力度，推动民族地区地方志信息化建设水平达到或基本达到全国平均水平；“互联网＋地方志”成为开发利用方志资源的重要手段，地方志在公共文化服务体系建设中的作用进一步增强。该规划明确坚持正确方向、坚持统一规划、坚持统一标准、坚持分级建设、坚持资源共享、注重网络安全六大原则，提出加快地方志信息化基础设施建设，推动地方志信息化标准建设，逐步建成地方志数据库，加强对不同类型、不同载体的地方文献收（征）集、保护和开发利用，实现国家、省、市、县四级地方志资源共享，支持民族地区地方志信息化建设6项建设内容。该规划提出加强组织领导、保障经费投入、注重新技术应用、注重监督指导、强化队伍建设、加强宣传推广、发挥信息化研究会作用等保障措施。

（朱文清）

【中指组印发《全国年鉴事业发展规划（2016—2020年）》】 12月22日，中指组印发《全国年鉴事业发展规划（2016—2020年）》。该规划紧紧围绕《规划纲要》确定的到2020年实现“年鉴全覆盖”核心任务，提出2016—2020年年鉴事业发展的总体目标：到2020年，全面实现省、市、县三级综合年鉴全覆盖，推动年鉴工作改革创新，加强对各类专业年鉴编纂的业务指导和管理，加快信息化建设，基本形成包括年鉴编纂体系、理论研究和学科建设体系、质量保障和评价体系、资源开发利用体系、工作保障体系在内的年鉴事业综合发展体系，努力实现全国年鉴事业发展新跨越。该规划明确年鉴事业发展要坚持正确方向、坚持依法治鉴、坚持全面发展、坚持改革创新、坚持质量第一、坚持编鉴为用6条基本原则，并提出8项主要任务：一是大力推进省、市、县三级地方综合年鉴工作，二是重视军事、武警、行业、部门、企业、高校等各类年鉴编纂工作，三是加强年鉴理论研究，四是加强人才队伍建设，五是深化年鉴质量建设，六是加快年鉴信息化建设，七是提高年鉴资源开发利用水平，八是扩大学术交流与合作。该规划还提出法治、组织、制度、经费、队伍、宣传6个方面的保障措施。（朱文清）

【中指组印发《关于加强全国地方志科研工作的意见》】 12月30日，中指组印发《关于加强全国地方志科研工作的意见》。该意见对地方志科研工作内容作了界定，明确提出坚持正确的政治方向和学术导向、为地方志编纂实践服务和创新发展的基本原则。按照《规划纲要》的总体目标要求，该意见提出应不断丰富地方志理论研究成果，提升学术研究水平，通过优化学科结构、凝练学科发展方向、突出学科建设重点，为到2020年初步建立包括地方志编修体系、理论研究与学科建设体系、质量保障体系、资源开发利用体系、工作保障体系在内“五位一体”的地方志事业发展综合体系，形成较为成熟的理论研究和学科建设体系的目标。该意见强调提出地方志理论研究、加强学科建设、加强科研人才队伍建设、加强学术交流与合作、加强科研管理工作，以及加强科研成果的宣传推介工作6项主要工作任务。（朱文清）

【中指组印发《关于加强全国地方史志期刊工作的意见》】 12月30日，中指组印发《关于加强全国地方史志期刊工作的意见》。该意见明确地方史志期刊的功能定位，总结地方史志期刊工作取得的成绩，指出了地方史志期刊在地方志事业发展过程中发挥的重要作用，强调加强地方史志期刊工作的重要意义。该意见提出坚持正确政治方向和学术导向、质量第一、百花齐放和服务主业的基本原则，要求地方史志期刊工作完善期刊布局、健全制度规范、提升办刊水平、推进特色办刊、创新开发利用、加强人才队伍建设，提高期刊数量，提升办刊质量，打造精品期刊，基本形成层次分明、特色鲜明的地方史志期刊集群。该意见要求健全机制，构建平台，扩大地方史志期刊影响力和知名度。该意见还提出加强组织领导、完善工作机制、强化队伍建设、改善办刊条件4个方面的保障措施。（朱文清）

·中国地方志指导小组办公室工作

【中指办领导听取内蒙古自治区地方志工作汇报】 1月5日，中指组副秘书长兼办公室副主任冀祥德，中指办副主任刘玉宏、邱新立听取内蒙古自治区志办主任胡满达、常务副主任查干浪涛的工作汇报。冀祥德在听取汇报后指出，内蒙古地方志工作在较短的时间内所取得的成绩显著，尤其是所开展的双语志书出版工作，对于记载历史，传承文化，实现中华民族伟大复兴的中国梦具有重要意义。他指出，内蒙古地方志工作具有5个特点：一是认识到位，定位准确；二是敢于担当，不惧困难；三是真抓实干，抓铁有痕；四是发扬优势，扬长避短；五是敢想敢干，开拓创新。他对内蒙古下一步地方志工作提出要求：一是牵“牛鼻子”，以点带面；二是深挖潜力，开足马力；三是巧借外力，迎头赶上；四是发扬优势，干出特色；五是加强沟通，共谋发展。刘玉宏对内蒙古区志办新一届领导班子在加强行政管理、推进双语志书出版、创新工作理念等方面的工作给予高度评价。邱新立指出内蒙古区志办实施的双语志书出版工作具有划时代的意义，要全力以赴做好该项工作。（朱文清）

【冀祥德听取山东省史志工作汇报】 1月10日，中指组副秘书长兼办公室副主任冀祥德听取山东省政府办公厅党组成员、省史志办主任刘爱军关于学习贯彻中指组全国会议精神、2015年工作总结和2016年工作打算，以及山东抗战研究丛书和《山东抗日根据地志》等有关情况汇报。冀祥德指出，山东省委、省政府高度重视史志工作，为史志工作科学发展创造了良好条件。近两年来，山东省史志工作不但走在了全国前列，而且成为排头兵，尤其是在抗战研究领域，更是成为排头兵中的标兵。希望山东省史志办团结带领全省广大史志工作者，大力弘扬方志人精神，全面贯彻落实《规划纲要》目标任务，取得新的更大成绩。

（朱文清）

【中指办领导听取苏州市地方志工作汇报】 1月11日，中指组副秘书长兼办公室副主任冀祥德、中指办副主任刘玉宏听取苏州市志办主任陈兴南、副主任陈其弟的工作汇报。冀祥德指出，苏州市志办领导班子密切配合、紧密协作，有追求、有办法、有能力、有成绩、有目标。他希望苏州市志办下一步总结经验，发扬成绩，再接再厉，在新的站位和起点上把各项工作推向新高潮。刘玉宏对苏州市在方志馆建设、信息化建设、名镇志编纂、第二轮修志等方面的工作给予充分肯定，并希望苏州市在今后工作中，多给全国地级市地方志工作机构提供好的经验。（朱文清）

【冀祥德在暨南大学举办学术讲座】 1月13日，中指组副秘书长兼办公室副主任冀祥德在暨南大学作题为《从依法修志到依法治志》的讲座。冀祥德从依法治志提出的背景、依法治志的价值、依法治志的内涵和外延、依法治志的目标及其实现路径等方面，作了全面解读与诠释。冀祥德提出，依法治志是依法治国的必然要求，是地方志工作模式转型的根本保障，是依法修志发展的基本目标。他认为，依法治志就是在全面深化改革、全面推进依法治国、建设社会主义法治国家的新形势下，以地方志“一纳入、八到位”为总要求，实现地方志从传统单一的依法修志到依法治志、依法修志、依法用志、依法管志、依法存志和依法传志等的转型发展。依法治志有着丰富的内涵和外延。要尽快实现从依法修志到依法治志的转变，必须科学立法，加快相关法规的制定；必须严格执法，依法追究地方志违法行为；必须公正司法，积极推动地方志活动司法化；必须全民守法，着力培育全民依法修志意识。实现依法治志，就是要实现从单一修志到立体治志的转变；实现从单纯依靠行政命令组织修志到依法修志的转变；实现地方志工作从封闭化到社会化的转变；实现地方志工作从行政化到专业化的转变，从而实现地方志工作的全面化、规范化、社会化和专业化。（朱文清）

【冀祥德出席东莞市大朗镇《巷头年鉴》创刊号首发仪式】 1月14日，广东省东莞市大朗镇《巷头年鉴》创刊号首发仪式在东莞市大朗镇举行，中指组副秘书长兼办公室副主任冀祥德出席并讲话。冀祥德指出，在全国地方志事业发展的大好形势下，在广东省地方志工作一直作为全国排头兵的良好氛围中，东莞市和大朗镇的地方志工作，既扎实前行，又敢为人先，成绩可圈可点，亮点随处可见。他强调，《巷头年鉴》作为全国公开出版的第一部村级年鉴，必将引发全国年鉴界的关注，引发对年鉴编纂的新思考和新定位。广大参编人员在今后的工作中，要敢于面对挑战，勇于承担使命，抓质量、创品牌，抓开发、增效益，抓队伍、固根本，发挥《巷头年鉴》在村级年鉴编纂中的引领示范作用。（朱文清）

【中指办领导听取焦作市地方史志工作汇报】 1月15日，中指组副秘书长兼办公室副主任冀祥德，中指办副主任刘玉宏、邱新立听取河南省焦作市政府副秘书长、市地方史志办党组书记卜庆正的工作汇报。冀祥德指出，焦作市史志办要围绕“四名”（名山、名拳、名人、名药）编修志书，积极创新地方志工作方式；在方志馆建设上，要坚持实体方志馆和数字方志馆同步推进，争取在数字方志馆建设上取得新成绩；结合贯彻落实《规划纲要》，积极参加中指办组织实施的“十大工程”建设，加强名镇志、名村志编纂工作；方志业务培训要扩大视野，提升品位；充分利用有利条件，积极推进信息化建设，争取走在全国前列。刘玉宏希望，焦作市史志办要紧紧抓住当前全国地方志事业难得的发展机遇，推进地方志工作再上一个新台阶；要深度思考方志馆定位，加大实体方志馆和数字方志馆建设力度；要认真总结第二轮修志经验，为第三轮修志做好准备。邱新立希望焦作市史志办围绕焦作市的“四名”

特色，积极推进特色志书编纂出版工作。

（朱文清）

【冀祥德听取德州市史志工作汇报】 1月22日，中指组副秘书长兼办公室副主任冀祥德听取德州市史志办主任李其常的工作汇报。冀祥德指出，德州市地方志工作具有5个特点：一是热爱本职，甘于奉献；二是思路清晰，谋划有方；三是七业并举，成绩显著；四是开门修志，创新作为；五是立足地情，特色发展。冀祥德对德州市史志办下一步工作提出要求：一是抓持续发展；二是抓创新发展；三是抓特色发展；四是抓质量建设。（朱文清）

【中指办领导听取四川省地方志工作汇报】 2月18日，中指组副秘书长兼办公室副主任冀祥德，中指办副主任刘玉宏、邱新立听取四川省志办主任马小彬的工作汇报。冀祥德指出，四川省志办是"老典型、新经验"，四川省走出了一条与其他省（自治区、直辖市）不同的新路子。他指出，近年来，四川省地方志工作表现出讲政治、谋大局，思路清、举措实，多业并举、齐头并进，成绩突出、后劲十足的特点。冀祥德希望四川省志办尽快总结"四川经验"，积极筹备全国地方志基层基础工作会议，把工作思路尽快转化成行动。刘玉宏对四川省志办新一届领导班子在第二轮志书编修、方志馆建设、旧志整理、信息化建设、民族地区与贫困地区志书编纂等方面的工作给予高度评价。邱新立指出，四川省志办这几年开展了大量工作，而且工作卓有成效，并就在凉山州召开全国性会议提出建议。（朱文清）

【中指办领导听取国家方志馆黄河分馆（东营市方志馆）建设工作汇报】 2月25日，中指组副秘书长兼办公室副主任冀祥德、中指办副主任刘玉宏听取东营市史志办主任杜金华关于东营市方志馆地情展览布展设计方案、馆藏图书及实物征集等各项工作进展情况的汇报。冀祥德充分肯定黄河分馆建设所取得的成绩，并强调一定要珍惜分馆建设机会，把黄河分馆打造成国家方志馆分馆的样板，并加快推进解决东营市史志办和黄河分馆的机构、编制问题。东营市史志办要通过黄河分馆举办展览、征集实物等活动，继续扩大地方志工作的影响。刘玉宏对东营市史志办开展展览设计、实物征集等各项工作予以肯定，并从明确展览主题、压缩整合相关板块，以及突出黄河入海口、石油、生态保护区特色等方面提出指导性意见。

（朱文清）

【中指办领导听取江苏省地方志工作汇报】 2月29日，中指组副秘书长兼办公室副主任冀祥德，中指办副主任刘玉宏、邱新立听取江苏省志办主任漆冠山的工作汇报。冀祥德对江苏省近几年来在领导重视、志鉴编修、信息化建设、方志馆建设等方面取得的成就给予充分肯定，希望江苏省地方志工作继续保持领先，发扬优势，创造经验，加强联系，共创辉煌。刘玉宏对江苏省在方志馆建设、信息化建设、二轮志书编修等方面取得的成就给予充分肯定，并对下一步工作提出要求。邱新立认为，江苏省文化底蕴深厚，是修志大省、修志强省，希望江苏省地方志工作在当前良好局面的基础上向前推进。（朱文清）

【中指办领导听取贵州省地方志工作汇报】 3月10日，中指组副秘书长兼办公室副主任冀祥德、中指办副主任刘玉宏听取贵州省志办副主任梁贵钢的工作汇报。冀祥德指出，贵州省地方志工作具有领导重视、特色突出、开局好、后劲足等方面的特点，他希望贵州省志办利用与档案合署办公的平台，进一步重视地方志工作开展；加强与中指办和其他省级地方志工作机构的联系与沟通，领会精神，借鉴经验；突出信息化工作特点，办好全国地方志系统信息化工作会议；积极推进《贵州省减贫志》编纂出版；积极参加中指办开展的"十大工程"，尤其是注重提高志书、年鉴的出版质量。刘玉宏在讲话中对贵州省在领导重视、贯彻落实中指组领导重要指示有力、举办《地方志工作条例》颁布十周年纪念活动、积极推进

"两全"目标任务的落实、方志馆建设等方面的工作给予充分肯定，并就加强方志馆建设提出要求。（朱文清）

【中指办领导听取常州市地方志工作汇报】 3月11日，中指组副秘书长兼办公室副主任冀祥德、中指办副主任刘玉宏听取江苏省常州市副市长张云云、常州市志办主任李亚雄的工作汇报。冀祥德指出，常州市地方志工作具有领导重视、紧跟步伐、走在前列等方面的特点，特别是《常州年鉴》编纂、《口述常州》出版、《常州影像志》拍摄、方志馆建设等工作有特色、有创新、有思路，值得肯定。他希望常州市借平台，即借助各级党委、政府领导高度重视地方志工作的平台，进一步推动地方志工作的发展；再发力，尽管近年来常州市地方志工作开展得很有特色，但在地方志事业转型过程中，还需要付出更大努力；创经验，即对已有的工作经验进行充分总结，对尚未开展的工作进行认真谋划。冀祥德对常州市提出的《常州市志》纳入中国志书精品工程等请求与建议给予回应。刘玉宏在讲话中对常州市地方志工作在领导重视、工作开展有创新有思路、方志馆建设等方面取得的成绩给予充分肯定。（朱文清）

【冀祥德听取四川省地方志工作汇报】 3月16日，中指组副秘书长兼办公室副主任冀祥德听取四川省志办主任马小彬的工作汇报。冀祥德对四川省地方志工作给予充分肯定，并对全国地方志基层基础工作会议的召开、方志出版社成都工作站的成立提出要求。（朱文清）

【冀祥德会见西北师范大学副校长田澍一行】 3月17日，中指组副秘书长兼办公室副主任冀祥德会见西北师范大学副校长田澍一行，并就相关合作事宜进行座谈。冀祥德介绍当前全国地方志事业进展情况。近两年来，中指办按照中指组要求，紧跟时代步伐，围绕党和国家的中心工作，加强顶层设计，不断创新工作模式，开拓新的工作领域，带领全国地方志工作者齐心聚力，创新发展，积极为经济建设和社会发展服务。2015年为落实国务院办公厅颁布的《规划纲要》，启动"十大工程"，开通中国地情网、中国方志网以及方志中国微信、方志中国手机报，创刊《中国方志》报，紧抓发展机遇，大力弘扬方志文化。中指组及其办公室历来重视方志理论研究和方志学学科建设，利用中国地方志学术年会这一平台，加强与科研机构、高等院校的学术交流与合作。他希望今后在方志理论研究、方志学学科建设、人才培养等方面，逐步扩大与西北师范大学等高等院校的合作，不断提升地方志工作的理论研究水平和方志学学科地位。（朱文清）

【中指办领导听取河北省地方志工作汇报】 4月1日，中指组副秘书长兼办公室副主任冀祥德，中指办副主任刘玉宏、邱新立听取河北省志办主任杨洪进、常务副主任宋士青、副主任王蕾一行的工作汇报。冀祥德指出，长期以来，河北省地方志工作具有"小马拉大车"的特点，在机构规格低、工作人员少的情况下，面对繁重的工作任务，仍取得较大成绩，有些工作走在了全国前列，甚至有些工作成为全国地方志工作的排头兵，如在省长调度、执法检查等方面做得有特色、有依据、有效果，值得肯定与推广。对于下一步工作，他提出5点要求：一是抓住机遇，推动发展；二是发扬精神，克服困难；三是积极作为，拉长"短板"；四是提高效率，保证质量；五是总结经验，创新发展。刘玉宏在讲话中对河北省地方志工作取得的成绩给予充分肯定，认为河北省在执法检查、领导督导、方志馆建设、办公条件、队伍建设等方面取得突出成绩。他希望，河北省各级地方志工作机构在如何争取领导和社会重视方面多作思考。邱新立对河北省地方志工作给予肯定，并就如何贯彻落实《规划纲要》以及制定河北省地方志五年规划提出指导性意见。（朱文清）

【冀祥德听取泰安市地方史志工作汇报】 4月14日，中指组副秘书长兼办公室副主任冀祥德听取山东省泰安市史志办主任王天宇的工作汇报。冀祥德指出，泰安市地方史志工作在依法治志、第二轮修志、《泰山年鉴》编写以及突出旅游特色、主抓山水志等方面有特点、有思考；在联合其他市级地方志工作机构举办研讨会方面有思路、有见地；在信息化建设方面有办法、有实效。冀祥德还就编修《泰山通志》的请示以及业务培训、事业单位分类改革等请求给予回应，强调要从讲政治角度对《泰山通志》编纂充分论证。对于下一步工作，他提出要求：一是立足泰安，胸怀全国；二是开拓思路，服务中心；三是干出特色，创出品牌；四是总结经验，加强交流。（朱文清）

【刘玉宏出席“上海府县旧志丛书”首发式暨出版座谈会】 4月22日，上海市地方志办公室、上海古籍出版社主办的“上海府县旧志丛书”首发式暨出版座谈会在上海市举行。中指办副主任刘玉宏出席会议并讲话。刘玉宏指出，旧志整理是地方志事业发展和地方志工作的重要组成部分。该丛书的出版，不仅是上海文化事业发展的大事，也是全国地方志事业发展的有力体现，标志上海市旧志整理工作迈出关键的步伐。（朱文清）

【冀祥德在湖南省作依法治志讲座】 5月6日，湖南省市州志办主任会议在长沙市召开。中指组副秘书长兼办公室副主任冀祥德出席会议并作依法治志讲座。冀祥德对依法治志的提出、价值、内涵、外延、目标及实现路径作了阐述。他指出，《规划纲要》印发后，各地掀起学习贯彻《规划纲要》的高潮，尤其近两年，习近平总书记一系列重要讲话多次提到地方志，李克强总理也对地方志工作连续作出重要批示，都对地方志事业的发展提出了要求，指明了方向，地方志事业正处于全面繁荣发展时期。依法治志正是在这样一个大背景下提出的，依法治志契合了国家当前依法治国的基本方略，是依法治国的重要组成部分，这一理念为地方志实现从工作到事业的转型提供了根本保障。地方志工作者只有充分理解依法治志的价值和意义才能把工作做好，才能提高认识、开阔视野，推动地方志事业的健康持续发展。（朱文清）

【中指办领导听取安徽省和铜陵市地方志工作汇报】 5月9日，中指组副秘书长兼办公室副主任冀祥德，中指办副主任刘玉宏、邱新立听取安徽省志办主任朱文根、巡视员刘成典，铜陵市政府副市长罗云峰、市地方史志办主任朱淑玲一行工作汇报。冀祥德指出，安徽省地方志工作在第二轮修志、名村志编修等方面的工作很务实，有思路，有特点，有成效。他还对名村志的编修提出要求。刘玉宏对安徽省地方志工作取得的成绩给予充分肯定，并对铜陵市史志办申请国家方志馆长江分馆所具备的优势和不足提出指导性意见。邱新立对安徽省村志编修工作给予肯定，并对举办中国名村志文化工程启动会议提出要求。（朱文清）

【中指办领导出席国家方志馆黄河分馆暨东营市方志馆展陈设计征求意见座谈会】 5月20日，国家方志馆黄河分馆暨东营市方志馆展陈设计征求意见座谈会在东营市举行。中指组副秘书长兼办公室副主任冀祥德，中指办副主任刘玉宏出席会议并讲话。冀祥德指出，展陈设计要注意“三性”和“四力”。“三性”是指：一要注意政治性，作为国家方志馆黄河分馆一定要讲政治，把好政治关；二要注意方志性，区别于博物馆、展览馆、图书馆等场馆，注重体现方志的特点；三要注意开放性，展览必须有广阔的视野，能够体现出国家方志馆黄河分馆的国家气派和黄河文化的特色。“四力”是指：一是榜样与传播力。黄河分馆要建成全国分馆的样板，东营市方志馆要成为全国地市级方志馆建设的榜样。二是特色与影响力。要抓住东营和黄河分馆的特色，发挥地方志的影响力。三是象征与生命力。市方志馆要有东营的象征，黄河分馆要突出黄河的象征，才能使展览具有更强的生命力。四是发展与创新力。要注意动静结合，尤其是展览要具有发展空间，要有动态的创新内容可以扩展，不断传承与更新。刘玉宏提出，设计布展工作一是要注重对序厅和尾厅的设计。二是在内容上要抓大放小。三是设计公司要紧扣重点，设计看点。四是各板块划分、归类需要进一步研究。五是不要急于布展。（朱文清）

【中指办领导赴贵州省黔东南州督导《规划纲要》落实情况】 5月25日，中指组副秘书长兼办公室副主任冀祥德、中指办副主任刘玉宏一行到贵州省黔东南州检查督导《规划纲要》落实情况，开展工作调研并召开座谈会。冀祥德对黔东南州地方志工作给予充分肯定。针对黔东南州下一阶段的地方志工作，他提出：一是要从讲政治的高度重视地方志工作；二是要围绕州委州政府中心工作谋划地方志工作；三是要全面实施依法治志，努力实现地方志从一项工作到一项事业转变；四是要狠抓落实，高质量完成《规划纲要》任务；五是要选准目标，突出重点，争做贵州省地方志工作的排头兵。刘玉宏指出，黔东南州方志馆建设要充分利用当前国家对大数据建设高度重视的有利时机，在抓好硬件设施的同时，与大数据建设紧密结合起来，把方志馆打造成为黔东南州的文化名片，成为重要的公共文化服务设施。

（朱文清）

【冀祥德出席《天津市志·公安志》复审会】 6月7日，天津市志办会同市公安局组织召开《天津市志·公安志》复审评审会。中指办主任冀祥德出席会议并讲话。冀祥德指出，天津市公安局领导班子目光长远，不仅专门设置档案处史志科从机构上保障修志工作，还在人力、物力、财力等方面大力支持志书编纂。天津市公安局档案处史志科人员和参与编纂的专家勇于创新，志稿编纂既符合志体要求，又体现天津市公安机关的特点，并且在某些篇目设置上有创新，《天津市志·公安志》的编纂经验可以为全国公安机关借鉴。他还从法律用语规范、出版质量规范以及体现公安体制改革创新等方面对进一步完善志稿提出建议。

（朱文清）

【冀祥德出席天津市地方志工作会议】 6月8日，天津市地方志工作会议召开。中指办主任冀祥德、天津市政府秘书长于秋军出席会议并讲话。冀祥德在讲话中指出，天津市地方志工作开展有自身的特点，总体上讲，这些年工作有成绩，有些工作走在了全国前列，但也有一些亟须抓紧推动的工作。他对天津市地方志工作提出希望：一是认清形势，抓住机遇，积极推进天津市的地方志事业发展；二是重视方志，服务天津，围绕天津市经济社会发展目标开展地方志工作；三是攻坚克难，上下联动，赶上全国地方志事业快速推进的步伐；四是立足本地，放眼全国，为全国地方志事业发展作出贡献。

（朱文清）

【中指办领导听取全军军事志办公室工作汇报】 6月17日，中指办主任冀祥德，中指办副主任刘玉宏、邱新立听取全军军事志指导小组办公室、军事科学院军事历史和百科研究部军语与军事志研究室副主任李涛的工作汇报。冀祥德指出，近几年来，全军军事志工作在人员少、任务重的情况下，尤其是任务增长和人员增长严重不成正比的情况下，开拓创新，攻坚克难，取得了很大的成绩，值得充分肯定。当前开展的军事志理论研究、构建军事志法规体系等工作，抓住了军事志工作发展的“牛鼻子”。冀祥德希望，下一步要高度重视军事志工作，抓住机遇，加强交流，是互动互助，协同发展，共创全国地方志事业新的未来。刘玉宏指出，今后中指办和全军军事志指导小组办公室要加强沟通和联系，互相支持，互相促进。邱新立认为，军事志立法是推动军事志工作一个很好的抓手，今后要加快推进。

（朱文清）

【中指办领导与四川省方志馆建设考察组座谈】 6月21日，中指办主任冀祥德，中指办副主任刘玉宏、邱新立与四川省地方志编委会党组成员、机关党委书记王孝平等9人组成的四川省方志馆建设考察组座谈，听取工作汇报。冀祥德指出，方志馆建设是地方志事业发展的重要阵地，要积极服务各级党委、政府中心工作，要与各地公共文化服务体系建设密切结合起来。四川省专门就方志馆建设工作进行考察，必将进一步推动全省各级方志馆建设进程，进一步夯实四川省地方志事业发展的基础。他要求，国家方志馆要在展览、编目、编研、学术交流等方面，为包括四川省在内的全国各级方志馆建设做好指导培训、咨询建议和组织交流等服务工作。刘玉宏向考察组介绍当前全国地方志事业的总体形势和国家方志馆的基本情况。针对下一步方志馆建设工作，刘玉宏提出：一是着力研究方志馆的功能定位问题，方志馆应成为国情馆、地情馆，充分发挥资政育人、服务中心工作的作用；二是着力研究方志馆的宣传展示问题，方志展览展示是一门学问，认识是否准确到位，直接关系着展览的宣传效果。邱新立指出，方志馆建设要立足当地实际，在如何实现方志馆功能定位方面多做思考，深入论证，稳步推进，确保方志馆在当地文化建设中能够充分发挥自己的重要作用。（朱文清）

【中指办领导出席广东省地方志工作督查会议暨机构队伍建设调研座谈会】 6月23日，广东省地方志工作督查会议暨机构队伍建设调研座谈会在揭阳市召开。中指办主任冀祥德、中国社会科学院人事教育局副局长高京斋、中指办副主任邱新立出席会议并讲话。冀祥德针对广东省下一阶段的工作强调：一是抓根据。要根据《地方志工作条例》《规划纲要》，要明确各级地方志工作机构是代表政府完成《条例》和《规划纲要》的法定任务的具体承担部门。二是抓机遇。广东地方志事业蓬勃发展，与当下的全国地方志工作面临千载难逢机遇密切相关。要取得更大的辉煌，广东省更要认清形势，抓住机遇。三是抓法治。地方志要有地位，必须坚持依法治志，让地方志工作成为领导不抓不行的一项重要工作。四是抓队伍。广东省要在已经推进的“十百千万人才工程”基础上，加大人才建设力度，打造更高层次和水平的人才工程。五是抓中心。各级地方志工作机构和广大地方志工作者要开拓思路，把地方志工作跟党委、政府的中心工作紧密结合起来，以有为谋有位。六是抓创新。连绵不断地编修地方志虽然是古老的文化传统，但同样离不开创新，只有创新才有出路，只有创新才能促使事业转型升级和全面协调可持续发展。七是抓总结。总结经验是为了更好发展，特别是广东省，全面梳理总结经验，既能为继续推进本省地方志工作提供历史智慧，还能为其他省区市提供重要借鉴。八是抓短板。广东省地方志工作虽然取得了巨大成绩，但也存在着短板和不足，广东要做排头兵的标兵，就要看到不足，不留短板。要拉长短板，提升木桶的容量。邱新立指出，广东省地方志工作作为全国的排头兵，要认真抓好总结，提炼经验，先行先试，为全国地方志工作发展提供好思路、好方法、好实践、好路径。广东省要重点总结好10个方面经验：一是工作、人才队伍建设的经验做法，二是在广东省自然村落历史人文普查的经验做法，三是地方志信息化建设的经验做法，四是旧志整理的经验做法，五是地方志资料年报工作的经验做法，六是开展第三轮修志筹备工作的经验做法，七是方志馆建设的经验做法，八是地方史编纂的经验做法，九是地方志资源开发利用的经验做法，十是援藏援疆工作的经验做法。（朱文清）

【中指办领导到江西省督查调研地方志工作】 6月27日，江西省地方志工作督查调研会在赣州市召开。中指办主任冀祥德、中国社会科学院人事教育局副局长高京斋、中指办副主任刘玉宏出席会议并讲话。冀祥德对江西省地方志工作取得的成绩给予充分肯定。他提出，下一步工作要尊重历史，巧借外力，紧跟步伐，重视质量，拉长短板，大力宣传，服务中心，依法治志，以此来解决地方志工作遇到的困难和问题。刘玉宏指出，江西省要乘势而上、乘势而为，不断研究方志馆的功能定位，明确方志馆的建设理念。结合地方志掌握着大量的地情资料，他要求，方志馆应该建为国情馆、地

情馆，建设成为地方的文化名片。　（朱文清）

【刘玉宏听取杭州市志办工作汇报】　6月30日，中指办副主任刘玉宏听取杭州市志办主任蒋文欢的工作汇报。刘玉宏在听取汇报后指出，杭州市地方志工作一直走在全国地方志系统的前列，是全国地方志系统的先进单位，在志鉴编纂、信息化建设、方志馆建设、旧志整理等方面给全国提供了不少好的工作经验，值得全国借鉴。对于下一步工作，刘玉宏提出：一是加强工作交流，二是要进一步加强方志馆功能定位和信息化建设研究，三是二轮修志要处理好质量与进度的关系，四是要抓住机遇。他希望，杭州市志办新领导班子能抓住机遇，开拓创新，加强交流，共同促进地方志事业向前发展。　（朱文清）

【刘玉宏听取福建省和福州市地方志工作汇报】　7月4日，中指办副主任刘玉宏听取福建省地方志编委会主任冯志农、副巡视员戴振华，福州市人民政府副秘书长黄建雄、市地方志编委会主任高锦利的工作汇报。刘玉宏指出，福建省地方志编委会和福州市政府对福州市地方志工作，尤其是对福州市方志馆建设非常重视，希望福州市方志馆在增强趣味性、知识性、互动性等方面多下功夫。刘玉宏还从方志馆功能定位、展览、收藏等方面对福州市方志馆建设提出具体指导意见。　（朱文清）

【中指办领导听取黑龙江省地方志工作汇报】　7月13日，中指办主任冀祥德，中指办副主任刘玉宏听取黑龙江省志办主任隋岩、副主任袁建勋、石再军、章磊等一行的工作汇报。冀祥德指出，近几年来，黑龙江省地方志工作风生水起，有声有色，取得显著成绩。对下一步工作，冀祥德提出要求：一是抓住机遇，紧跟形势；二是明确目标，突出中心；三是服务大局，拓宽领域；四是立足本地，抓住特色；五是上下联动，协调发展。刘玉宏指出，黑龙江省志办领导班子在行政管理方面注重创新，敢抓管理，善于管理，成效显著。一是在内部建设方面，尤其是在人才队伍建设方面有很大起色。二是在业务建设方面，全面发展，稳步推进。三是注重工作交流，具有较强的政治意识和大局意识。　（朱文清）

【中指办与东营市领导共商国家方志馆黄河分馆建设】　7月18日，中指办主任冀祥德、副主任刘玉宏和东营市委书记申长友，市委副书记、市长赵豪志，市委常委、宣传部长贾瑞霭，副市长王吉能，市政府秘书长郝吉虎一行商讨有关国家方志馆黄河分馆建设事宜。冀祥德对建设国家方志馆黄河分馆提出要求：一是突出国家性。作为国家方志馆的分馆，从布展设计的内容和形式上都要彰显国家气派。二是突出黄河性。在黄河分馆建设过程中，要将黄河元素充分融入布展设计中。三是突出东营性。国家方志馆黄河分馆要为东营市社会经济发展和中心工作服务。四是突出方志性。国家方志馆黄河分馆的性质是方志馆，必须彰显方志特性。冀祥德建议成立黄河分馆建设协调工作小组，尽快策划，齐头并进，共同推动国家方志馆黄河分馆建设。刘玉宏对东营市史志办在国家方志馆黄河分馆筹建过程中付出的努力给予充分肯定，并就国家方志馆黄河分馆下一步布展工作提出具体指导意见。　（朱文清）

【邱新立调研云南省地方志工作】　7月19日至21日，中指办副主任邱新立到云南省楚雄、大理调研地方志工作，分别在楚雄市、大理市召开调研座谈会。邱新立对楚雄地方志工作给予充分肯定，并对楚雄地方志下一步工作提出要求：一是《规划纲要》确定的“两全目标”，必须保质保量，按时完成；二是要加强地方史编写工作；三是加强理论研究；四是进一步争取本地党委、政府的支持，将修志与开发利用、服务地方中心工作结合起来。对大理地方志工作，他提出要求：一是加强方志馆建设；二是加强信息化工作；三是加强期刊工作；四是实现《规划纲要》规定的“两全目标”；五是围绕政府中心工作开展地方志工作，扩大地方志影响，推动地方志事业健康发展。　（朱文清）

【中指办领导听取潍坊市地方志工作汇报】 7月21日，中指办主任冀祥德、中指办副主任刘玉宏在国家方志馆听取潍坊市史志办主任傅廷伟一行的工作汇报。冀祥德对山东省和潍坊市地方史志工作给予充分肯定。对下一步工作，冀祥德要求，要抓住机遇，推广经验，拉长短板，干出特色。刘玉宏希望潍坊市史志办借助平台，将各方面工作特别是方志馆建设工作不断向前推进，为山东省史志工作增光添彩。 （朱文清）

【刘玉宏与国土资源部史志办公室一行座谈】 7月29日，中指办副主任刘玉宏在国家方志馆与国土资源部史志办公室专职副主任张泓一行座谈交流史志工作。刘玉宏对国土资源系统史志工作给予充分肯定：一是国土资源部领导高度重视史志工作，特别是在贯彻《地方志工作条例》和《规划纲要》方面措施得力。国土资源系统搞史志业务培训，出台《史志年鉴工作意见》，都充分体现了部领导对史志工作的重视，有力地推动了国土资源系统的史志工作。二是国土资源系统史志工作进一步规范化，创新意识强，特别是在体制、人才队伍建设方面，部里有思路、有举措。三是《史志年鉴工作意见》思路清晰，比较成熟。刘玉宏特别介绍《规划纲要》“五位一体”的含义和其中包含的11项工作内容，并对《史志年鉴工作意见》的修改提出建议。他希望国土资源部史志办公室抓住机遇，加强交流，特别是要抓住习近平总书记发去贺信的机遇，深入推进国土资源系统史志工作的开展。 （朱文清）

【刘玉宏听取甘肃省地方史志工作汇报】 8月9日，中指办副主任刘玉宏在国家方志馆听取甘肃省史志办主任张军利一行的工作汇报。刘玉宏对甘肃省地方史志工作给予充分肯定。针对下一步工作，刘玉宏提出：一是要打好第二轮修志攻坚战，制定相应措施确保全面完成任务；二是要加大方志馆和信息化建设力度，不断提高方志馆建设理念；三是要加强与中指办的沟通交流，共同推动全国地方志事业跨越发展。 （朱文清）

【中指办领导听取国家方志馆黄河分馆建设情况汇报】 8月19日，中指办主任冀祥德、副主任刘玉宏在国家方志馆听取东营市副市长王吉能一行关于国家方志馆黄河分馆（以下简称黄河分馆）建设情况的工作汇报。冀祥德对东营市建设黄河分馆的思路给予肯定，表示国家方志馆将全力支持黄河分馆的建设工作。对下一步黄河分馆项目推进，他提出：一是双方都要抓住机遇，乘势而上，积极而又稳步推进；二是国家方志馆要把黄河分馆纳入国家方志馆建设的整体范畴，将其建设成为全国方志馆分馆的标杆和范例；三是立即成立专项领导组织机构，制定实施方案，着力推进。刘玉宏充分肯定东营市委、市政府在黄河分馆建设工作中作出的努力，要求把黄河分馆建成地情馆，充分展示东营市的历史、现状与未来。国家方志馆把黄河分馆建设提升到国家层面来运作，有信心将其打造成一流的方志馆、文化馆、地情馆。 （朱文清）

【冀祥德出席山东省精品志书编修培训班开班式并授课】 8月22日，山东省精品志书编修培训班在济南开班。中指办主任冀祥德出席开班式并为学员授课。冀祥德对山东省支持边疆地区欠发达省份做好地方志工作给予充分肯定。他希望广大山东学员珍惜学习机会，扎实掌握知识，努力提升工作能力和水平，为山东史志工作继续走在全国前列作出贡献；同时希望参训其他五省区地方志工作者倍加珍惜学习机会，认真聆听专家授课，学习先进经验和做法，为不断提高当地地方志工作水平、促进全国地方志事业科学发展作出贡献。开班仪式后，冀祥德以“依法治志的目标及其实现路径”为主题授课。冀祥德结合自己多年工作经历，引用大量实例，系统讲解“依法治志”提出的背景，科学阐释“依法治志”的内涵和外延、价值目标和实现路径。 （朱文清）

【冀祥德听取江苏省镇江市史志工作汇报】 8月25日，中指办主任冀祥德在国家方志馆听取江苏省镇江市史志办主任吴海平一行的工作汇报。冀祥德首先对镇江市、京口区地方志工作取得的成绩给予充分肯定，并对下一步工作提出要求：一是主动作为，有为有位，积极争取镇江市委、市政府的重视与支持；二是调查研究，熟悉情况，尽快实现从行政领导到地方志专家的转变；三是精心安排，周密布置，努力争做全国落实《规划纲要》的排头兵；四是加强沟通，立足本地，主动参与中指办实施的“十大工程”；五是开阔视野，拓宽功能，不断提高地方志事业的社会影响力。　（朱文清）

【中指办领导听取安徽省和亳州市地方志工作汇报】 9月1日，中指办主任冀祥德、副主任刘玉宏在国家方志馆听取安徽省志办主任朱文根、亳州市志办主任时明金一行的工作汇报。冀祥德充分肯定安徽省和亳州市地方志工作，并对于下一步工作提出要求：一是以贯彻落实《规划纲要》为当前中心任务，确保2020年全面完成各项任务目标；二是以依法治志为保障手段，推进各项工作顺利开展；三是以“十大工程”为抓手，推动《规划纲要》任务的完成；四是全面总结和梳理新中国成立以来地方志工作取得的经验和做法，通过即将召开的全国地方志系统工作经验交流会来推广和交流，以扩大安徽地方志在全国的影响力。刘玉宏指出，目前亳州市方志馆的建设理念和认识需要转变，在建设中要明确定位，突出特色，把方志馆定位为市情馆、地情馆，全面发挥方志馆功能，将方志馆建设成亳州市的文化名片和当地标志性建筑，以更好地宣传和推介亳州。　（朱文清）

【中指办领导听取海南省地方志工作汇报】 9月7日，中指办主任冀祥德、副主任刘玉宏在国家方志馆听取海南省志办主任毛志华的工作汇报。冀祥德介绍中指办下半年围绕贯彻落实《规划纲要》开展的重点工作以及将要举办的全国性会议情况，并就举办“南海主权与地方志论坛”以及海南省地方志工作等情况提出要求：一是要从讲政治角度看待即将在海南召开的几个会议和有关活动的筹备工作。新形势下的地方志工作，要结合国家发展大势、中心工作，利用好地方志资源优势发好声。海南省志办要加强沟通联系，把几个会议当作政治任务落实好。二是要精心组织，科学筹划。海南省志办要积极及时向省委、省政府和中指办报告，高效率完成各项工作任务。三是要高度重视完成质量。“南海主权与地方志论坛”的举办是中指组围绕热点问题，结合地方志工作特点组织的一次具有典型意义的会议，务必把会议开得扎实、有效。四是要动员组织和利用好各种社会力量。地方志工作要提高社会影响力，提高学术品位，提高社会认同，务必把视野放宽一点，组织社科院等科研机构和高等院校的专家学者以及有关机构人员积极参与。刘玉宏指出，海南省地方志工作要紧紧围绕党中央、国务院对地方志工作的要求，按照中指组及其办公室的工作部署，认真组织，高标准、严要求落实好各项工作。　（朱文清）

【中指办领导听取广州市地方志工作汇报】 9月19日，中指办主任冀祥德、副主任刘玉宏在国家方志馆听取广州市志办主任黄小晶一行的工作汇报。冀祥德指出，广州市地方志工作在广东省一直处于领先地位，这得益于广州市志办领导敢于创新、认真细致、有章有法的工作思路。对于下一步工作，冀祥德提出要求：一是认真对照《规划纲要》要求，全面完成《规划纲要》中规定的各项任务；二是紧密围绕广州经济社会发展中心工作，科学谋划好下一步地方志事业发展；三是全面总结和梳理新中国成立以来广州市地方志工作取得的经验和做法，提出地方志的广州经验模式，进一步擦亮地方志品牌；四是进一步加强与中指办及全国地方志工作机构的沟通和交流，开阔视野，促进更大的发展；五是紧跟步伐，积极参与中指办实施的“十大工程”。刘玉宏希望广州市志办今后在数字方志馆和实体方志馆同步推进方面多作探索，争取在全国方志馆建设中起到

引领作用。他还建议可将目前方志馆的10个展览主题进行整合，突出重点，突出亮点，给观众留下清晰的印象。（朱文清）

【冀祥德出席黑龙江省地方志协会第七届理事会第一次会议】 9月20日，黑龙江省地方志协会第七届理事会第一次会议在哈尔滨市召开。中指办主任、中国地方志学会副会长兼秘书长冀祥德出席会议并讲话。冀祥德指出，近年来，黑龙江省地方志协会在省志办的领导下，在信息化建设、方志理论研究、学科建设和地方志人才队伍培训等方面，有了跨越式发展，取得了显著成果。就黑龙江省地方志协会下一步工作，他指出，一要抓住机遇，顺势而为。希望地方志协会抢抓机遇，乘势而上，充分发挥地方志“存史、资政、育人”的作用，推进协会各项工作全面发展。二要围绕中心，服务大局。地方志工作要创新，地方志事业要融入国家经济社会发展的中心工作中，要深入挖掘开发利用地方志资源，充分发挥地方志为国家战略以及地方经济社会发展服务的功能。黑龙江省地方志协会要发挥能动性，有所作为，把握好全省的经济社会发展大局，主动服务，主动靠拢，为地方经济社会发展的中心工作和国家战略提供智力服务。三要发挥优势，有为有位。黑龙江省地方志协会要发挥自身联系广泛、方式灵活的优势，搭好学术交流的平台，切实提高全省地方志工作者工作水平和业务能力，为确保完成两级《规划纲要》的目标任务做好智力支持和人才保障。四要开拓创新，奋发有为。黑龙江省地方志协会要与中指办上下联动，用开拓创新的精神，努力实现全省地方志工作的新突破，推动《规划纲要》的全面落实。（朱文清）

【冀祥德为黑龙江全省地方志编纂业务培训班授课】 9月20日，黑龙江举办全省地方志编纂业务培训班，中指办主任冀祥德以“志鉴编纂出版常见法律错误及其纠正”为题给培训班学员授课。他从中国的法律渊源谈起，讲授中国法治建设历程，阐明《地方志工作条例》《规划纲要》的法律效力位阶，论述依法治志提出的背景与意义、内涵与外延、目标及其实现路径。他结合自身审稿体会，指出“法制与法治”“政法与政法委”“公安司法与公安·司法”“违法与犯罪”“罪犯与犯罪分子”“行政拘留、刑事拘留和司法拘留”“逮捕、提请逮捕与决定逮捕”“辩护与代理”等在志鉴编纂中容易混淆的法律概念，追根溯源，条分缕析，辨同明异。冀祥德还对第二轮地方志书中“政法篇”和综合年鉴中“法治”类目的名称及其结构提出改革性意见。（朱文清）

【刘玉宏出席全国国土资源系统史志年鉴工作研讨会】 9月20日，全国国土资源系统史志年鉴工作研讨会在北京召开。中指办副主任刘玉宏出席会议并讲话。刘玉宏对国土资源系统在史志工作中取得的成绩给予肯定。他指出，国土资源部史志办公室紧紧围绕史志工作规划管理、重大史志研究项目组织实施和史志、年鉴的编纂出版三个方面，组织、带领全国国土资源系统各级史志部门，通过编纂党史、方志和年鉴等多种文献资料，全面记述国家国土资源事业发展历史和取得的重要发展成就，积极服务全国国土资源工作，取得令人瞩目的成绩。国土资源部史志办公室的工作不仅走在各部委局的前列，而且在全国地方志系统产生重要影响，成为全国方志工作的一面旗帜。

（朱文清）

【冀祥德到黑龙江垦区锦河农场调研地方志工作】 9月22日，中指办主任冀祥德在黑龙江省志办主任隋岩、副主任石再军陪同下，到黑龙江垦区锦河农场调研地方志工作。冀祥德对农垦史志工作给予充分肯定，他指出，黑龙江垦区农垦史志工作概括起来有三大特点：一是勇挑重担，成绩突出；二是主动作为，有为有位；三是立足农场，特色鲜明。他提出，农垦史志工作者在今后的工作中，要进一步服务农垦中心工作，加强与全国地方志系统及农垦系统之间的沟通，立足农垦，干出特色，加强宣传，扩大影响，取得更大成绩。（朱文清）

【冀祥德到黑河市调研地方志工作】　9月22日，中指办主任冀祥德到黑河市调研地方志工作。黑龙江省志办主任隋岩、副主任石再军陪同调研。冀祥德对黑河市地方志工作给予肯定。对黑河市下一步工作，冀祥德指出，一是要紧紧围绕国家、省两级《规划纲要》精神，扎扎实实完成黑河市工作规划的各项任务；二是要以“一纳入、八到位”为标准，进一步提高黑河市地方志工作质量水平；三是要以“十大工程”为抓手，着力地方志工作开拓创新。他希望黑河市志办积极参与，上下联动，在编纂名镇、名村志工作中有所作为；要加大方志馆建设力度，全面展示黑河地情。　（朱文清）

【邱新立出席天津市《河西区志（1979—2010)》复审会】　9月22日至23日，天津市志办与河西区志办组织召开《河西区志(1979—2010)》复审会。中指办副主任邱新立出席会议并讲话。邱新立指出，天津市区县志书的编修亮点突出，首批全国精品志书和首批全国名镇志，天津分别占有三分之一和十一分之一，走在全国精品志书工作的前列。其他区县志书的审查验收体系科学、规范，尤其采取专家、学者、总纂同审的方法值得借鉴。在评审中，他对《河西区志（1979—2010)》志稿给予充分肯定，并在评审中结合其主编的《汶川特大地震抗震救灾志》与全国二轮志书存在的共性问题，重点对志稿的概述、大事记、人物篇和行文规范进行讲评。　（朱文清）

【中指办领导听取安徽省地方志工作汇报】　9月30日，中指办主任冀祥德，副主任刘玉宏、邱新立在国家方志馆听取安徽省志办主任朱文根、巡视员刘成典一行的工作汇报。冀祥德对安徽省志办为拟于11月初在安徽省绩溪县召开的中国名村志文化工程启动会议，以及在铜陵市召开的第一次全国地方志科研工作会议的筹备工作给予充分肯定，并就下一步工作提出要求：一是要高度重视，精心组织；二是要严格遵守中央“八项规定”精神，节俭高效地办好会议；三是要把会议开成务实的会议、开创性的会议，要把动员与业余培训结合起来；四是要把中国名村志文化工程启动会议与中国名村志文化工程全面实施结合起来，稳步扎实推进。　（朱文清）

【中指办领导听取安徽省地方志工作汇报】　10月10日，中指办主任冀祥德、副主任刘玉宏在国家方志馆听取安徽省志办主任朱文根一行的工作汇报。冀祥德对安徽省地方志工作取得的成绩给予充分肯定。对下一步安徽省地方志工作，他提出，一是要密切联系与沟通；二是全面完成《规划纲要》规定的任务目标；三是要紧紧围绕党委政府的中心工作，拓宽视野，创新思路，进一步谋划推进地方志事业跨越发展；四是务必把安徽省承办的中国名村志文化工程启动会议、第一次全国地方志科研工作会议办好；五是总结经验，交流推广；六是不忘初心，继续前进。刘玉宏就下一步方志馆建设提出要求：一是要进一步提高对方志馆建设重要意义的认识，二是要创新方志馆建设理念，三是要研究方志馆建设的基本问题。

（朱文清）

【刘玉宏听取阜阳市方志馆建设情况汇报】　10月11日，中指办副主任刘玉宏在国家方志馆听取安徽省阜阳市志办主任蔡建国一行关于方志馆建设工作问题的专题汇报。刘玉宏对阜阳市筹划建设方志馆的积极做法给予充分肯定。他指出，方志馆建设是新生事物，国家方志馆的建设也是从零开始，无经验可循，全国方志馆建设工作现在还处在摸索、研究阶段。对下一步阜阳市方志馆的建设，刘玉宏提出要求：一是要解决好建设理念问题；二是要高度重视展览大纲的撰写；三是要抓重点、抓看点、抓亮点，特别要注重序厅、尾厅的设计，这是展览的点睛之笔；四是要坚持政治性、知识性、趣味性、互动性4个原则。　（朱文清）

【冀祥德出席西北五省区暨新疆生产建设兵团地方志工作协作会议】　10月12日至13日，西北五省区暨新疆生产建设兵团地方志工作协作会议在敦煌市召开。中指办主任冀祥德出席会议并讲话。冀祥德强调，当前全国地方志事业发展迎来千载难逢的发展机遇，并且进入高位运行的态势。西北地区也是喜讯不断、好事连连。西北各地各级地方志工作机构要抢抓机遇，善于借力，发挥优势，拉长短板，实现地方志工作的新突破；全面贯彻落实《规划纲要》，确保“两全目标”按期完成；配合中指办推出的“十大工程”，抓实抓好民族地区与贫困地区志书出版资助工程；全面推进依法治志，用法治手段解决地方志工作面临的困难；善于为经济社会发展服务，做到以有为谋有位。他希望进一步深化全国地方志工作机构之间的互鉴与交流，以互鉴谋发展，以交流求创新，共享机遇，共迎挑战，全面推动地方志从一项工作向一项事业转型，实现到2020年省省有志、市市有志、县县有志，以这种伟大的文化创举向全面建成小康社会贡献“志”礼。

（朱文清）

【中指办领导听取陕西省地方志工作汇报】10月20日，中指办主任冀祥德，副主任刘玉宏、邱新立在国家方志馆听取陕西省志办主任秦向东，副主任史天社、吴玉莲一行的工作汇报。冀祥德指出，陕西省地方志工作在省志办新领导班子的带领下，队伍凝心聚力，工作谋划有方，落实抓铁有痕，取得很大起色。对下一步地方志工作，冀祥德提出要求：一是要全面完成“两全目标”；二是要积极参与中指办实施的“十大工程”；三是要加强与中指组及其办公室以及各省地方志系统之间的沟通与交流；四是要抓住机遇，争创一流；五是要通过加强业务培训，抓好队伍建设。（朱文清）

【刘玉宏听取六盘水市地方志工作汇报】 10月26日，中指办副主任刘玉宏在国家方志馆听取六盘水市志办主任、党组书记余朝林一行的工作汇报。刘玉宏指出，六盘水市地方志工作开展得有声有色，工作取得较大成绩。对下一步六盘水市方志馆建设工作，刘玉宏提出要求：一是进一步研究方志馆功能定位问题；二是起点要高，创新理念，提升格局；三是展览大纲要进行严密论证；四是要选择好布展公司；五是要注重趣味性、互动性。

（朱文清）

【邱新立出席云南省第六次地方志工作会议】

11月4日，云南省第六次地方志工作会议在昆明市召开。中指办副主任邱新立出席会议并讲话。邱新立指出，云南省第六次地方志工作会议高规格隆重召开，这是云南地方志工作中的一件大事、盛事。下一步，云南省要全力以赴，推进修志编鉴主业；依法治志，完善事业发展保障；执行规划，确保任务落实；拓展思路，发挥志鉴功能。地方志作为中华民族的优秀文化传统，担负着为国存史、同步存史的功能。当前全国地方志工作处在一个重要的历史机遇期，面临着大好的发展形势，2020年实现《规划纲要》提出的目标任务的大好愿景在召唤，相信通过这次会议的广泛动员，在云南省广大地方志工作者的积极努力下，一定能够按期完成《规划纲要》目标任务。（朱文清）

【冀祥德出席《安丘市志（1986—2003）》出版发行座谈会】 11月5日，中指办主任冀祥德出席《安丘市志（1986—2003）》出版发行座谈会并讲话。冀祥德指出，该志的出版，不仅是安丘文化建设的一件大事，更是安丘经济社会发展的一件大事，是安丘人民改革开放以来，在中国共产党领导下团结奋斗、创造历史的一件大事。他指出，该志为安丘社会各界提供了重要的历史读本，是安丘市史志工作者向市委市政府提出的实现安丘市转型跨越均衡发展的献礼。他强调，该志的出版是新的起点，要继续努力，奋发有为，不断创新，开辟事业发展新局面。一是要深入学习党的十八届六中全会精神；二是要全面落实《规划纲要》的各项目标任务，为全面建成小康社会贡献“志”礼；三是要围绕中心工作改革创新地方志工作，让安丘的各级领导干部、广大人民群众共享地方志工作优秀成果；四是要紧跟步伐，在中指组及其办公室的领导下，全面推进地方志

从一项工作向一项事业转型，以事业的发展赢得党委、政府的重视。　（朱文清）

【冀祥德出席山东省名镇名村志编修培训班开班式并授课】　11 月 23 日，中指办主任冀祥德出席山东省名镇名村志编修培训班开班式，并为学员授课。冀祥德对山东省史志工作给予充分肯定。他指出，依法治志是在全面深化改革，全面推进依法治国、建设社会主义法治国家的新形势下，以“一纳入、八到位”为总要求，实现地方志从传统单一的依法修志到依法识志、依法修志、依法用志、依法研志、依法管志、依法存志和依法传志的转型发展。他强调，中指办实施全国地方志“十大工程”，是在坚持依法治志的原则下，深入贯彻落实《规划纲要》所作出的顶层设计。在授课中，他用丰富生动的实例，结合当前地方志事业发展的新形势、新情况、新问题，深入解读“十大工程”启动的目的、意义、内容。　（朱文清）

【冀祥德出席内蒙古自治区全区盟市、旗县（市、区）地方志工作机构负责人会议（培训）暨全区地方志信息化领导小组第一次会议】　11 月 25 日，内蒙古全区盟市、旗县（市、区）地方志工作机构负责人会议（培训）暨全区地方志信息化领导小组第一次会议在鄂尔多斯市召开。中指办主任冀祥德出席会议，并以“当前全国地方志新形势新要求”为题给参会人员授课。冀祥德肯定内蒙古区情网蒙古文网站、手机网站及方志内蒙古微信公众号开通和蒙古文多功能数据库启动是内蒙古地方志事业发展中的一件大事、喜事，也是全国地方志事业发展中的一件盛事。他在讲座中从党中央高度重视和中指组及其办公室积极作为等方面，分析了当前全国地方志事业发展新形势，强调当前地方志事业正面临着千载难逢的发展机遇，要求大家紧紧把握历史契机，全力推动地方志从一项工作到一项事业的转型升级。冀祥德强调，为贯彻落实《规划纲要》，中指组及其办公室加强顶层设计，研究推出全国地方志“十大工程”。他讲述了每一项工程的重要意义、设计理念、工作思路、推进情况以及取得的社会反响等，阐述了“依法治志”的提出背景、内涵和外延、价值、目标和实现路径等。　（朱文清）

【刘玉宏出席中国高校年鉴发展与现状论坛暨纪念中国新编高校年鉴 30 年研讨会】　12 月 15 日，中国高校年鉴发展与现状论坛暨纪念中国新编高校年鉴 30 年研讨会在北京大学开幕。中指办副主任刘玉宏出席开幕式并讲话。刘玉宏指出，中国新编高校年鉴经过 30 年的发展，目前发展势头良好，国内已先后有近 500 所高校开展年鉴编纂工作，高校年鉴阵营不断发展壮大，同时高校年鉴发展也日趋规范化，正式出版年鉴的高校也逐渐增多。他强调，为更好地推进高校年鉴编纂，服务高校发展和社会主义文化建设，今后一个时期要在五个“进一步”上共同努力：一是要进一步树立精品意识，打造更多高质量专业年鉴；二是要进一步提高理论研究水平，服务年鉴编纂实践；三是要进一步提升高校年鉴开发利用水平，提高年鉴资料的可利用度；四是要进一步加强高校年鉴编纂队伍建设，增强年鉴发展后劲；五是要进一步借助高校平台，提高高校年鉴的影响力。　（朱文清）

【冀祥德出席中国高校年鉴发展与现状论坛暨纪念中国新编高校年鉴 30 年研讨会闭幕式】

12 月 16 日，中国高校年鉴发展与现状论坛暨纪念中国新编高校年鉴 30 年研讨会闭幕式在国家方志馆举行。中指办主任、中国地方志学会副会长兼秘书长冀祥德出席闭幕式并讲话。冀祥德指出，中指办紧抓历史机遇，高度重视年鉴事业发展，全面推动《规划纲要》的贯彻落实，采取了制定《全国年鉴事业发展规划（2016—2020 年）》、召开第一次全国年鉴工作会议、成立中国地方志学会年鉴研究会及其工作部门、举办不同类型培训活动、推进中国年鉴精品工程等一系列具有针对性的措施，大力加强对年鉴工作的统一领导，取得了显著成效。他说，中指办已经启动《中国年鉴发展报告》编纂工作，主办的《中国年鉴研究》即将创刊并公开发行，从2017年起还要开展中国年鉴精品工程专业年鉴试点工作、每年举办全国年鉴主编培训班与全国专业年鉴培训班，希望包括高校年鉴在内的专业年鉴编纂单位或编纂人员积极参与这些工作，借以不断提升高校年鉴编纂水平。他强调，无论是地方综合年鉴，还是高校年鉴，都是年鉴大家庭中的一员，全国年鉴是一家。中指办就是大家的大后方、大本营。希望今后大家站在全国年鉴事业发展的高度，加强合作交流，共同推动年鉴事业的科学发展。（朱文清）

【冀祥德出席《济南市天桥区志（1991—2012）》发行仪式】 12月19日，济南市天桥区委、天桥区人民政府举行《济南市天桥区志（1991—2012）》（以下简称《天桥区志》）出版发行仪式。中指办主任冀祥德出席仪式并讲话。冀祥德对天桥区史志办近几年的工作表示肯定，指出天桥区史志办克服部门人员较少、业务相对薄弱的困难，三年来志书编修、年鉴编纂统筹兼顾，齐头并进，成绩显著。在工作中既重速度，也不偏废质量，实现双赢。他强调，中华民族伟大复兴的中国梦的实现，不仅需要一批敢于担当、勇于开拓、挥洒热血、废寝忘食的工作者，也需要有人把中国共产党带领全国各族人民实现中华民族伟大复兴的中国梦的过程客观真实地记载下来，并传承下去，这就是新时期广大史志工作者的使命和责任。（朱文清）

【邱新立出席四川省地方志工作会议】 12月29日，四川省地方志工作会议在成都市召开。中指办副主任邱新立出席会议并致辞。邱新立充分肯定了四川省地方志工作取得的成绩。结合当前全国地方志工作发展状况，他提出：一是认清形势，切实把握地方志事业发展的重大机遇期。当前全国地方志事业正处于发展的最好时期，要统一思想，紧密结合工作实际，乘势而上、顺势而为，齐心协力开创地方志工作新局面。二是总结经验，全面加强四川省地方志工作。三是围绕转型，推动地方志事业实现跨越式发展。各级各部门要全力以赴，推进修志编鉴主业；依法治志，完善事业发展保障；执行规划，确保任务落实；拓展思路，充分发挥志鉴功能。（朱文清）

【邱新立调研成都市地方志工作】 12月29日，中指办副主任邱新立到成都市武侯区、双流区调研地方志工作。邱新立指出，武侯区在数字方志馆建设方面有声有色，双流区则在地方志信息化建设方面走在四川前列。针对今后的地方志工作，他提出：一是积极沟通汇报，继续争取区委和区政府更多的支持；二是全面总结经验，为四川省乃至全国的方志馆建设和地方志信息化建设提供更多宝贵的经验；三是扩展工作外延，打造地区文化品牌。（朱文清）

【中指办和暨南大学联合举办历史文献学（方志学方向）研究生课程班结业典礼】 1月13日，中指办和暨南大学联合举办的历史文献学（方志学方向）研究生课程班结业典礼在暨南大学举行。中指组副秘书长兼办公室副主任冀祥德，暨南大学党委副书记、纪委书记夏泉，广东省志办主任温捷香出席会议并讲话。冀祥德指出，党和国家领导人对于地方志事业十分重视，地方志工作进入全面发展与快速发展的新时期。中指办为全面贯彻落实习近平总书记、李克强总理、刘延东副总理的重要批示、重要讲话精神和《规划纲要》，结合全国地方志实际，已经启动“十大工程”，地方志工作正在从一项工作向一项事业、从依法修志向依法治志转型，地方志事业大有可为。他希望，今后还将继续和暨南大学通过各种方式进行合作，培养地方志人才，推动方志理论研究，提升方志学学科的地位。（朱文清）

【信息方志与数字方志建设工作座谈会召开】 1月20日至21日，中指办主办的信息方志与数字方志建设工作座谈会在北京召开。中指组副秘书长兼办公室副主任冀祥德出席会议并讲话，中国社会科学院信息化管理办公室副主任罗文东应邀出席会议并讲话，中指办副主任刘玉宏、邱新立分别主持会议。冀祥德介绍《规划纲要》对地方志信息化工作的新要求、新任务，并对全国信息方志与数字方志建设工程作简要说明。刘玉宏指出，要充分认识建设国家数字方志馆的重大意义，坚持科学定位、统筹规划、试点先行、先易后难、分步实施，推进国家数字方志馆和各地数字方志馆协调发展。与会代表围绕《国家数字方志馆建设方案》，对国家数字方志馆的目标定位、建设原则、实施步骤、技术路线、保障措施等提出很多意见和建议。（朱文清）

【中国志书精品文化工程第一次专家评审会召开】 1月26日至27日，中国志书精品文化工程第一次专家评审会在国家方志馆召开，中指组副秘书长兼办公室副主任冀祥德、中指办副主任邱新立出席会议。按照《中国志书精品工程实施方案》的规定，会议邀请高等院校、地方志工作机构的专家对申报的《北辰区志》《威海市志》《禹城市志》3部志书逐一进行评审，并就《中国志书精品工程评审办法》（试行）和如何树立精品意识、精品志书标准等进行研究。（朱文清）

【《中国方志》报创刊号出版】 2月1日，《中国方志》报创刊号出版。《中国方志》报是中指办编印的内部资料性出版物，为提升中国文化走向世界贡献力量为己任，着力打造属于方志人的舆论阵地。《中国方志》报的出版，填补了自社会主义新编地方志工作开展以来，全国地方志系统没有一份全国性报纸的空白。《中国方志》报每月两期，每期四版，四色印刷，面向全国地方志系统发行。（朱文清）

【“方志大讲堂”开讲】 3月5日，中指办主办的“方志大讲堂”在国家方志馆正式开讲。“方志大讲堂”是为进一步贯彻落实《规划纲要》，不断拓展方志文化的影响力，在记录当代、保存历史的同时，传承、弘扬中华民族优秀文化，以发挥方志文化在提升国家文化软实力中应有的作用而设立。“方志大讲堂”第一讲由中指组副秘书长兼办公室副主任、方志出版社社长兼总编辑冀祥德主讲，题目是《志鉴编纂中常见法律错误及其纠正》。冀祥德从法学家专业的视角指出了在志鉴编纂过程中一些常见法律错误，并对这些错误产生的原因和正确表达方式作了阐述。（朱文清）

【全国方志馆业务培训班举办】 3月14日至18日，中指办、国家方志馆主办的全国方志馆业务培训班在南宁市举办。中指组副秘书长兼办公室副主任冀祥德，中指办副主任刘玉宏出席培训班并讲话。冀祥德指出，要把加强方志馆建设作为深入贯彻落实《规划纲要》的重要抓手，切实加快方志馆建设步伐；深刻认识方志馆的功能定位，以方志馆建设推动当地公共文化服务体系建设；注重数字方志馆与实体方志馆协调发展，提升方志馆公共文化服务能力；不断加强方志馆资源建设，夯实实现方志馆长远发展的根基。刘玉宏指出，各地要进一步创新理念，切实提高对建设方志馆的认识，合力推进方志馆的建设与发展；进一步加强方志馆展览陈列工作；进一步加强方志馆研究和地情编研；进一步加强各级方志馆之间的交流与合作；继续关心和支持国家方志馆建设。（朱文清）

【北京市志办向国家方志馆捐赠志书仪式举行】 3月25日，北京市志办向国家方志馆捐赠志书仪式举行。中指办副主任刘玉宏，北京市志办副主任、市方志馆馆长侯宏兴等人出席仪式。刘玉宏对北京市志办、市方志馆长期以来对国家方志馆的大力支持表示感谢，对北京市地方志工作和北京市方志馆建设给予充分肯定。他指出，北京市方志馆建设积累了很多好的经验，在全国方志馆建设中发挥了引领作用。国家方志馆建设刚刚起步，希望北京市方志馆在国家方志馆今后的建设中继续发挥更大的作用。方志馆建设属于新生事物，双方要在信息化建设、资源共享、人才交流等方面不断加强合作，努力实现共

赢和发展。（朱文清）

【中国名镇志文化工程丛书编纂指导会暨与央视联合拍摄宣传片启动仪式举行】 3月26日，中指办主办的中国名镇志文化工程丛书编纂指导会暨与央视联合拍摄宣传片启动仪式在江苏省昆山市周庄镇举行。冀祥德作《中国名镇志文化工程阶段性工作报告》，介绍中国名镇志文化工程的主要创新，并对下一阶段的主要工作作安排，要求进一步加大工作力度，全面推进名镇志编纂；进一步加大宣传力度，全面提升社会影响力；进一步加大指导力度，全面提高志书质量。（朱文清）

【中国志书精品工程专家审定会召开】 4月6日至7日，中国志书精品工程专家审定会在烟台市召开。中指组副秘书长兼办公室副主任冀祥德、中指办副主任邱新立出席会议，山东省政府办公厅党组成员、省史志办公室主任刘爱军到会致辞。会议邀请有关专家对《威海市志》《北辰区志》两部志书进行审改，并与编者进行交流、提出修改意见。（朱文清）

【全国精品年鉴指导培训暨《中国年鉴发展报告》启动会议召开】 4月13日，全国精品年鉴指导培训暨《中国年鉴发展报告》启动会议在北京召开。中指组副秘书长兼办公室副主任冀祥德出席会议并讲话。冀祥德指出，中指办针对《规划纲要》颁布实施方案，推出“十大工程”，中国年鉴精品工程是“十大工程”之一，《中国年鉴发展报告》是全国地方志“一体两翼”用志工程的重要组成部分。要以全国地方志“十大工程”为总抓手，推动《规划纲要》的全面落实。他希望各地各部门以朝夕问道、日积月累的精神，上下联动，凝心聚力，抓住地方志事业发展机遇，按照《规划纲要》绘就的蓝图，选定正确路径，努力实现地方志事业发展的新跨越。研修班邀请中国社会科学院以及方志界、年鉴界的专家学者评议10个中国年鉴精品工程试点单位的年鉴框架，讨论《中国年鉴发展报告》编写工作。（朱文清）

【全国地方志基层基础工作会议召开】 4月19日至20日，中指办主办的全国地方志基层基础工作会议在西昌市召开。中国社会科学院副院长、中指组常务副组长李培林出席开幕式，并作题为《强本固基创新发展谱写地方志事业新华章》的讲话。四川省政府党组成员、省政府资政张作哈出席会议并致辞。中指组副秘书长兼办公室副主任冀祥德，中指办副主任邱新立，四川省地方志工作办公室党组书记、主任马小彬，凉山州委常委、州委秘书长、州总工会主席龙伟，凉山州政府副州长肖春出席开幕式。开幕式由冀祥德主持，龙伟代表凉山州委、州政府作地方志工作经验交流。会上，还举行“方志出版社成都工作站”揭牌仪式，李培林、张作哈共同为工作站揭牌。（朱文清）

【全国地方志系统信息化工作会议召开】 4月26日，中指办主办的全国地方志系统信息化工作会议在贵阳市召开。中指办副主任刘玉宏出席会议并讲话，贵州省政府副秘书长潘小林出席会议并致辞。开幕式由贵州省志办主任田洪主持。刘玉宏在讲话中指出，“十二五”时期全国地方志信息化工作取得新成绩，地方志信息化、数字化、网络化发展水平有较大提升。他提出，下一步信息化工作要提高思想认识，建立坚强有力的组织领导机制；注重统筹规划，建立集约开放的数据共享机制；争取多方支持，建立多方投入的经费保障机制；加强协同分工，建立系统联动的工作推动机制；重视信息安全，建立高效完备的安全保障机制；强化制度建设，建立覆盖全面的制度规范体系；注重监督考核，建立科学合理的工作激励机制。（朱文清）

【中国地方志学会信息化研究会成立大会召开】 4月26日，中国地方志学会信息化研究会成立大会在贵阳市召开。中指办副主任、中国地方志学会副会长刘玉宏出席会议并讲话。会上，刘玉宏宣读中指办《关于同意成立中国地方志学会信息化研究会的批复》、中国地方志学会《关于同意设立分支机构信息化研究会的批复》。中指办信息处处长杨海峰代表发起人就成立信息化研究会的筹备工作情况进行汇报。会议原则通过《中国地方志学会信息化研究会规程（草案）》《中国地方志学会信息化研究会理事会理事、常务理事、会长、副会长、秘书长、副秘书长产生办法（草案）》，并审议《中国地方志学会信息化研究会会员登记办法（草案）》。会议推选产生信息化研究会第一届理事会。第一届理事会第一次理事会议通过《中国地方志学会信息化研究会会员登记办法（草案）》，选举产生第一届理事会会长冀祥德，副会长罗文东、关树锋、洪民荣、管仁富、毛志华、汪德军，并表决通过由会长提名的第一届理事会秘书长和经秘书长提名的副秘书长人选。　　（朱文清）

【首届全国名镇论坛暨中国名镇志丛书出版座谈会举行】　5月12日，首届全国名镇论坛暨中国名镇志丛书出版座谈会在北京人民大会堂举行。第十届全国政协副主席、中国名镇志文化工程专家委员会名誉主任徐匡迪，中国社会科学院院长、中指组组长王伟光出席会议并讲话。中国社会科学院副院长、中指组常务副组长李培林，中指组副秘书长兼办公室副主任冀祥德，中指办副主任刘玉宏、邱新立出席开幕式。李培林主持会议。王伟光作题为《以创新驱动地方志事业发展转型升级》的讲话。冀祥德代表中指办、中国名镇志编纂委员会办公室作了名镇志文化工程阶段性工作总结汇报，江苏省昆山市周庄镇党委书记唐翱作《周庄镇志》编纂经验交流。会议还向入选首批名镇志的11个镇授牌和颁发证书。　　（朱文清）

【纪念国务院《地方志工作条例》颁布实施10周年座谈会在北京召开】　5月13日，纪念国务院《地方志工作条例》（以下简称《条例》）颁布实施10周年座谈会在北京召开。中国社会科学院副院长、中指组常务副组长李培林出席会议，并作题为《坚持依法治志，大力推进地方志事业科学发展》的讲话。中指组副秘书长兼办公室副主任冀祥德，中指组原秘书长兼办公室主任秦其明，中指办原党组书记田嘉，中指办副主任刘玉宏、邱新立出席会议。冀祥德指出，依法治国战略的实施，建设法治政府步伐的加快，对地方志法治化建设提出了更高的要求。　　（朱文清）

【国家数字方志馆揭牌暨“方志中国”展览开展仪式举行】　5月13日，国家数字方志馆揭牌暨“方志中国”展览开展仪式在国家方志馆举行。中国社会科学院院长、中指组组长王伟光为国家数字方志馆揭牌并讲话。中指组副秘书长兼办公室副主任冀祥德，中国社会科学院科研局局长马援，中指组原秘书长兼办公室主任秦其明，中指办原党组书记田嘉，中指办副主任刘玉宏、邱新立等出席仪式。　　（朱文清）

【全国地方志优秀成果（年鉴类）评审会议在延吉市召开】　6月1日至5日，全国地方志优秀成果（年鉴类）评审会议在吉林省延吉市召开。中指组副秘书长兼办公室副主任冀祥德出席会议并讲话。冀祥德指出，中指组及其办公室花大力气抓优秀年鉴成果的评审，一是为了打造精品，真正推动习近平总书记、李克强总理、刘延东副总理重要批示、重要讲话精神的贯彻落实。二是提升质量，努力实现年鉴编纂从量到质的转型升级。三是检阅成果，大力激发广大年鉴工作者干事创业的热情。他希望各年鉴评审小组负责人和各位评委不负众望，以高度的责任感和使命感，秉持公平、公正的原则，按照评审标准和评审办法，认真审读年鉴，真正把高质量的年鉴选拔出来。6月5日上午，全国地方志优秀成果（年鉴类）终审委员会办公室召开各评审小组会议，听取省级综合年鉴、地市级综合年鉴、县区级综合年鉴和专业年鉴评审情况汇报。中指办副主任刘玉宏出席会议并讲话。刘玉宏指出，经过各评审小组专家紧张有序的工作，全国地方志优秀成果（年鉴类）评审取得了阶段性成绩。这次年鉴评审，总体来看具有领导重视、规格较高、坚持原则、认真负责、情况复杂等特点。下一阶段，终审委员会及其办公室将严格审核各评审小组提出的优秀成果建议名单，认真研究、妥善解决在评审过程中提出的问题，遵照质量第一和公平、公开、公正的原则，真正把高质量的年鉴选拔出来。（朱文清）

【中国社会科学院人事教育局、中指办联合开展地方志人才队伍建设调研】 6月1日至3日，中国社会科学院人事教育局、中指办联合组成调研组，赴吉林、黑龙江两省调研地方志人才队伍建设情况。中国社会科学院人事教育局副局长高京斋，中指组副秘书长兼办公室副主任冀祥德出席调研活动。6月1日，调研组在吉林省延吉市召开全国地方志队伍建设与人才培养座谈会。对联合调研活动，与会人员给予高度评价。大家认为，充分利用中国社会科学院作为马克思主义的坚强阵地、我国哲学社会科学研究的最高殿堂、党中央国务院重要的思想库和智囊团的地位，加强与全国地方志工作的对接与联系，促进地方志人才队伍建设，意义重大。座谈中，大家对地方志工作机构、人才队伍建设现状，面临的困难和问题以及对策建议分别做介绍。6月2日，调研组到佳木斯市调研。冀祥德要求，佳木斯市要不断深入学习习近平总书记视察黑龙江时的重要讲话精神，强化政治意识、大局意识、核心意识、看齐意识。对佳木斯下一阶段地方志工作，他提出要求：一是要高度重视，二是要抓住机遇，三是要坚定信心，四是要克服困难，五是要开拓创新。6月3日，调研组在伊春市召开座谈会。冀祥德对伊春市下一阶段工作提出要求：一是要认清形势，坚定信心；二是要立足本地，服务中心；三是要紧跟步伐，巧借外力；四是要发扬精神，再创佳绩。（朱文清）

【国家方志馆“魅力中国”展览大纲研讨会召开】 6月13日，国家方志馆“魅力中国”展览大纲研讨会在国家方志馆举行。中指办副主任刘玉宏主持会议。刘玉宏介绍“魅力中国”展览的基本理念、展览大纲框架的设计思路。与会专家学者一致认为，国家方志馆筹办“魅力中国”展览，有创新、有魄力，虽然有一定难度，但是此次提交的大纲框架已经比较完整、严密，符合展览陈列大纲的设计要求。专家们还对大纲的具体文字提出了修改意见。（朱文清）

【全国地方志优秀成果（年鉴类）审核会议召开】 6月17日，全国地方志优秀成果（年鉴类）终审委员会办公室在国家方志馆召开会议，对专家评审小组提名的通报表扬年鉴进行审核。中指办主任、全国地方志优秀成果（年鉴类）终审委员会办公室主任冀祥德出席会议并讲话。中指办副主任、全国地方志优秀成果（年鉴类）终审委员会办公室副主任刘玉宏、邱新立出席会议。冀祥德指出，全国地方志优秀成果（年鉴类）评审是全国地方志系统的大事，对推动年鉴事业科学发展具有重要意义，要高度重视，严格标准，扎实推进。审核工作是整个评审工作的重要环节，既要注重年鉴编纂质量，又要把握正确的政治方向，真正选拔出高质量的精品年鉴，发挥通报表扬年鉴在全国的引领示范作用。会议对评审专家小组提出的宣传图片和内容记述等问题进行研究，对通报表扬年鉴建议名单进行审核。会议决定，将审核方案提交全国地方志优秀成果（年鉴类）终审委员会终审。（朱文清）

【《地方志工作文稿》（增订本）出版座谈会召开】 6月25日，《地方志工作文稿》（增订本）出版座谈会在梅州市召开。中国社会科学院原副院长、中指组原常务副组长朱佳木出席会议并讲话，中指办主任冀祥德作会议总结。冀祥德指出，朱佳木在担任中指组常务副组长的12年中，参与组织国务院《地方志工作条例》的起草；组织领导地方志工作体制的确立；具体领导首轮志书向二轮志书的过渡及第二轮修志工作的全面启动；具体指导全国地方志工作机构和队伍的转型发展。《地方志工作文稿》（增订本）凝聚了朱佳木对地方志事业发展付出的巨大心血，凝聚着朱佳木对全国地方志事业发展的深沉思考和宝贵经验。

（朱文清）

【全国方志馆建设标准暨地方志信息化建设研讨会召开】 7月4日至5日，全国方志馆建设标准暨地方志信息化建设研讨会在烟台市召开。中指办主任冀祥德出席会议并讲话，中指办副主任刘玉宏主持会议并作总结讲话。冀祥德指出，中指办根据《规划纲要》要求和事业发展需要，拟定了《全国方志馆建设标准》（讨论稿）、《全国地方志信息化发展意见（2016—2020年）》（征求意见稿）、《全国信息方志与数字方志建设工程实施方案（2015—2020年）》（征求意见稿）、《国家数字方志馆建设方案》（征求意见稿）4个文件，希望各位专家学者畅所欲言，对做好方志馆和地方志信息化建设发表真知灼见。要通过修改完善相关标准和方案，进一步做好顶层设计，推动全国方志馆和地方志信息化建设科学、高效、规范发展。刘玉宏就方志馆建设标准谈了3点意见：一是功能定位。方志馆具有藏书、展览展示、编研、交流、爱国主义教育等功能，国家层面是国情馆，地方层面是地情馆。二是标准制定上要在吸收借鉴图书馆、博物馆、展览馆等已有建设标准的同时，重点突出方志馆特色。三是方志馆设计理念要大胆创新，坚持高标准规划，使建设标准真正发挥宏观指导作用。

（朱文清）

【国家方志馆“魅力中国”展览大纲暨全国地方志信息化建设研讨会召开】 7月7日至8日，国家方志馆“魅力中国”展览大纲暨全国地方志信息化建设研讨会在北京召开。中指办主任冀祥德出席会议并作总结讲话，中指办副主任刘玉宏、邱新立先后主持会议并讲话。会议主要围绕《国家方志馆“魅力中国”展览大纲》以及《全国地方志信息化发展意见（2016—2020年）》（征求意见稿）《全国信息方志与数字方志建设工程实施方案（2015—2020年）》（征求意见稿）《国家数字方志馆建设方案》（征求意见稿）进行研讨。冀祥德强调，在推动地方志信息化建设过程中，要正确认识和处理好以下几个关系：一是《全国地方志信息化发展意见（2016—2020年）》（征求意见稿）等3个信息化建设文件之间的关系；二是中国方志网、中国地情网、中国国情网“三网”之间的关系；三是中指办与地方各级地方志工作机构信息化工作之间的关系；四是各地已开展的信息化工作与中指办将要推进的信息化发展规划之间的关系；五是社会化运作与安全保密的关系；六是困难与担当的关系。刘玉宏就“魅力中国”展览大纲的起草过程，以及框架设计和大纲内容进行说明。他强调，“魅力中国”布展要坚持五大理念：一是坚持政治性、知识性、学术性、教育性、宣传性和趣味性相结合；二是坚持抓特点，抓中国魅力，向世界展示中国最值得骄傲的地方；三是打破时限，尽量突出每个时期的亮点；四是充分体现地方志特色；五是坚持可持续性和灵活性，为长期展览做好顶层设计。邱新立指出，“魅力中国”展览大纲内容丰富，目前任务是将框架设计好，然后逐步完善。在筹备过程中，一要处理好总体设计和分步实施的关系；二要明确定位，既要体现宏观内容，也要体现地方志内容，对“魅力中国”和“方志中国”两个展览作通盘考虑。

（朱文清）

【第一次全国年鉴工作会议召开】 7月15日至16日，第一次全国年鉴工作会议在太原市召开。中国社会科学院副院长、中指组常务副组长李培林出席会议并讲话，宣读《中国地方志指导小组关于对全国地方志优秀成果（年鉴类）的通报表扬》。中指办主任冀祥德主持会议。冀祥德指出，做好当前和今后一个时期的年鉴工作，一是抢抓难得的发展机遇，善用良好的发展环境；二是统一思想，凝聚推动年鉴事业发展的强大力量；三是大力推进中国年鉴精品工程，打造更多精品佳作；四是加快年鉴信息化建设，不断扩大年鉴的影响力；五是加强人才队伍建设，夯实年鉴事业发展的根基。

（朱文清）

【中国地方志学会年鉴研究会成立会议召开】

7月16日，中国地方志学会年鉴研究会第三届会员代表大会暨第三届理事会第一次会议在太原市召开。中指办原党组书记、年鉴研究会第二届会长田嘉代表第二届理事会做工作报告。中指办主任冀祥德出席会议，并代表第三届年鉴研究会理事会发表讲话。湖北省志办主任、年鉴研究会第二届副会长文坤斗主持会议。田嘉在讲话中指出，年鉴研究会第二届理事会自2009年11月组建后，在年鉴质量建设、理论建设、队伍建设等方面取得一些成绩，主要有：配合制定《地方综合年鉴编纂出版规定（试行）》，规范地方综合年鉴编纂出版；开展年鉴质量检查活动，努力打造精品年鉴；狠抓年鉴理论建设，活跃学术气氛；配合举办地方综合年鉴研修班，加强队伍培训工作；加强自身体制建设，努力做好组织保障。他还指出年鉴研究会工作中存在的一些问题，并就新一届研究会理事会工作提出建议。冀祥德指出，这次换届会议的重要意义，可以概括为八个字，即举旗、誓师、团结、奋进。“举旗”，就是高举年鉴旗帜，团结在中指组一杆大旗下，通过大家共同努力，在地方志当前大好形势中实现年鉴事业的新跨越。“誓师”，就是按照第一次全国年鉴工作会议的要求，通过年鉴研究会的组织优势、人才优势和专业优势，组织年鉴专家学者，进一步活跃学术研究，深化理论研讨，努力为年鉴事业发展提供有效、全面的智力支持。“团结”，就是各会员单位和各位会员、各位理事应积极参与研究会组织的各项活动，积极地建言献策，为研究会当好参谋。“奋进”，就是要全面贯彻落实中央领导对地方志的重要批示、重要讲话精神，按照新一届中指组的要求，完成《规划纲要》提出的年鉴工作目标任务，年鉴研究会应配合完成好这些工作任务。他强调，今后年鉴研究会的工作要实现“五个一”：一是每年召开一次全国年鉴工作会议；二是每年召开一次年鉴学术研讨会；三是至少每年举办一次年鉴培训班；四是每年一组课题；五是每年一部《中国年鉴发展报告》。会员代表大会通过《中国地方志学会年鉴研究会第三届会员登记办法》《中国地方志学会年鉴研究会第三届理事、常务理事、会长、常务副会长、副会长、秘书长、副秘书长和部门负责人产生办法》，选举产生年鉴研究会第三届理事会，共有理事100人。理事会选举产生年鉴研究会第三届常务理事47人；选举中指组秘书长兼办公室党组书记赵芮为第三届会长；中指办主任冀祥德为常务副会长；北京市志办主任陈玲，黑龙江省志办主任隋岩，河南省史志办主任管仁富，湖北省志办主任文坤斗，新疆维吾尔自治区地方志编委会党组书记、副主任廖运建，中国交通年鉴社社长、总编辑张暖为副会长；审议通过中指办年鉴处处长杨军仕为第三届秘书长。会议还分组讨论了年鉴研究会工作。（朱文清）

【《全国地方史志期刊工作指导意见》（征求意见稿）专家研讨会召开】 7月18日，《全国地方史志期刊工作指导意见》（征求意见稿）专家研讨会召开。中指办副主任邱新立出席会议并讲话，云南省志办副主任陈天武出席会议并致辞。邱新立介绍该意见的起草背景，强调该意见的制订和出台既是史志期刊工作发展的自身需要，也是贯彻落实《规划纲要》的重要举措。与会专家表示，作为全国地方志系统史志期刊工作的顶层设计，该意见的制定具有重要意义，非常有必要，也非常及时，必将推动全国史志期刊工作全面科学发展。（朱文清）

【第一期全国年鉴主编培训班举办】 8月3日至5日，第一期全国年鉴主编培训班在日照市举办。中指办主任冀祥德出席开班式并讲话。冀祥德提出，要统一思想，凝心聚力，提高认识，努力完成《规划纲要》提出的目标任务；要大力推动依法治鉴，实现年鉴工作从行政化向法治化升级；要大力推进中国年鉴精品工程，打造更多传世之佳作；要提升年鉴主编的综合素质，培养高水平的主编队伍。他要求，年鉴主编培训要实现常态化、系统化、科学化，要研究制定培训规划，有计划地编写培训教材。开班仪式前，日照市委书记杨军会见冀祥德一行，对培训班在日照市举办表示欢迎，要求有关部门协助办好培训班。开班式上，山东省政府办公厅党组成员、省史志办主任刘爱军介绍山东省经济社会发展情况和地方志工作取得的成绩。日照市副市长郇梅介绍日照市自然和社会的历史和现状。开班仪式后，冀祥德以“年鉴编纂中常见法律错误及其纠正”为题进行授课。江苏省志办副主任牟国义以“年鉴编纂的规范与创新——基于‘年鉴中国化’的视角解读”为题、方志出版社总编辑助理、名镇编辑部主任李江以“从专业出版角度谈精品年鉴编纂”为题、安徽省地方志办公室年鉴处副处长杨永成以“西方年鉴的编撰体例”为题分别进行授课。培训班期间，中指办年鉴处处长杨军仕对《地方综合年鉴编纂出版规定（试行）》进行解读，与会人员对《地方综合年鉴编纂出版规定（试行）》提出修改意见建议。

（朱文清）

【全国地方志工作机构新任负责人培训班举办】　8月17日至20日，全国地方志工作机构新任负责人培训班在内蒙古自治区鄂温克族自治旗举办。中指办主任冀祥德出席开班式并讲话。中指办副主任刘玉宏主持开班式。冀祥德强调，各级地方志工作机构负责人是全国地方志系统的关键少数，每个人都担负着推动一个地区、一个部门地方志工作发展的重任。在当前全国地方志事业发展呈现大好形势、正处于转型升级的关键阶段，要深刻认识地方志的价值和功用，确保按期完成《规划纲要》提出的目标任务，紧密结合全国地方志“十大工程”，实现本地区、本部门地方志事业发展的新突破，加快推动、全面实现地方志从一项工作到一项事业的转型。培训班上，冀祥德围绕贯彻落实《规划纲要》，从推动全国地方志事业跨越发展、科学发展的高度，以“实施十大工程，推进依法治志”为主题授课。刘玉宏围绕《规划纲要》提出的加快方志馆建设的总体目标，从推进方志馆建设科学发展的高度，以“方志馆建设研究”为主题授课。邱新立以中国方志发展历程为背景，对《地方志工作条例》《规划纲要》进行深入解读。　（朱文清）

【《全国地方史志期刊工作指导意见》（征求意见稿）征求意见会召开】　8月18日，《全国地方史志期刊工作指导意见》（征求意见稿）征求意见会在北京召开。中指办副主任邱新立，以及中宣部出版局、国家新闻出版广电总局新闻报刊司、中国社会科学院科研局、中国社会科学杂志社的专家参加会议。会议认为，该意见的制定是地方志事业发展的需要，也是提升地方史志期刊办刊水平的需要。通过制定该意见，整合地方史志期刊力量，可以深入发掘地情资料，全面服务中心工作，从而达到推动地方志工作的效果。　（朱文清）

【《中国方志发展报告（2015）》出版座谈会暨《中国方志发展报告（2016）》编纂启动会召开】　8月31日，《中国方志发展报告（2015）》出版座谈会暨《中国方志发展报告（2016）》编纂启动会在国家方志馆召开，中国社会科学院副院长、中指组常务副组长李培林出席会议并讲话，中指办主任冀祥德、副主任邱新立分别主持会议。冀祥德强调，当前全国地方志工作正处于高位运行态势，中指办全体职工要按照党中央、国务院对地方志工作的要求，根据第五届中指组的顶层设计，爬坡过坎，努力推进各项工作。各级地方志工作机构要积极配合，利用好难得一遇的战略发展期，努力完成各项工作任务，推动地方志事业全面转型升级。国家方志馆馆藏部主任、方志出版社常务副社长于伟平介绍《中国方志发展报告（2015）》编纂情况和主要特点。会议全面总结《中国方志发展报告》自2015年创办以来的基本情况，对2016年卷的撰写工作进行部署。会议专门安排议程，就《〈中国地情报告（2016）〉篇目》进行研讨。　（朱文清）

【第六届中国地方志学术年会暨“一带一路”与地方志创新学术研讨会召开】　9月5日至6日，中指办、中国地方志学会主办的第六届中国地方志学术年会暨“一带一路”与地方志创新学术研讨会在兰州市召开。甘肃省副省长、省地方史志编委会主任夏红民为会议发来书面致辞，中指办主任、中国地方志学会副会长兼秘书长冀祥德出席会议并讲话，西北师范大学校长刘仲奎出席会议并致辞。中指办副主任、中国地方志学会副会长刘玉宏主持会议。冀祥德指出，方志学与其他中国特色哲学社会科学一样，要体现继承性、民族性，原创性、时代性，系统性、专业性的特点，地方志学者也要有立时代之潮头、通古今之变化、发思想之先声，积极为党和人民述学立论、建言献策的责任感和使命感。就下一步工作，他提出要求：第一，在“一带一路”的新形势下，地方志工作要围绕中心，服务大局，主动服务和融入国家发展战略；第二，要展示地方志的当代价值及永恒魅力，推动方志文化走向世界，增强方志文化影响力，为提升国家文化软实力发挥地方志的独特作用；第三，地方志学术研究要为志鉴编纂实践服务，积极利用现有研究成果指导地方志书、年鉴的编纂和利用；第四，地方志学术研究要开阔视野，提升水平，加强与学术界和海内外相关机构的广泛交流。针对方志学术研究，刘玉宏强调，一要抓住机遇，乘势而上，珍惜地方志事业现有的大好局面；二要树品牌，弘扬方志文化，让社会了解方志文化在社会主义文化建设中的重要作用；三要抓基础，建设方志学科，扎实推进地方志基础理论研究；四要放眼量，续写方志新篇章。

（朱文清）

【第一次全国方志馆工作会议召开】 9月10日，第一次全国方志馆工作会议在景德镇市召开。江西省政府副省长殷美根、中指办主任冀祥德出席会议并讲话。江西省政府副秘书长刘晓艺，省志办党组书记、主任梅宏，景德镇市委书记钟志生、市长梅亦、副市长熊皓出席会议，梅亦代表景德镇市人民政府致辞。中指办副主任刘玉宏主持会议并总结讲话。冀祥德指出，方志馆已经成为地方志服务中心工作、服务社会需要的桥头堡，已经成为全国地方志事业发展新的增长点。同时也应该看到，由于全国方志馆建设还属于一个新生事物，可资借鉴的经验不多，还面临着诸多瓶颈问题。冀祥德就方志馆的建设与发展提出要求：一是要正确认识并大力宣传方志馆在国家文化战略中不可替代的作用，二是要在全国公共文化服务体系建设大局中谋求发展，三是要把方志馆建设与推动促进社会经济中心工作结合在一起，四是要注意整合各级方志馆的集体力量，五是要高度重视强本固基工作，六是要注重吸收借鉴其他公共文化服务设施的建设经验。刘玉宏充分肯定会议取得的成果；并对今后一个时期方志馆建设工作，提出要求：一是要全面贯彻落实《规划纲要》；二是要努力将方志馆打造成当地的一张文化“名片”；三是方志馆建设要在遵循共性的基础上突出地方特性；四是要充分发挥方志馆研究会的组织引领作用，提升理论研究水平和业务指导能力；五是各级方志馆要进一步加强沟通交流和资源共享。（朱文清）

【中国地方志学会方志馆研究会成立会议召开】 9月10日，中国地方志学会方志馆研究会第一次会员代表大会在景德镇市召开。中指办副主任刘玉宏出席会议并讲话。会议先后由黑龙江省志办主任隋岩，北京市志办副主任、市方志馆馆长侯宏兴主持。刘玉宏宣读中指办《成立中国地方志学会方志馆研究会请示的批复》、中国地方志学会《关于同意设立中国地方志学会方志馆研究会的批复》。他就加强方志馆建设提出要求：一是进一步加强研究会组织建设，二是进一步认识建设方志馆的重要意义，三是进一步提升方志馆建设理念，四是进一步推动理论和业务研究，五是进一步推动方志馆建设与管理的科学化、规范化，六是进一步提升方志馆在公共文化服务体系建设中的地位和影响。会员代表大会表决通过《中国地方志学会方志馆研究会规程（草案）》《中国地方志学会方志馆研究会会员登记办法》《中国地方志学会方志馆研究会理事会理事、常务理事、会长、副会长、秘书长、副秘书长产生办法（草案）》，选举产生方志馆研究会第一届理事会，共有理事94名。一届一次理事会选举产生常务理事42名。会议选举刘玉宏为方志馆研究会会长；黑龙江省志办主任隋岩，江西省志办党组书记、主任梅宏，国家博物馆原副馆长马英民，中国人民大学历史系教授毛佩琦，北京大学历史系教授李孝聪，清华大学新闻与传播学院教授王君超，故宫博物院基建办公室主任穆克山，北京市志办副主任、北京市方志馆馆长侯宏兴，江苏省志办副主任、省方志馆馆长蔡金良，广西壮族自治区志办副主任、广西方志馆馆长邓敏杰为副会长；选举国家方志馆研究员和卫国为秘书长。（朱文清）

【全国地方史志期刊工作会议召开】 9月27日，全国地方史志期刊工作会议在长春市召开。中指办副主任邱新立出席会议并讲话，中国社会科学院科研局副局长张国春、吉林省政府副秘书长杨凯出席会议并致辞。会议分别由吉林省地方志编委会党组书记、副主任李云鹤，广西壮族自治区志办主任李秋洪，江西省志办党组书记、主任梅宏主持。吉林、山西、上海、四川、武汉的会议代表作主题发言。会议分3个小组进行，交流期刊工作经验，讨论《全国地方史志期刊工作指导意见》（征求意见稿）。（朱文清）

【中国地方志学会史志期刊研究会成立会议召开】 9月28日，中国地方志学会史志期刊研究会第一次会员代表大会在长春市召开。中指办副主任邱新立出席会议。会议先后由江苏省志办副主任牟国义，四川省志办党组成员、机关党委书记王孝平主持。邱新立宣读中指办《成立中国地方志学会史志期刊研究会请示的批复》、中国地方志学会《关于同意设立中国地方志学会史志期刊研究会的批复》。会员代表大会表决通过《中国地方志学会史志期刊研究会规程（草案）》《中国地方志学会史志期刊研究会会员登记办法》《中国地方志学会史志期刊研究会理事会理事、常务理事、会长、副会长、秘书长、副秘书长产生办法（草案）》，选举产生了史志期刊研究会第一届理事会，共有理事73名。一届一次理事会选举产生常务理事40名。会议选举邱新立为史志期刊研究会会长；中国社会科学院科研局副局长张国春，吉林省地方志编委会副主任李正奎，江苏省志办副主任牟国义，福建省地方志编委会副主任俞杰，四川省志办党组成员机关党委书书记王孝平，西藏自治区志办主任汪德军，宁夏回族自治区志办主任负有强，新疆维吾尔自治区地方志编委会副主任刘星为副会长；审议通过中指办期刊处处长程方勇为秘书长，山西省志办年鉴期刊处处长高生记，上海市志办研究室（信息处）主任（处长）、《上海地方志》主编唐长国为副秘书长。（朱文清）

【《中国名村志文化工程实施方案》（讨论稿）和篇目研讨会召开】 10月10日至11日，《中国名村志文化工程实施方案》（讨论稿）和篇目研讨会在国家方志馆召开。中指办主任冀祥德出席会议并讲话，副主任刘玉宏、邱新立分别主持会议。会议就《中国名村志文化工程实施方案》（讨论稿）和安徽省提交的5部拟申请名村志的志稿篇目进行研讨。冀祥德指出，启动中国名村志文化工程意义重大。一是地方志工作契合国家文化发展战略的需要。地方志工作有条件也有基础在国家文化发展中发挥重要作用，启动名村志文化工程就是地方志工作结合国家文化发展战略采取的具体举措。二是落实《规划纲要》确定的目标任务的需要。启动名村志文化工程既是贯彻《规划纲要》目标任务的需要，对引导村志编修、建立完善的志书编修体系同样具有重要的促进作用。三是抢救保护村落文化的需要。在新型城镇化不断加快的背景下，传统村落日渐式微，古村落的青山绿水、小河大树、轶事掌故等逐渐从人们的记忆中逝去。启动中国名村志文化工程，无疑是中国村落文化的抢救工程，能够让居民望得见山、看得见水、记得住乡愁。四是地方志事业扩大影响、参与国家改革创新的需要。地方志工作机构是“冷部门”，地方志工作要坐“冷板凳”，要扩大社会影响，必须进行改革创新。中国名村志文化工程立足传统，推动变革，引导创新，是进一步扩大地方

志事业的社会影响力和社会效益，助力地方志事业永葆活力的有益尝试。（朱文清）

【《全国地方志科研工作规划（2016—2020年）》（征求意见稿）等4个文件研讨会召开】

10月19日，《全国地方志科研工作规划（2016—2020年）》（征求意见稿）等4个文件研讨会在北京召开。中指办主任冀祥德、副主任刘玉宏出席会议并讲话。会议对《全国地方志科研工作规划（2016—2020年）》《全国年鉴事业发展规划（2016—2020年）》《全国地方志科研项目管理办法》《全国地方志优秀科研成果奖评奖办法》4个文件征求意见稿进行讨论。冀祥德指出，4个文件是中指办贯彻落实《规划纲要》，加强顶层设计的重大举措，是加强全国地方志科研工作规范化、科学化，以及推动年鉴工作进一步发展的重要抓手。他希望与会专家畅所欲言，充分讨论，积极发表意见，贡献智慧，为4个文件的进一步完善提出建设性的意见。刘玉宏指出，专家提出的问题精准、意见专业，为4个文件的修改完善提供了很好的思路，相关处室要认真吸收专家的意见。他指出，一是要对指导思想统一标准，严谨措辞；二是要采纳财政部最新的文件精神，对经费的管理使用严格标准；三是要明确项目对象的范围界定；四是要注意语言文字的锤炼。（朱文清）

【中国地方志学会方志学研究会成立会议召开】

10月25日，中国地方志学会方志学研究会成立大会在长沙市召开。中指办主任、中国地方志学会副会长兼秘书长冀祥德，中指办副主任、中国地方志学会副会长邱新立出席会议。湖南省地方志编委会党组书记、副主任易介南和北京市志办主任陈玲先后主持会议。冀祥德代表中指办宣读《关于成立中国地方志学会方志学研究会请示的批复》，邱新立代表中国地方志学会宣读《关于同意设立中国地方志学会方志学研究会的批复》。会议选举冀祥德为会长，邱新立为常务副会长，中国社会科学院科研局局长马援，中国社会科学院人事教育局副局长高京斋，中国社会科学院当代中国研究所副所长武力，中国社会科学院社会学所副所长赵克斌，北京大学历史系教授朱玉麒，中国人民大学历史学院教授牛润珍，复旦大学历史系教授巴兆祥，北京市志办主任陈玲，山西省志办党组书记张志仁，黑龙江志办主任隋岩，内蒙古自治区志办主任胡满达，江苏省志办党组书记、主任漆冠山，浙江省志办主任潘捷军，江西省志办党组书记、主任梅宏，河南省地方史志办党组书记、主任管仁富，湖南省志办主任易介南，四川省志办党组书记、主任马小彬，西藏自治区志办主任汪德军，陕西省志办主任秦向东，宁夏回族自治区志办主任贠有强，新疆维吾尔自治区地方志编委会党组书记、副主任廖运建共21人为副会长。审议通过中指办方志处处长陈旭为第一届理事会秘书长。（朱文清）

【中国名镇志丛书编纂业务培训班举办】 10月26日，中国名镇志丛书编纂业务培训班在长沙市举办。中指办主任冀祥德出席开班式并讲话，中指办副主任邱新立主持开班式，湖南省地方志编委会党组书记、副主任易介南出席开班式并致辞。冀祥德介绍中国名镇志文化工程开展的情况。他强调，各地要进一步强化中国名镇志丛书的组织编纂，在组织管理上要充分发挥各级地方志工作机构的作用，在志书编纂上要坚持接好地气，在宣传推广上要坚持多种手段。在坚持名镇志作为资料性文献的性质的基础上，要不断加强篇目设置、内容记述等方面的创新，让名镇志成为可读、可鉴、喜闻乐见的通俗读物。邱新立指出，作为全面、权威的地情资料文献，名镇志是完整记录乡镇历史、留得住乡愁的重要载体。用名镇志来记住乡愁，既是各级地方志工作机构的责任，也是各乡镇党委政府的职责所在，对国家推进新型城镇化具有重要的文化价值。（朱文清）

【中国年鉴精品工程专家评稿会议召开】 10月27日至28日，中国年鉴精品工程专家评稿会议在国家方志馆召开。中指办主任冀祥德、副主任邱新立出席会议并讲话。冀祥德指出，纳入中国年鉴精品工程的年鉴要严格按照相关文件和评审标准，认真打磨，不能急于求成。要研讨制定更为科学、更切实际的《中国年鉴精品工程实施方案》和《中国年鉴精品工程评审办法》。要适当拓宽申报范围，为各类年鉴进入中国年鉴精品工程创造机会。他强调，中国年鉴精品工程应不分地域、不设比例，成熟一部，入选一部，从严掌握，严格标准，宁缺毋滥。此外，他还对中国年鉴精品工程试点单位提交的年鉴稿提出修改意见和建议。邱新立指出，要以中国年鉴精品工程试点为契机，细化评审标准和实施方案，变被动方式为主动方式，全力打造出一批高质量高水平的精品年鉴，充分发挥其示范引领作用。　（朱文清）

【国家方志馆黄河分馆展览大纲研讨会召开】　10月30日，国家方志馆黄河分馆展览大纲研讨会在国家方志馆召开。中指办副主任刘玉宏、东营市副市长王吉能出席会议并讲话。刘玉宏简要介绍当前全国方志馆建设概况和国家方志馆黄河分馆的筹建情况。对下一步大纲撰写工作，他提出要求：一是进一步明确展览的指导思想和定位；二是展览内容要从大处着眼，要抓大放小，抓重点，抓亮点，设计看点；三是要进一步精练展览大纲语言；四是史料要准确、不能出现知识性错误，要将选定的展点、人物、物件一一核准；五是站位要高，展览办成后要在全国方志馆界具有引领和示范作用。　（朱文清）

【中国名村志文化工程启动会暨业务培训会召开】　10月31日，中国名村志文化工程启动仪式在绩溪县举行。中国社会科学院副院长、中指组常务副组长李培林出席开幕式并讲话。安徽省副省长谢广祥、宣城市副市长黄敏出席开幕式并致辞。中指办主任冀祥德主持开幕式。中指办副主任邱新立、安徽省政府副秘书长吴行、安徽省志办主任朱文根、绩溪县县长黄德泉出席开幕式。李培林在大会上作题为《实施中国名村志文化工程让地方志成果进入寻常百姓家》的讲话。会议分组讨论了《中国名村志文化工程实施方案》（征求意见稿），并就中国名村志编纂工作作了业务培训。

（朱文清）

【第一次全国地方志科研工作会议召开】　11月1日，第一次全国地方志科研工作会议在铜陵市召开。中国社会科学院副院长、中指组常务副组长李培林出席会议并讲话，铜陵市委常委、副市长罗云峰出席会议并致辞。中指办主任冀祥德、副主任邱新立，安徽省志办主任朱文根、巡视员刘成典，铜陵市政府秘书长陈昌生出席会议。冀祥德主持开幕式。会议要求，一是充分认识召开第一次全国地方志科研工作会议的重要意义；二是认真讨论《全国地方志科研工作规划（2016—2020年）》（征求意见稿）等3个顶层设计文件，并尽快出台，有效规范和指导地方志科研工作的发展；三是各地会后要认真学习贯彻落实第一次全国地方志科研工作会议精神，通过加强对科研工作的重视，推动地方志事业的科学发展。邱新立主持大会经验交流环节，并对各地的情况汇报和经验介绍进行点评。　（朱文清）

【国务院《地方志工作条例》修改讨论会议召开】　11月4日至5日，国务院《地方志工作条例》修改讨论会议在国家方志馆召开。中指办副主任刘玉宏出席会议并讲话。刘玉宏简要回顾国务院《地方志工作条例》出台的背景和经过，强调条例颁布实施10年来为地方志工作提供了强有力的法制保障，为规范和保障地方志工作顺利开展发挥了不可替代的重要作用。在全面推进依法治国、建设法治政府的大背景下，《规划纲要》首次将“坚持依法治志”作为地方志工作的一项基本原则，突出依法治志。随着地方志事业快速发展，条例不适应性逐渐凸显，各级地方志工作者迫切需要修订条例甚至进一步立法。中指办顺应形势，高度重视条例修订及进一步的地方志立法工作。

（朱文清）

【第一期全国地方志信息化业务培训班举办】 11月8日，第一期全国地方志信息化业务培训班开班式在普洱市举办。中指办主任冀祥德出席会议并讲话，云南省人大常委会原副主任、云南省地方志编委会副主任吴光范出席会议并致辞，中指办副主任刘玉宏主持会议，普洱市副市长李鸿出席会议并致辞。冀祥德指出，培训班的主要任务是深入学习贯彻党的十八届六中全会精神、习近平总书记关于信息化工作的系列重要讲话精神、党中央国务院出台的一系列关于信息化工作的战略部署，认真落实《规划纲要》、中指组《全国地方志信息化发展规划（2016—2020年）》，不断提升对地方志信息化工作重要性和紧迫性的认识，准确把握新时期地方志信息化的深刻内涵和核心理念，进一步更新思想观念，明确工作思路，采取切实举措，不断推动地方志信息化工作实现跨越式发展。冀祥德还就进一步做好地方志信息化工作提出要求：一是要切实把握信息化时代的重大机遇，深刻认识加快推进地方志信息化建设的重要性；二是要认真总结地方志信息化工作的经验和不足，深入贯彻《全国地方志信息化发展规划（2016—2020年）》，推动地方志信息化工作快速发展；三是要高度重视信息化人才培养，努力打造专业化人才队伍，为有力推进地方志信息化工作提供强有力的人才保障。（朱文清）

【中国年鉴精品工程专家指导会议召开】 11月13日至14日，中国年鉴精品工程专家指导会议在福州市召开。中指办主任冀祥德出席会议并讲话，中指办副主任刘玉宏主持会议，福建省地方志编委会副主任俞杰致辞。冀祥德要求，为打造好年鉴精品，与会专家要以高度负责的态度，认真点评年鉴，把年鉴稿存在的问题及修改意见或建议毫无保留地提出来；各试点单位要虚心采纳指导专家的修改意见，会上可充分交流，但会后必须认真消化吸收，将专家意见坚决落到实处。他还对中国年鉴精品工程办公室、方志出版社相关人员提出一些工作要求。此外，在点评环节，他还对各部年鉴稿法治部分提出具体的修改意见和建议。会议对《山西年鉴（2016）》《广东年鉴（2016）》《南京年鉴（2016）》《拉萨年鉴（2016）》《温州年鉴（2016）》《驻马店年鉴（2016）》《北京海淀年鉴（2016）》《延吉年鉴（2016）》《威远年鉴（2016）》9部年鉴稿进行评析。

（朱文清）

【第一次全国省级综合年鉴编纂研讨会召开】 11月15日，第一次全国省级综合年鉴编纂研讨会在福清市召开。中指办主任、中国地方志学会副会长兼秘书长冀祥德出席开幕式并讲话，中指办副主任、中国地方志学会副会长刘玉宏主持开幕式。福建省地方志编委会主任陈秋平、福州市政府办公厅副主任李世苞、福清市副市长林峭立分别致辞。冀祥德围绕研讨会的主要任务，提出要求：一是要深入贯彻落实第一次全国年鉴工作会议和中国地方志学会年鉴研究会成立会议精神，努力完成《规划纲要》提出的目标任务；二是要全面贯彻落实《规划纲要》，确保“两全目标”中“年鉴全覆盖”任务顺利完成；三是要大力推动依法治鉴，实现年鉴工作从行政化向法治化升级；四是要充分认识编纂好省级综合年鉴的重要性，发挥省级综合年鉴的示范引导作用。

（朱文清）

【《全国地方史志期刊工作指导意见》（征求意见稿）等5个文件征求意见会在北京召开】 11月29日，《全国地方史志期刊工作指导意见》（征求意见稿）等5个文件征求意见会在北京召开。中指办主任冀祥德出席会议并讲话，中指办副主任刘玉宏、邱新立出席会议。冀祥德指出，近一年来中指办在加强顶层设计方面开展了大量工作，出台了若干个顶层设计文件，这次会议讨论的《全国地方史志期刊工作指导意见》《全国地方志科研工作规划（2016—2020年）》《全国地方志科研项目管理办法》《全国地方志优秀科研成果奖评奖办法》《全国信息方志与数字方志建设工程实施方案（2016—2020年）》（征求意见稿）5个文件是贯彻落实国务院《地方志工作条例》《规划纲要》的重要举措，是在全国范围内全面推进地方志从一项工作到一项事业转型的重要抓手，是今后一个时期推动地方志事业稳步发展的重要保障，希望与会各位专家积极支持和参与。

（朱文清）

【第一次全国地方志工作经验交流会暨2017年全国地方志机构主任工作会议召开】 12月6日至7日，第一次全国地方志工作经验交流会暨2017年全国地方志机构主任工作会议在广州市召开。中国社会科学院副院长、中指组常务副组长李培林出席会议并作题为《全面推进地方志事业转型升级》的讲话。广东省政府党组成员陈云贤出席会议并致辞。中指办主任冀祥德，副主任刘玉宏、邱新立出席会议。冀祥德主持会议并作总结讲话。冀祥德在总结讲话中就全面推进地方志事业转型升级提出：一是全面总结经验，准确把握地方志事业发展规律。二是牢固树立方志文化自信，凝聚地方志事业转型升级动力。牢固树立方志文化自信，是贯彻落实习近平总书记系列重要讲话精神和治国理政新理念新思想新战略的必然要求，是建设社会主义文化强国的客观要求，是全面推进地方志事业转型升级的发展要求。要完成时代赋予方志人的任务，就必须认清形势，明确方向，坚定文化自信，牢固树立方志文化自信，强化方志文化自觉，不断增强地方志事业转型升级的内在驱动力。三是地方志工作要保持高位运行的态势，全面推进地方志事业转型升级。

（朱文清）

【中指办考察团赴澳门考察交流地方志工作】 12月9日至10日，中指办主任冀祥德带队的港澳地方志工作考察团一行赴澳门访问交流，先后与澳门大学校长赵伟，澳门理工学院院长李向玉，澳门大学社会科学学院院长、澳门研究中心代主任郝雨凡和副院长李德，澳门理工学院中西文化研究所所长林发钦等人进行座谈，就澳门地方志工作进行深入考察交流。冀祥德全面介绍当前全国地方志事业发展的总体情况以及《中国抗日战争志》的立项和编纂筹备情况，希望能够加强与澳门高等院校、科研机构的合作，共享史料，共同编纂好该志。赵伟代表澳门大学对考察团一行表示欢迎，并介绍澳门大学的建设和《澳门志》的编纂筹备情况，就地方志编纂业务进行探讨和交流。李向玉代表澳门理工学院介绍《澳门志》自2008年启动以来的有关情况。郝雨凡向考察团介绍《澳门志》编纂筹备工作的进展情况。冀祥德代表中指办向澳门大学、澳门理工学院分别赠送《汶川特大地震抗震救灾志》、中国名镇志丛书第一批11部名镇志，以及他的学术专著《劳教制度废除后之国家制裁体系重构》等。

（朱文清）

【中指办考察团赴香港考察交流地方志工作】 12月10日至15日，中指办主任冀祥德带队的港澳地方志工作考察团一行赴香港访问交流。访问期间，考察团与岭南大学香港与华南历史研究部主任、香港地方志办公室主任刘智鹏，岭南大学荣誉教授、香港地方志办公室副主任刘蜀永等人进行座谈，就香港地方志工作进行考察交流，岭南大学校长郑国汉会见冀祥德一行；与香港大学图书馆东方语文编目部主任陈伟明、特藏部主任陈桂英等人进行座谈，调查了解香港大学图书馆收藏地方志情况；与中联办教育科技部部长李鲁、副巡视员张总明等，以及中联办法律部部长王振民进行座谈，了解香港特别行政区经济社会发展情况，以及法治建设情况，就相关工作开展进行交流。

（朱文清）

【中指办、东营市政府、黄河水利委员会三方共建国家方志馆黄河分馆协议签字仪式暨建设工作领导小组第一次会议举行】 12月17日，中指办、东营市政府、黄河水利委员会三方共建国家方志馆黄河分馆协议签字仪式暨建设工作领导小组第一次会议在国家方志馆召开。中指办主任冀祥德、东营市委书记申长友、黄河水利委员会副主任牛玉国出席会议并讲话。中指办副主任刘玉宏、邱新立，东营市委常委、宣传部部长贾瑞霭，东营市副市长王吉能，黄河水利委员会新闻宣传出版中心主任李肖强等人出席会议。贾瑞霭主持会议。冀祥德指出，三方共建协议的签署，标志着黄河分馆建设真正进入实质性实施阶段。他就黄河分馆建设提出要求：一是要全面深刻地认识黄河分馆建设的重要意义；二是黄河分馆建设要充分体现国家性、黄河性、方志性、东营性；三是要以黄河分馆建设为契机，全面推动史志工作为国家“四个全面”战略服务。冀祥德希望，中指办、东营市委市政府、黄河水利委员会三方，发挥优势，各司其职，强强联合，确保把黄河分馆真正办出特色、办出水平。刘玉宏简要介绍黄河分馆展览大纲的起草以及研讨论证情况。会上，刘玉宏、王吉能、李肖强代表三方签署黄河分馆共建协议。（朱文清）

【中指办期刊工作】 年内，《中国地方志》编辑部继续围绕“名优工程建设”，研究和优化期刊全年方志理论研究选题，加强重点栏目建设，加强审稿、用稿、组稿以及编辑管理等方面的制度管理，努力提高期刊编校质量；设“纪念《地方志工作条例》颁行十周年”“《汶川特大地震抗震救灾志》出版”专栏，刊发的文章《论依法治志》被《中国社会科学文摘》、人大复印报刊资料转载，《断代志简论》被人大复印报刊资料转载。《中国地方志年鉴》编辑部优化《中国地方志年鉴（2016）》框架设计，努力在增强资料性上下功夫，更加突出年鉴的年度特色和专业特色。《中国年鉴研究》期刊经国家新闻出版广电总局批准，筹备创刊。《中国方志通讯》改为《方志中国》半月刊，强化平台作用，扩大信息容量和保存资料。（朱文清）

【中指办成功申报《中国抗日战争志》项目】 年内，中指办组织召开国家社科基金抗日战争研究专项工程论证会，对《中国抗日战争志》项目进行论证。联合高等院校、科研院所的中国抗日战争史学者对《中国抗日战争志》框架、研究思路和方法进行全面设计，积极向国家社科规划办提交立项依据。6月，《中国抗日战争志》项目在国家社科基金抗日战争研究专项工程中获准立项。全书分《总述》《大事记》《军事志》《政治志》《经济志》《文化志》《社会志》《外交志》《国际援助志》《人物志》《文献辑录》11卷，约2000万字，计划于2020年年底完成。（朱文清）

【方志出版社工作】 年内，方志出版社依据《方志出版社发展规划纲要（2014—2020年）》的要求，坚持“方圆天下，志书古今”的宗旨，按照“志书精品，社科奇葩”的定位，贯彻“团结立社，制度治社，质量强社，效益兴社”的方针，大力开展全国地方志专业出版基地建设、名社建设、依法治社体系建设和图书质量保障体系建设。年内，方志出版社主要工作有：一是抓政治，坚持正确的政治方向，坚持创新发展，坚定出版阵地。二是大力开展名社建设，全力打造方志品牌。全面配合实施全国地方志“十大工程”，着力推动民族地区与贫困地区志书出版资助工程、中国志书精品工程、中国名镇志文化工程、全国地方志“一体两翼”用志工程、中华家训文化工程等重大工程项目出版工作，策划并出版“名镇”“名村”“名志”“名鉴”“名训”系列丛书。三是配合中指办策划、出版精品图书。出版《中国名镇志丛书》首批11部名镇志，第二批12部名镇志进入出版流程。四是申报“十三五”国家重点图书出版规划，2016年，方志出版社申报的《中国名镇志丛书》、“民族地区与贫困地区志书出版资助”丛书成功入选。五是获得国家出版基金资助。2016年出版的《法治中国与制度建设》一书获得国家出版基金资助，并被列入“深入学习贯彻习近平总书记系列重要讲话精神主题出版项目”。这是方志出版社历史上首次获得国家出版基金。六是《汶川特大地震抗震救灾志》公开出版。七是大力推进全国地方志专业出版基地建设，全力打造专业出版队伍。八是坚持“人才强社”。重视出版社编辑队伍的专业化建设，加强对编辑人员在出版物社会效益、社会价值、文化价值、出版质量方面的考核和评价，引导编辑多出精品力作，推出“首席编辑”机制。九是大力完善图书质量保障体系建设，全力打造精品图书。十是大力加强依法治社体系建设，全力促进出版社健康可持续发展。十一是科学设置内部机构。根据业务发展需要，方志出版社对内部进行重新整合，由过去的3个编辑部增至9个编辑部，进一步健全完善出版社的组织架构，使出版社的运行机制更加规范、科学、流畅。　（朱文清）

志书编纂与出版

·编纂进展

【北京市志书编纂进展】　年内，《北京四合院志》出版。《北京冬奥会志》启动编纂。

（姜坤）

【天津市志书编纂进展】　年内，第二轮《天津市志》编修工作稳步推进。其中，《市容环卫志》《工会志》《地震志》《检察志》通过复审。县级志书方面，《北辰区志（1979—2009）》出版，《宁河县志（1979—2014）》完成终审，《河北区志（1979—2010）》《河西区志（1979—2010）》《红桥区志（1979—2010）》完成复审，《南开区志（1979—2010）》《滨海新区志》完成初审，其他5部区县志书基本完成初稿总纂。

（张岩）

【内蒙古自治区志书编纂进展】　年内，内蒙古自治区蒙古文志书编译工作取得新进展。《内蒙古自治区志·大事记》（首轮）蒙古文编译出版工作基本完成，《内蒙古自治区志·政府志》蒙古文编译工作全面启动。各盟（市）、旗（县）蒙古文志书编译出版工作稳步推进，阿拉善盟、兴安盟、赤峰市部分旗县完成蒙古文志书编译出版工作。截至年底，共翻译出版蒙古文志书13部。（内蒙古自治区志办）

【辽宁省志书编纂进展】　年内，辽宁省第二轮志书编纂工作进展顺利。《辽宁省志·畜牧业志》《辽宁省志·统计志》《辽宁省志·林业志》《辽宁省志·人民代表大会志》4部志书出版，《辽宁省志·通信志》《辽宁省志·公安志》2部终审后修改完成，《辽宁省志·农业志》通过终审，《辽宁省志·水利志》《辽宁省志·公路水运志》《辽宁省志·地震志》《辽宁省志·人口志》4部志书通过复审。截至年底，辽宁省14个地级市规划出版的57部市志中，已出版或交付出版18部，完成规划数的32%。辽宁省出版第二轮县（市、区）志8部，包括《沈阳市沈北新区志（2006—2010）》《铁西区志（1989 2005）》《辽中县志（1986—2005）》《大连市金州区志（1986—2005）》《普兰店市志（1986—2005）》《辽阳市弓长岭区志（1988—2005）》《朝阳市龙城区志》。沈阳市志办完成《新民市志（1996—2005）》评审，铁岭市志办完成《清河区志（1993—2007）》评审，朝阳市史志办完成《龙城区志》《建昌县志》评审，盘锦市志办完成《双台子区志》《盘山县志》《大洼县志》评审。截至年底，辽宁省规划出版的100部县（市）区志中，累计出版52部（63册），占规划总数的52%。

（杜祥武）

【吉林省志书编纂进展】　年内，吉林省志办完成《吉林省志》8部分志终审、8部分志复审，推动8部分志完成初稿。修订《人物志》收录原则和标准，整理拟立传人物名单，在《吉林日报》、中国吉林网等媒体公示。（张圣祺）

【黑龙江省志书编纂进展】　年内，黑龙江省第二轮规划志书有省志100部，市（地）级志书13部，县（市、区、局）志书143部。截至年底，省志完成编纂67部，其中出版10部、终审20部、评议21部、完成初稿16部；市（地）、县（市、区、局）志书完成资料收集1

部，初稿撰写36部，志稿评审15部（初审8部、复审6部、终审1部），审后修改17部，移交出版9部，累计出版78部。　（由岳峰）

【上海市志书编纂进展】　年内，《上海市志（1978—2010）》编纂工作总体推进势头良好。截至年底，市志148部已启动142部，占总数的96%，6部（总目、总述、大事记、苏州河分志、人物分志、社区居民卷）未启动；142部已启动志书中，8部（党校教育、军事卷、武警卷、民防卷、轻工业卷、邮政业卷、知识产权分志、社团分志）因故暂停。具体进展情况：134部进入资料收集阶段，占91%；107部进入志稿撰写阶段，占72%。17部进入“一评、二审、三验收”阶段。其中，海洋运输卷、城市公共交通卷、船舶业卷、江河运输卷、工商联卷、档案卷、质量技术监督局卷、科技卷、国资管理分志、特奥会分志10部通过评议；上海世博会志、工业综述卷、港口卷、钢铁业卷、档案卷5部通过审定；上海外事志（续志）、上海新闻志（续志）、上海世博会志、纺织业卷、工业综述卷、港口卷6部通过验收，并交付出版。　（刘雪芹）

【江苏省志书编纂进展】　年内，江苏省志办着力推进48部《江苏省志》分（专）志编纂工作，其中《水利志（1978—2008）》《银行志（1978—2008）》《石油志（1978—2008）》《人事管理志（1978—2008）》《环境志（1978—2008）》《检验检疫志（1978—2008）》《交通运输志（1978—2008）》《民主党派　工商联志（1978—2008）》《财政志（1978—2008）》《教育志（1978—2008）》通过终审，《工艺美术志（1978—2008）》进入复审阶段，《卫生志（1978—2008）》《工商志（1978—2008）》完成初稿，《人物志（1978—2008）》《政府志（1978—2008）》《土地管理志》启动编纂。109部市、县（市、区）志中，71部完成出版，25部交付出版，完成率约88%。此外，《徐州市志（1978—2005）》《徐州市云龙区志（1948—2005）》《连云港市志（1984—2005）》《赣榆县志（1990—2009）》《金湖县志（1986—2005）》《淮安市楚州区志（1978—2008）》《泰州市志》《泰州市高港区志》《兴化市志（1991—2010）》《无锡市北塘区志（1986—2005）》通过终审。年内，江苏省志办在苏州市召开全面启动江苏名镇名村志编纂工作会议。江苏名镇名村志分名镇志和名村志两个系列，名镇志每部计划30万字左右，名村志每部计划20万字左右，分别按辑编纂，每辑规划出版10—15部志书。行业志方面，《“6·23”特大龙卷风冰雹盐城抢险救灾暨灾后重建志》《江苏名酒志》《中国东海水晶志》启动编纂。　（武文明　张丽）

【浙江省志书编纂进展】　年内，《浙江通志》中的《公安志》《盐业志》《烟草业志》《方言志》《天目山专志》等5部志稿通过终审。市县志方面，《杭州市下城区志》《杭州市滨江区志》启动编纂，《宁波市镇海区志》《丽水市志》通过初审，《安吉县志（1989—2012）》《宁海县志（1987—2008）》《龙游县志》通过复审，《宁波市江东区志》《宁波市鄞州区志（1978—2008）》通过终审。乡镇志方面，杭州市北仑区《春晓镇志》通过评审，《寿昌镇志》《溪口镇志》通过终审。专业志方面，《杭州市卫生志》志稿通过终审。　（浙江省志办）

【安徽省志书编纂进展】　年内，《安徽省志·文艺志》正在进一步修改。淮北市濉溪县、淮南市田家庵区启动第三轮修志试点工作。全省大力推进《名镇志》《名村志》《名企志》《名校志》《特色志》编纂工作。48家名镇积极申报参与中国名镇志文化工程。在全省46个村开展名村志编纂试点工作。六安市、铜陵市和肥东县全面推进乡镇志编纂工作。全省各地制定实施方案，举办村镇志主编培训班，从篇目框架、资料搜集、体例规范、文体文风等方面把关，把住分纂、总纂、评议、送审、出版等重要环节。合肥市《五里社区志》、临泉县《韦小庄村志》、歙县《许村志》等6部志书出版。金寨县《汤家汇镇志》、太湖县《寺前镇志》、和县《香泉镇志》、庐江县《果树村志》

等8部志稿完成评议。望江县《鸦滩镇志》、金寨县《槐树湾乡志》等30余部初稿完成。

（史五一 章慧丽）

【福建省志书编纂进展】 年内，《福建省志》编纂工作稳步推进。其中，《铁路志（1996—2005）》《卫生志（1989—2005）》《发展计划志（1991—2005）》通过复审。市、县级志书方面，《福州市志（1995—2005）》志稿报送福建省方志委验收。《厦门市志》进一步修订中，除《集美区志》《湖里区志》《海沧区志》《翔安区志》已出版外，《思明区志》报区审稿组和保密部门审查，《同安区志》送市志办审查验收。《泰宁县志（1988—2005）》出版，《大田县志（1993—2008）》《永安市志（1990—2005）》《明溪县志（1991—2005）》《宁化县志（1988—2005）》《清流县志（1991—2005）》5部进入出版阶段。《泉州市志（1991—2010）》完成初稿编纂，同时加强指导、提前介入各县（市、区）志书编纂工作。截至年底，《安溪县志》出版；《石狮市志》完成审查验收进入出版程序；《晋江市志》《南安市志》《德化县志》《永春县志》召开评稿会，会后进行修改完善；《泉州经济开发区志》完成总纂；鲤城区、丰泽区、洛江区、泉港区、惠安县加快第二轮修志步伐。《漳州市志》完成全部初稿。《长泰县志》《云霄县志》已经出版；《漳浦县志》交付出版；《龙海市志（1993—2007）》5月送漳州审查验收，11月完成修改并进行印制招投标；《诏安县志》《龙文区志》《南靖县志》完成审查验收；《芗城区志》计划送审；东山县、平和县筹备召开县志评稿会；宁德市10部市县两级志书基本完成评议工作，《柘荣县志》《周宁县志》《屏南县志》出版，《寿宁县志》《霞浦县志》完成第一次审查验收。

（福建省方志委）

【江西省志书编纂进展】 年内，江西省志办修改《江西省志》中的《食品药品监督管理志》《文物和非物质文化遗产志》等10部志书篇目；审读承、参编单位递交的资料长编、试写稿、内审稿30余部；《农业志》《交通运输志》《水利志》《烟草志》《残疾人事业志》《信访志》《广播电影电视志》《盐业志》《机关党建志》《公安志》《市县概况》共11部分志通过初审；《烟草志》《水利志》《残疾人事业志》通过复审。审读资料长编、试写稿、内审稿和征求意见稿等32部，并对第二轮省志102部分志篇目进行审定。修改完成《江西省志》凡例。截至年底，近半《江西省志》分志完成部分资料长编和初稿，11部完成初审，3部完成复审；《九江市志（1991—2010）》完成终审验收并出版；《赣州市志（1986—2000）》完成终审验收并申报中国志书精品工程；《上高县志（1986—2005）》《共青城志（1991—2011）》《湖口县志（1989—2011）》《南丰县志（1987—2003）》《南城县志（1985—2013）》5部县志出版。《德安县志（1985—2008）》等完成初稿。截至年底，累计出版市级志书9部，县级志书92部，共计101部，占111部市县二级志书的91%。《赣南苏区振兴发展志略（2010—2015）》完成初稿；《南昌大事图记（2015）》《于都县人民检察院志》《赣州专家志》《靖安县姓氏志》《龙南县政协志》《九江职业大学志》《九江市工商行政管理局志》《遂川县政协志》等出版；《武宁县教育志》《九江市冶金煤炭志》等交付印刷。

（朱岳）

【山东省志书编纂进展】 年内，第二轮山东省志规划74部：已出版43部，正在总纂的5部，评议后修改的9部，正在撰写初稿的17部。市级志书17部：已完成9部，正在总纂的1部，正在撰写初稿或初稿已完成的7部。137部县级志书：已完成110部，正在编纂的27部。

（山东省史志办）

【河南省志书编纂进展】 年内，第二轮《河南省志》15卷50篇136个编写单元1600万字，已定稿129个单元1400余万字。同时，通过政府集中采购程序，出版印刷工作全面启动，第四、五、十一卷志稿交付中州古籍出版社。市县志编纂工作进入收官阶段，计划出版的168部第二轮综合志书，累计出版150部。平顶山、信阳、安阳市县两级“两全目标”全面完成。全省部分完成第二轮修志任务的市县，积极探索修志工作转型：鹤壁市第一部全面记述和反映淇河的志书《淇河志》顺利成书，信阳市《中国信阳茶志》、平顶山市《汝瓷志》完成初编，周口市全面启动《周口市志（2006—2015）》编修，新乡市《新乡地区志》资料收集工作有序推进，三门峡市在灵宝召开《灵宝简明通志》编纂工作座谈会，济源市《济水志》初稿编纂工作基本完成。8月，全省乡镇志编纂现场会在周口召开。年内，全省18个省辖（管）市和10个直管县全部启动乡镇志编纂工作，郑州、三门峡、安阳、洛阳、平顶山、周口、焦作、商丘、济源等9个省辖市总体推进较快。全省2428个乡镇街道中，322个完成初稿，61个完成出版。安阳市启动“消亡村”村志编修工作，累计出版24部。郑州铁路局、黄河河务局、省水利厅、省国税局等省志承编单位主动开展行业志、部门志编纂，《黄河三门峡水利枢纽志》出版，《郑州铁路局志》《河南水利志》《郑州黄河志》《陆浑水库志》《河南省税务志（1991—2015）》（国税卷）完成初稿评审。　（程茜　汪朝霞）

【湖北省志书编纂进展】　年内，湖北省17部市、州、直管市、神农架林区志全部完成终审任务，除《随州市志》外，其余16部全部出版；97部县（市、区）志全部完成编纂和终审任务，累计出版90部。截至年底，湖北省大部分市州启动乡镇村志编纂工作，累计出版乡镇村志约300部。恩施市完成16部乡镇街道志的编纂出版。京山县《三阳镇志》入选全国首批中国名镇志文化工程并出版，《保安镇志》《吴店镇志》入选第二批中国名镇志文化工程，《尧治河村志》申报中国名村志文化工程。

（湖北省志办）

【湖南省志书编纂进展】　年内，湖南省各类志书出版22部，评审17部。湖南省级志书中，《湖南省志（1978—2002）·统计志》出版，《湖南省志（1978—2002）·铁路志》《湖南省志（1978—2002）·妇女团体志》报送评议稿，《湖南省志（1978—2002）·粮油贸易志》验收完毕，送交出版。启动编纂的有《湖南省志（1978—2002）·文化事业志》《湖南省志（1978—2002）·人口和计划生育志》；《湖南省志（综合本）》部分篇目经过专家评议；进入修改阶段的有省出入境检验检疫局的“出入境检验检疫篇”、省委党史研究室的“中国共产党湖南地方组织篇”、省司法厅的“司法行政篇”、省作协的“文学篇”、省档案局的“档案篇”、省环保厅的“环境保护篇”、省食品药品监督管理局的“食品药品监督管理篇”、省经信委的“工业综述篇”、省民政厅的“民政篇”、省民宗委的“民族篇”、省体育局的“体育篇”、购买社会服务的“方言篇”和“人物综述篇”等13篇；提交评议稿的有省妇联的“妇女团体篇”、省总工会的“工会篇”、长沙海关的“海关篇”、省法院的“法院篇”、省文联的“艺术篇”和省移民局的“移民篇”等6篇。截至年底，湖南省特色志《岳阳楼志》《洞庭湖志》出版，《炎帝陵志》完成初稿，《武陵源志》和《沩山志》编纂工作启动，《舜帝陵志》《南岳衡山志》《岳麓山志》进入编写阶段。14部市州志书，出版6部，评审3部。规划编修的121部县级志，累计出版90部，评审10部，验收7部。其中，罗市志、岳阳市岳阳楼区志、湘潭市志、衡阳市蒸湘区志等完成终审验收，郴州市志、怀化市鹤城区志、中方县志等完成评审，湘潭市志、茶陵县志、湘潭市雨湖区志等公开出版，并有多部志书成稿初评进入总纂。乡镇简志方面，《湖南乡镇简志》湘西自治州卷、张家界市卷完成终审验收；郴州市卷交付评审。常德、衡阳、湘潭等卷进入全面总纂阶段。（黄俊军　隆清华）

【广东省志书编纂进展】　年内，广东省推动《简志》《镇（街道）志》《村志》《部门（专业）志》《特色志》《中国名镇志名村志》编修。启动《广东省简志》《广东省全面建设小康社会图志》编纂工作。《虎门镇志》《小榄镇志》《松口镇志》《茶阳镇志》入选中国名镇志文化工程，龙川县《上坪镇志》《贝岭镇志》、廉江市《安铺镇志》提交申报材料。广州市启动38部名镇志名村志编修，清远市佛冈县上岳村、广州市天河区石牌村、黄埔区庙头村、东莞市茶山镇南社村等申报名村志。广州、东莞、中山、阳春、仁化等编纂出版一批镇村志。东莞市印发村志村鉴编修工作指导意见。广州市启动101部部门志、行业志编修。湛江市百部地方志丛书编修工程取得阶段性成果，102个单位成立编委会和编辑部，过半数单位完成篇目编写。深圳市编纂《大运会志》。广州市第三轮修志试点《黄埔区志（2001—2015）》《萝岗区志（2001—2014）》完成初稿撰写。（广东省志办）

【广西壮族自治区志书编纂进展】 年内，评议《广西通志》专志稿6部，即《农垦志》《机构编制志》《交通志》《体育志》《人民代表大会志》《政协志》；审查验收志稿6部，包括《出版志》《报业志》《文化志》《审计志》《方志志》《科协志》；出版《广西通志（1979—2005）》《铁路志及广西农垦志》《广西海事局志（2000—2014）》等行业（部门）志；市县志评议志稿13部，审查验收志稿14部，出版县志1部。另出版《毛南族志》《礼村志》等。截至年底，省级综合志书《广西通志》6卷本全部出版，《广西通志》专志累计出版20部，约占编纂计划67部的29.85%；市县志累计出版29部，约占编纂计划121部的23.97%。（韦晓 刘妍 覃志婷 周珍朱）

【海南省志书编纂进展】 年内，《海南省志·人口与人民生活志（1991—2010）》、《海南省志·气象志（1991—2010）》、《海南省志·体育志》、《海南省志·司法行政志（1991—2010）》、《海南省志·商务志（1991—2010）》、《海南省志·外事侨务志（1991—2010）》、《海口市志》（初稿）、《白沙黎族自治县志（1988—2010）》《兴隆镇志》通过评议。海南省政协编纂的《海南省志·政协志》通过评议。《三沙市志》《海南黎族苗族自治州史》启动编纂。（范锐超）

【重庆市志书编纂进展】 年内，《重庆市志·总述》《重庆市志·建置沿革》《重庆市志·民俗图志》启动编纂，《重庆市志·广播影视志》《重庆市志·旅游志》《重庆市志·市政管理志》《重庆市志·国土资源和房屋管理志》完成篇目审定。《合川区志（1986—2010）》《綦江县志（1986—2006）》《荣昌县志（1986—2005）》《永川市志（1986—2006）》《大足县志（1986—2011）》完成评审；《重庆市志·体育志》《重庆市志·科技志》《重庆市志·政协志》《重庆市志·乡镇企业志》《重庆市志·煤炭工业志》《重庆市志·劳动教养志》《重庆市志·工业经济志》（上、下）完成出版审批工作。（杨祖静）

【四川省志书编纂进展】 年内，《四川省志》中的《民族志》《安全生产管理志》《食品药品监督管理志》《测绘志》《民主党派工商联志》《报业志》《川茶志》《九寨沟志》进行初稿（含征求意见稿）审查：《政府志》《民族志》《民主党派工商联志》《安全生产管理志》召开初审会：《交通志》《国有资产管理志》《安全生产志》《军事志》《审计志》《人大志》《环境保护志》《广播影视志》《青城山志》《民主党派工商联志》《政府志》等进入复审：《司法行政志》《环境保护志》《国有资产管理志》《哲学社会科学志》《军事志》《审计志》《政府志》《广播影视志》《人大志》《安全生产管理志》10部分志进入终审：《政协志》《卫生志》《出版志》《信息产业志》《黄龙志》《川酒志》《邮政志》《工业经济志》《大熊猫志》《川剧志》等进行终审修改稿审核：《检察志》《质监志》《教育志》《川菜志》《审判志》《劳动和社会保障志》《人事志》《水利志》《邮政志》《乡镇企业志》进入印前核查。规划编纂的21部市（州）志累计出版16部，1部通过终审，4部正在编纂；规划编纂的181部县（市、区）志累计出版或交付出版173部。《西博会志》《四川监狱志》《四川红十字会志》《四川煤炭志》《东风渠志》《四川工商行政管理局志》进入编纂。《四川水利江河志》启动编纂。《汶川特大地震四川抗震救灾志》8卷志稿交付出版。《百日攻坚——四川省“4·20”芦山强烈地震抗震救灾大事辑要》《四川省“4·20”芦山强烈地震抗震救灾文献辑存》完成补充完善工作。《四川羌族志》启动编纂。《西康通志》正式报送课题完成书稿（电子版）。（牛森）

【云南省志书编纂进展】 年内，《云南省志》68部分志，完成送审稿34部，占省志的50%；完成初稿12部；审改《广播电视志》《劳动与社会保障志》《气象志》《人事志》《出入境检验检疫志》《体育志》《检察志》初稿；审改《卫生志》《商务志》征求意见稿；对《政府志》进行复审。16个市州中，曲靖市、昭通市、红河州、迪庆州、文山州5个市州志书完成出版，《昆明市志》通过终审。129个县（市、区）志书，累计公开出版68部，通过终审10部。（郑灵琳）

【西藏自治区志书编纂进展】 年内，西藏自治区先后出版《西藏自治区志·国民经济综合志》《西藏自治区志·民航志》《西藏自治区志·检察志》《浪卡子县志》《南木林县志》《昂仁县志》《聂拉木县志》《堆龙德庆县志（2001—2010）》等8部志书，编辑《洛隆县志》《浪卡子县志》《日喀则市志》《当雄县志》等4部志稿，审读《康马县志》《西藏自治区志·妇女志》《西藏自治区志·民族志》《西藏自治区志·商业志》《嘉黎县志》《西藏自治区志·对外贸易经济志》《改则县志》《西藏自治区志·民俗志》《西藏自治区志·语言文字志》《尼木县志》《仲巴县志》《洛隆县志》等12部志稿，启动《西藏自治区志·审判志（2001—2010）》编纂工作，重新启动《西藏自治区志·质量技术监督志》编纂工作，完成《江孜镇志》初稿等。（何仕林）

【陕西省志书编纂进展】 年内，陕西省共完成省志终审6分册、县区志终审10部。省志专业志77分册，累计出版20分册，通过终审15分册；市县志117部，累计终审、出版市志2部，县区志46部。省交通厅完成第二轮《公路志》《水运志》编纂工作；中国人民银行西安分行在完成《金融志》中银行业部分的同时，协调陕西银监会、陕西证监会、陕西保监会总纂《金融志》；完成第二轮修志任务的省建设厅，准备第三轮修志。截至年底，全省完成20部省志分志总纂定稿。各市、县（区）推进修志工作，咸阳成立市志编写小组，完成约300万字的市志初稿；商洛市志编纂工作正式启动，并与各编纂部门签订目标责任书；杨凌示范区推进杨凌示范区志的修改完善工作；《宁陕县志（1988—2007）》《长武县志（1990—2010）》《咸阳市发展改革志》《勉县志（1987—2007）》《铜川市耀州区公安志》《南郑县志（1988—2010）》《汉中市汉台区志（1990—2010）》《咸阳市司法行政志（1991—2010）》《咸阳市煤炭工业志》《延安市车村煤矿志（1981—2013）》《延安市志（1997—2010）》《宝鸡市渭滨区志（1991—2010）》《三原县志（1991—2010）》《燃灯寺村志（2001—2014）》通过终审；《凤翔县志（1989—2010）》《岚皋县志（1990—2010）》《武功县志（1991—2010）》《榆林市榆阳区志（1994—2011）》《千阳县志（1988—2010）》《淳化县志（1997—2010）》《商南县志（1991—2010）》《咸阳市渭城区志（1987—2010）》《汉阴县志（1988—2007）》通过复审；《商南县志（1991—2010）》《扶风县志（1991—2010）》通过初审。（丁喜）

【甘肃省志书编纂进展】 年内，《甘肃省志》分卷出版《公安志》；终审《卫生志》《军事志》《建制志》《财政志》《商务志》《农垦志》《地震志》；复审《农业志》《国土资源志》《人物志》等，《地理志》《生物志》进入编纂阶段。截至年底，第二轮修志规划的72卷省志分卷，累计出版14卷，终审5卷，复审7卷。市县志方面，出版市级志书《金昌市志》《武威地区志》，县级志书《七里河区志》《民勤县志》《临泽县志》；终审市级志书《嘉峪关市志》《兰州市志》；复审和评议县级志书《高台县志》《东乡县志》《康乐县志》《迭部县志》《康县志》《安宁区志》《凉州区志》《镇原县志》《庆城县志》；完成初稿20多部。14部市（州）志出版7部、终审2部，85部县（市、区）志终审出版53部。（梁兴明）

【青海省志书编纂进展】 年内，青海省完成8部志书出版；完成《青海省志·税务志·地税（1994—2005）》《青海省志·人民代表大会志（1995—2012）》《青海省志·海关志（1998—2012）》《青海省志·国土资源志（1986—2010）》《青海省志·地震志》等9部志书的验收；完成《海北藏族自治州志（1991—2010）》《青海省志·共产党志（1991—2006）》《青海省志·民主党派志（1997—2012）》等11部志书的终审；完成3部志书的复审和3部志书的初审；审定修改7部志书的篇目大纲。督促《玉树大地震救灾重建志》编纂工作，完成7部分志的复审修改工作。（马渊）

【新疆维吾尔自治区志书编纂进展】 年内，《新疆通志》出版《畜牧志》《民主党派志》《财政志》《交通志》等；送交印刷的有《外事侨务志》，完成审定、修改完善的有《文化事业志》《科技志》，进入终审的有《工商行政管理志》，即将送审的有《政府志》《农业志》《审判志》等。出版《温宿县志》《库尔勒市志》《阿瓦提县志》《玛纳斯县志》《岳普湖县志》等5部县级志书。编辑审定《若羌县志》《尉犁县志》《温宿县志》《库尔勒市志》《伊宁市志》《伊吾县志》《叶城县志》《吉木萨尔县志》《库车县志》《阿合奇县志》等10部县级志稿。（陈忠）

【新疆生产建设兵团志书编纂进展】 年内，新疆生产建设兵团志办加快推进全兵团第二轮修志工作，《新疆生产建设兵团志（1986—2010年）》完成统稿；《新疆通志（1986—2005年）（兵团卷）》完成80万字初稿；先后督导第一师阿拉尔市完成4个团场志书送审稿；第一师阿拉尔市、第六师五家渠市共3个试点单位完成志书出版工作；第八师石河子市《石河子乡志》完成编纂工作；《皮山农场志》等5部志书通过终审；审定修改《二十五团志》《二十七团志》《六师五家渠市志》篇目大纲。（周崇）

【《中国铁路志》续编工作进展】 年内，中国铁路总公司党组决定将《中国铁路志》下限由2010年延至2015年年底。6月17日，中国铁路总公司召开编修后续工作部署会议；7月6日，召开《中国铁路志》主编组会议，研究确定铁路志各卷负责人和责任编辑分工以及铁路志编修培训班方案；7月11日，编委会办公室举办《中国铁路志》编修培训班，讲解修志基本知识、志书编写容易出现的问题及解决方法和《中国铁路志》篇目框架、编纂行文规范等内容。截至年底，基本完成续写和统稿工作。（叶清）

【中国铁路总公司各铁路局修志工作进展】 年内，哈尔滨、沈阳、北京、太原、郑州、西安、上海、南昌、南宁、成都、昆明、兰州、乌鲁木齐铁路局，广州铁路（集团）公司，青藏铁路公司15个单位续修省（区、市）志中的铁路志（铁路篇）或部门志。哈尔滨铁路局5月启动《黑龙江省志·铁路志（1986—2005）》编纂工作，编纂《齐齐哈尔市志·铁路志（1986—2005）》，形成送审稿5万字。沈阳铁路局继续为《辽宁省志·铁道志（1986—2005）》修改补充资料12万字；完成《内蒙古自治区铁路志》涉及沈阳局部分的篇目设计和资料收集工作，《沈阳铁路局志（1996—2015）》完成总纂；北京铁路局按《中国铁路志》编委会“车辆篇”审查意见完成有关修改并复查全篇，根据北京市志办对北京局承担的《北京志·交通志》铁路运输篇修改意见，进一步修改核实，完成铁路篇5章21万字。太原铁路局继续修改、校对《太原铁路分局志》初稿。郑州铁路局完成《郑州铁路局志》评审稿计320余万字、千余幅图片，各篇陆续送厂排版核校。西安铁路局对《陕西省志·铁路志》进行修改完善。上海铁路局对《上海市志（1978—2010）·交通运输分志·铁路运输卷》初稿进行修改。南昌铁路局完成《江西省志·人物志》《江西省志·人民政府志》南昌铁路局承编章节，形成《福建省志·铁路志》验收稿并报送福建省方志委。广州铁路（集团）公司完成《广铁集团志》初稿的80%。南宁铁路局展开《南宁铁路局志（1993—2015）》第二轮编修。成都铁路局完成《成都铁路局志（1989—2012）》志稿修订交付出版。昆明铁路局编纂完成《昆明铁路局20周年图志》。兰州铁路局启动《甘肃省志·铁路志》编纂工作。青藏铁路公司继续对《青海省志·铁路交通志》补充完善相关内容。（叶清）

·省级志书出版

【《北京志·统计志》出版】 12月，北京市统计局、国家统计局北京调查总队编纂的第二轮《北京志·统计志》由北京出版社出版。该志记述时限为1995年至2010年。全书85万字。（姜坤）

【《北京志·体育志》出版】 12月，北京市体育局编纂的第二轮《北京志·体育志》由北京出版社出版。该志上限为1991年1月，下限到2010年12月。全书60万字。（姜坤）

【《天津市志·妇女组织志》出版】 3月，天津市志办、市妇女联合会编纂的《天津市志·妇女组织志》由天津社会科学院出版社出版。该志分4篇13章，图照101幅。全志上溯清末，下至2008年，全面系统记述天津妇女组织、妇女运动的发展历程。全书160万字。（张岩）

【《天津市志·黄崖关长城志》出版】 12月，天津市志办、天津黄崖关长城风景名胜区管理局编纂的《天津市志·黄崖关长城志》由天津社会科学院出版社出版。全志分8篇27章，配彩照插图100幅，反映自春秋战国至2014年黄崖关长城的自然、历史、军事、文化等方面的历史与现状，详细记述20世纪80年代以后天津市委、市政府组织“爱我中华，修我长城”活动，修复、保护长城的壮举。全书50万字。（张岩）

【《山西省志·民政志》出版】 5月，《山西省志·民政志》由中华书局出版。该志上限为1978年1月，下限为2013年12月，全面记述和展示改革开放以后山西民政事业的发展。全书136万字。（胡彦利）

【《山西省志·证券志》出版】 6月，《山西省志·证券志》由中华书局出版。主编孙才仁。该书以清代证券的出现为上限，下限至2013年，集中反映山西证券市场的变化。全书150余万字。（胡彦利）

【《山西省志·煤炭志》出版】 7月，《山西省志·煤炭志》由中华书局出版。该志上溯至1978年，下限至2010年，记述改革开放以后山西煤炭系统的体制沿革、资源勘探、煤矿建设、煤炭生产、煤矿安全、环境保护等内容。全书136.5万字。（胡彦利）

【《山西省志·商务志》出版】 11月，《山西省志·商务志》由中华书局出版。主编王淑珍、孙跃进。该志上限为1978年，下限至2008年，记述山西商务改革开放的发展历史与现状。全书130余万字。（胡彦利）

【《山西省志·人物志》（下）出版】 12月，《山西省志·人物志》（下）由中华书局出版。主编张志仁、李茂盛。该书从记录改革开放到2012年30多年里山西各界各业的重要人物，共收录人物2453人，以在晋工作人物为主，其中1979年至2012年期间去世人物920人、在世各界人物1533人。全书170万字。（胡彦利）

【《辽宁省志·林业志（1986—2005）》出版】 10月，辽宁省志办编纂的《辽宁省志·林业志（1986—2005）》由辽宁民族出版社出版。主编金连成。该志记述全省林业发展的历程。与首轮《辽宁省志·林业志》相比，新增野生动植物资源、湿地资源、森林公安、信息化等内容。全书96万字。（杜祥武）

【《辽宁省志·通信志（1986—2005）》出版】 10月，辽宁省志办编纂的《辽宁省志·通信志（1986—2005）》由辽宁民族出版社出版。主编马宝明。该志记述1986年至2005年辽宁省通信行业发展的过程，特别是辽宁省邮电管理局、省通信管理局邮电分营、政企分开，电信管理体制改革、各基础电信运营企业拆分重组、全省电信基础设施建设、电信业务、电信企业经营管理，通信行业管理、电信监督管理等内容。全书50万字。（杜祥武）

【《吉林省志（1986—2000）·煤炭志》出版】 9月，吉林省能源局编纂的《吉林省志（1986—2000）·煤炭志》由吉林文史出版社出版。该志记述1986年至2000年吉林省煤炭行业在煤矿建设、煤炭生产、煤炭安全与环保、煤炭经营管理以及非煤产业等方面取得的成就。全书53万字。（张成训）

【《吉林省志（1986—2000）·民族宗教志》出版】 10月，吉林省民族事务委员会（省宗教事务局）编纂的《吉林省志（1986—2000）·民族宗教志》由吉林文史出版社出版。该志记述1986年至2000年吉林省五大少数民族和佛教、道教等宗教的主要情况。全书72万字。（高岩）

【《吉林省志（1986—2000）·公安志》出版】 12月，吉林省公安厅编纂的《吉林省志（1986—2000）·公安志》由吉林文史出版社出版。该志记述1986年至2000年吉林省公安工作发展的历程。全书70万字。（寇旭华）

【《吉林省志（1986—2000）·工商行政管理志》出版】 12月，吉林省工商行政管理局编纂的《吉林省志（1986—2000）·工商行政管理志》由吉林文史出版社出版。该志记述1986年至2000年吉林省工商行政管理事业的改革历程。全书70万字。（寇旭华）

【《黑龙江省志·工商行政管理志》出版】 3月，黑龙江省志办编纂的《黑龙江省志·工商行政管理志》由黑龙江人民出版社出版。主编孟祥君。该志上限为1986年，下限为2005年，反映黑龙江省工商行政管理事业发展变化。全书76.5万字。（由岳峰）

【《黑龙江省志·烟草志》出版】 5月，黑龙江省志办编纂的《黑龙江省志·烟草志》由黑龙江人民出版社出版。主编何连志、袁宝贵。该志上限为1986年，下限为2005年，记述黑龙江省烟草行业的发展、起伏、经验、教训及其现状。全书54.8万字。（由岳峰）

【《黑龙江省志·气象志》出版】 9月，黑龙江省志办编纂的《黑龙江省志·气象志》由黑龙江人民出版社出版。主编王会山。该志上限为1986年，下限为2005年，反映黑龙江省气象事业发展变化。全书45万字。（由岳峰）

【《江苏省志（1978—2008）·农林志》出版】 12月，江苏省农业委员会牵头，省农业资源开发局、省农业机械管理局、省林业局共同编纂的《江苏省志（1978—2008）·农林志》由江苏凤凰科学技术出版社出版。全志分为种植业、园艺业、畜牧业、林业、蚕桑、休闲观光农业、农作物种子、植物保护、土壤肥料、动物疫病防控、农业产业化、农产品质量、外向型农业、农业机械化、农林信息化、农业技术推广、农业教育、农村能源与环境保护、农村经营管理、农业行政执法、国有农林场圃、管理机构共22章，客观记述改革开放30年间江苏农业快速发展的历程，以及具有江苏特色的

现代农业科技以及对外农业交流等内容。全书60万字。（朱莉萍）

【《福建省志·出入境检验检疫志（厦门辖区篇）》出版】　11月，福建省方志委编纂、厦门出入境检验检疫局承编的《福建省志·出入境检验检疫志（厦门辖区篇）》由社会科学文献出版社出版。该志记述清末至2005年厦门检验检疫工作的历史演变。全书40余万字。

（福建省方志委）

【《山东省志·海洋与渔业志（1986—2005）》出版】　7月，山东省海洋与渔业厅编纂的《山东省志·海洋与渔业志（1986—2005）》由山东人民出版社出版。主编王诗成、钟世蔼、刘景礼、庄丽禾。该志设渔业环境与渔业资源、发展战略与综合开发、海洋渔业、淡水渔业、水产品加工与流通、科技教育、海洋与渔业管理7篇，全面客观记述1986年至2005年山东省海洋与渔业事业的发展历程，对山东省实施科技兴渔战略、"海上山东"建设战略、黄河三角洲开发战略、渔业结构调整战略、渔业产业化发展战略以及三项综合大开发进行系统记述。全书48万字。（山东省史志办）

【《山东省志·对外经济贸易志（1991—2005）》出版】　9月，山东省商务厅编纂的《山东省志·对外经济贸易志（1991—2005）》由山东人民出版社出版。主编石光亮、阎兆万。该志设对外贸易、利用外资、对外经济合作、经济园区、对外经贸交往、组织机构6篇，全面客观记述1991年至2005年山东省对外经济贸易事业的发展历程。全书55万字。

（山东省史志办）

【《山东省志·金融志（1991—2005）》出版】　12月，中国人民银行济南分行编纂的《山东省志·金融志（1991—2005）》由山东人民出版社出版。主编杨子强、金鹏辉。该志设机构、金融业务、金融服务、银行经营管理、金融监督管理5篇，全面客观记述1991年至2005年山东省金融事业的发展历程。全书53万字。（山东省史志办）

【《山东省志·民俗志（1991—2005）》出版】　12月，山东省社科联编纂的《山东省志·民俗志（1991—2005）》由山东人民出版社出版。主编刘德龙。该志是对首轮《山东省志·民俗志》的重修，设日常生活民俗、生产贸易民俗、家族社区民俗、民间游艺民俗、信仰民俗、少数民族民俗、语言民俗、学术组织与民俗研究8篇，全面客观记述山东古朴淳厚、丰富多彩的民俗及其演变。全书100万字。

（山东省史志办）

【《山东省志·邮政志（1996—2005）》出版】　12月，山东省邮政公司编纂的《山东省志·邮政志（1996—2005）》由山东人民出版社出版。主编唐志炜。该志设机构、实物运输网、经营服务与行业管理、基础设施建设、企业管理5篇，全面客观记述1996年至2005年山东省邮政事业的发展历程。全书47万字。

（山东省史志办）

【《山东省志·环境保护志（1996—2005）》出版】　12月，山东省环保厅编纂的《山东省志·环境保护志（1996—2005）》由山东人民出版社出版。主编王安德。该志设环境管理、环境质量状况、环境污染防治、生态环境保护、环境监测、环境科学研究和环境信息化管理、环境宣传教育与国际合作7篇，全面客观记述1996年至2005年山东省环境保护事业的发展历程。全书43万字。（山东省史志办）

【《湖南省志（1978—2002）·统计志》出版】　7月，湖南省地方志编委会编纂的《湖南省志（1978—2002）·统计志》由海南出版社出版。该志设36章118节，以记述政府统计部门工作为主线，兼顾部门、行业、基层统计工作，分为政府统计机构、统计制度方法、专业统计、普查、城市农村企业调查和统计服务与统计建设6篇。全书34万字。（黄俊军）

【《广西通志（1979—2005）》出版】 6月，广西壮族自治区志办编纂的《广西通志（1979—2005）》由方志出版社出版。该志分为综合卷、政治卷、经济卷、文化卷、社会卷、人物大事记附录卷共6卷。该志采用卷、篇、章、节、目结构形式，以志为主，正文共47篇233章，随文照片约3520幅，图表约630个。该志全面客观记述1979年至2005年广西改革开放以后的历史变迁。全书910万字。

（韦晓　刘妍　覃志婷　周珍朱）

【《广西通志·铁路志（1991—2005）》出版】 年内，广西壮族自治区志办、南宁铁路局编纂的《广西通志·铁路志（1991—2005）》由广西人民出版社出版。该志记录柳州铁路局以及广西铁路“八五”至“十五”期间铁路建设、运输生产、经营管理、科学技术等内容。该志首设彩色照片专辑，概述；志分铁路路网、铁路运输及工业生产、铁路运输技术装备、铁路安全、铁路管理等7篇；志后设大事纪略、附录。全书约93万字。

（韦晓　刘妍　覃志婷　周珍朱）

【《重庆市志·报刊志（1986—2008）》出版】 6月，重庆报刊志编委会编纂的《重庆市志·报刊志（1986—2008）》由西南师范大学出版社出版。该志记述上限为1986年，下限为2008年，除序、凡例、综述、大事记、附录、编后记外，设报纸概况、期刊概况、报刊业务、报刊经营印刷发行、报刊管理、报刊队伍、报刊人物7篇。全书130万字。（杨祖静）

【《四川省志·质量技术监督志（1986—2005）》出版】 3月，四川省志办编纂的《四川省志·质量技术监督志（1986—2005）》由方志出版社出版。该志重点记述计量、标准、认证认可、特种设备安全监察、食品安全、质量管理和监督的技术手段多样化、设施先进的质量保障体系。全书76.5万字。

（朱艳林）

【《四川省志·邮政志（1986—2005）》出版】 4月，四川省志办编纂的《四川省志·邮政志（1986—2005）》由方志出版社出版。该志反映1986年至2005年四川邮政在邮政体制变革、通信能力建设、服务质量提升、队伍建设和业务拓展情况。全书54万字。（朱艳林）

【《四川省志·川菜志》出版】 4月，四川省志办编纂的《四川省志·川菜志》由方志出版社出版。该志记述川菜的起源、发展及展望，记载四川川菜行业的状况和发展历程，内容涵盖川菜特色原料及菜点、市场、川菜行业、川菜名店及名人、川菜文化及川菜人才培养等。全书86.2万字。（朱艳林）

【《四川省志·人事志（1986—2005）》出版】 5月，四川省志办编纂的《四川省志·人事志（1986—2005）》由方志出版社出版。该志记述1986年至2005年四川人事机构编制、公务员队伍、专业技术人员队伍、事业单位和工资计划管理，军转安置、国外智力引进、人事人才服务等方面的基本情况。全书97.3万字。

（朱艳林）

【《四川省志·水利志（1986—2005）》出版】 11月，四川省志办编纂的《四川省志·水利志（1986—2005）》由方志出版社出版。该志记述1986年至2005年四川水利在江河治理、防御灾害、水利灌溉、水利管理、水土保持、渔业生产以及科技等方面的基本情况。全书54.3万字。（朱艳林）

【《四川省志·乡镇企业志（1986—2005）》出版】 12月，四川省志办编纂的《四川省志·乡镇企业志（1986—2005）》由方志出版社出版。该志记述1986年至2005年四川乡镇企业发展的历史和现状，记述各类乡镇企业生产、经营、管理概况。全书41.6万字。

（朱艳林）

【《贵州省志（1978—2010）·质量技术监督》出版】 12月，贵州省志办编纂的《贵州省志（1978—2010）·质量技术监督》由贵州人民出版社出版。该志由卷首图照、序、凡例、编辑说明、概述、大事记、正文、附录、编纂始末组成，正文设组织机构、队伍建设、产品质量监督、质量管理、标准化、计量、认证认可、特种设备安全监督、食品安全监督管理、法制建设、基础建设与科研11篇。全书123.8万字。（贵州省志办）

【《贵州省志（1978—2010）·检察》出版】 12月，贵州省志办编纂的《贵州省志（1978—2010）·检察》由贵州人民出版社出版。该志由卷首图照、序、凡例、编辑说明、概述、大事记、正文、附录、编纂始末组成，正文分刑事检察、职务犯罪检察、监所检察、控告申诉检察、民事行政检察、机构与队伍建设、检察综合业务7篇。全书96万字。（贵州省志办）

【《贵州省志（1978—2010）·气象　地震》出版】 12月，贵州省志办编纂的《贵州省志（1978—2010）·气象　地震》由贵州人民出版社出版。气象编由卷首图照、序、凡例、编辑说明、概述、大事记、正文、附录、编纂始末组成，正文从气候与气候变化、气象观测、气象信息网络、天气预报、气象灾害、农业气象、气象服务、人工影响天气、防雷减灾、装备与技术保障、气象科研学会、机构和管理12章；地震编由卷首图照、序、凡例、编辑说明、概述、大事记、正文、附录、编纂始末组成，正文分地震地质、地震监测预报、地震灾害防御、地震应急救援、地震科学研究、地震工作机构6章。全书101万字。（贵州省志办）

【《贵州省志（1978—2010）·税务》出版】 12月，贵州省志办编纂的《贵州省志（1978—2010）·税务》由贵州人民出版社出版。该志由卷首图照、序一、序二、凡例、编辑说明、概述、大事记、正文、附录、编纂始末组成，正文分一体税务、国家税务、地方税务3篇。全书80万字。（贵州省志办）

【《贵州省志（1978—2010）·人力资源和社会保障》出版】 12月，贵州省志办编纂的《贵州省志（1978—2010）·人力资源和社会保障》由贵州人民出版社出版。该志由卷首图照、序、凡例、概述、大事记、正文、附录、编纂始末组成，正文分行政机构与队伍建设、人事行政管理、人力资源开发、劳动就业、社会保障、人员培训、劳动关系调整、统计与信息化建设、调研宣传与学会组织9篇。全书89万字。（贵州省志办）

【《贵州省志（1978—2010）·卫生》出版】 12月，贵州省志办编纂的《贵州省志（1978—2010）·卫生》由贵州人民出版社出版。该志由卷首图照、序、凡例、概述、大事记、正文、附录、编纂始末组成，正文分机构、队伍建设与经费管理、爱国卫生运动、卫生监督与监测、疾病预防控制、农村卫生、妇幼保健、医政管理与医疗服务、中医药与中西医结合、药政管理、医学教育与科学研究、对外交流合作、党派及社会团体13篇。全书115万字。（贵州省志办）

【《西藏自治区志·民航志》出版】 11月，《西藏自治区志·民航志》由方志出版社出版。该志设7篇19章，系统记述2001年至2010年西藏民航事业的发展历程。全书42万字。（达瓦扎西）

【《西藏自治区志·检察志》出版】 6月，《西藏自治区志·检察志》由中国藏学出版社出版。该志设4篇12章，系统记述远古以来至2000年特别是1951年至2000年西藏检察事业发展变化的历史。全书63万字。（达瓦扎西）

【《陕西省志·建设志（1996—2010）》出版】 12月，《陕西省志·建设志（1996—2010）》

由陕西人民出版社出版。该志全面系统记述1996年至2010年间陕西住房和城乡建设事业发展的历程和主要成就。全志除序、凡例、概述、附录、前志简述、索引和编后记等外，设城乡规划、城市建设、建筑业、勘察设计、房地产业、村镇建设、科技与教育、机构与社团、法制与信息化、建设人物、大事记11篇，另配卷前彩页44页，随文图表344张。全书120万字。（丁喜）

【《陕西省志·水运志（1991—2010）》出版】 12月，《陕西省志·水运志（1991—2010）》由陕西人民出版社出版。该志全面记述1991年至2010年全省水路交通改革、开放、突破、发展的历程。全书除序、凡例、概述、大事记、前志勘误、附录、索引和后记外，设地理与规划、航道、港口与渡口、内河运输、内河船舶、科技与信息化、机构、企业与社团、行业管理和人物9篇，另有22张彩色插页和近300张插图。全书60.9万字。（丁喜）

【《甘肃省志·公安志》出版】 6月，《甘肃省志·公安志》编委会编纂的《甘肃省志·公安志》由甘肃文化出版社出版。该志全面客观记述1991年至2010年甘肃公安事业迈向法治化、正规化、现代化的历史进程。（梁兴明）

【《青海省志·科学技术志（1989—2005）》出版】 3月，青海省志办、省科技厅编纂的《青海省志·科学技术志（1989—2005）》由三秦出版社出版。该志设14章62节，记述青海省科技工作的发展历程。全书83万字。（马渊）

【《青海省志·农业志（1985—2005）》出版】 7月，青海省志办、省农牧厅编纂的《青海省志·农业志（1985—2005）》由青海民族出版社出版。该志设17章75节，记述青海省农业工作发展的历史与现状。全书90万字。（马渊）

【《青海省志·畜牧业志（1985—2005）》出版】 7月，青海省志办、省农牧厅编纂的《青海省志·畜牧业志（1985—2005）》由青海民族出版社出版。该志设10章55节，记述青海畜牧业的发展历程。全书78万字。（马渊）

【《青海省志·水利志（1986—2005）》出版】 8月，青海省志办、省水利厅编纂的《青海省志·水利志（1986—2005）》由长江出版社出版。该志设11章65节，记述青海水利工作的历史与现状。全书49万字。（马渊）

·地市级志书出版

【《沈阳市志》（卷四）出版】 6月，辽宁省沈阳市志办编纂的《沈阳市志》（卷四）由沈阳出版社出版。该卷为文化卷，记述沈阳市20年间教育、科技、文化、卫生、精神文明等方面的情况及取得的重大成就。全书120万字。（杜祥武）

【《锦州市志·经济卷（1986—2002）》出版】 9月，辽宁省锦州市志办编纂的《锦州市志·经济卷（1986—2002）》由辽宁民族出版社出版。该志客观记述1986年至2002年锦州市经济发展变化情况。全书97万字。（杜祥武）

【《哈尔滨市志》部分卷目出版】 9月，黑龙江省哈尔滨市志办编纂的《哈尔滨市志·城市纵览》《哈尔滨市志·司法军事社会人物》《哈尔滨市志（1991—2005）》由黑龙江人民出版社出版。该书上限为1991年，下限为2005年，总体设计为17篇，另设总叙、大事辑要、人物、附录、索引5部分，合为8卷，反映哈尔滨市自然和社会发展情况。（由岳峰）

【《南通市志（1983—2005）》出版】 2月，江苏省南通市志办编纂的《南通市志（1983—2005）》由中华书局出版。该志分上、中、下三册，44 篇，记事断限上起 1983 年，下限至 2005 年，全面客观记录 23 年间南通自然、政治、经济、文化、社会各方面的发展情况，突出记载“建筑之乡”“体育之乡”“长寿之乡”等南通特色名片的形成过程。全书 430 万字。

（张丽）

【《泰州市志》出版】 8 月，江苏省泰州市志办编纂的《泰州市志》由江苏人民出版社出版。该志由总述、大事记、49 篇分志、附录等组成，是该市第一部通古贯今的综合性志书。该志对 1996 年前 5 个县市分别作了简要记载，着重记载 1996 年地级泰州市成立之后 20 年的发展历史。全志表格 400 多张，图片 700 多幅。全书 300 万字。（张丽）

【《衢州市志（1985—2005）》出版】 10 月，浙江省衢州市志办编纂的《衢州市志（1985—2005）》由中国文史出版社出版。该志分上、下两卷，上限为 1985 年，下限为 2005 年，个别事项有上溯下延。卷首设序、凡例、综述、大事记，主体部分由区域环境、居民、城乡建设、政治、经济、文化、人物 7 篇构成，卷末设丛录。全书 180 万字。（衢州市志办）

【《衢州市志（1985—2005）》（简本）出版】 11 月，浙江省衢州市志办编纂的《衢州市志（1985—2005）》（简本）由方志出版社出版。该志上限为 1985 年，下限为 2005 年，个别事项有上溯下延，除卷首、卷末外，主体部分由区域环境、居民、城乡建设、政治、经济、文化、人物等篇构成。全书 52 万字。

（衢州市志办）

【《九江市志（1991—2010）》出版】 2 月，江西省九江市志办编纂的《九江市志（1991—2010）》由方志出版社出版。全书4 册，设 70 篇 370 章，图片 496 张。全书 581 万字。（朱岳）

【《湘潭市志（1986—2005）》出版】 12 月，湖南省湘潭市志办编纂的《湘潭市志（1986—2005）》由方志出版社出版。该志按综合类、政治、经济、经济管理、社会事业、人物六类排列，分 4 册，73 篇，其中 70 个专业篇，70 多幅彩色图片。全书 509.9 万字。（胡亿群）

【《广元市志（1985—2004）》出版】 7 月，四川省广元市志办编纂的《广元市志（1985—2004）》由方志出版社出版。该志分上、下两册，前设卷首集束彩图、正文首设总述、大事记，内设政区、城镇、自然资源·环境保护、人口和计划生育等 35 篇，后缀附录、索引、编后记。全书 248.5 万字。（朱艳林）

【《金昌市志（1992—2010）》出版】 12 月，甘肃省金昌市志办编纂的《金昌市志（1992—2010）》由中州古籍出版社出版。该志记述 1992 年至 2010 年间金昌市自然、经济、政治、文化、社会特别是改革开放以后的历史和现状。全书 160 万字。（梁兴明）

【《武威地区志》出版】 11 月，甘肃省武威市志办编纂的《武威地区志》由方志出版社出版。该志记述武威地区自然、经济、政治、文化、社会特别是改革开放以后的历史和现状。全书 280 万字。（梁兴明）

·县级志书出版

【《天津市北辰区志（1979—2009）》出版】 11 月，天津市北辰区志办编纂的《天津市北辰区志（1979—2009）》由方志出版社出版。该志入选中国志书精品工程。该志为上、下册，章节体，共 36 编 181 章。全书 200 万字。

（张岩）

【《任丘市志（1988—2008）》出版】 4 月，河北省任丘市志办编纂的《任丘市志（1988—2008）》由方志出版社出版。该志设 38 编，177 章，记述 1988 年至 2008 年间任丘市自然、政治、经济、文化、社会等方面的发展与变化，特别记载华北油田驻任丘各单位的发展状

况。全书 186.5 万字。（魏铁军）

【《肃宁县志（1995—2008）》出版】 5 月，河北省《肃宁县志》编委会编纂的《肃宁县志（1995—2008）》由中国书籍出版社出版。该志上限为 1995 年，下限为 2008 年，设 29 编 124 章，记述 14 年间肃宁县自然、政治、经济、文化、社会等各方面的发展与变化。全书 129.6 万字。（魏铁军）

【《固安县志（1997—2009）》出版】 11 月，河北省固安县志办编纂的《固安县志（1997—2009）》由方志出版社出版。该志设 33 编 162 章 617 节，收录图片 378 张，翔实反映 1997 年至 2009 年固安县境内自然地理、经济建设、政治制度、历史文化和社会生活的发展和变化。全书 180 万字。（魏铁军）

【《平遥县志（1997—2011）》出版】 4 月，山西省平遥县志办编纂的《平遥县志（1997—2011）》由中华书局出版。该志记述平遥县自然、经济、政治、文化和社会的发展历史与现状。全书 210 万字。（张瑞琴）

【《左权县志（1991—2010）》出版】 8 月，山西省左权县志编委会编纂的《左权县志（1991—2010）》由中华书局出版。该志记述左权县 1991 年至 2010 年自然、经济、政治、文化和社会等方面的内容。全书 170 万字。（张瑞琴）

【《沈阳市沈北新区志（2006—2010）》出版】 5 月，辽宁省沈阳市沈北新区志办编纂的《沈阳市沈北新区志（2006—2010）》由沈阳出版社出版。该志记述沈北新区成立第一个五年间在改革开放、经济社会建设等方面取得的成果。全书 90 万字。（杜祥武）

【《沈阳市铁西区志（1989—2005）》出版】 6 月，辽宁省沈阳市铁西区志办编纂的《沈阳市铁西区志（1989—2005）》由沈阳出版社出版。该志记述铁西区由计划经济体制向市场经济体制转轨时期老工业区改造振兴取得的进展。全书 130 万字。（杜祥武）

【《沈阳市十县简志》整理出版】 12 月，沈阳市志办编纂的《沈阳市十县简志》由沈阳出版社出版。该书系对 1959 年 10 月由沈阳市文史研究馆编写的 18.3 万字的《沈阳市十县简志》（油印稿）进行重新整理，由整理后的文字和原油印稿的影印部分组成。主要记述沈阳市区及所辖 10 县的历史和现实状况。全书 60.5 万字。（俄文亮）

【《大连市金州区志（1986—2005）》出版】 1 月，辽宁省大连市金州新区志办编纂的《大连市金州区志（1986—2005）》由辽海出版社出版。该志记述 1986 年至 1987 年金县、1987 年至 2005 年金州区政治、经济、文化、社会、自然等方面发展变化及区（县）经济社会发展的成就。全书 137 万字。（杜祥武）

【《辽中县志（1986—2005）》出版】 7 月，辽宁省辽中县志办编纂的《辽中县志（1986—2005）》由沈阳出版社出版。该志记述 1986 年至 2005 年间辽中县改革开放、经济发展和社会进步的发展历程。全书 150 万字。（杜祥武）

【《朝阳市龙城区志（1984—2008）》出版】 9 月，辽宁省朝阳市龙城区史志办编纂的《朝阳市龙城区志（1984—2008）》由吉林文史出版社出版。该志记载龙城区 24 年间政治、经济、文化和社会事业的发展变化。全书 120 万字。（杜祥武）

【《辽源市西安区志（1984—2003）》出版】 12 月，吉林省辽源市西安区志办编纂的《辽源市西安区志（1984—2003）》由吉林文史出版社出版。该志设 27 篇 144 章，志前设置地图、照片，篇末设置为大事记、附录、修志始末、索引，客观记述西安区建区 20 年间的发展变化。全书 137 万字。（肖志刚）

【《海林市志》出版】 1月，黑龙江省海林市志编委会编纂的《海林市志》由黑龙江人民出版社出版。该志上限为1986年，下限为2005年，记载海林市改革开放以后的发展变化。全书157万字。（由岳峰）

【《同江市志》出版】 3月，黑龙江省同江市志编委会编纂的《同江市志》由黑龙江人民出版社出版。该志上限为1986年，下限为2005年，记载同江市政治、经济、文化等各项事业发展历程。全书140万字。（由岳峰）

【《依安县志》出版】 10月，黑龙江省依安县委党史工作办公室编纂的《依安县志》由黑龙江人民出版社出版。该志上限为1986年，下限为2005年，记载依安县改革开放以后的发展变化。全书100万字。（由岳峰）

【《萝北县志》出版】 11月，黑龙江省萝北县志办编纂的《萝北县志》由五洲传播出版社出版。该志上限为1986年，下限至2005年，全面记述萝北县经济建设和社会发展历史。全书120万字。（由岳峰）

【《上海市闸北区志（1994—2005）》出版】 1月，上海市闸北区志办编纂的《上海市闸北区志（1994—2005）》由上海人民出版社出版。全书180万字。（吴韵）

【《上海市静安区志（1993—2010）》出版】 6月，《上海市静安区志》编委会编纂的《上海市静安区志（1993—2010）》由上海社会科学院出版社出版。全书241.7万字。（吴韵）

【《奉贤县图照志》出版】 4月，上海市奉贤区志办、区史志学会编纂的《奉贤县图照志》由学林出版社出版。该志收录奉贤成陆至2001年撤县设区的地图169幅、照片3860张，设自然、建设、政治、经济、文化、社会和城镇7章35节152目，章前设概况，节前置小序，每一图照配简要文字说明，分上、下两册出版。全书50万字。（吴韵）

【《连云港市新浦区新志》出版】 3月，江苏省连云港市新浦区志办编纂的《连云港市新浦区新志》由方志出版社出版。该志分上、下两册，设39编216章848节1452个条目，表格277张、图片676张，图文并茂客观记述原新浦区辖区自春秋以来至2005年的自然、地理、政治、经济、社会、文化等方面的基本情况。全书296万字。（张丽）

【《东台市志（1988—2005）》出版】 4月，江苏省东台市志办编纂的《东台市志（1988—2005）》由江苏凤凰科学技术出版社出版。该志分上、下册，卷首设东方湿地、黄海明珠，城乡新貌、生态家园，经济腾飞、全国百强，和谐社会、小康生活，文化繁荣、历史厚重5大板块，集中展示东台风貌；正文设政区环境、城乡建设与基础设施、经济、政治、文化、社会、人物7篇，54章145节。全书180万字。（张丽）

【《无锡市马山志》出版】 6月，江苏省无锡市马山志编委会编纂的《无锡市马山志》由南京出版社出版。该志设33章，记载1986年至2000年马山区域内曾经存在的无锡市政府马山办事处、无锡市马山区、马山区梅梁街道办事处和马山镇、无锡太湖国家旅游度假区的发展历程，重点突出马山区、马山镇的发展历史。全书55.3万字。（张丽）

【《灌南县志（1984—2005）》出版】 7月，江苏省灌南县志办编纂的《灌南县志（1984—2005）》由江苏人民出版社出版。该志34编183章724节，记述灌南经济、政治、文化、社会、生态文明等方面建设的历史进程和重大成就。全书220万字。（张丽）

【《东海县志（1990—2010）》出版】 12月，江苏省东海县志办编纂的《东海县志（1990—

2010)》由方志出版社出版。该志设36编，选用插图400余幅。其中，东海水晶编首次列入县志，设置水晶资源章、加工贸易章、水晶市场章，全面反映东海水晶储量、质量、开采、加工、贸易情况，记述东海县供销社20年间为东海水晶产业发展所做的工作，同时专门设置水晶文化章。全书238万字。（张丽）

【《宁波市江东区志》出版】 11月，浙江省宁波市江东区志办编纂的《宁波市江东区志》由浙江人民出版社出版。该志卷首设地图、图照、序言、总述、大事记，卷末设专记、丛录、附录等，正文部分设33编170章573节，附图照161幅。该志上限至春秋战国，下限为2010年，记述江东区域内自然、政治、经济、文化、民俗等方面历史与现状。全书201.2万字。（高曙明）

【《周宁县志（1989—2005)》出版】 3月，福建省周宁县志办编纂的《周宁县志（1989—2005)》由中华书局出版。全书138万字。（福建省方志委）

【《浦城县志（1989—2005)》出版】 9月，福建省浦城县志办编纂的《浦城县志（1989—2005)》由方志出版社出版。全书分35篇，180万字。（福建省方志委）

【《上高县志（1986—2005)》出版】 5月，江西省上高县志办编纂的《上高县志（1986—2005)》由方志出版社出版。该志设25卷109章432节。全书165万字。（朱岳）

【《泰安市岱岳区志（1985—2013)》出版】 12月，山东省泰安市岱岳区地方史志编委会编纂的《泰安市岱岳区志（1985—2013)》由方志出版社出版。该志上限起自1985年泰安市郊区建立开始，下限为2013年，彩页图片延至2016年9月。全书以编统领章节，卷首为概述、大事记，专志按事物性质设编、章、节，卷末为人物、附录，共34篇152章617节。该志全面记述岱岳区改革开放以来发生的重大变化和取得的重要成就，设徂徕山、旅游、城乡建设、名优特产专编。全书200万字。（山东省史志办）

【《开封市南关区志（1991.1—2005.9)》出版】 6月，河南省开封市禹王台区地方史志编委会编纂的《开封市南关区志（1991.1—2005.9)》由中州古籍出版社出版。该志前设概述、大事记，中设环境、居民、菊花等篇，书末设限外辑要、附录、编纂始末，共19篇，介绍15年间南关区社会、政治、经济、文化等方面的发展变化和取得成果。全书78万字。（汪朝霞）

【《开封市鼓楼区志（1986—2005)》出版】 9月，河南省开封市鼓楼区地方史志编委会编纂的《开封市鼓楼区志（1986—2005)》由中州古籍出版社出版。该志设26章91节，内容涵盖政区环境、城乡建设、政治、经济、军事、文化、社会等方面，全面客观记载全区20年的发展历程，专设改革开放、商贸服务、夜市名吃、鼓楼等篇。全书100万字。（汪朝霞）

【《茶陵县志（1993—2010)》出版】 4月，湖南省茶陵县志办编纂的《茶陵县志（1993—2010)》由方志出版社出版。该志设总述、大事记、附录、人物、编后记、勘误表等，共25篇118章，200余张图片，全面系统记述茶陵县自然、政治、经济、文化和社会发展状况。全书104.8万字。（茶陵县志办）

【《湘潭市雨湖区志（1988—2007)》出版】 6月，湖南省湘潭市雨湖区志办编纂的《湘潭市雨湖区志（1988—2007)》由方志出版社出版。该志是湘潭市新雨湖区首部志书，是对原《雨湖区简志》《湘江区简志》和《湘潭市郊区志》的延续。全书设23篇96章397节，将原湘江区、郊区（河西部分）编入区志附录，分别在各主要篇章设置专节，专题记述改革与

发展成果，在各章节重点突出改革开放的内容。全书110万字。　（湘潭市史志办）

【《大化瑶族自治县志》出版】　8月，广西壮族自治区大化瑶族自治县志编委会编纂的《大化瑶族自治县志》由广西人民出版社出版。该志设24篇，系统记载大化县建制以来至2005年自然、政治、经济、文化、社会等方面的情况。全书198.6万字。　（韦晓　刘妍）

【《武隆县志·文化委志（1949—2015）》出版】　12月，重庆市武隆县文化委员会、县志办编纂的《武隆县志·文化委志（1949—2015）》由北京燕山出版社出版。该志除序、凡例、概述、大事记、文存、后记外，设10章33节，分别为组织机构、广播影视、新闻出版文物古迹、非物质文化遗产、群众文化、文化市场管理、体育、人物、荣誉。全书61万字。　（李才东）

【《武隆县志·行政服务中心志（2002—2015）》出版】　12月，重庆市武隆县行政服务中心管理办公室、武隆县志办编纂的《武隆县志·行政服务中心志（2002—2015）》由北京燕山出版社出版。该志除序、凡例、概述、大事记、编后记外，设正文7章28节，分别为组织机构、业务工作、队伍建设、精神文明建设、人物、荣誉、附录。全书19万字。　（李才东）

【《武隆县志·残疾人联合会志（1990—2015）》出版】　12月，重庆市武隆县残疾人联合会、武隆县志办编纂的《武隆县志·残疾人联合会志（1990—2015）》由北京燕山出版社出版。该志除序、凡例、概述、大事记、附录、编后记外，设6章25节，分别为残疾人代表大会、组织机构、残疾人状况、残疾人工作、人物、荣誉。全书16万字。

（李才东）

【《大安区志（1989—2006）》出版】　11月，四川省自贡市大安区志编委会编纂的《大安区志（1989—2006）》由方志出版社出版。该志采用篇章结构，设政区、自然地理、人口、居民生活、综合经济、城乡建设与环境保护、工业、农业、水务、商贸、交通运输、财税、金融、中国共产党地方组织、信息传媒、人大、政府、政协、民主党派与工商联、群众团体、军事、政法、民政、劳动与社会保障、教育、科技、旅游、卫生、文化体育、民族宗教、人物等31篇151章，图片117幅。全书127.9万字。

（朱艳林）

【《青川县志（1986—2006）》出版】　9月，四川省青川县志办编纂的《青川县志（1986—2006）》由光明日报出版社出版。该志采用条目体编纂，设26大类目1067条目，185幅图照，62种表格和凡例、序、概述、大事记、修志始末、前志补遗、勘误、后记等。全书135万字。

（朱艳林）

【《义敦县志（1912—1978）》出版】　7月，四川省巴塘县志办编纂的《义敦县志（1912—1978）》由中国文化出版社出版。义敦县1912年建县，1978年撤销。该志设29章111节，另收录图片32幅。全书45万字。

（朱艳林）

【《紫云苗族布依族自治县志（1986—2010）》出版】　1月，贵州省紫云苗族布依族自治县志编委会编纂的《紫云苗族布依族自治县志（1986—2010）》由方志出版社出版。该志由卷首图照、序、凡例、概述、大事记、正文、人物、附录、编纂始末、索引组成，正文设建置环境资源、人口民族、城乡建设、农业、工业商贸交通、邮电通信、财税金融、经济管理、中国共产党紫云自治县委员会、紫云自治县人大常务委员会、紫云县人民政府、政协紫云自治县委员会、司法军事、人事劳动民政、教育科技档案史志、文化广电体育、旅游、卫生医药、社会等20篇。全书170万字。

（贵州省志办）

【《岑巩县志（1991—2010）》出版】 2月，贵州省岑巩县志办编纂的《岑巩县志（1991—2010）》由方志出版社出版。该志由卷首图照、序、凡例、概述、大事记、正文、人物、附录、后记组成，正文分建置环境区划、人口民族宗教、政党、政权、政协群团、武装法治、经济管理、工业贸易、农业、基础设施、财税金融、社保劳动、教育科技、文化体育旅游、医药卫生、机构沿革16篇。全书163万字。

（贵州省志办）

【《镇远县志（1987—2010）》】 11月，贵州省镇远县志办编纂的《镇远县志（1987—2010）》由中国文史出版社出版。该志由卷首图照、序、凡例、概述、大事记、正文、人物、附录、索引、编后记10个部分组成，正文设建置区划自然地理、人口民族宗教、文化遗产、旅游业、农业林业水利、工业、交通邮电、城乡建设环境保护、商贸、财税金融、国民经济管理、政党群团、人大政府政协、政法军事、民政劳动人事、教育科技、文化广电、卫生体育18篇。全书230万字。（贵州省志办）

【《南木林县志》出版】 6月，西藏自治区南木林县志办编纂的《南木林县志》由中国藏学出版社出版。该志设16篇55章，记述远古时期至2000年南木林县发展变化的历史。全书92万字。（达瓦扎西）

【《昂仁县志》出版】 11月，西藏自治区昂仁县志办编纂的《昂仁县志》由中国藏学出版社出版。该志设17篇52章，记述远古时期至2000年昂仁县发展变化的历史。全书68.3万字。（达瓦扎西）

【《聂拉木县志》出版】 11月，西藏自治区聂拉木县志办编纂的《聂拉木县志》由中国藏学出版社出版。该志设16篇52章，记录县境的历史和现状，突出聂拉木县风光秀丽、文化丰富、边境口岸重镇的特征。全书122.4万字。（达瓦扎西）

【《堆龙德庆县志（2001—2010）》出版】 12月，西藏自治区堆龙德庆县志办编纂的《堆龙德庆县志（2001—2010）》由方志出版社出版。该志设13篇53章，记述2001年至2010年堆龙德庆县发展变化的历史。全书83.8万字。

（达瓦扎西）

【《陇县志（1990—2010）》出版】 4月，陕西省陇县志办编纂的《陇县志（1990—2010）》由陕西人民出版社出版。该志设34篇200章721节，记述陇县政治、经济、人文、地理、社会、生态等各个方面情况，突出改革开放以后的时代特征和地方特色。全书140万字。

（丁喜）

【《宝鸡市金台区志（1990—2010）》出版】 11月，陕西省宝鸡市金台区志办编纂的《宝鸡市金台区志（1990—2010）》由三秦出版社出版。该志设33编173章664节，包括序言、概况、大事记、前志补正、附录、索引、编志始末，附地图4幅，彩色照片97幅，文中插图107幅，表格209张。全书150.2万字。

（丁喜）

【《七里河区志（1991—2010）》出版】 3月，甘肃省兰州市七里河区志办编纂的《七里河区志（1991—2010）》由兰州大学出版社出版。该志记述1991年至2010年间七里河区自然、经济、政治、文化、社会特别是改革开放以后的历史和现状。全书88.6万字。（梁兴明）

【《临泽县志（1991—2010）》出版】 3月，甘肃省张掖市临泽县志办编纂的《临泽县志（1991—2010）》由甘肃文化出版社出版。该志记述1991年至2010年间临泽县自然、经济、政治、文化、社会特别是改革开放以后的历史和现状。全书140万字。（梁兴明）

【《贵德县志（1986—2005）》出版】 9月，青海省贵德县志办编纂的《贵德县志（1986—

2005）》由青海民族出版社出版。该志设 13 编 56 章 286 节，记载贵德县各族人民顺应时代潮流，坚持改革开放，摆脱贫困走向小康社会的历史性变革过程。全书 85 万字。（马渊）

【《德令哈市志（1996—2012）》出版】 1 月，青海省德令哈市志办编纂的《德令哈市志（1996—2012）》由青海人民出版社出版。该志设栏目、分目、条目三个层次，分 6 个板块 27 个栏目，选取彩色插图 20 页，彩照 58 幅。全书 80 万字。（马渊）

【《乌兰县志（1996—2010）》出版】 9 月，青海省乌兰县志办编纂的《乌兰县志（1996—2010）》由青海民族出版社出版。该志记述乌兰县各个领域改革开放和现代化建设取得的成就。全书 90 万字。（马渊）

【《三团志》出版】 6 月，新疆生产建设兵团第一师阿拉尔市三团史志编委会编纂的《三团志》由新疆生产建设兵团出版社出版。该志上限为 1996 年，下限为 2012 年，设 30 章，记载自然、人文、经济、政治、教育、科技、文化、卫生、社会、人物等方面内容。与首部《三团志》比较，新增经济综述、经济管理、基础设施、精神文明建设、民俗民风等内容。全书 120 万字。（第一师阿拉尔市史志办）

【《一〇三团志（2001—2010）》出版】 11 月，新疆生产建设兵团第六师五家渠市一〇三团史志编委会编纂的《一〇三团志（2001—2010）》由新疆生产建设兵团出版社出版。该志设 28 章 147 节，彩页图片 32 页，记录一〇三团的自然、经济、政治、文化、人民生活等发展变化情况。全书 77 万字。（严芬芳）

【《阿拉尔农场志（1999—2015）》出版】 12 月，新疆生产建设兵团第一师阿拉尔市阿拉尔农场史志编委会编纂的《阿拉尔农场志（1999—2015）》由新疆生产建设兵团出版社出版。该志上限为 1999 年，下限至 2015 年，对原《九团志》补志之缺、纠志之误。全书设 30 章，分为自然、政治、经济、文化、社会、人物六大板块，突出时代特点、兵团特点、农场特点。全书 55 万字。

（第一师阿拉尔市史志办）

·乡镇村志书出版

【北京市朝阳区《豆各庄乡志》出版】 6 月，北京市朝阳区豆各庄乡志编委会编纂的《豆各庄乡志》由中国时代经济出版社出版。该志上限为 1953 年，下限至 2013 年，记述豆各庄乡的自然、政治、经济、文化等发展变化。全书 71.7 万字。（姜坤）

【天津市北辰区《天穆镇志》出版】 2 月，天津市北辰区天穆镇志编委会编纂的《天穆镇志》由方志出版社出版。该志为中国名镇志文化工程首批名镇志之一。全书 35 万字。

（张岩）

【河北省秦皇岛市山海关区《第一关镇志》出版】 2 月，河北省秦皇岛市山海关区第一关镇志编委会编纂的《第一关镇志》由方志出版社出版。该志为中国名镇志文化工程首批名镇志之一。该志记载镇域内自然、政治、经济、文化、社会、生态的历史与现状，凸显第一关镇地处“自古兵家必争之地”“较早建立中共地方组织地区之一”“国家历史文化名城”“国家旅游线路”“国家卫生城市”“全国双拥模范城”的重要区位优势和生态文化发展成就，完整呈现第一关镇的风土人情。全书 42 万字。

（宿万涛）

【河北省沙河市《沙河市韩庄村志》出版】 1 月，河北省沙河市国家税务局韩建元主编的《沙河市韩庄村志》由金盾出版社出版。该志从政治、经济、教育、文化等方面全面介绍韩庄村 350 多年的发展历史。全书 40 万字。

（魏铁军）

【河北省石家庄市鹿泉区《曲寨村志》出版】 1月，河北省石家庄市鹿泉区曲寨村志编委会编纂的《曲寨村志》由河北人民出版社出版。该志上限追溯至最早建村，下限至2012年。该书反映村集体企业从艰难起步到快速发展、跨越式发展的进程，以及新农村建设的各项成就。全书42万字。（肖海军）

【辽宁省大连市高新技术产业园区《凌水镇志》出版】 6月，辽宁省大连市高新技术产业园区凌水街道史志编委会编纂的《凌水镇志》由辽宁民族出版社出版。该志记录凌水镇有史以来至2002年“镇改街”之前的历史变迁、社会发展、人民生活等情况。全书60余万字。（孙建宏）

【辽宁省长海县《小长山乡志》出版】 8月，辽宁省长海县小长山乡志编委会编纂的《小长山乡志》由吉林文史出版社出版。该志记录小长山乡自明末清初至2013年的自然、历史、政治、经济、社会发展等情况。全书120余万字。（孙建宏）

【辽宁省瓦房店市《复州城镇志》出版】 1月，辽宁省瓦房店市复州城镇志编委会编纂的《复州城镇志》由辽宁人民出版社出版。该志记录复州城镇自1840年至2006年的自然、历史、政治、经济、社会发展等情况。（孙建宏）

【上海市金山区《枫泾镇志》出版】 2月，上海市金山区枫泾镇志编委会编纂的《枫泾镇志》由方志出版社出版。该志为中国名镇志文化工程首批名镇志之一。该志记载截至2014年年底枫泾镇自然与社会发展的历史和现状，重点记述改革开放以后该镇在政治、经济、文化、社会生活等方面的发展轨迹，展现该镇的风土人情和资源特点。全书42万字。（宿万涛）

【上海市嘉定区《南翔镇志（1988—2011）》出版】 7月，上海市嘉定区南翔镇志编委会编纂的《南翔镇志（1988—2011）》由学林出版社出版。该志辅以图表结合的表述方式，收录图片600余幅，图文并茂，展示南翔镇24年中自然、政治、经济、文化及社会等方面的发展历程和风采。全书142万字。（吴韵）

【《张庙街道志》出版】 10月，上海市宝山区张庙街道志编委会编辑的《张庙街道志》由中国商务出版社出版。该志记载上溯至区域成陆的1500年前南朝梁武帝时期，重点记载始于1959年张庙一条街建设，以及改革开放后张庙的发展与成就。全书155.7万字。（吴韵）

【江苏省苏州市吴江区《北厍镇志》出版】 6月，江苏省苏州市吴江区北厍镇志编委会编纂的《北厍镇志》由上海社会科学院出版社出版。该志上限追溯事物发端，重点记述1996年至2003年的史实，记述境域范围以2003年12月北厍镇撤并前行政区域为准。该志以续修为主，脉络追溯前志。全志设地理、市镇农村、人口、农业、工业、商业服务业、镇村建设、财税金融、交通邮电、党政群团、民政劳动和社会保障、教育、文化科技、卫生体育、军事治安司法、人物、社会等17卷，照片近百幅。全书60万字。（张丽）

【江苏省苏州市吴江区《坛丘镇志》出版】 6月，江苏省苏州市吴江区坛丘镇志编委会编纂的《坛丘镇志》由上海社会科学院出版社出版。该志断限上溯不限，下限至2000年7月，设地理、市镇农村、人口与计划生育、农业、工业、商业服务业、交通邮电、财税金融、镇村建设、党政社团、民政治安司法劳动、军事、教育、卫生、文化科技体育、社会、人物17卷，配有彩色图照133幅。全书91万字。（张丽）

【江苏省苏州市吴江区《震泽镇志（1991—2008）》出版】 6月，江苏省苏州市吴江区震泽镇志编委会编纂的《震泽镇志（1991—2008）》由广陵书社出版。该志上限为1991

年，下限为2008年，设地理、市镇农村、人口、农业水利、桑蚕茧丝、商业服务业、交通邮电、财税金融、镇村建设、党政群团、卫生体育、教育科技、文化艺术、旅游、民政和劳动保障、治安司法军事、社会、人物等19卷，配有彩色图照355幅。全书96.7万字。

（张丽）

【江苏省苏州市吴江区《龙泾村志》出版】 10月，江苏省苏州市吴江区龙泾村志编委会编纂的《龙泾村志》由上海社会科学院出版社出版。该志断限上溯不限，下限至2015年，设建置区划、自然环境、自然村、人口、村庄建设、农业、多种经营、工业、党政社团、劳动报酬和社会保障、军事治安消防、教育、文化科技、卫生体育、文物古迹、人物、社会、丛录18章，配有彩色图照130幅。全书51万字。

（张丽）

【江苏省张家港市《南沙镇志》出版】 12月，江苏省张家港市南沙镇志编委会编纂的《南沙镇志》由广陵书社出版。该志上限尽量追溯，下限为2002年8月，志首照片延至2016年11月。志首有地图、彩页、编审人员名录、序、凡例、概述、大事记；志末设志余、编后记。全书设13编50章198节，配图130余幅。全书79.8万字。（张丽）

【江苏省苏州市吴中区《新齐村志》出版】 3月，江苏省苏州市吴中区横泾街道新齐村志编委会编纂的《新齐村志》由古吴轩出版社出版。该志设11章35节，2篇专记，配以60余幅图照，全面系统记录新齐村自民国以来至2013年年底自然和社会等方面的历史与现状。全书50万字。（张丽）

【江苏省苏州市吴中区《泾峰社区志》出版】 3月，江苏省苏州市吴中区横泾街道《泾峰社区志》由黄海数字出版社出版。该志共10章44节，全面系统记载泾峰社区自民国以来至2012年年底的自然和社会变迁的历史与现状。全书15万字。（张丽）

【江苏省苏州市吴中区《双浜社区志》出版】 3月，江苏省苏州市吴中区《双浜社区志》由古吴轩出版社出版。该志上限追溯事物发端，下限为2013年年底，大事记截至2014年年底，设11章，全面系统记录双浜社区自然和社会等方面的历史与现状，志中收录诸多老照片和《郭巷老街》等手绘图。全书40万字。

（张丽）

【江苏省苏州市吴中区《新路村志》出版】 4月，江苏省苏州市吴中区横泾街道新路村志编委会编纂的《新路村志》由古吴轩出版社出版。该志上限为1912年，下限为2011年年底，照片、大事记截至2013年年底，共11章，全面记录新路村自然和社会等方面的历史与现状。其中《村民家庭记载》章，将全村575户村民悉数载入其中，对每户村民家庭的现状和历史片段略作介绍，彰显新中国成立后每个家庭所发生的变化。全书60万字。（张丽）

【江苏省常州市武进高新区《贺北村志》出版】 5月，江苏省常州市武进高新区贺北村志编委会编纂的《贺北村志》由方志出版社出版。该志上限不限，下迄2014年，概述、大事记、照片延至2016年。该志设自然环境、建置区划、党政社团、政事纪略（历史回忆）、人口宗教宗族、农副业生产、工业商贸业、村居建设、村级经济、教育事业、文化体育、医疗卫生、村民生活、社会风尚、方言传说遗址、人物共16章76节，志首设序、凡例、概述、大事记，志末设专记、附录、编后记，收录图照446幅。全书56.8万字。（张丽）

【浙江省杭州市《下姜村志》出版】 3月，浙江省杭州市志办编纂的《下姜村志》由浙江人民出版社出版。该志记录下姜村自然、经济、政治、文化、社会等方面的历史与现状，包括村落沿革、自然与生态、人口与计划生育、乡村建设、经济总情等，并重点记述2001

年下姜村成为省委书记基层联系点和新农村建设示范点后的发展变化过程。（宿万涛）

【浙江省宁波市鄞州区《石碶志》出版】 8月，浙江省宁波市鄞州区石碶街道编纂的《石碶志》由宁波出版社出版。该志记述1949年5月25日鄞县解放之日起到2012年12月31日区域内自然、政治、经济、文化和社会的历史过程。除总述、大事记外，共有16篇49章169节，配照片250幅。全书86万字。

（高曙明）

【浙江省宁波市鄞州区《河西村志》出版】 12月，浙江省宁波市鄞州区下应街道河西村志编委会编纂的《河西村志》由宁波出版社出版。该志上溯唐长庆二年（822），记载自宋末元初至今建村历史沿革，设概况、农业、工商金融业、村政建设、惠民工程等15章68节。全书10万字。（高曙明）

【浙江省温州市《沈岙村志》出版】 9月，浙江省温州市《沈岙村志》由浙江人民出版社出版。主编陈学诚。该志上限追溯到唐末建村，下限至2014年12月，“兵役民兵”章延伸至2015年12月。全书采用述、记、志、传、图、照、表等志书常用体裁，以志体为主，具体编写分章、节、目层次，概述和大事记总括全书，各章记事按属性归类，横排纵述。全书22.8万字。（温州市志办）

【浙江省温州市《陶山镇志》出版】 3月，浙江省温州市陶山镇志编委会编纂的《陶山镇志》由中国文史出版社出版。该志由概述、大事记、专志组成，专志分9编28章110节，以文字为主，辅以图表、照片。记述范围以陶山区、陶山片区、陶山镇当时行政区域为限，内容包括区域，经济，政治，基础建设，教育、卫生、体育，文化、科技，宗教、民俗，人物，丛录等，全面反映陶山1949年至2014年的情况和1949年前的简况。全书62.8万字。

（温州市志办）

【浙江省平阳县《腾蛟镇志》出版】 3月，浙江省平阳县腾蛟镇志编委会编纂的《腾蛟镇志》由浙江摄影出版社出版。该志上溯不限，下迄2011年12月，采用记、述、图表等体例编纂，结构分章、节、目、子目编排，由概述、大事记、专志、杂记等组成，专记中设27章。全书70万字。（温州市志办）

【浙江省嘉兴市《魏塘镇志》出版】 年内，浙江省嘉兴市魏塘镇志编委会编纂的《魏塘镇志》由上海社会科学院出版社出版。该志按述、记、志、传、录、图（包括照片）、表七体，以志为主体，由图照、序、概述、大事记及各章节组成。正文设建置区划、自然环境、人口、居民生活、水利、交通运输、邮政电信、镇村建设环境保护、经济综述等34章149节，地图12幅，志首彩照63幅。全书120万字。（嘉兴市志办）

【浙江省嘉兴市《当湖镇志》出版】 9月，浙江省嘉兴市当湖镇志编委会编纂的《当湖镇志》由中华书局出版。该志上溯事物发端，下至2004年5月撤镇建街道，个别事项略有延伸。该志设25章137节。全书96万字。

（嘉兴市志办）

【浙江省嘉兴市《许村镇志》出版】 7月，浙江省嘉兴市许村镇志编委会编纂的《许村镇志》由中国文史出版社出版。该志上限追溯至有文字可考，下限为2005年，大事记延伸至2008年，记述地域以2005年许村镇域为限，包括并入的沈士和许巷两镇。该志设10篇32章131节。全书85.5万字。（嘉兴市志办）

【浙江省绍兴市柯桥区《钱清镇志》出版】 2月，浙江省绍兴市柯桥区钱清镇志编委会编纂的《钱清镇志》由方志出版社出版。该志是首批中国名镇志之一。全志分乡里镇情、经济强镇、宜居城镇、名士之乡和艺文等5个类目，并附以概述和大事纪略，另辑录图照273张。

全书40余万字。　（绍兴市志办）

【浙江省绍兴市柯桥区《大山西村志》出版】 1月，浙江省绍兴市柯桥区大山西村民委员会编纂的《大山西村志》由浙江人民出版社出版。该志属柯桥区村志丛书序列，由概述、大事年表和12章正文组成，详细记载了数千年间大山西地理变迁、生产建设、行政沿革、风俗民情、民居建筑、公共设施、乡贤名士等内容，抢救整理记录一部分将淡出或消失的古迹、古风。　（绍兴市志办）

【浙江省绍兴市柯桥区《中墅村志》出版】 12月，浙江省绍兴市柯桥区中墅村民委员会编纂的《中墅村志》由方志出版社出版。该志属柯桥区村志丛书序列，记载中墅村从大禹治水、越王栖兵开始的历史文化以及改革开发后，创立以建材石料、纺织为主，多业并举的经济文化。　（绍兴市志办）

【浙江省绍兴市柯桥区《国际村志》出版】 12月，浙江省绍兴市柯桥区国际村民委员会编纂的《国际村志》由方志出版社出版。该志属柯桥区村志丛书序列，由概述、大事年表以及12章正文组成，既系统记载村内旧时的名胜古迹、人文轶事，又详细记录国际村在新时期的生产建设历程和村容村貌变迁。全书54.3万字。　（绍兴市志办）

【浙江省绍兴市柯桥区《东桃村志》出版】 12月，浙江省绍兴市柯桥区东桃村志委员会编纂的《东桃村志》由方志出版社出版。该志属柯桥区村志丛书序列，由概述、大事记、附录以及9章正文组成。该志明古详今，突出村庄建设主体，系统介绍东桃村历史沿革、村庄风貌、传统文化等。全书23.1万字。

（绍兴市志办）

【浙江省金华市《歌山村志》出版】 9月，浙江省金华市东阳歌山村志编委会编纂的《歌山村志》由方志出版社出版。该志记述上限至事物的发端，下限至2016年3月20日，记载歌山村自然环境、经济政治、民情文化诸方面的历史与现状。全书31章，前有序言、题词、概述、大事记，后有跋、参考文献。全书62.6万字。　（金华市志办）

【浙江省台州市《新河镇志》出版】 9月，浙江省台州市新河镇志编委会编纂的《新河镇志》由中华书局出版。该志上溯远古，下迄2010年年底，重点记述新河教育、文化（尤其是石文化）、人物、民主协商、旅游开发等方面的内容，突出新河的人文特色和地域特色。该志设21卷93章314节。全书154万字。

（台州市志办）

【安徽省阜阳市《韦小庄村志》出版】 10月，安徽省阜阳市志办编纂的《韦小庄村志》由黄山书社出版。该志为卷目体，包括基本村情、人口宗族、杂技（上）、杂技（下）、农业经济、村务民生、文教卫生、村风民俗、方言俚语、人物等10卷和大事记、附录，重点记述180年间韦小庄民间杂技的发展历程和独特杂技文化。全书近400幅图片，42万字。

（章慧丽）

【安徽省合肥市庐阳区《五里社区志》出版】 5月，安徽省合肥市庐阳区五里社区志编委会编纂的《五里社区志》由中国时代经济出版社出版。该书卷首为彩图、概述、大事记，主体部分为地理、自然环境、人口、农业、蔬菜、畜禽水产、水利、村组企业、村组建设、党政群团、兵役·民兵、治安、民政、文化、教育、医疗卫生、体育、科技、民族·宗教、风俗、方言·乡言、姓氏·文化、人物等23篇，卷末为文献辑存。全书64.5万字。

（章慧丽）

【江西省赣州市南康区《横市镇志》出版】 1月，江西省赣州市南康区横市镇志编委会编纂的《横市镇志》由江西人民出版社出版。该志是南康区第一部公开出版的乡镇志，收录横市发展历史和风土人情等大量文献，全面记录该镇作为“全国重点镇”“全省首批百强中心镇”“赣州市示范镇”的秀美繁荣景象。全书26章132节，75万字。 （朱岳）

【山东省威海市文登区《文登南桥村志》出版】 1月，山东省威海市文登区南桥村志编委会编纂的《文登南桥村志》由中州古籍出版社出版。该志上限为建村时间，下限为2014年12月，前冠村貌照片、农业生产生活中常见工具与风情民俗图片，中设大事记、建置、自然资源、村庄建设、居民人口、农业农村经济、中国共产党南桥地方组织、群众团体、人民代表与村政、文教卫生、村风民俗、人物等11章，后殿附录。全书29万字。

（山东省史志办）

【山东省成武县《白浮图镇志》出版】 2月，山东省成武县白浮图镇志编委会编纂的《白浮图镇志》由中国国际文化出版社出版。该志上限起自建镇，下限断至2014年，设行政区域、自然环境、人口、农业、工交邮电、商贸、财税金融、中国共产党与群团组织、政权政协、土地与镇村建设、民政司法、武装、教育、医疗卫生、文化艺术、社会生活、村庄、人物等18编80章319节，前置凡例、概述、大事记，后设附录。全书80万字。 （山东省史志办）

【山东省济阳县《仁风镇志》出版】 3月，山东省济阳县仁风镇志编委会编纂的《仁风镇志》由中国文史出版社出版。该志共23编103章561节，上限因事而异，据实溯源，下限止于2012年，重点记述1840年以后，特别是1949年中华人民共和国成立以后仁风镇的历史和现状。全书100万字。 （山东省史志办）

【山东省利津县《汀罗镇志》出版】 4月，山东省利津县汀罗镇志编委会编纂的《汀罗镇志》由中国国际文化出版社出版。该志以1931年利津建立五区为上限，下限至2013年年底。卷首设序言、纵述、大事记，卷中设建置规划、村庄社区、自然环境、居民、城乡建设与环境保护、经济综合管理、农业、工业企业、商贸、招商引资、财税与金融、交通邮电、政党群团、政权政协、社会事务、人武公安司法、教科文卫体、精神文明建设、民俗民情、人物、荣誉榜等21章92节，卷末设附录、后记。全书80万字。 （山东省史志办）

【山东省东营市《河口街道志》出版】 5月，山东省东营市河口街道志编委会编纂的《河口街道志》由中国国际文化出版社出版。该志上起事物发端，下至2015年年底，共设20编77章，收录图片200余幅。志书注重人口、资源、环境和谐发展理念，在有关内容中体现以人为本的原则，侧重记述农民生活和城市社区居民生活习俗发展、进步和改革。全书57.6万字。 （山东省史志办）

【山东省东营市垦利区《胜坨镇志》（续志）出版】 8月，山东省东营市垦利区胜坨镇志编委会编纂的《胜坨镇志》（续志）由线装书局出版。该志对首轮《胜坨镇志》下限2007年以后胜坨镇8年的经济社会发展历史、巨大变化予以及时记载，对原志中的错漏之处进行了校正、修改和补充。续修《胜坨镇志》卷首设序言、概述、大事记，中列25篇，共96章332节，后置附录。全书177万字。

（山东省史志办）

【山东省齐河县《刘桥镇志》出版】 8月，山东省齐河县刘桥镇志编委会编纂的《刘桥镇志》由中国国际文化出版社出版。该志设建置、镇村、农业、水务、金融、人口、党政、交通、政法、工业、商业、自然、文化、军事、民政、教育、环境、村庄、人物等21编77章282节，重点记述抗日战争、解放战争特别是中华人民共和国成立以后刘桥镇的发展历程。全书72.2万字。 （山东省史志办）

【山东省齐河县《焦庙镇志》出版】 6月，山东省齐河县焦庙镇志编委会编纂的《焦庙镇志》由中国国际文化出版社出版。该志按自然地理、经济、政治、文化、社会的顺序，首设概述、大事记，次列20编，全面系统记录焦庙镇历史与现状。（山东省史志办）

【山东省平阴县《东关村志》出版】 8月，山东省平阴县榆山街道东关村志编委会编纂的《东关村志》由中国文史出版社出版。该志设12编、43章、152节，收录图片350余幅，全面客观记述东关村建村1400年来自然、地理、政治、经济、文化、村庄建设等方面的内容。全书63万字。（山东省史志办）

【山东省商河县《怀仁镇志》出版】 11月，山东省商河县怀仁镇志编委会编纂的《怀仁镇志》由中国文史出版社出版。该志是商河县首部正式发行的镇志，上限为春秋战国时期，下限为2015年年末。全书设14编55章231节，涵盖镇域建置和区划、自然环境、农业、工业、财税与农村经济发展、民情民俗、村庄简介、人物等14篇。全书40万字。

（山东省史志办）

【山东省东营市河口区《仙河镇志》出版】 11月，山东省东营市河口区地方史志编委会编纂的《仙河镇志》由中国国际文化出版社出版。该志是河口区完成的最后一部基层乡镇志，时间断限上起事物发端，下至2015年年底，个别内容上溯或下延。该志设20编71章，58.8万字。（山东省史志办）

【山东省宁阳县《东庄镇志》出版】 10月，山东省宁阳县东庄镇志编委会编纂的《东庄镇志》由中国文史出版社出版。该志设30编，涵盖建置区划、自然环境、人口与计划生育、中共东庄镇地方组织、群团组织、政权政协、军事、法治、民政、农业、林业、水利、养殖业、工业企业、交通运输、文化体育、教育、卫生、科学技术、文物、民情民俗、旅游业等方面内容。全书收录照片328张，69万字。

（山东省史志办）

【山东省东平县《唐营村志》出版】 12月，山东省东平县唐营村志编委会编纂的《唐营村志》由中国文化出版社出版。该书上限为明永乐元年（1403），下限为2014年，记述建村600多年间自然、政治、经济、文化和社会等方面历史与现状。全书58万字。

（山东省史志办）

【山东省临邑县《临盘街道志》出版】 12月，山东省临邑县临盘街道志编委会编纂的《临盘街道志》由中国文史出版社出版。该志设26编，涵盖建置区划、自然环境、人口与计划生育、群团组织、政权政协、军事、法治、民政、农业、林业、水利、养殖业、工业企业、交通运输、邮政通信电力、镇村建设、商业服务业、综合管理、财税金融、精神文明建设、文化体育、教育、卫生、科学技术、文物、民情民俗、旅游业、名产特产、人物等内容。全书照片529张，124万字。

（山东省史志办）

【河南省陕县《西李村乡志》出版】 6月，河南省陕县西李村乡志编委会编纂的《西李村乡志》由中国图书出版社出版。该志前置概述、大事记，后设附录、后记，正文设10章68节，记述西李村乡自然、政治、经济、文化、社会等方面的历史和现状。全书46万字。

（汪朝霞）

【河南省安阳市龙安区《娘娘庙村志》出版】 4月，河南省安阳市龙安区东风乡《娘娘庙村志》由中州古籍出版社出版。该志是安阳市史志办乡村志书重点编纂书目之一。全书70万字。（汪朝霞）

【广东省东莞市《虎门镇志》出版】 4月，广东省东莞市虎门镇志编委会编纂的《虎门镇志》由方志出版社出版。该志入选第一批中国名镇志文化工程，以中国近代史开篇地开篇，设基本镇情、英雄虎门、时尚虎门、经济强

镇、文化名镇、风土风情、虎门人物、艺文等篇目，文后设附录、参考文献和编纂始末。全书42.6万字。 （范锐超）

【广东省东莞市《司马村志》出版】 6月，广东省东莞市常平镇司马村志编委会编纂的《司马村志》由广东人民出版社出版。该志全面记载该村的自然、政治、经济、文化、社会的历史和现状。全书26万字。 （宿万涛）

【海南省澄迈县《老城镇志》出版】 12月，海南省澄迈县老城镇志编纂办公室编纂的《老城镇志》由海南出版社出版。该志上限上溯至事物发端，下限至2012年，记述老城镇政区（含原老城、白莲、马村三镇）的全面情况。该志设总述、大事记、基本镇情、自然环境、历史文化、村镇概况、经济发展、海南老城经济开发区、政治军事、社会事业、宗教民俗、人物和附录。全书70万字。 （陈家传）

【四川省宜宾市翠屏区《李庄镇志》出版】 2月，四川省宜宾市翠屏区李庄镇志编委会编纂的《李庄镇志》由方志出版社出版。该志为首批中国名镇志之一。该志围绕抗战文化、千年古镇、红色李庄、国家4A级旅游景区等方面，以李庄抗战文化为核心特色展开，记载李庄“万里长江第一古镇”“川南水码头”革命老区乡镇的红色底蕴。全书33万字。 （朱艳林）

【陕西省宁强县《青木川镇志》出版】 10月，陕西省宁强县青木川镇志编委会编纂的《青木川镇志》由方志出版社出版。该志为首批中国名镇志之一。该书记述青木川镇有史以来的自然、政治、经济、文化和社会各方面的变化与发展，突出记述该镇历史文化名镇、特色景观旅游名镇、最美休闲乡村等文化符号，以及青木川国家级自然保护区、国家级文物保护单位、国家4A级旅游景区的“名”与“特”。 （丁喜）

【陕西省眉县《第五村志》出版】 6月，陕西省眉县第五村志编委会编纂的《第五村志》由三秦出版社出版。该志上限起于周初，下限至于2014年年底，设文化遗址、水利设施、人物、大事记等26编102章257节，记述该村自然地理、村名变迁、社会体制、土地变迁、农业发展、商业企业、文化教育、民俗民风、人物等方面内容。全书60万字。 （丁喜）

【甘肃省甘谷县《大庄乡志》出版】 9月，甘肃省甘谷县大庄乡志编委会编纂的《大庄乡志》由中国文史出版社出版。该志上溯不限，下限至2013年，记述大庄乡的建置区划、自然环境、人口与计划生育、农村经济、农业基础设施建设、乡村工业、交通邮电、商业贸易、财政税收、农村金融、乡村建设、土地管理、文化、教育、卫生、社会保障、民俗、人物等内容。全书58.5万字。 （梁兴明）

【宁夏回族自治区同心县《汪家塬村志》出版】 8月，宁夏回族自治区同心县汪家塬村志编委会编纂的《汪家塬村志》由宁夏人民出版社出版。该志设概述、大事记、自然地理、政制政事篇、经济篇、文化教育篇、人物篇、附录，记载千百年来该村的重要史实，重点记述中华人民共和国成立后该村政治、经济、教育、文化、民情风俗等方面的发展历程。全书10万字。 （张明鹏）

·行业志书出版

【《本溪碑志》出版】 3月，辽宁省本溪市博物馆编纂的《本溪碑志》由辽宁民族出版社出版。该志收录本溪市发现的明、清、民国时期碑文136篇，其中明代6篇，清代96篇，中华民国34篇，从不同角度记录和反映明清两代及民国时期本溪的自然环境、行政区划、政治制度、经济状况、民俗风情、宗教信仰、历史事件、人事兴衰等。全书35万字。 （杜祥武）

【《上海海洋大学志》出版】 11月，上海市方志委编纂的《上海海洋大学志》由华东师范大学出版社出版。该志是上海市二轮修志出版的第一本专志，全面记述上海海洋大学1912年至2012年间的历史发展状况。（赵明明）

【《上海东浩国际服务贸易（集团）有限公司志》出版】 12月，上海市方志委编纂的上海市级专志《上海东浩国际服务贸易（集团）有限公司志》由上海社会科学院出版社出版。该志记述从1997年11月东浩集团成立起始，至2013年12月重组更名为东浩兰生集团止，分东浩集团、世博集团、更名后的东浩集团等3个历史阶段。据统计，卷首图照51幅，随文图照213幅，全书145万字。（赵明明）

【《南京青奥会图志》出版】 3月，江苏省南京市志办和南京青奥组委共同编纂的《南京青奥会图志》由南京出版社出版。该志收录照片580张，穿插3万余字叙述，分特载、总述、申办篇、筹办篇、举办篇、大事记、附录7个部分，全面展现南京全力申办、紧张筹办、精彩举办的全过程，传承和弘扬南京青奥会留下的宝贵财富。该书在遵循传统方志“横分门类”编排纲目的编纂规范下，创新“以图叙史、以文补图”重大事件志表现新形式。（王艳荣）

【《吴江丝绸志》出版】 2月，江苏省苏州市吴江区吴江丝绸志编委会编纂的《吴江丝绸志》由上海社会科学院出版社出版。该志上限追溯至事物发端，对1992年版《吴江丝绸志》的内容进行了补漏、纠误，重点记述1986年至2012年的发展史实，大事记延伸至2014年，图照、丛录延伸至2015年，记事涉及蚕桑业、丝绸工业、贸易、教育、人文、丝绸旅游、丝绸工业污染防治、蚕桑丝绸管理、荣誉等内容。全书设10卷30章112节，81.8万字。（张丽）

【《共青团武进志》出版】 3月，江苏省共青团常州市武进区委员会编纂的《共青团武进志》由南京大学出版社出版。该志设13章40节，志首列图照、序言、凡例、概述、大事记，志末设附录和跋记，收录图照200余幅，主要记述1926年至2014年，武进地区在中国共产党领导下的青年运动、团组织的重要工作，以及与共青团、学生会、儿童团、少先队相关的青少年组织及活动。全书36万字。（张丽）

【《吴江检察志》出版】 5月，江苏省苏州市吴江区吴江检察志编委会编纂的《吴江检察志》由广陵书社出版。该志记事上限不限，下限至2012年，设检察机构、政党社团、检察队伍建设、行政管理、刑事检察、监所检察和民事行政检察、经济检察、法纪检察、控告申诉检察、派驻检察室工作、法制宣传和理论研究、社会活动、人物、荣誉等14章50节，对清末司法改革至中华人民共和国成立前吴江地区检察机构废立更迭的历史作了概要记述，对中华人民共和国成立尤其是1978年检察机关恢复重建后，吴江检察院在不同历史时期的机构、性质、任务、体制及其具体职能等变革和发展作了重点记述。全书38万字。（张丽）

【《相城国土资源志》出版】 7月，江苏省苏州市相城区相城国土资源志编委会编纂的《相城国土资源志》由江苏人民出版社出版。该志上限追溯至事物发端，下限至2010年年末，以土地管理的历史沿革为主线，记述相城区地质地貌、土地管理、地籍更迭、动迁安置等方面的区域地情。全书12章53节，10万字。（张丽）

【《无锡市工会志（2004—2013）》出版】 8月，江苏省无锡市总工会编纂的《无锡市工会志（2004—2013）》由方志出版社出版。该志设凡例、概述、大事记以及职工队伍、工会代表大会与工会组织、关心支持工会工作、参与国家和社会事务管理、服务经济建设、宣传教育、民主管理、法律服务、生活保障、组织建设、女职工权益维护、财务与事业改革、经费审查审计监督、工会理论政策研究、友好交往、机关建设、工会企事业单位、书刊编撰、人物和先进集体等19章70节，志后附录辑存重要资料，并配图片149幅。全书106万字。

（张丽）

【《扬中法院志》出版】 9月，江苏省扬中市人民法院法院志编委会编纂的《扬中法院志》由方志出版社出版。该志上限为事物发端，下限至2013年，是扬中市历史上第一部审判专志。该志除概述、大事记、附录之外，共设审判机构、党群组织、诉讼制度、诉讼程序、刑事审判、民事审判、商事审判、行政审判、案件执行、未成年人案件审判、诉调对接、综合管理、司法行政装备、队伍建设等13章，章下设72节、141目。全书130万字。（张丽）

【《临安市茶文化志》出版】 8月，浙江省临安市茶文化志编委会编纂的《临安市茶文化志》由方志出版社出版。该志上溯事物发端，下迄2015年年末，全面展示临安茶产业及茶文化的发展过程，总结行业规律，彰显地方特色。该志志首设概述、大事记，志末设丛录、索引，共8篇21章59节。全书80.8万字。

（刘金炎）

【《宁波林业志》出版】 11月，浙江省宁波市林业局编纂的《宁波林业志》由宁波出版社出版。该志收录从新石器时代到2010年各个历史时期宁波林业发展情况，主体部分设森林资源、绿化造林、森林保护、森林管理、林业产业、经济管理、科技教育、林业文化、组织机构等9章。全书60万字。（高曙明）

【《慈溪市建设志》出版】 3月，浙江省慈溪市建设志编委会编纂的《慈溪市建设志》由浙江古籍出版社出版。全书12编37章135节，前置彩照96幅，地图6幅，设序、凡例、大事记，内有随文黑白照片307幅，表472张，条形图、折线图、饼图、面积图以及规划图、示意图、机构图等73幅。全书170万字。

（高曙明）

【《慈溪市教育志》出版】 6月，浙江省慈溪市教育局编写的《慈溪市教育志》由浙江教育出版社出版。全书设旧学、学前教育、小学教育、中学教育、师范教育、中等职业技术教育、特殊教育、成人教育等16章86节。前置彩照15张，示意图3幅，设序、凡例、概述、大事记，内有随文黑白照片241张，后附录专记1篇。全书128.3万字。（高曙明）

【《宁海县工商行政管理志（2009—2013）》出版】 4月，浙江省宁海县工商行政管理志编委会编纂的《宁海县工商行政管理志（2009—2013）》由浙江人民出版社出版。该志分市场主体登记、市场主体监督管理、市场管理、合同管理、商标管理、广告管理、经济检查、消费者权益保护等15章，记述宁海工商部门全面开展工商行政管理工作的史实。（高曙明）

【《宁海县交通志（1992—2010）》出版】 年内，浙江省宁海县交通志编委会编纂的《宁海县交通志（1992—2010）》由浙江人民出版社出版。该志分5编20章59节，有彩色照片40幅，地图4幅，内文插有黑白照片近百幅。全书71.8万字。（高曙明）

【《文成县电力工业志（1948—2014）》出版】 9月，国家电网文成县供电公司编委会编纂的《文成县电力工业志（1948—2014）》由中国电力出版社出版。该志记述上限为事物发端，下限为2014年年底，大事记上溯至1935年，设13章。全书63.1万字。（温州市志办）

【《平阳县水利志》出版】 1月，浙江省平阳县水利志编委会编纂的《平阳县水利志》由中国文史出版社出版。该志记述1989年至2012年平阳县水利事业的发展状况，该志正文设水文环境、灾害、江河治理、御潮防洪、蓄水引水、海涂围垦、水利发电、防汛抗旱、水利管理、科技人文等10章42节，卷前设概述、大事记，卷后设《平阳县顺溪水利枢纽工程》专记及附录。全书35万字。（温州市志办）

【《苍南地名志》出版】 4月，浙江省苍南县地名志编委会编纂的《苍南地名志》由中华书局出版。该志按照“以文为主、文图并茂”的要求，收录地名词条5300多条，地图35幅、照片39幅。全书98.2万字。（温州市志办）

【《嘉善县建设志》出版】 年内，浙江省嘉善县住建局嘉善县建设志编委会编纂的《嘉善县建设志》由中华书局出版。该志设建设环境、城乡规划、市政建设、公用事业、城市建设、旧城改造、新区开发、园林绿化、环境卫生、镇（街道）建设、村庄建设、古建筑、建筑业、房地产、建设法规、城建档案、组织机构、人物、建设文苑、专记等20章105节，收录表格218张、图照330幅，记载嘉善建县580余年来古今建设状况。全书47万字。

（嘉兴市志办）

【《嘉善县国土志》出版】 年内，浙江省嘉善县国土志编委会编纂的《嘉善县国土志》由中华书局出版。该志上限为1996年，下限为2010年，主要由序言、概述、大事记、丛录、后记和分志正文（专业章）组成，配以图照、表格。全书42万字。（嘉兴市志办）

【《平湖市环境保护志》出版】 12月，浙江省平湖市环境保护志编委会编纂的《平湖市环境保护志》由广陵书社出版。该志上限为1983年，下限为2005年年底，个别事项略有延伸。全志由概述、大事记、专业各章和附录组成，以概述为总纲，大事记为纵线，以各篇为主体，以附录为补充，辅以图表、照片。全书设7章33节，全面客观记录平湖环境保护机构沿革、环境质量状况、环境保护监督管理、环境监测、生态环境建设、环境保护宣传教育和组织机构等方面的基本情况。全书25万字。

（嘉兴市志办）

【《绍兴市公安志（1990—2014）》出版】 11月，浙江省绍兴公安史志编纂工作委员会编纂的《绍兴市公安志（1990—2014）》由浙江古籍出版社出版。该志上限为1990年，下限为2014年，全志除彩页（收录照片178张）外，设概述、大事记、志、图、表、丛录等部分，其中志部分共设24章98节，内文插图113幅，表格66张。全书105万字。（绍兴市志办）

【《绍兴县环境保护志》出版】 12月，浙江省绍兴市柯桥区环境保护局编纂的《绍兴县环境保护志》由方志出版社出版。该志上限溯源，下限至2003年，除概述、大事记和附录外，共设13章，记述绍兴县的地貌、水文、气候、自然资源等环境内容，如实记录该县各个阶段的环境质量状况，较为完整地反映绍兴县开展环境保护、污染治理和生态文明建设的历程。全书56.7万字。（绍兴市志办）

【《上虞民盟志》出版】 6月，浙江省上虞民盟志编委会编纂的《上虞民盟志》由浙江人民美术出版社出版。该志设8章，记载民盟上虞区基层委自1987年成立临时支部至2014年12月近30年的历史。全书40余幅图片，40万字。（绍兴市志办）

【《东阳市政协志》出版】 12月，浙江省东阳市政协志编委会编纂的《东阳市政协志》由方志出版社出版。该志共12章，记述1956年3月至2016年8月东阳市（县）政协的工作，简要介绍1949年10月至1956年3月东阳县各界人民代表会议的有关工作，全面记录东阳市政协的发展历程。全书106万字。

（金华市志办）

【《大盘山志》出版】 7月，浙江省大盘山国家级自然保护区管理局组织编纂的《大盘山志》由浙江科学出版社出版。该志设自然环境、生物资源、自然保护、科研科普、历史人文、养生旅游等6篇23章79节，图片150余

幅。全书46万余字。（金华市志办）

【《衢州市水利志》出版】 9月，浙江省衢州市水利志编委会编纂的《衢州市水利志》由中国文史出版社出版。该志上限起于水事发端，下限为2003年，卷首设序、凡例、概述和大事记，主体部分设自然环境、水旱灾害防汛防旱、防洪工程、灌溉供水、水力发电、山地丘陵治理开发、渔业、水利管理、基础工作施工、科技、水政、人物、丛录等13章。全书113.1万字。（衢州市志办）

【《临海市公路管理志》出版】 2月，浙江省临海市公路管理志编委会编纂的《临海市公路管理志》由西泠印社出版。该志上限为公元前85年，下限为2013年年底，重点记述临海公路养护和管理的历史。志前有地图2幅、照片145幅，设序、概述、大事记，正文设9章30节，志尾设附录、索引、后记。全书56万字。（台州市志办）

【《临海农商银行志》出版】 12月，浙江省临海农商银行志编委会编纂的《临海农商银行志》由浙江大学出版社出版。该志内容起于1952年，下至2015年，全面系统记述临海农村信用社60多年发展历程。该志为浙江省首部农村商业银行志、临海市第一部金融专业志，志前有图2幅，彩照60幅，设序、概述、大事记，正文设8篇32章128节，志末为后记。全书87.4万字。（台州市志办）

【《仙居文化志》出版】 3月，浙江省仙居县文化广电新闻出版局编纂的《仙居文化志》由西泠印社出版。该志时限从1949年10月至2015年年底，由综述、正文、大事记、人物丛录、图、表、附录等部分组成，选录仙居历代文化名人、贤士和对仙居有影响的外籍名人等。全书70万字。（台州市志办）

【《玉环人物志》出版】 9月，浙江省玉环县志办编纂的《玉环人物志》由方志出版社出版。该志记述上溯事物发端，下限至2016年7月，卷首设序一、序二、凡例、概述、大事记，分历史人物传略、革命烈士传略、专家学者选介、行家里手选介、党政要员选介5编，涉及人物390人，志末设索引、后记，随文彩色图片131幅、黑白图片117幅。全书41万字。（台州市志办）

【《口子酒志》出版】 10月，安徽口子酒业股份有限公司编纂的《口子酒志》由黄山书社出版。该志由概述、大事记、专志、人物、附录5个部分组成，专志分为9章40节，上限起于有史记载的口子酒起源及口子酒生产厂成立（1949年），下限止于2015年年底。全书收录200余幅图片，53万字。（史五一）

【《船政志》出版】 10月，福建省福州市方志委编纂的《船政志》由商务印书馆出版。全书包括图片300余幅，是闽都四大文化专志之一。该志全面记述船政机构、产品制造、人才培养等各项事业发展情况以及船政的历史沿革和发展历程。全书90万字。（福建省方志委）

【《赣州专家志》（下册）出版】 1月，江西省赣州市专家联谊会编纂的《赣州专家志》（下册）由中国人事出版社出版，全套3册编纂出齐。该志记载当代赣州市自然科学、社会科学和人文科学等14个学科的302位专家的事迹，入传者多为健在的“客家摇篮”里的专家翘楚。（朱岳）

【《靖安县姓氏志》出版】 1月，江西省靖安县史志办编纂的《靖安县姓氏志》由江西人民出版社出版。该志以靖安县户籍登记为基本依据，由县情概况、索引、姓氏综述、志书主体、历史名人、历史文化、附录和编后记组成。志书主体160章，收录全县入籍所有姓氏335个。章下设渊源播迁、入县繁衍、谱牒字派、文化传承、古今人物5节，章、节、目均以人口多少降序排列。全书收录彩图100幅，插图200余幅，168万字。（朱岳）

【《九江职业大学志》出版】 6月，江西省九江职业大学志编委会编纂的《九江职业大学志》由方志出版社出版。该志是九江市第一部高校志，上限为1985年11月，下限为2015年6月，完整记述学校从成立到发展壮大的过程，以及教学、改革所取得的成就。全书145万字。 （朱岳）

【《遂川县政协志》出版】 4月，江西省遂川县志办编纂的《遂川县政协志》由江西人民出版社出版。该志除概述、大事记、附录外，设组织机构、工作记述、人物荣誉3篇16章77节，全面客观记述1955年遂川县政协成立至2016年第十五届全体会议60年的发展历史。全书68万字。 （朱岳）

【《青岛市城阳区教育志》出版】 2月，山东省青岛市城阳区首部教育部类专志《青岛市城阳区教育志》由黄河出版社出版。该志上限自事物发端，下限至2013年年底，个别内容适当上溯或下延。全书设12编42章，图片200余幅，全面客观记述城阳区教育事业发展变化的基本脉络，重点反映1994年城阳建区以来教育事业取得的巨大成就。全书48万字。

（李乒）

【《崂山区图志·野鸟卷（上）》出版】 年内，山东省青岛市崂山区史志办编纂的《崂山区图志·野鸟卷（上）》由黄河出版社出版。该志是《崂山区图志》丛书的第五卷，主要载录栖息于崂山区域内的游禽类、攀禽类、涉禽类野鸟114种。该图志收集图片800余幅，采用中文、英文、日文三种语言做文字介绍。全书8万字。 （李乒）

【《淄博市工商志丛书》出版】 4月，山东省淄博市工商行政管理局组织编纂的《淄博市工商志丛书》由中国工商出版社出版。丛书由10部区县工商志（含高新区、齐鲁石化等）组成，收录图片近3000幅，图表近千张，全面记载淄博市各区县工商行政管理事业从1840年发端至2005年的发展状况。在全面记述工商行政管理机构沿革、管理措施、体制等的演变同时，详细记录各区县市场主体、商品市场、商标广告、合同、经济检查、行政执法等的发展状况，并根据工商管理体制调整变化实际，对2006年至2012年淄博市各区县工商工作开展情况整理收录。全书700万字。

（山东省史志办）

【《垦利县经济和信息化志（1986—2014)》出版】 1月，山东省垦利县经济和信息化志编委会编纂的《垦利县经济和信息化志（1986—2014)》由黄河出版社出版。该志上限为1986年1月，下限至2014年12月。全书14篇，前设序言、概述、大事记，中设垦利县工业经济、贸易、信息化发展的历史和现状等，重点记述中共十一届三中全会后垦利县工业经济和信息化管理的发展变化历程。全书90万字。

（山东省史志办）

【《滨州市沾化区工业志》出版】 1月，山东省滨州市沾化区第一部工业专业志《滨州市沾化区工业志》由黄河出版社出版。该志上限为1949年，下限为2014年，部分内容适当上溯下延。志首设综述、大事记；专志设工业管理、工业门类、园区及乡镇街道工业3编；志末设附录，记述沾化工业发展的历史与现状。全书42万字。 （山东省史志办）

【《文登人民公安志》出版】 1月，山东省文登人民公安志编委会编纂的《文登人民公安志》由天津古籍出版社出版。该志上限为1940年11月，下限为2014年12月，记述文登人民公安机关成立75年所走过的光辉历程。卷首设图、照片专辑、概述、大事记；卷中设机构设置、队伍建设、社会治安管理、保卫、打击犯罪、党群组织、人物7编28章108节；卷末设附录、索引等。全书110万字。

（山东省史志办）

【《滨州市工会志》出版】 5月，山东省滨州市总工会编纂的《滨州市工会志》由中国文史出版社出版。该志包括插图310余幅，上限为1940年，下限为2015年，设工会组织、工会工作、人物、荣誉4篇。全书70万字。（山东省史志办）

【《高青县城管志》出版】 6月，山东省高青县城市管理和行政执法局编纂的《高青县城管志》由方志出版社出版。该志上限为2005年10月，下限为2015年10月，许多资料追溯到1975年成立高青县基本建设局之初。全书共17章381页，收录图片464幅，74.3万字。

（山东省史志办）

【《博山区饮食志》出版】 9月，山东省博山区史志办编纂的《博山区饮食志》由中国文史出版社出版。该志既包含博山饮食文化的起源与传承，也介绍博山菜的选材、制作、食俗，以及有关于博山饮食文化的理论研究。全书收录350余幅图片，并附有120余分钟的影像资料光盘，38万字。（山东省史志办）

【《孟子故里山水志》出版】 10月，山东省邹城市政府史志办编纂《孟子故里山水志》由中国文史出版社出版。全书设6章57节，前为序、概述，后设附录、编后记，包括800余幅照片，60余万字。（山东省史志办）

【《鄄城县职业中等专业学校志》出版】 11月，山东省鄄城县史志办、鄄城县职业中等专业学校编纂的《鄄城县职业中等专业学校志》由中国文史出版社出版。该志设10章56节，记述从1956年至2016年学校薪火相传、拼搏进取的历程。全书收录图片1143幅，60万字。

（山东省史志办）

【《东平县自来水志》出版】 11月，山东省东平县自来水志编委会编纂的《东平县自来水志》由中国文化出版社出版。该志上限为1979年，下限至2015年，大事记延至2016年3月。全书除概述、大事记外，设12篇50章100节，43万字。（山东省史志办）

【《广饶县政协志》出版】 12月，山东省广饶县政协志编委会编纂的《广饶县政协志》由中国文史出版社出版。该志上限为1981年1月，下限至2016年1月，设综述、大事记、组织篇、会议篇、工作篇、人物荣誉篇和文献篇7部分，客观记述广饶县政协35年的发展历程。全书收录图片60余幅，85万字。

（山东省史志办）

【《青岛市市北区财政志》出版】 12月，山东省青岛市市北区财政志编委会编纂的《青岛市市北区财政志》由中国海洋大学出版社出版。该志上限为1949年6月2日，下限为2015年12月，由概述、正文、大事记、附录等部分组成，客观记述青岛市市北区财政工作在管理机构、管理体制、财政收入、财政支出、财政预算、财政监管、服务经济发展、保障社会民生、财源建设、队伍建设等方面的历史与现状。（山东省史志办）

【《东平县人民医院志》出版】 12月，山东省东平县人民医院志编委会编纂的《东平县人民医院志》由中国文化出版社出版。该志上限为1976年，下限至2015年，分章、节、目编排，设概述、大事记、附录，均不列编序号，中置专志。全书设12章121节，7.2万字。

（山东省史志办）

【《岳阳楼志》出版】 9月，湖南省地方志编委会编纂的《岳阳楼志》由方志出版社出版。该志为湖南省特色志丛书之首卷，分概述、主楼景观、园林胜景、古楼兴废、当代新修、楼以文传、艺文荟萃、景区管理、名楼人物、大事记等10章，插图照181幅；以时间为经，以景点、事件、人物为纬，略古详今，由表及里，客观记载。特别是对与岳阳楼有关的千年人物进行系统研究，遴选记述866个人物。全书43.4万字。（黄俊军）

【《洞庭湖志》出版】 11月，湖南省地方志编委会编纂的《洞庭湖志》由湖南人民出版社出版。该志以湖泊自然水体为主要记述对象，分自然、水利、经济、人文社会四大部类，包括水域范围的地质构造、湖泊演变、堤垸洲滩、水纹、资源、水利建设、防汛抢险、农业、渔业和水产、林业、水上交通、生态、人口、神话、名胜、地名、民俗、血吸虫防治、诗文、湖区边界勘定与调整、洞庭湖研究等内容。在继承清道光《洞庭湖志》的基础上，突出新编《洞庭湖志》作为自然实体志的特色。全书103万字。（黄俊军）

【《广西海事局志（2000—2014）》出版】 4月，广西海事局编纂的《广西海事局志（2000—2014）》由广西人民出版社出版。该志设机构与管理、海事业务、设施与装备、党群工作、沿海局、内河局等7篇，主要记述广西海事局建局以来15年间业务、政务、党务和事务的基本情况、发展脉络和主要工作。全书108.5万字。（韦晓　刘妍　覃志婷　周珍朱）

【《毛南族志》出版】 3月，广西壮族自治区毛南族志编委会编纂的《毛南族志》由广西人民出版社出版。该志采用述、记、志、传、图、表、录等体裁，以志为主，介绍毛南族经济社会、历史沿革、风俗宗教、名胜古迹、人物典籍等共43章，插图500多幅。全书90万字。（韦晓　刘妍　覃志婷　周珍朱）

【《巫山龙骨坡片区风土志》出版】 6月，重庆市巫山县委党史研究室编纂的《巫山龙骨坡片区风土志》由连环画出版社出版。该志上限为史前，下限为2013年，除序、凡例、概述、大事记、附录、索引、编后记外，正文设龙骨坡遗址、文化遗存、风俗习惯、文教卫生、景观、灾异、经济社会发展、人物轶事、艺文等9篇。全书83万字。（谌泓）

【《汶川特大地震中江抗震救灾志》出版】 8月，四川省中江县方志委编纂的《汶川特大地震中江抗震救灾志》由四川科学技术出版社出版。该志由总述、大事记、灾情、抢险救灾、医疗防疫、赈灾、灾后重建、乡镇抗震救灾及重建、灾后发展振兴、英模人物和先进集体、附录11个部分组成，收录图照150余幅。全书55万字。（朱艳林）

【《汶川特大地震北川抗震救灾志》出版】 3月，四川省北川羌族自治县志办编纂的《汶川特大地震北川抗震救灾志》由方志出版社出版。该志记述汶川特大地震北川县的灾情、抢险救灾、赈灾、卫生防疫、灾后重建等方面的历史状况。全书186万字。（朱艳林）

【《汶川特大地震三台抗震救灾志》出版】 12月，四川省三台县志办编纂的《汶川特大地震三台抗震救灾志》由方志出版社出版。该志分概述、大事记、灾情、抢险救灾、医疗救治与卫生防疫、赈灾、灾后重建、先进（模范）人物与先进集体、附录9部分，图照72幅，记述汶川特大地震三台县灾情和抗震救灾、灾后重建情况。全书62万字。（朱艳林）

【《汶川特大地震盐亭抗震救灾志》出版】 9月，四川省盐亭县志办编纂的《汶川特大地震盐亭抗震救灾志》由四川师范大学电子出版社出版。该志分6篇42章166节，图照300余幅，记载盐亭汶川特大地震灾情、赈灾、抢险救灾、卫生防疫、灾后恢复重建、先进人物和集体等内容。全书61.1万字。（朱艳林）

【《汶川特大地震平武抗震救灾志》出版】 6月，四川省平武县志办编纂的《汶川特大地震平武抗震救灾志》由电子科技大学出版社出版。该志分概述、大事记、灾情、抢险救灾、赈灾、灾后重建等。全书117.2万字。（朱艳林）

【《“5·12”汶川特大地震南部县抗震救灾志》出版】 9月，“5·12”汶川特大地震南部县抗震救灾志编委会编纂的《"5·12"汶川特大地震南部县抗震救灾志》由中国文史出版社出版。该志除图片、凡例、目录、总述外，专设抗震救灾大事记、南部概况、抗震救灾、恢复重建、机关与企事业单位、乡镇6个部类。全书37.5万字。（朱艳林）

【《"5·12"汶川特大地震小金县抗震救灾志》出版】 10月，四川省小金县史志办编纂的《"5·12"汶川特大地震小金县抗震救灾志》由中国文史出版社出版。该志设图志、综述、大事记、地震灾害、抢险救灾、医疗防疫、社会赈灾、灾区生活、灾后重建、救灾和重建监管、宣传报道、英模人物、附录等13部分。全书67.2万字。（朱艳林）

【《"4·20"芦山强烈地震名山抗震救灾志》出版】 12月，四川省雅安市名山区志办编纂的《"4·20"芦山强烈地震名山抗震救灾志》由开明出版社出版。该志断限自2013年4月20日至2016年12月31日，设序、凡例、概述、大事记、灾情、抢险救灾、赈灾、次生灾害防治、医疗防疫、恢复重建、附录等。全书32万字。（朱艳林）

【《泸州市政协志（1991—2011）》出版】 6月，四川省泸州市政协办公室编纂的《泸州市政协志（1991—2011）》由方志出版社出版。该志记述1991年至2011年泸州市政协的历史和现状，以政协政治协商、民主监督、参政议政三大职能统揽全篇，创新政协志篇目结构，用最大篇幅记述泸州市政协履行三大职能的内容、形式。全书45万字。（朱艳林）

【《南充市地方志》出版】 12月，四川省南充市志办编纂的《南充市地方志》由方志出版社出版。该志除概述、大事记、附录外，设置了组织机构、志书编纂、年鉴编辑、地情资源开发利用、旧志整理、资料与信息工作、地方志学术研究、地方志工作管理、地方志工作荣誉、人物等10个大类。全书68万字。（朱艳林）

【《营山地方志》出版】 3月，四川省营山县志办编纂的《营山地方志》由重庆出版社出版。该志除概述、大事记、附录、后记外，分为工作机构、县志编纂、部门志编纂、专志编纂、乡镇村志编纂、年鉴编辑、家谱、地方志服务工作、旧志整理与研究、资料征集与管理、学术活动、地方志协会工作、地方志工作管理、人物简介等14章。全书30万字。

（朱艳林）

【《营山县农村信用合作社志》出版】 2月，四川省营山农村商业银行、营山县志办编纂的《营山县农村信用合作社志》由光明日报出版社出版。该志除概述、大事记、附录外，设置机构、业务经营、所有者权益、管理与监督、人力资源、党群工作、农村信用社改革、荣誉、人物等9篇34章。全书93万字。

（朱艳林）

【《宁南电力志（1957—2015）》出版】 11月，国家电网四川宁南县供电有限责任公司编纂的《宁南电力志（1957—2015）》由四川科学技术出版社出版。该志包括电力企业机构沿革、水能资源、主要电站建设、电力管理、电力生产类型、输电线路建设、变电站建设、电网调度管理、电力营销、专项工程建设、白鹤水电站、荣誉等。全书35.5万字。（朱艳林）

【《雷波县人大志（1950—2013）》出版】 5月，四川省雷波县人民代表大会常务委员会编纂的《雷波县人大志（1950—2013）》由白云出版社出版。该志按照志书横排门类，纵写历史的体例要求，大事记前设有序言、凡例、概述以及图片集成，大事记后以章、节为主。全书40万字。（朱艳林）

【《黔东南州特产志》出版】 5月，贵州省黔东南州志办、黔东南州开发研究促进会联合编纂的《黔东南州特产志》由云南科技出版社出版。该志分凡例、序言、概述、正文、后记5

个部分，正文设地标特产、民族特产、地方特产3个类别，详细记述黔东南特产名录260个。全书38万字。（贵州省志办）

【《茅台酒百年图志（1915—2015）》出版】 3月，中国贵州茅台酒厂（集体）有限责任公司主编、贵州省遵义市志办承编的《茅台酒百年图志（1915—2015）》由中央文献出版社出版。该志分卷首图照、凡例、序、概述、正文、人物、大事记、附录、编后记等9个部分，志书采取章节结构并附英文目录，正文设国际金奖、国家名片、悠久历史、发展历程、生产工艺、科学研究、产品销售、产权保护、设施建设、环境保护、党群工作、文化教育、社会责任、走向世界等14章，收录图照1000幅。全志20万字。（贵州省志办）

【《瓮安县国土资源志》出版】 11月，贵州省瓮安县国土资源志编委会编纂的《瓮安县国土资源志》由方志出版社出版。该志分序、凡例、卷首图照、概述、大事记、正文、附录、编后记8个部分，正文采用章节结构，分境域行政区划、地质地貌水文、土地资源、土地制度、矿产资源、土地矿产税费、国土资源规划、土地开发整治、耕地保护、地籍管理、建设用地管理、土地市场、矿产开发、矿业权管理、测绘管理、地质环境管理、国土资源执法监察、管理机构等18章。全书66万字。

（贵州省志办）

【《陇县中学校志（1939—2014）》出版】 1月，陕西省陇县中学校志编委会编纂的《陇县中学校志（1939—2014）》由陕西人民教育出版社出版。该志设大事记、概述和建制沿革、行政管理机构、党群组织、德育教育、教学工作、体美劳卫、教职工、学生、学校建设、后勤保障、对外交流、人物、荣誉等13章63节以及附录、编后记，全面记述陇县中学自1939年建校以来至2014年75年间的办学史实。全书42万字。（丁喜）

【《咸阳市妇女志（1990—2010）》出版】 7月，陕西省咸阳市妇联编纂的《咸阳市妇女志（1990—2010）》由陕西科技出版社出版。该志设概述、大事记、妇女状况、教育培训、参与社会、保健计生、权益维护、妇女运动、组织机构、人物和附录等8章25节，前置彩色图照113幅。全书33万字。（丁喜）

【《安康市盐业志》出版】 11月，陕西省安康市盐业志编委会编纂的《安康市盐业志》由三秦出版社出版。该志上限追溯到安康盐业起源，下限至2015年12月，除概述、大事记、附录外，分设12章。全书32万字。（丁喜）

【《咸阳市气象志（1988—2012）》出版】 11月，陕西省咸阳市气象志编委会编纂的《咸阳市气象志（1988—2012）》由气象出版社出版。该志设概述、大事记、气象要素、气象灾害、综合气象观测、气象预报、气象服务、雷电及雷电灾害预防、人工影响天气、气象通信与技术装备、气象管理、气象科研与科普、机构与队伍、人物和附录等12章55节，前置彩色图照60幅。全书25万字。（丁喜）

【《舟曲特大山洪泥石流抢险救灾和恢复重建志》出版】 12月，甘肃省舟曲特大山洪泥石流抢险救灾和恢复重建志编委会编纂的《舟曲特大山洪泥石流抢险救灾和恢复重建志》由甘肃文化出版社出版。该志设舟曲概况、灾情灾害、抢险救灾、灾区生活、医疗防疫、社会赈灾、灾后重建、表彰奖励等8编，辅以概述、大事记、附录等，以文为主，图照为辅，收录图照224幅。全书75万字。（梁兴明）

【《哈巴湖自然保护区志》出版】 12月，宁夏回族自治区哈巴湖国家级自然保护区管理局编纂的《哈巴湖自然保护区志》由中国文史出版社出版。该志上限自2006年2月保护区批准成立始，部分记载追溯到20世纪70年代末宁夏盐池机械化林场成立后30年；下限至2015年12月底，部分章节下限至2016年9月底。

全书分为概述、自然环境、自然资源、机构设置、管理体制、林业调查与规划、森林保护、森林培育及植被恢复、自然保护区建设、林业产业化建设、科技教育宣传、艺文、人物等11章及大事记、附录、附图等，客观记述保护区建立10年来在基础建设、资源保护、科研监测、宣传教育等方面取得的巨大成就。全书30万字。 （张明鹏）

【《彭阳县移民志》出版】 9月，宁夏回族自治区彭阳县党史方志委办公室编纂的《彭阳县移民志》由方志出版社出版。全志分为综述、大事记、古代移民、马家梁移民、红寺堡生态扶贫移民、生态移民、附录。上溯先秦，下至2015年年底，其中大事记从1983年彭阳县建立开始。全面记录彭阳古今移民，特别是彭阳建县以来向宁夏回族自治区内中宁县马家梁（大战场），吴忠市红寺堡区，银川市兴庆区、金凤区、西夏区及灵武市的三次较大规模的异地搬迁扶贫和生态移民。全书56万字。

（张明鹏）

【《银川艺文志》出版】 年内，宁夏回族自治区银川市志办编纂的《银川艺文志》由方志出版社出版。全志对银川地区古今文人作家创作的各种文学艺术作品及历代遗存的碑刻牌坊进行较为完整的收录。除古代艺文外，该书还重点收录银川市作家的作品，选录部分有代表性的著作、文章、诗词赋、文学作品并对作者进行简要介绍，其余列为题录或目录，集工具性与资料性于一体。全书50万字。 （张明鹏）

【《中国长城志》出版】 8月，《中国长城志》由江苏凤凰科学技术出版社出版。主编陈海燕、董耀会。该志分为《总述·大事记》《图志》《环境·经济·民族》《边镇·堡寨·关隘》《建筑》《遗址遗存（上下）》《军事》《文献（上下）》《文学艺术》《人物》10卷12册，是对历代长城进行的一次全面、深入、细致的研究和总结。全书2200万字。

（《中国长城志》编辑部）

旧志整理与出版

·工作开展

【河北省旧志整理进展】　年内，河北省石家庄市共完成16部旧志整理工作，包括正德《赵州志》刻本、康熙《赵州志》抄本、康熙《无极县志》刻本、康熙《晋州志》抄本、道光《栾城县志》刻本、同治《栾城县志》刻本、康熙《高邑县志》刻本、康熙《高邑县志》抄本、嘉庆《高邑县志》刻本、民国《高邑县志》铅印本、乾隆《新乐县志》刻本、同治《续修束鹿县志》刻本、乾隆《行唐县志》刻本、光绪《获鹿县志》刻本、清《获鹿县乡土志》抄本、民国《平山县志料集》铅印本等。　(魏铁军)

【辽宁省旧志整理进展】　年内，辽宁省庄河市史志办针对《庄河旧志》1921年版、1934年版进行修订注解，朝阳县将该县中华人民共和国成立后首部县志《朝阳县志（1932—1958年)》重新整理出版。　(杜祥武)

【吉林省旧志整理进展】　年内，吉林省方志馆整理《井陉县志》《乐亭县志》《宝坻县志》《鸡泽县志》《安广县乡土志》5套，收集《赵州志》《浪穹县志》《罗城县志》《续修嵩明州志》《陆凉州志》等旧志电子版50余部。截至年底，吉林省方志馆收藏吉林省及省外旧方志复制本200种1050册；收集整理馆藏志书电子版1750余部。　(刘士宏　李刚)

【黑龙江省旧志整理进展】年内，黑龙江省志办在海内外征集《黑龙江历代方志集成》底本16部。截至年底，累计征集到底本82部。以国家图书馆所藏《黑龙江志稿》（1932年版）为原本，出版100部线装影印本。　(由岳峰)

【江苏省旧志整理进展】　年内，《江苏艺文志》编纂工作取得新进展。截至年底，已落实13卷的负责人，完成80%的初稿。清乾隆《江南通志》完成全部点校工作，进入校对环节。昆山市志办启动《昆新两县续补合志》整理校对工作。镇江市史志办启动《光绪丹徒县志》点校整理工作。民国《瑞安县志稿》完成5卷排版工作。民国《永康县志》纂辑工作启动。龙游县委办公室、县政府办公室印发《〈龙游文库〉编纂方案》，《龙游文库》编纂工作启动。计划点校整理各种旧志，初步选定旧籍4种，分别为万历《龙游县志》、康熙《龙游县志》、民国《龙游县志》（初稿）、民国《龙游县志》。台州市志办标注的明弘治《赤城新志》交付出版，启动清雍正《浙江通志·台州府志》整理工作；仙居县志办编印出版康熙《仙居县志》(点校本、影印本)；天台县志办重新全面修订康熙《天台县志》。

(周文燕)

【安徽省旧志整理进展】　年内，安徽省95部旧志整理规划稳步推进。亳州市志办完成清乾隆三年《亳州志》点校任务，着手筹划点校清顺治《亳州志》。宿州市志办将国内现存的6部宿州旧志全部搜集齐全，完成明嘉靖《宿州志》点校出版。阜阳市志办收集留存在世的8部旧志，开展点校工作。宣城市志办点校出版明嘉靖《宁国府志》。黄山市志办推进清道光《徽州府志》点校出版工作。淮北市志办编纂

《淮北旧志辑考》工具书。颍上县志办影印出版民国《颍上县志》。《杏花村志》（点校本）进入审稿阶段。（史五一）

【福建省旧志整理进展】 年内，福建省各地旧志整理工作顺利推进。7月，民国版《连江县志》内部出版。漳州市方志委点校的明嘉靖《龙溪县志》送中华书局出版；云霄县方志委组织成立专业编审小组，搜集并整理出版旧志4部，点校印制台湾成文出版社出版的民国增修本《云霄厅志》（内刊）400册，点校整理印制国家图书馆藏《云霄厅志》（厅署木刻藏版）400册（内刊），点校整理完成清乾隆云霄籍渡台人士陈梦林编纂的台湾《诸罗县志》，校勘印制民国版《云霄县志》400册（内刊），并出版电子版。至年底，云霄县旧志出版印制工作全部完成。平和县方志委翻印出版康熙五十八年（1719）版《平和县志》。泉州市方志委加快乾隆初刻版《泉州府志》点校重刊工作；明嘉靖、清康熙、清乾隆、清乾隆续志、清同治、民国《德化县志》等6部旧县志整理出版工作列入《闽台历代方志集成》项目；惠安县志办3本旧《惠安县志》出版；晋江市志办出版《晋江文库》系列。龙岩市新罗区志办启动明嘉靖版《龙岩县志》点校工作；永定区方志委完成清康熙、清乾隆、清道光和民国等4部旧志出版，其中民国《永定县志》由永定区方志委点校、省方志委整理，厦门大学出版社出版，全书75万字，为福建旧方志丛书之一；上杭县志办出版乾隆版《上杭县志》；武平县志办出版康熙《武平县志》；连城县志办出版乾隆、民国《连城县志》。平潭综合实验区党史方志研究中心完成民国《平潭县志》点校工作。（福建省方志委）

【山东省旧志整理进展】 年内，山东省史志办制定实施全省旧志整理“十三五”规划，启动《山东省历代方志集成》整理项目，以现行的山东省行政区划为卷名进行分册出版，统一编序、统一开本、统一装帧、统一体例、统一版式。年内，完成《山东省历代方志集成》（府州志）以及《山东省历代方志集成》省卷和济南卷的整理出版工作。9月，省史志办组织人员赴英国、德国就历史文化研究与合作、搜集山东旧志等问题进行考察。

（山东省史志办）

【河南省旧志整理进展】 年内，河南旧志整理工作扎实推进。10月，《河南历代方志集成》省志卷275册出版。开封市《开封历代方志集成》《开封历史文献丛书》重点项目整理编纂进展良好，明嘉靖二十五年（1546）版《杞县志》《万历开封府志校注》《东京梦华录补注》、清嘉庆《洧川县志》、清光绪《洧川乡土志》出版。洛阳市史志办搜集整理影印出版包括历代旧志在内的珍贵历史文献28部（44种）36函223册1000余万字。驻马店市史志办整理的明万历《汝南志》出版。商丘市史志办启动《商丘历史文献丛书》编辑工作。虞城县志办整理清乾隆八年（1743）《虞城县志》标注本，宁陵县志办整理出版清光绪十九年（1893）、清宣统三年（1911）以及民国时期的3部《宁陵县志》。南阳市方城县志办申请经费100万元用于4部旧志整理出版工作。9月，杞县史志办选送的《〈杞乘〉译注》获河南省第九届社会科学普及优秀作品特等奖。

（程茜　汪朝霞）

【湖北省旧志整理进展】 年内，湖北省旧志整理工作取得新进展。十堰市志办点校的清康熙《郧阳府志》、监利县志办整理的清同治《监利县志》出版。黄冈市志办整理的明清共5部《黄州府志》点校本进入出版程序，黄梅县志办完成清顺治《黄梅县志》、乾隆《黄梅县志》、光绪《黄梅县志》出版，编纂完成《古迹名胜志》《黄梅姓氏志》《历代入志诗文辑录》。宜昌市志办完成清同治《宜昌府志》校注工作。荆州市志办开展明万历《荆州府志》点校整理。竹山县志办完成清乾隆《竹山县志》影印工作，启动清咸丰、同治《竹山县志》整理校注工作。竹溪县志办完成清同治《竹溪县志》校注工作，送交出版。来凤县志

办对清乾隆、同治《来凤县志》等旧志进行整理。（湖北省志办）

【湖南省旧志整理进展】 年内，湖南省各市州志办整理旧志工作成果丰硕。长沙市志办整理出版明嘉靖《长沙府志》点校版。衡阳市志办通过挖掘衡阳现存5部《衡州府志》及境内各县30余部旧志中关于清官能吏的历史记载，启动编写《衡阳古代清官能吏选记》。邵阳市志办开展清光绪《邵阳县志》点注工作。郴州市志办积极开展旧志整理、重印工作。宜章县志办完成《赤石区志》《石虎山志》等旧志的整理、校注和重印，启动清嘉庆《宜章县志》点校重印工作。安仁县志办在完成清同治《安仁县志》点校任务后，完成清嘉庆《安仁县志》点校。怀化市芷江县史志办整理出版清同治《沅州府志》《芷江县志》。湘西州志办先后对《古丈坪厅志》《永绥厅志》《凤凰厅志》等旧志进行校勘、注释、整理。（杨帆）

【广西壮族自治区旧志整理进展】 年内，广西壮族自治区志办推进古籍旧志整理工作，完成嘉庆《广西通志》、康熙《上思州志》、民国《柳江县志》、乾隆《平南县志》等4部旧志整理影印出版，完成民国《广西通志稿》（共18册）8册的一校审核和6册的二校工作，指导崇左、象州等志办开展旧志整理工作；上林县志办影印出版民国《上林县志》；崇左市志办开展万历《太平府志》、雍正《太平府志》抢救整理出版工作；河池市志办指导环江县志办整理民国《宜北县志》，凤山县志办完成民国《凤山县志》点校整理出版工作；贺州市志办正在整理民国《信都县志》，并指导八步区志办启动清光绪《贺县志》整理工作；钟山县志办启动整理民国《钟山县志》。此外，灵山县志办影印点校清雍正《灵山县志》。

（韦晓　刘妍　覃志婷　周珍朱）

【云南省旧志整理进展】 年内，云南省整理出版《永平旧志汇编》、清康熙《富民县志》、清康熙《嵩明州志（校注本）》、清乾隆《永昌府志（点校）》。部分州（市）开展旧志普查工作，编制旧志目录；部分州（市）与高校、科研机构合作进行旧志研究和汇编专题资料。（赵芳）

【陕西省旧志整理进展】 年内，陕西省积极开展旧志整理工作。整理出版明嘉靖《耀州志》、明成化《三原县志》、清光绪《佛坪厅志》、明万历《富平县志》、清雍正《安定县志》、清道光《安定县志》、清乾隆《怀远县志》、清道光《怀远县志》等旧志8部。

（丁喜）

·旧志出版

【《朝阳县志（1932—1958年）》出版】 12月，辽宁省朝阳县志办组织整理的《朝阳县志（1932—1958年）》出版。该志成稿于1959年10月，记录朝阳县1932年至1958年经济、社会、文化等各方面发展状况。（杜祥武）

【清光绪《吉林通志》影印出版】 12月，吉林省志办组织整理的清光绪《吉林通志》线装影印出版。该志为清长顺、讷钦修，李桂林、顾云纂，存抄本、刻本两种版本，朱丝兰抄本成书于光绪二十二年（1896），刻本于光绪二十六年刊行，6函49册（含图1册）。该志122卷、约147万字。卷目有圣训志、天章志、大事志、沿革志、舆地志、食货志、经制志、学校志、武备志、职官志、人物志、金石志、志余等。（刘士宏）

【《黑龙江志稿》影印出版】 5月，黑龙江省志办整理的《黑龙江志稿》影印本由方志出版社出版。该志系黑龙江省志办以国家图书馆所藏1932年《黑龙江志稿》（1949年河北省武强县贺培新捐赠）为底本整理而成。《黑龙江志稿》由万福麟监修，张伯英总纂，原本起印于1932年，1933年印讫，线装排印，4函32册。（由岳峰）

【民国《瑷珲县志》再版】 10月，黑龙江省黑河市爱辉区志办整理的民国九年（1920）《瑷珲县志》再版。该志由库玛尔路协领许希廉编纂，分为礼集、义集、廉集和耻集4册，上限自事物发端，下限为1920年，记述瑷珲地理、政务、交通、外交、武事等内容，40余万字，采用宣纸铅字印刷。（由岳峰）

【《江苏历代方志名胜图选》出版】 12月，江苏省志办选编的《江苏历代方志名胜图选》由凤凰出版社出版。全书1函4册，仿古线装，宣纸印刷。该书从江苏历代旧志中选辑名胜图300余幅，以江苏省现行行政区划划分单元编排，涵盖现行江苏13个设区市，后附泗州。（周文燕）

【清顺治《续吴江县志》整理出版】 9月，江苏省苏州市吴江区志办组织校注编辑、陈其弟点校的顺治《续吴江县志》由广陵书社出版。该志上接嘉靖《吴江县志》，下接康熙《吴江县志》，分为建置志、典礼志、官政志、人物志、薛凤昌识5个部分。该志内容以人物为重点，记载吴江县人物、人口以及有关家族史等方面内容。（周文燕）

【民国《吴县志》重印】 年内，江苏省苏州市志办整理的民国《吴县志》影印出版。该志下限为清宣统三年（1911），体例仿照章学诚《湖北通志稿》，采用纲目体，总计80卷，首版于民国二十二年（1933）。曾收入1991年江苏古籍出版社《中国地方志集成·江苏府县志辑》，四拼缩小影印。此次重印改正明显讹误之处，同时替换部分难以辨识的内容。每套5函40册。（周文燕）

【清康熙《於潜县志》乾隆重刻本影印出版】 1月，浙江省临安市整理的清康熙《於潜县志》乾隆重刻本影印出版。该志是临安市旧志影印工程完成的第三本县志。该志设图考、舆地志、建置志、财赋志、秩官志、选举志、人物志、艺文志、杂志8卷。该志编纂完成于康熙十二年（1673），由知县赵之珩主持，何尔彬、章国佐编纂，乾隆三十一年（1766）由知县陈泰年据原本重梓。影印工作参照前例，用宣纸印刷，配以绫面，外加函套，1函4册，总印数500套。（刘金炎）

【明嘉靖《奉化县图志》影印出版】 5月，浙江省奉化市档案馆整理的明嘉靖《奉化县图志》影印出版。该志修于明嘉靖十一年（1532），钱璠主修，谢瀶、倪复主纂，共4册12卷，系目前存世最早的奉化志书。影印本以上海图书馆收藏的善本胶片为底本，经处理后编印成册，缺失部分采用旧抄本补充。（高曙明）

【清康熙《雁苍山志》影印出版】 年内，浙江省宁海县梅林街道整理的清康熙《雁苍山志》影印出版。该志成书于康熙十六年（1677），林友王编纂，共10卷，是当时编修康熙《宁海县志》重要组成部分。该志前设山图、志序、志叙，分山胜、刹宇、祖系、法要、檀护、古迹、灵异、法产、题咏、撰述等，记述雁苍山及其周边村落变迁等。（高曙明）

【明正德《嘉善县志》影印出版】 年内，浙江省嘉善县史志办整理的明正德《嘉善县志》由中华书局影印出版。该志由时任嘉善知县倪玑主持编纂，王鏊为其书作序。书成于明正德十二年（1517），是嘉善建县后的第一部志书，记述建县87年间的建制沿革、经济发展、文化风俗等情况。全志共4册，列6卷、25目。（嘉兴市志办）

【明万历《嘉善县志》影印出版】 年内，浙江省嘉善县史志办整理的明万历《嘉善县志》由中华书局影印出版。该志由时任嘉善知县章士雅主持重修，书成于万历二十四年（1596）。该志由思想家袁黄及邑生盛唐主笔，又聘顾自新、李自芳等8位地方名士同纂。全志列12卷、9志、8图及25分区图，分52目。原书共

12 册，影印本合为 6 册。（嘉兴市志办）

【清雍正《续修嘉善县志》影印出版】 年内，浙江省嘉善县史志办整理的清雍正《续修嘉善县志》由中华书局影印出版。该志以浙江省图书馆藏本为蓝本，参阅台湾“故宫博物院”藏本，增补钱元佑的《续修嘉善县志后序》。该志编纂于清雍正十二年（1734），由知县戈鸣岐、罗绪先后纂修。（嘉兴市志办）

【清光绪《嘉善县志》点校本出版】 年内，浙江省嘉善县史志办编注的清光绪《嘉善县志》点校本（上下册）由中华书局出版。该志由江峰青重修，顾福仁总纂。光绪十八年（1892）起修，十九年成书，二十年刊印，是嘉善历代县志中资料最为详尽的志书，记载嘉善置县以后 464 年间嘉善县事的发生发展、兴衰起落情况。全书设 36 卷、10 志、35 图，分 64 目，共 16 册。点校、编注工作于 2014 年 6 月启动，以民国七年（1918）重印的光绪《嘉善县志》为底本，共 16 册，约 180 万字。

（嘉兴市志办）

【《海宁历代碑记》点校本出版】 12 月，浙江省海宁市档案局（史志办）整理的《海宁历代碑记》点校本由浙江古籍出版社出版。该书以《海宁州志稿》为基础，并参考《海昌备志》《古安国寺志》《硖川续志》《海昌观》、部分家谱及图书馆、博物馆碑石、拓本藏品等予以增补。全书收录碑记 378 篇，其中录唐代 18 篇、宋代 51 篇、元代 21 篇、明代 144 篇、清代 139 篇、近代 5 篇。（嘉兴市志办）

【清乾隆《海盐县续图经》影印出版】 9 月，浙江省海盐县史志办整理的清乾隆《海盐县续图经》由西泠印社影印出版。该志由王如珪编，陈世倕、钱元昌纂，编纂于乾隆十二年（1747），记载明天启至清乾隆十二年 120 余年间之事。该志篇目仿照明胡震亨编纂的《海盐县图经》，并将清代彭孙贻、童申祉、杨鼎编纂的志稿删定增补，增加 70 余年的史事，历时一年成书。海盐县史志办以县博物馆所藏清乾隆十三年刊本为底本，并参考哈佛大学图书馆（pdf 版）藏本，对残缺部分进行描补，对漫漶部分进行修复。全书 6 册 7 卷，约 40 万字。（嘉兴市志办）

【《光绪〈上虞县志〉校续点校本》出版】 10 月，浙江省绍兴市上虞区委党史研究室整理的《光绪〈上虞县志〉校续点校本》由中国文史出版社出版。该志由储家藻修，徐致靖纂。该志全 2 册，凡 50 卷、卷首卷末各 1 卷，分方舆、沿革、职官、选举、列传、舆地、食货、建置、学校、武备、经籍、金石、杂志及文征 14 类，其体例多仿正志或前志。此外，该志凡例颇详，共例 18 条，概说各门类编纂方法。全书 90 余万字。（绍兴市志办）

【民国《龙游县志》影印重刊交付出版】 10 月，民国《龙游县志》影印重刊工作启动，年底交付出版。该志始修于民国十年（1921），民国十四年修成，铅印本线装，16 册，存本尚多。余绍宋、祝康祺纂修。该志分正志 23 卷，附志 17 卷，卷首卷末各 1 卷，合计 42 卷。该志上限起于事物发端，下限为 1911 年年底。

（衢州市志办）

【民国《花山志》点校出版】 年内，民国《花山志》点校本由中国广播影视出版社出版。该志由赵佩茳编，共 9 卷，专志花山之形胜风物，分为山水志、人物志、古迹志、艺文志等部分，于 1940 年出版。王英础点校。点校本与温岭市文联诗词家协会主席张岳新编的《花山续志》合为《花山全志》出版。

（台州市志办）

【清康熙《仙居县志》点校本、影印本出版】 年内，浙江省仙居县志办整理的清康熙《仙居县志》点校本、影印本由中华书局出版。该志始编于康熙十二年（1673），至康熙十七年告成。郑录勋主修，张徽谟、张明焜参纂。全志 30 卷，详尽记述仙居从有历史记载至清

2000多年的疆域、地理、历史、政治、经济、人物、风俗、灾异等发展和变迁。

（台州市志办）

【清道光重修版《巢县志》点校出版】 10月，安徽省巢湖市志办组织点校整理的清道光重修版《巢县志》由黄山书社出版。该志系清代学者舒梦龄编纂，共20卷，设序、凡例、疆域图、城池图、附录、跋，详细记述巢县及有关巢县的山川地理、典章制度、历史人物、社会风俗。全书近30万字。（章慧丽）

【清乾隆《霍邱县志》影印出版】 6月，安徽省霍邱县志办整理的清乾隆《霍邱县志》内部影印出版。该志12卷，刻于乾隆三十九年（1774），收录地图4幅，内容涉及历史、地理、人文、风俗、政治、经济等各方面内容。

（史五一）

【民国《颍上县志》影印出版】 8月，张星桥主编的民国《颍上县志》由黄山书社影印出版。此次出版的《颍上县志》仅包含颍上县档案馆保存的《大事记》《民族书》《舆地书上》《舆地书下》《水系》《实业书》《列传下》等，其余的内容已不知下落。（史五一）

【清康熙《平和县志》重印出版】 1月，福建省方志委整理的福建旧方志丛书清康熙《平和县志》由福建人民出版社出版。该志共12卷首1卷，首次将物产入志，较完整地保存平和地方史料。（福建省方志委）

【民国《福建通志》点校本出版】 9月，福建省方志委组织点校整理的民国《福建通志》由方志出版社出版。该志共设32大类，有总卷51卷、分卷611卷。全志以民国二十七年（1938）版《福建通志》1982年重印本为底本，选择民国十一年刊本《福建新通志》等互校，以尽量保持旧志底本原貌为原则，采用繁体竖排的形式排版，历时十余载完成。

（福建省方志委）

【明崇祯《长乐县志》出版】 10月，福建省长乐县志办组织整理的明崇祯《长乐县志》由厦门大学出版社出版。该志由夏允彝主持纂修。原志包括序、凡例、修志姓氏、目录、县治图与海防图、志6部分，其中志分为封域志、经略志、官师志、食货志、祀典志、崇教志、人物志、选举志、存往志、艺文志、丛谈志11卷。（福建省方志委）

【清乾隆《连江县志》点校出版】 10月，郭庭平点校的清乾隆《连江县志》由鹭江出版社出版。全书采用点校版和原版合并一册的形式。该志肇纂于乾隆五年（1740），戚弢言、王子鑑、陈鹏南负责总修，孙发曾总辑。全书共13卷，30多万字。（福建省方志委）

【明万历、清康熙《大田县志》出版】 10月，福建省大田县志办组织点校的明万历、清康熙《大田县志》由厦门大学出版社出版。其中明万历志31卷、清康熙志10卷，全书约30万字。（福建省方志委）

【《闽台历代方志集成》“福建省志辑”“台湾志书辑”出版】 10月，《闽台历代方志集成》“福建省志辑”“台湾志书辑”由社会科学文献出版社出版。“福建省志辑”收录明弘治年间至1949年前编纂刊印的省级综合志书8部、图志3部，共98册；“台湾志书辑”收录清初至光绪二十一年（1895）前台湾编纂刊行的志书40部、图志1部，共40册。两辑志书的整理均采取多种志书版本比对修版、系统汇辑的方式进行。（福建省方志委）

【清光绪《吉安府志》出版】 1月，江西省吉安市志办编辑，汪泰荣负责点校整理的光绪《吉安府志》由中华书局出版。该志分上、中、下3册，共53卷，包括地理志、建置志、秩官志等11个卷目152个子目，记载吉安自先秦至光绪元年的自然、区划、经济等各方面的情况。

（朱岳）

【明嘉靖《东乡县志》出版】 1月，江西省东乡县志办整理的明嘉靖《东乡县志》（点校注释本）由三秦出版社出版。该志为东乡建县后首部县级志书。此次校释依据1963年上海书店影印本。卷首由序、县表、绘图组成，分卷上卷下共28篇，志书分建置区划、地理水利、墟市土产、户口力役、职制贡赋、武备风俗、名宦人物、古迹著述等篇，记述东乡县建县的历史原因、曲折过程以及明朝中晚期东乡县的地情、民情、政情。全书约28万字。

（朱岳）

【《山东省历代方志集成》（府州志）出版】 1月，山东省史志办整理的《山东省历代方志集成》（府州志）由齐鲁书社影印出版。该丛书精选中华人民共和国成立前国内外的珍贵府志、州志31种，共计46函275册，1300余万字。（山东省史志办）

【清乾隆《曹州府志》点校本出版】 1月，山东省菏泽市史志办组织点校的清乾隆《曹州府志》由中国文史出版社出版。该志由周尚质主修、刘藻编纂。全书共22卷，60万字。

（山东省史志办）

【清光绪《费县志》出版】 1月，山东省费县史志办整理的清光绪《费县志》由中国国际文化出版社出版。该志成书于光绪二十五年（1899），先后由李敬修、陈爰等主修，内容涉及疆域、山川、人口，交通、文化、风俗、金石等。全书36万字。（山东省史志办）

【清光绪《平阴县志》出版】 2月，山东省平阴县史志办组织点校的清光绪《平阴县志》由中国文史出版社出版。李伯齐、杜泽逊、王洲明、刘书龙等参与点校、审稿。该志始修于光绪二十年（1894），成书于光绪二十一年。全书共8卷，23万字。（山东省史志办）

【《山东青州府临淄县乡土志》出版】 9月，山东省淄博市临淄区史志办公室校注的《山东青州府临淄县乡土志》由方志出版社出版。该志是临淄仅存的一部乡土旧志，编写于光绪三十四年（1908）。书稿写成后只誊抄上报，并未刊行。全书分历史、政绩录、兵事录、耆旧录、人类、户口、氏族、宗教、实业、地理、山水、道路、物产商务等15门。

（山东省史志办）

【《利津县旧志集成》出版】 10月，山东省利津县志办整理的《利津县旧志集成》由线装书局出版。此次整理包括清康熙十二年（1673）《利津县新志》、乾隆二十三年（1758）《利津县续志》、乾隆三十五年《利津县志补》、光绪九年（1883）《利津县志》、民国二十四年（1935）《利津县续志》5部。全书共1600余页，150余万字。（山东省史志办）

【清乾隆《虞城县志》（标注本）出版】 2月，魏峨整理的清乾隆《虞城县志》（标注本）由中州古籍出版社出版。该书由张元鉴、蒋光祖修，沈俨纂。此次整理以乾隆八年（1743）刊本为底本，参考光绪二十一年（1895）刊本。全书共10卷，33万字。（汪朝霞）

【《河南历代方志集成》（省志卷）出版】 10月，河南省史志办牵头编纂的《河南历代方志集成》（省志卷）由大象出版社影印出版。该项目收辑现存中华人民共和国成立以前的河南通志、府（州）志、县志、乡土志约600种，包括初刻本、善本、孤本，以及部分稿本、抄本，共275册，收录志书31种。（程茜）

【清康熙《郧阳府志》（校注本）出版】 4月，湖北省十堰市志办整理的清康熙《郧阳府志》（校注本）由长江出版社出版。该志以康熙十九年（1680）刘作霖纂修、杨廷耀续成并刊刻的《湖广郧阳府志》为底本整理而成。志篇各自为门类，不分纲目。门类表述以郧阳府为总，分述属县。卷首为序言、图经，卷之一至卷之二十八为总考、星野、城池、形势（附山水）、公署、秩官、学校、祠祀、风俗、兵

政、物产、赋役等，卷之二十九至四十二为艺文，分敕、赋、词、歌、铭等13类。全书共42卷，26万余字。（范锐超）

【清同治《监利县志》出版】 10月，湖北省监利县史志办整理的清同治《监利县志》由长江出版社出版。该志以清同治十一年（1872）刊本为底本，内容、编次、版式皆一如原本，未作增删调整。该志设方舆、营建、江防、田赋、学校、职官、兵防、风土、选举、人物、艺文共11卷。全书1函4册，33万字。

（湖北省志办）

【清嘉庆《广西通志》出版】 3月，广西古籍丛书编辑委员会、广西壮族自治区志办整理的清嘉庆《广西通志》由广西人民出版社影印出版。该志由谢启昆修、胡虔等纂，成书于嘉庆六年（1801），共280卷，同年刊刻。全书采用纪传体，分为典、表、略、录、传五大类，共设训典、沿革、职官、选举、封建、舆地、山川、金石、胜迹、宦绩、谪宦、列传等16门。此次整理以嘉庆六年刻本为底本，并以同治四年（1865）补刊本和光绪三十三年（1907）再补刊本参校。全书278万字。

（覃志婷　周珍朱）

【清康熙《上思州志》出版】 年内，广西古籍编辑委员会、广西壮族自治区志办、上思县志办整理的清康熙《上思州志》由广西人民出版社出版。该志由戴梦熊修、唐炅绪纂，共4卷，44目，包括图考、沿革、方产、风俗、建置、田赋、学校、铺舍、艺文等内容。全书约8万字。（覃志婷　周珍朱）

【民国《柳江县志》出版】 年内，广西古籍编辑委员会、广西壮族自治区志办、柳州市志办整理的民国《柳江县志》由广西人民出版社出版。该志共9卷，分别从地理、民族、经政、人物、著述、石刻、古迹、名胜、文征等反映柳江县社会状况。全书约35万字。

（韦晓　刘妍）

【清乾隆《平南县志》出版】 年内，广西古籍丛书编辑委员会、广西壮族自治区志办、贵港市志办、平南县志办整理的清乾隆《平南县志》由广西人民出版社出版。该志由李仲良修、玉星烛纂，共8卷首1卷，从舆图、沿革、疆域、民赋、学校、祠祀、军政、名宦、诸蛮、艺文等反映平南社会状况。全书约12万字。

（韦晓　刘妍）

【清康熙《昌化县志》点校整理出版】 10月，海南省昌江县志办整理的清康熙《昌化县志》（点校译注修订版）由方志出版社出版。该志由符世明点校译注，谢志勇主编、总校审。此次整理以康熙三十年（1691）校正重刊的《昌化县志》为底本，并以明正德《琼台志》以及清光绪《昌化县志》等海南各地方志校对补正。全书分篇（段）进行标点和译注，每篇（段）后，先注释后翻译（简单的内容则省略不译），诗歌则作简析。全书35.3万字。

（陈家传）

【民国《南川县志》影印出版】 4月，重庆市南川区党史与方志办整理的民国《南川县志》由中国文史出版社影印出版。该志分14卷共13本，卷一方域、卷二建置、卷三职官、卷四食货、卷五礼仪、卷六风土、卷七学校、卷八选举、卷九兵防、卷十公善、卷十一人物、卷十二艺文、卷十三前事、卷十四杂述。全书约50万字。（马必波）

【清光绪《丰都县志》整理出版】 11月，重庆市丰都县档案局联合四川省天隆文化传播有限公司整理的光绪《丰都县志》由中国文史出版社出版。该志分卷首、卷一、卷二、卷三、卷四（上、下）共6本。全书约20万字。

（杨佳音　王尔欢）

【《四川历代方志集成》（第三辑）出版】 4月，四川省志办整理的《四川历代方志集成》（第三辑）由国家图书馆出版社出版。该辑共

收录自贡市、遂宁市、内江市、乐山市、南充市、宜宾市、雅安市、资阳市 8 个市的旧志 30 册 91 部。（朱丹）

【《西康通志稿》出版】 12 月，四川省志办编纂的《西康通志稿》由方志出版社出版。主编马小彬。该书稿来源于 20 世纪 40 年代的《西康通志》，原规划为 81 个分卷，存卷仅有 4 篇 15 卷，因存稿多为初稿，故称为《西康通志稿》。该书含西康通志撰修纲要 1 卷、交通志 4 卷（内列道路、关隘、渡口、桥梁）、社团志、农牧志、物产志、议会志、选举志、职官志、武卫志、司法志、财赋志、水利志、工商志、教育志、医方志各 1 卷，宗教志（上、下）2 卷。全书 110 万余字。（朱丹）

【《迪山日记》出版】 10 月，四川省志办整理的《迪山日记》由中国文史出版社出版。作者陈光前。该书记述起于光绪三十二年（1906 年），止于 1932 年，记述当时的政治时事、经济政策、教育文化、风俗习惯、文物土特产等各方面内容。（朱丹）

【《蜀藏》首发】 1 月 18 日，首届《华阳国志》学术研讨会暨《蜀藏》首发式在成都举行。成都市志办、四川大学历史地理研究所联合编纂的《蜀藏》由成都时代出版社出版。该书全套 800 册，分经学、文学、史学、子学、文集、山水、名胜、旅游、丛书等 23 编，包括《巴蜀珍稀名胜古迹文献汇刊》《巴蜀珍稀舆地文献汇刊》《巴蜀珍稀山水文献汇刊》《巴蜀珍稀旅游文献汇刊》《巴蜀珍稀方志文献汇刊》等，汇集从汉代到民国时期的文献资料。全套书 2 亿字。（成都市志办）

【清雍正《广安州志》出版】 12 月，四川省广安市志办点校的清雍正《广安州志》由线装书局出版。该志底本为雍正十一年（1733）刻本，曹蕴锦修，李源长等纂。全书共 4 册 8 卷，设置舆地类、建置类、食货类、秩官类、选举类、人文类、艺文类、考志类等。（朱丹）

【清乾隆《广安州志》出版】 12 月，四川省广安市志办点校的清乾隆《广安州志》由线装书局出版。该志以乾隆三十四年（1769）刻本为底本，由陆良瑜修，邓时敏纂。全书共 4 册，分 13 卷，设置图考、星野、舆地、建置、食货、学校、礼制、兵制、秩官、选举、人物、祥异、艺文等。（朱丹）

【清嘉庆《中江县志》出版】 9 月，四川省中江县方志委点校的清嘉庆《中江县志》由四川科学技术出版社出版。该志由钟力生、李昌文总编，王承军整理。全书 23 万字。（朱丹）

【民国《中江县志》出版】 9 月，四川省中江县方志委整理的民国《中江县志》由四川科学技术出版社出版。为方便读者使用，在图片选配上适当增加民国十九年（1930）以后不是原书附图的图片 60 余幅。该志共 24 卷，全书 75 万字。（朱丹）

【清光绪《雷波厅志》出版】 12 月，四川省雷波县党史与方志办校注的清光绪《雷波厅志》由线装书局出版。秦云龙总纂，万科进纂修，张延林校注。原书共 6 册，36 卷，第一卷为序言、姓氏、凡例、目录、图考、星野、建置、疆域、乡市、山川、水利，第二卷为城池、公署、关隘、津梁、职官、户口、田赋、鬻政、仓储，第三卷为学校、典礼、祀典、祠庙，第四卷为选举、人物、忠节、烈女，第五卷为兵制、团练、边防上，第六卷为边防下、土司、厂务、风俗、物产、古迹、祥异、杂类，另配有分野图、天文图、黄琅图、山棱岗图、参署图、学宫图、城池图等。全书 30 万字。（朱丹）

【清光绪《名山县志》出版】 2 月，四川省雅安市名山区志办整理校注的清光绪《名山县志》由开明出版社出版。沈仕林校注主笔。

《名山县志》是名山留存旧志中年代最早的，并且保留蒙山茶文化信息相当丰富。名山区志办对《名山县志》校注本校注时出现的错误进行整理修改，涉及义项190处。（朱丹）

【清咸丰《天全州志》出版】 11月，四川省天全县志办整理校订的清咸丰《天全州志》由开明出版社出版。该志据原华西大学所藏清咸丰八年（1858）《天全州志》州署藏版全本影印件为底本，经标点、校正，并将其与历代正史所涉及的天全史料汇集成册。（朱丹）

【《贵州历代方志集成》出版】 12月，贵州省地方志编委会主编的《贵州历代方志集成》由中国文史出版社影印出版。该书包括明代至民国期间贵州省范围内刊印的通志、府志、州志、县志、乡土志、图志等，共计137部。全书按所属地域和编修年代编排，同一地域内按编修年代顺序编排。全书60卷。

（贵州省志办）

【清康熙《路南州志》整理出版】 12月，云南省石林县史志办整理的清康熙《路南州志》由云南人民出版社出版。金廷献编纂，康熙五十一年（1712）刊印出版。新整理本采用原文影印、简体标点、校注同页对照的方式进行整理排版。（字应军）

【明万历《富平县志》出版】 1月，陕西省志办组织整理的明万历十二年（1584）《富平县志》由三秦出版社出版。徐朋彪校注。该志被列入“陕西历代旧志文库”“富平旧志校注丛书”两种丛书之中。此次校注以《中国西北稀见方志续集》中所载录的清乾隆四十三年（1778）重刻《富平县志》为底本，又参校明万历《富平县志》、明嘉靖《耀州志》、清乾隆五年《富平县志》、清乾隆四十三年《富平县志》、清光绪《富平县志稿》诸本，择善而从。全书25万字。（丁喜）

【清光绪《佛坪厅志》校注出版】 5月，陕西省佛坪县志办校注整理的《佛坪厅志》由西安出版社出版。此次整理以清光绪九年（1813）《佛坪厅志》为底本，同时参考清光绪《佛坪乡土志》、民国十八年（1929）《佛坪县志》进行校注，标点断句、注释勘误、补充史料，旧校注本、新校注与影印本前后对应。全书10万字。（丁喜）

【乾隆《银川小志》（文白对照本）出版】 年内，宁夏回族自治区银川市志办整理编纂的乾隆《银川小志》（文白对照本）由方志出版社出版。该志修成于1755年，是清代宁夏第一部志书，共设疆域、星野、山川、水利等22个类目，体例完善，诸图汇集。全书30万字。（张明鹏）

年鉴编纂与出版

· 年鉴创刊

【《北京年鉴简本（2015）》创刊出版】 5月，北京年鉴社编纂的《北京年鉴简本（2015）》出版。该简本大幅压缩《北京年鉴（2015）》的篇幅，涵盖《北京年鉴》所有栏目，每个栏目只保留该行业年度重要的大事要闻、重要数据以及重要事件。全书10万字。（姜坤）

【《漠河年鉴（2015）》创刊出版】 11月，黑龙江省漠河县志办编纂的《漠河年鉴（2015）》由黑龙江省人民出版社出版。该卷年鉴综合反映2015年度内漠河县政治、经济、文化、社会发展等各领域取得的成就。全书43万字。

（由岳峰）

【《姑苏年鉴（2013）》创刊出版】 5月，江苏省苏州市姑苏区地方志编委会编纂的《姑苏年鉴（2013）》由古吴轩出版社出版。2012年10月，苏州撤沧浪区、平江区、金阊区3区，置姑苏区。该卷年鉴记述2012年1月至10月25日平江、沧浪、金阊三区的内容，以及2012年10月26日至12月31日姑苏区的情况。分篇目、类目、分目、条目4个层次，设特载、综览、政治、经济、文化、社会、名城保护、街道、大事记和附录10篇、29个类目。

（朱崇飞）

【《平潭年鉴（2015）》创刊出版】 5月，福建省平潭综合实验区党工委、管委会主办，区党史方志研究中心编纂的《平潭年鉴（2015）》由海峡书局出版。该卷年鉴设特载、专文、大事记、区情概貌、实验区党工委、人大、实验区管委会、政协、民主党派与工商联、人民团体和社会团体、对外及侨港澳台事务、政法、国防建设、综合经济管理、财政税务、农村经济、工业、城市建设与管理、环境保护、建筑房地产业、交通、邮政通信与信息化建设、口岸、园区建设、服务业、对外及港澳台经济贸易、金融业、科学技术、教育、文化传媒、卫生体育、旅游、社会民生、片区乡镇、人物、文件选编等类目。全书46万字。

（福建省方志委）

【《莒县年鉴（2016）》创刊出版】 11月，山东省莒县史志办编纂的《莒县年鉴（2016）》由中国古籍文物出版社出版。该卷年鉴设类目22个，116个条目，彩页8页，随文图片436幅。全书约65万字。（李坤）

【《山东中小企业年鉴（2016）》创刊出版】 10月，山东省中小企业局主编的《山东中小企业年鉴（2016）》由中国文史出版社出版。该卷年鉴设各市中小企业改革与发展、创新创业、产业聚集、互联网+、公共服务、培训咨询、经贸合作、调研宣传、机构设置、企业风采、重要文献、领导讲话、大事记、附录14个类目，收录部分市、县（市、区）发展中小企业的经验与做法，选介一批产业集群和特色产业镇、创新创业、公共服务的典型单位和优秀中小企业。全书170万字。

（吴亮）

【《山东气象年鉴（2016）》创刊出版】 11月，山东省气象局主办的《山东气象年鉴

(2016)》由中国文化出版社出版。该卷年鉴设特载、气象工作情况、各市气象局工作情况、各直属单位工作情况、全省天气气候综述与影响评价、重大气象服务事例选编、统计资料7个栏目，主要记载上年度全省气象部门的业务、科研、教育等方面的基本情况，以及全省气候综述、气象服务等内容。全书21万字。

（孙杰）

【《光明年鉴（2015）》正本、简本创刊出版】 6月30日，广东省深圳市光明新区工作委员会、区管理委员会主管，区综合办公室编纂的《光明年鉴（2015）》由深圳报业集团出版社出版。8月，《光明年鉴（2015）》简本出版。该卷简本设大事记、总述、特色光明等18个类目，图片43幅。全书18.5万字。

（广东省志办）

【《东莞市工商行政管理年鉴（2011—2015）》创刊出版】 5月，广东省东莞市志办编纂的《东莞市工商行政管理年鉴（2011—2015）》出版。该卷年鉴设东莞工商之最、特辑、商事制度改革特载、专文、东莞市工商行政管理概述、机构职能情况、市场主体登记管理、企业监督管理、经济检查、市场管理、合同管理、商标管理、广告管理、法制工作、纪检监察、文化建设、信息化工作、人事管理、党群组织、基层分局、理论研讨、典型案例、统计资料、媒体视角、大事记和附录等26个类目，377个条目。全书61万余字。 （广东省志办）

【《海南年鉴（2016）》（英文简本）创刊出版】 12月，海南省政府主管、《海南年鉴》编委会主编的《海南年鉴（2016）》（英文简本）由海南年鉴社出版。该简本设海南概况、经济建设、政治建设、文化建设、社会建设、生态文明建设、大事记、附录8个类目。全书15万字。

（李鑫）

【《噶尔年鉴（2016）》创刊出版】 年内，西藏自治区噶尔县委员会办公室主办、县志办编纂的《噶尔年鉴（2016）》由西藏人民出版社出版。该卷年鉴采用分类编辑法，设特载、大事记、综述、政治、人民团体、法治、军事、经济和社会事业、乡（镇）、机构和负责人、先进名录、统计资料等类目，图片105幅。随书赠送电子光盘。全书30万字。

（王梅杰）

【《曲麻莱年鉴（2016）》创刊出版】 8月，青海省曲麻莱县政府主管、主办，县志办编纂的《曲麻莱年鉴（2016）》由中国文史出版社出版。该卷年鉴框架采取分卷编辑法，设特载、专记、曲麻莱大事、县情概览、组织机构与领导名录、文明曲麻莱建设、富裕曲麻莱建设、生态曲麻莱建设、安全曲麻莱建设、幸福曲麻莱建设、和谐曲麻莱建设，乡镇简况、曲麻莱人物、附录14个类目。 （马渊）

·年鉴选介

【《天津区县年鉴（2016）》】 12月，天津市政府主办、市志办编纂的《天津区县年鉴（2016）》由天津社会科学院出版社出版。该卷年鉴设特载、特辑、专文、专记、天津概况、滨海新区、中心城区、环城四区、远郊区县、人物、统计资料、附录、索引13个类目，配随文照片256幅。将天津市域地图、中心城区地图、滨海新区地图以折页形式放在书后，在彩版部分增加“十二五”看天津板块、“区县风采”栏目对照片精选、“地方志工作剪影”栏目；增加“专记”类，刊载天津港“8·12”特别重大火灾爆炸事故处置情况；“人物”类以简介形式介绍全国道德模范、全国劳动模范、全国先进工作者等先进模范人物，刊登“8·12”事故遇难人员名单、烈士名单和市委追授天津市优秀共产党员称号人员名单。全书93万余字。

（张岩）

【《滨海新区年鉴（2016）》】 年内，天津市滨海新区政府主持编纂的《滨海新区年鉴（2016）》出版。该卷年鉴设41个类目，将文献改为特载，记述内容也相应增加。增加专记类目，记述京津冀协同发展、自贸区挂牌运行等内容。配随文照片 133 幅，彩版照片 58 幅。全书 100 万字。（张岩）

【《张家口年鉴（2016）》】 12 月，河北省张家口市政府主办、市志办编纂的《张家口年鉴（2016）》由九州出版社出版。该卷年鉴辑录 2015 年张家口市社会各方面的基本情况和年度大事、要事、新事、特事。全书 112 万字。（康卓）

【《清河年鉴（2015）》】 12 月，河北省清河县志办编纂的《清河年鉴（2015）》由中国文史出版社出版。该卷年鉴记载 2015 年度清河县自然、政治、经济、文化、社会等各个方面的情况。全书 73.8 万字。（康卓）

【《山西年鉴（2016）》】 年内，山西省志办编纂的《山西年鉴（2016）》由方志出版社出版。该卷年鉴设 38 个类目、193 个分目、99 个次分目、1849 个条目。在保持历年相对稳定的基础上，调整充实"法治""住房和城乡建设 环境保护""卫生 体育"3 个类目，新增设"专记""重要文献""转型综改试验区"类目。图片 208 幅，统计图表 75 张。全书 146 万字。（武岭）

【《太原年鉴（2016）》】 年内，山西省太原市志办编纂的《太原年鉴（2016）》由三晋出版社出版。该卷年鉴设 34 个类目、141 个分目、64 个次分目和 2100 个条目，随文插图 96 幅、统计表 44 张。首次采用仿真阅览的方式，将 2012 年至 2016 年的年鉴集成电子版，随书发行。全书 127 万字。（武岭）

【《沈阳综合年鉴（2016）》】 11 月，辽宁省沈阳市志办编纂的《沈阳综合年鉴（2016）》由沈阳出版社出版。该卷年鉴首次采用四色印刷，增设法治、外事等栏目。全书 100 余万字。（梁忠音）

【《大连年鉴（2016）》】 12 月，辽宁省大连市志办编纂的《大连年鉴（2016）》出版。该卷年鉴设特载、概貌、中共大连市委员会、大连市人民代表大会、大连市人民政府、政协大连市委员会、中共大连市纪律检查委员会、民主党派·人民团体、法制、军事、农业、工业、建筑业·房地产业、城市建设与管理、环境保护、交通·邮政、信息业、商贸服务业、会展·广告、旅游业、对外经济贸易、国内经济合作、口岸·海关、财政·税务、金融业、经济管理与监督、科学技术、社会科学、教育、文化、卫生·计划生育、体育、社会保障、社会生活、对外开放先导区、区市县、人物、大事记、社会统计资料和附录等类目；下设分目 227 个条目 1908 个，收录表格 162 张，图片 213 幅。全书 147 万字。（梁忠音）

【《抚顺年鉴（2016）》】 11 月，辽宁省抚顺市志办编纂的《抚顺年鉴（2016）》由辽宁民族出版社出版。该卷年鉴较上一年在卷首增加彩版行政区划图、数字抚顺专页；附录增加抚顺友好城市、友好合作关系城市、市级以上非物质文化遗产名录、市级以上文物保护单位、国家 3A 级以上旅游景区、十佳旅行社、地理标志保护产品、地理标志商标、中国名牌产品、辽宁名牌产品、抚顺名牌产品等栏目；卷尾增加彩版市街区图；篇后增加索引；增加随文图片 50 幅。全书 140 万字。（梁忠音）

【《铁岭年鉴（2016）》】 12 月，辽宁省铁岭市志办编纂的《铁岭年鉴（2016）》由辽宁民族出版社出版。该卷年鉴在"开发区"类目中增设铁岭凡河新区的内容。在"企事业单位选介"类目中，增设曙光农牧集团、国能昌图生物发电有限公司、辽宁三浦汽车电子有限公司等条目。全书 100 万字。（梁忠音）

【《吉林年鉴（2016）》】 11 月，吉林省地方志编委会编纂的《吉林年鉴（2016）》出版。该卷年鉴设精彩吉林、大事记、概况、政治、法治、军事、经济调节与监管、经济建设、科技教育、文化·卫生·体育、社会·生活、市县概况、人物、文献、附录和今日吉林等16个类目，下设109个分目433个栏目2826个条目。在卷首用32个彩版集中反映党和国家领导人在吉林省考察的情况及吉林省经济社会发展主要指标、纪念抗日战争暨世界反法西斯战争胜利70周年、“东北最美高铁”投入运营、“吉林一号”卫星发射成功、“感动吉林”十大人物等方面的大事、新事；在“概况”类目中，增加对物产的记述；在“法治”类目中，增加仲裁的内容；在经济建设类目中，增加吉林大米、文化产业、物流配送的记述；在“社会生活”中，增加农民工、网络购物的记述；将书中表格和图片编入索引中。（闫佳函）

【《梅河口年鉴（2016）》】 12月，吉林省梅河口市地方志编委会编纂的《梅河口年鉴（2016）》由吉林文史出版社出版。该卷年鉴设卷前彩页、专文、大事记、概况、中国共产党梅河口市委员会、梅河口市人民代表大会常务委员会梅河口市人民政府、中国人民政治协商会议梅河口市委员会、中国共产党梅河口市纪律检查委员会、民主党派 工商联 人民团体、法治、地方军事、吉林梅河口经济开发区、工业、农业、城乡建设与管理、商贸 服务、旅游、交通 物流、供电 邮政 通信、金融业、综合经济管理、教育 科技 气象、文化、体育、卫生、社会 民生、乡镇 街道、人物、文献、附录等类目，随文图片149幅，表格24张。全书67万字。（闫佳函）

【《珲春年鉴（2016）》】 12月，吉林省珲春市地方志编委会编纂的《珲春年鉴（2016）》由吉林文史出版社出版。该卷年鉴设大事记、概览、中共珲春市委员会、珲春市人民代表大会常务委员会、珲春市人民政府、中国人民政治协商会议吉林省珲春市委员会、中共珲春市纪律检查委员会、社会团体、法治、地方军事、工业、农业、旅游、城乡建设、交通·邮政·通信、金融、珲春边境经济合作区、经济调节与监管、教育·气象、文化·出版·广电、卫生和计划生育、乡（镇）街道、人物、文献、附录、索引、英文目录、俄文目录和朝文目录等类目。全书60万字。（闫佳函）

【《江源年鉴（2016）》】 12月，吉林省白山市江源区志办编纂的《江源年鉴（2016）》由吉林文史出版社出版。该卷年鉴设专辑、大事记、江源概览、中国共产党江源区委员会、江源区人民代表大会常务委员会、江源区人民政府、中国人民政治协商会议白山市江源区委员会、民主党派·工商联、人民团体、军事、法治、农业、工业、松花石产业、交通·邮政·供电、信息产业、城建·环保、金融、综合经济管理、教育·科学·气象、社会生活、镇·街、重点村（社区）、表彰奖励、人物、文献、附录和索引等类目，下设182个分目1136个条目，图片193幅。（闫佳函）

【《“感动吉林”人物评选年鉴（2015）》】 5月，吉林年鉴编委会编纂的《“感动吉林”人物评选年鉴（2015）》由吉林文史出版社出版。该书用年鉴形式记述“感动吉林”人物事迹。全书10万字。（闫佳函）

【《黑龙江年鉴（2015）》】 10月，黑龙江省志办编纂的《黑龙江年鉴（2015）》由《黑龙江年鉴》编辑部出版。该卷年鉴是《黑龙江年鉴》主办权移交黑龙江省志办后出版的第一部年鉴。该卷年鉴设特载、专记、大事记、省情概览、中共黑龙江省委员会、黑龙江省人民代表大会、黑龙江省人民政府、政协黑龙江省委员会、纪检监察、民主党派与工商联、群众团体、法治、军事、综合经济管理、农业、工业、城乡建设·环境保护、交通·邮政、信息业、商贸服务业、金融、开发区、旅游、黑龙江省属大型企业、教育、科学技术、社会科学、文化、档案·党史·地方志、卫生和计划生育、体育、社会生活、市（地）建设、人物、附录等类目，下设373个分目2666个条目。

（由岳峰）

【《哈尔滨年鉴（2016）》】 11月，黑龙江省哈尔滨市志办编纂的《哈尔滨年鉴（2016）》出版。该卷年鉴是哈尔滨年鉴社整建制划归哈尔滨市志办后出版的第一部年鉴。设特载、概貌、区县（市）概况、党政机关等类目31个，下设分目233个，条目1396个。在“特载”类目中，增加哈尔滨市“十三五”规划纲要选题。在“概貌”类目中，对历史概述条目重新撰写，增加“十二五”经济社会发展成就等内容，“组织机构及负责人”栏目采取照片与简历相结合的形式。设置哈尔滨市获得的荣誉、今日哈尔滨、“十二五”时期经济社会发展回顾、践行“一带一路”倡议、第二届中国—俄罗斯博览会、纪念中国人民抗日战争暨世界反法西斯战争胜利70周年、路桥建设、哈尔滨大剧院、哈尔滨主题公园、修志掠影、区县（市）风采、《哈尔滨年鉴》创刊30年等图片专辑。图片版数由上部的16版增至48版。全书117万字。（由岳峰）

【《伊春年鉴（2016）》】 12月，黑龙江省伊春市地方志编委员会编纂的《伊春年鉴（2016）》由黑龙江人民出版社出版。该卷年鉴设特载、大事记、市情总述、支柱产业、政治、武装、政法、城市建设·环境保护、交通·邮电、农业、林业、工业、国内外贸易、招商引资、财政·税收、金融·证券·保险、经济管理、教育、科学技术、文化、体育·卫生、社会生活、县（市）区（局）、人物、统计资料、附录等类目。全书65万字。

（由岳峰）

【《黑河年鉴（2016）》】 12月，黑龙江省黑河市志办编纂的《黑河年鉴（2016）》由中州古籍出版社出版。该卷年鉴设特载、大事记、概况、政治、军事、政法、经济综合管理、农业·农垦·林业、工业、城乡建设·环境保护、交通·邮电、金融·保险、口岸·贸易·旅游、社会事业、县（市、区）及部分乡镇概况、人物、附录17个类目。全书85万字。

（由岳峰）

【《上海年鉴（2016）》】 年内，《上海年鉴》编辑部编纂的《上海年鉴（2016）》出版。该卷年鉴设“中国（上海）自由贸易试验区建设”和“加快建设具有全球影响力的科技创新中心”特记，在“申城速览”集中列置科技创新指标板块。刊载“上海创新社会治理、加强基层建设”“上海‘十二五’时期经济社会发展”等，“图录上海”“闸北老街区”“申城老洋房”等图片专辑。该卷年鉴在中国上海网站和上海通网站全文发布，并投放到上海市各级图书馆和社区文化中心供市民查阅。（孙长青）

【《江苏年鉴（2016）》】 12月，江苏年鉴杂志社编纂的《江苏年鉴（2016）》出版。该卷年鉴是创刊以来的第31卷。设图片专题、特载、重要文献、大事纪要、省情概览、政治、法治、公共管理、经济结构、制造业、服务业、农业、开放型经济、境外交流、基础设施、城乡发展、区域发展、生态环境、科学技术、教育、文化艺术、大众传媒、医疗卫生、体育、人力资源、收入与消费、社会保障、公共安全、军事、市县建设、附录、索引等类目，下设条目2137个，收录表格、名录等280个，随文图片261幅。全书180万字。

（朱崇飞）

【《鼓楼年鉴（2016）》】 10月，江苏省南京市鼓楼区志办编纂的《鼓楼年鉴（2016）》由方志出版社出版。该卷年鉴设特载、专记、区情概览、都市建设、产业板块、服务业、经济管理、教育、科技、文化、公共服务、社会治理、机关团体、街道社区、人物、大事记、附录、索引等类目。框架设计突出鼓楼特色，设“产业板块”类目，下设下关滨江商务区等7个分目。彩图26版，设置“践行社会主义核心价值观”“纪念抗战胜利70周年”专题彩页内容。随文图照82幅，表格79张。全书52万字。（朱崇飞）

【《连云港年鉴（2016）》】 10月，江苏省连云港市志办编纂的《连云港年鉴（2016）》由江苏人民出版社出版。该卷年鉴是创刊以来的第18卷。设总述、政治建设、对外开放与合作、产业经济、城乡统筹发展、生态建设、社会事业、人民生活、区县建设、人物、附录等11编，下设类目41个，分目298个，条目1209个，随文图照266幅，表格99张。框架设计继续彰显地方特色，设置“一带一路”交汇点建设、沿海开发、海滨城市建设、海洋经济等类目。设置“生态建设”编和社会保障类目。随书的电子光盘收录纸质本内容和录影像版大事记。 （朱崇飞）

【《淮安年鉴（2016）》】 11月，江苏省淮安市志办编纂的《淮安年鉴（2016）》由方志出版社出版。该卷年鉴是创刊以来的第22卷。设图片专题、特载、文献、生态家园、基础设施、产业经济、公共服务、社会保障、公共管理、法治军事、地方组织机构、县区概况、人物、大事记、附录、索引等类目。收录图照320幅，表格50张。该卷年鉴设置“‘十二五’回眸”图片专题，增设“文献”类目，将重要文献与特载分开，将“市情概览”改为“运河之都”，增加“文化”类目。设“台资高地打造”“宁淮挂钩合作”等特色栏目。年鉴的封面重新设计。 （朱崇飞）

【《杭州年鉴（2016）》】 12月，浙江省杭州市志办编纂的《杭州年鉴（2016）》由方志出版社出版。该卷年鉴按分类法编辑，设类目42个，分目264个，条目2635个、图照341幅、表格110张。该卷年鉴在保持常规性内容基本稳定的基础上，增加年度热点和具有杭州特色的内容：围绕“两会两区”“创业创新”的主题，卷首彩页用图片生动反映；“特辑”类目专设分目集中记载，百科类目分散记述；“国家级开发区·产业平台”增加杭州城西科创产业集聚区、杭州大江东产业集聚区内容；“信息经济”增加云计算和大数据产业、物联网产业、信息软件产业、机器人产业、信息安全产业等分目，容量增加一倍；“法治”类目增加法治政府建设分目；“交通运输·邮政”增加快递物流的内容；“社会科学”类目增加杭州特色研究的内容。封面坚持蓝天白云的基调，采用G20杭州峰会主会场——杭州国际博览中心的航拍照片。前后环衬分别增加“十二五时期杭州获得的主要荣誉”和“杭州年鉴创刊30周年”专题。类目栏头照片融合“江、河、湖、海、溪”五水共导的杭州元素。（蔡建明）

【《宁波年鉴（2016）》】 10月，浙江省宁波市志办编纂的《宁波年鉴（2016）》由宁波出版社出版。该卷年鉴采用分类编辑法，设类目、分目、条目3个层次，有正文类目35个，附属栏目6个，分目294个，条目1666个，表格93张，随文插图179幅。“专记”类目安排全面深化改革、国家新型城镇化综合试点、五水共治、法治宁波建设、保险创新综合示范区建设5项年度特色内容。“区县（市）”类目新设卫星城条目。全书140万字。 （高曙明）

【《海宁年鉴（2016）》】 11月，浙江省海宁市委市政府主办、市史志编委会编纂的《海宁年鉴（2016）》由方志出版社出版。该卷年鉴设特载、专文、大事记、海宁概貌、农业、工业、皮革、经济开发区、商贸·服务、开放型经济、财政·税务、金融、经济管理与监督、科学技术、交通·邮政·通信、水利·海塘、市政公用事业、城乡建设与管理、建筑业·房地产业、生态环境、旅游、中共海宁市委员会、海宁市人民代表大会常务委员会、海宁市人民政府、政协海宁市委员会、民主党派与工商联、人民团体、法治、武装、教育、文化、体育、传媒、卫生、社会生活、镇·街道、名录、统计资料、文件选编、附录等类目，下设243个分目1017个条目，配图片130幅，表格92张。全书85.1万字。 （嘉兴市志办）

【《杭州文化年鉴（2015）》】 12月，浙江省杭州市委宣传部和市志办联合编纂的《杭州文化年鉴（2015）》由新华出版社出版。该卷年鉴分卷首、特辑、总述、正文、大事记、文选、附录7大部分，涵盖文化体制、新闻传媒、文化产业、文化人物等23个专题。设类目28个，分目149个，条目2062个、资料171条、彩页图照48幅、随文图照160幅、表格21张，并附有“杭州文化地图”拉页2幅。全书130万字。（高丹）

【《合肥年鉴（2016）》】 11月，安徽省合肥市志办编纂的《合肥年鉴（2016）》由黄山书社出版。该卷年鉴是自2000年创刊以来连续编纂出版的第17卷。卷首页以图片的形式反映上年度合肥政治、经济、文化、社会等方面的大事要事。卷中框架结构分为类目、分目、条目3个层次，设类目35个分目260个条目1100个，收录图片110多幅。全书117万字。（田文）

【《福州年鉴（2016）》】 10月，福建省福州市方志委编纂的《福州年鉴（2016）》由方志出版社出版。该卷年鉴对类目进行优化设置，针对2015年的年度大事要闻，新增相关资料。整合“特载”“专文”类目内容，增设“专题”类目，集中反映2015年福州市重大事件，收录福州新区、中国（福建）自由贸易试验区福州片区、海上丝绸之路等内容；整合“邮政通信与政府信息化建设”“交通”类目，拆分“卫生　体育”类目。首次随书附赠光盘并继续在福州地情网上发布。（福建省方志委）

【《三明年鉴（2016）》】 12月，福建省三明市方志委编纂的《三明年鉴（2016）》由方志出版社出版。该卷年鉴设类目34个分目257个条目1981个，分为三大板块，卷首设特载、三明朱子（闽学）文化品牌建设专记、大事记、市情总貌；主体部分以各类事业条目和各县（市、区）概况条目为主要信息和基本内容；卷末设名录、附录（统计资料、重要文件选刊、索引）。（福建省方志委）

【《海沧年鉴（2016）》】 10月，福建省厦门市海沧区政府主办、区志办编纂的《海沧年鉴（2016）》由中华书局出版。该卷年鉴采取类目、栏目、分目、条目4级框架结构。卷首设特载、专记、大事记、区情概况，辑录中共厦门市海沧区委和区人大、区政府、区政协的工作报告，海沧台商投资区专记，海沧区2015年度的大事和要事；卷中为主体部分，设城建·环保、中共地方组织、人大·政府·政协、民主党派·群众团体、政法·军事、农业·水利、工业·商贸·服务业、交通·邮政·通信、财政·税务·金融、经济管理与监督、教育·科技、文化·旅游、卫生·体育、社会·民生、街道、人物·名录等16个类目；卷尾设附录和索引，收录重要文献和区委、区政府主要文件目录，市级以上新闻媒体关于海沧的新闻报道目录，检索目录。全书74.3万字。（郑欣）

【《江西年鉴（2016）》】 10月，江西省政府主办、省志办编纂的《江西年鉴（2016）》出版。该卷年鉴内容分为综合情况、动态信息和辅助资料三大部分，设49个类目。“年度要览”在政治、经济、文化、社会、生态五大版块下紧扣年度特色设立专题，如纪念抗日战争胜利70周年、全面参与“一带一路”建设、南昌汉代海昏侯国遗址考古发掘等。“专记”收录《江西省开展“三严三实”专题教育活动纪略》和《江西省整体推进国有林场改革纪略》两篇专文。全书173万字。（朱岳）

【《山东年鉴（2016）》】 6月，山东省史志办编纂的《山东年鉴（2016）》由山东年鉴社出版。该卷年鉴是《山东年鉴》自1987年创刊以来的第30卷年鉴。设特载、大事记、山东概况等32个栏目。设置省领导活动图片专版，收录42名省领导2015年度围绕省委、省政府的中心工作调研活动照片，增设组织机构和负责人专栏，收录107个单位和1000多名领导名单，使用10个二维码，收录视频和一次性文献资料，插入随文图片140幅，运用表格示意

图110张。全书125万字。（李坤）

【《济南年鉴（2016）》】 8月，山东省济南市年鉴编委会编纂的《济南年鉴（2016）》出版。该卷年鉴是创刊以来连续出版的第28卷。设25个类目，有图片近200幅、图表近50张。在精编精校、美化版式设计的同时，调整类目框架，将“治安·司法”类目扩充调整为“法治”类目。全书95万字。（胡映雪）

【《天桥年鉴（2016）》】 年内，山东省济南市天桥区政府主办、区史志办编纂的《天桥年鉴》由中国文史出版社出版。该卷年鉴设23个栏目，卷首彩页紧紧围绕区委、区政府中心工作，除设置时政图片外，增加天桥境内旅游风景区、旧城改造等图片专栏；增加正文图片数量，图文并茂地展现天桥区新发展、新变化；调整版式，增大字号，调整行距。（孙杰）

【《青岛年鉴（2016）》】 8月，山东省青岛市史志办主办、青岛年鉴社编纂的《青岛年鉴（2016）》出版。该卷年鉴设特载、市情综述、2015年大事记、政治、经济事务管理等22个类目。全书128万字。（李坤）

【《东营年鉴（2016）》】 年内，山东省东营市政府主办、市史志办编纂的《东营年鉴（2016）》由中华书局出版。该卷年鉴设35个类目，图片236幅，表格113张。在坚持上卷基本框架不变的基础上，对部分类目进行调整，将原有类目“司法”改名为“法治”，原“东营市政府”类目下的“法治工作”移为“法治”类目下之“法治政府建设”；将原有“黄河河务”类目改名为“黄河口”；首次为基层单位申办地理标志证明商标提供支持，在“农业”类目收录特产选介“利津大米”。全书116万字。（李坤）

【《河南年鉴（2016）》】 10月，河南省政府办公厅主管、省史志办主办、河南年鉴社编辑的《河南年鉴（2016）》出版。该卷年鉴采用分类编辑法，以篇目为单元，下设类目、分目、条目。设特载、概览、政治、军事、法治、基础产业、现代农业、新型工业、建设环保、商务、旅游、财税金融、经济管理、教育科学、文化、社会事业、市县概况、附录等18个类目。首次实施双色印刷，圆脊。首次以口袋书的形式推出《河南年鉴（简本）》。全书180万字。（马俊明）

【《驻马店年鉴（2016）》】 12月，河南省驻马店市政府主办、市史志办编纂的《驻马店年鉴（2016）》由方志出版社出版。该卷年鉴分为解读天中、年度进展、统计数据三大板块。“年度进展”部分结合地方特色和部门实际，及时更新栏目设置，分为11个部类，占全书62%。“统计数据”部分使用历代地图史料和现实照片资料。封面装帧和版式设计风格独特美观。（马俊明）

【《鹤壁年鉴（2016）》】 10月，河南省鹤壁市政府主办、市史志办编纂的《鹤壁年鉴（2016）》由中州古籍出版社出版。该卷年鉴设有特载、市情概览、要闻·要事、大事记、人物等33个类目，下设分目150余个，条目1500余个，配发图片330余幅。全书110万字。（马俊明）

【《焦作年鉴（2016）》】 9月，河南省焦作市政府主办、市史志办编纂的《焦作年鉴（2016）》由中州古籍出版社出版。该卷年鉴设特载、市情概览、区域特色、大事记、市委、市纪检委、市人大、市政府、市政协、民主党派工商联、群众团体、人民武装、法制、工业和信息化产业、农业水利、商务、旅游产业、城建环保、交通邮政、财政税务、金融业、经济监督管理、科学技术、教育、文化、医疗卫生、体育、社会生活、县市区概况、人物、文献法规等栏目，图片千余幅。其电子稿已载入焦作地情网。全书140余万字。（马俊明）

【《平顶山年鉴（2016）》】 5月，河南省平顶山市政府主办、平顶山市史志办编纂的《平顶山年鉴（2016）》由中州古籍出版社出版。该卷年鉴分类目、分目、条目三个主体层次，设25个类目，大16开本，图文并茂，全彩印刷。卷首设中英文目录，卷末附索引，以便读者查阅。同步推出电子书形式的网络版年鉴，平顶山地情网年鉴库可下载。全书103万字。

（汪朝霞）

【《湖北年鉴（2016）》】 9月，湖北省地方志编委会编纂的《湖北年鉴（2016）》由湖北人民出版社出版。该卷年鉴设2059个条目，图片72张。内容分综合信息、分类信息和其他资料，综合信息设年度关注、特载、省情概览、经济社会发展战略四部分，分类信息设经济、政治、文化、社会、生态文明五大部分，其他资料设地区经济社会发展、企事业单位选介、经济和社会发展统计资料及附录。书后附全书内容索引，并附电子光盘。全书185万字。

（湖北省志办）

【《武汉年鉴（2016）》】 11月，湖北省武汉市志办编纂的《武汉年鉴（2016）》出版。该卷年鉴在保持地方特色和年鉴编纂规范化基础上，进一步加大信息含量，增加表格和随文图片，设类目35个，刊载随文图片347幅、表格165张，风貌图片由16页增加到24页；采用全彩印刷，封面设计进行调整。全书140万字。

（邹璇）

【《襄阳年鉴（2016）》】 11月，湖北省襄阳市委、市政府主管，市志办编纂的《襄阳年鉴（2016）》出版。该卷年鉴采用分类编辑法，由类目、分目、条目3个层次组成。设特载、大事记、襄阳综述、工业经济、农业农村经济、交通·邮电、住房和城乡建设·环境保护、商贸、财政·税务·金融、经济监督管理、组织机构及其领导名单、中共襄阳市委员会、襄阳市人民代表大会、襄阳市人民政府、政协襄阳市委员会、中共襄阳市纪律检查委员会、民主党派·工商联·群众团体、军事·政法、科技·教育、卫生和计划生育、文化·新闻出版·旅游·体育、社会民生、城区·开发区、县（市）、人物·先进集体、附录等26个类目。该卷年鉴设领导调研、卫生城市创建、第二届汉江流域（襄阳）农业博览会、数说“十二五”、精彩“十二五”等专题。全书130万字。

（湖北省志办）

【《点军年鉴（2016）》】 12月，宜昌市点军区委、区政府主办，点军区史志办编纂的《点军年鉴（2016）》由三峡电子音像出版社出版。该卷年鉴设年度关注、聚焦点军、大事记等29个栏目，有中文目录、索引及电子光盘。全书45.5万字。

（湖北省志办）

【《公安年鉴（2016）》】 12月，湖北省公安县委、县政府主办，县档案史志局编纂的《公安年鉴（2016）》由长江出版社出版。该卷年鉴设特载、公安综述、年度关注、2015年大事记、专文、政治、农业、经济综合管理、财政、税务、审计、金融、科学技术、教育、文化、体育、旅游、新闻出版、广电传媒、卫生和计划生育、社会生活、乡镇概况、人物、统计资料和附录等27个部类，分目200余个，条目1000余个。配发随文图片100幅、宏观图片23幅、彩图40页。全书76万字。

（湖北省志办）

【《武汉城市圈年鉴（2015）》】 9月，湖北省武汉市志办主编，黄石市、鄂州市、孝感市、黄冈市、咸宁市、仙桃市、潜江市、天门市志办协编的《武汉城市圈年鉴（2015）》由武汉出版社出版。该卷年鉴设武汉城市圈风貌、综述、基本情况、重要会议和重要活动、改革开放、开发区建设、工业、农业、城乡建设、现代服务业、财政税务、社会事业、人民生活、市辖区（市、县）概况、武汉城市圈论坛、2014年武汉城市圈大事记16个类目，830个条目，图片258幅，表格34张。卷末设索引。全书130万字。

（邹璇）

【《湖南年鉴（2016）》】 11月，湖南年鉴社编纂的《湖南年鉴（2016）》出版。该卷年鉴设立32个类目，卷首有湖南省行政区划略图1幅，统计示意图1幅以及公益宣传性质彩色专版图片22幅，卷末设主题索引。“湖南概况”类目人口·语言分目改为人口，固定资产投资改为固定资产投资和消费；“政治”类目湖南省人民政府分目下增设扶贫开发工作，增设人力资源和社会保障；“综合监督管理”类目增设食品药品监督分目；“工业”部类中黄金工业升为分目，取消石油化学工业、冶金工业、建材工业；社会福利事业条目调到“社会生活”类目；“人物”类目增设湖南省2015年度当选的中国科学院院士中国工程院院士、湖南省第五届全国道德模范、湖南省第五届全国道德模范提名奖获得者分目；对附录内容进行调整。全书195.2万字。 （刘运华）

【《广东年鉴（2016）》】 11月，广东省政府主管、广东年鉴社编纂的《广东年鉴（2016）》出版。该卷年鉴设有15个类目、106个分目，比上年增加31个，增设“全面深化改革”“海洋经济”等分目；有239个次分目，比上年增加10个，增设人大立法、政府法治、劳动人事争议调解仲裁、城镇化等次分目；有2017个条目，比上年增加214个。突出反映“十二五”时期全省经济社会发展成就、实施创新驱动发展战略、广东自贸区改革创新、公务用车制度改革、全省实现县县通高速公路等年度热点。彩图专辑呈现广东十大最美森林、广东十大最美湿地。随书配套出版电子版（光盘）。全部内容在广东省情网上刊登。全书175万字。 （广东省志办）

【《广州年鉴（2016）》】 11月，广东省广州市政府主管、市志办主办、广州年鉴社编纂的《广州年鉴（2016）》出版。该卷年鉴设概貌、“十二五”时期经济社会发展情况、特色广州、年度入载地方志十件大事、大事记、党政机关、社会团体、法治、军事、经济监督管理、财政·税务、工业、商贸流通和服务业、金融业、农业、交通运输和邮政业、信息业、城市建设、环境保护、建筑和房地产业、旅游业、对外经济贸易、民营经济、科学技术、社会科学、教育、文化、传媒、卫生·体育、社会民生、市辖区、人物、经济社会统计资料、文献法规等类目，下设条目2000多个。全书180万字。 （贺坤）

【《广州年鉴（2015）》（英文版）】 6月，广东省广州市政府主管、市志办主办、广州年鉴社编纂的《广州年鉴（2015）》（英文版）公开出版。该卷年鉴选取《广州年鉴（2015）》中文版中反映广州地区经济社会发展状况的重点和亮点内容精心编译而成。设市情概貌、经济社会发展概述、年度要事、大事记、经济建设、政治建设、文化建设、社会建设、生态文明建设等9个部分。全书60万字。 （贺坤）

【《深圳年鉴（2016）》】 12月，广东省深圳市委主管、市史志办编纂的《深圳年鉴（2016）》出版。该卷年鉴设42个类目300余个分目（比上年增加12个）2200余个条目（比上年增加190余个），页码566页。该卷年鉴在上一卷基础上，增加无人机产业、节能环保产业、电子商务业、自媒体等新兴产业和行业内容；以独立分目形式收录记载在全国引发广泛关注的光明“12·20”特大滑坡事故内容。全书共147.6万字。 （深圳市史志办）

【《南山年鉴（2016）》】 年内，广东省深圳市南山区志办编纂的《南山年鉴（2016）》由广东人民出版社出版。该卷年鉴采用分类编辑法，设特载、概况、年度关注、党政机关、人民团体等30个类目，主体类目下设138个分目（次分目）680余条目。在框架设置上，除常规性类目外，设年度关注、前海蛇口自由贸易片区、上市公司与金融服务、特色产业与重点园区、旅游、驻区高校等类目、分目。“中共南山区委员会”分目下设组织、宣传、统一战线等次分目。全书76万字。 （深圳市史志办）

【《龙岗年鉴（2016）》】　12月，广东省深圳市龙岗区委区政府主办、区史志办编纂的《龙岗年鉴》由深圳报业集团出版社出版。该卷年鉴设聚焦龙岗、特色龙岗、执政龙岗、议政龙岗、法治龙岗、产业龙岗、宜居龙岗、管理龙岗、人文龙岗、民生龙岗、基层龙岗、探索龙岗、荣誉龙岗、数字龙岗、大事记、主题索引等16个类目，73个分目，56个次分目，785个条目，收录图片240幅，其中卷首图94幅、内文插图146幅。全书86万字。（深圳市史志办）

【《东莞年鉴（2016）》】　10月，广东省东莞市委市政府主管、市志办编纂的《东莞年鉴（2016）》由广东人民出版社出版。该卷年鉴设特载、东莞之最等32个类目。“特载”类目记述东莞市获评“国家森林城市”、东莞市重大项目建设推进、东莞市承办第14届苏迪曼杯世界羽毛球混合团体锦标赛等系列荣誉或重大工作。彩页宣传东莞市推动“机器换人”和智能装备制造业发展、打造“一带一路”重要节点城市、以“三互”大通关和项目直接落地为抓手争创更多制度红利等举措。在人物选材上，记载“东莞市道德模范获得者（第五届）”，东莞市“中国好人”等人物。全书210万字。（广东省志办）

【《清远年鉴（2016）》】　10月，广东省清远市委市政府主办、清远年鉴编委会编纂的《清远年鉴（2016）》由广东人民出版社出版。该卷年鉴设28个类目183个分目37个子分目1377个条目。在上年框架的基础上，增设类目“年度关注”；“特色清远”类目新增清远国家高新技术产业开发区和全国扶贫改革试验区建设分目；将原来的“政法”类目更名为“法治”；“财政·税务”类目中的住房公积金管理分目归入“城建·房产·环保”类目；“人物”类目新增2015年新任职市领导；“开发区·县（市、区）”类目改为“县（市、区）”等。彩图减至52个版面。全书99万字。

（广东省志办）

【《三水年鉴2016》】　11月，广东省佛山市三水区委区政府主办，区志办、区档案局、三水年鉴编辑部编纂的《三水年鉴（2016）》由广东人民出版社出版。该卷年鉴设特辑、特载、专文、总述、2015年大事记等类目26个，下设分目149个、条目827个。书前有中、英文目录，后设主题索引。彩页方面，增设美丽三水·跨越千亿和文脉相传·源远流长两个专题；“专文”刊载21篇文章。全书80万字。

（广东省志办）

【《珠江三角洲城市群年鉴（2016）》】　12月，广东年鉴社、珠三角9市地方志编纂机构及年鉴编纂单位，以及泛珠三角9省区和香港、澳门特别行政区共同编纂的《珠江三角洲城市群年鉴（2016）》及全文检索光盘由方志出版社出版。该卷年鉴在地区综述部分增加“创新驱动”类目，内设中国（广东）自由贸易试验区、珠三角国家自主创新示范区、县域经济、镇域经济等分目。基本情况类目增加珠三角帮扶粤东西北分目，重点记载珠三角6市（广州、深圳、珠海、佛山、东莞、中山）帮扶粤东、粤西和粤北地区加快经济社会发展情况和各项举措。在“泛珠江三角洲基本情况”，各省区均采用“基础信息+大事要闻”和国民经济发展情况、社会事业发展情况两个表格的形式进行记载。全书86万字。（广东省志办）

【《广西年鉴（2016）》】　12月，广西壮族自治区志办主办、广西年鉴社编纂的《广西年鉴（2016）》出版。该卷年鉴分综合情况、动态信息、辅助资料3部分内容，设专记、特载、概况、政治、法治、军事、经济、产业、国土资源·建设·环保、教育、科学、文化、医疗卫生·计划生育、体育、民族、社会生活、区市、人物、大事记、统计资料、附录等部类，配备双重检索系统及光盘，图片430多幅、表格140多张。全书150万字。

（韦晓　刘妍　覃志婷　周珍朱）

【《南宁年鉴（2016）》出版】 12月，广西壮族自治区南宁市志办组织编纂的《南宁年鉴2016》由广西人民出版社出版。该卷年鉴列入广西年鉴精品工程项目。设部类38个，文字照片573幅、统计图表75张，配检索系统，“南宁特色”板块设中国—东盟博览会·商务与投资峰会、南宁与东盟等特色栏目。全书172.3万字。 （钟婉悦）

【《桂林年鉴（2016）》】 12月，桂林市委、市政府主办，市地方志编委会编纂的《桂林年鉴（2016）》由广西师范大学出版社出版。该卷年鉴分类目、分目、条目3个层次，设类目38个，分目235个；有建设成就彩色图片专辑72页、内文插图244幅，配备双重检索系统，书首设中文目录和英文目录，书尾设索引，并配备随书光盘。全书110万字。

（韦晓　刘妍　覃志婷　周珍朱）

【《玉林年鉴（2016）》】 12月，玉林市政府主办、市志办编纂的《玉林年鉴（2016）》由广西人民出版社出版。该卷年鉴设特载、大事记、总述、特色玉林、党政机关、人民团体、军事、政法、农业、工业、玉东新区·开发园区、信息业、民营经济等31个部类，203个分目、1520个条目，统计表格31张、图片477幅。全书91.6万字。

（韦晓　刘妍　覃志婷　周珍朱）

【《海南年鉴（2016）》】 11月，海南省政府主管、《海南年鉴》编委会编纂的《海南年鉴（2016）》由海南年鉴社出版。该卷年鉴设特载、特辑、概况、经济、政治、文化、社会、生态建设、市县、人物、统计资料、大事记、附录13个部类，新闻图片31页，市县宣传图片40页。全书173.1万字。 （李鑫）

【《海口年鉴（2016）》】 11月，海南省海口市政府主办、市史志办编纂的《海口年鉴（2016）》由南海出版公司出版。该卷年鉴设要闻大事、特载、特辑、总述、组织机构及负责人名录、创新发展、中共海口市委、海口市人民代表大会、海口市人民政府、政协海口市委员会、纪检监察、民主党派工商联、群众团体、政法、军事、城乡建设与管理、工业、农业、交通运输业、邮电信息、商贸服务业、旅游业、非公经济、金融、财政税务、经济监督管理、教育科技、文化传媒、卫生体育、社会民生、保税区开发区农场、市辖区、人物、附录、统计资料等35个类目。全书148万字。 （李鑫）

【《海南统计年鉴（2016）》】 8月，《海南统计年鉴》编委会编纂的《海南统计年鉴（2016）》由中国统计出版社出版。该卷年鉴设综合、人口、国民经济核算、就业和工资、价格、人民生活、财政、资源和环境、能源、固定资产投资、对外经济贸易、农业、工业、建筑业、房地产业、批发零售贸易和住宿餐饮业、旅游业、运输和邮电、金融业、科学技术、教育、卫生和社会服务、文化和体育、公共管理·社会保障·社会组织、城市和农村等类目。全书92.8万字。 （李鑫）

【《重庆年鉴（2016）》】 10月，重庆市政府办公厅编纂的《重庆年鉴（2016）》出版。该卷年鉴设重庆概况、三峡库区移民、政治与法治、经济、两江新区、社会事业、区县（自治县）、人物·光荣榜、大事记、文献、统计资料、附录等12个类目，43个分目，彩色插页28页。全书136万字。 （重庆市志办）

【《璧山年鉴（2016）》】 9月，重庆市璧山区地方志编委会编纂的《璧山年鉴（2016）》由方志出版社出版。该卷年鉴设有专记、璧山概貌、“三区一美”建设概况、经济、政治、法治、文化、社会事业、镇街、人物光荣榜、大事记、文献、统计资料、附录等14个类目，29个部目，彩色插页30页。全书约68万字。

（重庆市志办）

【《丰都年鉴（2016）》】 10月，《丰都年鉴》编委会编纂的《丰都年鉴（2016）》由四川科学技术出版社出版。该卷年鉴设特载、综述、政治、法治、经济、社会事业、镇乡街、人物光荣榜、统计摘要、大事记、文献、附录12个类目。图片104幅。全书50万字。

（重庆市志办）

【《德阳年鉴（2016)》】 12月，四川省德阳市政府主办，市志办编纂的《德阳年鉴(2016)》由新华出版社出版。该卷年鉴设特载、综述、大事记、党政机关、社会群众团体、军事、政法、财政税务、金融、经济监督管理、工业、农业、商贸流通和服务业、旅游、住房和城乡规划建设、城市管理、交通运输、环境保护、科学技术和知识产权、教育、文化、卫生、体育、社会民生、县（市、区)、开发区（高新区）和附录等类目，数字德阳、民生德阳、风采德阳3个图片专栏，图片73幅。全书80万字。

（朱艳林）

【《泸州年鉴（2016)》】 10月，四川省泸州市政府主办、市志办编纂的《泸州年鉴(2016)》由方志出版社出版。该卷年鉴分类目、分目、子分目、条目4个层次，设大事记、市情、政治、经济、文化、社会、区县概况和附录8个类类，下设条目1311个。除在卷首设彩图外，首次在内文插图，精选98幅图片随文配图；“市情”类目将原来的地理环境改为地理位置，并分行政地理位置、自然地理位置、交通地理位置3个条目记述；“历史沿革”删除原有的“区县得名由来”，增加气候特征、水文河流；增加“特载”类目。全书69.9万字。

（朱艳林）

【《眉山年鉴（2016)》】 10月，四川省眉山市政府主办、市志办编纂的《眉山年鉴(2016)》由方志出版社出版。该卷年鉴采用中英文目录，条目体记述，设特载、大事记、眉山概况、中国共产党眉山市委员会、眉山市人民代表大会常务委员会、眉山市人民政府、中国人民政治协商会议眉山市委员会、纪检监察、武装建设、民主党派·工商联、群众团体、法治、经济管理、工业、农业、旅游业、商贸、财政·税务、金融、交通·邮政、信息业、城乡建设与环境保护、教育·体育、科学技术、传媒、文化、卫生、人民生活与社会保障、人物、区县概况、附录等类目，下设分目216个。内含精美彩页85页，随文插图96幅。全书80余万字。

（朱艳林）

【《万源年鉴（2016)》】 12月，四川省万源市志办组织编纂的《万源年鉴（2016)》由四川电子科技大学出版社出版。该卷年鉴采取篇目、类目、分目、条目的梯级编辑法，设特载、大事记、概况、自然、政治、群众团体、法制、军事、经济、商贸、社会、人力资源和社会保障、交通邮电、建设环保旅游、财税金融、教育科技、卫生计生医药体育、文化、乡镇简介、人物等篇目。卷首置彩页，卷末设附录。附录中收录文艺作品并设专文记载研究万源历史的新成果。特载除收录党代会、人代会工作报告和统计公报外，并记载万源特色农产品富硒茶的种植历史、特点、制作工艺和发展。

（朱艳林）

【《荥经年鉴（2016)》】 6月，四川省荥经县政府主管、县政府主办、县志办编纂的《荥经年鉴（2016)》由中国文化出版社出版。该卷年鉴是自1999年创刊以来的第19卷，采用分类编辑法。卷末设有索引，目录采用中英文对照。设有类目28个分目179个条目1309个。全书约48万字。

（朱艳林）

【《贵州年鉴（2016)》】 11月，《贵州年鉴》编辑部编纂的《贵州年鉴（2016)》出版。该卷年鉴设特载、特辑、大事记、省概况等类目37个，下设分目（副分目）272个条目2407个，彩页96页，随文图片287幅，表格223张。全书222万字。

（贵州省志办）

【《西藏年鉴（2016)》】 年内，西藏自治区政府主管、西藏自治区志办编纂的《西藏年鉴(2016)》由西藏人民出版社出版。该卷年鉴是自2000年创刊以来连续出版的第17卷。采用分类编辑法，设特载、综述、大事记、政治、政权·政治协商、人民团体、法治、武装、对口援藏、经济社会事业、市地、县（区）、先进名录12个类目。卷首设有彩页55页，随文有插图144幅。随书赠送电子光盘。全书120万字。（王梅杰）

【《山南年鉴（2016）》】 年内，西藏自治区山南地区志办主办的《山南年鉴（2016）》由方志出版社出版。该卷年鉴采用分类编辑法，设特载、专文、山南概况、大事记、中国共产党山南地区委员会、人大山南地区工作委员会、山南地区行政公署、中国人民政治协商会议西藏山南地区委员会、对口援藏、群众团体、法治、经济综合管理、国土·环保·住建、农牧业·水利·林业·电力、交通·旅游·邮政·通讯、金融·医疗·卫生、教育·科技·气象、文化·广电、民族·宗教、武装、民政与社会保障、县情概况、先进名录、统计资料、附录等内容。全书64.5万字。（王梅杰）

【《桑日年鉴（2016）》】 年内，西藏自治区桑日县地方志编委会编纂的《桑日年鉴（2016）》由西藏人民出版社创刊出版。该卷年鉴用分类编辑法，由篇目、类目、部门目、条目组成。设特载、大事记、综述、政治、法治、军事、经济和社会事业、乡（镇）、机构和负责人、先进名录、统计资料等类目。全书30万字。（王梅杰）

【《日土年鉴（2016）》】 年内，西藏自治区阿里地区日土县政府主办、县委党史资料征集办公室编纂的《日土年鉴（2016）》由三秦出版社出版。该卷年鉴分类目、分目、条目，设类目22个分目99个条目1106个。正文后设附录，彩页专栏增加规划及旅游图，概述部分增加民间艺术和历史人物，图片43幅。全书45万字。（王梅杰）

【《咸阳年鉴（2016）》】 12月，陕西省咸阳市政府主办、市志办编纂的《咸阳年鉴（2016）》由陕西人民出版社出版。该卷年鉴设类目41个、分目218个、子分目8个、条目1341个，彩插102页。设社会保障和改善民生、文化强市建设、城乡生态环境进一步优化、宜居城市建设、“一带一路”之山水风光、“一带一路”之文物古迹、咸阳市首届文化艺术节、目标考核优秀单位等系列类目。内文新设“三严三实”专题教育、咸阳市“十二五”经济发展综述、创建活动、城乡发展一体化等类目。全书120万字。（丁喜）

【《安康年鉴（2016）》】 12月，陕西省安康市志办编纂的《安康年鉴（2016）》由三秦出版社出版。该卷年鉴采用分类编辑法，除特载、专文、大事记、附录外，主体内容均按类目、分目、条目分类编排。制作收录“十二五”期间安康国民经济发展对照图表及行业“‘十二五’综述”等内容，彩插68页。全书120万字。（丁喜）

【《紫阳年鉴（2016）》】 10月，陕西省紫阳县档案史志局编纂的《紫阳年鉴（2016）》由方志出版社出版。该卷年鉴设特载、大事记、概况、党政群团、武装、法治、农业、工业、商贸、交通电力、邮政通信、城建环保、财政金融保险、经济管理、社会事业、科技气象、各镇概况、人物、附录等类目。全书58万字。（丁喜）

【《陕西统计年鉴（2016）》】 8月，陕西省统计局编纂的《陕西统计年鉴（2016）》由中国统计出版社出版。该卷年鉴收录各市、县及省级有关部门的统计数据。设行政区划和自然资源，综合，国民经济核算，人口、就业和工资，固定资产投资、能源，财政、金融和保险，价格指数，人民生活，环境和城市，农业，工业，建筑业，运输、邮电和服务业，批发、零售和住宿、餐饮业，对外经济贸易和旅游，教育、科技和文化，体育、卫生和其他，水利，全国各省、直辖市、自治区主要指标等内容。附录为2015年陕西省统计局大事记、2015年陕西调查总队大事记、陕西省统计局机构一览表、陕西调查总队机构一览表。（丁喜）

【《定西年鉴（2016）》】 年内，甘肃省定西市政府主管、市志办编纂的《定西年鉴（2016）》由甘肃民族出版社出版。该卷年鉴客观真实地记载和反映本地域的综合发展与变化。全书99万字。（梁兴明）

【《青海年鉴（2015）》】 年内，青海省地方志编委会主管、省志办主办的《青海年鉴（2015）》由青海年鉴社出版。该卷年鉴前增设英文目录，后有索引。设特载、专记、概况、大事记、政党·政务、军事、法治、经济、社会事业、市州概况、集体·人物、统计资料、地方性法规13个类目。（马渊）

【《西宁年鉴（2015）》】 年内，青海省西宁市地方志编委会编纂的《西宁年鉴（2015）》由青海民族出版社出版。该卷年鉴设特载、概况、大事记、政党·政务、军事、法治、经济、社会事业、区县概况、附录类目10个，下设分目112个条目837个。卷首图照除收录行政区划图和其他常规图照外，收录西宁市主城区地区布局结构图、西宁市主城区地区规划图、2014年西宁市主要经济指标完成情况、2014年青海省8州市位次表等图表。（马渊）

【《城东年鉴（2016）》】 年内，青海省西宁市城东区志办编纂的《城东年鉴（2016）》由青海人民出版社出版。该卷年鉴设特载、概况、大事记、政党·政务、军事、法治、经济、社会事业、镇·社区、附录等10个类目。全书45万字。（马渊）

【《宁夏年鉴（2016）》】 12月，宁夏回族自治区志办编纂的《宁夏年鉴（2016）》由宁夏人民出版社出版。该卷年鉴设特载、专载、大事记、宁夏综览、中共宁夏回族自治区委员会、宁夏回族自治区人大常委会、宁夏回族自治区人民政府、政协宁夏回族自治区委员会、民主党派和工商联、群众组织与社会团体、公共管理、法治、军事、财税金融、农业、水利、工业经济和信息化、开发区与园区建设、交通邮政、商贸流通、旅游、体育、住房与城乡建设、环境与资源、教育、科学技术、社会科学、文化、出版传媒、卫生和计划生育、民族宗教、人物、五市概览、文献目录类目32个，下设分目211个、子分目83个、条目2024个。（张明鹏）

【《原州年鉴（2016）》】 12月，宁夏回族自治区固原市原州区志办编纂的《原州年鉴（2016）》由宁夏人民出版社出版。该卷年鉴设特载、专载、特记、专记、机构和组成人员、大事记、党委、人大、政府、政协、民主党派、群众团体、社会管理、法治、军事、财政、税务、经济管理与综合经济、农业与农村经济、工业和工业园区、交通、邮电、商业、贸易、金融、保险、城乡建设、生态建设与环境治理、旅游业、教育、卫计、科学技术、文化、旅游、民族、宗教、乡镇、街道办事处、人物、表彰与奖励、重要文献类目28个。全书70万字。（张明鹏）

【《红寺堡区年鉴（2016）》】 12月，宁夏回族自治区吴忠市红寺堡区年鉴编委会编纂的《红寺堡区年鉴（2016）》由宁夏人民出版社出版。该卷年鉴采用分类编辑法，设特载、专载、大事记、机构和组成人员、综览、中共红寺堡区委员会、红寺堡区人大常委会、红寺堡区政府、政协红寺堡区委员会、群众团体、社会管理、法治、经济管理、农业、工业、财政税务、金融保险、交通运输与商贸流通、邮政通信、城建环保、教育体育、文化科技、卫生计生、乡镇概览、表彰先进、附录26个类目，设分目146个、条目698个。全书40万字。（张明鹏）

【《兵团年鉴（2016）》】 11月，新疆生产建设兵团办公厅主办、兵团年鉴社编纂的《兵团年鉴（2016）》出版。该卷年鉴设置类目31个条目4340个，收录随文图片63幅。全书168万字。（周崇）

【《第四师可克达拉市年鉴（2016）》】 12月，新疆生产建设兵团第四师可克达拉市党委办公室主管、市史志办主办的《第四师可克达拉市年鉴（2016）》出版。该卷年鉴采用部类、分目、条目的编辑体例，设特载、特辑、专文、大事记等类目25个，配有插页图片。全书50余万字。（周崇）

地方志资源开发利用

· 地情书出版

【《北京地情概览》出版】 年内，北京市方志馆主编的《北京地情概览》由科学出版社出版。该书以北京市方志馆主办的“北京地情展”为基础，从自然环境、城市变迁、建制沿革、人口、经济发展、文化事业以及方志编修等7个方面介绍北京城市的风物地情。

（王韧洁）

【《北京的尘土》出版】 年内，北京市方志馆翻译的《北京的尘土》由北京联合出版公司出版。作者艾伦·N. 拉莫特。该书英文版于1919年在美国纽约首次出版，以书信的形式真实记述一战前后北京的自然环境、社会生活及所见所闻、所思所想，尤其侧重揭示当时欧美人在中国的各种政治特权和优越感以及普通中国人对于来华西人的复杂心态。

（王韧洁）

【《方志北京——京华讲坛文集（2015）》出版】 年内，北京市方志馆编纂的《方志北京——京华讲坛文集（2015）》由中国书店出版社出版。该书是北京市方志馆“京华讲坛”系列结集的第二期，收录12篇文章，内容有《清代皇室礼仪拾零》《带您走进十三陵——定陵》《雍正继位之谜》《乾隆皇帝的家庭生活》《康熙、乾隆皇帝南巡过程中的治河大业》《谁推翻了清王朝？——辛亥前十年的思想文化与社会变迁》《曹雪芹、〈红楼梦〉与北京》《大清盛世何以中衰》《七百年前的世界城市——元大都》《北京地区的壁画墓》《北京历史上的首都圈》《侯仁之与北京城》。（王韧洁）

【《清河古风》出版】 年内，清河县志办与长江小学联合编纂的德育教材《清河古风》由中国文史出版社出版。该书以历代清河人和发生在清河大地上的历史故事为素材，精选辑录100篇传统美德故事，收录人物包括历史上的清河籍人物、客居清河的外乡人物以及曾经在清河工作生活过的人物，所述故事以发生在清河为主。（魏铁军）

【《山西省情报告（2016）》出版】 12月，山西省志办编纂的《山西省情报告（2016）》由社会科学文献出版社出版。该书梳理山西省情发展变化的地理和历史的累进基础状况，2015年山西经济社会的发展变化，与周边省份的比较、省内区域发展状况等。全书45万字。

（胡彦利）

【《辽宁大事记（2015）》出版】 10月，辽宁省志办编纂的《辽宁大事记（2015）》由辽宁民族出版社出版。该书收录2015年辽宁省政治、经济、社会、文化等领域发生的带有全局性、具有一定影响（意义）和存史价值的大事、要事和特事。全书29万字。（姜潮洋）

【《营口金融发展史（1840—2015）》出版】 1月，营口市史志办编纂的《营口金融发展史（1840—2015）》由中国经济出版社出版。该书记述1840年至2015年间营口金融业的发展过程，反映营口地区金融活动的特点。全书25.8万字。（姜潮洋）

【《辉发源流考》出版】 12月，吉林省地方志资源开发立项项目《辉发源流考》由吉林文史出版社出版。该书设10章，从古民族、姓氏、古城、山名、河名、土著民族文化、人物、部族、事件以及口述（最后的记忆）诸方面进行考证，将辉发河流域的历史、人文、遗迹等进行梳理，在写作中融入田野调查和口述历史，将文献史料、民间资料和调查资料结合。（常京锁）

【《嵌着〈千字文〉的井方》出版】 12月，吉林省地方志资源开发立项项目《嵌着〈千字文〉的井方》由吉林文史出版社出版。该书设6篇，以传说、散文、新旧体诗词、楹联等叙说大布苏湖、泥林、辽帝春捺钵等乾安独有景观，记述乾安县出荒设井以后90周年的历史。（常京锁）

【《吉林·北大湖》出版】 12月，吉林省地方志资源开发立项项目《吉林·北大湖》由吉林文史出版社出版。该书描述北大湖区域内秀丽的山川河谷、丰富的自然资源、厚重的历史文化、宏伟的远景规划等。（常京锁）

【《江城四珍》出版】 12月，吉林省地方志资源开发立项项目《江城四珍》由吉林文史出版社出版。该书介绍吉林文庙、悬梁吊柱以及吉林雾凇和吉林陨石的绝美胜境。（常京锁）

【《这里是白城》出版】 12月，吉林省地方志资源开发立项项目《这里是白城》由吉林文史出版社出版。该书探寻白城由来和文化传承，总结和发现白城人文精神和历史根脉。（常京锁）

【《中国·东丰农民画》出版】 12月，吉林省地方志资源开发立项项目《中国·东丰农民画》由吉林文史出版社出版。该书展现东丰农民画从兴起到发展直至收获成果的过程。（常京锁）

【《钢笔·长春旧影》出版】 12月，吉林省地方志资源开发立项项目《钢笔·长春旧影》由吉林文史出版社出版。该书汇集作者多年累积、能够代表长春已知大部分老建筑的钢笔画300多幅。（常京锁）

【《农安简史》出版】 12月，吉林省地方志资源开发立项项目《农安简史》）由吉林文史出版社出版。该书对农安的历史起源、发展沿革，以及此期间政治、军事、经济、科技、文化、地理、民族民俗等进行介绍。（常京锁）

【《吉林打牲乌拉佛满洲镶蓝旗伊尔根觉罗赵氏家族》出版】 12月，吉林省地方志资源开发立项项目《吉林打牲乌拉佛满洲镶蓝旗伊尔根觉罗赵氏家族》由吉林文史出版社出版。该书记述满族镶蓝旗赵氏家族先人武木普于清顺治年间率族人从盛京（今辽宁省沈阳市）迁居至此，为吉林的开拓作出贡献的历史。（常京锁）

【《留住城市的记忆——哈尔滨历史建筑寻踪》出版】 7月，黑龙江省哈尔滨市志办编纂的《留住城市的记忆——哈尔滨历史建筑寻踪》由黑龙江人民出版社出版。该书辑录哈尔滨市保护建筑和知名历史建筑300余处，提供哈尔滨各个时期建筑历史和现状照片700余幅。全书50万字。（由岳峰）

【《孙中山在南京史料辑录》出版】 11月，南京市志办编纂的《孙中山在南京史料辑录》由金城出版社出版。该书分为历史影像、首莅南京·肇始共和、重返南京·延续渊源、后记4部分。通过大量第一手资料，还原孙中山在南京总计约百天的活动情况。全书20万字。（王艳荣）

【《铁证如山——侵华日军溧水大轰炸实录》出版】 11月，江苏省南京市志办和溧水区志办编纂的《铁证如山——侵华日军溧水大轰炸实录》由南京出版社出版。该书通过31位幸存者的口述证言和多方史料，以原版图片的形式展现1937年11月日本海军航空兵对溧水县城大轰炸的内容。（武文明）

【《万里长江第一矶——燕子矶》出版】 6月，江苏省南京市栖霞区志办编纂的《万里长江第一矶——燕子矶》由中国文史出版社出版。该书分山川胜景、文化遗珍、岁月留痕、历代战事、轶闻传说、人物春秋、诗词美文、书画旧影、蝶变新城等板块，展示燕子矶地区的历史，尤其重点记载燕子矶从南京化学工业之地转换为旅游休闲、生态宜居新城的进程。全书34.8万字。（张丽）

【《风雨如磐忆江南——陈范有与江南水泥厂》出版】 12月，江苏省南京市栖霞区志办编纂的《风雨如磐忆江南——陈范有与江南水泥厂》由苏州大学出版社出版。该书由苏州大学前校长、教授陈克潜与其弟陈克澄共同撰写，记载陈范有等中国民族工业的杰出代表创办南京江南水泥厂的艰辛发展历史，国际友人卡尔·京特、贝恩哈尔·辛德贝格等在南京大屠杀机智护厂以及江南水泥厂难民营救助和庇护南京难民的往事。（张丽）

【《无锡政事（2015）》出版】 9月，江苏省无锡市委办公室、市接待办公室、市史志办编纂的《无锡政事（2015）》由中央文献出版社出版。该书分序言、特载、综述、重要讲话、重要文件、重要报道、执政大事、附录等部分，以编年纪事的形式，记录2015年度无锡市委、市政府的重大决策、重点工作和重要事件、重要政策。全书39.2万字。（李海宏）

【《见证——溧阳史志专题文集》出版】 7月，江苏省溧阳市委党史工委、溧阳市志办编纂的《见证——溧阳史志专题文集》由江苏人民出版社出版。该书设峥嵘岁月、变革时代、开发崛起、建设景象、民生福祉、创业风华和荣誉印记7个版块，收录28个专题。以相关当事人的记叙性、回忆性文章和口述资料为主，记录溧阳经济社会发展历程中各阶段、各领域取得的突出成就。收录历史图片46幅。全书20.5万字。（李海宏）

【《家国千年——苏州历史上的家风与家规》出版】 11月，江苏省苏州市纪委、苏州市志办、苏州大学编纂的《家国千年——苏州历史上的家风与家规》由中国方正出版社出版。该书收录昆山朱柏庐家族和顾炎武家族、吴江震泽施氏、太仓王世贞家族、吴中王鏊家族、姑苏范仲淹家族等29个家族的优秀家风家训。（武文明）

【《沃土兰蕙——元明时期的昆山与昆曲》出版】 7月，江苏省昆山市志办编纂的《沃土兰蕙——元明时期的昆山与昆曲》由江苏人民出版社出版。该书侧重研究元明时期昆山的社会状态，探寻昆曲在昆山起源的缘由。全书15万字。（张丽）

【《昆山方言常用词语集成》出版】 10月，江苏省昆山市志办编纂的《昆山方言常用词语集成》由江苏人民出版社出版。该书从不同词性着手，采录“标准昆山话”（即昆山老城区范围内原住民所用语言）中的常用词语。全书16万字。（张丽）

【《下关史话》出版】 12月，江苏省淮安市淮安区历史文化研究会、《下关史话》编委会编纂的《下关史话》由中国文史出版社出版。该书是编史众筹项目，众筹文史作品119篇32万字、图片96幅。分漕运津梁、镇海中枢、武术之乡、名人先贤等9章100余篇。全书30万字。（武文明）

【《盱眙本草》出版】 6月，江苏省盱眙县志办编纂的《盱眙本草》由北京图书出版社出版。该书收集盱眙本地植物139科，691种植物，754幅图片。全书45万字。（张丽）

【《新扬州 新跨越——扬州泰州分设20年扬州发展纪实》出版】 12月，江苏省扬州市志办编辑的《新扬州 新跨越——扬州泰州分设20年扬州发展纪实》由广陵书社出版。该书以文字、图片、表格为主要表现形式，重点记录历届市委、市政府有关扬州经济社会发展的重要决策、主要施政轨迹以及扬州20年发展取得的重要成果，20年间发生的重大事件。

（李海宏）

【《新宿迁建市20年大事记》出版】 9月，江苏省宿迁市史志办与市档案局（馆）编纂的《新宿迁建市20年大事记》由江苏人民出版社出版。该书采用以编年体为主、编年体与纪事本末体相结合的体例，记述1996年7月至2016年6月宿迁境内发生的大事、要事以及在宿迁境外发生而与宿迁密切相关的大事、要事。

（李海宏）

【《宿迁掌故》出版】 9月，江苏省宿迁市史志办编纂的《宿迁掌故》由江苏人民出版社出版。该书分人物春秋、历史风云、名胜古迹、地名探源、艺文撷珍、地方风物、轶事传说等7章，展现宿迁大地上的名人轶事、历史传说、市井生活等。

（李海宏）

【《海门英烈》出版】 10月，江苏省海门市志办编纂的《海门英烈》由中共党史出版社出版。该书记录1890年到2015年期间，150名海门籍烈士及部分在海门工作、牺牲的客籍烈士的事迹材料及1804名烈士名录。

（李海宏）

【《杭州日记》出版】 12月1日，浙江省杭州市志办编纂的《杭州日记》创刊出版。该刊以日为单位，记录杭州经济社会发展中的大事、要事、新事。图照260多幅。全书60万字。

（郦晶）

【《余杭民国英文报刊文献选辑》出版】 11月，杭州市余杭区史志办编纂的《余杭民国英文报刊文献选辑》由上海辞书出版社出版。该书是《余杭民国研究丛书》第三册，是余杭区史志办与高等院校合作开展余杭史料整理和史学研究工作的最新成果。选录近代在中国发行的《北华捷报》《字林西报》《大陆报》《中国评论周报》《密勒士评论报》《中国丛报》《京报》《上海泰晤士报》《广州时报》《教务杂志》《北京每日新闻》等十余种英文报刊上1912年至1949年刊登的有关余杭和杭州的文章。“附编”部分选录1860年至1911年的相关英文报刊文献。

（刘雪萍）

【《建德史志丛书》第二辑出版】 3月，浙江省建德市党史志办编纂的《建德史志丛书》第二辑由中国文史出版社出版。该辑包括《抗日烽火——记者眼中的建德》《跨过红河——抗美援越战争回忆录》《陈怀白传》《新安江富春江库区大移民》《建德家训》5个部分。全书127.8万字。

（何彬）

【《近代鄞县见闻录》出版】 年内，浙江省宁波市鄞州区志办编纂的《近代鄞县见闻录》由中国文史出版社出版。该书辑录晚清以来《时事公报》《四明日报》《宁波民国日报》《上海宁波日报》等报刊有关鄞县的报道，设综合篇、政治篇、经济篇、文化篇、社会篇、人物篇等6部分。

（高曙明）

【《姚江传统家训选集》出版】 2月，浙江省余姚市委宣传部、市史志办编纂的《姚江传统家训选集》由中共党史出版社出版。该书收录余姚历代43个家族的家训家规，从尚存各类宗谱中查找家风类训诫文字，并标点和注释。附录含传统家风小故事9则。

（高曙明）

【《姚江传统勤廉家风故事》出版】 9月，浙江省余姚市纪委、市史志办等编纂的《姚江传统勤廉家风故事》由浙江人民出版社出版。该书选取严子陵、王阳明、朱舜水、黄宗羲、虞世南等24位余姚名人先贤作为切入点，按照人物独立成篇。每篇细分家训选录、家训释义、人物简介、家风故事等 4 部分内容。

（高曙明）

【《奉化村景诗词选》出版】　年内，浙江省奉化市志办和市档案局（馆）编纂的《奉化村景诗词选》由现代出版社出版。该书收录千余首诗词，大多来自现存宗谱，部分录自旧志及文人诗集；时间无上限，下限至新中国成立初期。诗词作者以奉化籍为多，描写对象主要为自然与人文景观。编者作简要注释。（高曙明）

【《宁海丛书》出版】　12 月，浙江省宁海县文广新闻出版局与浙江师范大学编纂的《宁海丛书》由上海古籍出版社出版。该丛书分宋元卷、明清卷、民国卷 3 辑，各辑大致依经、史、子、集为序分类编排，各书以时代先后为序。全书 120 册，收录宁海文献 350 种，收录一批珍稀秘本、稿本、抄本，基本涵盖存世的全部宁海文献。

（高曙明）

【《宁海古村落》出版】　年内，浙江省宁海县乡土工作室编纂的《宁海古村落》由浙江摄影出版社出版。该书在宁海中学选修精品课程“乡土宁海”基础上产生，分 9 章，贯穿“图像化阅读的理念”，反映长街镇西岙村、力洋镇李洋村、一市镇东岙村、前童镇前童村、黄坛镇黄坛村、深甽镇清潭村、茶院乡许家山村、深甽镇龙宫村、桑洲镇田洋卢村等 9 处村落发展史、节庆习俗以及名人掌故等内容。

（高曙明）

【《嘉兴方言》出版】　年内，浙江省嘉兴市志办编纂的《嘉兴方言》由方志出版社出版。该书分 5 章，前 4 章分别从概说、语音、词汇语法和谚语民歌故事 4 个方面对嘉兴老中心城区方言进行研究和较为详尽的介绍，第 5 章主要采用对照的方式对广义的嘉兴方言作简要介绍，并对嘉兴市区、嘉善、平湖、海盐、海宁、桐乡 6 个地方方言进行比较。用传统方言学的研究方法，描写嘉兴方言语音的全貌，包括声母和韵母、单字调和两字组连读变调、音韵特点、内部差异及同音字汇。全书 47.5 万字。

（嘉兴市志办）

【《探索与实践——〈海盐县志（1986—2005）〉编修文集》出版】　1 月，浙江省海盐县史志办编纂的《探索与实践——〈海盐县志（1986—2005）〉编修文集》由方志出版社出版。该书分县志编纂大事记、续修县志文件、评论文章、修志体会等 4 部分，附有彩图 30 幅。全书 15.7 万字。

（嘉兴市志办）

【《诸暨方言》出版】　12 月，浙江省绍兴市《诸暨方言》由浙江古籍出版社出版。作者黄河清、黄钰锋。该书对诸暨市域内的地方语言文化进行收集、注音和分类，记述诸暨方言的准确读音，记录和传承诸暨传统的语言特点和性格特色，被列为诸暨市委宣传部的文化精品项目。全书 11 余万字。

（绍兴市志办）

【《王阳明绍兴事迹考·亲属编》出版】　11 月，浙江省绍兴市柯桥区政协文史资料委员会、区史志办编纂的《王阳明绍兴事迹考·亲属编》由浙江古籍出版社出版。该书是《王阳明绍兴事迹考》的第一编，分直系亲属 9 章、旁系亲属 3 章、姻亲亲属 5 章，共 17 章。辑考王阳明与亲属的所有诗文，对王阳明的亲属进行较为系统的资料搜集和分析梳理，大致厘清王阳明与亲属之间的关系和交往事迹。全书 30 万字。

（绍兴市志办）

【《金华概览》出版】　10 月，浙江省金华市志办编纂的《金华概览》由方志出版社出版。该书记述时间上溯事物发端，下限 2015 年年底，以专题形式介绍金华市情概况及改革发展历程。除卷首金华荣誉称号简介外，分地灵人杰、崛起之路、执政为民、文脉相传、和谐生活、生态整治 6 章 100 多个专题，并附有随文照片。

（金华市志办）

【《朱丹溪故事》出版】　2 月，浙江省金华市义乌丛书编纂委员会编纂的《朱丹溪故事》由上海人民出版社出版。该书收集名医朱丹溪及其徒弟的68个行医小故事。全书16.8万字。

（金华市志办）

【《义乌地名故事》出版】 3月，浙江省金华市义乌丛书编纂委员会编纂的《义乌地名故事》由上海人民出版社出版。该书包括150多个义乌地名故事和传说。全书31.1万字。

（金华市志办）

【《义乌建筑文化》出版】 7月，浙江省金华市《义乌建筑文化》（上下册）由上海人民出版社出版。该书从民俗文化的角度切入，对义乌传统建筑的发展史、选材和工料、建筑类型和各类建筑的形式、规划选址、建筑的意匠、建筑风格、东阳帮工匠体系、匠作技艺和营造特点、建筑装修与装饰、传统建筑的室内陈设与各种设施等方面作阐述，对建筑的装饰图案分门别类进行文化内涵的解读。全书90.6万字。

（金华市志办）

【《义乌名士文化》出版】 8月，浙江省金华市《义乌名士文化》由上海人民出版社出版。该书将义乌名士文化作为一个整体进行总结和研究，内容涉及义乌的社会教化、儒学传统、民间风尚及义乌名士精神谱系等。全书23.3万字。

（金华市志办）

【《义乌剪纸》出版】 11月，浙江省金华市《义乌剪纸》由上海人民出版社出版。该书充分结合中国画的表现形式，内容分为人物、商贸、耕织、花鸟、古村落等8个类别，计200多幅作品，形成义乌名人、古民居、民俗、农耕、旅游、市场文化等有义乌地域风格的剪纸特色。全书23.5万字。

（金华市志办）

【《义乌兵故事》出版】 11月，浙江省金华市义乌丛书编纂委员会编纂的《义乌兵故事》由上海人民出版社出版。该书以史实为基础，收集民间流传或史书记载的部分义乌兵事迹，分义乌招兵、台温抗倭、闽粤剿寇、修守长城、援朝抗倭、悲壮尾声6辑，97个故事。全书20.2万字。

（金华市志办）

【《冯雪峰全集》出版】 6月，浙江省金华市义乌丛书编纂委员会编纂的《冯雪峰全集》由人民文学出版社出版。该书收集、整理著名诗人、作家和文艺理论家冯雪峰一生的文学创作，除文学创作外，还收录冯雪峰的日记、书信、公务文稿函件和外调材料。全书543.6万字。

（金华市志办）

【《义乌商帮》出版】 6月，浙江省金华市《义乌商帮》由红旗出版社出版。该书为2006年时任浙江省委书记的习近平作出在全省“深入学习推广义乌发展经验，坚定不移地走科学发展之路”的重要指示10周年而作。它从义乌商贸文化的视角来追溯义乌商帮的渊源，探索义乌商帮的特质与经营法则，记述义乌商帮的沧桑与风采。该书被列为金华市2016年文化精品创作与扶持项目。全书23万字

（金华市志办）

【《黄溍诗集注》出版】 11月，许国申注释的《黄溍诗集注》（上下）由浙江古籍出版社出版。该书收集元代黄溍诗作608首，逐首进行注释。全书54.4万字。

（金华市志办）

【《千年古城新崛起——临海撤县设市30周年(1986—2016)》出版】 10月，浙江省台州市《千年古城新崛起》编委会编纂的《千年古城新崛起——临海撤县设市30周年（1986—2016)》由西泠印社出版。该书记述1986—2016年临海撤县设市30年发展历程，采用章节体结构，篇首设领导关怀、综述，正文7章34节，篇末附录、后记，收录各类地图9幅。全书10万字。

（台州市志办）

【《仙居家训》出版】 1月，浙江省仙居县委宣传部、县委学习办、县志办主办的《仙居家训》由中国文史出版社出版。该书将仙居县范围内现有的70多个姓氏族谱中整理出来的家

规、家训、祖训、族训等汇编成册。（台州市志办）

【《仙居歌谣》出版】 1月，浙江省仙居县委宣传部、县志办编纂的《仙居歌谣》由中国文史出版社出版。该书收录仙居县民间流传、原汁原味的歌谣365首，内容涵盖人民生产生活等各方面。全书20万字。（台州市志办）

【《巢湖史话》出版】 5月，安徽省合肥市志办主办，列入"合肥地情丛书"的《巢湖史话》由黄山书社出版。该书分9章，系统介绍巢湖的形成和演变过程，揭示与之相关联的政治、军事、文化等史料，多角度多方位记述巢湖丰富的生态资源和旅游资源。中国社会科学院历史研究所所长卜宪群撰写序言。全书64.9万字。（史五一）

【《合肥·登科录》出版】 5月，安徽省合肥市志办主办，列入"合肥地情丛书"的《合肥·登科录》由黄山书社出版。该书分7部分，展示合肥历代进士举人的风采，探寻合肥科举之路，解析科举制度的演变。全书49.6万字。（史五一）

【《诗城历史上闪耀的星辰——历代名人与马鞍山》出版】 11月，安徽省马鞍山市志办编纂的《诗城历史上闪耀的星辰——历代名人与马鞍山》由安徽师范大学出版社出版。该书以与马鞍山有缘的历史名人独立成篇，共30个篇目。按时代为序排列，通过文化散文的叙述和描绘让历代名人的形象清晰鲜活起来。全书约19万字。（章慧丽）

【《筑梦——全椒重大基础设施工程专记》出版】 年内，安徽省全椒县志办编纂的《筑梦——全椒重大基础设施工程专记》由黄山书社出版。该分环境景观工程、新区建设工程、城市道路工程、教育民生工程、城市客运工程、国防建设工程、水务建设工程、惠民便民工程和农商建设工程10个栏目，29篇文章。全书46万字。（史五一）

【《三明民俗风情》出版】 6月，福建省三明市志委编纂的《三明民俗风情》由海峡文艺出版社出版。该书收录富有三明民俗特色图照32幅，从农耕渔猎、衣食住行、婚丧嫁娶、岁时节令、戏曲娱乐、工艺游戏、传统教育、信仰崇拜、宗祠家训、风尚禁忌等方面记述三明民俗的形成、发展和演变过程，凸显三明地区的地域文化特色。全书48万字。（福建省方志委）

【《泉港头北人·闽台同宗村》出版】 年内，福建省泉州市泉港区志办编纂的泉港文化丛书之一《泉港头北人·闽台同宗村》由九州出版社出版。该书收录2000多张照片。全书94万字。（福建省方志委）

【《漳平陈氏文化》出版】 12月，福建省漳平市志办编纂的《漳平陈氏文化》由海峡出版社出版。该书设大事记，并分源流、人物、艺文3篇。全书58.8万字。（福建省方志委）

【《德安出了一个袁隆平》出版】 6月，江西省德安县志办编纂的《德安出了一个袁隆平》由江西人民出版社出版。该书分根在德安、艰难求学、潜心科研、惠泽全球、故园情深5章22节。全书20万字。（朱岳）

【《黎川双桥文萃》出版】 1月，江西省黎川县政协委员会、县志办编纂的《黎川双桥文萃》由江西人民出版社出版。该书收录双桥征文作品300多件，其中获奖作品49件，题材涵盖楹联、诗词、赋记、现代散文、诗歌等，并附录前人留传的诗、联、赋记10篇。（朱岳）

【《黎川两江移民》出版】 3月，江西省黎川县志办编纂的《黎川两江移民》由江西人民出版社出版。该书从千里迁徙、新建家园、浙赣融合、淳安遗风、人物风采、村落简介、移民记事等7个方面记录两江移民50多年来的奉献

史、创业史、发展史，插图88幅。全书22万字。（朱岳）

【《山东抗战研究丛书（沂蒙）》出版】 2月，山东省史志办和临沂市史志办编纂的《山东抗战研究丛书（沂蒙）》由中国文史出版社出版。该丛书分为《亲历沂蒙抗战》《沂蒙抗战大事记》《沂蒙抗战歌曲选》《沂蒙抗战将士记忆》等4部书，图片600余幅。全书110万字。

（李坤）

【《记忆中的市北》（第七辑）出版】 年内，山东省青岛市市北区史志办编纂《记忆中的市北》（第七辑）由中国文联出版社出版。该书分镌留在市北历史的往事、跃然浮生的昔年记忆、回味绵绵的民俗风情、浸润岁月韵味的教育情思与企业文化等4部分，收录文章76篇。全书32万字。（李乒）

【《道教寻踪》出版】 1月，山东省青岛市崂山区史志办编纂的《道教寻踪》出版。该书专题研究崂山道教，分为崂山道教史略、崂山道士、崂山道观、崂山道教文化、崂山道教碑记5章及崂山道教大事记、崂山现代著名高道、崂山历代道观简介等7个部分，插图90余幅。全书32万字。（李坤）

【《家·城阳》出版】 11月，山东省青岛市城阳区史志办编纂的《家·城阳》由黄河出版社出版。该书作为小学版乡土教材，分城阳概况、宜居城阳、节日民俗、民间文艺、历史遗存、人物6个部分，选用图片150余幅。全书6万字。（孙杰）

【《天南地北河口人》出版】 3月，山东省东营市河口区史志办编纂的《天南地北河口人》由中国国际文化出版社出版。该书收录河口籍在外人员行政职务副处以上、专业技术职务副高以上或在某一领域有突出成绩和重要影响207人，记载他们在外工作和生活状况。

（吴亮）

【《利津县中小学生地方教材》出版】 1月，山东省利津县志办编纂的《利津县中小学生地方教材》由济南出版社出版。该书分利津古邑、沧海桑田，得天独厚、资源阜丰，古今建筑、巧夺天工，大河更迭、息壤育民，名士英才、光耀千古，革命志士、名垂青史6个单元，图片50余幅。全书10万字。（孙杰）

【《郑板桥艺术精品集》出版】 3月，山东省潍坊市史志办编纂的《郑板桥艺术精品集》由青岛出版社出版。该书从国内外有关机构或私人收藏、出版的郑板桥作品中精选部分内容以及台湾地区收集到的部分郑板桥用印资料，涵盖诗文、书法、绘画、印谱等。（孙杰）

【《历史印记——垦利县的223个第一》出版】 7月，山东省垦利县史志办编纂的《历史印记——垦利县的223个第一》由中州古籍出版社出版。该书收录垦利县历史上的223个“第一”，涉及垦利县经济、政治、文化、社会、军事等多个领域，包含组织、事件、人物等16个方面。

（孙杰）

【《德州记忆》《德州史话》出版】 6月，山东省德州市地方史志丛书《德州记忆》由青岛出版社出版。该书分档案钩沉、民生往事、两河记忆、街巷变迁等4部分，选取50年间留存在德州人记忆深处的生活往事和时代细节，收录133篇文章。11月，《德州史话》由中国文史出版社出版。该书分旧城轶事、古运河痕迹、地名探源3部分，收录62篇文章，插图200余幅。全书共36万字。（李坤）

【《河南家训家规》出版】 6月，河南省史志办编纂的《河南家训家规》由中州古籍出版社出版。该书收录家训家规103篇，包含古今名人家训55篇、望族家训48篇，时间跨越古今，地域涵盖全省18个省辖市、8个直管县（市），涉及姓氏60余个。内容按地域分类，其下以姓氏编排，包括原文、注释、释义、出处、家

教故事、图片等。全书 30 万字。 （汪朝霞）

【《东京梦华录补注》出版】 11 月，河南省开封市史志办编纂的《东京梦华录补注》由中州古籍出版社出版。校点补注孔宪易。该书补注 400 多条，参考资料百余条，共计 500 多条。全书 23 万字。 （程茜 汪朝霞）

【《洛阳乡镇概览·城区卷》出版】 11 月，河南省洛阳市史志办编纂的《洛阳乡镇概览·城区卷》由中州古籍出版社出版。该书是《洛阳乡镇概览》之一，上限自事物发端，下限至 2010 年，照片 200 余幅。全书 52 万字。

（汪朝霞）

【《濮阳家训与家风故事》出版】 11 月，河南省濮阳市纪委、市史志办等编纂的《濮阳家训与家风故事》出版。该书图片 54 幅，设古代家训家规、近现代家训家规、古代家风故事、近现代家风故事和外埠名人家训家风故事 5 个部分，主要收录濮阳籍名门望族的家训家规，无产阶级革命家、优秀共产党员的家风故事，具有一定影响和教育意义的家训家规和家风故事。全书 18 万字。 （汪朝霞）

【《龙都历史文化》出版】 8 月，河南省濮阳市史志办编纂的《龙都历史文化》由中州古籍出版社出版。该书设概说濮阳、历史回望、红色记忆、文化集萃 4 个部分，照片 260 幅。全书 18 万字。 （汪朝霞）

【《鸡公山近代建筑》出版】 7 月，河南省信阳市地方史志编委会编纂的《鸡公山近代建筑》由中州古籍出版社出版。该书分 7 章，随文收录图纸、照片 400 余幅。全书 40 万字。

（汪朝霞）

【《湖北年鉴·简明湖北省情手册（2016）》出版】 1 月，湖北省志办编纂的《湖北年鉴·简明湖北省情手册（2016）》由湖北人民出版社出版。该书向湖北省“两会”人大代表、政协委员赠送，同时推出《湖北省情概览》英文版。

（湖北省志办）

【《湖北名村》出版】 6 月，湖北省志办编纂的《湖北名村》由中国和平出版社出版。该书收录湖北省 587 个特色名村，各村按经济、生态、历史文化、旅游和传统建筑等特色分为 5 大类，记录其来源、演变，包括属地、方位、自然条件、人口姓氏、经济状况等，及各种历史文化印记，口耳相传的、有形无形的文化信息，随文图片 587 幅。全书 120 万字。

（范锐超）

【《张培刚传（修订本）》出版】 6 月，湖北省武汉市志办编纂的《张培刚传（修订本）》由华中科技大学出版社出版。该书对 2013 年版的相关史实进行订正，并增加名家专访章节，补充对 16 位专家的访谈。全书 44 万字。

（邹璇）

【《武汉新编地方志目录》出版】 12 月，湖北省武汉市志办编纂的《武汉新编地方志目录》由武汉出版社出版。该书用目录学方法编著武汉地区 1980 年至 2014 年出版的各类新方志目录 400 余部。全书 200 万字。 （邹璇）

【《武汉备要》出版】 年内，湖北省武汉市志办编纂的《武汉备要》由武汉出版社出版。该书分武汉自然环境、建制、政治、经济、科学教育文化、市政建设、旅游文物、历史事件、社会及民俗风情、人物、大事记等内容。全书 77.5 万字。 （邹璇）

【《千年文化古村武城》出版】 3 月，湖北省鄂州市华容区葛店镇武城村委会编纂的《千年文化古村武城》由湖北人民出版社出版。该书分 16 章，介绍武城胡氏“诚信友善、忠孝传家，勤劳俭朴”的祖传家训等优秀传统，讲述“勤劳持家，诚信助人”等的故事，描述武城村的生态环境，史迹遗存、传统古屋等。

（湖北省志办）

【《广州市情（2016）》出版】 11月，广东省广州市情口袋书——《广州市情（2016）》出版。该书根据《广州年鉴（2016）》资料精心选编而成，分广州市概况、2015年广州市国民经济和社会发展、2015年广州市主要统计数据、市辖区概况、年度大事5篇。全书10万字。（贺坤）

【《执政深圳（2014）》出版】 2月，广东省深圳市史志办编纂的《执政深圳（2014）》由深圳报业集团出版社出版。该书设特载、大事记、正文，正文在原有的决策篇、法治篇、执行篇、经济篇、文化篇、团体篇、城区篇之外，根据内容增设专题篇、调研篇、企业篇。图照400多幅，卷首有彩图，文中有插图。全书75.3万字。（深圳市史志办）

【《深圳英烈》出版】 11月，广东省深圳市史志办编辑的《深圳英烈》出版。该书收录从1900年三洲田起义至1950年深圳地区全境解放这一期间的革命烈士千余人，重点介绍在深圳地区战斗过的16位著名烈士生平事迹，并以专表收录深圳籍烈士群体和在深圳参加过革命斗争的香港籍烈士群体名录。全书21万字。（深圳市史志办）

【《广西长寿志》等地情书出版】 年内，广西壮族自治区志办编纂影像志《广西长寿志》；南宁市志办等编纂《南宁地情手册（2016）》由广西人民出版社出版；南宁市青秀区志办编纂《青秀区六十年经济社会发展图录》由广西人民出版社出版；梧州市志办编纂《南安古今》《梧州特色村镇》由广西人民出版社出版；容县政协编纂《中国侨乡容县建筑文化遗产》由广西人民出版社出版。（韦晓　刘妍　覃志婷　周珍朱）

【《南宁地情手册（2016）》出版】 6月，广西壮族自治区南宁市志办、市档案局编纂的《南宁地情手册（2016）》由广西人民出版社出版。该书设南宁速览、南宁聚焦、产业发展、社会民生、文化建设、区县概览、邕城纵览和生活资讯等8个栏目，增设南宁聚焦、南宁市“十二五”发展成效、生活资讯等内容，加大南宁地铁、公共自行车使用、南宁高铁、A级景区资讯等与百姓生活密切相关的生活资讯内容。全书22万字。（钟婉悦）

【《纯美昌江》出版】 12月，海南省昌江县委、县政府编纂的《纯美昌江》由红旗出版社出版。该书为中小学地方教材，分为小学版、初中版和高中版3个版本，主要介绍昌江的区域居民、自然环境、山海风光、历史源流、名胜古迹等昌江地情。（李鑫）

【《北碚在抗战》出版】 3月，重庆市北碚区志办编纂的《北碚在抗战》由西南师范大学出版社出版。该书以抗日战争时期旅居北碚的各界社会名流的活动为线索，设北碚——抗战历史文化的宝库、北碚的开拓者——爱国实业家卢作孚、张自忠落墓梅花山、周恩来三到北碚、蒋介石在北碚、冯玉祥北碚卖字鬻画募捐救国、于右任北温泉情结、郭沫若北碚结诗缘、老舍在北碚、林语堂一家在北碚、梁实秋与雅舍、胡风在北碚发展“七月派”、五大平民教育家齐聚北碚、陈望道与夏坝“小延安”、陶行知与育才学校、梁漱溟的重庆生涯、晏阳初创建中国乡村建设学院、太虚法师与世界佛学院藏教理院、北碚战时名人录（部分）等48篇。全书36万字。（江雨）

【《江津地理》出版】 8月，重庆市江津区志办、区教委和区国土房管局编纂《江津地理》由重庆出版社出版。主编胡才富、黄文山。该书作为全区中小学乡土教材投入使用，设基本概况、地理环境、经济发展、城乡建设和发展前景，附教学实践基地5章。全书9万字。（杨祖静）

【《郫县古今人物》出版】 10月，四川省成都市郫都区志办编纂的《郫县古今人物》由电子科技出版社出版。该书分别从军政界、文化体育界、科技教育实业界进行讲述，所收录的人物，多为古代及近代现代著名历史人物，部分为当代在某一领域、某一方面有影响、有建树的代表人物，有本籍人士，也有长期在郫县工作或郫县关系密切的客籍人士。全书30万字。（朱丹）

【《成华拾忆》出版】 11月，四川省成都市成华区志办编纂的《成华拾忆》由新华出版社出版。该书作为《成华历史人文丛书》的一部，包括续写成都东郊工业发展的浮沉岁月，发掘成华地标的红砖回忆；记录成华街道繁华发展的里程，回顾成华场镇兴隆的过往；抒写成华风云人物，讲述百姓平凡生活滋味乐趣以及东郊客家人的故事等内容。全书19万字。（朱丹）

【《华西坝记忆》出版】 12月，四川省成都市武侯区志办编纂的《华西坝记忆》由中国文史出版社出版。该书以口述史为主，随文照片100余幅，由卷首、29篇主体内容、编后记3部分组成。全书12.2万字。（朱丹）

【《郫县民俗拾粹》出版】 12月，四川省成都市郫都区志办编纂的《郫县民俗拾粹》由四川大学出版社出版。该书分社会生活民俗、日常生活民俗、经济民俗、民间信仰习俗、民间文艺和游乐习俗、民间科技和医药卫生民俗、郫县各镇特色民俗等7章。全书35万字。（朱丹）

【《今古龙泉驿》出版】 12月，四川省成都市龙泉驿区志办编纂的《今古龙泉驿》由成都时代出版社出版。该书从古蜀时期展开历史画卷，划分出12段更迭的朝代，除记述各个历史时期著名的事件和人物外，包括一些故事和民俗，在附录部分增加正文中未能叙述的名景区、名古迹、古地名、名小吃、民间故事等内容。全书31万字。（朱丹）

【《彭州典藏》出版】 3月，四川省彭州市志办编纂的《彭州典藏》由中国文史出版社出版。该书搜集、整理、典藏彭州从古代到现当代，在社会、政治、经济、军事、文化、艺术、宗教等方面具有影响力的54个人物和26个事件。全书20万字。（朱丹）

【《乡土要览》出版】 12月，四川省崇州市志办编纂的《乡土要览》由方志出版社出版。该书是从《崇庆县志增订版》书中抽取广大读者最为关注的社会人文部分内容，以“提供乡土教材”为视角，节选成册。覆盖崇州的历史、地理、人物、风俗、名胜古迹、遗闻轶事等诸多方面。全书33.8万字。（朱丹）

【《崇州彭云生》出版】 12月，四川省崇州市志办编纂的《崇州彭云生》由四川人民出版社出版。该书以崇州民国时期的著名文人彭举为研究对象，为其撰写传记，呈现其人生经历和学术贡献。全书35.8万字。（朱丹）

【《泸州史话》出版】 11月，四川省泸州市志办编纂的《泸州史话》由中国文史出版社出版。该书分市情概述、建置沿革、史海钩沉、名流风采、人文景观、地方特色文化、现代风貌等7章。全书14.5万字。（朱丹）

【《绵阳记忆》出版】 9月，四川省绵阳市博物馆编纂的《绵阳记忆》由四川大学出版社出版。该书以介绍绵阳城市规划区内的历史遗迹为主，详细介绍绵阳2200多年建城史、宏富的历史文化遗存及其背后的故事。将旧志书中关于古代绵州建城的记载连缀成文，详细考证绵州城址由涪江东岸向涪江西岸的逐渐变迁过程。此外还包括边堆山、双包山等重大历史文化遗址及其出土文物以及存在于绵阳人身边、贯穿于绵阳人生活中的文化古迹等。全书17.2万字。（朱丹）

【《古镇·丰谷井》出版】 10月，四川省绵阳市涪城区社科研究扶持项目《古镇·丰谷井》由四川人民出版社出版。该书分12篇，介绍丰谷井的历史沿革、工农商贸业、文化教育、民俗传说、传统节日等，对盐业、酒业、丰谷号子、市井生活等作详细记录，手绘已经失传的传统盐业酒业生产工具。全书38万字。（朱丹）

【《乐山话方言词典》出版】 3月，四川省乐山市志办编纂的《乐山话方言词典》由中国文史出版社出版。该书收录大量与成都“官话”相同而与普通话不相同的乐山方言词汇。其覆盖区域以乐山市市中区为中心，沿岷江上下游延伸，包括沙湾、五通桥、犍为、沐川、马边等地，也包括已划入眉山市的青神县。全书30万字。（朱丹）

【《嘉州古诗选解》出版】 8月，四川省乐山市志办编纂的《嘉州古诗选解》由新华出版社出版。该书从历代吟咏嘉州的诗歌中，精选49位诗人的105首作品加以详细的注释和简洁的解说编写而成。全书9.5万字。（朱丹）

【《渠县概览》出版】 9月，四川省渠县志办编纂的《渠县概览》由中国文史出版社出版。该书以历代旧县志和中华人民共和国成立后新编的两部《渠县志》及《渠县年鉴》为基础资料，对渠县丰富的历史人物进行简介。收录时限大体上为1911年至2015年。全书20万字。（朱丹）

【《广安古代廉吏》出版】 6月，四川省广安市志办编纂的《广安古代廉吏》由四川科学技术出版社出版。该书以文字资料为主，配有插图，记述古代廉政文化建设概论、广安建置沿革综述、广安古代官宦事迹概述，包括从广安古代官宦事迹概述中选择57位在广安境内任职或广安籍在外地任职的代表性人物的事迹。收录《广安古代名宦对当前选人用人的启示——清乾隆〈广安州志〉研究》论文。全书20万字。（朱丹）

【《茂县民间文化集成》凤仪片区卷和沙坝片区卷出版】 3月，四川省茂县志办编纂的《茂县民间文化集成》凤仪片区卷和沙坝片区卷由开明出版社出版。《茂县民间文化集成（凤仪片区卷）》分风土民情、民间歌谣、故事传说、红色记忆、名胜古迹、附录、后记等部分。全书63万字。《茂县民间文化集成（沙坝片区卷）》分风土民情、故事传说、民间歌谣、红色记忆、文化古迹、附录、后记等部分。搜集黑虎、飞虹、回龙、三龙、白溪、洼底乡的民间民俗文化。全书62万字。（朱丹）

【《宜宾市精准脱贫图鉴（2016）》出版】 6月，四川省宜宾市志办编纂的《宜宾市精准脱贫图鉴（2016）》由新华出版社出版。该书摘取2015年度宜宾市精准脱贫攻坚中的典型事件和演绎轨迹为专题。（朱丹）

【《中国共产党凉山执政实录（2014）》出版】 4月，四川省凉山州史志办编纂的《中国共产党凉山执政实录（2014）》由中国文史出版社出版。该书包括综述、政务活动、执政方略、民主执政和参政议政、执政实践、附录6部分，图片44幅。全书50万字。（朱丹）

【《中国共产党陇县历史（1939—1978）》出版】 4月，陕西省陇县县委党史研究室编纂的《中国共产党陇县历史（1939—1978）》由陕西人民出版社出版。该书由图照、绪论、正文、结束语、大事记、附录6部分组成，正文21章68节75目，历史图照23幅。该书采用编年体与纪事本末体相结合的体例，记述从1939年10月中共陇县建立第一个支部到1978年12月中共十一届三中全会召开，中共陇县组织在新民主主义革命时期、社会主义过渡时期和社会主义建设时期共四十年的历史。全书22万字。（丁喜）

【《诗咏凤翔》出版】 11月，陕西省凤翔县档案局编纂的《诗咏凤翔》由三秦出版社出版。该书收录古今诗歌约600多首，所收录诗歌是从周秦时期到新中国成立后等10个不同历史时期赞美凤翔的诗歌。全书20万字。

（丁喜）

【《远亲戚——吴忠与富平》出版】 4月，宁夏回族自治区吴忠市志办编纂的《远亲戚——吴忠与富平》由宁夏人民出版社出版。该书分上中下3篇，上篇为古富平，探寻历史渊源。中篇为今吴忠，多方面记述吴忠市的发展成就。下篇为今富平，记述今陕西省富平县的发展概况。全书30万字。（张明鹏）

【《固原百科》出版】 12月，宁夏回族自治区固原市志办编纂的《固原百科》由陕西人民出版社出版。该书采用方志横分门类的框架体例，设36个类目，收录4714个主条目、2111个附属条目，涵盖自然、政治、经济、文化、社会、人物等各个方面。（张明鹏）

【《海原史话》出版】 10月，宁夏回族自治区海原县志办编纂的《海原史话》由宁夏人民出版社出版。该书是宁夏地方史话系列丛书的重要组成部分。采用章回体结构设置，对海原县历史时期具有突出特点的历史事件运用文学的表现手法，通过不同层面和角度展现海原县历史上的历史事件和人物。（张明鹏）

【《新疆生产建设兵团历史文件选编（2001—2008年）》出版】 11月，新疆生产建设兵团志办编辑的《新疆生产建设兵团历史文件选编（2001—2008年）》由兵团出版社出版。该书分上下两册，收入历史文稿75篇，其中部分文稿为首次公开发表。（周崇）

【《兵团史料选辑·兵团农业现代化专辑》（第26辑）出版】 11月，新疆生产建设兵团志办编辑的《兵团史料选辑·兵团农业现代化专辑》（第26辑）由新疆人民出版社出版。该书以兵团农业现代化为主要内容，设“文献资料”等7个栏目，客观反映60多年来兵团农业现代化走过的奋斗历程。（周崇）

·信息咨询与服务

【《北京年鉴（2015简本）》走进中关村华侨华人创业大会】 7月3日至6日，北京市政府侨办、中关村管委会等单位主办的2016中关村华侨华人创业大会在北京召开。会议期间，市地方志办向550余位参会者送出《北京年鉴（2015简本）》600余册，宣传年鉴，讲解地方志工作。

（王韧洁）

【北京市地情书亮相“记住乡愁——让地方志延续北京历史文脉”新闻发布会】 9月22日，北京市政府新闻办公室和北京市志办联合举办《记住乡愁——让地方志延续北京历史文脉》新闻发布会。《一张全面记录北京发展史的名片》《走进方志馆，了解北京城》《北京特色志书及旧志整理情况》《地方志在历史文化传承中亮起来》《唯有香山真绝色，飘丹时节动京城》等内容在会上进行宣传。（姜坤）

【北京地方志主题展参加第十一届中国北京国际文化创意产业博览会】 10月27日至30日，北京市地方志展区以“志说北京”为主题，参加第十一届中国北京国际文化创意产业博览会。“志说北京”展览以彰显文化自信和传递历史智慧为主要内容，与文博会“创新、协调、绿色、开放、共享”的发展理念和围绕“激发文化活力，引领产业创新”的主题高度契合。

（王韧洁）

【南皮县志办服务文化建设】 2月28日，河北省南皮县志办为沧州电视台播出的“寻访沧州大运河·千年古县南皮”专题节目提供史料、接受访谈、直接参与拍摄。南皮县志办在《古城文化》报开辟《茶话南皮》专栏，集中介绍南皮民俗、风情、文物、古迹、人物等，刊发80多期，县志办供稿30多篇；协助南皮电视台创办《谈古论今话南皮》专题节目；参与编写《南皮·千年文化古县》系列丛书；参与南皮县国学研修会的工作。（魏铁军）

【辽宁省信息咨询与服务情况】 年内，辽宁省各地开展信息咨询与服务工作。鞍山市史志办通过进社区、进企业，宣讲史志知识，研究新市情。围绕资政工作，结合党史、地方志工作实际，完成《鞍山地区第一个中共党组织——台安支部的成立及启示》《浅谈中国共产党对中国革命道路的探索》《地方志工作的现实服务探索》《浅谈南方八省三年游击战争的历史地位和贡献》等多篇调研文章。本溪市史志办充分发挥史志部门“以史鉴今、资政育人”的作用，会同市委宣传部、市档案局在建党95周年之际，举办“纪念建党95周年图片巡回展”，受众面上万人次，受到市领导的肯定和广大市民的一致好评。营口市史志办分别在《营口日报》《营口晚报》开办“重温党史、缅怀先烈”“历史永远铭记”纪念建党95周年专版。向营口市站前区健康小学赠送《雷锋在营口的故事》等书刊500余册；举办“雷锋入伍到营口56周年”纪念活动；协助站前区开展“雷锋文化”建设，举办图片展，举行营口市纪念红军长征胜利80周年座谈会。利用营口市文化科技卫生“三下乡”活动平台，在活动现场免费向群众发放各类史志书籍600余册。阜新市史志办完成《辽宁土改几乎与解放东北同步进行》专题调研任务，并于2016年7月27日在《辽宁日报》上发表。辽阳市志办在市图书馆“襄平书院市民大讲堂”主讲《辽阳历史地位及主要文化遗存》；配合“东北第一城”宣传，向市政府办公室、市总工会、市统计局等单位讲授《辽阳作为东北第一城的七个理由》；做好全市地名普查工作，进行辽阳老地名知识培训；参与市委宣传部《文化辽阳》杂志编辑；参与《国家级历史文化名城保护规划》和《辽阳市文化产业“十三五”发展规划》论证；完成“九一八事变策划地警示馆”方案设计、大纲编写、展板文字撰写并提供全部照片；为辽阳西关关帝庙、辽阳老城东南角楼——魁星楼复建提供文史资料。盘锦市志办在盘锦电台做年俗直播讲座6次，讲述辽河口地域过年习俗；在电台做节气时令习俗直播宣传5次；为中国地质调查局盘锦海岸地质勘查、“盘锦碱地柿子”向国家申请地理标志提供历史资料。　（姜潮洋）

【沈阳市志办举办方志宣传咨询活动】 5月11日，辽宁省沈阳市志办在北陵公园皇太极广场联合举办以“存史　资政　育人——贯彻国务院《全国地方志事业发展规划纲要（2015—2020）》”为主题的宣传咨询活动。活动现场发放地情类书籍100余册，宣传单200余份，解答群众咨询200余人次。　（俄文亮）

【沈阳市志办开展送书下乡活动】 7月1日，辽宁省沈阳市志办赴新民市高台子镇开展送书下乡，赠送《沈阳市志》《沈阳综合年鉴》《沈阳大事记》《沈阳集萃》《沈阳掌故》《沈阳图志》《张氏帅府志》《沈阳抗击非典日志》等各类图书近百册。　（俄文亮）

【大连市地方史志资源开发利用情况】 年内，辽宁省大连市志办在《大连日报》设立“光荣与梦想·大连党史新发现”和“光荣与梦想——庆祝建党95周年纪念特刊”专栏，共刊登纪念文章7篇；与《辽宁日报》合作推出“伟业——纪念中国共产党成立95周年”专版；与大连广播电视台共同推出4集专题节目《大连地方党组织史话》；分别协助黑龙江广播电视台、沈阳电视台拍摄纪录片《国际红色特工》《中共六大纪事》《回声》等；协助海军广场街道举办“寺儿沟红色党史展”，对展板内容进行检查核实，撰写讲解稿5000余字，提供图片44幅。中山区党史研究室（区志办）开展地方史志知识“进社区、进学校、进企事业单位”活动，组织离退休老党员、史志专家进行长征胜利80周年、中山区发展光辉历程等方面的专题宣讲辅导11次，向社区居民、外来务工人员和中小学生赠送史志书籍600余册。金州新区志办在《先导区报》上开辟专栏《95年的峥嵘岁月　95年的光辉历程》，展示区域发展进程。庄河市史志办举办纪念“辽吉功臣”吕明仁烈士诞生100周年系列活动，展示吕明仁烈士为中国人民解放事业和科尔沁草原各族人民翻身幸福作出的功绩。普兰店区志办组织宣讲团在区委党校、铁西街道等30多个单位宣讲地方志成果，受众3000余人；开展“重温党史 圆梦莲城”诗歌、散文创作朗诵比赛，举办“学党史、感党恩、跟党走——我们的旗帜”主题广场晚会，举办地方志成果的图片巡展活动。长海县志办开展送志书“进机关、进校园、进企业、进渔村、进军营”活动8次，赠送史志书籍1000册。（阎利）

【“感动吉林”2016年度十大人物评选活动】 年内，吉林年鉴编辑部与新文化报社、吉林省图书馆联合主办“感动吉林”2016年度人物评选活动。（闫佳函）

【上海市志办与徐汇中学合作上海乡土历史教育】 6月27日，上海市志办、上海通志馆和徐汇中学联合举办首届“上海乡土历史教育”论坛，启动“地方志进校园”孵化工程揭牌仪式。（唐长国）

【江苏省地方志工作融入主题活动】 年内，江苏省志办组织编纂《江苏好家训》，收录江苏各地历代名家、文化名流、名商巨贾、名门望族等具有较大影响的好家训、好家风，中央电视台到省志办采访。南京市志办围绕纪念长征胜利80周年和孙中山诞辰150周年，开展系列主题宣传活动；徐州、南通等市志办围绕建党95周年，开展系列宣传纪念活动；苏州市志办与市纪委、苏州大学联合编纂出版《家国千年——苏州历史上的家风与家规》；淮安市志办开展大运河文化研究，并为“淮安”舰入列、家风家规教育、党风廉政教育等活动提供资料；张家港市志办与教育系统合作，建设青少年史志教育馆等。（武文明）

【江苏省志办实施“乡愁记忆”传承保护和开发利用工程】 年内，江苏省志办组织全省地方志系统挖掘和保护乡土文化资源，抓紧历史文化记录和保护，留住乡愁记忆，传承弘扬优秀传统文化。苏州市志办积极跟进城乡建设，发掘整理乡村、街巷的历史内涵及现状，制作成二维码与“苏州地情网”永久性链接，并用微信公众号平台发布。丹阳市志办继续开展“村村记忆”工程，为14个镇（区）、约200个行政村、3232个自然村编写“记忆”，收存图照5万张、记录文字超过1200万字。（武文明）

【南京市方志馆、档案馆联合举办中学生教育实践活动】 3月11日，江苏省南京市方志馆、档案馆联合举办公益性教育实践活动，中华中学上新河校区初中一年级5个班200多名师生到馆参观《方志南京》展陈馆、《中国共产党在南京》陈列馆、《南京记忆》展等。（周文燕）

【常州市志办拍摄影像志】 1月，江苏省常州市志办启动拍摄《常州影像志》。与常州电视台合作，首期启动城市老符号系列《常州大麻糕》的拍摄，经过半年多的拍摄、制作、修改完善，形成近30分钟的样片，记录常州大麻糕发展历史，制作技艺的传承、创新及其背后的故事，反映故乡舌尖的乡愁、城市的记忆。（武文明）

【《不屈的连云港》在中小学巡回展出】 3月，江苏省连云港市志办、连云港市革命纪念馆组织的《不屈的连云港》专题展览在连云港市多家中小学校巡回展出。该展览分6个单元，展出展板53块，图片200余幅，全面展示连云港地区正面战场和敌后战场广大军民英勇不屈的抗战历程，真实还原当年日本侵略者在连云港地区犯下的滔天罪行。讲解场次33场，吸引学生11780人次前来参观。（李海宏）

【镇江市史志办信息咨询服务活动】 5月18日，江苏省镇江市史志办开展纪念《地方志工作条例》颁布10周年系列活动。在大市口广场通过展板、赠书等形式，向广大市民介绍镇江的历史文化、风土人情以及市史志办10年来的研究成果。捐赠的书籍有《嘉定镇江志》《镇江市志（1983—2005）》《2015“强富美高”新镇江》等；开展史志成果“六进”活动，变“关门修史”为“开门送志”，主动服务民众，上半年累计赠书籍光盘800份；开展家谱征集评选活动，弘扬地方优秀传统文化，提炼家风家训，传播正能量；9月22日，与市工商联联合举办史志成果进商会、进民企活动。分别向镇江南通商会、镇江市锅盖面行业协会、镇江金港磁性元件厂等10家单位赠送《嘉定镇江志》点校版、《镇江市志（1983—2005）》《镇江年鉴（2015）》等。11月18日，镇江市史志办召开“寻根问祖知家事”晒家谱活动总结交流会，接待前来联系家谱事宜或电话咨询（电子邮件）各界人士50余人次；收到赠送的家谱10套，包括印刷本6套和电子本4套；收到给予拍摄照片以作记录的家谱6套。12月6日，在西津渡举行地情知识现场考察活动，邀请原镇江古城考古所所长、镇江博物馆研究员刘建国现场授课，向大家讲解救生小码头、渡口大码头等历史遗迹。

（李海宏　武文明）

【苏州市信息咨询服务活动】　7月8日，江苏省苏州市志办主持点校的明洪武《苏州府志》和《日军入侵苏州图证》等地情书籍在第六届江苏书展上亮相。9月11日，在苏州大学炳麟图书馆学术报告厅布置苏州地情文化展，给新生们简要介绍苏州地情，向苏州大学社会学院2016级本科新生赠送《苏州纪事》《苏州往昔》《苏州士绅》等地情书籍200余册。

（李海宏　武文明）

【无锡市史志办举办纪念中国工农红军长征胜利80周年图片展】　9月28日，江苏省无锡市史志办、无锡市新四军历史研究会、无锡博物院联合主办的《长征精神永放光芒——纪念中国工农红军长征胜利80周年》图片展在无锡博物院首展。该展览以红军长征的历史背景、长征路上的重大战役、会议、人物、事件为主体，分星火燎原、创建中央根据地、第五次反“围剿”失利、血战湘江、强渡乌江、遵义会议、四渡赤水、巧渡金沙江、强渡大渡河、飞夺泸定桥、翻越大雪山、穿越大草地、攻克天险腊子口、三大主力红军胜利会师等53个部分，展示150多张老照片。10月22日，无锡市委宣传部、市史志办联合举办《光辉的历程伟大的壮举——纪念中国工农红军长征胜利80周年》图片展。该展览展出当年瑞金苏维埃政权发行的邮票、长征途中红军寄出的书信以及新中国成立后曾多次发行的以长征为主题或与其相关的邮品图片。同时举办“重走长征路共筑中国梦”活动。

（李海宏）

【无锡市举办宣传交流活动】　2月19日，江苏省无锡方志馆以船文化为主题召开研讨交流会。与会人员围绕江南地区重要传统船型——西漳船的制造和无锡航运发展史展开研讨，就充分发掘、有效展示无锡地区船文化历史达成诸多共识。吴文化爱好者李心言向无锡方志馆捐赠《无锡西漳船》等珍贵史料和研究成果。5月17日，江苏省无锡市史志办联合梁溪区史志办在城中公园多寿楼广场开展“纪念《地方志工作条例》颁布实施10周年”设摊宣传活动。活动现场通过摆放展板、悬挂标语、现场咨询、发放宣传册和史志地情书籍等形式进行宣传，并发放《地方志工作法规汇编》《无锡史志》《无锡近代名人》《崇安区志》《南长区志》等宣传资料、史志书刊1000多份。

（周文燕　李海宏）

【宜兴市史志办主办2015“精彩宜兴”年度照片评选活动】　8月5日，江苏省宜兴市史志办主办的2015“精彩宜兴”年度照片征集评选活动举行颁奖仪式。该活动历时3个月，收到138名摄影者的参赛作品1154幅、10位特邀摄影者的特邀作品10幅。参赛作品紧紧围绕“精彩宜兴”这一主题，内容涉及转型发展、城乡一体、生态面貌、百姓生活、文化传承、文明创建等多个方面。评选出《花海雨》《宝贝快跑》《新城市圆舞曲》等获奖作品43幅。

（李海宏）

【扬州市志办举行信息服务活动】 10月18日，江苏省扬州市志办举行开放日活动。活动现场向政府机关、学校、图书馆、企业、医院等单位和省级以上非遗文化传承人、扬州市老领导、城市贵宾、在外乡贤等赠阅《扬州市志（1988—2005）》，老干部捐赠档案史料，开通“扬州档案方志”微信公众号，参加活动的各界代表参观“中国共产党在扬州”图片史料展等。11月22日，召开档案方志资源建设、文化建设专题会。会上汇报档案资源体系建设、文史杂志改版、文化编研规划等方面的情况，分析当前工作存在的问题，提出下一阶段需突破的瓶颈，同时明确创新工作思路和设想。

（武文明　李海宏）

【滨海县志办开展古黄河研究工作】 年内，江苏省滨海县志办成立古黄河文化研究会，围绕古黄河流经滨海县域的原因、走向、遗迹、文物、重大事件以及著名人物开展研究。研究会人员查阅历史资料，沿境内黄河故道考察遗迹，走访众多的居民和古黄河文化研究爱好者，赴河南、山东等地收集资料，走访专家学者，取得很多的第一手资料，发现圣旨、牌坊、庙宇、石碑等珍贵文物。（武文明）

【“杭州历史文化讲坛”开讲】 10月29日，“杭州历史文化讲坛”第一讲在杭州市方志馆开讲。浙江大学历史系教授、中国历史文献研究会副会长仓修良做题为《用地方志来思考认识更正杭州历史》的专题讲座。讲座从杭州的得名、《咸淳临安志》的地位和作用、用《武林坊巷志》来认识杭州地名三个方面展开，从旧志、古籍中寻找“杭州”“钱塘”等名称的来源，用杭州当今城市发展过程中的鲜活事例剖析继承传统文化的意义和路径，就如何考证地名、还原地名本来面目提出指导性意见。

（黎似玖）

【瑞安市史志办开展信息提供服务】 年内，浙江省瑞安市史志办全年接待来办咨询群众（单位及个人）百余人，并赠送地方志相关书籍和光盘105份。为宁波天一阁《浙江省新方志书目提要》提供瑞安市相关资料。

（温州市志办）

【永嘉县志办开展信息服务活动】 年内，浙江省永嘉县志办多次向各党政机关及社会人士提供历史、文化信息；协同县委宣传部，协助市史志办共同参与“‘温州市’2016社会科学普及周”活动，公益赠阅《永嘉年鉴》《永嘉山水图志》《永嘉壁画》等书籍；前往岩头镇上泛村开展“送志下乡，情暖礼堂”服务活动，赠阅《永嘉县志》《永嘉方志》等地方志相关及生活指导实用性书籍。（温州市志办）

【嘉兴市志办开展信息咨询与服务】 年内，浙江省嘉兴市地方志、党史、档案资源整合利用工作继续开展。以嘉兴档案微信公众号的形式，定期推送介绍嘉兴历史文化和地情知识；微信公众号全年累计推送图文1149条，关注人数2220人；继续开展档案党史地情宣讲工作，根据形势发展需要和档案史志工作特点，调整2016年嘉兴市“档案史志宣讲团”宣讲内容、师资和讲座课题表，做好成员推荐、课题收集整理和汇总工作，并以“菜单式”表格形式将宣讲课题向社会各相关单位下发，努力构建宣讲品牌。（嘉兴市志办）

【绍兴市柯桥区史志办为社会各界提供信息咨询与服务】 年内，浙江省绍兴市柯桥区史志办与区政协编辑出版《王阳明绍兴事迹考》；与区航管处共同整理新杭甬运河建设素材；与区民政局共同整理147位烈士档案；与区水利局共辑柯桥区山塘水库除险加固资料；与区农办整理新农村建设资料；与区委办、区府办复存每日交流、今日政务资料；吸引民间史志爱好者，创设“越地典籍陈列室”，专门展示民间收藏家的珍贵藏品，先后承办“绍兴师爷文案”“绍兴地契和监照”“越医千年”等展览活动。（绍兴市志办）

【衢州市志办全年接待查阅220余人次】 年内，浙江省衢州市志办为各部门和个人编制规划、社科研究、旅游开发、申请非物质文化遗产、编修家谱、寻根问祖等提供资料查阅服务。全年共接待查阅220余人次，提供查阅的地情资料550多册（卷）。（衢州市志办）

【龙游县史志办参与古迹保护工作】 年内，浙江省龙游县史志办配合龙游县第二次地名普查暨古地名保护工作，完成为龙游县民政局提供资料等相关工作。重视对党史胜迹的研究和宣传，有效保护和修缮革命遗址，如红军标语墙的抢救性保护工作，定期开展革命遗址普查；协助庙下乡完成“傅春龄故居”布展；协助县民政局做好“龙游革命（烈士）纪念馆”布展工作。（衢州市志办）

【江山市史志办开展文献征集工作】 年内，浙江省江山市史志办征集《衢州文献集成》、日藏《天启江山县志》、清光绪年间《早稻田大学中国留学生同学录》、毕业生合照等有重要的学术价值的地方史料以及《须江廖氏宗谱》（中华民国壬申仲冬月）1套7册、《丽川姜氏宗谱》1套16册、《湖川李氏宗谱》1套16册、《嘉湖姜氏宗谱》1套56册、《石邱夏氏宗谱》1套11册、《郎峰祝氏禄川宗谱》1套4册、《岗坞徐氏宗谱》2套以及《清漾毛氏宗谱（广渡派）》2册。包括《细菌战最后的证人——衢州“烂脚病”人纪实》《勤俭村遇上哲学》等各类图书45册。征集江山民众营救美军飞行员相关档案，并联合旅游局、文联等部门共同创建中美联手抗日纪念馆。

（衢州市志办）

【临海市开展纪念临海撤县设市30周年系列活动】 3月，浙江省临海市志办参与开展纪念临海撤县设市30周年系列活动，为临海30年30件大事评选提供基础材料，编写评选确定的30件大事，在《浙江日报》《台州日报》等省市媒体上集中刊行。（台州市志办）

【仙居县志办参与仙居书院建设】 5月，浙江省仙居县志办配合县委宣传部，启动仙居书院建设工作。计划在全县建成10家以上具有示范意义的书院，已完成书院测量、项目设计、相关资料收集等工作。（台州市志办）

【来安县开展“读志用志”宣传月活动】 4月，安徽省来安县志办牵头，县委宣传部和县新华书店参与，三家单位共同举办的“读志用志”宣传月活动结束。活动内容主要是发动干部和群众研读《来安县志》，撰写读志心得，引导干部群众利用地方志成果为地方经济建设和社会发展服务，发挥志书的资政、育人的作用。该活动征集文章52篇，约20万字。经过评比，产生优秀奖6篇、特色奖17篇。

（史五一）

【福州市信息咨询与服务工作】 年内，福建省福州市方志委为福州市委组织部搜集整理的全市干部教育现场教学点的各项参考资料约1.2万字，包括王审知、闽安巡检司、朱熹等10个专题近20个主题参观点相关材料。

（福建省方志委）

【厦门市信息咨询与服务工作】 4月9日，福建省厦门市志办向市委、市人大、市政府、市政协赠送100本《厦门记忆》地情书籍。9月29日，举办“爱我厦门，从厦门的历史地理讲起”学习讲堂活动。年内，与市图书馆、市政协文史宣委合作，先后以“厦门华尔街——走寻老厦门之海后滩”“厦门民国文献知多少”“寻访厦门的老码头”“厦门地名知多少——美丽厦门与地名文化”“孙中山与厦门的不解之缘”等为主题举办“厦门文史沙龙”活动。

（福建省方志委）

【漳州市举办“漳台关系”地情专题展览】 5月，福建省漳州市方志委在地情展示室内开辟专门区域，举办主题为“漳台关系”的地情专题展览。该展览占地56平方米，设置24面可移动展架和展板，从首轮志书中精选5万多字，汇集成主题展稿，涵盖史前漳台关系、漳人移居台湾、漳台文化交流、漳台通商、漳台方言风俗等多方面内容。　（福建省方志委）

【南平市创新地情信息咨询与服务工作】 9月7日，经福建省南平市方志委授牌，福建省隆合茶业有限公司隆合茶书院“方志之家”正式挂牌成立，收集5000余册各类书籍，其中地方志书达2000余部（册），为地方志再添展示平台和服务窗口。　（福建省方志委）

【上杭县方志委赠送方志资料】 2月18日，福建省上杭县方志委在全县教育工作会议上举行赠书仪式，向上杭一中、二中、三中、职业中专、明强中学、实验小学、实验幼儿园等全县60余所学校赠送《上杭县志（1988—2003）》等地情书籍60余套。（福建省方志委）

【山东省史志办与省委党校开展合作】 7月12日，山东省史志办与省委党校举行仪式，签订《交流合作框架协议》，向省委党校图书馆赠送部分史志成果。作为交流合作的重要内容，省委党校图书馆专门开辟史志成果专区，省史志办将定期无偿提供有关书籍资料，方便参加培训的领导干部和党校的专家学者学习使用。省史志办此次赠送1000余册史志成果。

（李坤）

【济南市开展纪念国务院《地方志工作条例》颁布实施十周年暨济南市第二届“史志开放周”活动】 5月16日，山东省济南市纪念国务院《地方志工作条例》颁布实施10周年暨济南市第二届“史志开放周”活动拉开帷幕。包括地方志成果展示国务院《地方志工作条例》和地方志的基本知识、济南市修志基本情况以及近年来史志工作所取得的成绩等活动。活动吸引地方志工作者的关注，平度市史志办、济南市草山岭村志编修人员专门来到现场参观。截至5月20日，活动现场参与观众1500余人次，赠阅史志书籍1500余册。6月2日，济南市史志办编辑出版的各类史志书籍200余册分别摆放到龙奥大厦各楼层漂流书架，为漂流书架增添图书种类。　（李坤　胡映雪）

【青岛年鉴社举办“网络在线问政”活动】 11月11日，山东省青岛年鉴社在青岛政务网举办以“贯彻落实规划纲要，推进年鉴事业全面发展”为主题的“网络在线问政”活动。与广大网民就《全国地方志事业发展规划纲要（2015—2020年）》《山东省地方史志事业发展规划纲要（2016—2020年）》《青岛市地方史志事业发展规划纲要（2016—2020年）》对年鉴工作的意义、要求和年鉴的发展前景等问题进行交流和互动。　（李坤）

【青岛市市北区举办展览】 6月，山东省青岛市市北区史志办选取数十件老企业实物原件及多幅珍贵的历史照片，举办“市北智造”市北工业历程展。展示市北工业简史、市北百年老企业、工业新时代等市北工业发展的各个阶段；举办“那年你我的青春岁月——知青史料展”，市北区史志办查阅20世纪六七十年代知青上山下乡的数百件相关史料，制作宣传展牌。6月8日，“民间收藏·手工记忆史料展厅”揭牌仪式举行，该展厅是青岛市首座展示老手艺、老记忆的主题展厅，以收藏、展示传统老手工、老物件精品为主。　（李乒）

【青岛市崂山区信息咨询与服务情况】 5月，山东省青岛市崂山区城市记忆工程“城区建设专题”启动，计划由中心区域向海尔路、张村河、株洲路、滨海大道等区域辐射，收集以航拍为主的记录城区面貌的图像，配套出版《崂山区图志》系列丛书。8月，举办“走进崂山”地情综合展，免费面向全区党员干部、学生、社会群众等开放。展厅位于崂山区市民文化中心B座负一层，建筑面积1300平方米，分为海上崂山、人文崂山、风云崂山、建业崂山、幸福崂山5个板块，采用实物、图片、声像等形式，全面展示区域内自然地理、历史沿革、政治经济、文化社会、民俗风物等概况。

（李乒）

【青岛市城阳区举行《家·城阳》小学生版乡土教材试讲课活动】 6月7日，山东省青岛市城阳区史志办举办“讲好身边故事 留住乡情乡愁——《家·城阳》小学生版乡土教材试讲课”活动。课程结合城阳历史沿革、文物古迹、旅游、文化等内容，利用现代媒体技术，为小学生展现大量图片，并在课堂中穿插轶闻故事，图文结合，声情并茂，让学生了解城阳的历史渊源和古今变化。（李乒）

【沂水县史志办创建“沂蒙手绣”开发利用基地】 7月，山东省沂水县史志办“沂蒙手绣”开发利用基地成立。沂水县史志办开发利用服务基地通过与当地组建的沂蒙手绣协会、沂蒙手绣民俗馆等形式相结合，把当地手绣艺人组织起来，由一家一户的零星作坊式制作，发展成独具特色的产业。沂蒙手绣最早源于沂水县高桥镇沭水南岭，拥有260余年的历史，被省文化厅评为省级非物质文化遗产，沂水县高桥镇被文化部评为“中国民间文化艺术之乡”。（李坤）

【泰安市史志办到肥城市开展农村图书捐赠活动】 1月13日，山东省泰安市史志办到肥城市孙庄社区开展农村图书捐赠活动。肥城市孙庄社区农村书屋免费赠送《泰安市志》《徂徕山志》《山东省志·泰山志》《泰安历史文化遗迹志》《泰安年鉴》《泰安市情》等方志文化系列书籍共100余册。（李坤）

【淄博市“史志成果进校园活动”走进中学】 1月，山东省淄博市史志办先后到淄博实验中学、淄博第十八中学、淄博第六中学积极开展史志成果进校园活动，向三所学校赠送《淄博市志》《淄博年鉴》《淄博抗战记忆》《淄博工业大事记》《淄博史志》《淄博市情手册》等120余册。（孙杰）

【广饶县史志办提供资料支持】 4月8日，山东省广饶县史志办向东营市教育史馆提供《广饶历代旧志集成》《广饶影存》《广饶县志》等地方史志资料以及教育方面有关人员的花名册复制件、毕业证复制件、相关图片等大量有价值的历史资料。（孙杰）

【平阴县史志办服务全县重点工作】 4月，山东省平阴县史志办向平阴县工业园区、发改委、经信局、贸促会、云翠新区建设指挥部、锦东新区建设指挥部等县直部门和指挥部赠送《平阴县志》《平阴年鉴》《平阴概览》《玫瑰志》、光绪《平阴县志》等县情书籍，并印发介绍平阴县史志办主要工作职能、主要工作成果。（孙杰）

【菏泽市史志办开展“史志成果进机关”活动】 4月，山东省菏泽市史志办开展史志成果进机关、进社区、进农村、进校园、进企业、进军营等“六进”活动。先后到菏泽市委、市人大、市政府、市政协等机关单位，介绍史志工作开展情况，赠送《曹州府志》影印本、点校本100余套。（李坤）

【威海市文登区史志办为红色胶东纪念馆提供史料】 6月，山东省威海市文登区史志办参与红色胶东纪念馆的筹备建设工作，搜集整理馆藏档案资料。依据档案资料线索，搜集复印《文登战事》资料3万余字，包括境域内的军事设置、抗击日军入侵时期的各种战事、重大兵事记述等；整理汇总辛亥革命时期、抗日战争时期、解放战争时期7000余名烈士的资料2万余字；搜集在世文登将军41人、去世将军6人的资料，1万余字；编写中华人民共和国成立前至2015年文登经济社会发展主要成就的文字材料5000余字。（李坤）

【威海市史志办开展“以书会友 礼遇全城”市情知识普及活动】 7月，山东省威海市史志办、市图书馆、威高地产联合主办，威海信息港承办的“以书会友　礼遇全城”市情知识普及活动举办，倡导全民读书，提升全民文化素质，进一步普及威海市情知识。该活动开通手

机版“答题赠书”，吸引市民参与。市史志办提供《威海年鉴（2015）》100本，作为活动奖品。（李坤）

【荣成市史志办参与红色教育基地建设】 年内，山东省荣成市史志办参与郭永怀事迹陈列馆、龙山革命纪念馆、荣成县抗日民主政府旧址、青安屯英烈纪念馆及张晶麟旧居、沈秀芹纪念馆等一批红色教育基地建设，组织专门人员提供资料图片、校对馆内展板，参与纪念馆展厅布展、解说词、党课讲稿的审核。（李坤）

【东营市垦利区史志办参与黄河口民俗调查工作】 11月9日，山东省东营市垦利区史志办印发《黄河口民俗调查工作方案》，明确调查内容与分工，要求各单位高度重视，提高认识，认真完成工作任务，记录好黄河口的乡情民俗。（李坤）

【河南省史志办向浚县新镇镇邢固村进行捐赠图书及体育器材活动】 5月25日，河南省史志办开展向浚县新镇镇邢固村捐赠图书及体育器材活动。除单位捐出《河南省志》《河南年鉴》《河南省大事记》《河南省修志30年》《河南省大事记》等资料书籍外，单位职工捐献自己保存多年的文学类、励志类、艺术类、生活百科、工具书、科普类、人物传记等图书300册，共2000多册。同时捐赠部分体育器材。（王颖）

【河南省史志办向大别山干部学院捐赠图书】 11月17日，河南省史志办向大别山干部学院捐赠《河南历代方志集成》、第一轮和第二轮《河南省志》及部分地情资料丛书等千余册。该活动是省史志办本着“修志为用”的原则和推动方志文化“进机关、进农村、进社区、进校园、进企业、进军营”，面向社会各界开展“读方志、知省情”为主题的志书捐赠活动。（王颖）

【湖北省开展信息咨询与服务活动】 年内，湖北省志办承担地名普查工作，为配合国务院关于振兴鄂豫皖大别山革命老区工作规划，筹备并召开鄂豫皖三省地方志工作联席会议，广泛开展地情资源的合作开发；武汉市志办为服务中部崛起战略，开展“中国红谷圈”研究工作；武汉市汉阳区志办深入挖掘地域文化，编纂出版《千古绝唱话知音》对知音文化进行研究整理；仙桃市志办积极参加“沔阳三蒸”文化节，协助举办历史文化图片展、“沔阳三蒸”文化节研讨会。（湖北省志办）

【湖南省信息咨询与服务】 年内，湖南市州县（市区）方志资源开发利用宣传读志传志用志活动。长沙市、株洲市、常德市等市州志办突出宣传推进依法治志工作，组织地方志成果进机关、进农村、进社区、进校园、进企业、进军营活动。《株洲日报》刊登时任株洲市副市长毛朝晖文章《依法推动全市地方志事业发展繁荣》，宣传地方志工作。常德市志办在丁玲公园广场举行《条例》颁布实施10周年纪念活动。通道县举办“湖南省纪念红军长征胜利80周年活动”和“红军长征与湖南”学术研讨会。洪江市志办成功申报为革命老根据地。衡阳市志办为全市“十三五”规划及衡阳市历史文化名城保护规划提供相关资料1000多万字。岳阳市志办参与王家河沿线风景带文化创意工程建设，为开国将军雕塑园区建设整理提供60位岳阳籍国家领导人和开国将军的生平经历等史料，参与岳阳烈士陵园的陈列布展等工作。苏仙区史志办融入苏仙区经济建设和社会发展，协助郴州电视台拍摄抗日烈士孙开楚专题，为文化部门提供国共合作谈判地李家大屋资料、任弼时长征经郴县路线，向咨询群众免费赠送相关书籍等。桂东县史志办为宣传、文化、旅游、环保、规划、交通等部门提供大量地情资料，在“红色旅游节”和“邓力群同志诞辰100周年”活动中，为县旅游局、文广新局、陈列馆提供大量地情资料。资兴市志办为流华湾红色教育基地、黄义藻故居提供大量史志资料。汝城县史志办深入发掘红军长征史料，整理文明乡沙洲村“半床棉被”等感人故事。（杨帆）

【《羊城晚报》推介《广东资政志鉴》】 10月20日，《羊城晚报》推介《广东资政志鉴》，开辟专栏连载《广东资政志鉴》重要人物、重要事件。《广东资政志鉴》是以资政为宗旨的干部省情读本，由基本省情、重大事件、著名人物及人物简介等部分构成，全书采用条目体。“基本省情”部分，以地方志资料为基础，概述自然、政治、经济、文化、社会等省情，着重反映岭南文化的历史脉络、整体特点、重要影响、代表人物及传承创新；重大事件部分，重点选取截至2015年年底前广东有重大影响、重要资政价值的事件60条，兼顾自然、政治、经济、文化和社会各方面，事件条目按事件发生时间为序排列，作记事本末体记述；著名人物部分，选介叶剑英及1949年前去世的具有资政育人价值的历史人物58人，以政坛人物为主，包括本籍人（含在外地任职者），也包括在本地任职的外地人，记载其具有资政价值的政绩或行为，并选取在思想、教育、科技、文艺等领域卓有成就人士118人作简介，人物以生年为序排列。该书资料来源以志书及年鉴为主，参照相关文献。摘录具有标志性或启发意义的评论、史料、语录、家训以及图片等作为边批。（广东省志办）

【广州市情教育基地建设创出特色】 12月，广东省广州市地方志馆市情教育基地增至8个，包括华南农业大学教学基地、广州市情青少年教育基地、粤港澳青少年交流活动基地、广州市文艺志愿者活动基地、广州市政府系统培训中心现场教学基地、广州市爱国主义教育基地、广州市科普基地和广州市直属机关关心下一代教育活动基地等。年内，接待观众1万多人次。（杨宏伟）

【广州擦亮地情公众开放专题活动日品牌】 年内，广东省广州市志办联合有关部门和基层单位，在广州市地方志原馆和新馆举办多次不同主题的地情公众开放专题活动日，面向社会各界及广大市民群众、青少年学生提供内容丰富、形式多样的地情知识展览与民俗文化体验活动。其中第16次活动与东莞市地方志办合作在广东省东莞市大朗镇举行，这是广州地情开放日专题活动首次走出广州。第19次专题日活动于10月25日结合广州市地方志新馆首次内部开放举办，吸引400多名观众。

（杨宏伟　郑剑峰）

【深圳自然村落历史人文普查工作情况】 年内，广东省深圳市各区自然村落历史人文普查工作开展。其中，罗湖区完成对所有自然村的普查和验收工作；龙岗区在《深圳侨报》头版头条刊登全普查工作情况；光明新区动员35名义工参与普查，通过报纸、宣传栏、电子屏等进行大力宣传；坪山新区制作普查宣传视频在坪山资讯电视频道及地铁、公交移动电视频道上播出，采用无人机航拍新村旧貌；龙岗区龙岗街道制作《龙岗街道自然村落》和同名纪录片，举行自然村落历史人文普查工作结题会暨主题书籍、纪录片首发式。11月14日至17日，深圳市史志办以《记录深圳迅速消逝中的耕读文明》《学会打量自然村落里的深圳》《深圳完成古驿道普查 大鹏叠福段仍可见遗址》《村落里的移民史：客家人与深圳的缘分》《与时间赛跑，为村落留下记忆》为题，对深圳自然村落普查工作进行深入的宣传报道。

（深圳市史志办）

【深圳市地情资源开发利用工作】 年内，广东省深圳市地方志资料年报在《深圳大运会志》《深圳改革开放实录》中被大量引用。盐田区开展《盐田口述史》活动；启动“建设美好盐田 打造国际化城区”为主题航拍大赛。龙岗区配合区委宣传部为落实“东进战略”搭建全区综合性宣传平台。大鹏新区开展古驿道普查工作，梳理在大鹏新区范围内的古道线路及沿线资料；开展新区领导政务活动、重要会议记录工作，全年共收集政务活动照片约3800张，重要会议录音36次，报刊摘要约240期，新闻视频44期。（深圳市史志办）

【广西壮族自治区地方志信息咨询与服务工作】 年内，广西壮族自治区志办组织人员查阅收集20世纪五六十年代上海一批工业企业整体搬迁到广西等重大历史事件决策及实施过程有关史料，撰写《上海支边企业在广西简述》《广西大学院系调整和恢复重建史略》《北部湾沿海地区隶属关系变化简述》等方面的历史资料情况报广西壮族自治区人民政府；查阅收集有关广西历代重大战事资料，撰写《广西历代重大战事》报自治区党委办公厅；查阅收集有关广西城市规划发展的历史资料，撰写《广西城市规划发展简述》及附录相关原始资料报自治区人民政府；组织专家审议南宁人民公园烈士纪念碑碑文；组织撰写《广西情况概览》报自治区党委办公厅转报中办，组织撰写《广西壮瑶医药简述及附录资料》报自治区人民政府，为政府对壮瑶医药发展决策提供参考。柳州市志办为柳东新区项目开发、历史文化名城保护规划、历史街区暨历史建筑保护、莲花山片区规划制订等项目提供史料支持；桂林市志办为“寻找桂林文化力量，挖掘桂林文化价值”精神，挖掘地情资源，服务经济建设提供资料；百色市地方志办指导德保县志办申请“德保矮马”“德保脐橙”“德保山楂”地理标识的申报工作，以及为旅游提供相关史料记载资料，为创业者提供与创业项目相关的地情资料；钦州市对革命遗址遗迹的保护利用进行研究，撰写《关于我市革命遗址遗迹保护利用的一些建议》供党政机关参考。

（韦晓　刘妍　覃志婷　周珍朱）

【南宁市地情信息咨询服务】 年内，广西壮族自治区南宁市志办向市委信息办报送信息16条，采用5条；向市政府信息办报送信息8条，采用6条；为市人大等提供资料16份，参与南宁历史文化名城保护规划等评审会；为南宁市申报国家历史文化名城、修复提升横县六秀起义纪念馆、央视新闻专题节目《入党》选题策划提出意见；为南宁电视台提供邕江古堤史料，为市质监局申报“南宁白砂糖”地理标志产品、《两江流域龙母文化源流考辩》课题组、市人大《立法之路》提供资料和照片；审读《南宁兵变》书稿并提出意见；参与南宁城市建筑发展变迁研究、南宁市民居建筑特色研究、市规划局《南宁剧场外立面修缮及环境整治方案》专家咨询会等会议；举办地情宣传进社区活动，向市民介绍地方志知识，宣传方志文化，赠送地情书籍200册。开展网络“读志用志传志”，南宁地情网富有地方特色的南宁简介、南宁·北部湾、南宁·东盟、南宁视点、街巷故事、民风民俗、一周大事等栏目。

（钟婉悦）

【南宁市纪念《地方志工作条例》颁布10周年系列活动】 5月，广西壮族自治区南宁市开展纪念《地方志工作条例》颁布10周年系列活动。市、县区地方志工作机构撰写纪念文章，回顾《地方志工作条例》颁布实施10年来南宁市依法治志新业绩。5月18日，《南宁日报》第6版专版刊发题为《依法治志　履职担责》纪念文章；宣传地方志工作成绩显著的武鸣区、宾阳县、青秀区、良庆区；设计创作南宁地方志宣传画，分“顶层设计 引领发展”“依法治志 履职担责”“经年努力 硕果累累”“继往开来 谱写新章”等4个板块。5月21日，参加自治区地方志成果展，展示南宁市地方志成果，发放宣传折页800多份、《南宁日报》50多份、《南宁地情手册（2015）》160册。　（钟婉悦）

【海南省史志系统开展纪念《地方志工作条例》颁布10周年系列活动】 5月，海南省志办采取多种形式对地方志法规的宣传。省志办主任毛志华接受《海南日报》专访，以《依法治志，传承文明》为主题，全面介绍海南省贯彻《地方志工作条例》（以下简称《条例》），依法开展地方志工作情况，着重对依法治志、创新全省二轮修志、推动海南地方志事业发展等问题进行深入分析介绍。5月17日至24日，海南广播电视总台各频道全天滚动播出贯彻《条例》《规定》《规划纲要》，依法开展修志工作的宣传标语；在省委海南广场办公区、省政府国兴办公区、海府办公区悬挂依法治志宣传横幅，推动

《条例》《规定》的贯彻实施。省内各市县也结合本地实际，以各种形式开展纪念《条例》颁布10周年。（游宪军　程小斌）

【重庆市忠县志办大力宣传地方志知识】 年内，重庆市忠县志办利用各种平台宣传地方志知识。深入各乡镇、学校、社区，对干部群众开展地方志宣传，全年共开地方志宣讲报告4场；向部门、乡镇、地方志爱好者赠送地方志书籍，全年赠送2000余册；利用《忠州手机报》发送地方志知识，全年共发24条；利用报刊宣传地方史志，忠县史志办撰写的《爱国主义在历史长河中熠熠闪光》在《红岩春秋》第10期发表，并在《忠州日报》全文转载。

（忠县党史研究与地方志编纂办公室）

【四川省地方志信息咨询与服务情况】 年内，四川省志办配合省纪委举行“传家风、立家规、树新风”活动，编纂出版《巴山皓月，蜀水清风——四川革命先辈先烈及历代先贤名人家风家训辑要》；与省旅游发展委员会协作，修订、编纂《四川省4A级以上景区资料汇编》。成都市志办与市纪委合作，开设“廉说蓉城”专栏，制作廉政文化影视片；宜宾、泸州、内江、眉山、凉山等市（州）开展专题展、征文、史志沙龙、文艺演出、重走长征路等活动。（朱艳林）

【昆明市志办地情服务情况】 年内，云南省昆明市志办地情资料开发利用工作进展顺利。继续编印《昆明历史简介》《昆明市全国重点文物保护单位概览》等地情资料小册子，免费向社会、机关发放。为市委、市政府机关、领导提供高质量的市情资料，市情咨询服务30余次。（字应军）

【昆明市东川区史志办参加地方史、党史宣讲活动】 7月，云南省昆明市东川区史志办在全区入党积极分子培训班、老干部读书班上，举办东川地方党史、地方历史讲座2场，听众达200余人。（字应军）

【安宁市史志办推进史志育人工作】 年内，云南省安宁市史志办利用安宁市革命历史教育展览馆结合纪念建党95周年暨红军长征顺利80周年活动之际，开展党史育人活动。来自32个单位的320余人到安宁市革命历史教育展览馆参观。（字应军）

【石林县史志办举办“方志文化进校园”活动】 1月29日，云南省石林县史志办与县教育局举办“方志文化进校园”赠书活动。该活动向县内20所中小学赠送《路南彝族自治县志》《石林彝族自治县志（1989—2000）》《云南石林旧志集成》《中国国情丛书路南卷》《石林阿诗玛文化发展史》《汉夷杂区社会研究》和《石林年鉴》7种县情图书，共1392册。

（字应军）

【寻甸县志办举办“纪念红军长征胜利80周年”图片展】 10月22日，云南省寻甸县志办主办的“纪念红军长征胜利80周年”图片展在红军长征柯渡纪念馆举行。该展览分7个板块，展现中国共产党率领红军长征过寻甸的光辉历史。（字应军）

【青海省地方志信息咨询服务】 年内，青海省与其他各省（区、市）地方志部门及省内有关单位交换、赠送各类志鉴共156种340册，搜集志鉴及各类地情资料230种600余册。与云南、四川、甘肃三省藏族自治州协调民族特色志书资料的交换工作。全年向省内外48家单位115人次提供地方志资料查阅服务工作，共查阅志鉴图书资料450册，民国档案资料50余卷。（马渊）

【新疆生产建设兵团志办编印《资政参考》】 年内，新疆生产建设兵团志办继续编辑《资政参考》，编印“关于文化自信”等为主题的《资政参考》5期，撰写资政报告8篇，为兵团领导决策提供重要参考服务。（周崇）

信息化与方志馆建设

· 网站建设

【北京市各区地方志网站平台建设进展】 年内，北京市志办完成全市 16 个区地方志网站资料的收集和平台建设工作。截至年底，北京市地方志各区网站群建设基本完成。（王韧洁）

【京网不断优化】 年内，京网增加北京地情资料在线阅览说明、监督举报栏目以及 4 个图片栏目，更新后台功能。在政府网站普查工作中，配合北京市政府办进行相关整改工作。全年京网发布信息 246 条，超过上年同期 199 条的 23%。京网年浏览次数 16 万余次，独立访客 4.5 万人。（王韧洁）

【河北省情网开通】 12 月 1 日，河北省志办主办的河北省情网（www.hebdfz.com）开通。该网站设有图片新闻、文化风景、通知公告、志鉴动态、政策法规、修志进程、数字方志馆、省情简介、修志历史、方志期刊、学术论文、视频影像、政府信息公开等 13 个版块。

（赵霞）

【唐山地方志网开通】 10 月 31 日，唐山地方志网站（http://difangzhi.tangshan.gov.cn/）开通。该网站设有方志动态、唐山市志、唐山年鉴、地情资料、政策法规、志鉴研究、区县志鉴、资料下载 8 个栏目。（赵霞）

【承德方志网开通】 年内，承德方志网（http://www.cdsfzw.cn）开通。该网站设志书、年鉴、地情书、旧志及整理、志鉴利用、法规规划、工作动态、国省信息等 16 个栏目。

（赵霞）

【太原方志网全面改版升级】 12 月，太原方志网全面改版升级。该网站栏目从 35 个增加到 48 个。增设“市情摘报”栏目，设置“方志要闻”栏目，探索尝试增设在线投稿和在线编纂平台。（刘雁珍　张裕晋）

【“内蒙古区情网”蒙古文网站开通】 11 月 25 日，“内蒙古区情网”蒙古文网站开通。该网站设一级栏目 12 个，其中包括 2 个专题栏目；“内蒙古区情网”所有栏目均按照相关要求进行内容更新，累计上传稿件 738 篇，约 500 万字，图片 1300 幅，年点击量达 1670 万次。截至年底，网站访问人次量比 2015 年增长 22.6%。全区 12 个盟市志办全部建立网站，旗县（区）设置网站的有 37 个，初步实现与“内蒙古区情网”联网。（内蒙古自治区志办）

【辽宁省地方志网站建设进展】 年内，辽宁省有省、市、县地方志网站 14 个。辽宁省志办主办的辽宁省地方志网对 10 多个栏目定期进行更新，“史志动态”栏目全年录入近 60 条，“省情播报”栏目全年录入 400 余条。大连市志办主办的中共大连党史网（地方志网）上传文字消息 183 篇、78 万字，新增图片 75 幅，并新增纪念中共大连地方组织成立 90 周年、“两学一做”学习教育专栏、中国共产党大连市第十二次代表大会专栏。营口市史志办主办的营口春秋网全年更新内容 200 余条，增加图片 300 多幅，网站浏览量达 10 余万人次。

（姜潮洋）

【吉林省情网站内容管理系统投入使用】 12月，吉林省情网站内容管理系统投入使用。吉林省方志委将应用该系统为全省各级地方志工作机构建设网站提供功能齐全、安全可靠的统一信息发布平台。 （于泳生）

【黑龙江省地方志网站改版】 年内，黑龙江省地方志网站改版。重点解决网站所用操作系统软件、数据库软件、应用软件版权不清晰问题，后台数据库技术落后问题，网站架构和设计理念滞后问题。升级网站服务器，发布各类工作信息160余条。 （由岳峰）

【江苏省志办网站建设进展】 年内，江苏省地方志网站积极充实内容，完成2016年政府网站普查工作，全年按照要求上报各类报告12份，对栏目进行调整。同时，顺利通过2016年全省政府部门网站考核测评工作。网站及时制作、编辑、修改内容100余条，包含各类动态、地情、政务、互动、友情链接、外链书籍等栏目信息，加载各类地情资料200万字。 （李海宏）

【江苏省地方志系统网站建设进展】 年内，江苏省志办明确帮助支持沛县、新沂、邳州、洪泽、盱眙、金湖、沭阳、泗阳、泗洪、高邮10个县（市、区）地方志网站建设，全省地方志系统网站增加至58家。 （武文明）

【苏州地情网试运行上线】 6月1日，苏州地情网（http：//www.dfzb.suzhou.gov.cn）试运行正式上线。网站由原有的“苏州地方志”网站改版升级而成，目的是打造全新的苏州地方志宣传、推广的平台，实现苏州的自然、社会、政治、经济、文化等方面信息、资料的统一、科学、便捷的管理模式，推动建设地方志数字地情库地方志核心数据库，实现地情文化资源的社会共享，满足市民的读志用志需求。苏州地情网设置政务公开、情调苏州、光影苏州、方志馆、业务指导、小叶说地情等10多个栏目，同时上线的数字地情库包括已经数字化的1亿多字的新旧志书及大量pdf文档，实现全网全文检索。 （李海宏）

【宁波各地完善史志网站建设进展】 年内，宁波市继续加强地情网站建设。宁波史志网平稳运行，《宁波史志》与《宁波日报》“党史方志专版”网络版以及日常信息更新加快，新设立深入开展“两学一做”学习教育、方志知识竞赛等版块。“鄞州史志”网站、“余姚史志”网站等不断完善。“慈溪史志”网站新设立直接查询慈溪地方志书史料专栏。“宁海史志网”通过半年时间，协调网站维护运营商，确定网站改版框架、板块设置、特色呈现等，年底实现试运营。 （高曙明）

【金华地方志网站运行】 年内，金华市志办做好“金华地方志”网站（www.jhszb.cn）日常维护工作，同步完成网站手机端更新。网站设动态信息、书籍介绍、志书史事、金华抗战、家训村规、概说金华、学习园地、历史人物、信息公开等板块。 （金华市志办）

【南湖档案史志网运行】 年内，嘉兴市南湖区档案局、区史志办合办的南湖档案史志网运行良好。网站设置政务公开、工作动态、业务建设、政策法规、网上展厅等栏目。同时，在“中国南湖”网上，运行“区档案局（史志办）”网页（政务公开内容）。 （嘉兴市志办）

【福州地情网改版】 7月，福州地情网采用全省统一的地情全文数据库系统改版后上线运行。改版后，网站凸显方志文化和福州地方文化特色。 （福建省方志委）

【泉州地情网建设进展】 5月，“泉州地情网库二期”升级建设完成，网站整体布局合理，配置科学严谨，直观形象地展现“东亚文化之都”泉州的地情风貌、历史渊源、海丝遗存、多元文化、侨乡特色、古城风韵等。网站开设网络互动交流平台，加强与网民及各县（市、区）网络管理员的沟通联系。网站信息发布与公众微信号内容同步更新，保证信息发布的准确性、及时性。此外，泉州方志委加强指导县（市、区）地情数据库建设，县级方志机构已建网站7个，运行状况良好。（福建省方志委）

【漳州地情网建设】 年内，漳州市地情网首页及一、二、三级栏目相继确定，并将漳州市及各县（市、区）政府网站、省情网、漳州新闻网等加入友情链接。漳浦县方志委继续加强软硬件建设，提高地情网站的质量，及时调整网站栏目，充实内容，提高入库上网资料的数量和质量，强化志鉴及地情类书籍的数字化工作，形成较为丰富的数字化文献体系。诏安方志网挂靠“诏安之窗”网站，在“诏安之窗”网站设专栏以反映修志编鉴动态和诏安地情。长泰县地方志网站继续完善网站方志快讯、通知公告、特色长泰、成果汇编、法规文件、理论探讨、年鉴写作、综合年鉴、地方志丛书等多个栏目。（福建省方志委）

【中国龙岩地情网·闽粤赣互动发展区视窗上线运行】 8月，中国龙岩地情网·闽粤赣互动发展区视窗上线运行。该网站由龙岩市方志委在闽粤赣互动发展区视窗优化改版基础上建成，旨在把“视窗”大文化网站与全国地方志系统网站接轨、整合，突出时代主题、区域特色，开设发展瞭望、方志天空、红色土地、客家文化、美丽家园、地域经济6个板块，下设发展动态、地域概览、经济运行、地域新论等25个栏目。截至年底，网站发布各类文稿672篇，图照580余幅，访问量28371人次。

（福建省方志委）

【宁德方志网建设时展】 年内，宁德方志网发布工作动态和相关文件90余条，增设动态学习专栏。新增“霞浦方志网”，全市9县（市、区）方志委门户网站。（福建省方志委）

【景德镇市情网开通】 6月1日，江西省景德镇市情网（http：//dfz. jdz. gov. cn）开通上线。该网以“认识CHINA从景德镇开始”为网站建设宗旨。设首页、组织机构、政务公开、方志动态、瓷都要闻、数字方志馆、走进景德镇、专题专栏、通知公告、影像瓷都、方志理论、馆藏目录、景德镇市志、景德镇年鉴14个栏目。网站页面设计兼具方志文化特色和景德镇地方特色；将《景德镇市志》《景德镇年鉴》及各县（市、区）出版的志书等全部转换为电子书，总字数达1亿字以上。

（朱岳）

【“俯瞰齐鲁”试运行】 2月2日，山东省史志办开发的山东史志地理信息系统“俯瞰齐鲁”试运行。该系统充分利用山东省地理信息公共服务平台“天地图”的空间优势，将全省17市137个县市区和历史文化村镇的包括自然、人口、社会、历年概况、古今地名、地名由来等史志信息，在一图之内全面展现，实现“地理信息＋地方史志”的融合和创新发展。该系统还充分利用GIS、移动互联网等新技术、新载体，以矢量、影像、三维3种模式，向各级史志部门和社会公众提供在线服务。目前标注2000万字含有地理特征的历史资料，可以在山东省情网和山东史志微信平台的两个界面浏览。（孙杰）

【济南市情网建设进展】 年内，济南市情网站完善网站栏目内容，及时更新动态栏目，录入相关资料，采集山、泉、湖、河、城、人资料照片入库。在市情网站首页制作电子书模块，原书原样展现《济南市志》《济南年鉴》23册。（胡映雪）

【河南省情网站建设进展】 年内，河南省情网站建立“两学一做”学习教育活动、学习贯彻“规划纲要”等2个专题。加大省情网信息采集力度，全年新发布和转载动态信息900余条。网站访问量稳步增长，年访问量达20万人次。年底，启动网站和数据库软件系统升级工作。（程茜　胡柱文）

【郑州市信息化建设进展】 年内，郑州市史志办适时更新市情网站栏目，建设网上方志馆。“郑州市情网”设置栏目51个，上传信息、文章达5000余篇，文字量在1300万字，累计点击量超过80万人次。数字化市、县两级志书、年鉴、旧志、地情书等图书200余部，总字数1.6亿余字，图片万余幅。（高畅）

【湖北省方志系统信息化建设情况】 年内，湖北省17个地市州有15家完成地情网站的建设，101个县（市、区）机构（包括武当山、屈家岭2个管理区）中有48个建立方志网站。“湖北方志网”全面改版，“荆州史志网”正式上线运行。（湖北省志办）

【湖南省地方志网建设情况】 年内湖南省地方志网是湖南省政府政务网站群的一个站点，湖南省地方志编委会负责政府信息的采编、发布。网站设机构职能、政务动态、通知公告、政策规划、图书检索等一级栏目。网站建设通过国务院网站普查。截至年底，网站新增政务信息400余条。（任璀洛）

【广东省地方志网站发展情况】 年内，广东省志办继续强化地方志网站，优化栏目，充实内容，提高公共服务水平。广东省情网全年访问量2000多万次，累计访问量达6500多万次。珠海地情网站在第十届航展期间专门开辟“珠海航展”新栏目。惠州、肇庆、珠海、清远、东莞、河源、梅州、阳江8个地级市和新兴、高要、兴宁、信宜、五华、端州、荔湾、天河、乐昌、斗门、浈江、鼎湖、从化13个县级站点累计访问数超过百万次。（广东省志办）

【广东省镇村地情网建设取得新突破】 年内，广东省内第一个镇情网大朗镇情网、第一个村情网巷头村情网上线。（广东省志办）

【广州市情网建设情况】 年内，广州市情网新增栏目6个，发布信息18000多条，发布年鉴2册，期刊4册。网站栏目进行更新调整，新增南沙自贸区、广州开发区、增城开发区、空港经济区等特色栏目和红色足迹专题栏目。总浏览量超过116万次。（梁斯豪）

【广西地方志信息化建设进展】 年内，广西壮族自治区志办及时采集、更新广西地情网数据，按时备份网站数据和资料库数据、图书资料库等数据；将志鉴和地情书刊数字化加入到广西地情资料库中；增设政务咨询和调查征集两个栏目。桂林市将历年出版的年鉴数字化，加强桂林地情网站的方志动态、时政要闻等栏目建设。（韦晓　刘妍　覃志婷　周珍朱）

【南宁市地情网建设进展】 年内，广西壮族自治区南宁地情网更新信息194条，其中志鉴动态信息91条，年内点击量58万次，累计207万次。新增查处群众身边的“四风”和腐败问题专项工作、营造风清气正的换届环境、“两学一做”专题教育等栏目。（钟婉悦）

【“海南史志网”扩容升级】 年内，海南史志网进一步扩容升级，新上传资料1694万字、图片4390幅，信息更新频率加快，点击率较往年增长。（李鑫）

【四川省地方志网站建设进展】 年内，四川省志办建设四川地方志网站群，改版升级四川地方志网站，打造“方志四川”微信公众号、“方志四川”政务头条号、“方志四川”新浪微博传播平台，形成“四川地方志新媒体矩阵”。成都、眉山、巴中、乐山、广安等志办均改版升级方志网站。（四川省志办）

【甘肃地方史志网站改造升级】 年内，甘肃省史志办对现有的甘肃省地方史志门户网站进行全新改造升级，同时新建甘肃地方史志全文数据库。截至年底，甘肃地方史志网站和全文数据库建设已通过验收，上传省、市两级志书及75部年鉴，共5300万字。（梁兴明）

【青海省地方志网建设进展】 年内，青海省地方志网根据工信部、公安部关于网站必须备案的要求，完成报备工作。全年共发布信息270条。（马渊）

【银川方志网加强管理维护】 年内，银川市志办加强对银川方志网的管理和维护，由专人负责及时更新网页内容和栏目，上传《银川年鉴（2015）》《银川史话》等电子版共288万字，更新图片18幅；上传方志动态信息400多条。（张明鹏）

·数字化建设

【河北省数字化建设进展】 年内，河北省志办分别对60余部三级志书进行数字化，其中部分志书上传至河北省情网。（赵霞）

【蒙古文版多功能数据库正式开通】 11月25日，内蒙古自治区蒙古文版多功能数据库开发完成并正式开通。该数据库包括方志数据库、区情数据库和多媒体数据库，收录专业词条200多万条。截至年底，已完成数字化并入库的资料3.1亿字。（内蒙古自治区志办）

【吉林省推进志鉴图书数字化】 年内，吉林省地方志编委会完成70部志鉴图书的数字化工作，共3.62万页、4342.44万字。数据全部录入吉林省情数据库，吉林省情网提供上述志鉴图书的内容浏览及全文检索。（于泳生）

【江苏省数字方志馆上线】 5月17日，江苏"数字方志馆"（www.jssfzg.com）上线。江苏"数字方志馆"共建成馆藏书目数据库、新方志数据库、年鉴数据库、旧志数据库、工具书数据库、学术期刊数据库、博硕论文数据库、江苏方言库、中华再造善本数据库等9个专题数据库，数据总规模近1.5TB。可实现书目在线查询、方志期刊博硕论文全文检索下载、省内3个方言区70个方言点的7400个方言词汇的在线试听。（周文燕）

【浙江省志办增配文献资料数据库】 年内，浙江省志办开发《浙江通志》编纂信息系统后续服务工作，在现有《申报》《浙江省志丛书》《中国古籍方志库》等数据库的基础上，新增清雍正《浙江通志》、民国《浙江通志稿》和《浙江日报》数据库。全年共接待40余家单位，200余人次先后到电子阅览室查阅资料。（浙江省方志办）

【慈溪志鉴数字化建设】 年内，慈溪市志办逐步建立地方志书数字档案。基本完成地方志书数字化工作，组织开展《慈溪县志（1992）》和《慈溪市志（1988—2011）》数字化制作工作，完善数字资料档案。（高曙明）

【平阳县史志办实现史志资料检索】 年内，平阳县史志办对《平阳抗日战争时期人员伤亡和财产损失课题》《中共浙江省第一次代表大会》等档案图书资料进行电子文本化处理，实现史志资料可检索。（温州市志办）

【《嘉兴年鉴（2016）》光盘制作完成】 12月，《嘉兴年鉴（2016）》光盘制作完成。从2010版年鉴开始，嘉兴市地方志办在出版纸质年鉴的同时，制作出版电子版年鉴，提高嘉兴年鉴的数字化和信息化水平。（嘉兴市志办）

【金华市志办启动地情资料数字化工作】 年内，浙江省金华市志办启动地情资料数字化工作。截至年底，共完成800余册地情书的扫描数字化，近80部年鉴、旧志的书签目录制作以及3.7万字文言家谱资料的句读。（金华市志办）

【东阳市史志办数字化工作】 年内，东阳市史志办开展《二轮修志资料汇编（一）》数字化工作。完成对《东阳年鉴》和《东阳市志》等资料838万字的数据化处理、光盘制作方案设计等工作。（东阳市史志办）

【“舟山网上方志馆”改版】 年内，“舟山网上方志馆”进行改版，网页由3D模式改为平面进入模式，改下载浏览模式为Flash浏览模式，并增加保密安全性。（舟山市史志办）

【泉州地情中心数据库建设进展】 5月，泉州地情中心数据库试运行，7月，正式上线。该数据库设志书库、年鉴库、月志库、地情图书库、姓氏族谱库、文献期刊库、数字媒体库、方志工具库等分库，并预留升级扩容的较大空间。在原有的地方志网站与数据库基础上，对各种数据、文字、图像、音视频等地情信息资料经过二次加工、处理，当年完成地情文献数字化加工30册。现可供查询、摘录、打印的志鉴和各类地情文献155册、26572页、3763.5万字。（福建省方志委）

【龙岩市数字方志文献管理系统运行】 11月1日，龙岩市方志委数字方志文献管理系统项目正式运行，包含方志龙岩和原中央苏区地方志文献两个板块，具备全文检索子系统、会员管理系统、网络发布子系统、资源加工子系统、资源管理子系统五大功能。

（福建省方志委）

【中国赣网丰富数据库资料】 年内，江西省志办上传数十部省级综合年鉴、设区市志和县志至中国赣网，丰富中国赣网的地方志数据库；在方志馆局域网中建立丛书、报刊数据库，包含《四库全书》《清实录》《国家图书馆古籍题跋丛刊》等书籍以及《人民日报》《申报》《江西省政府公报》《东方杂志》《〈解放〉周刊》《新青年》等报纸期刊；上传1000余部史料性电子书。（朱岳）

【山东省史志办研发《山东年鉴（2015）》原版显示功能】 2月，山东省史志办自主设计开发《山东年鉴（2015）》原版显示功能，在山东省情网省情资料库专版年鉴库发布。该功能以PDF原版图像资料为基础，通过目录树分级、缩略图、动画翻页和输入页码等多种途径，实现《山东年鉴（2015）》原版在线浏览，提供省情资料库、年鉴库的多种查阅方式。

（孙杰）

【河南省地情数据库建设进展】 年内，河南省情数据库库内容达到10亿多字。在《河南历代方志集成》（河南卷）出版过程中，共扫描各种旧志刻本、稿本和抄本书稿31种、近15万页，形成极其珍贵的数字化资料。各省辖市、省直管县史志机构信息化建设长足发展。三门峡市地情数据库总字数达到10亿字，开封市地情数据库总字数超过9亿字，洛阳、郑州的地情信息库都以亿字为单位递增。

（程茜　胡柱文）

【广东省情数据库数据建设】 年内，广东省情数据库入库地情文献书籍218册，入库数据量近1.5亿字，累计入库数据量超过15亿字。全省20个地级以上市和18个县（市、区）向广东省情网投稿，全年累计投稿200余篇。

（广东省志办）

【海南省史志办影像资料库建成】 年内，海南省史志办影像资料库初步建成。海南省史志办翻拍历史照片943张，数字化历史照片5500余张。（李鑫）

【新疆志鉴数字化建设进展】 年内，新疆“数字化新疆方志库”一期工程相关系统建设完成。已录入首轮新疆通志84册，地（州市）、县（市区）志109部，新疆年鉴28部，总字数约2.8亿字。（陈忠）

·新媒体平台建设

【北京市方志馆微信平台建设进展】 年内，北京市方志馆完成微信服务号年审认证，微信订阅号启动上线。其中微信服务号共计发送信息41期，累计已发送信息103期。截至年底，关注用户2338个，全年新增关注用户991个。微信订阅号发送信息87期，截至年底，关注

用户为1436个。（王韧洁）

【北京市方志馆微博建设进展】 年内，北京市方志馆完成微博更名认证，共发布博文664条。截至年底，关注用户969个，全年新增关注用户191个。（王韧洁）

【“方志河北”微信公众号开通】 7月1日，河北省志办微信公众号“方志河北”开通。该公众号设方志要闻、方志动态、回眸新河北、志载冀往、最美方志人、冀人冀事等栏目。自开通以来每日更新，单日点击量最高达到2.8万次。（赵霞）

【“张垣方志”微信公众号开通】 7月21日，张家口市志办微信公众号“张垣方志”开通。该公众号设张家口历史上的今天、张垣印记、辉煌工业、张垣人物、志书撷英、方志动态、新书速递、游在张垣等栏目。（赵霞）

【“方志太原”微信公众号开通】 12月，山西省太原市志办微信公众号“方志太原”开通。该公众号践行“互联网+地方志”的志鉴宣传模式。（刘雁珍　张裕晋）

【“内蒙古区情网”手机网站开通】 11月25日，“内蒙古区情网”手机网站开通。该手机网站设8个一级栏目。截至年底，该网站地方文献数据量为2635.44万字。（内蒙古自治区志办）

【“方志内蒙古”微信公众号开通】 11月25日，内蒙古志办微信公众号“方志内蒙古”开通。该公众号设8大类，70个专业小类。截至年底，发送90多期。（内蒙古自治区志办）

【“方志吉林”微信公众号建设进展】 年内，吉林省地方志编委会微信公众号“方志吉林”设志鉴书香、东北方言、民俗风情、追忆抗联、吉林历史上的今天、吉林人物、吉林之最、志说吉林、吉林地名等栏目。截至年底，推送图文信息260条，浏览人数49.98万人次，转发人数5.82万人次，关注人数4425人次。（李刚）

【江苏“智慧方志”信息化工程启动】 年内，江苏省志办“江苏地方志数据资源标准”进入立项程序，完成1709本年鉴数字化入库工作，具备国家标准、具有江苏特色的地方志资源智能检索数据库建设稳步推进，同时江苏“数字方志馆”上线运行。（武文明　李海宏）

【“风雅江苏”微信公众号开通】 11月8日，江苏省志办微信公众号“风雅江苏”开通。该公众号是由省志办首个面向公众，宣传、展示江苏地方文化的移动信息服务平台。以“传承江苏文脉、展示风土人情、研究地方文化”为宗旨，每周一期，定期采取文字、图片、语音、视频等形式推送该省各地史志期刊刊发的地方文化方面的地情文章。（李海宏）

【“扬州档案方志”微信公众号开通】 10月18日，扬州市志办微信公众号“扬州档案方志”开通。该公众号在每周的一、三、五向社会推送原创文章。通过该公众号，可以在线浏览《扬州市志》《扬州年鉴》等编研成果，观看“张爱萍将军在方巷”等专题展览，获得便捷的在线服务。（李海宏）

【“淮安地方志”微信公众号开通】 4月，淮安市志办微信公众号“淮安地方志”（huaian-difangzhi）开通。该公众号不定期推送淮安地情人文介绍、年鉴和地方志修纂工作动态，以及各类文史资讯。年内，该公众号阅读量高达万次。（李海宏）

【“方志杭州”微信公众号开通】 1月8日，杭州市志办微信公众号“方志杭州”开通。该公众号设杭州故事、方志动态、3D方志馆三个常设栏目和工作动态、杭州掠影、杭州史话、人文风情等流动栏目。（俞胜男）

【《临安年鉴》手机版推出】 12月，《临安年鉴（2016）》在原有电子光盘的基础上，推出手机版。手机版年鉴采用PDF电子书格式，读者在下载《临安年鉴》电子书的基础上，即可实现阅读、标记、注释、搜索、复制等功能，随时随地查看临安政治、经济、文化、社会发展的基本情况。（许锦光）

【“方志永嘉”微信公众号开通】 年内，永嘉县志办微信公众号“方志永嘉”开通。该公众号相继刊发政府文件、领导调研的新闻以及永嘉县志办出版书籍、永嘉民俗文章等。

（温州市志办）

【“平阳史志”官方微博开通】 年内，“平阳史志”官方微博开通。全年更新微博17条，宣传史志工作动态和历史人物的事迹。

（温州市志办）

【“柯桥纪事”微信公众号开通】 5月18日，绍兴地区史志系统“柯桥纪事”微信公众号开通。该公众号以记录柯桥历史、传播柯桥文化为主旨，致力于介绍稽山鉴水、越地名士和柯桥史志动态。截至年底，累计发布微信24条，为“柯桥发布”提供信息10余条。（绍兴市志办）

【龙游县史志办开通两个微信公众号】 年内，龙游县史志办分别开通“龙游史志办”“龙游党史征集群”两个微信公众号，利于史志工作和党史征集工作的互相交流。（衢州市志办）

【“福建方志”微信公众号开通】 3月3日，福建省方志委微信公众号“福建方志”开通。该公众号设福建要闻、福建记忆、动态方志等栏目，平均每周发布2期，全年发布78期。

（福建省方志委）

【泉州市设区市微信公众号运行】 年内，泉州市继续扩大公微号内容覆盖面，拓展信息发布空间，并配附1443幅图片，累计编发1443条公微号信息，共230多万字，关注用户分布在全国17个省（市、区）。“龙岩地情”微信公众号以独特的视角挖掘闽西历史文化，传承闽西文明，已发布文稿83篇。德化县志办开通“德化方志”微信公众号；9月1日，“泉州台商投资区档案史志”微信公众号开通，重点宣传档案史志历史文化，介绍台商区历史地情，提供预约查档服务；10月，惠安县地方志编委会微信公众号“方志惠安”开通；5月，建瓯微信公众号升级改版为“闽源之窗”，更新栏目内容，设闽源之窗热点、快讯、集萃、地情小贴士和闽源纵横、百科等栏目。截至年底，共编发微信70期，关注用户近万人，单条点击率最高超过2万人次，平均在1500人次左右。（福建省方志委）

【山东各地新媒体平台建设进展】 1月，沂南县史志办官方微博开通；3月21日，山东省淄博市史志办微信公众号“淄博史志”开通，主要有淄博市情网、志鉴书架、历史上的今天、图说淄博、市情资料库等板块；4月，淄博市博山区志办微信公众号“博山史志”开通，设区情概况、史志动态、历史文化、博山山水、博山指南、历史上的今天等栏目；2月28日，青岛市城阳区档案馆、区史志办微信公众号和微博开通；7月，青岛市崂山区史志办微信公众号“崂山史志”开通；7月，山东省邹城市史志办微信公众号“史志邹城”开通。

（李坤）

【“开封地情”微信公众号开通】 2月7日，开封市史志办微信公众号“开封地情”开通。该公众号发布《开封高中的百年传奇》《话说开封名人故居》《峨眉拳在开封的传播与发展》《北宋皇家四大御苑今何在》4期文章。

（汪朝霞）

【“平顶山史志”微信公众号开通】 3月，平顶山市史志办“平顶山史志”微信公众号开通。该公众号以中央、省、市史志动态要闻、政策法规学习宣传、理论研究最新成果、地情文化故事和名胜古迹风俗为主，设置史志动

态、政策法规、理论研究、通知公告、美丽鹰城等栏目。（汪朝霞）

【湖北省新媒体平台建设进展】 年内，湖北省志办微信公众号“湖北方志网”开通，全年推送消息60余条；襄阳市志办微信公众号“史志襄阳”开通，推送133期380余条消息；“襄阳史志”微博全年推送“史志动态”消息270条；黄冈市志办微信公众号“黄冈地方志”发布原创文章20篇，点击量超过5万人次。（湖北省志办）

【湖南省地方志编委会新媒体平台建设进展】 年内，湖南省地方志编委会开通“方志湖南”“文献与人物”和“史志书画”3个微信公众号。“方志湖南”在工作日为关注者推送湖南省地方志事业动态，下方自定义菜单可在线阅读《湖南省志》和《湖南年鉴》；“文献与人物”内容依托于《湖南年鉴·文献与人物》刊物，已在线运行两年时间，定期为关注用户推送精彩美文。“史志书画”服务于湖南省史志界书画家协会。（任璀洛）

【湖南数字方志馆建设启动】 年内，湖南数字方志馆正式启动建设。数字方志馆计划分16个展馆全方位展示湖南地情。经过一期项目后，已有志书馆、年鉴馆、特色志书馆、历代方志（旧志）馆、省情概况馆、湖南英烈馆、方志期刊馆等7个展馆上线运行。（张征远　任璀洛）

【广东省微信、地情网（手机版）等新媒体建设】 年内，广州、深圳、惠州、中山、江门、茂名、肇庆、清远市及潮阳区微信公众号开通。广东省情网（手机版）累计访问量达745万次，微信方志库关注用户近5400个。广东全省微信、地情网（手机版）等新媒体建设加强。（广东省志办）

【广州地方志新媒体平台建设】 年内，广州市情网手机版、“广州市情”微信公众号、官方微博号，重点快速发布市情信息、地方志工作动态，扩大地方志社会影响力。截至年底，微信公众号“广州市情”推送信息64条。（梁斯豪）

【广西壮族自治区新媒体平台建设进展】 9月，广西壮族自治区志办微信公众号“方志广西”开通。主要推介广西风土人情、地貌风俗、民族特色、社会发展、建制沿革、历史人物等以及广西区内及广西地方志系统重大新闻动态。截至年底，共推送40期；北海市志办微信公众号“方志北海”开通，升级为中英双语刊发；河池市志办与河池移动手机TV合作，在河池手机TV上设立史志栏目。（韦晓　刘妍　覃志婷　周珍朱）

【“琼崖史志”微信公众号开通】 6月，海南省志办微信号公众号“琼崖史志”开通。该公众号主要发布史志资料、地情资料、研究文章、历史人物介绍、历史故事、史志工作动态等信息。（李鑫）

【“重庆地方志”微信公众号开通】 5月，重庆市志办微信公众号“重庆地方志”开通。该公众号设工作动态和地情资料两个版块，其中地情资料内设市情简介、年鉴资料和山城记忆三个部分。年内，向公众推送地方志工作信息40余条。（杨祖静）

【四川省新媒体建设进展】 年内，四川省志办“方志四川”微信公众号、政务头条号、新浪微博传播平台，形成“四川地方志新媒体矩阵”。成都、眉山、巴中、乐山、广安等市（州）志办开通微信公众号或专用短信平台。（四川省志办）

【《宝鸡日报》手机新闻端开通“方志宝鸡”频道】 11月7日，陕西省宝鸡市志办与宝鸡日报社联合创办的“方志宝鸡”频道在《宝鸡日报》手机新闻端“掌上宝鸡”上线。该频道设“宝鸡故事、方志成果、志鉴动态”三个栏目。（丁喜）

【宁夏回族自治区地方志系统微信公众号开通】 2月，宁夏回族自治区志办微信公众号“方志宁夏”开通。该公众号设工作要闻、业界动态、领导讲话、政策法规、重要批示、期刊目录、区情博览、人物访谈、朔方掌故、志鉴书讯等栏目，全年编发及转载信息30条；银川市志办开通“方志银川”微信公众号，以编辑出版的地情书籍为内容，不定期发布微信，全年共推送信息345条。 （张明鹏）

·方志馆建设

【北京市方志馆建设进展】 1月，北京市方志馆被评为东城区“蓝天工程”资源单位，列入2016年、2017年东城区寒假活动课程清单。5月，正式挂牌成为“北京社会主义学院教学基地”。北京市方志馆与中国青少年发展服务中心合作，承办港澳大学生暑期实践夏令营活动，接待港澳大学生参观。7月，北京市方志馆成为朝阳区社会大课堂资源单位。北京地情展放映厅改造升级，由原有循环播放北京文明五千年纪录片到可以自主点播9个系列纪录片，更新制作展板38块，制作一层垂花门展示牌，大屏幕新增音频功能。北京市方志馆志愿服务岗升级为志愿服务站。北京科技大学、北京工业大学电控学院的学生每月定期来馆参加志愿服务。截至年底，志愿者提供服务累计292人次，服务时长1435小时，开展以“北京市方志馆的宣传和推介”为主题的暑期社会实践活动3次，接待专题展参观总人数8058人次，地情展参观总人数8785人次。全年共接待团体参观127批次、2328人次；数字方志馆上传志鉴100余部，制作侯仁之展、河西村展、印象民防展三个专题展的网上展厅，京城老字号专题页面和360度看北京的网站栏目。启动地情资料数据加工工作，完成数据加工128部，字数7800余万字。 （王韧洁）

【河北省拟建河北省档案方志馆】 6月1日，河北省机关事务管理局向河北省政府呈报《关于省档案方志馆项目建设方案的意见》。8月18日，河北省发展改革委对《河北省档案方志馆项目建议书》给予立项批复，核定省方志馆建筑面积9740平方米，项目总投资36500万元，年底列省级固定资产投资项目预算500万元，作为2017年省方志馆项目启动资金。

（王慧卿）

【山西省省情（方志）馆建设进展】 年内，山西省省情（方志）馆项目29796平方米的建设用地得到落实。取得建设项目选址意见书、规划设计条件通知，并进行项目建设用地预审、地质灾害危险性评估、压覆矿产资源评估报告、水土保持方案编制报告和建设项目可行性研究报告等前期工作。 （杨建中）

【吉林省方志馆建设进展】 年内，吉林省方志馆购买志书、年鉴及地情类图书4600册，接收捐赠图书136册，接收报送图书940册，交换图书153册；配（赠）送图书1082册。分别与山东等20个省、市及地区地方志工作机构建立志鉴交换关系。截至年底，吉林省方志馆馆藏图书12.6万册。接待政府机关、企事业单位、学校院所、报社等单位来馆参观、查阅、咨询信息520家、1450人次。

吉林省政府批准建设吉林省方志馆新馆，确定省方志馆新馆占地9000平方米，建筑面积1.2万平方米，设计志鉴收藏保存区2640平方米、方志研究利用及业务用房区3456平方米、地情文化展区5904平方米，建设总投资12957.24万元。9月，吉林省发展改革委员会同意吉林省档案馆、方志馆新馆工程立项。12月，完成两馆新馆建设概念性招标。 （李刚）

【黑龙江省方志馆建设进展】 年内，黑龙江省志办确定方志馆布展版面内容结构，重新纂写、编排、压缩制作《走进龙江》宣传片文案，重新制作展馆龙志赋及历任将军名录、领导视察、龙江巡礼等展板。截至年底，接待人员参观13次、300余人。 （由岳峰）

【上海通志馆崇明分馆、复旦大学图书馆分馆设立】 年内，上海通志馆先后和崇明区志办、复旦大学图书馆鉴定合作协议，分别在崇明档案馆和复旦大学图书馆内设立分馆。

（吴一峻）

【江苏省方志馆建设进展】 年内，江苏省方志馆采购图书914册，包括《哈佛燕京图书馆藏稀见方志丛刊》《金陵全书》《民国时期地方概况资料汇编》等大型丛书。截至年底，江苏省方志馆共有图书11.4万册，著录书目数据库36881册；另有数字资源：江苏新方志2103册，国家级新方志200册，华东地区各类年鉴约750种7000多册，江苏旧志451种，以及各类史志工具书168册。与广东等17个省、市志办共交流出库123册。赠送首轮和二轮《江苏省志》3422册。 （周文燕）

【常州市方志馆建设进展】 1月，常州市方志馆新增常州历代名人查询、常州历史大事查询两大互动查询项目；新增宣传片《今日常州·大美无言》。该专题纪录片采用延时拍摄技术拍摄而成，分“一束光，照亮一方风景”“一座城，见证一个时代”两部分。与《航拍常州》成为姊妹篇，在方志馆滚动播出；截至年底，常州市方志馆已接待国内外游客42909人次，其中包括美国、丹麦、西班牙、坦桑尼亚等国际团队10多批次。 （周文燕）

【苏州市方志馆建设进展】 年内，苏州市方志馆加强馆藏资源和信息资源方面的建设。购置《哈佛燕京图书馆藏稀见方志丛刊》《中国地方志荟萃·西南卷（四辑）》《湖南图书馆藏稀见方志丛刊》《日本藏中国罕见地方志丛刊续编》《安庆市图书馆藏稀见方志丛刊》《国家图书馆藏地方志珍本丛刊》等书籍。与苏州出版机构、书店就苏州地情书籍建立协作关系。发文到市级机关各单位，要求将历年出版的书籍赠送方志馆。开展多项未成年人社会实践活动，编写《苏州地情百问》，向未成年人发放4000余册。 （周文燕）

【连云港市地情馆筹备建设进展】 年内，连云港市地情馆确定2170平方米的馆址，准备建成集收藏、展示、研究、交流于一体的地情中心。截至年底，连云港市志办召开6次规划方案和初步布展大纲论证会，征集意见建议80余条。组织“修志问道，以启未来”爱心捐书活动。通过购买、捐赠、交换等方式征集馆藏资料约5000种近2万册，其中志书833种3411册、年鉴995种5269册、地情及其他文献资料2713种8587册、电子志书120种约2300册。 （周文燕）

【江阴市祝塘镇文史馆开馆】 年内，江阴市祝塘镇文史馆建成开馆，免费对外开放。该馆总投资近130万元，占地约300平方米。以时间为轴，依次展示史前舜帝传说舜城遗迹、南朝萧梁至两宋时期西舜乡经济文化的发展、元明时期西顺乡的大开发、清代祝塘文林经济文化的繁荣和近代祝塘文林的经济文化建设概况。 （周文燕）

【宜兴市官林村村史馆建成开放】 12月26日，宜兴市首个村史馆——官林村村史馆对外开放。该馆通过实物呈现、图片展示等，再现农耕文化，展示出农民生活改善和村级经济发展的巨大变化。 （周文燕）

【杭州市方志馆正式开馆】 6月1日，杭州市方志馆开馆。该馆按照“横排门类、纵述史实”原则，分设概览、山水、政治、人物、文化、经济、社会、方志等8个展厅，占地面积2900平方米，其中展陈面积约1100平方米。

（杭州市志办）

【宁波市各地方志馆建设进展】 年内，宁波市志办继续开展宁波市方志馆布展文案编写，开展多轮征求意见工作，启动概念设计方案征集工作。宁波各地方志馆筹备进展顺利，慈溪地方文献陈列室完成验收，海曙方志馆进入内部装修程序，宁海县准备开设方志馆，江北区继续做好区方志馆慈湖人家分馆工作。

（高曙明）

【兰溪史志馆开馆】 6月29日，兰溪史志馆建成并免费对外开放。该馆占地面积约300平方米，分一楼展览厅和二楼视听会议室。首期举办建党95周年大型党史展——兰溪新民主主义革命大型党史展。（金华市志办）

【合肥市方志馆建设进展】 3月23日，合肥市政府批复确定合肥市方志馆建设总体方案。合肥市志办完善方志馆建设和规划方案，纳入为民服务用房建设项目，建筑面积4000平方米，已完成建筑设计方案。加强资料征集力度，交换、购买、收集资料3000册。（田文）

【福州市地情展示馆立项】 6月16日，福州市政府同意福州市地情展示馆选址，即在三坊七巷的黄巷郭伯荫故居一、二进建筑设立福州市方志馆，面积约为1100平方米。按照“一馆两址”的思路，在福州市图书馆设立方志专区，寻求与高校协作，由其为方志馆进行文献资料的后台帮助。（福建省方志委）

【漳州市开展地情文献馆建设】 年内，漳州市方志委加强地情文献馆建设。购置图书管理专门电脑和应用软件，聘请专业人员对图书进行分类、整理和上架，加强与省内外地方志部门和方志馆联系。加大资料征集力度，采取捐赠、复制等方法，积极向国家机关、社会团体、企事业单位、社会组织广泛征集地方志资料，鼓励个人捐赠资料，并以市方志委名义颁发收藏证书。（福建省方志委）

【龙岩市方志馆项目建设进展】 年内，龙岩市方志委将龙岩市方志馆建设成为全国中央苏区地方志文献的收藏展示中心、开发利用中心。赴赣南（中、北）粤东苏区县和陕北著名革命老区收集地方志及革命文献资料，收集12个中央苏区设区市38部志书、31个中央苏区县（市、区）157部志书，以及延安市等7个著名革命老区市（县、区）15部地方志书。截至年底，收集原中央苏区和革命老区地方志鉴748种9745册，革命文献资料3000多万字。（福建省方志委）

【福建省基层方志馆建设进展】 年内，泉州市泉港区方志馆2000多平方米的建设项目纳入年度党委、政府为民办实事项目，核批财政全额拨款股级事业单位（2个事业编制），6月完成布展并对外开放，已接待参观人员32批次、600多人次；宁德市9县（市、区）方志委除福安市外，均建有方志资料库（室）。漳浦县方志馆现有各类图书1100余册，并设专人管理，开展对外交流，丰富馆藏；接待民众来访、查阅资料，为查找民俗活动、编撰族谱、寻根谒祖和课题调研等提供资料；云霄县方志馆通过购买、交换、建立协作关系等办法，不断充实、丰富县方志书库的藏书数量与类别，共新增收藏图书600余种，馆藏图书3000多部（册）。（福建省方志委）

【江西省各地方志馆建设进展】 年内，江西省方志馆完成全年图书采购任务，采购图书3406册；接待参观人员2000余人次。7月，赣州市方志馆挂牌；9月29日，新余市方志馆开馆揭牌，该馆有志书馆、年鉴馆、党史馆、综合馆4个分馆，总藏书1万余册。（朱岳）

【济南市方志馆建设】 年内，济南市方志馆馆藏品种丰富。完成省会城市和中心城市80个单位的年鉴交换工作以及全国各省及省会城市、副省级城市、山东省17城市（包括县、区）地情书籍出版情况统计工作。根据各地工作进度的情况，陆续建立交换赠阅关系，不断丰富方志馆地情资料馆藏。（胡映雪）

【青岛市方志馆建设进展】 年内，青岛市方志馆建设纳入全市公共文化设施建设规划，前期规划设计已启动。在全市10个区市中，崂山区方志馆面积达到1800平方米。市北区、李沧区、黄岛区、城阳区、即墨市、平度市、

莱西市等区市新方志馆正在积极筹备和建设之中。（李乒）

【营口市方志馆建设进展】 年内，营口市史志办负责筹建营口市党史馆和营口市方志馆，面积各600平方米。截至年底，征集营口地区各类党史和地情方面展品百余件。（姜潮洋）

【平阴县方志馆建设列入县政府重点工作】 1月12日，平阴县方志馆建设列入平阴县2016年国民经济和社会发展计划以及平阴县“十三五”重大项目库之中。年内，该项目已完成可行性研究报告和立项工作。规划中方志馆面积2000平方米，总投资3000万元。（李坤）

【淄博市淄川区方志馆完成改造工程】 6月，淄博市淄川区方志馆完成改造工程。改造后的淄川区方志馆总面积100平方米，建有馆藏室，阅览室、地情资料室。馆藏室现有展示柜、密集书架等设施。馆藏书籍采用淄川区志办与区信息中心联合开发的方志馆管理系统，并应用《中国图书分类法》的科学属性和特征的编码管理方式，进行录入。馆藏志书、年鉴1800余种，3000余册。（李坤）

【菏泽市牡丹区方志馆开馆】 12月1日，菏泽市牡丹区方志馆开馆。牡丹区方志馆为菏泽市第一家举行开馆仪式的县级方志馆。（李坤）

【河南省方志馆建设进展】 年内，河南省方志馆加固改造工程全面开展。继新乡、三门峡之后，郑州、洛阳、濮阳、平顶山、商丘等市方志馆建设均列入当地重点建设工程，加紧推进。（胡柱文）

【郑州市方志馆项目进展】 年内，郑州市方志馆项目作为郑州西区市民公共文化服务区首批入驻项目奠基，先后组织人员学习、考察国家方志馆和广西方志馆，论证和制定市方志馆功能和空间布局方案；选派人员作为首席服务官，配合有关部门服务市方志馆建设。11个县（市、区）均建有规模不等的方志室，其中新郑市、荥阳市正在筹划争取建设方志馆。（高畅）

【河南省尉氏县方志馆开馆】 12月22日，河南省开封市尉氏县方志馆举行开馆仪式。该馆坐落于国家级文保单位——刘青霞故居内，由侧院和内院的两处二层清代旧宅构成。建筑面积900平方米，集收集、保管、阅览、编纂、研究、展示、交流于一体，馆内资政堂加挂“尉氏县地情研究中心”的牌子，并按其要求设计和功能布局。展览分建置沿革、大事记、古文化、尉氏先贤、尉氏记忆、姓氏源考等内容板块。（汪朝霞）

【湖北省加强方志馆馆藏建设】 年内，湖北省志办丰富省方志馆馆藏，完善志书、年鉴、地情资料等图书的信息化管理，丰富市州馆藏资料。全年交换、赠送、购买方志、年鉴、地情丛书及与湖北省文化、历史相关的书籍3000多册，17个市州共收藏各级各类地方志资料约26万册。

湖北方志馆改扩建项目已经征求规划、文物部门意见，报省发改委审批立项。全省17个地市州，建有方志馆（室）的有武汉、黄石和神农架3个，正在建设的有宜昌、孝感和天门3个，其中宜昌、孝感方志馆已完成主体工程建设。县区建有方志馆（室）的有7个。鄂州市党史方志馆动工兴建，枣阳市史志馆立项，襄阳市史志馆建设纳入襄阳市“十三五”规划。（湖北省志办）

【湖南省方志馆建设进展】 年内，湖南省方志馆通过购买、与外省志馆及相关单位的交流捐赠，上架图书1109册，过刊381册。购置资料查阅专用电脑，完善借阅制度，全天开馆。面向全省征集各类家谱21种139册。（易可倩）

【广东省方志馆立项与建设】 截至年底，广东省方志馆各项工作尚在筹建中。5月4日，广东省方志馆对1至4楼展厅进行装修。四楼专题展厅开展广东省地方志事业成果展，布展基本完成。图书基本清点上架完毕。图书阅览室和家谱阅览室基本成型。藏各类地方志书籍有20多万册。（广东省志办）

【广州市地方志新馆基本建成】　10月，广州市地方志新馆展厅布展工程基本建成。主展览区域由“城”“商”“政”“人”“文”“水”“区情纵览”“走进珠三角泛珠三角”8大展览主题组成，建立口述广州数据中心、市民录音棚、口述史采编室、音像资料编辑室、电子化评稿室等。10月25日，广州市地方志新馆首次专题内部开放。同日，举行第19次广州地情开放日活动。12月6日至7日、12月23日至24日进行第二、第三次专题内部开放，接待参加全国地方志工作经验交流会的中指组领导及会议代表、行政企事业单位、初任公务员、社区群众、小学生等1100人。新馆已接待40多批专项参观，接待4000多人参观。

（王艺霖）

【广州市南沙区方志馆建设进展】　广州市南沙档案信息规划展览中心位于蕉门河城市中心区，实行国家综合档案馆、规划展览馆、城建档案馆、房地产档案馆、地方志馆五馆合建。总占地25952平方米，建筑面积34300.13平方米。建设内容主要包括档案库房区、规划展览区、地方志馆区、对外服务用房、档案业务和技术用房、办公室用房、附属用房、地下车库及人防工程等。（广东省志办）

【深圳市方志馆建设进展】　深圳市方志馆位于深圳市福田区梅林片区，建筑面积1万平方米，与深圳市档案中心合建。市方志馆馆长由市史志办主任黄玲兼任。该馆实行党史馆、地情馆双馆合一模式。党史馆以时间轴为线索，以深圳之路为主线，以丰富的实物和图文互动；地情馆设有生态之城、移民之城、口岸之城、改革之城等主题板块，设置中共深圳党史馆、深圳地情馆、公共阅览室、书库、历史影像编辑保存中心、深圳口述历史中心、地方志资料年报室、党史宣教室、多功能会议厅、研究办公区等功能用房，与市档案中心共享学术报告厅、培训教室、临时展厅等功能设施。深圳市方志馆书库总面积约2500平方米，藏书容量30万册。截至年底，藏书总量超过15万册，已收各类捐赠品约1.7万件，上架报刊160余种。阅览室设置电脑查询系统和复印设备，供读者查阅和利用馆藏图书资料。先后接待近百批人次参观交流。

（广东省志办　深圳市史志办）

【广西方志馆建设进展】　广西方志馆于2011年9月投入使用，占地面积5333平方米，建筑面积6003平方米，总造价约3000万元。综合运用文字、图片、雕塑、实物和现代媒体信息技术，展示广西历史概貌、区情发展变化及广西地方志编修成果等，是广西区情教育和爱国爱家乡教育的基地。年内，组织采集全国三级地方志书、年鉴、广西地情书等图书1179种1847册，搜集志稿76种260册。

（韦晓　刘妍　覃志婷　周珍朱）

【南宁市方志馆建设进展】　5月，南宁方志馆主体工程建成完工。11月，通过验收，成为广西首个市级方志馆。南宁市方志馆与南宁市档案馆一并建设，项目总投资3.4亿元，总建筑面积33300平方米，其中方志馆设计为地下一层、地上五层，地上五层建筑面积5800平方米。南宁市方志馆馆藏收集、配用家具采购、物业管理服务采购等方案通过市政府审定并列入2017年部门预算，数字方志馆（地情资料全文数据库）项目通过市发改委初步审核，列入前期准备项目。南宁市方志馆功能定位为南宁市的地情展示中心，地情资料收藏、研究和咨询中心，地方文化对外交流中心及爱国主义教育基地。（钟婉悦）

【海南史志馆建设进展】　6月20日，海南省史志办召开《海南史志馆布展大纲框架》审议会。12月1日，召开《海南史志馆布展大纲》第一次评审会。两次会议指出，海南史志馆建设突出“史”和“志”的特色亮点，着重做好布展的准确定位，增强吸引力。

（郭城　丁洁）

【重庆方志馆建设推进领导小组成立】　12月，重庆市志办决定成立方志馆建设推进领导小组，组长姚红（市志办主任），副组长夏小平（市志办副主任），成员殷智、董宁波，协调推进员甘红兵。（杨祖静）

【四川省各地建设方志馆】　年内，四川省方志馆·四川省国学馆项目前期工作全部完成。成都市方志馆完成主体布展。内江、南充市方志馆完成工程建设，遂宁、乐山、泸州市将方志馆建设纳入当地重大工程项目建设。绵阳、攀枝花等市（州）开展方志馆筹划、论证、立项工作。仁寿、叙永、西充、营山、西昌等县级方志馆建设稳步推进。（罗一洋）

【咸阳方志馆建设纳入全市“十三五”规划】　4月，咸阳市第七届人民代表大会第四次会议批准《咸阳市国民经济和社会发展第十三个五年规划纲要》，将咸阳方志馆建设纳入“扎实推进文化强市建设”中的文化领域重点项目之中。（丁喜）

【固原市方志馆建立】　年内，固原市方志馆占地810平方米，初步规划分为藏书和展示两大功能区。其中藏书功能区划分为地情资料库、馆藏库和综合资料库三部分，占地300平方米；展示功能区占地约500平方米。

（张明鹏）

理论研究与期刊出版

· 论点摘编

方志论点摘编

巴兆祥、何沛东在《中国地方志》第8期发表《中国地方志发展规律述略》一文，指出中国地方志源远流长，代代编修，并随着时代的发展而日益显示出强大的生命力。在宏观审视历代方志事业发展的基础上，从方志编修连绵不断，成为中华民族的文化基因；修志逐步向边地、基层拓展，方志的空间分布越来越密集；修志制度的健全和强化，为开展修志工作和提高志书质量提供了保证；方志品种越来越丰富，体系化日益强烈；地方话语与国家话语的互动贯穿整个方志史；方志的编纂继承创新并举，需要知识的“跨界”日益明显；方志的成书形式紧密追踪科技发展；方志的地位由附庸渐成“著述大业”八个方面论述了方志发展规律。我们在修志工作中要充分自觉地遵循和利用这些规律，避免不必要的失误，提高修志工作的效率，共同推动方志事业的进一步繁荣。

范金怡、刘兴在《科技展望》第1期发表《浅谈科技志书编纂档案资料搜集整理途径及方法——以第二轮〈贵州省志·科学技术志〉为例》一文，指出编修志书，是我国几千年来的优良文化传统。志书是以地区为主，综合记录该地自然和社会方面有关历史与现状的综合性著作。搜集与整理资料是编修志书的基础。科学的整理资料，一般遵循四种方法：一是，突出特点科技志作为地方志中一部专业志，其特点在于“专”，无论从篇目设置，还是资料整理都要紧紧围绕“科技”这个主题，完整、系统、准确地记述贵州省在1978—2010年期间科技进步与事业发展状况。重点资料整理得越详细、越完整越好。二是，编号登记。在整理《贵州省志·科学技术志》大量文档资料时，建立《资料登记簿》，填写资料卡片，按卷章节目统一编号，按照资料名称、类别、来源、字数、主要内容摘要、可能使用的方向、出版时间等内容逐一登记，同时还要登记整理结果、资料有无重复、内容价值大小等。三是，分类建档资料的整理，关键在于分类。根据本地资料情况，《贵州省志·科学技术志》资料的分类以一种形式为主，结合其他形式，灵活运用。从资料的管理、利用考虑，对通过分类的大量资料进行分章装袋，立卷归档，各袋资料均在袋面附本袋资料目录，并且须与《资料登记簿》一致，以便之后可查阅、考订、编纂资料。四是，编辑资料汇编。在其他单位提供的部分资料的基础上，结合自身搜集到的相关资料，按照志书体例进行重新整理编辑，把经过分类、筛选、考证以及进行系统梳理和研究过的系统资料，按志书纲目的顺序编排起来，经过反复审阅、校对，形成了第二轮《贵州省志·科学技术志》资料长编以便查缺补漏。

房建昌在《西藏研究》第2期发表《〈大清一统志〉西部西藏“阿里”四至与寺庙城邑考》一文，指出《大清一统志》是清朝官修地理总志。从清康熙二十五年（1686）至道光二十二年（1842），前后编撰过3部：康熙《大清一统志》、乾隆《大清一统志》和《嘉庆重修一统志》。谭其骧的《清代西藏历史地图》对《大清一统志》“西藏”条下若干西部西藏部分地名做了定位，但仍存在一些错误。我们根据古今中外诸多史料对谭其骧清代历史地图存在的错误进行勘校。对于近代阿里地区史，特别是佛教史的研究，西藏有关的成果虽然不少，但是多集中在壁画考古上，具体的历史地理研究很少，对《嘉庆重修一统志》及《钦定西域同文志》等中央政府文献进行对比研究的不多。所以当以陕西援藏干部为主的汉族力量编写汉文的《阿里地区志》及《普兰县志》和《噶尔县志》时，在历史的追溯和编写大事记的过程中，才发现可供利用的具体汉文文献很少。今后我们不仅要重新增补汉文的《阿里地区志》《札达县志》《普兰县志》和《噶尔县志》等，而且还要出版一部厚重的《近代阿里地区史》，附一百余幅历史照片和一幅清代藏汉文历史地图。另外要附上至少十余幅分区藏英汉文地图，如《神山圣湖环游地图》，附上更加详细的《神山环游地图》和《圣湖环游地图》。要有一幅《阿里地区寺院分布地图》，还要有《札达县寺院分布地图》和《普兰县寺院分布地图》。目前技术条件已经具备，只是缺乏人力和财力。否则只能如已经出版的汉文《阿里地区志》《普兰县志》和《噶尔县志》等那样，失去了许多展示深厚的历史故事的机会。

韩旭、赵冰在《中国地方志》第5期发表《浅析微博和微信在地方志工作中的作用》一文，指出当前地方志工作机构已陆续开通微博和微信公众号。地方志工作者已经有了利用微博宣传地方志事业的意识，但是所经营的微博规模和质量参差不齐；微信公众号已经逐渐被地方志工作者认可，而且正在慢慢走入地方志事业。微博、微信和地方志工作相结合具有优势，地方志事业要与时俱进，与创新思路相融合，需要打造移动新媒体优秀团队，形成专业从事地方志微博和微信编辑的工作团队，并利用微博和微信丰富地方志资料的展现形式。微博和微信作为新兴自媒体，逐步走进地方志工作，发挥其不可取代的宣传及开发利用职能。一是拓宽地方志工作的宣传渠道。通过宣传，以快捷、通俗、形象的方式，在最短时间内，“以点带面”辐射性地传播地方志知识，宣传地方志工作，弘扬地方特色文化，新媒体对于传统媒体的地方志宣传工作更具有效性、时效性、广泛性和灵活性。二是提高地方志的社会影响力。它们是人们乐于接受信息、传播信息的方式。它们可以为地方志宣传扩充渠道，打开方便之门，得到社会大众广泛认可和关注。作为新媒体传播方式，它的多元化可以使地方志宣传的方式和内容更加丰富。三是构建交流沟通互动的新模式。使地方志工作者利用微博和微信对公众服务的这种“模式关系”，更具个性和特色，更加全面、深入、细腻，更有助于自身水平的提高和升华。

韩章训在《新疆地方志》第3期发表《论方志学发展历程》一文，指出此前学界对方志学发展历程还未曾有人做过专题论述。民国梁启超指出：“凡一种学问要成为科学的，总要先有相当的发展，然后归纳所研究的成绩才成专门。先头是很自由的发展，茫无条理。后来把过去的成绩整理，建设科学。没有一种科学不是如此成立的。所以一个民族研究某种学问的人多，那种学问成立也更早。若研究的人少，发达也更迟。自成为科学以后，又发现许多原则，则该科学更格外发展。……无论那门学问，其发达程度皆如此。”一般学科发展如此，方志学发展也是如此，纵观方志学发展历程，大致可归纳为萌芽于汉唐，初创于宋代，发展于元明，成熟于清代，独立于民国。既是笔者对此前许多学者研究成果的一种化用，也是笔者对方志学发展历程的一种管见。众所周知，方志学发展历程问题本来就是一个颇为复杂和有待切磋的学术问题。

何沛东在《中国科技史杂志》第1期发表《近代区域地理学被中译为“方志学”现象的探析》一文，指出中国传统方志学于近代有了较大的发展，20世纪初其学科构建已现端倪。几乎与此同时，一些地理学家将近代传入的区域地理学也翻译作“方志学”，于是中国近代出现了方志学者研究的方志学和地理学者研究的区域地理学共用“方志学”之名的特殊情况。虽然两者之间有相似相通性，但它们的时代属性和研究内容等却存在着差异，且分属中国史学和地理学两种不同的学科。此种现象的出现，可能是由于当时两种学科的理论体系发展均不完善，两者具有较高的相似性等一些原因造成的。近代传入我国的区域地理学被翻译作“方志学”的现象是在一个特殊的历史、文化背景下产生的。首先，区域地理学传入中国时，正处于“传统区域地理学”向近现代区域地理学过渡的时期，它本身的学科理论并不完善，在研究方法上仍然以区域描述为主，这就与我国传统记录、描述区域的地方志差别不大。与此同时，近代中国传统方志学学科理论建设依然较为薄弱，张其昀早在此前的1922年已经将区域地理翻译成“方志”。传入的区域地理学和我国传统方志学的理论、学科体系均不完善，加之西方区域地理学的地志学形态与我国传统地方志的相似性，这些因素应该是造成此种现象的主要原因。其次，张其昀的影响。可以说张其昀是较早将区域地理翻译作“方志”的地理学者，他受到柳诒徵传统方志学和竺可桢近代地理学等的熏陶，形成自己的知识体系。但因两种学问当时特殊的发展背景和相似度，而误认为两者的性质差别不大，力图“中西合璧”，所以喜欢用“吾国固有之名辞”——“方志学”。在张其昀以后的学术生涯中这种译法继续被运用和传播，以他的地位和活跃程度来讲，这种译法应该对当时的学术界造成了很大影响。再次，传统方志学地理派和历史派争议的延续。历史上对于方志的属性时常有争议，影响最大的莫过于清代以戴震为代表的地理学派与以章学诚为代表的历史学派，两派的争论延续至近代。有学者认为地方志应是区域地理志，他们把张其昀、陈正祥等地理学家列为新方志修纂中新地理学派的代表，认为他们所编纂的方志为“‘区域地理’式的‘新方志’”。因此，方志学两派争论的延续，亦可能导致传统方志学者和区域地理学者认为他们各自的主张就是方志学，或是两种学科共用“方志学”之名的另一重要因素。最后，或许这种现象的造成还有地理学者的民族自尊心和爱国心，以及对中国传统文化的固守、地理知识的易读性等多方面原因。

洪民荣、唐长国在《中国地方志》第11期发表《地方志社会认知度调查研究》一文，指出为全面、系统和深入摸清全社会对地方志工作的了解程度、使用状况、需求特点和基本要求，分析地方志工作的现状、特点、发展趋势，更准确地把握地方志工作的薄弱环节和改进重点，利用网络和微信形式对全国25367人进行地方志社会认知度问卷调查，调查结果表明，社会对地方志知晓度较高，但使用率较低；互联网成为主要的地方志知晓渠道和使用方式；社会对地方志的认可度较高，但对地方志工作满意度不高，不同群体对于地方志的认知度存在显著差异。针对调查结果，建议采取完善地方志法规、加大地方志宣传、推进地方志信息化、重视地方志普及、创新地方志开发等措施加强地方志工作，进一步提高社会对地方志的认知度。

冀祥德在《中国地方志》第5期发表《论依法治志》一文，指出依法治志作为方志学理论一个新的增长点，是在依法治国、建设社会主义法治国家的大背景下，伴随着新方志事业的跨越式发展形成的。依法治志不是对依法修志的否定与“抛弃”，而是对依法修志的发展与“扬弃”，依法治志是依法修志的升级目标和创新发展。依法治志有其独特而丰富的内涵和外延，从体系结构到主体话语都体现出严密的规范逻辑。依法治志的目标是实现地方志从一项工作向一项事业转型，推动地方志活动从行政化向法治化升级。依法治志目标的实现路径需要按照科学立法、严格执法、公正司法、全民守法这一中国特色社会主义法治新要求设计规划。这些路径包括制定《中华人民共和国地方志法》，严格执行地方志法律法规，积极推动地方志活动司法化，着力培育全社会依法治志意识等。依法治志是一个艰巨而复杂的系统工程，需要理论上的科学论证、观念上的理性创新与实践中的着力推行。

江亚在《中国地方志》第5期发表《天一阁藏明代〈香泉志〉述论》一文，指出《香泉志》为天一阁藏明代专门志之一，由于《明史·艺文志》和1985年中科院天文台主编《中国地方志联合目录》均未收录，学界关注较少。该志以汇编的形式，将宋明时期文人士大夫关于和州香泉的诗歌及游记辑录成册，很多篇目为后世文献所未收录，对研究明代专门志编纂有着较高的学术价值，也为研究宋明时期诗歌发展提供了宝贵素材。

李并成在《中国地方志》第12期发表《敦煌本唐代图经再考》一文，指出敦煌遗书中保存了8件唐代图经，这是我们今天所能见到的仅有的唐代图经原件，其史料价值之高不言而喻。唐代图经内容翔实、体例严整、地方特色突出、注重实用价值，是已经发展到成熟阶段的成型方志。就现有材料看，亦可觇见唐代图经在编纂体例、框架结构、采辑资料、编写内容、语言运用等方面的若干特点。一是图经中所罗列的各种条目多达70项，其内容已涉及地区的自然、沿革、历史、经济、政治、军事、文化、民族、民俗、教育、学校、人物、户数、寺庙等方面。颇为详细，内容翔实、体例严整。二是唐代图经的编写虽须遵循一定的体例，但在具体材料的选取、组织、编排等方面，并不因循拘泥，而是善于抓住地方特色，鲜明地突出地方特色。敦煌绿洲深居内陆，环处沙漠，气候干旱鲜雨，发展农业唯灌溉是赖，这是其自然地理环境和开发利用上最基本的特色。三是注重实用价值。立志的重要目的之一在于"资治"，在于为上层建筑服务。注重实用价值，注重关乎国计民生要政的记载，这一特点在唐代图经中亦体现得十分突出。对于我们今天研究历史时期绿洲的开发经营、水利灌溉制度的沿革、自然环境的变迁等亦有重要意义。四是敦煌本唐代图经保存了中古时代有关敦煌及西北一些地区的历史史迹、宗教、风俗、文学等方面的珍贵史料。

何致武、张艳在《兰台世界》第9期发表《关于村志的研究综述》一文，指出现代对村志的研究启蒙于20世纪80年代末，形成并发展于90年代，21世纪之后进一步发展。学界对村志的研究集中在：一是针对某一新编村志的宣传报道和评价；二是针对旧村志的研究；三是针对村志编纂的意义与价值的研究；四是针对村志编纂过程和面临问题的研究。但是对村志的研究还存在一些问题，主要是：研究数量不足；新闻报道类文章所占比例较高，现有研究不够深入，未能形成体系；对村志编纂所涉及的具体问题研究不足，研究方法较为单一；研究主体集中在各地的地方志工作机构，合作度不高。村志的研究仍然需要社会和学术界的关切、重视和更为踏实更为深入的努力。编史修志是中华民族的传统，也在很大程度上保证了中华文化的源远流长。村志作为地方志的一种形式，虽由来已久，却一直默默无闻。21世纪之后，我国新一轮修志工作陆续展开，广大农村地区出现了很多新编的村志，引起了社会的关注。通过分析，可以发现我国对村志的研究，起步比较晚，发展也比较缓慢，暂时还存在一些问题，有待努力提高。

梁滨久在《黑龙江史志》第4期发表《二轮修志中须注意的一些问题》一文，指出关于文前照片的选用规范。笔者评议过二十几部省续志的分志和市县（区）续志，大部分文前都有若干幅党和国家领导人的照片。关于党和国家领导人的照片如何选用，中国地方志指导小组办公室编《当代志书编纂教程》（方志出版社2010年版）在《照片的选取与使用》中说明，党和国家领导人指中共中央总书记，中共中央政治局常委、委员、候补委员，中共中央书记处书记；国家主席、副主席；全国人大常委会委员长、副委员长；国务院总理、副总理、国务委员；全国政协主席、副主席；中央军委主席、副主席；最高人民法院院长；最高人民检察院检察长。如选用党和国家领导人的照片，须经新闻总署批准，履行报批手续。审批的时间一般要半年至一年左右，要报批一定要提早。笔者曾参加方志出版社的几部精品志书如《广东省志·总述（1979—2000）》《淄博市志（1986—2002）》《冀州市志》《江阴市志（1988—2007）》等的审读，文前都没有党和国家领导人的照片，只是《广东省志·总述

(1979—2000)》有几幅省领导的照片。省续志的《农垦志》评议稿刊登党和国家领导人和省领导照片28幅，审稿会提出这个问题后，只上农牧渔业部部长何康、农业部部长杜青林的照片和6幅省领导的照片。

刘玉宏在《中国社会科学报》(1月5日)发表《提升方志馆公共文化服务能力》一文，指出截至2014年年底，全国已建成国家级方志馆1个、省级馆16个、市级馆83个、县级馆276个。随着新编地方志工作的不断深入开展，如何更好地保存修志编鉴成果，广泛传播方志文化，充分发挥地方志的公共文化服务功能，积极参与经济社会发展，给方志馆的建设与发展提出了更多、更高的要求。一是规范化方志馆建设。方志馆建设不仅是馆舍的硬件建设，也是一项包括软件建设在内的系统工程。抓好基础设施建设，抓紧制定出台《全国地方志系统方志馆建设标准》及相关规章制度，推动方志馆建设的规范化。抓好资源建设，千方百计增加方志馆的馆藏量，夯实方志馆提供公共文化服务的基础。抓好人才队伍建设，积极组织开展相关业务培训，提高从业人员的业务素质和工作水平。抓好规范化建设，科学制定全国地方志系统方志馆图书编目规则，提高对图书资料的收藏管理水平。二是理论建设与信息化建设并进。抓好信息化建设，努力推动方志馆基础设施建设与数字方志馆建设齐头并进，实现服务形式的多元化。抓好理论建设，开展方志馆业务及理论研究，提高方志馆的建设水平和文化内涵。抓好组织建设，适时成立中国地方志学会方志馆专业委员会，推动馆际业务交流和理论研究。三是打造公共文化服务重要平台和窗口。抓好舆论建设，充分利用自身优势挖掘地方志资源的现实价值、历史价值，扩大方志文化的社会影响力。抓好学术交流平台建设，不断开拓方志文化传播空间，提升方志文化的国际影响力。

柳成栋在《中国地方志》第2期发表《张国淦与地方志》一文，指出张国淦从黑龙江步入政坛起，便开始了修志实践活动。嗣后历任北洋政府总理府秘书长、总统府秘书长，农商、教育、司法、内务总长及北京图书馆馆长等职。1926年，退出北洋政坛，弃官从文，潜心治学，开始对中国古方志进行考证钩稽，成绩斐然，积稿三百余万言，并完成了从《永乐大典》中辑佚方志的工作。他著有《中国古方志考》《〈永乐大典〉辑本方志》《黑龙江志略》《历代石经考》和《辛亥革命史料》等，是一位博学卓识、著述等身的方志学家。

孟凡港在《中国地方志》第3期发表《方志中的金石类目——以〈中国地方志集成·山东府县志辑〉为考察中心》一文，指出金石类目作为方志的重要内容之一，或单设《金石》《碑碣》，或附记于《艺文》《古迹》《舆地》《方舆》《疆域》等目中。方志金石类目或金石合编，或仅录石刻，并按时代先后及地域进行编排，有着与专门金石志不同的编纂特点。方志金石类目不仅具有极高的学术价值，而且还有很大的现实价值。

牛润珍、樊春楼在《中国地方志》第3期发表《志体因创与“新三宝体”的纂修实践——以〈涉县志(1991—2011)〉为例》一文，指出孟子所言“诸侯三宝”：土地、人民、政事，即其邦国学说，又是地方志书“三宝体”创设的理论依据。南宋以来特别是明朝以后，志书求简尚简，“三宝体”志书不断问世，所记地、人、事三纲类随时地变化续有调整，“三宝体”因革演变而渐趋完善，直至改革开放时期，形成“新三宝体”。《涉县志(1991—2011)》按地、人、事分六块，记地并不完全局限于地，将事平分为四块，贯穿以改革主线，记事完整，各门类依逻辑编排，又显紧凑。其纂修实践，将“新三宝体”发挥至一新境界，值得总结与借鉴。

潘捷军在《中国地方志》第7期发表《略论修志之道》一文，指出“修志问道，以启未来”是2014年李克强总理为第五次全国地方志工作会议所作的重要批示，也是全国方志系统为之努力的奋斗目标和战略发展路径。要承担这一历史重任，关键在于能否精准解读这一重大命题。“修志之道”所提之“道”既是中华民族追寻中国梦的历史之路，也是中国人民为实现全面小康奋斗目标的现实实践；中国梦之“道”是地方志事业发展的必由之路，志书则是记述中国梦之“道”的独特载体。通过“修志问道，以启未来”应成为当代方志人义不容辞的历史担当。

钱道本在《中国地方志》第6期发表《人类学与志书编纂的互动——方志学跨学科研究的一个例证》一文，指出人类学进入中国以来，不断借鉴和利用志书，与志书编纂形成密切关系。中外不少人类学学者通过借鉴和利用志书开展研究，并取得重要成果。在理念、资料、体例、方法等多个方面，志书编纂对人类学产生了较大影响。同时，方志界也一直在向人类学汲取养分。然而，方志界总体上对人类学的理论和方法还比较陌生，人类学尚未进入多数方志同仁的视野。该文拟对人类学与志书编纂的互动关系作一个系统论述，逐步加深方志学的跨学科研究程度。

秦海轩在《史志学刊》第2期发表《关注行政区划撤销后的修志工作》一文，指出在第一轮和第二轮的修志工作中，有许多现行区划的修志都困难重重，多方努力也完不成任务。行政区划撤销后再行修志，主要有如下几个方面的困难。一是组织协调难。行政区划撤销后，如何协调几个县区共修一部志书，由谁来协调组织，都是有讲究的。《晋城县志》就是由晋城市领导出面协调城、郊两区的领导才落实修志经费，组织完成编修任务的。《晋东南地区志》则是由省志办李茂盛主任联系省领导牵头，协调晋城、长治两市出资修志。二是查找档案难。行政区划撤销后，原来的档案有的无人管理随意处置，有的就地散佚下落不明。在编《晋城县志》时，几乎没有找到多少原始档案。特别是20世纪80年代以前的档案资料大多是复写文字或是手工刻蜡版印出的资料，年代久了字迹模糊，不是当事人或那个年代过来的人，还真认不清是什么内容。档案资料缺失，是修志不可逾越的障碍。三是征集资料难。修史修志历来是政府行为，史志资料应由政府各组成部门及各党派群团来提供。而行政区划撤销后，没有提供资料的主体，靠行政命令是不解决问题的。就得依靠修志人员调查采访知情人，收集整理已有的各类史志资料，以及一些文化人零星的记录和一些有心人的个人收藏，从中梳理提炼出有用的史料来。四是物色修志人员难。世人皆知修志是文字工作中最苦的差事。行政区划撤销后，既无硬性的修志任务，又无充足的修志经费，笔者是编修《晋城县志》和《晋东南地区志》的第一批作者，在编修工作中自然应身体力行。同时，还要选用一批有文字功底又热心修志的编纂人员。五是筹集经费难。政府修志自然应该由政府出资，而原行政区撤销后分解为两个或几个新的行政区，修志经费的筹集便遇到困难。

万良华在《江苏地方志》第6期发表《新读图时代名镇志书版式设计创新——以中国名镇志〈周庄镇志〉为例》一文，指出中国名镇志丛书在版式和装帧设计上既追求典雅，又不失活泼。一是，较好地体现了版式设计实用性与美学性的有机结合。尽可能为读者提供更为准确快捷地了解图书内容路径的同时，还通过技术化、艺术化的视觉语言为读者营造美的阅读氛围，恰当地体现志书内容，并凸显各名镇的个性，成为志书版式设计创新的一抹靓丽风景。二是，开本匀称，便于阅读。名镇志丛书所选用的开本，充分考虑现代读者的阅读习惯。封面雅致，兼具个性。名镇志丛书作为“官书”向普及读物的尝试，体现志书的厚重、严谨。其版心协调，有透气感。《周庄镇志》视觉比例协调，有透气之感。排版舒朗，有节奏感。全书通排，内文主要为5号字，横排每行约34字，纵排为29行，文字排列舒朗有序。全书每章、每篇、每个子目用另页或变换字体、块状图形、表格等方式非常醒目地将全书的章节层次清晰地呈现给读者。三是，名镇志丛书LOGO的反复出现，令读者印象深刻。名镇志丛书中，封面、封底、扉页、切口均有“名镇”志的LOGO，不仅让读者对本册书，乃至对整个丛书都会产生深刻的记忆。同时，《周庄镇志》每个篇章隔页的背面均留白，但都统一印刷有周庄作为水乡的标志性小图案、“周庄”及拼音，让水乡周庄的美深深地镌刻在读者的脑海里。

王晖在《广西地方志》第2期发表《志书应用特载和专记的弊端及化解方法》一文，指出中国地方志指导小组《关于第二轮地方志书编纂若干意见》提出“慎用特载、专记”，而各地编纂实践中不仅没有慎用，反而滥用，出现专记数量、名称、级别、位置、篇幅、体式极为混乱的现象，致使专记内容有类不归，割裂与正文的关系。该文认为，与其“慎用”，毋宁不用，可从四个方面化解“特载”“专记”：一般专记归类增设章节记述，特大专记改设专志，数量多的专记集中设置人事纪略，小专记作小附录。纵观几千年的编史修志历史，体裁创新是很困难的，二十四史编来编去，就是记、述、志、传、图、表、录7大体裁。体裁不等于体例，我们鼓励创新，是创新体裁、创新内容，而不是伤及本体的创新体裁，将刊物、年鉴体裁拿来创新志体，志非志，记非记，只能事与愿违，破坏志体。面对“特载”“专记”逆袭而动的状况，我们要坚定维护中国地方志指导小组文件的权威，大声疾呼：慎用“特载”与“专记”。

王敏在《山西建筑》第21期发表《从山西方志馆方案看方志馆建筑未来发展趋势》一文，指出方志馆建筑未来发展趋势。一是社会服务性。作为一个设计者，如何使得方志馆真正走入人民大众，是设计中的一个重点。在设计中将洋溢着艺术、神秘、文化的设计氛围打破，融入图书借阅及艺术消费的理念。无论是志书对外的借阅还是展厅对外的租售，这些都是方志馆功能的外化扩展。这里成为市民获取信息的公共交流平台。公众对艺术及文化的急切需求在这里被满足。二是功能多样性。方志馆功能从曾经的单一编纂功能向复合功能转化。除了编纂功能以外，还可以增加展览、借阅、演讲、社交、购物、休闲等各项功能，使其不但拥有记录历史的作用，还兼备省情教育、服务大众的作用。未来还可以增设咖啡厅、演艺活动等，使其真正成为城市文化交流的重要场所。三是建筑形象表现的地域性。在社会更加开放、文化更趋多元的今天，与公众的交流已成为当代方志馆最根本的任务。如今方志馆更趋向于亲民的立面设计，使民众接受度更强。山西省方志馆在设计中，以厚重的斗拱符号作为建筑的基座，山西票号院落层次以灵动的屋顶剪影为母题，依照太行山脊脉络走势加以组织，强调了地域特色的同时传承了山西的历史。整个建筑造型创造出破土而出的动势，形成山西的“山”字，表达着今天山西改革创新的时代精神。四是技术现代化。未来的方志馆设计，电子媒体开始成为展室中的辅助设备。电脑的普遍使用扩大了信息贮存量，方便了信息的流通和信息的提取。未来方志馆将突破传统的空间界限，出现“无书本的志书”“无围墙的展示”概念，方志馆利用网络收集当地自然、经济、政治、文化等方面的信息，并在电脑上编纂成册，将信息直接利用网络平台服务于大众。

王正伟在《中国地方志》第10期发表《村志设立家庭篇的重要性和写法》一文，指出村志应该不同于其他综合性志书，可以从更为细微的家庭层面记录反映社会的变化。作为地方性特点集中表现的家庭方面的内容应该在村志中独立成篇，且应包含家庭结构、姓氏宗族、代表家庭、迁出村民等章。具体编纂要求如下：一是以重要时段为节点编写家庭结构章。以封建社会、新中国成立前、20世纪70年代、21世纪初为时间节点，在记述不同时代的家庭结构时，要反映出经济发展水平变化、生产方式变化、婚姻形式变化、人口政策的影响这4个社会现象。村志在描写本村情况时，应该以此为框架，融入本村的数据统计。二是借鉴族谱记述方式编写姓氏宗族章。家庭篇设立姓氏宗族章很有必要。记录姓氏宗族不能采取简单办法，要从姓氏起源及迁入、宗族发展脉络两个方面线索式记载某个姓氏家族子孙世系传承之书，具有区分家庭成员血缘关系亲疏远近的作用。三是以一定标准选录代表性家庭编写代表家庭章。家庭是社会的细胞，是组成村庄的基本单位，记述好家庭才能更好地反映村民之间的关系，家庭章很难做到收录每个家庭，而且这样也会使志书变成户籍人口花名册，因此依据一定标准选录代表性家庭显得尤为重要。四是以户籍为标准选录编写迁出村民章。村志不仅要记述现居本村的村民，还要记述迁出村民，这对于联络乡情、寄托乡愁、记载人口流动有重要的作用；以户籍为标准还可以帮助异地同村村民的互相联络。在记述迁出村民时，要包含村民现居地、何时迁出、迁出原因、家庭组成人员、与现居本村村民关系等重要信息。

肖宝友在《赤子》第17期发表《浅谈续志中关于“人”的记述问题》一文，指出人在志书中占有十分重要地位，有“古今方志半人物”之说。在续志中要加强对生人的记述，体裁上要灵活多样，要适当准确地“以事记人”，尽可能的全面、翔实地对人物进行记述，在收录人物时要摒弃重本籍轻客籍的观点，全面、完整、系统、真实、鲜活地进行记述。续志要坚持历史唯物观点全面记述入志人物，如实反映先进人物推动时代前进的作用，也不能忽略反面人物对社会进步的阻碍作用。看人要功过分明，不能以“小有不检”就一笔抹去其人对社会的重大贡献。“以事系人”不是为人立传，而只是记述某人于一时一事的作为，不能因某人未来发展演变的不肯定性而影响到对此时此事的真实性的评价。要反对动辄一票否决的做法，必须坚持实事求是的思想路线，让社会主义的一代新人，在新志书中占有其天经地义的位置。

薛艳伟在《中国地方志》第8期发表《试析顾颉刚对方志学的认识》一文，指出方志学是顾颉刚学术研究的一个重要组成部分。顾颉刚一生热衷于收集和阅读地方志，并自觉在史学研究中积极使用地方志。他对方志的定义和功用等问题都表达过自己的看法。顾颉刚一生多次主持和参与修志，从而积累了丰富的修志经验。顾颉刚还采取诸多措施推动方志学发展，如在《禹贡》大量刊发方志学方面的论文，大力推荐一些方志著作使其得以出版。顾颉刚还引导和扶持一些青年学者投入方志学研究，在大学开设方志学课程，积极培养方志学人才，并提出系统完整的方志理论研究方案。

易介南在《中国地方志》第9期发表《论依法治志的三个境界》一文，指出依法治志是伟大时代对地方志工作的总体要求。这一总体要求以修志问道为基本前提，可分为三个境界（或称三个层级目标）的追求。依法治志的初级境界是志无缺略，问道有方，解决志的有无问题；中级境界是志以载道，有道可问，解决道的有无问题；高级境界是志为道用，资今鉴远，解决用的优劣问题。

袁同凯、袁兆宇在《民族研究》第4期发表《民族志和民族学概念的西方脉络及其历史遗产》一文，指出18世纪中期，民族志和民族学最初作为统一概念诞生于德国学界；19世纪，在其向全球扩散过程中分裂为以理论—经验形式相对立的两个概念，这种分裂关系的张力来源涉及概念本身对体质因素的包容以及对经验对象的异己区分。19世纪末至20世纪60年代，科学主义和诠释学方法论嵌入这一张力关系，一方面继承性地重构了分裂态势，另一方面激发了20世纪末致力于为这种张力关系提供根本释解的元理论和方法论尝试，民族学与民族志于这些尝试中重新融合并实现了其统一概念的再生产。民族学和民族志在西方世界的再生产逻辑为我国民族学和民族志研究超越理论—经验对立、平衡本土视野与他者目光、审视文化倾向过重的历史性偏离提供了历史参照。

臧秀娟在《中国地方志》第3期《地缘与清代常州三大方志名家——洪亮吉、李兆洛、孙星衍的方志编纂实践》一文，指出清代常州因学问、诗文方面的投合，以及血缘、家学、师承、姻亲的联系等形成有地域意义的文化格局，加之强烈的经世意识和政治意识，涌现出以洪亮吉、李兆洛、孙星衍为代表的一大批方志名家，他们对志书编纂体例、内容详略、编修方法都有一定的思考，使清代常州方志发展达到一个新的高度。

曾荣在《抗战文化研究》辑刊发表《“抗战建国”与方志文化——以四川省通志馆为中心的考察》一文，指出在近代中国知识制度鼎革、社会剧烈变动背景下的方志文化，承担传承历史文化、弘扬民族精神以及鼓舞社会民众抗战建国的重大历史使命。以四川省通志馆为切入点，借助优势教学资源，通过志料征访、篇目制定与体例调适等举措，考察时人以“抗战建国”和“保存文献”为宗旨开展省志编修的历史，旨在探索传统修志理念的转变与近代方志的革新，揭示通志馆上下、内外的利益纠葛及其与国民政府派系之间的矛盾冲突，进而窥探民国“乱世修志”背景下的历史样态。开创性地将学术研究纳入修志实践，推动了志书的编纂进程，促进了编纂方法与修志理念的革新。通志馆创设与运作的曲折历程，反映了社会剧变背景下修志理念、学术思想与人事关系等的交织纠葛，折射出近代方志转型的复杂历史真相。

詹利萍在《中国地方志》第12期发表《略论民国〈宜章县志〉的编纂及其特色》一文，指出邓典谟是晚清湖南省宜章县最后一位举人，他与民国著名政治家谭延闿是挚友和故交，中共早期工人运动著名领导人邓中夏是其爱子。邓典谟在中年痛失爱子的情况下，回到家乡，闭门修志，历时5年，终于纂成民国《宜章县志》。该志资料翔实、序录增色，内容丰富、可读性强，体例得当、体裁多样，时代特色、政治特色鲜明，堪称同代志书的典范。

张丽荣在《中国地方志》第10期发表《改革开放以来村志编修的分析与思考——以广州地区为中心》一文，指出村志编修的背景、编修模式、编修人员构成以及内容体例，探讨当前地方志工作机构对村志编修工作的管理思路。一是承认村志形态的多样性，管理到位。推进地方志工作向基层延伸，是地方志机构不可推卸的职责。要切实加强村志编纂工作管理，政府修志部门应明确角色定位，在宏观管理思路上应有所为。首先，将村志编修纳入政府地方志事业发展总体规划。区（县级市）制定本行政区地方志发展规划，须将村志工作纳入其中。其次，将村志纳入地方志工作机构管理范围。区（县级市）地方志机构负责本行政区内村志编修工作，履行组织、指导、督促、检查的职责，推动本行政区内村志编修工作完成全覆盖，并对村志编修的总体框架、资料提纲、工作进度、审查程序等提出要求。最后，村志编修经费应列入本级财政预算。不属于当地财政预算单位的，由地方志工作机构统一编制预算，财政部门向地方志工作机构核拨，再由地方志工作机构向有关单位发放。二是明确修志机构的角色定位，服务到位。政府修志部门在村志编纂工作中可在宣传发动、人员推荐、提供经费和交流评议四个方面做好服务。三是尊重村志编修的独特性，指导到位。应注意尊重村志编修的独特性，实行分类指导。农村体制改革、农村乡村建设应成为这一类村志编修的内容重点，是不容忽视的时代特征。需要浓墨重彩予以记述的内容包括：村落城市化改造过程地理范围变迁、征地过程、征用土地详细情况、撤村改制或撤村改居过程、农村股份合作制构建过程等；城中村改造的提速，还要求村志对物质文化遗产特别是宗祠、家塾的记载要格外翔实，有条件的村庄，应详细记载祠堂的名称、地址、长宽、面积、规模、现状，详细收录祠堂庙宇门口对联、碑刻等。这些记载可以很好地反映村庄原有的乡土特征，也能为全面推进城镇化建设中如何科学保留传统文化提供十分重要的资政资料。

张旭在《黑龙江史志》第7期发表《设立法律顾问、公职律师是依法治志的必然趋势》一文，指出地方志机构应重视法律顾问、公职律师，充分发挥应有的作用。根据《关于推行法律顾问制度和公职律师、公司律师制度的意见》规定，地方志机构要按照以下要求充分发挥法律顾问、公职律师的作用：一是讨论、决定重大事项之前，应当听取法律顾问、公职律师的法律意见；二是起草、论证有关地方志的法律、法规、规章草案等规范性文件送审稿，应当请法律顾问、公职律师参加，或者听取其法律意见；三是依照有关规定应当听取法律顾问、公职律师的法律意见而未听取的事项，或者法律顾问、公职律师认为不合法、不合规的事项，不得提交讨论、作出决定；四是对应当听取法律顾问、公职律师的法律意见而未听取，应当请法律顾问、公职律师参加而未落实，应当采纳法律顾问、公职律师的法律意见而未采纳，造成重大损失或者严重不良影响的，依法依规追究地方志机构主要负责人、负有责任的其他领导人员和相关责任人员的责任。总之，设立法律顾问、公职律师制度将是地方志整个系统的一项大举措，它不仅真正落实了依法治志，储备了既懂地方志业务又懂法的专业复合型人才，又增强了地方志机构的依法执政的能力，更加使地方志的发展纳入法治化的轨道。

赵嘉朱在《数字图书馆论坛》第4期发表《方志资源知识组织方法研究》一文，指出国内方志数字资源的建设已经取得相当大的成绩，但仍存在一些值得思考的问题。除了相关各界经常提到的地区分布不平衡外，主要表现在方志产品种类开发不平衡。一些重要的产品基本处于未开发状态。无论从理论或构建公共文化服务体系的实际需要看，还有另外两大类应当受到关注。一是相关文献库。该库主要收入各类方志的相关评论，如人物研究、名胜古迹考证、事件述评等。它是加深方志信息理解的重要源泉。作为数字方志的一个关联库，它可以起到扩大视野、拓展知识的作用。迄今为止，相关文献库的开发基本处于空白状态。二是专题库。完整的专题库体系至少应涵盖地名库、人物库、艺文库、遗迹库、图集库、自然灾害库几个方面。加强专题库建设，势在必行。方志数字化欲求进一步发展，必须在构建分门别类的综合性专题数据库方面有所突破，而不能再局限于或满足于单种方志的数字化。方志的最大优势在于以地区为中心汇集资料系统。同一地区不同时期的同类资料，集合起来，就实现了内容体系的比较，便于相关类别的研究。

年鉴论点摘编

刘书峰在《史志学刊》第12期发表《专业年鉴理念创新——以〈台湾出版年鉴〉改版历史为视角》一文，指出台湾与大陆文化同根，同样重视史志鉴的编修，但长期以来，有关台湾各类年鉴的研究始终不足。《台湾出版年鉴》自1976年创刊，坚持每年或隔年出版，并历经多次改版，对年鉴工作者及研究者了解台湾专业类年鉴的编纂理念和发展方向等方面，具有一定的参考价值。对于中国大陆的各专业年鉴而言，有许多值得借鉴的地方，限于篇幅，此处仅就其发展趋势进行简单归纳。第一，小型化、杂志化、轻松化。这从台湾出版年鉴的外观就可以看出来，无论是开本、厚度、封面设计、排版印刷，都向着更轻、更薄、更美观、更易读的方向努力。专业年鉴有专业的特色，许多专业年鉴实际上与普通大众的生活息息相关，但我们大部分专业年鉴的编纂思路却始终未对他们给予足够的关注。第二，充分利用光盘介质，将资料性和工具性向其他媒介类型转移。随着台湾出版年鉴纸质书的不断变薄，其许多资料性的内容，如各类名录等，都已经全部转移到光盘中，许多内容只在书中保留一个目录，或者只是一部分信息，而将全本内容收录在光盘中。真正需要查阅这些资料的人，可以到更方便查找的光盘中去检索。我国大部分年鉴已经都有了光盘版，但由于各种政策的制约，尚不能通过光盘和纸质书内容的差异形成互补。但在“互联网+”的时代，应该可以通过互联网数据库的方式加以解决。这样一来，年鉴的书本小巧易读，年鉴光盘或网站数据库则内容丰富。外观平易近人、内容丰富厚重，这样的内部结构分工设置，或许可以成为专业类年鉴的发展趋势。

牟国义在《福建史志》第10期发表《浅谈地方综合年鉴主编素养》一文，指出主编是年鉴编纂的策划者、组织者、把关者。年鉴主编应具备的素养包括四个方面，即史识观念、创新思维、专业眼光、规范意识。年鉴主编的史识具体体现在三个方面：一是历史认识，二是史家法度，三是价值判断。年鉴主编的创新思维包括四个方面：一是编纂理念创新，二是框架设计创新，三是记述内容创新，四是编纂手法创新。增强专业素养，首先要深化地情研究。年鉴编纂质量的高低，从某种意义上讲，取决于主编对地情的熟悉了解程度。各地区资源优势不同、地理区位不同、历史文化不同、基础条件不同、发展阶段不同、规划路径不同、产业门类不同，决定了经济社会发展的差异性和特殊性。深化地情研究，找准发展个性，展现地域特点，年鉴编纂才能避免同质化，永葆生机和活力。其次要把握发展动态。年鉴是现实发展的客观呈现，是时代的缩影。年鉴主编要坚持与时俱进，关注经济社会发展变化，把握规律性，体现时代性，富于创造性，在编纂思路上鲜明体现执政施政理念，在记述内容上重点反映经济社会发展的最新成果，把本地区发展的年度特点，亮点呈现给读者。最后要拓展记述深度。全面、系统是年鉴记述的基本要求。年鉴作为一种逐年编纂，连续出版的年度史实记录体式，除了必须遵循编辑出版的基本规范之外，还有其自身特殊的编纂规范要求，包括语言表述规范、条目撰写规范、编排逻辑规范等。

舒启东在《中国地方志》第2期发表《制订年鉴篇目要处理好五种关系》一文，指出篇目制订在年鉴中起着先导性作用，对年鉴编纂工作的开展和质量的提高都具有重要意义。在制订篇目时要辩证看待和处理好“快”与“慢”、“粗”与“细”、分类与分工、全面与重点、“变”与“不变”的关系。第一，“快”指篇目设计工作的启动要快。“慢”指篇目制订的过程中，进度要服从质量。“快”与“慢”是辩证统一的关系。启动快可以给制订篇目留够充分的时间，在“慢”中求质量。“慢”也是相对“快”而言，也有一定时间的要求，篇目设计时，一味地“慢”启动再快也没有意义。第二，“粗”与“细”指的是年鉴篇目设计中层级内容规定的问题。在处理“粗”与“细”的关系时，篇目设计与初稿撰写应互补互动。篇目设计“粗”的地方，对撰稿人的提示指导要“细”、要具体，同时要给撰稿者能动调整的空间。第三，分类以性质是否相同为标准，分工以职能清晰、方便运作为标准。二者的划分原则不同，划分结果并不完全一致。总述、领导名录、先进单位和人物名录、重要文件目录等，均可以采用分类高于、大于、粗于分工，分类要以分工为基础，大类之下要有适当具体的分工单位来组成和支撑，要弥补分工的不足，并在篇目设计中确定。第四，基础信息要全面，重点特色内容要突出，合理设置，提级或增设篇目。框架设计避免面面俱到，全面不等于全部。第五，年鉴篇目设计要坚持小变大不变，确有必要才变，变了有对应举措。对变动篇目应特别加强撰稿人培训、指导等措施来确保编纂工作有序开展。五种关系是互相联系，互相影响的。在篇目设计中应该综合、动态地看待和处理。同时，篇目设计虽然在整个编纂工作中具有先导作用，但也必须和培训指导、编辑审校、印刷出版等后续环节紧密结合，才能确保编纂出一部高质量的年鉴。

唐之剑在《中国地方志》第5期发表《关于年鉴编辑说明编制规范的思考》一文，指出年鉴编辑说明是全书的纲领性文件，对全书编纂作出说明和规定，其地位和作用十分重要。年鉴一年一编，每年都有调整，应用编辑说明，不宜用凡例。由于对年鉴编辑说明重视不够，其存在的问题比较多，也比较突出，年鉴的编纂出版质量受到一定的影响。年鉴编辑说明内容存在一定的共性，是有规律可循的，因此，规范年鉴编辑说明的编制能有效提高年鉴质量。中国年鉴发展30余年来，很少有人研究编辑说明；从年鉴的编纂实际看，也很少有人能真正重视编辑说明，多数情况是承袭前人，修订于编后，少有人能做到调整于编纂之先，修订于编纂之中。不少年鉴工作者对编辑说明中内容的缺乏足够的重视，草率了事；在全国各级各类年鉴评奖中，也不对编辑说明的内容质量进行点评，只看编辑说明的校对质量。从全国年鉴的编纂情况来看，编辑说明中存在的问题比较多，应引起年鉴界的高度重视。年鉴编辑说明目前存在的主要问题，一是文字太少，内容不全；二是文字太多，内容过细；三是很多年鉴编辑说明中的基本情况说明五花八门，不够规范，也不够全面；四是不少年鉴编辑说明重点情况缺失，或轻描淡写，特色不明；五是编辑说明规定内容说明不够；六是编辑说明的内容顺序颠倒；七是表达不准确；八是自相矛盾；九是序列号不统一、落款不一致、编辑说明的位置编排不规范等其他问题。

王韧洁、姜坤、崔震在《中国地方志》第9期发表《从部分地方综合年鉴在中国知网的引证情况看年鉴编纂工作》一文，指出年鉴在论文中被引证的情况体现了年鉴的利用价值。从中国知网所收录的论文对省级综合年鉴、副省级综合年鉴、北京市区县综合年鉴这三大类地方综合年鉴进行引证的量化分析中，发现年鉴的被利用率与其出版时间、所处地区、获奖情况无逻辑关联，而多数地方统计年鉴的被利用率要高于同级地方综合年鉴。这为地方综合年鉴在内容选取、保持连续性、注重差异、适应时代发展、加强宣传等工作方面提供了有益的参考和启示。并对地方综合年鉴编纂工作提出几点建议：一是摒弃年鉴无用论的思想，认真做好地方综合年鉴的编纂工作。地方综合年鉴编纂工作的中心应当是读者。应当进一步深入分析读者的需求，不断调整各部类内容的比重，以发挥好地方综合年鉴的作用。二是保持年鉴连续性的特征，突出资料连续性的优势。作为年鉴编纂人员，在逐年编纂年鉴的同时，更要注意年鉴资料要素的连续性，确保不同年度的资料要素一致、口径一致，做到可查、可比，发挥好年鉴在资料连续性方面的优势。甚至不同行政区域的地方综合年鉴，也要考虑与类似年鉴在资料性上的衔接性。三是注重差异化发展，进一步探索地方综合年鉴的内容特色。与统计年鉴、专业年鉴进行必要的区分，突出自己的内容特色。四是适应时代的发展需要，发挥好年鉴的工具书作用。年鉴要在坚持本质属性的基础上，主动适应互联网时代的需求，以互联网思维全面改造年鉴工作，而不仅仅是互联网当作沟通或者年鉴展示的平台。五是要进一步加强宣传，让社会了解年鉴、使用年鉴。如果能够让在校的硕士、博士都更多地了解年鉴，让他们把使用年鉴的习惯带到以后的工作中去，对扩大年鉴的影响无疑具有重要作用。

王师师在《中国地方志》第10期发表《国外传统代表性年鉴发展趋势及特点》一文，指出年鉴一词来源于西方，国外年鉴种类繁多，历史悠久。目前，国外年鉴繁荣发展，有代表国家的年鉴，如《南非年鉴》《加拿大年鉴》《意大利年鉴》；有代表城市的年鉴，如《纽约统计年鉴》《东京统计年鉴》《加利福尼亚年鉴》；有专业学科类的年鉴，如英国《天文年鉴》、美国《农业年鉴》、意大利罗马《外贸年鉴》等。而世界公认最具有代表性、影响力最大的年鉴分别为英国《惠特克年鉴》、法国《贵德年鉴》以及美国《世界年鉴及事实汇编》等。国外代表性年鉴具有注重与读者间的互动，内容体现浓厚的地域特色，选材具有综合性的国际视野，刊载内容极具实用性，收录数据注重延续性，年鉴出版周期短，年鉴衍生读物迎合市场需求，宣传形式多样等发展特点与编写经验。国外优秀的年鉴给国内年鉴带来许多经验与启示，一是应用多途径、多模式宣传年鉴；二是年鉴编写应该体现地域特色；三是以读者为中心，内容为读者服务。

许辰君在《中国地方志》第2期发表《论提高年鉴出版的时效性》一文，指出年鉴内容信息的年度性特点，决定了年鉴要实现功能价值的最大化，就必须重视年鉴出版的时效性。要改善当前年鉴界出版周期越来越长的现状，就必须对年鉴各个工作流程的工作方法加以改进。要提高组稿效率，需要对年鉴传统的组稿方式加以改善，需要建立特约撰稿人制度。如果要出版时效性强、质量上乘的精品年鉴，在组稿方面，特约撰稿人制度应成为年鉴工作者重点探索实践的途径。年鉴征稿效率不仅取决于撰稿人，年鉴编辑部是否制订切实可行的征稿规划，年鉴编辑对撰稿人的联络指导等，也对年鉴征稿效率有较大影响，需要年鉴编辑认真对待。要提高编辑工作效率，需要提高编辑队伍专业水平和优化编辑工作流程。一是对年鉴工作要有正确的意识，正确认识年鉴工作需要年鉴管理者从年鉴性质、年鉴服务社会等角度正确评估年鉴，从而为年鉴工作配备适当的人才队伍。二是重视培训年鉴编辑的专业能力。通过培训，既可以帮助督促编辑积累专业知识，也可以让编辑扩大眼界，与相关专业人士建立联系，促进征稿工作。三是建立开放式的编辑队伍。帮助年鉴编辑部破解人才不够用的瓶颈，激发年鉴编辑的竞争意识，从而提高年鉴编辑队伍的专业水平。要缩短出版印刷时间，需要对出版社和印刷厂加以调查选择，重视利用网络发布年鉴书稿。选择相对处于淡季的出版社和印刷厂，不仅可以在较短时间成书，出版费用还可能相对较低。

杨永成在《中国地方志》第11期发表《中西方对年鉴的认识和定位》一文，指出年鉴起源于西方，清末民初传入中国。中西方年鉴不同的发展历程，导致双方在年鉴认知和定位上有联系也有区别。通过讨论在这一认知和定位的影响下，中西方综合年鉴各自编撰和出版的境况，重点比较分析了双方综合年鉴的编撰体例及其对各自年鉴的影响，并就此提出我国地方综合年鉴应打破当前僵化局面，虚心向国外先进年鉴借鉴、学习的建议。具体应从三个方面入手：一是，年鉴指导思想问题。年鉴指导思想是整个年鉴理论认识思路，明确年鉴性质，确定年鉴编纂指导思想，是目前我国地方综合年鉴编撰的重中之重。二是，年鉴编写体例问题。我国地方综合年鉴在条目体例设置上，应借鉴西方综合年鉴条目编撰经验，针对不同类型条目制订出详细体例标准和编写格式，实行条目编写模块化。在具体条目模块化过程中，年鉴编辑部应主动介入，加强与政府、供稿单位及作者的合作，通过对各行各业的分析和梳理，参照年鉴编撰规律与读者需求，为每个类目选入合格的条目内容。三是，年鉴理论研究问题。我国年鉴界应解决当前年鉴研究“闭门造车”问题，虚心向西方和世界年鉴学习，系统引进、翻译和研究西方知名年鉴，总结推广他们的编撰经验。我国地方综合年鉴只有在理论研究上多出成果、快出成果，在编撰实践上鼓励多样性、个性化等编撰模式，才能在不久的将来进入世界年鉴先进行列当中。

周宏文在《中国地方志》第11期发表《浅析近几年地方综合年鉴的纲目设计》一文，指出纲目设计是编好地方综合年鉴不可缺少的重要一环。近几年来，一些地方综合年鉴纲目分类不合理，层次不够分明，缺乏科学性、连续性，特点不突出，标题欠准确等问题突出。结合《地方综合年鉴编纂规定》和多年年鉴工作实践经验，就近两年来部分年鉴纲目设计进行分析，并指出：一是纲目设计增强科学性。二是纲目层次要清晰。三是年鉴纲目要突出特色。四是基本篇目要保持连续性。五是纲目设计要处理好创新与稳定的关系。六是纲目命题要确切。纵观近几年地方综合年鉴纲目设计的情况，水平参差不齐，有的经过反复推敲，仔细琢磨，质量较高；有的缺乏年鉴编纂基本常识，纲目设计随意性大，命题欠准确，质量不高。其成败得失关键就在于能否坚持科学分类、反复研磨标题、正确处理创新与稳定的关系。年鉴纲目设计，只有结合社会分工实际和国民经济行业分类，同一层次分类标准一致，层次清楚，突出地方特色和时代特点，遵循逻辑规律，处理好规范化与个性化、创新与稳定的关系，才能设计出合乎科学分类和当地实际的纲目，进而编出高质量的地方综合年鉴。

·论文索引

一　方志理论

吴芳梅　“体性民族志”的解构与反思　《云南民族大学学报（哲学社会科学版）》第6期

邓敏杰　“依法修志”循序渐进管窥——兼论《地方志工作条例》颁布实施十周年　《广西地方志》第3期

徐　菡　《北方的纳努克》启示：民族志电影方法论研究　《西南民族大学学报（人文社科版）》第6期

王晓亚　王群韬　《广西地方志》重视方志理论研究的三个维度　《广西地方志》第6期

陈金星　《写文化》与当代民族志写作　《中南民族大学学

报（人文社会科学版）》第 4 期

徐　骞　30 年来我国高校校志编纂述评　《中国地方志》第 1 期

李茂盛　从历史中汲取甘露——山西历史文化述要　《史志学刊》第 1 期

范　凡　从目录学到书志学——20 世纪前期目录学在日本的研究与发展　《中国图书馆学报》第 6 期

李文革　地方志旅游资料的价值及其利用　《旅游纵览（下半月）》第 4 期

洪民荣　唐长国　地方志社会认知度调查研究　《中国地方志》第 11 期

王　明　地方志中中医药文献研究刍议　《中国中医药图书情报杂志》第 3 期

臧秀娟　地缘与清代常州三大方志名家——洪亮吉、李兆洛、孙星衍的方志编纂实践　《中国地方志》第 3 期

何春龙　断代志的“断”与“续”　《江苏地方志》第 6 期

段柄仁　方志理论概念体系梳理　《史志学刊》第 2 期

段柄仁　方志理论体系的构建　《福建史志》第 2 期

周日蓉　方志艺文志“别本单行”例析——以《蜀中著作记》《福建艺文志》为考察对象　《图书馆理论与实践》第 11 期

赵嘉朱　方志资源知识组织方法研究　《数字图书馆论坛》第 4 期

衡中青　佛山地方旧志汇录及整理方法探讨　《佛山科学技术学院学报（社会科学版）》第 3 期

何致武　张　艳　关于村志的研究综述　《兰台世界》第 9 期

张　艳　关于村志的研究综述　《广西地方志》第 1 期

张凤雨　关于地方志体裁的探究　《广西地方志》第 5 期

臧国宝　汪晓明　蔡　平　海洋方志文献英译研究——以雷州半岛为例　《开封教育学院学报》第 7 期

芙　蓉　汉文志书规范记述少数民族语名词术语的问题——以蒙古语名词术语为例　《中国地方志》第 9 期

张　崇　后《写文化》时期民族志写作的困境与前景　《浙江科技学院学报》第 4 期

李　娜　包　平　基于《方志物产》的物产分类体系智能化研究——以《方志物产》山西分卷为例　《中国农史》第 4 期

韩学仁　王青山　郭　勇　赵　莹　基于 Solr 和本体的地方志数据语义检索研究　《信息工程大学学报》第 1 期

范　虎　家谱编修和地方志的殊途与联系——以营山县近二十年家谱编修为例　《巴蜀史志》第 5 期

何沛东　近代区域地理学被中译为“方志学”现象的探析　《中国科技史杂志》第 1 期

李银兵　甘代军　近十年中国大陆民族志研究综述　《广西民族研究》第 6 期

曾　荣　历代一统志研究综述　《黑龙江史志》第 6 期

冀祥德　论依法治志　《中国地方志》第 5 期

徐黎丽　孙秀君　论民族志文本的中国价值　《思想战线》第 1 期

易介南　论依法治志的三个境界　《中国地方志》第 9 期

潘捷军　略论修志之道　《中国地方志》第 7 期

王彦兵　郑　菲　民族志方法在图书情报领域中的运用　《图书馆理论与实践》第 3 期

袁同凯　袁兆宇　民族志和民族学概念的西方脉络及其历史遗产　《民族研究》第 4 期

李银兵　甘代军　民族志语言的象征性权力探析　《学术界》第 12 期

杨熊端　丁建新　批评话语分析视角下的民族志研究　《外语与外语教学》第 2 期

赵彦昌　朱宝君　浅谈中国档案志编修的历史沿革　《中国地方志》第 9 期

杨　雪　权力、阐释与自我的追寻：民族志“主体”三种类型论　《广西民族大学学报（哲学社会科学版）》第 4 期

宋丽亚　全国地方志法治化建设概况摭谈　《中国地方志》第 7 期

赵明明　吴　韵　全国地方志微信公众号发展述评　《中国地方志》第 10 期

钱道本　人类学与志书编纂的互动——方志学跨学科研究的一个例证　《中国地方志》第 6 期

黄建年　陶茂芹　书院志归类研究：以方志和地方文献目录为例　《图书馆理论与实践》第 3 期

田恩庆　仇　军　体育民族志的研究视点及其启示　《体育学刊》第 1 期

李银兵　甘代军　危机、建构与反思：民族志科学性探析　《云南社会科学》第 3 期

王　蕾　李自华　新编地方志的当代史研究价值述论——以北京市新编方志为例　《中国地方志》第 1 期

顾　恒　以实践提升理论　以理论指导实践——四川省加强方志理论研究综述　《巴蜀史志》第 6 期

巴兆祥　何沛东　中国地方志发展规律述略　《中国地方志》第 8 期

何　菊　中国民族志早期实践中的主体建构——基于《江村经济》《金翼》的分析　《广西民族大学学报（哲学社会科学版）》第 4 期

二　方志编纂

邱　俊　何晓波　《泸州市“七二三”抗洪救灾志》编纂研究　《巴蜀史志》第 1 期

吕新民　编写档案志中的学用与思考　《档案天地》第 10 期

俞富江　编纂第二轮志书需要把握的几个问题　《新疆地方志》第 2 期

武铁良　编纂政区志应注意的几个问题　《中国地方志》第 11 期

乔方辉　从《曹口村志》编纂出版谈村镇志编修　《中国地方志》第 1 期

李　江　从志书内容记述试析提高志书质量的途径——以《扬州市志（1988—2005）》为例　《中国地方志》第2期

莫艳梅　村志编纂如何突出地方性　《广西地方志》第6期

王正伟　村志设立家庭篇的重要性和写法　《中国地方志》第10期

张凤雨　地方志著述性存在问题及解决办法的探讨　《中国地方志》第3期

陈平军　第二轮县志编修创新应遵循的几个原则——以《北川羌族自治县志（1988—2007）》为例　《新疆地方志》第1期

俞富江　第二轮修志琐议　《新疆地方志》第1期

赵　峰　第二轮志书风俗篇的编纂问题新探——以上海市部分志书为例　《广西地方志》第6期

詹跃华　第二轮志书记述房地产业刍议　《黑龙江史志》第12期

詹跃华　第二轮志书记述开发区（园区）之我见　《新疆地方志》第4期

詹跃华　第二轮志书记述劳动人事浅见　《黑龙江史志》第2期

詹跃华　第二轮志书金融门类应处理好三个问题　《新疆地方志》第2期

詹跃华　第二轮志书商业（贸易）篇编纂琐谈　《广西地方志》第4期

张启华　第二轮志书质量问题简析——以安徽省第二轮志书为例　《新疆地方志》第3期

李秋洪　断代志编纂简论　《中国地方志》第4期

张圣祺　对志书记述负面信息的粗浅认识　《黑龙江史志》第12期

周　慧　对志书纵向事物分类及编纂方法的思考　《中国地方志》第7期

陈平军　二轮县志编纂行为坚守选材标准问题初探——以《丹凤县志（1991—2010）》终审稿为例　《广西地方志》第3期

张福平　方志撰写：如何钏足中共县、市委等的“执政力”——仅从《大事记》等三部分谈起，并以二轮《宾县志》稿为例　《黑龙江史志》第11期

王　惠　方志资料性浅议　《黑龙江史志》第2期

董鹏昭　风俗及风俗入志刍议　《大众文艺》第2期

柳成栋　关于编纂《“中蒙俄经济走廊”黑龙江陆海丝绸之路经济带志》的构想　《黑龙江史志》第11期

孙振忠　关于创新方志编纂的几点思考　《黑龙江史志》第12期

冷国文　关于创新县级年鉴编纂工作的思考——以《威远年鉴》为例　《巴蜀史志》第1期

余浩然　关于普及乡志撰修的几点思考　《合肥学院学报（综合版）》第6期

李玉平　关于专志编纂的思考——以《广州亚运会志》《广州非物质文化遗产志》为例　《广西地方志》第6期

成都档案局　馆藏档案资源为编史修志提供珍贵史料　《四川档案》第5期

刁美林　论地方志在名人年谱编撰中的价值——以清初著名学者朱彝尊、魏禧为例　《中国地方志》第4期

周　莹　高生记　论刘大鹏的修志实践　《中国地方志》第10期

黄　璜　论民俗志的写作　《大众文艺》第17期

石棉县地方志工作办公室　论民族乡志的编写　《巴蜀史志》第1期

祁剑青　论新方志中传统民居地理的记述及其价值——以陕西省地方志为例　《中国地方志》第6期

詹跃华　浅谈城区志社区的记述　《新疆地方志》第3期

刘洪河　浅谈村志的编写　《黑龙江史志》第2期

刘　星　浅谈第二轮志书记述改革开放时应注意的问题　《新疆地方志》第3期

范金怡　刘　兴　浅谈科技志书编纂档案资料搜集整理途径及方法——以第二轮《贵州省志·科学技术志》为例　《科技展望》第1期

俞富江　浅谈突出二轮志书的地域特色　《黑龙江史志》第9期

陈　旭　浅谈乡镇志的篇目设置　《新疆地方志》第3期

肖宝友　浅谈续志中关于“人”的记述问题　《赤子》第17期

寇旭华　浅谈志书资料的运用和把握　《黑龙江史志》第9期

石　磊　浅析“溆水志四种”及其对当代乡镇志编纂的启示　《中国地方志》第1期

翁红霞　浅析《镇江市志（1983—2005）》框架设计的特点　《巴蜀史志》第4期

吕　玲　浅析档案资料在志书编纂中的重要性　《办公室业务》第8期

李　娟　浅析省志篇章节与条目结合体篇目结构——以《河南省志（1978—2000年）》为例　《中国地方志》第12期

龙志刚　武传仁　李　颖　三轮志书增加社区内容及其“目”的设计初探　《巴蜀史志》第6期

陶利辉　省（市、区）志分卷与部门志编纂异同探析——以《四川省志（1986—2005）》为例　《巴蜀史志》第4期

赵　峰　史志网站方志文献数字化基本功能探讨——以13家史志网站方志文献数据库为例　《中国地方志》第10期

王兆保　试论省志交通志编纂　《广西地方志》第4期

陈　旭　试论乡镇志的特点及编纂　《中国地方志》第11期

何沛东　试论张其昀主编《遵义新志》之性质　《中国地方志》第3期

金雄波　试谈续志及续修方式　《新疆地方志》第4期

沈松平　首轮新方志编修实践创新回顾　《中国地方志》第10期

王　伟　谈《新疆维吾尔自治区民族乡概况》的编纂　《新疆地方志》第2期

孔祥超　谈谈第二轮志书财政税务门类的编纂　《商情》第33期

詹跃华　谈谈第二轮志书财政税务门类的编纂　《广西地方志》第1期

刘玉堂　谈县志编纂如何体现地域特色　《黑龙江史志》第2期

赵志雷　杨卫东　王小清　王秋伟　县（区）抗震救灾志编纂研究　《巴蜀史志》第2期

谭世圆　新编地方志中的民族资料概说——以《文山壮族苗族自治州志》为例　《民族论坛》第4期

王建设　新编方志民俗入志的考量——兼析厦门、石狮、北川等志民俗篇　《巴蜀史志》第3期

邬卫华　新编内蒙古地方志文献统计分析　《中国地方志》第3期

陈泽泓　新时代修志人的理想追求——对“修志问道”之浅见　《中国地方志》第4期

曾　荣　新视角、新思路与新趋势：近代方志转型视域下的方志学研究述论　《广西地方志》第4期

方　明　修好兵团志　助力“丝绸之路经济带”发展战略　《新疆地方志》第4期

刘文海　修优质族谱　走创新之路——新修族谱应该重点把握的几个问题　《黑龙江史志》第10期

陈星扬　修志为用服务发展　《福建史志》第6期

谢　敏　续修农业志的继承与创新　《新疆地方志》第3期

张　勤　学术研究中的方志运用现状分析与思考——基于近年相关博士论文的考察　《浙江学刊》第2期

陈　强　依法治志是地方志事业发展的重要保障和必然要求　《中国地方志》第2期

毛珏珺　以前志为鉴，试论二轮省志人物志的编纂　《新疆地方志》第4期

周小平　由《安徽省志·巢湖志》编纂困局引发的思考　《广西地方志》第3期

梁斯华　语言景观研究的理论与方法创新——评Blommaert的《民族志、超级多样性与语言景观》　《语言学研究》第2期

喻志斌　岳普湖县编修第二轮县志的经验和做法　《新疆地方志》第1期

刘亮红　张跃安　志稿精简篇幅途径探析　《黑龙江史志》第1期

张凤雨　志书地名问题探讨　《广西地方志》第4期

金雄波　志书记述非公有制经济之浅见　《新疆地方志》第3期

德阳市地方志办公室　志书社会部类资料收集路径研究——以德阳市第三轮志书年度资料收集为例　《巴蜀史志》第2期

王　晖　志书应用特载和专记的弊端及化解方法　《广西地方志》第2期

张凤雨　志书章节条目体式的探索与实践　《广西地方志》第5期

吴玉章　志书中的法律建设——以部分省级志书为考察对象　《政法论坛》第6期

包柱红　袁静君　志书总述撰写体式探析——以宁波市首轮修志八部志书为例　《中国地方志》第3期

牛润珍　樊春楼　志体因创与“新三宝体”的纂修实践——以《涉县志（1991—2011）》为例　《中国地方志》第3期

寇旭华　众手成志更需“雅擅三长”的总纂　《中国地方志》第12期

刘海涛　主体民族志与当代民族志的走向　《广西民族大学学报（哲学社会科学版）》第4期

梁滨久　宗教事务管理不宜写在宗教分志里　《黑龙江史志》第7期

三　方志史与方志史学

曾　荣　“抗战建国”与方志文化——以四川省通志馆为中心的考察　《抗战文化研究》辑刊

谯小松　“五味杂陈”话方志　《巴蜀史志》第1期

邵长兴　陆　奇　《方志四川》与汪毅的方志史观　《文史杂志》第1期

孙笛庐　《书志学》杂志与长泽规矩也的汉籍整理　《图书馆论坛》第5期

滕新才　王　倩　《巫山县志》纂修源流考　《三峡大学学报（人文社会科学版）》第4期

梁滨久　《扬州儒商志》创新之我见　《黑龙江史志》第5期

熊　迅　呈现“他者”的脉络——民族志影像的意义建构与传播潜力　《民族艺术研究》第6期

李并成　敦煌本唐代图经再考　《中国地方志》第12期

姚　伟　方志史料在区域社会发展中的价值分析及开发利用——以铜陵市方志史料为例　《淮南师范学院学报》第5期

周明初　王禹舜　方志中所见明词辑补之一——《中国方志丛书》所辑明词　《徐州工程学院学报（社会科学版）》第2期

吴虹憓　海南方志中的南海史料研究简述　《西部皮革》第18期

司永亮　刘晓臻　论方志文献的目录学价值——以临沂古方志为例　《中国校外教育》第2期

韩章训　论方志学发展历程　《新疆地方志》第3期

廖文辉　马来西亚民间华文历史文献的类别及其对方志研究的作用　《华侨华人历史研究》第3期

江　辉　浅谈地方志的发展史和作用　《黑龙江史志》第1期

蔡　斌　浅谈地方志与高中历史教学　《课程教育研究》第34期

曾　荣　融合与认同　方志文化与宗教中国化　《中国宗教》

第10期

张　晨　设置方志学专业硕士学位探讨　《黑龙江史志》第2期

林　岗　诗志论及其回响　《复旦学报（社会科学版）》第3期

袁　蓥　郭　城　试论地方志的著作权保护　《山西高等学校社会科学学报》第3期

薛艳伟　试析顾颉刚对方志学的认识　《中国地方志》第8期

赵嘉朱　我国方志学的功能简述　《玉溪师范学院学报》第3期

雷亮中　影像民族志：人类学知识生产过程与实践　《西南民族大学学报（人文社科版）》第4期

四　方志管理与实践

张伟娜　李　兵　李鸿涛　佟　琳　张华敏　安徽地方志医学资料数据库的示范性构建研究　《中国数字医学》第6期

蓝日基　必须加强编纂地方志保障体系建设　《广西地方志》第5期

韩晓敏　编修方志与档案工作研究　《办公室业务》第4期

毛　曦　董振华　城市化进程中系统开展村志编纂的意义与建议　《中国地方志》第6期

王孝平　当代志者的素质结构与能力养成思考　《巴蜀史志》第3期

李勇先　李闻杰　地方文献编研的新进展——四川大学历史地理研究所工作述要　《中国历史地理论丛》第2期

蓝磊斌　地方志系统人员培训存在的问题及对策分析——以广西地方志系统为例　《企业科技与发展》第2期

巴中市地方志办公室　地方志信息化研究　《巴蜀史志》第2期

王　源　地方志与档案工作关系的探讨　《赤子（上中旬）》第3期

苏国萍　对第二轮两部兵团综合志书编修工作的思考　《新疆地方志》第4期

梁滨久　二轮修志中须注意的一些问题　《黑龙江史志》第4期

林春花　二轮志书应加强注释的应用——以福建获奖的新编省级志书为例　《福建史志》第2期

俞慧军　发挥方志优势　服务“四个全面”　《巴蜀史志》第6期

张　晨　方志文献教化功能论析　《黑龙江史志》第11期

段柄仁　方志质量评价体系构想　《广西地方志》第1期

张丽蓉　改革开放以来村志编修的分析与思考——以广州地区为中心　《中国地方志》第10期

李玉平　关于地方志资料年报专题资料的思考——以广州市地方志资料年报工作为例　《广西地方志》第2期

陈文阁　关于对地方志编纂队伍建设的几点思考　《新疆地方志》第3期

谭开先　关于军事志创新与质量问题之探讨　《广西地方志》第5期

俞富江　关于县级二轮修志编辑人员素质及其提高之我见　《黑龙江史志》第12期

秦海轩　关注行政区划撤销后的修志工作　《史志学刊》第2期

张　捷　论面向读者需求的数字方志建设策略　《图书情报导刊》第4期

姜潮洋　论志书责任编辑之“责”——基于部分专业志审改的几点思考　《广西地方志》第3期

陈平军　浅谈第二轮县志初审评审组织　《新疆地方志》第3期

周　浩　浅谈方志类图书选题的策划与再开发　《出版发行研究》第2期

俞富江　浅谈提高第二轮志书的可读性　《新疆地方志》第3期

韩　旭　赵　冰　浅析微博和微信在地方志工作中的作用　《中国地方志》第5期

张　旭　设立法律顾问、公职律师是依法治志的必然趋势　《黑龙江史志》第7期

徐李宁　市县级方志机构资料建设探析　《广西地方志》第1期

万良华　新读图时代名镇志书版式设计创新——以中国名镇志《周庄镇志》为例　《江苏地方志》第6期

于丽娟　新时期地方志工作者的历史使命及变革　《广西地方志》第6期

游友荣　着力挖掘旧志资源服务精神文明建设　《福建史志》第4期

五　志书（稿）研究与评论

马小彬　《迪山日记》序　《巴蜀史志》第3期

张寅彭　《涪上脞谭》序言　《巴蜀史志》第3期

陈郑云　《阶州志集校笺注》述评　《中国地方志》第6期

李华蓉　《李庄镇志》与中国名镇志丛书之《李庄镇志》述评　《巴蜀史志》第5期

马小彬　《西康通志稿》序　《巴蜀史志》第4期

史明文　《新疆图志》编纂探析　《新疆地方志》第3期

沈红亮　《镇江市志（1983—2005）》编修探索　《江苏地方志》第5期

邱新立　百尺竿头进一步　独拓求索朔志评　《史志学刊》第4期

周　慧　变化了的地情与志书的记述——《海盐县志（1986—2005）》述评　《中国地方志》第2期

刘　丹　别具匠心的志苑佳作——《朔州市朔城区志（1989—2010）》赏析　《史志学刊》第1期

梁滨久　别样的风采——喜读香港《莲麻坑村志》　《黑龙江史志》第10期

安　彪　秉笔书丹青　修志励后人——记龚焕文和《河北省

志》　《共产党员（河北）》第 4 期

杜运威　博采众家　创新体例——论清代方志学家杨芳灿　《史志学刊》第 2 期

李习文　负有强　张玉梅　传承方志文化　惠泽书海学林——影印出版《宁夏旧方志集成》35 卷本的意义和文献价值　《图书馆理论与实践》第 3 期

西　樵　创新篇　重人文　续前志　《史志学刊》第 4 期

高生记　杨　欣　大力推动方志事业进入新境界　迈上新台阶——访中国地方志指导小组成员、《北京志》主编段柄仁　《史志学刊》第 5 期

李秋洪　淡看时光写春秋——写在《广西通志（1979—2005）》出版之际　《广西地方志》第 4 期

柳玉秀　地方志服务“一带一路”的路径探析——以纪录片《美丽西江》为研究范本　《广西地方志》第 4 期

李　明　二轮修志的一朵奇葩——《扬中市志》的“三个突出”　《江苏地方志》第 3 期

邓敏杰　方志壮族特色的创新标杆——写在《武鸣县志》壮文版出版之际　《广西地方志》第 1 期

鲁德政　感悟三十年修志之路——《方志论集》编著断想　《中国地方志》第 7 期

林衍经　高点定位　更上层楼——《如东县志（重修）》印象　《江苏地方志》第 3 期

曾德强　规范的志书应追求图文与装帧完美统一——给《安康市国土资源志》“挑刺”　《新疆地方志》第 4 期

陆　奇　鸿篇巨制述盛世　建设小康谱华章——《十堰市志》（1866—2008）书评　《黑龙江史志》第 5 期

李治国　呼和浩特首部方志——《古丰识略》史学价值探析　《昆明学院学报》第 2 期

沈松平　集体例结构优长，展地方特色为先——读《镇江市志（1983—2005）》感言　《江苏地方志》第 1 期

韩红艳　黎锦熙陕西方志研究的学术价值　《咸阳师范学院学报》第 3 期

徐　燕　民族志写作的困惑与前景——基于《写文化：民族志的诗学与政治学》一书的思考　《河西学院学报》第 1 期；《青藏高原论坛》第 1 期

郑晋鸣　申艳平　名志流传　彰往昭来　《光明日报》8 月 31 日

杨文华　求实存真　精需求精——新编《崇庆县志》增订版评析　《巴蜀史志》第 6 期

沈永清　上海市闵行区《鲁汇镇志》评析　《黑龙江史志》第 10 期

乔福锦　社会文化史视域中的太行村志编纂——《桃树坪村志》绪言　《邯郸学院学报》第 2 期

石冬梅　试扣苍石问青史——评《历史的足迹：东魏至唐河北墓志的三体流变》　《史志学刊》第 6 期

伍松乔　宋育仁修志：考文献以爱旧邦　《巴蜀史志》第 1 期

王志超　推动山西地方志研究迈上新台阶的扛鼎之作——激赏刘益龄所著《山西地方志史》　《史志学刊》第 6 期

陈麟德　为二轮《大丰市志》指瑕　《江苏地方志》第 5 期

高铁军　为广播史研究拓展新的空间——评《新修地方志早期广播史料汇编》　《中国广播》第 12 期

姚金祥　为精益求精、精雕细刻点赞——读《启东市志（1986—2005）》有感　《江苏地方志》第 1 期

石昌麟　为世修志　为业存史　为人写传——我的修志生涯　《档案时空》第 4 期

吴福林　喜读《如东县志》（重修本）　《江苏地方志》第 4 期

王志超　乡村社会建设成就的一次检阅——给《山西省乡镇简志》点赞　《史志学刊》第 1 期

琚林勇　乡镇从来最基层——评《山西省乡镇简志》　《史志学刊》第 1 期

李文成　心有志，人有信，十年时光磨一剑——读朱文根新著《记载人民创造的历史》几点感悟　《中国地方志》第 8 期

刘远峰　赵建民　兴安松柏翠　续志油墨香——读《铁力市志》（1986—2005 年）有感　《黑龙江史志》第 4 期

沈永清　一部编纂特色鲜明的省级简志——《上海通志干部读本》评述　《黑龙江史志》第 1 期

沈永清　一部呈现福利院养老事业的基层志书——《上海市闵行区社会福利院院志》评析　《黑龙江史志》第 8 期

王灵善　一部非常有实用价值的方志创新之作——评《山西省乡镇简志》　《史志学刊》第 1 期

王广才　一部给人以诸多启迪的新志书——读《启东市志（1986—2005）》有感　《江苏地方志》第 1 期

段柄仁　一部很有新意的方志编纂学专著——《新志编纂通论》序　《图书馆研究》第 1 期

柳成栋　一部继承创新的重修佳志——评重修《如东县志》　《广西地方志》第 6 期

巴兆祥　一部继承与创新相融合的鸿篇巨制——读《镇江市志（1983—2005）》　《江苏地方志》第 2 期

徐　鹏　一部涅槃重生的民族区域志——从《北川羌族自治县志》（1988—2007）的社会部类谈起　《巴蜀史志》第 3 期

王复兴　一部特色显明的村志——评《白沙村志》　《广西地方志》第 3 期

牛记明　一部彰显姓氏文化精髓的上乘之作——品读《山西汾西后加楼系　陈氏族谱》　《史志学刊》第 6 期

朱　玺　伊犁河谷 9 部首轮志书《附录》脞谈　《新疆地方志》第 4 期

陈麟德　月旦一时　是非千古——二轮《兴化市志》纂修刍议　《江苏地方志》第 4 期

陈健康　张郁文与《木渎小志》　《江苏地方志》第 6 期

苏国有　整理古籍　记住乡愁　《云南日报》4 月 1 日

吴兴刚　执着守望　《巴蜀史志》第1期

朱　峰　执着守望续写华章——写在国务院《地方志工作条例》颁布10周年之际　《新疆地方志》第2期

邹逸麟　指导地方志事业发展的重要文献——读《全国地方志事业发展规划纲要（2015—2020年）》　《中国地方志》第4期

王日根　《厦门市集美区志》的存史价值　《团结报》4月14日

徐杰舜　朱炳祥　主体民族志与民族志范式变迁——人类学学者访谈录之七十九　《广西民族大学学报（哲学社会科学版）》第4期

黄振宇　抓住关键　把握要素　在修字上下功夫——编纂《哈尔滨劳动保障志》（1989—2005）的点滴体会　《黑龙江史志》第8期

张国荣　追琢其章　金玉其相——试论《百色历史通稿》之编撰特色　《广西地方志》第2期

六　旧志研究

刁　俊　（乾隆）《宁夏府志》所载明代宁夏教育史料勘误述略　《宁夏社会科学》第1期

陈升林　《皕宋楼藏书志》的辑佚价值——《全元文》佚文补目166篇　《湖州师范学院学报》第1期

周天爽　《大明一统志》的书坊刊刻及其利用情况　《绥化学院学报》第2期

房建昌　《大清一统志》西部西藏“阿里”四至与寺庙城邑考　《西藏研究》第2期

周　群　《汉书·地理志》所述西汉置郡考实　《求是学刊》第5期

赵宜聪　《汉书·五行志》研究综述与展望　《滇西科技师范学院学报》第2期

许超杰　《汉书·艺文志》“篇”“卷”著录标准臆测　《史林》第4期

柳成栋　《黑龙江志稿》编纂始末　《黑龙江史志》第3期

宋　亮　《旧唐书·地理志》校勘平议一则　《中国历史地理论丛》第4期

张宏锋　《旧唐书·经籍志序》续考　《牡丹江师范学院学报（哲学社会科学版）》第4期

王文章　《龙虎山志》的编纂及元本、张本、娄本间的承变　《宗教学研究》第4期

李　娜　白振田　包　平　《明史艺文志》正误五则王宣标　《图书馆杂志》第6期

李　娜　白振田　包　平　基于《方志物产》的古籍知识组织路径探析　《古今农业》第1期

张晓东　《肃镇华夷志》之“西域疆里”考　《中国地方志》第2期

方万鹏　《析津志》所见元大都人与自然关系述论——兼议环境史研究中的地方史志资料利用　《鄱阳湖学刊》第6期

史明文　《新疆图志》印行考略　《中国地方志》第3期

安　君　《冶父山志》史料价值述略　《中国地方志》第1第2期

杨晓春　《元史·地理志·江浙行省》会注考证（上）　《元史及民族与边疆研究集刊》第1期

高建国　《折克行神道碑》补释——兼论《府谷县志期两种》墓志点校错讹　《中国地方志》第9期

张安东　1949年以来安徽旧志整理与研究综述　《中国地方志》第8期

赵兰香　百年来甘肃方志整理与研究状况综述　《中国地方志》第10期

桂始馨　北宋九域图志所考　《中国地方志》第2期

程立中　亳州旧志中的孝文化探析——以（光绪）《亳州志》为中心　《淮北职业技术学院学报》第2期

宋庆阳　不为苟作的学人之书——从民国《泗阳县志》看南社人的修志实践　《江苏地方志》第2期

赵宇鹏　张晓光　李　英　吕建新　察哈尔地区旧方志的价值及整理探研　《河北北方学院学报（社会科学版）》第3期

张　勇　常璩《华阳国志》研究概述　《中国地方志》第4期

李　薇　成此图以为天下法——浅论邹伯奇与同治《南海县志》的舆图测绘　《黑龙江史志》第1期

屈　宁　徐　成　传统集成与近代滥觞：阮元方志学思想析论　《陕西师范大学学报（哲学社会科学版）》第5期

张　军　从道光《安徽通志》人物篇看地方志的学术性　《史志学刊》第3期

周　毅　从康熙六十年《安庆府志》看方志的易学特色　《周易文化研究》

刘晓臻　从临沂古方志看明清地方教育的发展　《中国地方志》第3期

陈　洋　从庄河的地方县志看日占时期地方志的特点　《“九一八”研究》第15辑

金生杨　从南部档案看清代县志的编修与征集　《西华师范大学学报（哲学社会科学版）》第3期

田　亮　戴璟及《广东通志初稿》新评　《中国地方志》第4期

赵心愚　道光《巴塘志略》的成书时间及特点、价值　《中央民族大学学报（哲学社会科学版）》第3期

刘兴亮　郭声波　道光《新会县志阴图说》所载姓氏分布之研究　《中国地方志》第7期

杜承平　东阳旧志河流记述辨析　《黑龙江史志》第10期

孟凡港　方志中的金石类目——以《中国地方志集成山东府县志辑》为考察中心　《中国地方志》第3期

李　莉　福建旧志中基督教资料的史料价值评析　《中国地方志》第3期

杨恒平　关于刘欣期《交州记》辑佚的几个问题　《中国地方志》第1期

贾俊侠　白云光　光绪《辽州志》述略　《史志学刊》第

3 期
赵　超　光绪《庐江县志》述略　《巢湖学院学报》第 2 期
叶建金　光绪《台湾通志》之编纂及其价值初探　《图书馆学刊》第 8 期
赵　羽　光绪《永年县志》所收明清人物佚诗佚文举要　《黑龙江史志》第 6 期
翟永兴　光绪版《畿辅通志》纂修述评　《中国出版》第 3 期
张　毅　国家图书馆藏《河北地理杂抄》小议　《中国地方志》第 9 期
张　云　黄虞稷史馆进呈稿《明史·艺文志》考述　《文献》第 2 期
周克虎　嘉靖《宁波府郡治图》研读　《中国地方志》第 4 期
钱之骁　蒋坦与《黄山小志》及其续编考略　《图书馆杂志》第 7 期
郭勤华　旧方志的地域文化价值——《宁夏旧方志集成》第 3 第 5 卷影印本评介　《西夏研究》第 2 期
和卫国　旧志：展示方志文化的独特魅力　《社会科学报》7 月 14 日
刘汉忠　旧志整理的感想和建议　《广西地方志》第 5 期
段琼慧　李世忠　康海《武功县志》治政思想探微　《中国地方志》第 7 期
王承军　康熙、乾隆《中江县志》简议　《巴蜀史志》第 1 期
卢鹏程　康熙《安东卫志》与明清安东卫城　《中国地方志》第 4 期
孔祥龙　康熙《德州志》述要　《中国地方志》第 6 期
谭红艳　康熙《南丰县志》的纂修及狱讼风波　《中国地方志》第 4 期
张勇耀　韩兵强　孔天胤与嘉靖版《汾州志》《山西通志》《介休县志》的编纂　《史志学刊》第 5 期
赵宜聪　历代《汉书·五行志》研究评述　《萍乡学院学报》第 1 期
刘治立　论《瀛寰志略》自注　《史志学刊》第 4 期
江　亚　论戴震修志实践中的革新　《新疆地方志》第 4 期
韩章训　论明代修志普及和弊端　《新疆地方志》第 4 期
熊帝兵　论清代徽州府县志的纂修特点　《中国地方志》第 9 期
詹利萍　略论民国《宜章县志》的编纂及其特色　《中国地方志》第 12 期
刘和富　民国《赤溪县志》方言书写与客家形象建构　《中国地方志》第 6 期
陈叔侗　民国《福建通志》志书提要　《福建史志》第 6 期
王文远　民国《汝城县志》述要　《湘南学院学报》第 4 期
赵凤翔　关增建　明末清初汉籍东传背景下的《武备志》入日考　《南阳师范学院学报》第 11 期
邓郁章　明正德《蓬州志》的文献价值　《巴蜀史志》第 3 期
江永红　南朝宋沈怀远《南越志》考论　《中国地方志》第 6 期
隗静秋　宁波方志刊刻研究　《中国出版史研究》第 2 期
孙　虹　乾隆《丽江府志略》考述　《中国地方志》第 5 期
尹　乐　浅论《桂林市志》关于抗日战争的记述　《广西地方志》第 5 期
李　薇　浅论晚清科学家邹伯奇的方志舆图测绘成就　《黑龙江史志》第 2 期
张维慎　浅谈民国《朝邑新志序》手稿的价值　《陕西历史博物馆馆刊》
高　远　清代安阳地区纂修方志论略　《殷都学刊》
宋世瑞　清代方志与笔记体小说——以清代前四朝官修方志为中心的考察　《中国地方志》第 1 期
乔　婷　李添文　清代河东盐政志书“三部曲”比勘举要　《重庆第二师范学院学报》第 6 期
关儒茜　李德山　清代黑龙江方志文献研究　《学术交流》第 8 期
陈郑云　清代陇上学者邢澍的方志学成就　《新疆地方志》第 4 期
凌菲霞　王　蕾　清代私人藏书志的编撰与成就　《图书馆论坛》第 3 期
彭　志　清康乾年间方志插图谫论　《史志学刊》第 4 期
宫　磊　清康熙《张秋志》解读　《中国地方志》第 4 期
王文远　清末民初川西北地区 9 部屯志述略　《新疆地方志》第 4 期
刁美林　清越缦堂抄本《文选楼藏书记》方志目录刊误　《广西地方志》第 6 期
韩章训　谈清代修志辉煌成就和不良倾向　《新疆地方志》第 2 期
韩章训　谈郑樵史志思想及《通志》义例对修志影响　《福建史志》第 3 期
江　亚　天一阁藏明代《香泉志》述论　《中国地方志》第 5 期
胡　振　万历《铜仁府志》作者考辨及体例与价值探究　《怀化学院学报》第 3 期
张海波　先秦志书篇名、体例问题补证　《中国史研究》第 4 期
许勇强　邓　雷　咸淳《临安志》中《夷坚志》佚文辑校　《中国地方志》第 9 期
刘文涛　张庆捷　新见唐《高玄景墓志》考论　《史志学刊》第 2 期
阳　清　姚振宗《隋书经籍志考证》“叙录”发微　《图书馆理论与实践》第 3 期
何茂活　艺文志近体诗“依律辨误”例说——以甘肃张掖方志为例　《中国地方志》第 1 期
聂　尔　在乡邦文献中学与思——《晋城史话》侧读记　《史志学刊》第 6 期
柳成栋　张国淦与地方志　《中国地方志》第 2 期
陈尚敏　张维对旧志编纂体例的论述——以《陇右方志录》

为例　《甘肃高师学报》第1期

唐爱明　章学诚"文人不可与修志"的内在逻辑　《中国文学研究》第4期

金　星　值得重视的旧志坊宅志——以清光绪《诸暨县志》中的坊宅志为例　《史志学刊》第2期

刘振刚　中华书局版《元和郡县图志》点校疑误　《中国地方志》第1期

王文章　朱文藻之《金鼓洞志》编撰特点论略　《西南石油大学学报（社会科学版）》第4期

七　地方史研究

鲁靖康《三州辑略》部分哈密内容缺失原因考述　《中国地方志》第5期

熊茂松　巴渝方志所载三峡地区踏碛习俗考辨　《重庆三峡学院学报》第5期

吴虹憓　从方志看海南黎族生活习惯　《知音励志》第24期

熊　瑛　地方志中民间手工艺史料的发掘与利用——以明代织绣为例　《民族艺术研究》第2期

蒋旅佳　汪雯雯　地域文化视野下《吴郡文编》编纂分类研究——兼论吴郡地域总集分类的地方志化传统　《中国地方志》第10期

林勰宇　番禺沙亭屈氏家族南海庙施田考　《中国地方志》第12期

蔡亚龙　方志所见明代陕西地区军户家庭规模探析　《中国地方志》第11期

王一娜　方志中的历史记忆与官绅关系——以晚清知县邱才颖在方志中的不同记载为例　《社会科学研究》第6期

黄启权　福建地方史志的产生与发展　《福建史志》第6期

李国栋　龚茂良、游九功生卒年考　《中国典籍与文化》第4期

程　诚　古代徽州地区祈雨习俗考论——以清代、民国所修徽州地区方志为中心　《黄山学院学报》第6期

李诗璇　韩开琪　古老的江华文庙石刻浮雕　《档案时空》第5期

陆　帅　顾野王《舆地志》的著录、征引与内容——以唐宋文献为中心的考察　《中国历史地理论丛》第1期

唐思语　河洛地区列女类型初探——以方志为中心的研究　《现代交际》第14期

张学成　怀仁的置县及沿革解读　《史志学刊》第2期

褚艳红　建构的县志，真实的历史——以《县志编纂与地方社会：明清〈瑞金县志〉研究》为例　《史林》第5期

郭　海　赵晓峰　王兆军　王殿虎　朱丽丽　江苏方志淮安地区药物研究　《河南中医》第9期

候峰峰　晋东南李卫公信仰初探——以方志和传说为中心的考察　《地方文化研究》第5期

王　睿　杨　颖　晋商经营之道浅议　《史志学刊》第2期

王春花　京杭运河沿线驿站与运河关系初探——以地方志资料为中心的考察　《中国地方志》第3期

黄开士　梁正麟与长宁县民国志　《巴蜀史志》第3期

封强军　庐山得名由来重探　《九江学院学报（社会科学版）》第2期

王　琳　论"礼乐文化"对方志收录戏曲资料的影响——以河南省为例　《戏剧文学》第11期

李裕民　论五代时期山西的历史地位　《史志学刊》第1期

熊　瑛　略论明清方志丝织记述的史料价值——以江浙为中心的探讨　《中国地方志》第10期

孙众超　略论社会秩序构建视域下的乡规民约——以福建的乡规民约为例　《福建史志》第4期

王玉来　毛霦《平叛记》初刻本的抽毁与流传考述　《中国地方志》第5期

安　君　明代岩镇汪氏宗族与地方社会互动论略　《中国地方志》第7期

杨增强　李雪峰　明清时期商於古道修治研究——以地方志记载为主的考察　《史志学刊》第3期

李云鹤　常京锁　清朝对吉林的文化封禁政策及其特征——基于《吉林通志》的记载　《学问》第5期

蔡禹龙　清代杭州城的城墙、城门与街区布局之解构　《史志学刊》第2期

孙　炜　清代河南籍治台官员与台湾社会——以方志为中心的考察　《闽台文化研究》第1期

张　明　张寒梅　杨春华　肖　敏　清代清水江流域自然灾害初探——以清水江文书和地方志为中心的考察　《贵州大学学报（社会科学版）》第6期

王雪玲　清代陕西地方志的修纂历程及特点　《陕西师范大学学报（哲学社会科学版）》第5期

葛小寒　清代苏南学田与庙田的捐赠态势——以地方志为中心的探讨　《中国地方志》第7期

乔立智　清代云南地方志所载方言概说　《中国地方志》第12期

段金龙　山西民间的戏资筹措以及乡村治理——以山西方志、碑刻为中心　《史志学刊》第6期

张景平　张克非　试论清代河西走廊地方志中的国家战略与地方博弈　《中国地方志》第12期

董　瑛　天一阁馆藏方志廉政文化价值研究　《中国地方志》第4期

王晓晖　武陵山区明清地方志所见的茶叶种植　《农业考古》第2期

何俊芳　新见五方伪刻北魏墓志辨释　《许昌学院学报》第1期

八　方志馆研究

王　敏　从山西方志馆方案看方志馆建筑未来发展趋势　《山西建筑》第21期

陈秀秀　方志馆参考咨询工作刍议　《内蒙古科技与经济》第18期

包鸿梅　方志馆馆藏建设初探　《新丝路（下旬）》第9期

潘捷军　公共性文化场馆：为方志馆建设留下空间　《社会科学报》4月21日
曾　荣　民国国立中山大学广东通志馆的创设与运作　《中国地方志》第6期
刘玉宏　提升方志馆公共文化服务能力　《中国社会科学报》1月5日
潘捷军　中国方志馆：记录历史　传承文明　《中国社会科学报》8月30日

·年鉴论文索引

一　综论

周　萍　检察志、检察年鉴资源综述　《中国检察官》第1期
刘　朝　地方文献资源建设中关于年鉴的认识和采访策略　《农业图书情报学刊》第2期
沈永清　一部编纂特色鲜明、基本属性凸显的省级年鉴——读《广西年鉴（2014）》札记　《黑龙江史志》第2期
黎　文　如何理解《上海年鉴（1854）》的重要价值　《文汇报》6月24日
裘晓燕　西方年鉴与《上海年鉴（1854）》　《文汇报》6月24日
李春玲　简论地方综合年鉴与地方志书的异同　《时代金融》第6期
闫　浩　杜小军　简析民国时期多版本《中国年鉴》的编辑与出版　《编辑之友》第8期
欧长生　林忠玉　福建省年鉴精品工程试点工作座谈会综述　《福建史志》第8期
董琳钰　茅盾研究的文学政治学路径——兼评《茅盾研究年鉴（2012—2013）》　《名作欣赏》第10期
齐　江　承续·思考·接通，交流·碰撞·包容——《中国音乐年鉴》第十二届学术研讨会述评　《中国音乐学》第10期
王师师　国外传统代表性年鉴发展趋势及特点　《中国地方志》第10期
杨永成　中西方对年鉴的认知和定位　《中国地方志》第11期

二　年鉴框架设计

舒启东　制订年鉴篇目要处理好五种关系　《中国地方志》第2期
杜育和　地方综合年鉴框架设计中的常见问题评析　《新疆地方志》第3期
周宏文　浅析近几年地方综合年鉴的纲目设计　《中国地方志》第11期

三　年鉴条目编写

李启宇　年鉴编写四忌　《福建史志》第2期
俞富江　浅谈年鉴数字条目标题的制作　《黑龙江史志》第8期

四　地方综合年鉴编纂

高生记　宋向阳　樊　誉　创新发展年鉴事业大有可为——省级综合年鉴编纂众人谈　《史志学刊》第12期
黄　铭　年鉴编纂应当强化连续性　《福建史志》第12期
茆贵鸣　《盐城年鉴》全面创新的探索与实践　《江苏地方志》第6期
马艾民　县级年鉴如何充实入鉴内容　《新疆地方志》第6期
许家康　刘　慧　玉林市县区年鉴编纂质量刍议　《广西地方志》第3期
田润宇　试析地方综合年鉴工作中的四个基本问题　《广西地方志》第6期
邓水燕　浅谈县级综合年鉴如何凸显地方特色　《福建史志》第8期
包桂霞　年鉴编纂琐谈　《新疆地方志》第9期
朱崇飞　浅谈地方综合年鉴英文版的编辑与出版——以《江苏年鉴》英文版为例　《江苏地方志》第10期
冯　松　浅谈地方综合年鉴的编写与规范　《福建史志》第10期
吕鲜林　提升综合年鉴编纂质量　《社会科学报》第11期
沈永清　地方综合年鉴文本美探究　《史志学刊》第12期

五　专业年鉴编纂

黄　凯　新时期高校年鉴编纂可持续发展的思考　《兰台世界》第2期
郭　嘉　关于地方性社科年鉴编纂的思考——以《新疆社会科学年鉴》为例　《新疆社科论坛》第12期
武丽娜　范爱红　庄　玫　图书馆年鉴编写模式的创新与实践　《数字图书馆论坛》第12期
姚植兴　我国大学年鉴编撰工作存在的问题及对策研究　《兰台世界》第6期
杜　峰　张　英　苏雅洁　中美高校年鉴比较研究　《兰台世界》第6期
付圆圆　做好县级统计年鉴编辑之我见　《中国信息报》7月5日
张建明　尚在起步阶段的区域年鉴　《社会科学报》第9期
杨天龙　企业年鉴编纂工作的体会和思考——以《中国石油天然气集团公司年鉴》为例　《企业改革与管理》第11期
张　昆　新闻传播教育年鉴编纂的必要性论析　《现代传播(中国传媒大学学报)》第11期
高　欣　中医药年鉴编撰的思考　《全国中医药治未病养生康复学术交流大会暨期刊图书编辑与信息专业委员会2016年年会论文选集》12月
郭　嘉　关于地方性社科年鉴编纂的思考——以《新疆社会科学年鉴》为例　《新疆社科论坛》第12期

武丽娜　范爱红　庄　玫　图书馆年鉴编写模式的创新与实践　《数字图书馆论坛》第12期

六　年鉴图照、编辑说明、附录、索引及装帧

唐之剑　关于年鉴编辑说明编制规范的思考　《中国地方志》第5期

詹跃华　谈年鉴文献信息选辑　《黑龙江史志》第6期

李煜静　浅谈医院年鉴设计中的要素和排版艺术　《办公室业务》第7期

刘善泳　浅议民国《无锡年鉴·第一回》卷首题词　《江苏地方志》第8期

陆　奇　《北京社会科学年鉴》索引编制体现哲学社会科学规律特点　《黑龙江史志》第8期

章　涛　提高县（区）《统计年鉴》编印水平之浅见　《经营管理者》第8期

王志迁　年鉴图照存在的问题与编辑　《江苏地方志》第12期

七　年鉴质量

朱克雄　史华丽　对历史负责　使领导满意　让读者喜爱　努力编纂出权威性精品化特色型年鉴　《黑龙江史志》第1期

吕鸿雁　我国年鉴编辑出版存在的问题与成因　《现代传播（中国传媒大学学报）》第12期

王玉琴　影响省级综合年鉴品质的四个因素——以《宁夏年鉴》为例　《新疆地方志》第9期

苏炎灶　严格质量控制　打造年鉴精品　《福建史志》第10期

李　雯　浅谈以优选题材提升地方综合年鉴质量　《黑龙江史志》第12期

八　年鉴数字化、网络化

赵群虎　关于“互联网+”时代地方综合年鉴资源开发利用的思考——以山西省综合年鉴发展为例　《史志学刊》第2期

文国庆　浅谈年鉴的数字化发展　《数字传媒研究》第11期

文国庆　互联网时代年鉴图片编辑的实践研究　《数字传媒研究》第6期

曲　巍　“互联网+”时代的年鉴编纂模式构想——以《中国地方志年鉴》为例　《史志学刊》第6期

杨卓轩　谈地方综合年鉴编纂工作中存在的问题与对策　《史志学刊》第6期

王文灿　地方综合年鉴网站功能布局刍议　《福建史志》第10期

文国庆　浅谈年鉴的数字化发展　《数字传媒研究》第11期

九　年鉴工作经验交流

张　燕　崔敏华　沈　洁　年鉴文化观：职业重塑的新契机　《社会科学报》第1期

吐尔逊·库尔班　《柯坪年鉴》（创刊号）编纂工作经验体会及做法　《新疆地方志》第9期

王韧洁　姜　坤　崔　震　从部分地方综合年鉴在中国知网的引证情况看年鉴编纂工作　《中国地方志》第9期

曹　宇　试论《兵团年鉴》编纂工作的实践与探索　《新疆地方志》第12期

田润宇　关于省级综合年鉴编纂工作的理性思考　《黑龙江史志》第12期

十　年鉴发展与创新

蔡兆银　韩朝晖　年鉴应重视民生资料的收录　《江苏地方志》第2期

周春玲　利用档案资源　选择年鉴资料　《黑龙江档案》第2期

刘书峰　专业年鉴理念创新——以台湾《出版年鉴》改版历史为视角　《史志学刊》第12期

林忠玉　试论信息化时代年鉴发展的新态势　《福建史志》第6期

俞富江　浅谈信息时代与年鉴编纂　《黑龙江史志》第6期

董　如　董居正　年鉴编纂事业发展重在创新　《山西科技》第5期

十一　年鉴队伍

孟　春　探究年鉴编辑的素养　《时代金融》第5期

王世伟　试谈年鉴编辑的意识　《广西地方志》第8期

牟国义　浅谈地方综合年鉴主编素养　《福建史志》第10期

王志迁　年鉴编辑应注重“十种素质”培养　《新疆地方志》第12期

俞富江　关于年鉴编辑素质及其提高之我见　《新疆地方志》第12期

十二　年鉴资源开发利用

张传月　西部地区小学教师资源配置状况之比较研究——基于《中国教育统计年鉴·2011》的相关数据　《钦州学院学报》第12期

苏隆中　赵　峰　我国农村学前教育发展水平评价及区域的异质性——以2013年国家相关统计年鉴数据为基础　《求索》第12期

王治国　利用好《年鉴》为政法综治工作创新发展提供经验支持理论支撑　《检察日报》5月23日

罗　婧　从1850年代《上海年鉴》看洋行兴衰　《文汇报》6月24日

杜艳玲　何　蕊　让林业年鉴成为生态文明建设的助力者　《中国绿色时报》7月15日

李春玲　地方综合年鉴及其重要作用的发挥　《云南社会主义学院学报》第8期

彭有冬　盛世修史　以启未来　让《中国林业年鉴》成为生态文明建设的助力者　《宁夏林业》第8期

金　旻　增强文化积累　重视文化提升　让《中国林业年鉴》成为生态文明建设的传播者　《宁夏林业》第8期

施骏栋　中国大陆沿海省份高等教育入学率研究——基于《教育统计年鉴（2010）》的数据分析　《开封教育学院学报》第8期

陶　丽　网络时代高职院校图书馆年鉴采访与利用问题研究　《无锡职业技术学院学报》第11期

邓秀琼　邵红梅　张寒露　示范建设后川内高职院校实践育人条件状况报告基于统计年鉴数据的分析　《成都航空职业技术学院学报》第12期

张传月　西部地区小学教师资源配置状况之比较研究——基于《中国教育统计年鉴·2011》的相关数据　《钦州学院学报》第12期

十三　其他

赵　丽　年鉴应在践行核心价值观上发挥正能量　《江苏地方志》第2期

许辰君　论提高年鉴出版的时效性　《中国地方志》第2期

田　梦　冯建新　浅析西北民族地区师资情况——基于年鉴数据的量化分析　《民族高等教育研究》第3期

许仁康　任晓东　陆建伟　浅谈水文年鉴复刊中数据的修改方法　《江苏水利》第6期

陆　奇　年鉴记载京津冀一体化研究成果　《黑龙江史志》第6期

罗　婧　开埠初期的上海租地及洋行——基于1854年《上海年鉴》的研究　《史林》第6期

李　锋　一部年鉴，记录在澳华人光辉史　《人民日报》7月3日

颜小华　任晓东　唐晓春　水文年鉴复刊中引排水（潮）量数据的快速校核方法　《治淮》第7期

谢运山　马　玮　水文年鉴中编印说明数据统计探讨　《吉林水利》第7期

杨　默　郭　栋　龚　璞　正式制度与非正式制度如何影响政治不稳定风险——基于2000—2015年世界竞争力年鉴的面板数据分析　《经济社会体制比较》第7期

孙长青　让年鉴超越传统纸质出版物观念　《社会科学报》第8期

陈力丹　马克思关于出版《德法年鉴》的书信　《新闻前哨》第8期

潘中伟　《德法年鉴》时期马克思共产主义转向的主体根据　《科学社会主义》第8期

史礼婷　张　骞　钟永恒　胡思思　李贞贞　双向模式匹配在年鉴数据预处理平台中的应用　《现代图书情报技术》第9期

司　律　《德法年鉴》时期马克思宗教批判思想的价值意蕴　《喀什大学学报》第9期

刘海江　《德法年鉴》时期的马克思和费尔巴哈思想关系研究　《前沿》第11期

付文中　土地伦理视野中《沙乡年鉴》和《丰盛的夏天》的比较研究　《外语与翻译》第12期

·志鉴著述选介

【《明代方志选编序跋凡例卷》出版】　1月，《明代方志选编序跋凡例卷》由中国书店出版社出版。点校王熹、张英聘、张德信。该书分上下册，以明代方志的主体成果为依托，重点选录通志（省志）、府州县志与边关志中具有研究和参考价值的序跋、凡例资料，分类汇集成编。该书依序跋、凡例的来源分为一统志、通志（省志）、府志、县志、边关志5部分，收入明代方志的序跋、凡例500余种，还收入有关文集所载已经佚失的明代方志的序跋。全书89.4万字。　（范锐超）

【《中国历代方志土司资料辑录》出版】　6月，《中国历代方志土司资料辑录》由学苑出版社出版。主编李德龙。该书是土司制度历史沿革的专书。收录我国西南、西北10余个省、自治区近500种地方志及相关的地理类古籍文献资料数万页，集中摘录出有关土司社会现象的相关内容，集合成册，初探土司文化专题文献的路径。该书收入以云贵川的西南少数民族为主土司阶层及土司自署官员（如“土舍”：土司子弟、族人或土司的属官）的官制，相关汉人土司和西北蒙古族、土族人担任土司现象的信息（如浪庄蒙古鲁土司，碾伯土族李土司等），土司家族的世袭表，杰出土司的个人传记等大量土司制度资料。全书38册。

（范锐超）

【《稀见著录方志过眼录》出版】　8月，《稀见著录方志过眼录》由国家图书馆出版社出版。编著诸葛计。该书收录《中国地方志联合目录》（简称《联合目录》）未收录的稀见方志一千余种。包括通志、府志、州志、县志、乡志、里镇志、卫志、所志、关志、岛屿志等。对收录的每一种方志都尽可能地依次注明所属之时代、朝代，修、纂、撰、辑者，修纂年月、版本，现存藏处所。所著录的志书，一般不涉及志书的内容及评价；对一些著录要素

存在疑似、差异、分歧，一时难以考确者，则一一注明，录以待考。为便与《联合目录》核校，该书所据国内行政区划及名称，悉依《联合目录》原用之区划、名称。个别难于确定在《联合目录》中相应位置者，列于该省之末。

（范锐超）

【《中国方志两千年通鉴》出版】 9月，《中国方志两千年通鉴》由广西师范大学出版社出版。作者诸葛计。该书以中华人民共和国成立为界分为上、下两编，上编自上古时期白阜画《神农地形图》（作为方志学的源头）至1949年；下编为1949年至2000年，梳理两千年来中国方志学的发展轨迹。该书连同书名索引、人名索引和引据书目，采用条目体式加以介绍，凡认为对治方志史值得注意者，或可为当今及以后修志者参考或借鉴者，均分条列出，载事载言兼顾。条目之下加有按语。“按语”或是作者的独到见解，对过往记载进行纠误补正；或是阐幽探微、发挥播扬，标示此处尤须加以注意。全书约200万字。 （范锐超）

【《中国古代城池基础资料汇编·第一辑》出版】 10月，《中国古代城池基础资料汇编·第一辑》由中国社会科学出版社出版。主编成一农。该书分《〈嘉庆重修大清一统志〉城墙资料汇编》《〈古今图书集成〉城墙资料汇编》《〈古今图书集成〉庙学资料汇编》《地方志城墙资料汇编（上）》《地方志庙学资料汇编（上）》5册。该书主要对集中于地理总志、类书和地方志中的文献材料分门别类地进行整理、标点，而且材料较为系统，构成中国古代城市总体性研究的基础，作为某些个体和区域城市研究的基本文献材料。全书267.3万字。

（范锐超）

【《地方综合年鉴编纂教程》出版】 3月，《地方综合年鉴编纂教程》由方志出版社出版。作者杨军仕、王守亚等。该书依托“地方志书与地方综合年鉴质量建设工程”项目，组织年鉴学者编写而成。该书分10章，包括年鉴概论、框架、资料、条目、大事记和专记、图片和表格、检索系统、编纂流程等内容。全书28.3万字。

（范锐超）

【《全国地方志法规、规章及行政规范性文件汇编》出版】 4月，中指办编纂的《全国地方志法规、规章及行政规范性文件汇编》由方志出版社出版。该书时间上起2003年《四川省地方志工作条例》出台，下迄2016年，收录有关全国地方志工作的法规、规章及行政规范性文件。全书116.7万字。 （范锐超）

【《地方志工作文稿（增订本）》出版】 5月，《地方志工作文稿（增订本）》由方志出版社出版。作者朱佳木。该书是在2009年出版的《地方志工作文稿》的增订本，收录朱佳木自2001年兼任中指组常务副组长以来，就地方志工作发表的99篇讲话、文章、报告、发言、序言文稿。全书约49万字。 （范锐超）

【《志载地域、自然的理论与实践——2014年新方志论坛论文集》出版】 5月，《志载地域、自然的理论与实践——2014年新方志论坛论文集》由方志出版社出版。主编邱新立。该书从地方志书自然部类的分类、资料收集和编写方式3个方面进行论述；就开发方志资源，传播地域文化，方志文化与地域文化的关系，地方志如何传承和发扬地方文化；编写志书中的民族部分内容，在地方志中体现民族文化的特色，发挥方志文化在民族团结和边疆稳定中的作用等内容进行讨论。全书35.7万字。

（范锐超）

【《修志问道 以启未来——2015年新方志论坛论文集》出版】 12月，《修志问道 以启未来——2015年新方志论坛论文集》由方志出版社出版。主编冀祥德。该书是由中指办主办的以“修志问道，以启未来；依法治志，修志之道”为主题的2015年新方志论坛论文汇编。该书围绕加强方志理论研究、指导第二轮志书的编修实践和进一步推动新编地方志事业的健康可持续发展进行广泛深入研讨。收录《依法治志是地方志事业发展的重要保障和必然要求》《着力拓展依法治志的范畴——兼论应将乡镇志、村志纳入依法治志轨道》《新时代修志人的理想追求——对“修志问道”之浅见》《学习李克强总理“修志问道，以启未来”重要批示的几点体会》等文章。全书98万字。

（范锐超）

【《方志北京：京华讲坛文集（2015）》出版】 5月，北京市方志馆编纂的《方志北京：京华讲坛文集（2015）》由中国书店出版。该书收录《清代皇室礼仪拾零》《雍正继位之谜》《乾隆皇帝的家庭生活》《北京地区的壁画墓》《北京历史上的首都圈》等文章。（范锐超）

【《志鉴求道》出版】 5月，《志鉴求道》由北京出版社出版。作者谭烈飞。该书主要阐述志书的编纂原则、体例体裁和修订补遗等方面内容，记述年鉴编修、旧志整理等方面的理论和工作进程，收录文章40篇。全书36万余字。

（王韧洁）

【《〈北京志〉主编风采录》出版】 8月，北京市地方志编委会办公室编著的《〈北京志〉主编风采录》由北京燕山出版社出版。该书采用口述访谈的形式，记录了19位主编的业绩风采，对已经故去的6位主编通过资料查找，就其生平也进行了翔实的介绍。书中收录主编们发表的关于地方志编修等方面的文章共16篇。全书30万字。（王韧洁）

【《主编的功课——段柄仁方志文丛（三）》出版】 10月，《主编的功课——段柄仁方志文丛（三）》由方志出版社出版。作者段柄仁。该书包括一孔之见、“体系”初探、编纂意见、审读评议、书稿序文、工作论述6部分。每一部分文章没有严格按发表时间排序，而是按内容的逻辑顺序作前后调整，利于读者选择性阅读。收录《关于志书续修的几个问题》《方志质量评价体系构想》《对方志馆地情展览设计初稿的意见》等文章。（范锐超）

【《北辰志语》出版】 11月，天津市北辰区委党史研究室、区志办编纂的《北辰志语》由方志出版社出版。该书分回顾篇、志评篇、蓝本篇、感悟篇、讲稿篇5部分。收录地方志学者、编修人员的志书点评、志稿审读以及编修体会等文章50余篇。全书35万字。（范锐超）

【《河北省方志论文选编》出版】 6月，河北省地方志办公室编纂的《河北省方志论文选编》由河北人民出版社出版。该书主要针对河北省内各地市在第二轮修志过程当中的诸多问题展开论述，提出的看法和主张在理论分析的基础上结合实际加以深入探讨，探讨其可行性和实践基础。（范锐超）

【《辽宁方志研究》（第一辑）出版】 12月，辽宁省志办编纂的《辽宁方志研究》（第一辑）由辽宁民族出版社出版。该书收录2015年辽宁省地方志工作者方志理论研究文章，为辽宁省地方志工作者进行方志理论研究提供学术园地，打造地方志系统优质的学术平台。全书22万字。（范锐超）

【《吉林省地方志学会学术年会（2015）论文集》出版】 2月，《吉林省地方志学会学术年会（2015）论文集》由吉林文史出版社出版。主编严寒。该书为吉林省地方志学会学术年会（2015）征集论文的集结出版。该书主要内容为围绕地方志工作进行的学术研究性成果，汇集吉林省地方志工作者围绕修志问道、依法治志、修志之道展开学术研究的成果，就志书及与其有关的方志机构、方志编纂、方志工作、方志事业、方志文化等事项或活动进行探讨研究。收录的文章包括《吉林地区人类起源及民族的形成》《浅议新时期方志性质》《在法治保障下积极探寻修志之道》等。（范锐超）

【《中国新方志10000种书目提要（上海通志馆藏）》出版】 6月，上海通志馆编纂的《中国新方志10000种书目提要（上海通志馆藏）》由上海辞书出版社出版。主编朱敏彦。2004年至2014年，上海通志新增收5000多种新方志。该书在2003年该馆组织编研人员编纂的《中国新方志5000种书目提要（上海通志馆藏）》基础上，将新增方志提要融合原有5000种方志集结成新版10000种书目提要。全书264万字。 （范锐超）

【《江苏历代方志名胜图选》出版】 12月，江苏省志办编纂的《江苏历代方志名胜图选》由凤凰出版社出版。该书全4册，修纂年代自宋元至1949年间的方志，从历代江苏旧志中选辑名胜图300余幅，以江苏省现行行政区划划分单元编排，涵盖现行江苏13个设区市，并附及泗州。选用南京“金陵四十景图、苏州‘吴江十景’”无锡“泰伯庙图”等，其余各市选入各具特色的图或山或水，或山水相傍，或亭台楼阁，或学宫书院。 （范锐超）

【《南京通史·隋唐五代宋元卷》出版】 9月，南京市地方志编委会办公室组织编纂的《南京通史·隋唐五代宋元卷》由南京出版社出版。李天石等编著。该卷是继《六朝卷》《民国卷》《明代卷》《清代卷》《共和国卷》之后出版的《南京通史》第6部专卷。全书共7章，从589年隋灭陈统一中国后金陵的兴衰说起，论述了隋代至元代共779年间南京的政治、经济、文化、教育、社会生活、城市变迁等内容。全书69万字。 （王艳荣）

【《中国方志馆》出版】 年内，《中国方志馆》由方志出版社出版。该书是浙江省方志办承担的国家社科基金项目“中国方志馆研究”（编号：13BTQ003）成果的课题成果。全书40.5万字。 （浙江省方志办）

【《王建国方志文集》出版】 4月，《王建国方志文集》由中国文化出版社出版。该文集共收文章30篇，是作者长期从事地方志工作感悟。全书24万字。 （山东省史志办）

【《当代方志编纂述论》出版】 年内，《当代方志编纂述论》由河南人民出版社公开出版，王卫明著。该书介绍了方志编纂基础理论及认识发展的历程，记述方志如何编纂和两轮志书的实践案例。 （程茜）

【《乡镇志编纂手册》出版】 10月，河南省史志办编写的《乡镇志编纂手册》出版。该书是目前方志界有关乡镇志编修工作的第一部公开出版的工具书。 （王颖）

【《武汉新编地方志目录》出版】 10月，武汉市志办编纂的《武汉新编地方志目录》由武汉出版社出版。该书汇集1980年至2015年武汉地区常设修志机构（不含省级及其省属机构）和非常设修志机构编修的志书，涵盖综合志、专业志、行业志、部门志、企业志、特色志等内容。 （范锐超）

【《广东方志要录》出版】 3月，《广东方志要录》由岭南美术出版社出版。李默编著。该书收《广东方志》中的通志、府州县厅志。时间截至1949年，收现存通志6种、未成稿2种、府志48种、州县厅志369种。各志的著录分目录和提要两部分，目录包括书名、卷数、修纂人、版本、藏书单位、索书号、叙事起迄年代、存佚、备注。提要主修人简历、纂修情况、评价及考订、内容。各府州县志之前冠建置沿革。 （范锐超）

【《清代西藏方志研究》出版】 4月，《清代西藏方志研究》由商务印书馆出版。作者赵心愚。该书为一部系统研究清代西藏方志的著作，设5章4篇附录。该书探讨清代西藏方志的诸多方面。研究涉及《西藏志考》《西藏志》等书著者及成书时间的考证，清代西藏方志的资料来源及几部主要著作间（《西藏记》与《西藏志》、《西藏考》与《西藏志》《西藏志考》等）的关系考，《西藏志》、宣统《盐井乡土志》等方志的特点及其资料价值。此外，还通过对《藏纪概》《西域遗闻》等来探讨清代西藏方志的编撰问题；对清代西藏方志的序、跋、例言及目录著录问题进行分析研究。附录设乾隆《打箭炉志略》著者及资料来源，乾隆《保县志》的特点及史料价值，咸丰《冕宁县志》的资料来源、篇目特点及纳西族史料价值，乾隆初年的丽江纳西族风俗研究4篇。全书45万字。　　（范锐超）

【《清代学者名儒与陕西地方志的修纂》出版】　7月，《清代学者名儒与陕西地方志的修纂》由科学出版社出版。作者王雪玲。该书作为《陕西师范大学史学丛书》一部分，分清代陕西方志修纂概况，学者名儒与陕西方志，孙景烈与陕西方志，毕沅与陕西方志，洪亮吉、孙星衍与陕西方志，蒋湘南与陕西方志，其他学者与陕西地方志的修纂，清代学者名儒与陕西特殊地志8章。全书31万字。　　（范锐超）

【《西安地方志编纂志》出版】　9月，西安市志办编纂的《西安地方志编纂志》由陕西人民出版出版。主编曹永辉、王莹。该书是记述现在西安地域自有史以来至2012年，西安地方志事业发展全过程和重要成果的一部专业志。该书采用篇章节体编纂，设12篇28章82节，插图114幅，运用述、志、记、传、图、表、录等多种体裁。重点记述社会主义时期新方志编纂的历史过程及成果，突出具有代表性和重大意义的志书和修志工作，收录部分西安地域谱牒的编纂历史和成果以志为主。全书127万字。　　（范锐超）

【《新修地方志早期广播史料汇编》出版】　3月，《新修地方志早期广播史料汇编》由中国广播影视出版社出版。主编赵玉明、艾红红、刘书峰。该书分上、下册，收录内容下限为1949年10月中华人民共和国成立，但包括部分当时尚未解放的地区直至解放时的内容。部分广播人物系从有关地方的《人物志》中选录的。将散见在几十本广播电视志书中不同章节的新中国成立之前广播的内容集中起来，方便有关研究人员和爱好者查阅。该书收录当时29个省、自治区、直辖市编修的广播电视志书及部分地市级广播电视志的有关内容，以及云南广电局戴美政发现的有关云南民国广播的史料，书末附两篇对首轮广播电视志编修的评述文章。全书120万字。　　（范锐超）

【《修志概说》出版】　11月，《修志概说》由煤炭工业出版社出版。作者赖建辉。该书对修志专业知识进行阐释，对修志工作中遇到的常见且带有共性的问题提出解决的思路与方法。对志书编纂中应该遵守的一些原则、要求等进行详细讲解。该书设志书是什么样的书、修志的关键因素、资料搜集与整理、横分门类、竖写史实、志书的文体与语体、志书的著述性7章。　　（范锐超）

·学会活动与理论研讨

【河北省年鉴学会第六届会员代表大会召开】　3月25日，河北省年鉴学会第六届会员代表大会召开。第五届河北省年鉴学会会长杨洪进作学会工作报告，秘书长边丽君作修改学会章程和领导机构情况的说明。大会选举新一届学会会长、副会长、秘书长及理事单位。　　（鲍秋芬）

【皖冀方志理论研讨会召开】　4月27日至28日，安徽省地方志办公室和河北省志办联合举办的皖冀方志理论研讨会召开。冀皖两省论文作者50余人参加会议，来自安徽省、市、县三级方志系统工作者就安徽省第二轮修志中的经验教训进行总结，并就第三轮修志提出许多建设性意见。　　（魏铁军）

【吉林省地方志学会第六届会员代表大会暨第六届理事会第一次会议】　2月25日，吉林省地方志学会第六届会员代表大会暨第六届理事会第一次会议在长春市召开。会议审议并通过《吉林省地方志学会第五届理事会工作报告》《吉林省地方志学会章程》《吉林省地方志学会第六届理事会选举产生办法（草案）》。选举产生学会第六届理事会及学会会长、副会长、秘书长。学会第六届理事会召开第一次会议，选举产生第六届常务理事会，审议通过学会第六届理事会秘书长提出的副秘书长及学会机构主要负责人名单。（常京锁）

【吉林省地方志学会学术年会（2015）举办】 2月25日，吉林省地方志学会学术年会（2015）举办。全省会员代表160余人参会。收到论文113篇，7篇论文获一等奖；8篇论文获二等奖；11篇论文获三等奖。（李雯）

【上海市年鉴学会三届五次理事扩大会议召开】 6月15日，上海市年鉴学会三届五次理事扩大会议召开，洪民荣作上海市地方志工作形势报告，并对上海市年鉴工作提出要求，选举了理事和常务理事。（孙长青）

【上海市2016年地方志理论研讨会举行】 12月9日，上海市志办主办，上海师范大学协办的“2016年地方志理论研讨会”在上海师范大学（徐汇校区）召开，主题为“地方志理论的传承与创新”。来自全国各地的20多名史志专家、学者参会。（唐长国）

【上海市地方史志学会开展系列学术活动】 4月5日，上海市地方史志学会举行“全国‘两会’热点议题述评”专题报告。5月24日，与上海交通大学党史校史研究室联合举办“上海交通大学建校120周年发展”讲座。22日至28日在上海交通大学博物馆举办“上海交通大学120周年校史展”。11月9日至10日，与上海中山学社等单位联合举办“纪念孙中山先生诞辰150周年——孙中山的理想与中国梦国际学术研讨会”。18日，与市政协文史资料委员会等联合举办“建设全球科创中心：上海的历史积淀与现实条件”理论研讨会。12月2日，在上海社会科学会堂报告厅举办纪念建党95周年和长征胜利80周年专题报告会暨上海市地方史志学会2016年学术年会。（李洪珍）

【连云港市地方志学会第二次代表大会暨地方志理论研讨会召开】 8月5日，连云港市地方志学会第二次代表大会暨地方志理论研讨会召开。会议听取第一届理事会作工作报告，选举产生学会第二届理事会。学会名称由地方志年鉴学会更名为地方志学会，表决通过新章程。同时，召开地方志理论研讨会。（李海宏）

【无锡市中共党史学会、方志年鉴学会召开常务理事座谈会】 1月29日，无锡市中共党史学会、方志年鉴学会召开常务理事座谈会，回顾总结2015年学会工作情况，交流探讨学会研究最新成果，讨论部署2016年重点工作内容。来自各市（县）、区的约40名学会常务理事出席会议。会议通过无锡市中共党史学会、市方志年鉴学会秘书长调整名单。（李海宏）

【苏州市地方志学会年会召开】 1月26日，苏州市地方志学会召开年会，来自全市各区（市）地方志学会会员代表近50人参加年会。会议听取2015年学会工作报告和财务报告，通过方志学会副会长、常务理事、学会副秘书长的调整、增补方案，对优秀论文获奖者和获奖单位进行颁奖。大会印发2015年苏州市方志文化研究论文集。（李海宏）

【苏州市地方志学会常务理事（扩大）会议召开】 12月22日，苏州市地方志学会常务理事（扩大）会在常熟市召开。经常务理事会表决，同意常务理事和副会长人员调整，原则同意学会工作报告，同意建立苏州家谱研究会（筹）。（李海宏）

【浙江省嘉善史志学会换届选举】 4月，浙江省嘉善县史志学会召开第一届理事会第二次会议。会议总结一次会议以来工作，明确今后3年工作任务。通过理事增补、调整名单，同意沈庆中辞去会长职务，同意包燕蔷、江继铭辞去副会长职务，选举产生学会会长、副会长、秘书长人选。（嘉兴市方志办）

【浙江省龙游县地方志学会成立】　5月27日，浙江省龙游县史志办召开龙游县地方志学会成立暨会员代表大会。会议审议通过了学会章程、会费收取标准和经费来源、使用的管理办法，选举产生第一届会长、副会长、秘书长，并举行授牌仪式。龙游县地方志学会会员60多人参加大会。（衢州市方志办）

【第六届福建省地方志学会第三次常务理事会议召开】　4月21日，第六届福建省地方志学会第三次常务理事会议在福州召开。省地方志学会会长、副会长及常务理事近20人参会。（福建省方志委）

【福建省地方志学会2016年学术年会召开】　11月8日，福建省地方志学会2016年学术年会举行。省地方志学会常务理事、入选论文作者代表及漳州市、南靖县方志委有关人员等共50多人参加会议。会议交流了提升志鉴质量的探索与实践并对8个《福建史志》发行工作先进单位进行表彰。（福建省方志委）

【福建省地方志学会第六届理事会第二次会议召开】　12月26日，福建省地方志学会第六届理事会第二次会议召开，各市、县（区）和省直有关部门、高校、科研院所的40多位理事参加会议。（福建省方志委）

【江西省地方志学会第三次会员代表大会召开】　1月19日，江西省地方志学会第三次会员代表大会召开。会议通过了学会第二届理事会工作报告、新修改的学会章程，推选产生学会第三届理事会。第三届理事会召开会议选举产生第三届学会常务理事、会长、常务副会长、副会长、秘书长，并审议通过副秘书长名单。（朱岳）

【江西省方志理论研讨会召开】　1月20日，江西省志办主办，省地方志学会承办的江西省方志理论研讨会召开。会议采取以文参会的形式，来自省志各编纂单位、全省地方志系统的代表近60人参加。（朱岳）

【山东省方志理论研讨会暨方志期刊座谈会召开】　11月17日，山东省方志理论研讨会暨方志期刊座谈会召开。各市史志办分管副主任、业务科（处）长，优秀论文作者代表和方志期刊主编等40余人参加会议。会议共收到论文73篇，对6篇优秀论文进行了表彰。（山东省史志办）

【淄博市地方志学会第三次会员代表大会召开】　6月8日，淄博市地方志学会第三次会员代表大会召开，会员代表71人参加会议。大会选举产生新一届理事会成员及学会领导机构，审议通过《淄博市地方史志学会章程》以及学会名称变更等事项。（山东省史志办）

【湖北省地方志学会第六届会员代表大会在武汉召开】　1月22日，湖北省地方志学会第六届会员代表大会在武汉召开，参加会议会员代表150人。大会审议通过第五届地方志学会理事会工作报告和财务工作报告，表决通过《学会换届选举办法》，选举第六届地方志学会理事；投票通过《湖北省地方志学会章程》修改稿、会费标准；选举产生地方志学会新一届领导集体。（湖北省志办）

【湖南省“湘志杯”2016年全国地方志理论研究征文活动】　年内，湖南省地方志编委会、湖南省地方志研究与传播中心、湖南省地方志学会联合主办“湘志杯”2016年全国地方志理论研究征文活动。共收到来自全国6个省市的应征稿件80余篇，评出一等奖6篇，二等奖17篇，三等奖21篇。（易可倩）

【2016年广东省地方志理论研讨会召开】　12月8日，2016年广东省地方志理论研讨会召开。评选出40篇论文，5篇一等奖，11篇二等奖，24篇三等奖。（广东省志办）

【深圳市召开第五届地方史志理论与实践研讨会】 4月29日，深圳市第五届地方史志理论与实践研讨会召开。深圳市区两级史志工作者共60余人参加，33篇文章参与交流并收录至《深圳史志研究文丛》系列图书。（深圳市史志办）

【海南省地方志学会年会召开】 1月19日，海南省地方志学会年会召开。会议对学会2015年工作进行总结，提出2016年度工作要点。（李鑫）

·期刊出版

【《北京地方志》】 年内，《北京地方志》季刊共出刊4期，设置栏目6个，共编发稿件66篇。（王韧洁）

【《河北地方志》】 年内，《河北地方志》出刊6期。（冯金生）

【《史志学刊》】 年内，《史志学刊》出刊6期，发表稿件102篇，总字数80万字。（武岭）

【《内蒙古方志》】 年内，《内蒙古方志》出刊6期，发行交流10000多册，共57余万字。（内蒙古区志办）

【《丹东史志》复刊】 年内，《丹东史志》复刊，出版4期，该刊曾停刊24年。为庆祝新开岭战役胜利70周年，开设“庆祝新开岭战役胜利七十周年”专刊，并向来自全国各地的东北民主联军第四纵队将士和将士后代100多人赠阅。（由林鹏）

【《营口春秋》】 年内，《营口春秋》出刊4期，共36万字。（由林鹏）

【《朝阳史志》】 年内，《朝阳史志》出刊4期（其中特刊1期），发表文章近80篇，约50万字。（由林鹏）

【《大连方志》】 年内，《大连方志》出刊4期，附图200余幅，总字数18万余字。（孙建宏）

【《今古大观》】 年内，《今古大观》内刊出刊6期，共60余万字。（常京锁）

【《黑龙江史志》改版】 年内，《黑龙江史志》杂志改版，全年出刊12期。（由岳峰）

【《上海地方志》创刊号】 6月17日，改版后的《上海地方志》创刊号出版。共刊登16篇文章，并在上海通网站（www. shtong. gov. cn）上发布。（唐长国）

【《江苏地方志》】 年内，《江苏地方志》出刊6期，130余篇文章，300余幅图片，60余万字。（李海宏）

【《南京史志》】 年内，《南京史志》出刊2期，刊载照片300余幅，约18万字。（王艳荣）

【《浙江方志》】 年内，《浙江方志》共出刊6期。（浙江省志办）

【《杭州月志》】 年内，《杭州方志通讯》和《杭州方志》合并的《杭州月志》创刊，沿用《杭州方志》刊号。共收录杭州重要时事456条，地情研究文章86篇，图片394张，方志动态150条，72.49万字。（冯跃民）

【宁波各地史志期刊情况】 年内，《宁波史志》出刊4期；《海曙记忆》出版；《宁海史志》出刊2期；《慈溪史志》出刊4期，并出版2016年合订本；《江北史志》《鄞州史志》《余姚史志》出版。（高曙明）

【《瓯海史志》】 年内，《瓯海史志》出刊1期。（温州市志办）

【《洞头史志》】 年内，《洞头史志》出刊2期。（温州市志办）

【《永嘉方志》】 年内，《永嘉方志》出刊2期。（温州市志办）

【《文成史志》】 年内，《文成史志》出刊2期。（温州市志办）

【《嘉兴档案史志》】 年内，《嘉兴档案史志》出刊4期。（嘉兴市志办）

【《平湖史志》】 年内，《平湖史志》出刊4期。（嘉兴市志办）

【《南湖档案史志》】 年内，《南湖档案史志》出刊2期。（嘉兴市志办）

【《海盐史志》】 年内，《海盐史志》出刊4期。（嘉兴市志办）

【《越地春秋》】 年内，《越地春秋》出刊4期。（绍兴市志办）

【《上虞史志》】 年内，《上虞史志》出刊4期。（绍兴市志办）

【《新昌史志》】 年内，《新昌史志》出刊2期。（绍兴市志办）

【《嵊州春秋》网络版】 年内，《嵊州春秋》网络版出刊2期。（绍兴市志办）

【《金华方志丛刊》】 年内，《金华方志丛刊》出版2辑。（金华市志办）

【《东阳史志》】 年内，《东阳史志》季刊编印4期。（金华市方志办）

【《义乌方志》】 年内，《义乌方志》出刊4期，每期约12万字。（金华市方志办）

【《龙游史志》复刊】 8月，《龙游史志》半年刊复刊，编印1期。该刊曾于2013年停刊。（衢州市志办）

【《椒江方志》】 年内，《椒江方志》第12辑刊出，约8万字。（台州市方志办）

【《临海史志》】 年内，《临海史志》出刊3期，每期10万字左右，印数500册。（台州市方志办）

【《三门史志》】 年内，《三门史志》出刊2期。（台州市方志办）

【《天台方志》】 年内，《天台方志》出刊4期，采用文史稿件30余篇，共计约15万字，照片图像80余幅。（台州市方志办）

【《福州史志》复刊】 2月，《福州史志》季刊复刊，全年出版4期，刊登文章约80篇，32万字。（福建省方志委）

【《漳州今古》】 年内，《漳州今古》编发3期，刊发文章35篇，是全省设区市中唯一连续十多年不间断的刊物。（福建省方志委）

【《阳明平和》创刊】 年内，《阳明平和》创刊号出刊1000本，介绍平和置县历史以及明代大儒对平和的贡献。（福建省方志委）

【《方志南平》创刊】 12月，内部刊物《方志南平》创刊。（福建省方志委）

【《江西地方志》】 年内，《江西地方志》出刊6期，近40万字。为纪念中国共产党建立95周年，在第4期设置“红色热土 英雄足迹”专栏，介绍了在江西这片红色热土上，党领导人民所走过的浴血历程。（朱岳）

【青岛市史志期刊出版情况】 年内，青岛市史志办编纂《史鉴》出刊4期，刊登文章100

余篇；《崂山春秋》出刊4期，每期发稿20余篇；《城阳纵横》出刊4期，每期发稿20余篇；《即墨古今》出刊2期。（李乒）

【《德州史志》创刊】 3月，《德州史志》创刊，该刊为季刊，设有特载、运河文化、人物春秋、探索发现、历史回望、乡村记忆、地域风情等12个栏目，创刊号共刊载文章26篇，6万多字。（山东省史志办）

【《河南史志》】 年内，《河南史志》出刊6期，发表各类稿件140篇，约40万字。

（汪朝霞）

【湖南省地方志期刊】 年内，湖南省三级地方志机构出版期刊15种，其中省级双月刊2种，《湖南年鉴·文献与人物》为公开出版期刊，《湖南地方志》为内刊。市州级4种，有常德市的《武陵古今》和长沙市的《长沙史志》为双月刊，怀化市的《怀化地方志》和湘西土家族苗族自治州的《湘西史志》为不定期刊。县级9种，有《平江风情》《汨罗春秋》《隆回风情》《溆水河》《今古湘乡》《古今华容》等为季刊，《西水红枫》《耒阳地方志》《邵阳县史志通讯》为不定期刊。（任国瑞）

【《湖南年鉴·文献与人物》】 《湖南年鉴·文献与人物》双月刊出刊6期。（任国瑞）

【广东省地方志期刊】 年内，广东省各地地方志机构编纂的《羊城今古》《深圳史志》《汕头党史与方志》《佛山史志》《惠州地情与信息》《汕尾史志通讯》《阳江史志》《清远古今》《潮州》《揭阳史志》《宝安史志》《澄海史志》《浈江史志》《龙川史志》《海丰史志》《阳山史志园地》出版。（广东省志办）

【《广东史志》】 年内，《广东史志》出刊6期，完成《广东史志》改版。

（广东省志办）

【《当代广东》】 年内，《当代广东》出刊4期，约130万字。（广东省志办）

【《深圳史志》】 《深圳史志》出刊4期，收录文章80篇，约40万字。（深圳市史志办）

【《宝安史志》】 《宝安史志》出刊4期。每期史料8万余字，图片50余幅。

（深圳市史志办）

【《广西地方志》】 年内，《广西地方志》出刊6期，约60万字。

（韦晓　刘妍　覃志婷　周珍朱）

【《海南史志》】 年内，《海南史志》内刊出刊6期。（李鑫）

【《巴蜀史志》】 年内，四川省志办主办的《巴蜀史志》出刊6期。推出“纪念红军长征胜利80周年”“口述历史”“‘志’者情怀——纪念四川方志机构恢复成立35周年”等专栏。（刘艳平）

【《甘孜州实录》】 年内，四川省甘孜州志办编纂的《甘孜州实录》出刊4期，主编刘启蓉。每期11万字左右。（朱丹）

【《甘孜州图鉴（2016）》】 年内，四川省甘孜州志办编纂的《甘孜州图鉴（2016）》季刊出版，每期11万字左右。主编刘启蓉。

（朱丹）

【《情满甘孜——甘孜州举全州之力推进群众工作全覆盖三年工作纪实》】 10月，四川省甘孜州志办、甘孜州党史办编纂的《情满甘孜——甘孜州举全州之力推进群众工作全覆盖三年工作纪实》季刊出版。主编李敏、姜健康、刘启蓉。（朱丹）

·通讯简报

【《志鉴信息》】 年内，北京市志办共编印《志鉴信息》4期。以《志鉴信息·领导参阅专刊》为依托，向市领导报送自然环境、灾害防治、通州运河文化带建设等相关资政信息。（王韧洁）

【《区县修志动态》】 年内，北京市志办共编发区县修志动态12期，宣传第二轮修志工作。（王韧洁）

【《河北方志工作简讯》】 年内，河北省志办编发《河北方志工作简讯》50期，刊发信息164条，报道和宣传全省方志工作动态。（李苍绵）

【辽宁省地方志系统通讯简报情况】 年内，辽宁省志办共编印内部刊物《家园》37期，登载办内人员撰写的心得体会文章。沈阳市志办编发《沈阳方志信息》6期，约2万字，刊载修志工作会议、文件、工作动态等信息。大连市史志办编印《大连方志》4期，共刊载文章66篇、图片200余幅，总字数23万字，总发行量5000余册。鞍山市史志办编印《鞍山史志工作》6期，刊登中央、省市史志工作要求和部署及全市史志工作动态。抚顺市志办编印《抚顺方志动态》1期，刊登李克强对全国地方志系统先进模范座谈会作出重要批示、《抚顺市人民政府关于进一步加强全市地方志工作的实施意见》等。本溪市志办编印《史志资政参考》，刊登《党和国家领导人关于史志工作重要讲话及批示摘要》《中华历史千字文》《本溪高新技术产业开发区历史沿革》等专题。（由林鹏）

【《沈阳大事记》】 年内，沈阳市志办编发《沈阳大事记》12期，共9万字。（俄文亮）

【吉林省地方志机构通讯简报情况】 吉林省各级地方志机构全年出版通讯简报3种，共43期。其中，吉林省地方志编委会出版《吉林省方志工作通讯》36期；吉林市地方志编委会出版《吉林市志鉴通讯》6期；《地方人物》1期。（周玉顺）

【《江苏方志信息》】 年内，《江苏方志信息》全年编发6期，反映地方志工作动态，刊发各类信息200多条。（武文明）

【江苏省《省志工作简报》】 年内，江苏省《省志工作简报》编印6期，介绍各编纂单位的工作进展、研讨培训、经验以及志书的终审和出版发行情况，约2.7万字。（朱莉萍）

【《浙江通志简报》】 年内，《浙江通志简报》编发3期，收录关于《浙江通志》编纂工作的简讯报道，发放对象为省有关领导及各责任单位。（浙江省方志办）

【《衢州方志简讯》】 年内，《衢州方志简讯》编发7期，累计编辑51期。刊出各类信息，传递方志知识。（衢州市方志办）

【《常山地方志工作简报》】 年内，《常山地方志工作简报》编发8期。（衢州市方志办）

【《修志简讯》】 年内，福建省地方志编委会主办的内部工作通讯《修志简讯》编发14期，共约9万字，其中专刊2期。主要刊载全省地方志工作动态及兄弟省市修志工作经验。（福建省方志委）

【《闽源之窗简报》】 年内，福建省建瓯市地方志编委会编发《闽源之窗简报》12期。全年在《闽北日报》、建瓯政府网站等报刊、媒体刊登各类文章、简讯100多篇。（福建省方志委）

【《江西省地方志工作动态》】 年内，江西省志办编辑的《江西省地方志工作动态》编发40期，发布动态信息172条。另设省志专刊——

《江西省志工作简报》，共编印14期，刊登稿件49篇。 （朱岳）

【湖南省地方文献研究所《文献所工作》】 年内，《文献所工作》简报编发22期。《文献所工作》简报以纪要形式为主，记录文献所全年工作。 （易可倩）

【《深圳史志工作简报》】 年内，《深圳史志工作简报》编发77期，送达范围包括中央、省级史志部门，市级分管领导，中央级、省级史志刊物，各区史志部门等。（深圳市史志办）

【《海南史志工作信息》】 年内，海南省志办主办的《海南史志工作信息》编发30期，刊载信息120篇，其中市县供稿30篇。 （李鑫）

【《四川地方志简报》】 年内，《四川地方志简报》编发28期，在四川地方志网站发布全省地方志系统重大活动，向四川省电子政务外网系统报送信息73条，采用72条，向四川党政网信息摘要报送信息61条，采用34条。 （黄绚）

依法治志与督促检查

· 依法治志

【"加强修史修志"写入国家"十三五"规划】 3月17日，经十二届全国人大四次会议、全国政协十二届四次会议授权，新华社在新华网发布《中华人民共和国国民经济和社会发展第十三个五年规划纲要》。规划第十六篇"加强社会主义精神文明建设"之"专栏25 文化重大工程"第六项"中华典籍整理"提出："加强修史修志。"这是继《中华人民共和国国民经济和社会发展第六个五年计划》将"地方史与地方志"列为哲学社会科学重点研究题目之后，再次在国民经济和社会发展五年规划中写明"修史修志"的内容。 （朱文清）

【《北京市地方志事业发展规划纲要（2016—2020年）》印发】 6月30日，北京市委办公厅、市政府办公厅印发《北京市地方志事业发展规划纲要（2016—2020年）》。该规划分指导思想与基本原则、总体目标、主要任务和保障措施4部分内容，是北京市志办在2010年《北京地方志工作规划纲要（2011—2020年）》的基础上制定的。 （王韧洁）

【天津市政府法制办在市志办召开立法研讨会】 10月24日，天津市政府法制办到市志办就地方志立法报审稿审修召开专项研讨会。《天津市地方志工作办法》经市政府第66次常务会议研究决定，纳入2016年全市立法工作计划。会议对《天津地方志工作办法（送审稿）》进行推敲修改。 （张岩）

【《河北省地方志事业发展规划（2016—2020年）》印发】 6月14日，河北省政府办公厅印发《河北省地方志事业发展规划（2016—2020年）》。该规划分总体要求、主要任务和保障措施3部分内容，对于推进河北省地方志事业全面有序发展，发挥地方志工作促进全省经济社会发展和文化强省建设作用具有重要意义。 （李苍绵）

【《廊坊市地方志事业"十三五"发展规划》印发】 年内，河北省廊坊市政府办公室印发《廊坊市地方志事业"十三五"发展规划》。该规划分指导思想、总体目标、工作任务和保障措施4部分内容，明确重点工作完成时间节点，对于推进廊坊市地方志事业科学发展，发挥地方志工作在全市经济社会发展中的作用具有重要意义。 （魏铁军）

【《临西县2016—2020年地方志工作规划》印发】 年内，河北省临西县政府办公室印发《临西县2016—2020年地方志工作规划》。该规划分指导思想、主要目标、保障措施3部分，为开展好临西县地方志工作奠定基础。 （魏铁军）

【《太原市地方志事业发展规划（2016—2020年）》印发】 9月30日，山西省太原市政府办公厅印发《太原市地方志事业发展规划（2016—2020年）》。该规划提出"十三五"时期太原市地方志工作要完成"两全目标"、依法治志和落实"一纳入、八到位"、加快信息化和方志馆建设、推进地方志资源开发利用、推进方志理论研究等方面的主要任务，是2000

年以来太原市地方志事业的第四个五年规划。

（刘雁珍　张裕晋）

【辽宁省依法治志建设情况】　1月25日，辽宁省政府印发《关于促进全省地方志事业发展的意见》。3月14日，辽宁省政府印发《辽宁省国民经济和社会发展第十三个五年规划纲要》，首次写入“加强编史修志”。5月，《加快方志立法，推进依法治志》作为“法治政府”项目，被省政府法制办公室批准立项。年内，沈阳市政府印发《关于推进全市地方志事业发展的实施意见》；鞍山市史志办编制的《鞍山市史志办公室“十三五”史志规划纲要（试行）》实施。（由林鹏）

【《吉林省地方志工作条例》修订工作专题调研】　5月23日至25日，吉林省地方志编委会副主任李正奎一行会同省人大教科文卫委员会、省法制办行政法制处组成的《吉林省地方志工作条例》修订工作调研组到吉林市、延边州进行专题调研。（赵德新）

【吉林省人大调研组专题调研《吉林省地方志工作条例》贯彻实施情况】　7月6日至7日，吉林省人大常委会委员、教科文卫委员会主任委员隋殿军等一行赴松原市、白城市专题调研《吉林省地方志工作条例》贯彻实施情况。

（常京锁）

【吉林省地方志编委会调研组考察地方志立法情况】　10月24日至30日，吉林省人大教科文卫委员会、省法制办、省地方志编委会组成的吉林省地方志编委会调研组赴山西、海南、上海学习考察地方志立法情况。

（周玉顺）

【《黑龙江省地方志工作规定》修改】　11月7日，黑龙江省政府第75次常务会议通过《黑龙江省人民政府关于废止和修改〈黑龙江省土地复垦实施办法〉等70部省政府规章的决定》，修改《黑龙江省地方志工作规定》，将第十七条第二款修改为：“鼓励编纂部门志、行业志、专业志、企业志以及乡镇（街道）志、村志等特色志书、年鉴或者其他地情文献。县级以上人民政府负责地方志工作的机构应当提供业务指导和咨询服务。”并对相关省政府规章的条文顺序作相应调整。11月15日，黑龙江省人民政府第3号令公布施行修改后的《黑龙江省地方志工作规定》。（由岳峰）

【《黑龙江省地方志事业发展规划纲要（2016—2020年）》印发】　4月29日，黑龙江省人民政府办公厅印发《黑龙江省地方志事业发展规划纲要（2016—2020年）》。该规划分发展基础、指导思想、基本原则、目标任务、保障措施5部分内容，确立以推动“志、鉴、馆、网、刊、协、研、用”八位一体地方志事业发展新格局为总体目标；是对2020年前黑龙江省地方志事业发展的顶层设计，对于提升黑龙江省文化软实力、推进全省地方志事业持续健康发展具有重要意义。（由岳峰）

【江苏省《关于规范和加强市辖区地方志工作机构的通知》印发】　1月13日，江苏省机构编制委员会办公室和省志办联合印发《关于规范和加强市辖区地方志工作机构的通知》。通知要求：要明确地方志工作职责，进一步明确政府对地方志工作的领导责任，加强地方志工作机构组织、指导、督促和检查地方志工作的职责，认真做好地方志编纂、管理和开发利用等工作；健全地方志机构，市辖区要明确相应机构承担地方志工作，可与党史或档案部门综合设置，也可在有关部门加挂牌子，确保职能有效履行、工作顺利开展；加强人员力量配备，市辖区地方志工作要明确专人负责，配备与其职责任务相适应的工作人员，按照德才兼备的原则和专业要求，配齐配强地方志机构领导班子。（武文明）

【江苏省地方志工作立法项目正式启动】　5月，江苏省志办主任漆冠山带领省志办立法工作小组成员到安徽省学习地方志立法工作经验，并组织学习研究广东等省地方志立法文本材料，为加快江苏地方志立法工作提供经验借鉴。立法工作小组先后起草《江苏省地方志立法建议书》《江苏省地方志工作条例（草案）》等。9月2日，江苏省人大常委会法制委、省政府法制办负责人到省志办指导立法工作。召开南京、无锡、苏州、常州、泰州、盐城、连云港等设区市志办负责人座谈会，听取意见建议，及时充实完善建议书和条例（草案）。年底，《江苏省地方志工作条例》被省十二届人大常委会第五十四次主任会议通过并列入2017年立法调研计划，被省政府列入2017年“需要抓紧工作、条件成熟适时提出”的立法调研项目。江苏省人大常委会教科文卫委员会专题听取省志办立法建议的汇报，并到省志办调研了解立法准备情况，要求加强顶层设计、制度设计，把握立法时间进程，并宣布江苏地方志工作立法项目正式启动。　（武文明）

【“加强地方史志研究”写入江苏省委、省政府“十三五”规划】　年内，江苏省委第十二届十一次全会审议通过的《中共江苏省委关于制定江苏省国民经济和社会发展第十三个五年规划的建议》与省第十二届人大四次会议通过的《江苏省国民经济和社会发展第十三个五年规划纲要》均将“加强地方史志研究”写入规划。　（武文明）

【浙江省《关于推进地方志事业发展的实施意见》印发】　12月19日，浙江省政府办公厅印发《关于推进地方志事业发展的实施意见》。该实施意见按照国务院办公厅《规划纲要》要求，结合全省地方志工作的实际情况，围绕《浙江通志》编纂工作和“两全目标”，对全省地方志事业发展的总体目标和主要任务作出指导和部署，并就组织领导和保障措施等提出明确要求。　（浙江省志办）

【杭州市地方志工作写入市“十三五”规划】　2月5日，浙江省杭州市第十二届人民代表大会第六次会议通过《杭州市国民经济和社会发展第十三个五年规划纲要》。该纲要在第四十五章“建设历史文化名城”第二节“着力打造学习型城市”强调，“重视和加强地方志工作”。地方志工作首次写入全市国民经济和社会发展规划纲要。　（冯跃民）

【杭州市落实《规划纲要》实施意见印发】　4月29日，浙江省杭州市政府办公厅印发《关于贯彻落实〈全国地方志事业发展规划纲要（2015—2020年）〉的实施意见》。该意见分指导思想和总体目标、基本原则、主要任务、保障措施4个部分内容。该意见对于杭州市加大依法治志力度，促进地方志工作平衡发展彰显地方志存史、资政、育人作用具有重要意义。　（冯跃民）

【《宁波市地方历史文献整理工作规划（2016—2020年）》印发】　3月，浙江省宁波市志办印发《宁波市地方历史文献整理工作规划（2016—2020年）》。该规划分现实基础，指导思想、基本原则和总体目标，主要任务，保障措施4个部分，确定地方历史文献整理规划项目39项。　（高曙明）

【温州市《关于推进温州市地方志事业发展的实施意见》印发】　12月，浙江省温州市政府办公室印发《关于推进温州市地方志事业发展的实施意见》。该意见分总体要求、基本原则、主要任务、保障措施4个部分，对于提高温州市地方志工作科学化水平，更好地服务温州经济社会发展具有重要意义。　（温州市志办）

【丽水市《关于推进地方志事业发展的实施意见》印发】　12月14日，浙江省丽水市政府办公室印发《关于推进地方志事业发展的实施意见》。该意见分指导思想、基本原则、总体目标、主要任务、保障措施5个部分，对于丽水市地方志事业走上法治化、规范化、信息化发展轨道具有指导意义。　（丽水市志办）

【《安徽省地方志事业发展规划（2016—2020年）》印发】 10月14日，安徽省政府办公厅印发《安徽地方志事业发展规划（2016—2020年）》。该规划分指导思想与基本原则、总体目标与主要任务、保障措施、加强组织领导4部分内容，对2016年至2020年全省地方志事业发展作出顶层设计，为各地谋划事业发展、推动工作提供基础保证和任务书、时间表、路线图，是安徽省制定印发的第一个地方志事业发展规划。（章慧丽）

【福建省地方志事业发展规划纲要印发情况】 年内，福建省各地陆续印发关于地方志事业发展的规划性文件，均为各地首部地方志工作规划纲要。5月，宁德市政府办公室印发《宁德市地方志事业发展规划纲要（2016—2020年）》，是福建省首部设区市地方志事业发展规划性文件；同月，漳州市政府办公室印发《漳州市地方志事业发展规划纲要（2016—2020年）》；6月，南平市政府办公室印发《南平市地方志事业发展规划纲要（2016—2020年）》；12月，泉州市政府办公室印发《泉州市"十三五"地方志事业发展规划》；同月，福州市政府办公室印发《福州市地方志事业发展规划纲要（2016—2020年）》。8月，泉州市泉港区政府办公室印发《泉港区地方志事业发展规划纲要（2016—2020年）》，是福建省首部县级地方志事业发展规划性文件；9月，霞浦县政府办公室印发《霞浦县地方志事业发展规划纲要（2016—2020年）》；11月，连城县政府办公室印发《连城县地方志事业发展规划纲要（2016—2020年）》。（福建省方志委）

【厦门市志办首次开展执法自查】 5月至6月，福建省厦门市志办首次组织市、区两级地方志机构围绕志鉴编纂出版、"一纳入、八到位"贯彻落实、地方志信息化建设以及方志库（馆、室）建设等方面内容开展自查，系统梳理厦门市、区两级地方志工作发展现状及存在困难，形成市、区两级自查报告和评分表各7份。（福建省方志委）

【《江西省地方志事业发展规划纲要（2016—2020年）》印发】 2月22日，江西省政府办公厅印发《江西省地方志事业发展规划纲要（2016—2020年）》。该纲要明确：全面落实"一纳入、八到位"，把地方志工作纳入国民经济和社会发展规划、各级政府工作任务之中；至2020年，全面完成省、市、县第二轮修志规划任务，做好第三轮修志工作准备，实现省、市、县三级地方综合年鉴全覆盖；完善志鉴质量保障制度，提高志鉴编纂质量，开拓地方志资源开发利用途径，加强旧志收集、保存和整理工作，建设高素质的地方志人才队伍。该纲要对于提高地方志工作水平，确保地方志事业平稳、有序、健康发展具有重要意义，是江西省制定印发的第一个地方志事业发展规划。（朱岳）

【《南昌市地方志事业"十三五"（2016—2020年）发展规划》印发】 5月，江西省南昌市政府办公厅印发《南昌市地方志事业"十三五"（2016—2020年）发展规划》。该规划总结全市地方志工作发展基础和形势，明确地方志事业五年发展指导思想和基本原则、总体目标与主要任务、组织领导与保障措施，确保全市地方志事业平稳、有序、健康发展。（邓水龙）

【《吉安市地方志事业发展实施方案（2016—2020年）》印发】 4月8日，江西省吉安市政府办公室印发《吉安市地方志事业发展实施方案（2016—2020年）》。该方案分指导思想、总体目标、主要任务、保障措施4部分内容，明确各县（市、区）主要任务。（朱岳）

【《泰和县地方志事业发展规划（2016—2020年）》印发】 7月29日，江西省泰和县政府办公室印发《泰和县地方志事业发展规划（2016—2020年）》。该规划分指导思想、基本原则、总体目标、主要任务、保障措施5部分内容。（朱岳）

【《青岛市地方史志事业发展规划纲要（2016—2020年）》印发】 5月30日，山东省青岛市政府办公厅印发《青岛市地方史志事业发展规划纲要（2016—2020年）》。该纲要指出，到2020年，全面完成第二轮修志任务，做好第三轮修志工作准备，实现市、区（市）两级综合年鉴全覆盖，全面建成市、区（市）两级方志馆等，基本形成修志编鉴、开发利用、质量保障、理论研究、工作保障“五位一体”地方史志事业发展综合体系。（孙杰）

【《东营市地方史志事业发展规划纲要（2016—2020年）》印发】 3月30日，山东省东营市政府办公室印发《东营市地方史志事业发展规划纲要（2016—2020年）》。该纲要指出，到2020年，东营市全面完成第二轮修志任务，政府综合年鉴编纂增速提效，提升信息化建设水平，市县两级方志馆全面建成，基本形成“五位一体”的史志事业发展综合体系。（孙杰）

【《烟台市地方史志事业发展规划纲要（2016—2020年）》印发】 3月17日，山东省烟台市政府办公室印发《烟台市地方史志事业发展规划纲要（2016—2020年）》。该纲要指出，到2020年，烟台市全面完成第二轮修志任务，实现市、县两级综合年鉴全覆盖，提升信息化建设水平，更好发挥市、县两级方志馆作用，加强对社会修志和编修地方史的指导与管理，基本形成修志编鉴、理论研究、质量保障、开发利用、工作保障“五位一体”的史志事业发展综合体系。（孙杰）

【《济宁市地方史志事业发展规划纲要（2016—2020年）》和《三年行动计划》印发】 12月16日，山东省济宁市政府办公室印发《济宁市地方史志事业发展规划纲要（2016—2020年）》和《三年行动计划》。该纲要着眼于今后五年的发展，明确到2018年全面完成“三全”目标任务，到2020年基本形成与国民经济和社会发展相适应的修志编鉴、理论研究、质量保障、开发利用、工作保障“五位一体”史志事业发展综合体系。《三年行动计划》着眼于今后三年的发展，是对该纲要的细化落实，在第二轮修志、年鉴编纂、方志馆建设、乡镇村志编修、旧志谱牒整理研究、地情网建设、行业志专业志编纂、读志用志8个方面，明确具体任务、计划安排、时间节点、保障措施。（李坤）

【威海市《关于推进地方史志事业发展的实施方案》印发】 2月19日，山东省威海市政府办公室印发《关于推进地方史志事业发展的实施方案》。该方案明确，到2020年，威海市全面完成第二轮修志任务，做好第三轮修志工作准备，进一步提升信息化建设水平，市、区方志馆全面建成，加强对社会修志和编修地方史的指导与管理，基本形成修志编鉴、理论研究、质量保障、开发利用、工作保障“五位一体”的史志事业发展综合体系。（吴亮）

【《莱芜市地方史志事业发展规划纲要（2016—2020年）》印发】 2月24日，山东省莱芜市政府办公室印发《莱芜市地方史志事业发展规划纲要（2016—2020年）》。该纲要指出，到2020年，莱芜市全面完成第二轮修志任务，做好第三轮修志工作准备，全市综合年鉴编纂提速增效，信息化建设水平进一步提升，市、区方志馆全面建成。（吴亮）

【《临沂市地方史志事业发展规划纲要（2016—2020年）》印发】 2月28日，山东省临沂市政府办公室印发《临沂市地方史志事业发展规划纲要（2016—2020年）》。该纲要指出，到2020年，要全面完成第二轮修志任务，市和县区两级综合年鉴全面实现一年一鉴、当年出版，市、县区方志馆全面建成。（吴亮）

【《德州市地方史志事业发展规划纲要（2016—2020年）》印发】 6月7日，山东省德州市政府办公室印发《德州市地方史志事业发展规划纲要（2016—2020年）》。该纲要提出，今后5年，德州市地方史志工作要进一步向广度和深度发展，除完成志书、年鉴编纂任务和方志馆建设外，加强德州地情资源开发利用，推动德州谱牒续修和姓氏研究，加快信息化建设，以提高史志工作服务当地经济社会文化发展的能力、实现弘扬优秀传统文化、促进社会和谐的目标。（李坤）

【《聊城市地方史志事业发展规划纲要（2016—2020年）》印发】 1月，山东省聊城市政府办公室印发《聊城市地方史志事业发展规划纲要（2016—2020年）》。该纲要分指导思想与基本原则、总体目标与主要任务、保障措施3部分内容。（孙杰）

【《滨州市地方史志事业“十三五”发展规划》印发】 6月2日，山东省滨州市政府办公室印发《滨州市地方史志事业“十三五”发展规划》。该规划要求，“十三五”时期，全面完成滨州市第二轮修志任务，做好第三轮修志工作准备，实现市、县（区）综合年鉴全覆盖，提升信息化建设水平，市级新建方志馆投入建成并使用，县（区）级方志馆全面建成，加强对社会修志的指导和管理，基本形成修志编鉴、理论研究、质量保障、开发利用、工作保障“五位一体”的史志事业综合发展体系。（孙杰）

【《菏泽市地方史志事业发展规划纲要（2016—2020年）》印发】 11月4日，山东省菏泽市政府办公室印发《菏泽市地方史志事业发展规划纲要（2016—2020年）》。该纲要指出，到2018年，全面完成第二轮修志任务，做好第三轮修志工作准备，实现市、县二级综合年鉴全覆盖，提升信息化建设水平，市、县（区）两级方志馆全面建成，到2020年全市基本形成与国民经济和社会发展相适应的修志编鉴、理论研究、质量保障、开发利用、工作保障“五位一体”的史志事业发展综合体系。（孙杰）

【河南省地方志事业发展规划纲要印发情况】 4月25日，河南省政府办公厅印发《河南省地方史志事业发展规划（2016—2020年）》。该规划分发展基础与机遇、指导思想和基本原则、总体目标和主要任务、保障措施4部分内容，为“十三五”期间全省史志事业可持续发展提供政策依据。至年底，安阳、平顶山、三门峡、济源、郑州、开封、濮阳、焦作、驻马店、新乡、信阳、商丘、洛阳13个省辖市先后印发“十三五”发展规划，许昌市以政府明传电报形式下发“十三五”发展意见。（程茜）

【《岳阳市地方志事业发展规划纲要（2016—2020年）》印发】 4月19日，湖南省岳阳市政府办公室印发《岳阳市地方志事业发展规划纲要（2016—2020年）》。该纲要分基本原则、总体目标与主要任务、保障措施3部分内容。

（湖南省志办）

【《关于成立广东省自然村落历史人文普查工作领导小组的通知》印发】 1月4日，广东省政府办公厅印发《关于成立广东省自然村落历史人文普查工作领导小组的通知》。通知明确，广东省自然村落历史人文普查工作领导小组负责普查工作的统筹协调和组织领导，省委常委、常务副省长徐少华任组长，省政府副秘书长陈世庆、省志办主任温捷香任副组长，省政协文史委、省民政厅、省住房城乡建设厅、省参事室（文史馆）、省文联、省文物局负责人以及各地级以上市地方志工作分管领导等任成员；领导小组日常工作由省志办承担。

（广东省志办）

【《广东省地方志事业发展规划（2016—2020年）》印发】 7月13日，广东省政府办公厅印发《广东省地方志事业发展规划（2016—2020年）》。该规划分发展基础、指导思想与基本原则、总体目标与主要任务、保障措施4部分内容；以提升地方志文化软实力，当好实施全国《规划纲要》的排头兵为总目标；部署打造名志大省、建设年鉴强省等12项主要任务，涵盖地方志事业发展各方面。该规划是广东省第一个以省政府名义印发的地方志事业发展五年规划，对于推进广东省地方志事业科学发展，发挥地方志工作在广东省率先全面建成小康社会和文化强省建设中的作用具有重要意义。　（广东省志办）

【《深圳市地方志事业发展规划（2016—2020年）》印发】 9月13日，广东省深圳市政府办公厅印发《深圳市地方志事业发展规划（2016—2020年）》。该规划分发展基础、指导思想与基本原则、总体目标与主要任务、保障措施4部分，要求打好第三轮修志基础、推动年鉴编纂出版全覆盖、全面完成全市自然村落历史人文普查、开展地方史编纂与出版、加快开发利用地方志资源、完善地方志信息化建设、加强方志馆建设、开展地方文献的整理和开发工作、加强地方志理论研究及加强地方志质量建设等10项工作任务。（深圳市史志办）

【《汕头市地方志事业发展规划（2016—2020年）》印发】 12月8日，广东省汕头市政府办公室印发《汕头市地方志事业发展规划（2016—2020年）》。该规划分发展基础、指导思想与基本原则、总体目标与主要任务、保障措施4部分内容。　（广东省志办）

【《汕尾市地方志事业发展规划（2016—2020年）》印发】 9月1日，广东省汕尾市政府办公室印发《汕尾市地方志事业发展规划（2016—2020年）》。该规划确立深入推进修志工作、重视地方史资料采集与编纂工作、法制保障、经费保障等10项任务。（广东省志办）

【《清远市地方志事业发展规划（2016—2020年）》印发】 11月25日，广东省清远市政府办公室印发《清远市地方志事业发展规划（2016—2020年）》。该规划指出，到2020年，全面完成全市自然村落历史人文普查，做好第三轮修志工作准备，志、鉴、史编修全面协调发展，使地方志成为宣传清远市情的重要窗口、弘扬该市优秀历史文化的重要阵地。

（广东省志办）

【《潮州市地方志事业发展规划（2016—2020年）》印发】 11月9日，广东省潮州市政府办公室印发《潮州市地方志事业发展规划（2016—2020年）》。该规划确立加强修志工作、打造精品年鉴、实施地方志资料年报制度、开展自然村落历史人文普查、推进地方志资源开发利用、构建地方志公共服务平台等9项主要任务。　（广东省志办）

【《揭阳市地方志事业发展规划（2016—2020年）》印发】 11月30日，广东省揭阳市政府办公室印发《揭阳市地方志事业发展规划（2016—2020年）》。该规划指出，到2020年，全面完成地方志资料年报收集整理，为第三轮修志做好准备工作；全市综合年鉴全面实现一年一鉴、公开出版、当年出版；自然村落历史人文普查和编纂出版等各项工作按期完成。该规划是揭阳建市以来制定全市地方志事业发展的第一个规划性文件。　（广东省志办）

【《广西地方志事业发展规划（2016—2020年）》印发】 8月，广西壮族自治区政府办公厅印发《广西地方志事业发展规划（2016—2020年）》。该规划强调，到2020年，全面完成第二轮修志规划任务，实现自治区、市、县三级综合年鉴全覆盖，加快信息化和方志馆建设，做好第三轮修志工作准备，加强对社会修志的指导和管理，基本形成地方志编修体系、理论研究和学科建设体系、质量保障体系、资源开发利用体系、工作保障体系“五位一体”的地方志事业发展综合体系。

（韦晓　刘妍　覃志婷　周珍朱）

【《南宁市实施〈全国地方志事业发展规划纲要（2015—2020年）〉细则》印发】 7月，广西壮族自治区南宁市地方志编委会印发《南宁市实施〈全国地方志事业发展规划纲要（2015—2020年）〉细则》。该细则提出未来5年南宁市地方志工作总体目标、主要任务和保障措施；强化顶层设计，运用依法治志思维破

解地方志事业发展难题。（钟婉悦）

【《海南省2016—2020年史志工作规划》印发】 5月27日，海南省委办公厅、政府办公厅印发《海南省2016—2020年史志工作规划》。该规划分面临的形势、指导思想和基本原则、重点工作任务、保障措施4部分内容。该规划明确，要全面推进地方党史基本著作编撰出版；不断加强地方史志专题研究；组织和参与重要纪念及宣传活动；全面完成全省第二轮三级志书编修任务；抓好地方综合年鉴、专业年鉴编辑出版工作，夯实史志资料征集管理基础；深入开展史志资源开发利用；积极开展理论研讨和学术交流活动；持续推进史志工作法制化、制度化建设；加强史志工作信息化建设和场馆设施建设；全面加强史志干部队伍建设，确保海南省史志工作实现全面协调可持续发展。该规划要求采取强化组织领导、开展督促检查、加强协调配合、落实经费保障、建立激励机制等措施，全力推动全省史志工作再上新台阶。

（郭城）

【四川省地方志事业发展规划印发情况】 4月21日，四川省政府办公厅印发《关于印发四川省地方志事业第十三个五年发展规划（2016—2020年）的通知》，并与未完成目标任务的市（州）签订目标责任书，并分期分批到市县检查指导工作。全省21个市（州）、20余个县（市、区）出台地方志工作"十三五"规划或实施方案。省地方志办印发《四川省地方志工作文献选（二）》，汇编2011年至2016年10月全国及四川省部分地方志工作文献。印发《四川省地方综合年鉴编纂出版规范》《四川省方志馆工作通则（试行）》，与未完成第二轮修志、抗震救灾志、综合年鉴编修的市（州）签订目标责任书，分期分批重点调研市县。全省地方志系统共办理行政执法证113个。（刘艳平）

【《成都市地方志事业第十三个五年发展规划纲要（2016—2020年）》印发】 7月18日，四川省成都市政府办公厅印发《成都市地方志事业第十三个五年发展规划纲要（2016—2020年）》。该纲要明确，全面完成第二轮两级志书规划任务、抗震救灾志编纂任务，积极构建修志编鉴、地情资源开发利用、信息化工作等地方志事业可持续发展体系的总体目标，提出"实施名镇（街道）、名村（社区）志，旧志与地方珍稀文献整理，方志馆，'数字方志馆'，地情资料建设与开发利用，志鉴精品，人才队伍建设"等地方志"七大工程"。

（成都市志办）

【云南省推进依法治志工作】 4月，云南省政府印发《云南省国民经济和社会发展第十三个五年规划纲要》第十三篇，"促进文化繁荣发展"中，把"加强修史修志工作"写入规划。6月7日，云南省政府办公厅印发《云南省地方志事业发展规划纲要（2016—2020年）》提出，到2020年，全面完成全省第二轮修志规划任务，实现省、州市、县三级综合年鉴全覆盖，加快方志馆和信息化建设，加强对地方志资源的开发利用，基本形成志鉴编修、理论研究、开发利用、质量保证、工作保障的地方志事业发展综合体系。（郑灵琳）

【西藏自治区志办开展立法调研】 5月3日至15日，西藏自治区志办主任汪德军牵头，自治区志办和自治区政府法制办组成联合调研组，赴山东、北京两省市开展《西藏自治区实施〈地方志工作条例〉办法》立法调研。（邹廷波）

【西藏自治区推进依法治志工作】 年内，西藏自治区党委办公厅、政府办公厅印发《西藏自治区贯彻落实〈全国地方志事业发展规划纲要（2015—2020年）〉的实施意见》《西藏自治区地方志工作考核评比办法（试行）》《西藏自治区党史地方志专家库管理办法（试行）》，就全区地方志事业发展作出总体规划和安排。以西藏自治区政府主席令的形式印发《西藏自治区实施〈地方志工作条例〉办法》。（邹廷波）

【《陕西省地方志事业发展规划（2016—2020年）》印发】 8月26日，陕西省政府办公厅印发《陕西省地方志事业发展规划（2016—2020年）》。该规划明确，全面落实“一纳入、八到位”，强化法制保障、制度保障、经费保障和队伍保障；至2020年，全面完成第二轮修志规划任务，实现省、市、县三级地方综合年鉴全覆盖；加快信息化和市、县地方志馆建设，做好第三轮修志工作准备，加强对社会修志和地方史编纂的指导和管理，努力开创地方志事业发展新局面。（丁喜）

【甘肃省地方志事业发展规划印发情况】 年内，甘肃省政府办公厅印发《甘肃省地方志事业“十三五”发展规划》，对甘肃省地方志事业“十三五”期间发展基础与机遇、指导思想与基本原则、总体目标与主要任务、保障措施和加强组织领导等提出明确要求。至年底，甘肃省已有14个市（州）、76个县（市、区）制定本地地方志事业“十三五”发展规划。（梁兴明）

【《兵团史志工作“十三五”发展规划》印发】 5月3日，兵团党委办公厅、兵团办公厅转发兵团党委党史研究室、兵团志办公室《兵团史志工作“十三五”发展规划》。该规划指出，“十三五”期间，兵团史志部门要按照“一纳入、八到位”要求，统一把史志工作纳入绩效考核；要坚持“史志工作姓党”，围绕“一突出两跟进”做好党史研究工作；整合兵团史志资源，全面谋划建立兵团“大史志”工作格局；要加快兵团第二轮修志工作进度，确保到2020年与全国同步完成兵、师、团三级第二轮修志工作任务和兵、师两级综合年鉴全覆盖，一年一鉴，公开出版。（周崇）

·督促检查

【《〈北京市地方志事业发展规划纲要（2016—2020年）〉任务分工方案》纳入市委市政府督查范畴】 8月，北京市委督查室、北京市政府督查室、北京市志办印发《〈北京市地方志事业发展规划纲要（2016—2020年）〉任务分工方案》的督查方案，将其纳入市委市政府督查范畴，确保该纲要中各项任务按时保质保量完成。（姜坤）

【天津市志办调研高新区、海关第二轮修志工作】 8月9日至10日，天津市志办主任关树锋一行分别到天津滨海高新技术产业开发区和天津海关调研推动第二轮《天津市志》编修工作。关树锋要求，要认真学习贯彻中央和市委市政府领导批示、指示，落实地方志工作体制机制，确保按照《第二轮天津市志编修工作备案书》确定的时间完成志书出版任务；坚持质量进度并重原则，本着对历史负责精神修好志书，做到历史脉络清晰、历史资料翔实、历史图照丰富，努力打造在全国有影响力的精品佳志；在做好第二轮修志工作的基础上，充分发挥志鉴工作的史料优势，适时开展地方史编著，实现修志、编鉴、著史三项业务的全面发展。（张岩）

【天津市志办调研市司法局第二轮修志工作】 8月30日，天津市志办主任关树锋一行到市司法局调研推动第二轮《天津市志》编修工作。关树锋要求，要加强组织领导，从增强文化实力高度，充分认识修志工作重要意义，规范机构和人员，配强修志工作机构领导班子和人员队伍，优化运行机制，形成良好工作格局；落实工作保障措施，要切实做到“一纳入、八到位”，为修志工作创造良好条件；按时完成编修任务，要按照地方志编修规范程序及要求，结合司法行政工作实际，制定编纂方案，科学设计篇目，详尽搜集资料，规范撰写志稿，有计划有步骤组织开展修志工作，确保按照规定时间完成编修任务；牢固树立精品意识，坚持高标准、高起点，努力打造精品志书，深化对志书编修工作规律认识，严把政治关、史实关、体例关、文字关、评审关、出版关。（张岩）

【天津市志办调研市社科联修志和年鉴工作】 9月14日，天津市志办主任关树锋一行到天津市社会科学界联合会调研，推动《天津市志·社会科学志》编修和《天津社会科学年鉴》编纂工作。针对市社科联志鉴工作，关树锋要求，要落实体制机制保障，领导要高度重视，组织人员要坚强有力，经费保障要及时到位；要制定科学的实施方案，做到目标任务明确、方法步骤清晰、责任落实到人、保障措施有力；符合修志规范，合理设计篇章结构，加强修志编鉴培训；严控时间节点，讲求质量至上，确保编修任务如期高质量完成。（张岩）

【天津市志办调研市检察院修志和年鉴工作】 9月27日，天津市志办主任关树锋一行到市检察院调研第二轮修志工作。关树锋希望市检察院按照精品佳志标准，编修一部经得起历史和人民检验，充分反映天津地方特点和检察专业特色的优秀志书成果；《天津检察年鉴》在创刊基础上，实现一年一鉴，力争公开出版。（张岩）

【天津市志办调研市纪检委、市委统战部修志和年鉴工作】 10月18日，天津市志办主任关树锋一行分别到天津市纪检委和市委统战部调研推动修志工作。关树锋要求，切实加强组织领导，充分认识修志工作重要意义，落实工作保障措施，切实做到“一纳入、八到位”；按时完成编修任务，要制定完善编纂方案，明确时间表，有组织有计划有步骤地开展修志工作，确保按照规定的时限完成志书出版任务；努力打造精品志书。以对历史负责的精神，坚持高标准、高起点，严格把关，力争修成在全国有影响力的精品佳志；拓宽工作领域，在做好修志工作同时，积极开展年鉴编纂及公开出版工作，适时开展地方史编著，实现修志、编鉴、著史三大业务全面发展。（张岩）

【内蒙古自治区志办调研督查地方志工作】 年内，内蒙古自治区志办领导先后对乌兰察布市、包头市、赤峰市、通辽市、锡林郭勒盟、呼伦贝尔市、兴安盟和部分旗县（市、区）调研督查《内蒙古自治区地方志事业发展实施方案（2016—2020年）》《关于进一步加强全区地方志系统有关工作的通知》精神贯彻落实情况。对25个第二轮《内蒙古自治区志》各专业分志承编单位进行实地督查，对30个单位进行书面督查。（内蒙古自治区志办）

【丽水市志办推动志鉴编纂工作】 年内，浙江省丽水市志办加强督查与业务指导，推动全市第二轮修志和县（市、区）年鉴编纂工作。至年底，9个县（市、区）实现综合年鉴全覆盖，基本达到公开出版，全市累计编纂综合年鉴近100部。（丽水市志办）

【福建省地方志编委会调研漳州地方志工作】 4月13日至14日，福建省地方志编委会副主任俞杰一行到漳州市检查指导第二轮修志和“一纳入、八到位”贯彻情况，并深入华安、芗城、龙文等地开展座谈交流。10月17日至21日，福建省地方志编委会副主任林浩一行到漳州调研，了解《福建省地方志事业发展规划纲要（2016—2020年）》和8月全省设区市地方志工作机构主任会议精神贯彻落实情况，以及第二轮修志与地方综合年鉴编纂出版工作情况。（福建省方志委）

【福建省地方志编委会调研三明地方志工作】 5月24日至27日，福建省地方志编委会副主任林浩一行到三明市检查指导全省地方志工作会议精神贯彻落实情况和地方综合年鉴编纂工作情况，并深入宁化、建宁、永安等县（市）开展交流座谈。（福建省方志委）

【福建省地方志编委会调研莆田地方志工作】 8月23日至24日，福建省地方志编委会副主任俞杰赴莆田市方志委，围绕贯彻落实《福建省实施〈地方志工作条例〉办法》《福建省地方志事业发展规划纲要（2016—2020年）》、“一纳入、八到位”情况，以及第二轮修志、地方综合年鉴编纂出版进度和质量，信息化与方志库（馆）建设等方面工作情况开展调研。

（福建省方志委）

【福建省方志委调研宁德地方志工作】 11月23日，福建省方志委副主任俞杰一行到宁德市调研，指导部署全省区志编纂研讨培训会和《蕉城区志》评稿会有关事宜。

（福建省方志委）

【山东省副省长王随莲督导烟台史志工作】 10月26日，山东省副省长王随莲在省政府办公厅党组成员、省史志办主任刘爱军陪同下到烟台市督导史志工作。在烟台期间，王随莲听取烟台市史志工作情况汇报，并到市方志馆实地调研。她指出，史志工作是记录历史、传承文明、服务当代、启示后人的重要文化事业，党中央、国务院和省委、省政府历来高度重视。近年来，山东史志工作围绕大局、开拓创新，敢于担当、积极作为，取得丰硕成果，走在全国前列。烟台市要紧跟省里步伐，把史志工作当作一项长期任务，纳入国民经济和社会发展规划，切实做到认识、领导、机构、编制、经费、设施、规划、工作到位，为史志事业创造良好发展环境，全面贯彻落实省政府办公厅印发《山东省地方史志事业发展规划纲要(2016—2020年)》确定的各项目标任务。

（李坤）

【山东省政府督查组督查济宁史志工作】 7月13日，山东省政府办公厅党组成员、省史志办主任刘爱军带队，省政府督查室副主任韦清江等组成的省政府督查组到济宁市进行现场督查。济宁市委副书记、市长傅明先会见督查组一行，济宁市政府党组成员、秘书长杜昌华主持座谈会并汇报有关情况，济宁市政府副秘书长徐锋、市政府督查室主任张磊、市史志办主任张树礼等参加座谈会。（孙杰）

【济南市史志工作督查组督查县（市、区）史志工作】 5月5日至18日，山东省济南市史志工作督查组对全市10个县（市、区）第二轮修志工作进展、综合年鉴编纂一年一鉴全覆盖、方志馆建设、史志工作“一纳入、八到位”落实等方面情况进行督查。（吴亮）

【青岛市政府督查市（区）史志工作】 7月上旬，山东省青岛市政府督查室联合青岛市史志办对青岛10个市（区）的史志工作进行督查。督查重点围绕落实山东省及青岛市两级规划纲要要求，推进区市第二轮修志编修进度、提高志书编纂质量进行，采取听取汇报、实地查看等方式，摸清区市第二轮修志工作进展情况、实际进度及存在问题。督查针对市（区）修志进展不平衡问题制定工作计划表，对未完成任务区市修志进度倒排工期，并印发督查通报，要求各区市按照工作计划落实工作责任和时限，确保2018年青岛市全面完成第二轮修志工作。

（李坤）

【济宁市史志办专项督查志书编纂供稿工作】 7月20日至27日，山东省济宁市史志办组成专项督查组到发改、经信、住建、体育、粮食、水文、统计、生化、经纺、中小企业10个部门、单位，就《济宁市志》编纂供稿工作进行现场督查，帮助各责任单位查找存在问题和不足，理清思路、完善方案、细化措施，确保按时完成任务。督查采取召开座谈会、察看稿件、现场点评方式进行，各责任单位主要负责人或分管负责人、业务骨干等参加活动。

（孙杰）

【青岛市城阳区人大调研史志工作】 7月，山东省青岛市城阳区人大常委会副主任唐元文带队到城阳区史志办对全区史志工作情况进行调研。唐元文一行听取城阳区史志工作情况汇报，与相关人员到流亭街道、城阳街道，对史志编修情况进行实地调研。唐元文一行对城阳区史志办近几年史志成绩特别是史志信息化建设、志书编纂服务及规范化指导等方面工作给予肯定，并就加快推动史志工作发展提出意见。

（吴亮）

【河南省史志工作纳入省政府重点工作督查体系】 年内，河南省史志办提升地方史志工作督查层次，史志工作纳入省政府重点工作督查体系，年终督查任务由省政府承担。省政府组织由厅级干部带队若干个督查组，深入18个省辖（管）市及10个省直管县（市），将史志工作与经济、环境、民生等重要指标一起，列为考核目标进行督查。（程茜　汪朝霞）

【河南省史志办调研洛阳史志工作】 5月19日，河南省史志办党组书记、主任管仁富一行赴洛阳调研史志工作。管仁富一行参观洛阳方志馆，赴洛阳方志馆新址查看工程建设情况，同洛阳市副市长魏险峰就洛阳方志馆建设进行交流，并听取洛阳市史志办有关同志对洛阳方志馆建设规划汇报。调研组一行还赴洛龙区进行调研，听取洛龙区档案史志局发展现状和今后工作规划汇报，参观运祥书屋和洛阳白河书斋晁氏藏书博物馆。（王颖）

【河南省史志办调研舞钢等地史志工作】 9月8日，河南省史志办党组书记、主任管仁富一行到舞钢市、宝丰县调研史志工作。管仁富一行先后到舞钢市方志馆、宝丰县方志馆调研并看望修志人员，到舞钢市铁山乡、宝丰县赵庄镇实地察看史志工作成果，与修志人员探讨交流乡镇志编纂。（王颖）

【河南省史志办调研三门峡史志工作】 9月19日至20日，河南省史志办党组书记、主任管仁富一行赴三门峡市陕州区、渑池县考察调研史志工作，参观周总理视察大营纪念馆。（王颖）

【郑州市史志办调研荥阳史志工作】 4月28日，河南省郑州市史志办主任张群保一行到荥阳调研史志工作。听取荥阳市志书、年鉴编修情况汇报，荥阳市副市长陪同调研。（高畅）

【郑州市史志办强化督导促工作机制建设】 9月，河南省郑州市史志办召开县（市）区史志机构负责人汇报会，发行新密市、中原区图志，督导乡镇志编纂工作。印发《关于开展2016年史志工作督查的通知》，组织3个督查组，对贯彻《纲要》情况、修志工作、年鉴月报工作、“一纳入、八到位”落实情况等进行督查。督查结束后，由督查组组长向县（市）区史志工作分管领导或相关领导反馈督查情况，着重在重视程度、机构人员经费上提出问题、建议，推动各项史志工作落实和“一纳入、八到位”工作机制建设。（高畅）

【深圳市调研自然村落普查工作】 7月26日，广东省深圳市副市长吴以环到宝安区福永街道凤凰村调研自然村落历史人文普查工作，实地考察凤凰古村，召开自然村落历史人文普查工作座谈会，听取有关工作汇报并讲话。市史志办主任黄玲，宝安区区委常委、区委区政府办公室主任黄盛华等陪同调研。（深圳市史志办）

【广西壮族自治区志办督查修志工作】 年内，广西壮族自治区志办领导分别带领督查组、调研组到百色、河池、贵港等20余个市县地方志工作机构以及自治区交通运输厅、体育局等《广西通志》专志承修单位进行督查调研，促使各级政府、部门加强贯彻落实“一纳入、八到位”，为地方志工作营造良好的环境与条件。（韦晓　刘妍　覃志婷　周珍朱）

【南宁市志办督查地方志工作】 年内，广西壮族自治区南宁市志办对12个区县地方志工作实行分类督查，推进地方志各项工作落实。5月11日至12日，到马山、上林两县开展地方志编修督查与指导；5月19日至20日，到横县督查志鉴业务、指导《横县志（1986—2005）》三级评稿后修改完善；5月30日，召开兴宁区志编目修改对接会议；7月12日至14日，到马山县、上林县、兴宁区、武鸣区、横县督查地方志工作，现场指导第二轮修志编修；11月3日至4日，到马山县、上林县检查二轮县志编修情况；12月7日，到良庆区、邕宁区、青秀区、西乡塘区开展志书、年鉴编纂

指导及地情网站检查等工作。（钟婉悦）

【四川省地方志工作开展执法调研】　年内，四川省志办联合省人大教科文卫委组成地方志工作执法调研组前往阿坝州及红原县、理县，调研地方志法规规章贯彻落实情况。省志办党组书记主任马小彬，党组成员、机关党委书记王孝平分别率队前往雅安、眉山、乐山、巴中、自贡、德阳等市（州），芦山县、东坡区、犍为县、恩阳区、大安区、绵竹等县（市、区）开展执法调研，就贯彻落实《地方志工作条例》《规划纲要》等情况进行督促检查。眉山、广元、巴中、雅安、南充、遂宁、甘孜、宜宾、内江、泸州等市（州），仁寿、平昌等县（区），通过实地考察、座谈交流、现场研讨等形式，对本地实施贯彻落实《规划纲要》《地方志工作条例》情况及学习落实第五次全国地方志工作会议、全省第八次地方志工作会议精神情况等进行深入检查和调研。各市（州）、县（市、区）地方志工作机构结合本地实际，制定贯彻意见。（刘艳平）

【贵州省地方志行政执法检查和目标管理考核】　11月8日至10日，贵州省地方志行政执法检查和目标管理考核第五组对六盘水市开展地方志目标管理考核检查。11月14日至19日，检查考核第一组先后对黔西南州和安顺市地方志工作开展行政执法检查和目标管理考核。11月15日至18日，检查考核第四组对黔南州开展地方志目标管理考核检查。（贵州省志办）

【西藏自治区志办调研《规划纲要》落实情况与修志进度】　4月8日至14日，西藏自治区志办主任汪德军一行到林芝市察隅、墨脱、波密三县实地调研《规划纲要》《西藏自治区贯彻落实〈全国地方志事业发展规划纲要（2015—2020）年〉的实施意见》贯彻落实情况，督促指导第二轮修志工作和年鉴编纂工作。12月13日至15日，汪德军一行赴那曲地区索县为基层干部职工做专题讲座，与索县史志办座谈交流史志工作。8月至9月，西藏自治区志办副主任王会世一行先后到未完成第一轮修志任务的20家区志承编单位调研座谈，了解修志工作进度、存在的困难和问题。10月24日至25日，王会世一行赴拉萨市城关区、当雄县、尼木县、曲水县调研地方志工作，召开座谈会，听取汇报、沟通交流、宣讲政策，督促指导地方志工作。11月23日至28日，王会世一行赴那曲地区、那曲县、聂荣县、班戈县、比如县、索县、巴青县、嘉黎县调研地方志工作。（邹廷波）

【青海省督促检查全省地方志工作】　年内，青海省志办深入各市州、县及省志各承编单位，就贯彻落实《规划纲要》《青海省地方志工作规定》及全省会议精神进行督促检查和业务指导，重点围绕“一纳入、八到位”和“两全目标”任务落实情况开展全省范围内调研活动。（马渊）

【新疆生产建设兵团志办调研督查史志工作】　7月3日至8月12日，新疆生产建设兵团志办派出9个调研组分赴兵团13个师（市）开展史志工作调研督查。通过调研，进一步了解师（市）、团场两级史志人员编制情况、简史完成情况、第二轮修志进展情况、年鉴编纂出版情况以及存在困难和问题，交流各师（市）编史修志经验，推进师（市）、团场史志工作。（周崇）

工作会议

·地方志工作会议

【北京市地方志编委会扩大会议召开】 5月24日，北京市地方志编委会扩大会议召开，审议通过《北京市地方志事业发展规划纲要（2016—2020年）》。市委副书记、市长、市地方志编委会主任王安顺出席会议并讲话。副市长、市地方志编委会副主任王宁传达习近平总书记、李克强总理、刘延东副总理关于地方志工作的重要指示精神。市地方志办主任陈玲作关于《北京市地方志事业发展规划纲要（2016—2020年）》起草情况的报告。会议审议《北京市地方志事业发展规划纲要（2016—2020年）》（草案）。北京市委、办、局及各区主要领导及编委会成员参加会议。

（王韧洁）

【2016年北京市地方志工作会议召开】 6月14日至15日，2016年北京市地方志工作会议召开。北京市副市长、北京市地方志编委会副主任王宁出席会议。会议对2015年工作进行总结，对2016年工作进行部署。市、区单位代表在推进第二轮志书编修任务、加强基层基础工作、开发利用地方志资源等工作方面进行经验交流。《北京志》各承编单位地方志工作主管领导、各区志办主任及市志办全体干部参加会议。

（王韧洁）

【河北省地方志机构主任工作会议召开】 3月25日，河北省地方志机构主任工作会议召开。会议传达全国地方志系统先进模范座谈会、全国地方志机构主任工作会议精神，交流工作经验和做法，总结部署2016年及今后5年内全省修志工作的目标及安排。河北省各设区市及省管县（市）志办主任、省志办全体人员参加会议。

（魏铁军）

【山西省地方志主任工作会议召开】 1月12日，山西省地方志主任工作会议召开。会议总结2015年全省地方志工作，传达2016年度全国地方志机构主任工作会议精神，学习贯彻《山西省地方志事业发展规划纲要（2015—2020年）》，安排部署2016年全省地方志工作。山西省11个市级志办主任出席会议。

（杨建中）

【辽宁省各市地方志（史志）办公室主任会议召开】 3月11日，辽宁省各市地方志（史志）办公室主任会议召开。会议传达学习贯彻全国地方志系统先进模范座谈会和全国地方志机构主任会议精神，传达解读《辽宁省人民政府关于促进全省地方志事业发展的意见》，交流各市2015年工作，部署2016年工作。全省14个市和昌图、绥中县地方志（史志）办公室主任参加会议。

（胡亮）

【沈阳市区县（市）方志办主任工作会议召开】 9月29日，辽宁省沈阳市全市区县（市）方志办主任工作会议召开。会议总结近几年工作情况，并对当前和今后地方志工作提出要求，3个区（县）志办交流志书编撰和年鉴编修工作情况。全市各区县（市）地方志工作机构负责人、相关编撰人员及市志办工作人员40余人参加会议。

（俄文亮）

【吉林省地方志工作机构主任会议召开】 2月25日，吉林省地方志工作机构主任会议召开。会议传达学习贯彻全国地方志系统先进模范座谈会和全国地方志机构主任会议精神，总结2015年工作，部署2016年工作。各市（州）、各县（市、区）地方志工作机构负责人，机关及直属事业单位人员110余人参加会议。

（周玉顺）

【黑龙江省地方志机构主任工作会议召开】 5月31日，黑龙江省地方志机构主任工作会议召开。会议传达习近平总书记在黑龙江省考察调研时的重要讲话精神、李克强总理批示精神、刘延东副总理讲话精神和2016年全国地方志机构主任工作会议、全国地方志系统先进模范座谈会、中国地方志学会第六届会员代表大会暨第六届理事会第一次会议精神。各市（地）地方志机构主任，省军区、省农垦总局、省森工总局地方志机构负责人、牡丹江市各县（区）地方志机构主任和省志办全体人员参加会议。

（由岳峰）

【江苏省地方志工作会议召开】 2月26日，江苏省地方志工作会议召开。省委副书记、省长石泰峰对地方志工作作出批示。省政府副省长曹卫星出席会议并讲话，省政府办公厅主任谢润盛主持会议并传达石泰峰批示，省志办主任漆冠山总结近年来工作、布置当年及今后一个时期的全省地方志工作任务。南京市政府、苏州市政府、常州市志办等8家单位作交流发言，无锡、徐州等11家市志办向省志办递交修志目标责任书。省委宣传部、省编办、省委党史工办、省财政厅、省文化厅等省级机关负责人，各市政府分管副市长、部分区分管副区长，各市、县（市、区）志办主任出席会议。

（武文明）

【南京市地方志工作会议召开】 11月10日，江苏省南京市地方志工作会议召开。副市长、市地方志编委会副主任胡万进宣读《南京市地方志系统“十二五”优秀成果表彰决定》，市委副秘书长、办公厅主任王为崧主持会议，市地方志编委会副主任、市志办党组书记张立新作工作报告。会议传达学习第五次全国地方志工作会议精神，总结交流“十二五”以来地方志工作的经验，研究部署“十三五”期间地方志工作，进一步落实国务院《地方志工作条例》和《江苏省实施〈地方志工作条例〉办法》，印发《南京市“十三五”地方志事业发展规划》。市地方志编委会成员，市地方志专家委员会专家，各区区长、分管副区长及市各有关部门分管地方志工作负责人，各区志办主任、志鉴科长，《南京年鉴》特约编审等参加会议。

（王艳荣）

【浙江省各市方志办主任会议召开】 1月14日，浙江省各市方志办主任会议召开。省社科院党委书记张伟斌、衢州市副市长陈锦标、省志办主任潘捷军、省志办副主任章其祥出席会议。会议传达近期中指组召开的各项重要会议精神，总结交流上一年工作，部署当年工作。开化县、衢州市档案局有关领导，以及11个市志办主要负责人和有关县（市、区）志办主要负责人参加会议。

（浙江省方志办）

【杭州市地方志工作会议召开】 6月17日，浙江省杭州市地方志工作会议召开。市政府秘书长王宏出席会议并讲话。市政府办公厅副主任鲍一飞主持会议。会前，13个区县（市）的会议代表参观杭州市方志馆。会上，萧山区、临安市、上城区、余杭区分别作典型发言，介绍各自做法和经验。13个区县（市）分管地方志工作的领导和地方志工作机构的主要负责人参加会议。

（冯跃民）

【江西省地方志机构主任工作会议召开】 1月19日，江西省地方志机构主任工作会议召开。江西省志办党组书记、主任梅宏，省志办党组成员、副主任周慧、杨志华出席会议。会议传达学习李克强总理批示、刘延东副总理讲话、省政府副省长殷美根批示精神和全国地方志机构主任工作会议精神，对全省地方志系统评选出来的九江市史志办等41个先进集体、南昌市史志办等6个单项奖和揭淑琴等50位先进工作者进行表彰；深入学习《规划纲要》，总结交流工作经验，安排部署2016年主要工作。全省11个设区市、100个县（市、区）的地方志工作机构负责人及省地方志办全体干部职工共140余人参加会议。

（朱岳）

【2017年江西省地方志机构主任工作会议召开】 12月22日，2017年江西省地方志机构主任工作会议在南昌召开。江西省志办党组书记、主任梅宏出席会议并作题为《认真贯彻全国地方志机构主任工作会议精神，全面推进我省地方志事业转型升级》的主题讲话。省志办党组成员、副主任周慧、杨志华出席会议。会议传达第一次全国地方志工作经验交流会暨2017年全国地方志机构主任工作会议精神，总结2016年全省地方志工作，研究部署2017年工作。各设区市地方志工作机构负责人分别介绍本地区2016年工作的基本情况和2017年的工作打算。全省11个设区市地方志工作机构负责人、秘书科科长及省志办各部门负责人30余人参加会议。

（朱岳）

【山东省2016年度各市史志办主任工作会议召开】 1月19日至20日，山东省2016年度各市史志办主任工作会议召开。会前，副省长王随莲专门听取省志办汇报。省政府办公厅党组成员、省史志办主任刘爱军，省史志办副主任刘娟、翟世林、郭永生出席会议。会议传达学习李克强总理等中央领导指示及全国地方志会议精神，总结交流2015年工作，安排部署2016年任务。会议要求，以“一纳入、八到位”为抓手，以继续走在全国前列为目标，继承和发扬“修志问道，直笔著史”的方志人精神，不断开创全省史志事业发展的新局面。会前举行《山东地方史志年鉴（2015）》赠书仪式，刘爱军向17个市史志办赠送《山东地方史志年鉴（2015）》。会议还对2015年度部分史志成果进行展示。各市史志办主任，省史志办各处（馆）负责人参加会议。

（山东省史志办）

【山东省2017年度各市史志办主任工作会议召开】 12月20日至21日，山东省2017年度各市史志办主任工作会议召开。省政府办公厅党组成员、省史志办主任刘爱军出席会议并讲话，省史志办副主任翟世林主持会议，副主任郭永生传达全国会议精神。会议学习第一次全国地方志工作经验交流会暨2017年全国地方志机构主任工作会议精神，总结交流2016年工作，安排部署2017年任务。会议要求，深入贯彻落实《山东省地方史志事业发展规划纲要（2016—2020年）》，以更加优异的成绩迎接党的十九大胜利召开。会前举行赠书仪式，刘爱军向17个市史志办赠送了《山东省历代方志集成》（府州志）、《山东地方史志年鉴（2016）》。会上，各市史志办结合各自工作实际进行讨论交流。各市史志办主任，省史志办处级干部60余人参加会议。

（山东省史志办）

【河南省全省地方史志工作会议召开】 2月25日，河南省政府召开全省地方史志工作会议。会议学习李克强总理对全国地方志工作的重要批示，传达河南省省委副书记、省长谢伏瞻对全省地方史志工作的批示。省政府副秘书长万旭出席会议并讲话，强调政府的主体责任并提出工作要求。省史志办主任管仁富作题为《科学发展地方史志事业，服务河南经济社会发展》的工作报告。各省辖市和省直管县（市）政府分管秘书长（主任）、史志办主任（局长），中央驻豫、省直有关单位史志编辑室的负责同志150余人参加会议。

（王颖）

【湖北省志办主任工作会议召开】 1月22日，湖北省志办主任工作会议召开。省志办党组书记、主任文坤斗出席会议并作工作报告。省志办副主任司念堂主持会议。会议总结“十二五”时期以来以及2015年全省地方志工作；分析当前的形势，指出全省地方志事业发展处于黄金机遇期，呈现出前所未有的繁荣发展之势；研究部署“十三五”及2016年的工作。全省市（州）及县（市、区）志办主任120余人参加会议。

（湖北省志办）

【湖南省市州志办主任会议召开】 5月6日，湖南省市州志办主任会议在长沙召开。中指组副秘书长兼办公室副主任冀祥德出席会议并讲话。湖南省地方志编委会党组书记、副主任易介南作总结讲话。副主任邓建平、李晓平，副巡视员杨盛让出席会议。邓建平主持会议。各市州地方志办公室主任参加会议并分别汇报各地贯彻落实《规划纲要》的具体举措。

（阳雍悦）

【广西壮族自治区地方志机构主任工作会议召开】 1月18日，广西壮族自治区地方志机构主任工作会议召开。广西志办主任李秋洪，副主任唐中克、邓敏杰、秦邕江出席会议并讲话，副巡视员王艳珍主持会议并作总结讲话。会议传达2016年度全国地方志机构主任工作会议、全国地方志系统先进模范座谈会和中国地方志学会第六届会员代表大会暨第六届理事会第一次会议精神，回顾2015年全自治区地方志主要工作，部署下一步主要工作任务。与会人员围绕李克强总理重要批示、刘延东副总理重要讲话，结合本地区、本部门工作实际进行研讨交流。14个地级市志办主任、副主任，各县（市）区志办主任，《广西通志》专志编辑室负责人，广西志办各处（委）正、副处长等228人参加会议。

（韦晓 刘妍 覃志婷 周珍朱）

【海南省史志工作机构主任会议召开】 1月19日，海南省史志工作机构主任会议召开。省志办主任毛志华出席会议并作工作报告，总结回顾2015年全省史志工作，安排部署2016年工作任务。会议强调，全省史志系统在2016年要以“五大发展理念”为统领，贯彻落实“一突出、两跟进”“一纳入、八到位”要求，坚持以存史为第一要务，夯实资料基础；坚持以编研为工作中心，提升资治质量；坚持以宣教为服务手段，突出育人效果。各市县史志办主要负责人、省志办副处以上干部70余人参加会议。

（程小斌）

【贵州省地方志工作暨表彰先进会议召开】 2月25至26日，贵州省地方志工作暨表彰先进会议召开。会前，副省长何力接见全国和省级地方志工作先进集体、先进个人并讲话。省政府副秘书长潘小林出席会议并讲话。省志办主任田洪作报告，总结“十二五”时期全省地方志事业发展情况，提出“十三五”时期全省地方志工作的目标和任务，部署2016年全省地方志工作任务。省人力资源和社会保障厅副厅长顾先林宣读表彰决定。会上向受表彰的9个全国、全省档案系统先进集体、14名先进工作者颁奖。省志办各处室负责人，各市（州）地方志机构和省直管县地方志机构负责人，部分省直修志单位代表，全国及全省表彰的地方志机构先进集体代表和先进个人参加会议。

（贵州省志办）

【西藏自治区全区地方志工作会议召开】 1月9日，西藏自治区全区地方志工作会议以电视电话会议形式召开。自治区党委副书记、自治区主席、自治区地方志编委会主任洛桑江村出席并讲话。西藏军区政治部主任、自治区地方志编委会副主任李文平，自治区政府党组成员、秘书长、自治区地方志编委会副主任艾俊涛出席会议。会议传达李克强总理在全国地方志系统先进模范座谈会上的重要批示精神和区党委书记陈全国关于地方志工作的批示精神以及《西藏自治区贯彻落实〈全国地方志事业发展规划纲要（2015—2020年）〉的实施意见》，对全区“十三五”时期地方志工作作出部署。自治区编委会委员，西藏军区、武警西藏总队负责人，区（中）直部门和单位、拉萨市政府主要负责人，承担志书编纂任务的单位方志部门负责人，区

党委党史研究室（区地方志办公室）全体人员参加会议。（邹廷波）

【陕西省市级地方志办公室主任会议召开】 3月1日，陕西省市级地方志办公室主任会议召开。会议传达李克强总理对全国地方志系统先进模范座谈会的重要批示精神和国务院副总理刘延东接见与会代表时的讲话精神及省长娄勤俭在省志办看望慰问时的讲话精神。会议总结2015年工作，部署2016年工作。全省12个市、区志办主任与省志办工作人员参加会议。（丁喜）

【甘肃省全省市州志办主任工作座谈会召开】 5月17日，甘肃省全省市州志办主任工作座谈会召开。会议就推广一条经验、服务一个大局、制定一个规划、抓紧五项业务、建好两支队伍、夯实一个基础等项工作进行安排部署。全省14个市州志办主任、省史志办处级以上干部30人参加会议。（梁兴明）

【青海省第六次全省地方志工作会议召开】 3月11日，青海省第六次全省地方志工作会议召开。副省长高华出席会议并讲话。省志办主任高煜作题为《认清形势，主动担当，驰而不息，全面实现“十三五”时期地方志事业发展目标》的报告。会议重点围绕《规划纲要》提出的“实现两个全面、推动五位一体”总体目标，对“十三五”时期全省地方志工作进行安排部署。各市（州）、县（市、区、行委）政府分管地方志工作的领导及地方志办公室主要负责人，省直有关单位（包括《玉树大地震救灾重建志》承编牵头单位）分管负责人180余人参加会议。（马渊）

·年鉴工作会议

【《江苏年鉴（2016）》省级机关组稿会议召开】 3月3日至4日，《江苏年鉴（2016）》省级机关组稿会议召开。江苏省志办副主任、《江苏年鉴》主编牟国义出席会议，总结2015卷编纂工作，部署2016卷组稿工作。会议围绕年鉴组稿中需要注意的问题进行针对性培训，与会人员围绕《江苏年鉴（2016）》编纂大纲开展研讨。省级机关各单位年鉴组稿人80余人参加会议。（朱崇飞）

【江苏省全省乡镇年鉴编纂工作座谈会召开】 4月21日，江苏省全省乡镇年鉴编纂工作座谈会召开。会议提出，编纂乡镇年鉴是保存乡村历史文化记忆的需要，要认识编纂乡镇年鉴的意义；明确乡镇年鉴“乡镇名片、乡土教材”功能定位，积极探索乡镇年鉴编纂新路子；坚持因地制宜、因势利导、积极试点、稳步推进原则，稳步推进乡镇年鉴试点工作。会上，高港区史志档案办公室、永安洲镇政府、张家港市委党史志办等单位介绍编纂乡镇年鉴体会、经验与做法。各市志办分管年鉴工作的副主任和年鉴处处长，部分县（市、区）志办负责人，以及正在开展和有意向开展年鉴编纂工作的乡镇、村代表共70人参加。（朱崇飞）

【2016年南京都市圈年鉴编纂工作研讨会召开】 11月24日至25日，2016年南京都市圈年鉴编纂工作研讨会召开。安徽省政协常委、政协文史委副主任朱文根出席会议并讲话，宣城市副市长黄敏出席会议并致辞。会议围绕地方志工作思路创新、城市年鉴篇目框架结构规范与创新、年鉴条目类型及其规范条目撰写方法等问题开展讨论。安徽、江苏两省志办年鉴处负责人分别发言，南京都市圈各市交流2016年地方志工作以及年鉴条目的规范要求及撰写方法，安徽省志办年鉴处副处长杨永成围绕中国年鉴编纂体例、撰写方法，以及西方年鉴特点作专题讲座，南京志办副主任柳云飞作总结发言。南京、扬州、镇江、淮安、滁州、马鞍山、芜湖、宣城等南京都市圈八市志办负责人、年鉴编纂人员，明光市、宣城市所辖县市区志办负责人、年鉴编纂人员参加会议。（王艳荣）

【《山东年鉴（2017）》省直部门组稿会议召开】 11月25日，《山东年鉴（2017）》省直部门组稿会议召开。山东省史志办副主任郭永生出席会议并讲话。会议回顾总结《山东年鉴（2016）》编纂工作，研究部署《山东年鉴（2017）》组稿、撰稿和编纂任务。省直有关部门、单位，有关企业年鉴撰稿人130余人参加会议。
（山东省史志办）

【《山东年鉴（2017）》市县组稿会议召开】 12月7日，《山东年鉴（2017）》市县组稿会议召开。省史志办副主任郭永生出席会议并讲话。会议回顾总结《山东年鉴（2016）》编纂工作，研究部署《山东年鉴（2017）》组稿任务，交流落实《山东省地方史志规划纲要（2016—2020年）》，推动县级综合年鉴“一年一鉴”工作。各市史志办分管主任及年鉴科（处）长30余人参加会议。
（山东省史志办）

【山东省全省优秀年鉴评审会议召开】 12月7日至9日，山东省全省优秀年鉴评审会议召开。省史志办副主任郭永生出席会议并讲话。评审收到参评年鉴100部；其中，市级综合年鉴17部，县级综合年鉴57部，专业年鉴26部，均为“一年一鉴，公开出版”。与会专家对报送的年鉴从框架设计、条目编写、装帧设计等方面进行审读、评选。各市史志办分管主任、年鉴专家和具有丰富年鉴编纂实践经验人员，省年鉴学会副会长及有关省直部门年鉴负责人20余人参加会议。
（山东省史志办）

【青岛市年鉴编纂业务研讨会召开】 10月20日，山东省青岛市年鉴编纂业务研讨会召开。各区市史志办承担区市年鉴编纂和《青岛年鉴》撰稿工作人员30余人参加研讨。
（李乒）

【湖北省市（州）地方综合年鉴编纂出版工作会议召开】 3月25日，湖北省市（州）地方综合年鉴编纂出版工作会议召开。省志办党组书记、主任、《湖北年鉴》编辑委员会副主任文坤斗出席会议并讲话，省志办党组成员、副主任、《湖北年鉴》编辑委员会委员司念堂就《志鉴湖北》（暂定名）丛书项目情况作说明，省志办年鉴工作处处长、《湖北年鉴》编辑部主任王钢主持会议。会议总结《湖北年鉴（2015）》撰稿工作和全省市县地方综合年鉴编纂出版工作，部署安排《湖北年鉴（2016）》撰稿工作和全省市县地方综合年鉴编纂出版工作任务；通报表扬2015年度《湖北年鉴》撰稿先进单位、优秀撰稿人。全省各市（州）、直管市、神农架林区年鉴工作负责人参加会议。
（湖北省志办）

【《广州年鉴（2016）》编纂工作会议召开】 3月10日，《广州年鉴（2016）》编纂工作会议召开。广州市志办主任、《广州年鉴》副主编黄小晶出席会议并讲话，广州市志办副主任、《广州年鉴》副主编胡巧利主持会议，广州市志办年鉴工作处处长、广州年鉴社社长兼总编辑阳晓儒总结《广州年鉴（2015）》编纂工作，布置《广州年鉴（2016）》工作任务。广州市有关单位、驻穗有关单位及市辖区撰稿人160余人参加会议。
（广东省志办）

【《海南年鉴（2016）》组稿会议召开】 3月10日，《海南年鉴（2016）》组稿会议召开。海南省志办副主任、《海南年鉴》副主编陈波对2015年鉴工作进行总结，对2016年鉴工作进行安排部署。会议表彰《海南年鉴（2015）》优秀撰稿人。海南省直、中央驻琼单位办公室负责人和年鉴撰稿人，市县政府办公室负责人和年鉴撰稿人，市县地方志工作机构负责人和撰稿人180余人参加会议。
（李鑫）

【《贵州年鉴（2016）》编纂工作暨全省年鉴工作推进会议召开】 4月22日，《贵州年鉴（2016）》编纂工作暨全省年鉴工作推进会议召开。贵州省志办副主任归然部署2016年全省年鉴工作，对“十三五”期间综合年鉴编纂出版工作提出要求。省志办业务五处处长、《贵州年鉴》执行主编周端敏对2015年鉴工作进行总结，对2016年鉴工作进行安排部署。会议向从事《贵州年鉴》编审工作30年、20年以上老同志分别颁发“明鉴春秋”金质、银质纪念章，表彰2015年《贵州年鉴》先进工作站。会上，贵州省志办与安顺市、黎平县、西秀区等10个市县（区）地方志工作机构分别签订综合年鉴工作目标责任书。《贵州年鉴》特约编审、贵州省社会科学院研究员熊宗仁，遵义市志办、白云区志办、从江县史志办代表在会上交流发言。 （贵州省志办）

专业培训与考察交流

· 业务培训

【北京市地方志编纂业务主编培训班举办】
10 月 20 日至 21 日，北京市志办与北京地方志学会联合举办 2016 年全市地方志编纂业务主编培训班。培训班讲授“志书主编审改文稿的着眼点”“坚持复审标准，打造精品佳志”“志书复审应把握的问题”“关于志书出版的几个问题”等课程。全市修志单位主编、主任和业务人员 120 余人参加培训。（王韧洁）

【北京市地方志系统宣传报道员培训班举办】
11 月 16 日至 17 日，2016 年度北京市地方志系统宣传报道员培训班举办。培训班讲授“清代王府丛谈”“东方红——北京五大革命纪念地的故事”“从旧话题中如何作出新意”“做人与作文”等内容。各修志单位 60 余人参加培训。（王韧洁）

【北京市地方志资料工作培训会召开】 11 月 23 日至 24 日，北京市地方志资料工作培训会召开。会议总结梳理北京市志办在 2009 年出台《北京市地方志资料工作管理暂行规定》后取得的成绩，即开展征集年报资料工作 7 次，共收到图书、期刊、文件资料、音像资料、修志资料近 1.1 万份，提出资料报送中存在的问题。会议介绍近年来实施的“北京市地情资料管理系统”等地方志信息化建设情况，就《北京市地方志资源开发利用规划纲要（2016—2020 年）》（草案）起草情况作说明，对 2017 年全市地方志开发利用工作进行部署。（王韧洁）

【北京市各区地方志编纂业务培训会召开】
11 月 24 日至 25 日，北京市各区地方志编纂业务培训会召开。会议要求，要在保证质量的前提下，加快第二轮区县志编纂进度；各区要对基层镇志、村志的编修工作引起重视，积极参加中国名镇志、名村志文化工程；各区地方志机构要根据《规划纲要》和《北京市地方志事业发展规划纲要（2016—2020 年）》相关要求，制定本区规划或实施意见。（王韧洁）

【北京市年鉴编纂业务培训情况】 年内，北京市志办组织全市性年鉴业务培训 6 次 10 讲，配合全市年鉴编校质量评比工作，以提高年鉴编校质量为主，有针对性开展培训讲座。培训聘请出版行业及高校资深授课专家 10 人，授课内容涉及编校质量差错认定、编校工作中如何避免政治性差错、标点符号用法、年鉴的应用、数字出版物设计等方面，培训 70 余家单位 600 余人次。（王韧洁）

【天津市各区志办主任年鉴培训暨展评会召开】
12 月 27 日，天津市各区志办主任年鉴培训暨展评会召开。天津市志办主任关树锋出席会议并讲话。关树锋就充分认识地方志工作的地位作用、2016 年全市地方志工作取得的重要进展、中指组一系列会议提出新的要求等 3 个方面进行阐释。会议传达 2016 年全国年鉴会议精神，对全国年鉴发展趋势和综合年鉴中有关篇目的设置进行说明，并就年鉴公开出版 9 个方面问题进行讲解。与会人员对各区年鉴进行自评和互评。（张岩）

【《河北年鉴》省直撰稿人培训会召开】 5月10日，河北省志办、省年鉴学会联合召开2016年《河北年鉴》省直撰稿人培训会。培训内容包括地方综合年鉴编纂的基本理论和方法，年鉴质量标准及编纂原则，如何提高撰稿质量、缩短年鉴出版周期，年鉴稿件撰写等。省直各部门（单位）《河北年鉴》撰稿人及省志办全体人员120人参加培训。 （李苍绵）

【《内蒙古年鉴》撰稿人培训班举办】 3月7日，《内蒙古年鉴》撰稿人培训班举办。江苏省志办副主任牟国义、广东年鉴社社长莫秀吉分别就年鉴的属性功能、年鉴选材的原则方法以及年鉴记述的规范要求和年鉴的选题、条目文风、文字规范进行授课。全区各盟市、旗县和自治区各委办厅局、企事业单位等240家供稿单位及自治区志办全体人员260余人参加培训。 （内蒙古区志办）

【辽宁省县级地方志编纂业务培训班举办】 4月15日，辽宁省志办主办、绥中县志办协办的2016年辽宁省县级地方志编纂业务培训班举办。辽宁省地方志学会会长、辽宁省文史馆馆员、辽宁省志办原主任高静就县级续修志编纂和年鉴编辑等内容进行授课。全省各县（市、区）地方志工作机构负责人和业务骨干及《绥中县志》撰稿人200余人参加培训。 （胡亮）

【沈阳市志办强化修志工作业务培训】 年内，辽宁省沈阳市志办累计培训近300人次。9月，沈阳市志办对区县（市）编审人员和市志办工作人员开展地方志法规和年鉴编纂知识业务培训50余人次。 （俄文亮）

【《大连年鉴（2016）》编纂工作暨年鉴通讯员培训会议召开】 3月18日，《大连年鉴（2016）》编纂工作暨年鉴通讯员培训会议召开。会议总结2015年年鉴编纂工作，部署2016年年鉴编纂任务，对新通讯员进行年鉴编纂基础知识和稿件撰写技能培训。全市210个委办局、高等院校、企事业单位的217名年鉴通讯员参加会议。 （刘成）

【吉林省年鉴业务交流培训班（2016）举办】 6月14日至16日，吉林省年鉴业务交流培训班（2016）举办。培训班总结2015年年鉴编纂工作，部署2016年年鉴编纂任务，对新通讯员进行年鉴编纂基础知识和稿件撰写技能培训。全省各市（州）、县（市、区）及行业年鉴工作人员140余人参加培训。 （李雯）

【吉林省强化修志工作业务培训】 6月29日，吉林省地方志工作机构志书总纂第三次集中培训举行。吉林省志书总纂5年培训计划于2015年启动，当年举行两次。全省志书总纂、省地方志编委会全体人员80余人参加培训。7月22日，《吉林省志》编写人员培训班举办，《吉林省志》近40部分志的60余名编写人员参加培训。 （周玉顺）

【吉林省推进依法治志培训班举办】 12月15日至16日，吉林省推进依法治志培训班举办。会议回顾总结十年来全省地方志法治化建设概况。9个市（州）地方志工作机构代表分别交流本地区依法治志工作情况。 （周玉顺）

【《吉林年鉴（2017）》撰稿人培训班举办】 12月16日，《吉林年鉴（2017）》撰稿人培训班举办。会议宣读《吉林年鉴编纂委员会关于表彰（2016）优秀撰稿人的通报》，总结回顾《吉林年鉴（2016）》供稿情况并为撰稿人讲解撰稿注意事项和《吉林年鉴（2017）》稿件的撰写方法。全省各市（州）、县（市）及省直各部门入鉴单位撰稿人160余人参加培训。 （李雯）

【黑龙江省地方志编纂业务培训班举办】 9月20日至21日，黑龙江省地方志编纂业务培训班举办。全省各地、各部门地方志工作机构领导和业务骨干160余人参加培训。（由岳峰）

【上海市地方志编纂研修班开班】 11月23日，上海市志办、复旦大学合作举办，复旦大学历史地理研究所承办的上海市地方志编纂研修班开班。研修班时间为两年，每月在复旦大学集中学习一天，共18次。（王荣发）

【上海市市级志书编纂业务培训班举办】 年内，上海市志办举办第34~37期共4期市级志书编纂业务培训班，其中2期编写班、2期主编班。编写班每期3天，主编班每期2天半，开设6个培训单元，讲授“志书体裁运用”“志书选材与纂稿”“中国地方志在海外的收藏与流播”“志书行文规范”“专题研讨”等课程。主编班开设5个培训单元，讲授“志书分纂与总纂”“新方志名志解析”“方志文化专题讲座”“专题研讨”等课程。46家编纂单位208人次参加培训。（刘雪芹）

【江苏省部分市、县（市、区）地方志业务培训班举办】 3月28日至29日，江苏省志办举办徐州、淮安、宿迁三市未完成志书编纂任务的市、县业务培训班。江苏省志办副主任蔡金良出席培训班。培训期间，来自苏州、启东、盐城的专家分别就志书编修从总纂到出版期间应如何审校、把关等问题进行讲解和探讨。各市、县志办负责人、主编参加培训班。4月11日至12日，江苏省部分市、县（市、区）地方志业务培训班举办。省志办副主任蔡金良出席培训班。苏州市志办原主任邬才生，启东市委宣传部副部长兼市志办主任黄翠芳分别作题为《志书编纂从总纂到出版定稿须注意解决的问题》《把好最后一关，确保志书质量——谈志书的印前审校》业务培训讲座。会议还组织分组讨论，与会人员就本单位第二轮修志中遇到的困难及具体做法进行交流互动。相关市、县（市、区）地方志工作负责人及有关地方志专家50余人参加培训。（张丽）

【2016年第二轮江苏省志编纂主编研讨班举办】 11月1日至2日，江苏省志办在南京举办2016年第二轮省志编纂主编研讨班。第二轮省志责任副总纂、省政府原副秘书长何国平等4名专家讲授第二轮修志编写过程中的经验体会，围绕志书政治导向、篇章结构、分类归属、史实内容、文字表述等问题进行指导，并结合各自负责的志书，与参会人员进行经验交流与分享。研讨班就志稿编写中的常见问题一一解析并举例说明，各承编单位就省志编纂工作中遇到的困难和问题进行交流研讨。省志承编单位编辑室负责人、业务骨干，省志办省志处全体人员及相关处室人员40余人参与研讨。（朱莉萍）

【江苏省《江苏省志·政府志（1978—2008）》编纂人员培训班举办】 12月15日，江苏省政府办公厅在南京举办《江苏省志·政府志（1978—2008）》编纂人员培训班。省政府办公厅主任谢润盛出席会议并作开班动员。培训班主要内容包括介绍地方志发展简史、编纂工作意义和编纂基本原则，并就编纂政府志要注意的若干问题进行讲解；介绍政府志的编纂组织形式、编纂原则要求以及编纂中易出现的问题；政府志编纂的任务、体裁、要求、记述要点和工作步骤5个方面进行讲解。志书编辑室全体成员、省政府办公厅各处室（单位）撰稿人及相关厅局人员140人参加培训。（朱莉萍）

【《浙江通志》第七期编纂业务培训班举办】 6月15日，《浙江通志》第七期编纂业务培训班举办。浙江省志办主任、《浙江通志》常务副总编潘捷军，《浙江通志》副总编王良仟、郑志耿，省志办副主任章其祥出席培训班。潘捷军以《〈浙江通志〉编纂常见问题简析》为题进行专题讲解，省志办原主任助理韩锴以《志书标准的史学理论》为题进行讲解。《浙江通志》全体责任编辑，各编纂责任单位编纂人员60余人参加培训。（浙江省方志办）

【《杭州年鉴（2016）》审稿暨业务培训会举行】 9月21日至23日，《杭州年鉴（2016）》审稿暨业务培训会举行。浙江省志办主任潘捷军以《关于近年来地方志工作的几个问题》为题进行授课。参会人员经过两天集中审稿，针对审稿中碰到的问题提出修改意见和建议。市直单位和区县（市）年鉴作者及《杭州年鉴》编辑部责任编辑50余人参加培训。（俞胜男）

【宁波市地方志编修业务骨干培训班举办】 9月27日至29日，浙江省宁波市地方志编修业务骨干培训班举办。培训班邀请苏州市志办副主任陈其第、宁波大学地方志研究中心主任沈松平、宁波市文广新闻出版局副巡视员汪志铭分别讲授《地方志编纂实务》《中华民族的瑰宝——方志的演变和发展》《回望二十年宁波文化发展》，宁波市志办副主任傅晓讲授《经济新常态下的宁波经济发展》。市直部门和各县（市）区志办业务骨干65人参加培训。

（高曙明）

【《宁波年鉴（2017）》分片培训交流会召开】 12月19日至26日，浙江省宁波市志办组织召开4场《宁波年鉴2017》分片培训交流会。每场会议设置2016年年鉴编纂工作总结、2017年年鉴编纂任务部署、“如何撰写初稿”专题培训、栏目编辑内容选题培训等环节，并安排典型交流发言和提问交流。会上，市政府办公厅、市公安局、市交通运输委、民建市委等9家优秀撰稿单位撰稿人分别围绕组织领导、年鉴组撰稿做法、2017年年鉴编纂任务落实等方面进行发言。市直机关、省部属单位和县（市）区志办撰稿人130余人参加培训。

（高曙明）

【《绍兴年鉴（2016）》撰稿业务培训会召开】 4月1日，浙江省绍兴市委党史研究室《绍兴年鉴》编辑部召开《绍兴年鉴（2016）》撰稿业务培训会。会议首次表彰2015年度年鉴供稿优秀单位10家。近百家单位撰稿人及部分区（市、县）史志办130余人参加会议。

（绍兴市志办）

【诸暨市年鉴专题业务培训会召开】 8月9日，浙江省诸暨市年鉴专题业务培训会召开。绍兴年鉴专家作《年鉴编纂实务》专题讲课，为各承编单位提升年鉴稿件编写质量提供借鉴和参考。近百家单位撰稿人130余人参加培训。

（绍兴市志办）

【《兰溪年鉴（2016）》编纂培训会召开】 4月6日，浙江省兰溪市《兰溪年鉴（2016）》编撰培训会召开，是兰溪市志办与兰溪市委党史研究室合署办公后组织的第一次培训会。会议表彰《兰溪年鉴》2015年先进个人，对年鉴撰稿人提出做好年鉴撰稿工作的要求。全市各部门、镇、乡年鉴撰稿人100余人参加培训。

（金华市志办）

【《衢州年鉴（2015）》编纂业务培训会召开】 4月14日，《衢州年鉴（2015）》编纂业务培训会召开。全市150余个承编单位撰稿人及各县（市、区）志办年鉴编纂人员参加会议。

（衢州市志办）

【临海市镇（街道）分志稿修改讨论会召开】 8月3日，浙江省临海市志办召开镇（街道）分志稿修改讨论会。《临海市志》主编及全市19个镇（街道）编写人员20人参加座谈交流。

（台州市志办）

【《丽水市志》编纂工作培训会召开】 3月24日，《丽水市志》编纂工作培训会召开。会议回顾总结《丽水市志》8年以来编纂工作情况，指出存在的问题及原因，部署下阶段目标任务。浙江省丽水市直相关承编责任单位编写人员及市党史方志办全体干部100余人参加会议。

（丽水市志办）

【安徽省全省志办负责人培训班举办】 8月上旬，安徽省志办先后在淮南市和池州市分两期举办全省志办负责人培训班。淮南市副市长成祖德、池州市副市长黄家胜分别出席培训班开班式并致辞。省志办巡视员刘成典、副主任吴静分别作培训小结，副主任王守亚、副巡视员严希分别主持会议。培训班以修志机构行政负责人为培训对象，抓住全省地方志机构“一把手”这个“关键少数”，以提高政治修养、增强事业情怀、改善领导方法、加强责任意识为主题安排培训辅导内容。全省 16 个市及其辖县（市、区）志办负责人参加培训。

（章慧丽）

【《福建年鉴（2016）》撰稿人业务培训班举办】 5 月 4 日至 6 日，《福建年鉴（2016）》撰稿人业务培训班举办。省直单位、各市（县、区）政府办、地方志编委会等承编单位、精品年鉴试点单位代表近 160 人参加培训。

（福建省方志委）

【福建省地方综合年鉴主编、编辑培训班举办】 6 月 22 日至 24 日，福建省地方综合年鉴主编、编辑培训班举办。各市、县（区）地方志编委会（办）负责人，年鉴主编、编辑，部分省直单位年鉴主编，《建宁年鉴》部分县直单位代表近 130 人参加培训。（福建省方志委）

【《福建省志·民族宗教志（1990—2010）》修志业务培训会召开】 10 月 12 日，福建省民族与宗教事务厅举办《福建省志·民族宗教志（1990—2010）》修志业务培训会。省民族与宗教事务厅副厅长兰秀珍出席会议并讲话。省方志委省志辅导处业务人员到会授课指导。会议部署修志工作，并对该志资料收集联络员和全体撰稿人进行业务培训。（福建省方志委）

【《福州年鉴（2016）》组稿会暨年鉴业务培训班举办】 12 月，《福州年鉴（2016）》组稿会暨年鉴业务培训班先后在长乐、连江、福州东部办公区举办。会议表彰优秀撰稿人 20 人。各县（市、区）人民政府，市直各委办局（公司），中央、福建省驻榕单位，各园区管理机构，省属、市属高校分管领导及撰稿人 170 余人参加会议。（福建省方志委）

【《厦门年鉴（2016）》组稿培训会举办】 4 月 10 日至 11 日，福建省厦门市志办先后举办两场《厦门年鉴（2016）》组稿培训会。培训会以《年鉴的条目编写》为主题，从地方综合年鉴相关概念和知识，年鉴条目选题和撰写，年鉴照片和表格规范问题三方面，讲解如何撰写年鉴条目及如何处理撰写过程中出现的问题。市纪委办公厅、市政法委、市公安局、海沧区等 20 家单位的年鉴供稿作者 24 人参加培训。（福建省方志委）

【福清市全市地方志工作暨业务培训会议召开】 3 月 25 日，福建省福清市全市地方志工作暨业务培训会议召开。福州市地方志编委会副主任王小珍、福清市副市长高双成出席会议。各承编单位分管领导、撰稿人 155 人参加会议。

（福建省方志委）

【南平市年鉴编纂培训班举办】 3 月，福建省南平市年鉴编纂培训班举办。培训班制定印发《〈南平年鉴〉编写规范》，针对 2016 年年鉴编写工作要求进行专题培训，近百家单位撰稿人 130 余人参加培训。（福建省方志委）

【宁德市地方志编委会强化志鉴业务培训】 4 月 20 日，福建省宁德市地方志编委会举办宁德市地方综合年鉴业务培训研讨班，各县（市、区）政府办和地方志编委会、省级以上开发区管委会、《宁德年鉴》市直承编单位业务人员 160 余人参加培训。5 月 5 日至 6 日，宁德市地方志编委会举办第二轮县级志书总纂业务培训班，设《关于县级志书的总纂及出版》《关于县志总纂若干问题——以经济部类为例》课程，各县（市、区）地方志编委会主任，参与续志编修的总编、主编及有关编纂人员 30 余人参加培训。10 月 28 日，福鼎市举办年鉴编纂业务培训班，以《福鼎年鉴（2015）》为实例，进行点评讲析，《福鼎年鉴》承编单位年鉴撰稿人 150 余人参加培训。

（福建省方志委）

【山东省精品志书编修培训班举办】 8 月 22 日至 26 日，山东省精品志书编修培训班举办。

中指办主任冀祥德，山东省政府办公厅党组成员、省史志办主任刘爱军，省史志办副主任刘娟、翟世林、郭永生出席开班式。刘爱军作动员讲话，冀祥德作讲话并授课。培训期间，培训班组织全体学员观看省史志办制作的部分齐鲁历史名人动漫和山东纪念抗战胜利70周年电视专题片，省史志办向省档案馆、省图书馆、省博物馆、山东大学、山东师范大学等单位赠送优秀史志成果，向“山东史志”年度人物颁发证书，并通报山东2016年在全国地方志优秀成果（年鉴类）评审中的获评情况。新疆、西藏、青海、云南、内蒙古五省区52名史志工作者，部分市、县（市、区）史志办分管业务的主任、主编及部分省志承编单位的修志人员等170余人参加培训。（山东省史志办）

【山东省全省名镇名村志编修培训班举办】 11月23日至25日，山东省全省名镇名村志编修培训班举办。中指办主任冀祥德出席并授课，山东省政府办公厅党组成员、省史志办主任刘爱军出席并讲话，淄博市副市长张庆盈出席并致辞，省史志办副主任翟世林主持开班仪式。各市、县（市、区）史志办从事乡镇村志编修业务指导的工作人员，正在组织编纂乡镇村志的主编和业务骨干170余人参加开班仪式。（山东省史志办）

【济南市史志系统工作总结交流暨培训会召开】 12月20日至21日，山东省济南市史志办召开史志系统工作总结交流暨培训会，总结交流2016年工作，部署2017年工作任务。济南市史志办主任翟旭东传达全省方志馆工作会议、各市史志办主任会议精神，对“三个全面”和“史志工作转型升级”进行部署。各县、区史志办汇报工作，互相交流在工作中存在的问题、困惑以及工作经验和方法，对全面完成第二轮修志任务、年鉴一年一鉴全覆盖、村镇志编修和方志馆建设发表看法。会议针对年鉴编纂、村镇志编修进行业务培训。济南市史志办全体人员、部分离退休老干部和各县、区史志办负责人及业务人员80余人参加会议。（胡映雪）

【青岛市基层志书编纂业务培训研讨班举办】 11月14日至15日，山东省青岛市基层志书编纂业务培训研讨班举办。研讨班采取区市重点发言、分组讨论、现场答疑方式进行。崂山区、黄岛区、城阳区、即墨市、平度市史志办分别结合工作实际作发言。青岛市史志办副主任任银睦作题为《时局与政局演变中的人脉流动》理论辅导。各区市业务工作人员及有关街道（乡镇）、村庄（社区）志主笔主编40余人参加培训。（李乒）

【河南省全省乡镇志编纂业务培训班举办】 10月10日至13日，河南省全省乡镇志编纂业务培训班举办。培训内容包括基础知识、篇目设计、资料征集、历史问题、入志人物、出版印制，以及自然、经济、政治文化、社会各部类如何编写等，开设课程涉及乡镇编纂基础知识、如何设计乡镇志篇目、从编纂的角度看志书出版中存在的问题、乡镇志编纂资料的收集与运用、乡镇志文化与社会部类的编写、乡镇人物志编纂的几个问题等。培训方式以专家集中授课为主，以互动交流、个案讨论等方式为辅。各省辖市、直管县负责乡镇志编纂协调指导业务骨干，市辖各修志单位（不含市直单位）负责乡镇志编纂协调业务骨干，指定试点单位主编或业务骨干230余人参加培训。（汪朝霞）

【郑州市地方志业务培训班举办】 9月4日至10日，河南省郑州市地方志业务培训班举办。市、县（市）区地方史志机构和市直机关38家单位从事志书、年鉴编纂业务骨干80余人参加培训。（高畅）

【郑州市乡镇（街道）志编纂业务培训班举办】 5月24日至26日，河南省郑州市全市乡镇（街道）志编纂业务培训班举办。这是市史志办继2014年、2015年举办的第三次全市性乡镇（街道）志编纂业务培训班。11个县（市）区史志机构的有关人员、乡镇、街道办的修志

骨干 95 人参加培训。（高畅）

【焦作市乡镇志编纂培训班举办】 11 月 30 日，河南省焦作市全市乡镇志编纂培训班举办。培训班对地方志基础知识、乡镇志的篇目设计、内容记述、资料收集等进行讲解和剖析。全市 61 个乡镇办事处的乡镇志主编（笔）及市史志办全体人员、六县（市）四区、市城乡一体化示范区史志办（局）的业务骨干 80 余人参加培训。（汪朝霞）

【商丘市全市乡镇志编纂业务培训班举办】 12 月 16 日至 17 日，河南省商丘市全市乡镇志编纂业务培训班举办。培训以乡镇志编纂的基本要求、基本内容、乡镇志编纂的篇目设计、资料筛选、文字编辑、乡镇志编纂的时代特征与地方特色等为主要内容。全市各县（区）史志办主任、负责乡镇志工作的业务骨干、市史志办全体人员 90 余人参加培训。（汪朝霞）

【湖北省全省地方志系统业务骨干培训班举办】 11 月 8 日至 11 日，湖北省全省地方志系统业务骨干培训班举办。省志办主任文坤斗出席并作开班动员。培训班分别以《习总书记“七一”讲话、十八届六中全会精神辅导》《总体国家安全观》《湖北经济形势及对策》《问题提出与解决》作专题授课。全省地方志系统业务骨干 160 余人参加培训。（湖北省志办）

【湖南省地方志系统业务培训班举办】 9 月 27 日至 29 日，湖南省地方志系统业务培训班举办。省地方志编委会党组书记、副主任易介南出席开班仪式并讲话，党组成员、副主任邓建平主持开班仪式，党组成员、副主任李晓平，副厅级纪检员毛青山以及副巡视员杨盛让出席开班仪式。中指办副主任邱新立、方志出版社总编辑助理李江、广东年鉴社社长莫秀吉、湘西土家族苗族自治州人民政府地方志办公室副主任李雄野分别以《体裁运用与创新》《从专业出版角度谈二轮志书编纂》《年鉴内容条目化及条目编写要领》《乡镇简志初探——编写方法与难题化解》作专题培训。各市州志办（史志办）负责人，方志科、年鉴科业务骨干，各县市区志办（史志办）负责人或业务骨干 170 余人参加培训。（张征远）

【湖南省特色志丛书《武陵源志》组稿工作暨业务培训会议召开】 12 月 7 日，湖南省特色志丛书《武陵源志》组稿工作暨业务培训会议召开。湖南省地方志编委会党组成员、副主任李晓平等人出席会议并作业务培训，张家界市武陵源区委常委、常务副区长侯铁夫致辞。会议分组稿工作、业务培训两个阶段进行。张家界市志办全体干部、两区两县志办主任与主要撰稿人参加会议。（黄真龙）

【长沙市年鉴组稿和地方志资料年报业务培训班举办】 3 月 11 日，湖南省长沙市年鉴组稿和地方志资料年报业务培训班举办。市志办党组成员、副主任贺国成主持培训班，总结 2015 年年鉴和年报工作，部署 2016 年年鉴和年报工作任务。各区县（市）史志档案局、市直机关、企（事）业等 160 余家单位组稿人员 180 余人参加培训。（曾牧野）

【广东省 2016 年省级地方志资料年报业务培训会议召开】 3 月 24 日，广东省 2016 年省级地方志资料年报业务培训会议召开。省志办副巡视员吕克坚总结 2015 年年报工作，部署 2016 年年报工作。省地方志专家陈泽泓讲授业务规范与编写要求，省交通运输厅、省农垦集团公司和省石油和化学工行业协会代表交流年报工作经验。省直及中央驻粤单位、行业协会的年报编写人员 150 余人参加会议。

（广东省志办）

【广东省第一期地方志机构新进人员培训班举办】 9 月 5 日至 9 日，广东省第一期地方志机构新进人员培训班举办。省志办党组书记、主任温捷香出席开班式并作动员讲话，解读《广东省地方志事业发展规划（2016—2020 年）》。党组成员、副主任丘洪松主持开班式，副巡视员吕克坚出席开班式。培训班由高校教师和地方志业务专家为学员讲授当前地方志事业发展形势和地方志工作者的角色定位，地方志书、年鉴编修业务知识，地情资料年报的组织与编写，地方志信息化建设，广东历史概况，广东民俗及其研究，理论研究方法及论文撰写规范等课程。全省地方志机构新进人员101人参加培训。（广东省志办）

【广东省2016年年鉴主编培训班举办】 9月20日，广东省2016年年鉴主编培训班举办。省志办副巡视员吕克坚出席会议并作题为《积极作为　稳步推进年鉴强省建设》讲话。东莞、云浮、英德3市地方志工作机构分别作年鉴工作经验交流，广东年鉴社社长莫秀吉作“年鉴编辑审稿”专题授课。全省各级地方志机构年鉴主编及骨干人员80余人参加培训。

（广东省志办）

【广东省第一期地方志机构新任主任培训班举办】 10月24日，广东省第一期地方志机构新任主任培训班举办。省志办党组书记陈华康作开班动员讲话，主任温捷香作题为《强化责任担当，努力建设方志强省》专题辅导报告，副主任刘卫主持开班式。全省地方志机构新任负责人83人参加培训。（广东省志办）

【广东省第一期全省地方史志编纂管理培训班举办】 11月22日至23日，广东省第一期全省地方史志编纂管理培训班举办。省志办主任温捷香出席开班式并作动员讲话，副主任刘卫主持开班式并作培训总结。培训班传达中国名村志文化工程启动会和地方史有关文件精神，省地方志专家陈泽泓、省地方史专家宋德华分别讲授镇村志编修、广东地方史基础知识，东莞、中山两市地方志工作机构分别介绍名镇志编修经验。全省各市、县（区）地方志工作机构负责人及业务骨干、地方史志编修人员100余人参加培训。

（广东省志办）

【《广东年鉴（2016）》撰稿人培训班举办】 3月11日，《广东年鉴（2016）》撰稿人培训班举办。广东省志办副巡视员吕克坚出席并作开班动员讲话，广东年鉴社社长莫秀吉作《努力提高年鉴条目编写质量》专题讲座，广东年鉴社调研员唐安华主持开班式，广东年鉴社副社长陈宏亮作《广东年鉴（2015）》编纂工作总结和2016年编纂要求报告。省直机关、中直驻粤单位、行业协会及21个地级以上市129家编写单位撰稿人近150人参加培训。

（广东省志办）

【广州市2016年地方志资料年报及部门志编写业务培训班举办】 6月7日至8日，广东省广州市2016年地方志资料年报及部门志编写业务培训班举办。培训班专题对10家单位2011年至2013年地方志资料年报稿点评学习，市妇联、广州供电局、广州港集团有限公司、中石化广州分公司分别介绍部门志编纂工作情况和做法，组织学员对开展部门志、行业志编纂工作的保障措施、组织机制、工作中难点问题进行分组讨论。市直机关、企事业单位、驻穗单位业务人员70余人参加培训。（李启伦）

【广州市部门志、行业志编纂业务培训班举办】 年内，广东省广州市部门志、行业志编纂业务培训班在广州鸣泉居会议中心举办。培训班对部门志行业志编纂基本流程和步骤进行讲解，包括制定工作方案、组建队伍、落实任务、开展业务培训、拟订篇目、资料收集、编写初稿、统稿评议、审查验收、志书出版等内容与要求。全市54家单位业务人员90余人参加培训。（杨宏伟）

【广州市自然村落历史人文普查业务培训会召开】 11月17日，广东省广州市自然村落历史人文普查业务培训会召开。省普查办副主任陈泽泓作《广东省自然村落历史人文普查审查验收若干问题》专题培训，对黄埔区布岭村、斗塘村两篇普查文稿进行讲评。各区交流普查、审查验收工作，并对广州自然村落历史人文调查初稿进行评议。天河区志办介绍古驿道调查和广州市古驿道路线图绘制工作情况，并交流工作体会。各区志办主任、区业务骨干及相关普查人员、市志办区县志工作处全体人员近 50 人参加培训。（李玉平）

【《广州年鉴（2016）》撰稿人培训班举办】 3 月 22 日，《广州年鉴（2016）》撰稿人培训班举办。年鉴编纂单位分别就年鉴资料的收集和组稿、年鉴内容选取和编写、年鉴成果转化和利用等方面交流发言。培训班围绕概况条目选题原则、标准和方法，条目写作要注重选题选材标准、内容要素规范、记述基本要求、文体文风选择、语言文字规范等方面做辅导。（贺坤）

【深圳市 2016 年度全市史志鉴业务培训会议召开】 3 月 22 日至 24 日，广东省深圳市 2016 年度全市史志鉴业务培训会议召开。培训围绕改革开放史中的深圳、地方志资料年报工作概要、年鉴内容条目化及条目编写要领、党史资料年报报送的有关问题、年报资料编辑常见问题、《深圳年鉴》供稿规范化要点说明 6 个专题进行授课。全市各区、市直单位等部门党史联络员、地方志资料年报人员、年鉴供稿作者 200 余人参加培训。（深圳市史志办）

【深圳市首届全市史志工作培训班举办】 6 月 20 日至 26 日，广东省深圳市史志办、南开大学历史学院联合举办首届全市史志工作培训班。培训围绕党史、地方志工作，安排 8 次专题讲座和实地考察、座谈研讨，南开大学著名学者赵伯雄、王力平、李金峥、王薇、陈德弟及天津市志办原主任郭凤岐为学员们授课。深圳市、区、街道三级史志工作者近 50 人参加培训。（深圳市史志办）

【江门市全市自然村落历史人文普查工作培训会召开】 3 月 18 日，广东省江门市全市自然村落历史人文普查工作培训会召开。省普查办副主任陈泽泓对普查工作方案与要求进行解读和指导，明确普查工作的对象与内容、目标与任务，对普查和填表的难点、可能遇到的问题，进行专题辅导。新会区古井镇作为江门市普查工作试点镇，在会上介绍普查试点工作做法。各市、区志办负责人，镇（街道）负责人 120 余人参加会议。（广州市志办）

【茂名市自然村落历史人文普查工作培训班举办】 3 月 31 日，广东省茂名市自然村落历史人文普查工作培训班举办。全市各区、县级市地方志工作机构主要负责人、业务骨干，茂名市志办全体工作人员 40 余人参加培训。（广东省志办）

【河源市自然村落历史人文普查工作现场会暨业务培训班举办】 4 月 7 日至 8 日，广东省河源市自然村落历史人文普查工作现场会暨业务培训班举办。会议对启动全市自然村落历史人文普查工作进行动员部署并提出要求。市、县（区）地方志工作机构主要负责人和负责自然村落普查工作的业务骨干等 40 余人参加会议。（广东省志办）

【中山市自然村落历史人文普查工作全面启动暨业务培训会议召开】 4 月 13 日，广东省中山市自然村落历史人文普查工作全面启动暨业务培训会议召开。会议部署中山市自然村落历史人文普查及古驿道遗址调查工作。市普查领导小组成员单位分管领导，各镇区普查领导小组组长、普查办主任及普查业务骨干、村委会与居委会（社区）负责人、市地方志办工作人员等 400 余人参加会议。（广东省志办）

【梅州市志办举办年鉴编纂业务培训班】 4 月 8 日，广东省梅州市志办举办年鉴编纂业务培训班。广东年鉴社社长莫秀吉作《年鉴性质功能与条目编写》专题培训。全市 120 多个单位业务人员 160 余人参加会议。（广东省志办）

【肇庆市地方志信息化工作培训班举办】 7 月 8 日，广东省肇庆市地方志信息化工作培训班举办。肇庆市志办网站信息员进行信息化业务辅导。全市各县（市、区）地方志工作机构的主任及信息员20人参加培训。

（广东省志办）

【广西壮族自治区2016年第一期地方志业务培训班举办】 6月27日至29日，广西壮族自治区2016年第一期地方志业务培训班举办。广西壮族自治区志办主任李秋洪出席开班式并讲话，副主任唐中克主持开班式。处于撰写初稿未送评审阶段的市县区志办、广西通志专志编辑室的负责人、业务人员150余人参加培训。（韦晓 刘妍 覃志婷 周珍朱）

【广西壮族自治区地方志系统网站群建设培训班举办】 6月27日至28日，广西壮族自治区地方志系统网站群建设培训班举办。广西壮族自治区志办副主任邓敏杰作开班讲话并授课。各市、县（市、区）已建或拟建广西地方志系统网站群子站的管理员近100人参加培训。（韦晓 刘妍 覃志婷 周珍朱）

【广西壮族自治区2016年第二期地方志业务培训班举办】 10月17日至21日，广西壮族自治区2016年第二期地方志业务培训班举办。广西壮族自治区志办副主任唐中克、副巡视员秦邕江出席开班式。广西壮族自治区志办各处（委）有关人员、各市、县（区）地方志机构业务骨干近80人参加培训。

（韦晓 刘妍 覃志婷 周珍朱）

【广西壮族自治区地方志系统评审新规培训班举办】 11月，广西壮族自治区地方志系统评审新规培训班举办。广西壮族自治区志办主任李秋洪，副主任唐中克、邓敏杰，副巡视员秦邕江、王艳珍出席开班式。广西壮族自治区志办各处（委）正、副处长及全区14个地级市地方志工作机构主要领导、分管领导、方志科科长、年鉴科科长，参加全区第五届地方志系统运动会的县级地方志工作机构主任，《广西通志》各专志编辑室主要负责人150人参加培训。（韦晓 刘妍 覃志婷 周珍朱）

【《广西年鉴（2016）》《广西图鉴（2016）》组稿暨培训会召开】 3月10日，《广西年鉴（2016）》《广西图鉴（2016）》组稿暨培训会召开。广西壮族自治区志办党组书记、主任、《广西年鉴》主编李秋洪出席会议并讲话，副主任、《广西年鉴》副主编唐中克主持会议。会议要求，2016年年鉴、图鉴编纂要围绕自治区党委、政府中心工作，坚持依法修志、改革创新、质量第一、修用结合原则，统筹协调形成合力，牢固树立精品意识，注重挖掘特色亮点，高标准、高质量完成编纂任务。各设区市、中直、区直《广西年鉴》供稿单位相关负责人、撰稿人130余人参加会议。

（韦晓 刘妍 覃志婷 周珍朱）

【海南省全省史志资料年报工作培训会召开】 3月23日，海南省全省史志资料年报工作培训会召开。省志办主任毛志华出席会议并讲话，副主任陈波主持。会议要求，围绕贯彻落实《关于建立全省史志资料年报制度的实施方案》，全面深刻认识史志资料年报工作的重要性、必要性，自觉增强做好资料年报工作的使命感和责任感，紧密结合实际，广泛深入动员，迅速启动年报工作。会上就《海南省史志资料年报制度实施细则（试行）的通知》具体内容进行讲解，对史志资料年报内容进行解读。省委各部门，省级国家机关各部门，各人民团体、省属企、事业单位，中央驻琼单位等150余家单位年报工作人员250余人参加培训。

（吴春妹）

【海南省名镇志编纂业务培训班举办】 3月25日，海南省名镇志编纂业务培训班举办。省志办主任毛志华出席开班仪式并讲话，对海南省编修名镇志工作进行部署。万宁市介绍《兴隆镇志》的编纂情况和经验，省室（办）市县志指导处负责人对规范乡镇志的编纂工作和编纂要求作讲解和辅导。各市县地方志工作机构负责人和业务骨干、编纂名镇志的乡镇分管领

导及撰稿人、省志办市县志指导处业务人员100余人参加培训。（符思权）

【《海南年鉴（2016）》新撰稿人培训会议召开】 4月8日，《海南年鉴（2016）》新撰稿人培训会议召开。省志办年鉴工作处负责人对年鉴条目内涵、分类、选题选材、编写要求进行讲解，并结合《海南年鉴（2015）》稿件情况进行点评，提出改进要求。省直机关和中央驻琼单位年鉴新撰稿人11人参加培训。（李鑫）

【海南省2016年史志系统新进干部培训班举办】 4月11日至15日，海南省2016年史志系统新进干部培训班举办。省志办副主任许达民出席开班仪式并讲话。培训班对党中央大政方针和理论成果进行解读，对海南省委省政府重要决策部署进行阐发，对党史、地方志工作实际问题作具体分析。全省史志系统40余人参加培训。（卫静春）

【海南省2016年地方志主编（总纂）业务培训班举办】 8月23日至29日，海南省2016年地方志主编（总纂）业务培训班在河北省秦皇岛市举办。省志办副主任陈波出席开班仪式并讲话。培训班设置市县志和省志主编统稿的工作流程、第二轮修志如何突出地方特色、总纂的基本方法、志书图片的编纂等课程，组织分组讨论，交流学习心得。培训期间，到国家方志馆秦皇岛分馆开展现场教学。省志部分承编单位和各市县地方志主编及业务骨干43人参加培训。（朱兴明）

【《海口年鉴（2016）》组稿业务培训班举办】 2月23日，《海口年鉴（2016）》组稿业务培训班举办。会议总结《海口年鉴（2015）》编纂情况，部署《海口年鉴（2016）》编纂任务。市史志办业务骨干结合年鉴具体编纂工作，围绕《海口年鉴（2015）》稿件存在的"空""虚"、内容取舍片面性、图片资料选送和使用及构图等方面问题，结合实例进行阐述和讲解，并提出编纂要求。海口市各承编单位撰稿人、区政府办年鉴工作负责人近130人参加培训。（吴钟宝）

【《三沙年鉴》撰稿人培训班举办】 4月1日，海南省三沙市政府办举办《三沙年鉴》撰稿人培训班。培训班安排部署2016年《三沙年鉴》编纂工作，对撰稿人进行业务培训。会议强调，三沙设市时间短，在人少任务重并且无编写经验等情况下，与图书出版机构合作编纂年鉴十分必要；撰稿人要克服困难，加强学习，提高年鉴理论水平和文字编辑水平，认真编写，力出精品，推动三沙年鉴编纂工作不断迈上新台阶。省志办年鉴工作处业务人员、三沙市有关部门单位年鉴撰稿人近40人参加培训。（陈文惠）

【四川省地方志办公室主任培训会召开】 6月13日，四川省志办主任培训会召开。会议学习传达省委和中指组有关会议精神，要求各市州认真回顾上半年工作情况，对照工作计划查落实进度，针对存在问题提出解决措施。参会人员围绕《关于贯彻落实〈四川省地方志事业第十三个五年发展规划（2016—2020年）〉的实施意见》进行探讨，就在四川省开展乡镇简志工作、修改完善《四川省4A级以上景区资料汇编》《四川省地方综合年鉴编纂出版规范》《四川省方志馆工作通则》等工作方案提出意见。21个市（州）志办主任参加会议。（朱艳林）

【四川省市（州）志办主任学习会暨名镇志培训会召开】 10月17日至18日，四川省市（州）志办主任学习会暨名镇志培训会召开。省志办党组书记、主任马小彬出席会议并授课，党组成员、机关党委书记王孝平作开班动员讲话并作会议总结。宜宾市志办副主任张聂熙，四川天地出版社高级编审范勇，中国美术家协会会员、四川装帧协会常务副会长邹小工，省交通运输厅史志总编室年鉴编辑部主任岑松进行专题授课。各市（州）、有关县（区）

志办，承担名镇志编纂任务的镇及省志办相关处室120余人参加培训。（朱艳林）

【陕西省市县精品志书编纂业务培训班举办】 12月1日至2日，陕西省市县精品志书编纂业务培训班举办。培训班解读《规划纲要》，突出市县精品志书编纂业务和精品志书工程，强调目标责任和精品质量意识，提出打造精品志书、精品方志的目标要求，结合实际工作中存在的问题，研讨交流方志理论、精品标准、政治质量、文化品位、语言艺术、主编担当、编辑责任、方志人修养等方面知识和意见建议。（丁喜）

【宝鸡市地方志编纂暨审稿工作培训会召开】 6月16日至18日，陕西省宝鸡市地方志编纂暨审稿工作培训会召开。会议围绕篇目设计、部类划分、内容编排、突出特色、细节把握、资料取舍、体裁运用等方面研讨志书审稿问题。市地方志专家委员会部分成员、县区志办主任和主编50余人参加会议。（丁喜）

【甘肃省史志办举办省志编纂业务培训班】 6月28日至30日，甘肃省史志办在兰州举办全省第二轮省志编纂业务培训班。省有关修志单位、各市（州）、县（市、区）地方志工作机构130余人参加培训。（梁兴明）

【宁夏回族自治区全区年鉴编纂业务培训班举办】 12月26日至28日，宁夏回族自治区志办委托自治区党校举办全区年鉴编纂业务培训班。培训班就志书编纂、年鉴编辑、宁夏区情、形势政策知识对参会人员进行培训。自治区志办全体工作人员，各市、县（区）地方志工作机构负责人及年鉴编纂工作人员，各厅局单位供稿信息员150余人参加培训。（张明鹏）

【新疆生产建设兵团史志业务培训情况】 年内，兵团第九师分别于1月19日至20日、7月7日至8日，两次举办史志章节撰写交流会，修志单位主编以自己试写的2个章节在会上交流，参会人员提出修改意见和建议。6月23日，兵团第八师石河子市史志办举办地方志、年鉴业务培训班，对相关人员进行业务辅导。地方志、年鉴撰稿单位撰稿人50余人参加培训。6月30日，兵团第六师五家渠市举办第二轮修志工作培训班，兵团志办专家就志书编写知识进行授课。全师市各部门、团场近100人参加培训。10月26日，兵团第十三师举办全师第二轮修志业务培训班，培训班就修志编纂实践中应把握的原则及如何突出地方特色等方面做讲解，讲授修志中容易出现的问题以及如何避免差错、偏离方向等内容。各团场志书编纂人员30余人参加培训。

（郭建英　张畅　严芬芳　曾庆硕）

·考察交流

【河北省地方志编委会赴陕西、山西考察交流】 6月13日至17日，河北省人大常委会副主任、省地方志编委会副主任宋太平，河北省人大常委会原副主任、省地方志编委会副主任、《河北省志》总纂龚焕文，带领省人大教科文卫委员会和省志办一行赴陕西省、山西省，就地方志立法工作及《规划纲要》落实情况进行考察交流。（张耀鑫）

【保定市方志馆接待澳门日报社来访】 3月12日，保定市方志馆接待全国人大代表、澳门日报社社长、澳门新闻工作者协会主席陆波来访。陆波向保定市方志馆赠送繁体字版《方大曾：消失与重现》，并就方大曾纪念室建设提出建议。（魏铁军）

【辽宁省地方志系统赴广西、广东考察交流】 3月18日至21日，辽宁省志办副巡视员麻志杰一行4人，赴广西壮族自治区地方志编委会、广东省志办，双方就第二轮修志、综合年鉴编辑出版、信息化建设及方志馆建设等进行考察交流。（胡亮）

【吉林省地方志编委会赴广东、福建、山东等省考察交流】 5月18日至24日，吉林省地方志编委会副主任赵飞一行赴广东省志办、福建省地方志编委会、山东省史志办和广东省方志馆、深圳市方志馆、山东省方志馆、烟台市方志史料陈列馆，就方志馆建设、阅览室建设、资料搜集保存、展室布置、书库等馆藏设施情况进行考察交流。（冯占文）

【吉林省地方志系统赴黑龙江考察交流】 7月，吉林省地方志编委会副主任李正奎率队由部分市、县（市）地方志工作机构分管业务领导组成的学习考察组，赴黑龙江省哈尔滨市志办、齐齐哈尔市志办、大兴安岭地区志办，就资料长编、资料年报工作进行考察交流。（周玉顺）

【黑龙江省志办赴浙江考察交流】 4月15日至17日，黑龙江省志办主任隋岩一行赴浙江省，就方志编纂、方志馆建设、旧志整理、地方史文化开发等情况进行考察交流。（由岳峰）

【黑龙江省志办赴北京、天津、辽宁、吉林考察交流】 7月13日至22日，黑龙江省志办副主任袁建勋一行赴北京市、天津市、辽宁省、吉林省，就《东北抗日联军图志》编纂及哈尔滨外国领事馆保护事宜进行考察交流。（由岳峰）

【上海市志办赴宁夏回族自治区考察交流】 11月16日，上海市志办副主任王依群一行9人赴宁夏回族自治区志办，就第二轮修志工作、省市县三级综合年鉴编纂工作、旧志整理、方志馆建设、史话及地情资料编纂进行交流座谈。宁夏社会科学院副院长刘天明、宁夏回族自治区志办主任负有强等出席座谈会。（张明鹏）

【浙江省志办赴海南考察交流】 3月22日，浙江省志办主任助理韩锴一行6人至海南考察交流。双方就贯彻落实《规划纲要》，加快修志进度，提高志书质量等问题进行研讨，对省志编修中组织发动、队伍培训、督查督办、志稿评议、三审验收、统一出版等工作方式问题进行交流，并就有关概述写法、大事记创新、交叉重复处理、内容与体例关系、对“著而不述”与“修志问道”理解等问题进行探讨。海南省史志办向来访的浙江同行赠送其编纂的《方志编纂案例教程》《地方志工作手册》等资料。（张永翠）

【浙江省志办赴广东考察交流】 3月24日，浙江省志办主任助理韩锴到广东考察、座谈，了解广东省第二轮修志编辑出版等情况。双方就省志编纂中如何突出地域特色等业务问题展开座谈，并交流省志编纂、审查验收等工作经验做法。（浙江省志办）

【宁波市志办赴上海、杭州考察交流】 3月30日至4月1日，浙江省宁波市志办副主任傅晓一行5人赴上海市志办、杭州市志办，就年鉴编纂、文献整理、信息化建设等进行考察交流。傅晓一行还考察上海辞书出版社、学林出版社、浙江人民出版社、浙江古籍出版社等出版单位。（高曙明）

【衢州市地方志系统赴金华考察交流】 7月6日至8日，浙江省衢州市及所属各县（市、区）地方志机构代表赴浙江省金华市交流地方志工作。（金华市方志办）

【安徽省志办赴云南、贵州考察交流】 4月12日至17日，安徽省志办巡视员刘成典一行6人赴云南省志办、贵州省志办、西双版纳州志办、遵义市志办、黔东南州志办等地方志工作机构，就图志编纂和镇村志编纂等事宜进行考察交流。（章慧丽）

【安徽省志办赴江苏考察交流】 11月28日至12月1日，安徽省志办副巡视员严希一行8人，赴江苏省方志馆、南京市方志馆，就方志馆建设在机构设置、人员配备、馆内软硬件建设、展厅设计布展和开馆运转情况等各项开馆前准备工作情况进行考察交流。考察组一行还赴盐城市参观新四军军部重建纪念馆和中共华中分局旧址，并与盐城市史志办进行交流、互赠史志资料。（章慧丽）

【福建省地方志编委会赴广东、湖南考察交流】 11月22日至26日，福建省方志委副主任林浩一行5人赴广东、湖南，结合省方志委重点课题《福建首轮与二轮地方志书质量分析与启示——以省级编修志书为例》进行考察交流。（福建省方志委）

【宁德市地方志编委会赴浙江、上海、江苏考察交流】 8月1日至5日，福建省宁德市方志委《探考如何加强地方综合年鉴的信息采集工作》课题组一行2人赴浙江省杭州市、上海市浦东新区、江苏省南京市、浙江省温州市地方志工作机构，就年鉴编纂出版及信息化、方志馆建设进行考察交流。（福建省方志委）

【《福建通鉴》编辑部赴河南、山西、吉林考察交流】 8月15日至20日，《福建通鉴》副主编、总纂苏炎灶研究员带领《福建通鉴》编辑部一行5人，赴河南、山西、吉林三省地方志工作机构进行考察交流。（福建省方志委）

【晋江市志办与金门举行志书互赠仪式】 8月19日，福建省晋江市志办与前来参加“晋台两岸百对家庭传统文化互动亲子游”活动的金门代表团举行志书交换仪式，金门代表赠予晋江市志办《金门县志》及乡镇志等志书，晋江市志办回赠清乾隆《晋江县志》《晋江市志》及《晋江文库》等书籍。（福建省方志委）

【晋江市志办与马来西亚晋江社团交流座谈】 8月23日，福建省晋江市文体新局、市志办、侨台外事局等部门及相关文史界人士与马来西亚拿督黄东海率领马来西亚晋江社团联合会和马来西亚大学马来西亚华人研究中心考察访问团一行，就做好马来西亚晋江社群研究工作进行交流座谈。晋江市志办为马来西亚考察访问团提供清乾隆《晋江县志》和《晋江市志》《晋江年鉴》《晋江地情丛书》《晋江文库》等书籍及相关资料，马来西亚华人研究中心赠予晋江市志办纪念牌匾。（福建省方志委）

【江西省地方志学会赴台湾考察交流】 5月4日至11日，江西省地方志学会第五批地方志专业考察团一行14人赴台湾进行文化交流和学习考察。考察团一行先后参观考察“国史馆”台湾文献馆、中国国民党党史馆、台北“故宫博物院”等，深入了解台湾地方文献的编修、收集、整理及收藏利用情况，并与台湾的修志专业人员和学者就两岸编修地方志的学术问题进行学术交流。（朱岳）

【山东省全省史志系统领导干部培训班全体学员赴江西考察交流】 8月11日，山东省政府办公厅党组成员、省史志办主任刘爱军带领全省史志系统领导干部培训班全体学员赴江西省志办考察交流并举行座谈。江西省志办主任梅宏主持会议并讲话，江西省志办副主任周慧，江西省方志馆馆长张满满，山东省史志办领导班子成员，各市史志办主任，省政府办公厅有关同志，省史志办各处馆负责人、业务骨干等参加活动。（山东省史志办）

【山东省史志办考察交流团赴英国、德国考察交流】 9月21日至28日，应伦敦大学、哥廷根大学等邀请，山东省政府办公厅党组成员、省史志办主任刘爱军率省史志办考察交流团一行4人赴英国、德国考察交流。在英国、德国期间，考察交流团分别拜访伦敦大学历史研究院、柏林—勃兰登堡科学院莱布尼茨全集编辑部、汉诺威莱布尼茨大学、哥廷根大学等历史文化研究机构，拜会伦敦大学历史研究院院长劳伦斯·歌德曼，牛津大学教授王士东，国际莱布尼茨学会秘书长、柏林—勃兰登堡科学院莱布尼茨全集编辑部主任、汉诺威莱布尼茨大学教授、莱布尼茨研究所所长李文潮，德国下萨克森州政府对华合作顾问、省史志办与德国交流顾问迪特·舒伯特等，就历史文化研究与合作、搜集山东旧志等问题进行交流。

(山东省史志办)

【山东省史志办赴西藏考察交流】 9月19日至28日，山东省史志办副主任刘娟一行3人赴西藏，与西藏自治区地方志工作机构和山东省援藏干部中心管理组联系对接，就鲁藏两地史志工作、山东援藏等进行考察交流。

(山东省史志办)

【山东省史志办赴新疆考察交流】 10月23日至30日，山东省史志办副主任刘娟一行4人赴新疆维吾尔自治区地方志编委会、山东省援疆工作指挥部、新疆生产建设兵团第十二师、喀什地委史志办及受援县指挥部、史志办，就鲁疆两地史志工作、山东援疆等进行考察交流。自治区地方志编委会党组书记、副主任廖运建，省援疆指挥部党委书记、总指挥刘晓江分别主持召开座谈会并讲话。兵团十二师党委书记、政委鲁旭平会见考察组一行。兵团十二师党委常委、纪委书记徐秀玲主持召开座谈会。省援疆工作指挥部党委委员、纪委书记崔桂禄，兵团十二师党委常委、组织部长牛志军，兵团史志办常务副主任何喜清，自治区地方志编委会副巡视员阿不都肉甫·艾力等参加活动。 (山东省史志办)

【淮北、商丘、开封三市地方志工作机构开展交流】 4月，安徽省淮北市志办及河南省商丘市史志办赴河南省开封市交流地方志工作，三市地方志工作机构与会同志表示，淮北、商丘、开封三市同为古代南北交通大动脉——隋唐大运河通济渠段沿岸重要城市，在政治、文化、社会各方面有相似之处，要加强沟通联络，结成友好合作单位。 (汪朝霞)

【郑州市史志办赴广西考察交流】 6月1日，河南省郑州市史志办副主任王丹东一行3人赴广西方志馆，就广西方志馆、史志博物馆各个展厅以及志鉴编修场所，了解各展区的布展设计、馆藏陈列以及开馆运行情况进行考察交流。

(高畅)

【焦作市史志办赴北京考察交流】 1月15日，河南省焦作市史志办一行赴北京市方志馆，就方志馆整体运行情况、功能定位和北京市历史文化进行考察交流。 (汪朝霞)

【开封市史志办赴河北考察交流】 4月7日，河南省开封市史志办赴河北省大名县，就县志办信息化建设情况和其他史志工作进行考察交流。

(汪朝霞)

【鹤壁市史志办赴开封考察交流】 5月17日至18日，河南省鹤壁市史志办赴开封市，就如何全面推进乡镇志编纂、乡镇志编纂的基本方法和应该注意的问题、地情网站及数据库建设、微信公众号新媒体运用等工作进行考察交流。

(汪朝霞)

【开封市史志办赴平顶山考察交流】 6月15日，河南省开封市史志办赴平顶山市史志办，就方志馆和信息化建设、开展“互联网+”条件下读志用志活动进行考察交流。 (汪朝霞)

【南阳市史志办赴开封考察交流】 10月20日，河南省南阳市史志办赴开封市就如何加强地方史志工作宣传、传承和弘扬本地传统文化、更好地发挥资源优势服务中心工作进行考察交流。 (汪朝霞)

【湖北省志办赴台湾考察交流】 11月25日至12月1日，湖北省地方志系统、省档案系统及省台办一行11人赴台湾参加湖北文献社在台湾举办的50周年庆活动，参访花莲县凤林镇、苗栗县客家文化馆、新竹县县史馆、中国国民党党史馆、世界大同文创股份有限公司以及湖北同乡会等地，与相关人员开展座谈交流。

(湖北省志办)

【长沙市志办考察交流活动情况】 8月至12月，湖南省长沙市志办先后组织5批次24人次，前往国家方志馆、广东省方志馆等13家有关地方志工作机构进行方志馆规划建设情况调研。调研结束后，形成调研报告报长沙市人民政府，为长沙市方志馆规划建设做准备。

（曾牧野）

【广东省方志馆接待河北省志办来访】 4月11日，广东省方志馆接待河北省志办副主任王蕾一行3人来访。双方就地方志工作进行座谈，观看省情展览设计方案视频，参观省情馆展厅和图书阅览室、家谱阅览室、图书库房等。 （广东省志办）

【广东省志办赴浙江考察交流】 6月15日至16日，广东省志办副主任丘洪松一行9人赴浙江省志办考察交流，与浙江省志办主任潘捷军、副主任章其祥，以及综合处、省志处、市县处等负责人进行交流。 （广东省志办）

【广东省志办赴内蒙古自治区考察交流】 6月17日，广东省志办副主任丘洪松一行9人到内蒙古自治区志办考察交流，与内蒙古自治区志办副主任查干浪涛，以及综合处、省志处、市县处等负责人进行交流。

（广东省志办）

【深圳市史志办加强与省内外方志馆交流学习】 年内，焦作市史志办、吉林省方志馆、北京市方志馆、日照市志办、西安市志办、南宁市志办、长沙市志办、新疆生产建设兵团第一师史志办、双鸭山市志办、扬州市志办、杭州市志办、肇庆市志办、佛山市三水区志办等近20家省内外地方志系统到广东省深圳市方志馆交流学习。深圳市史志办也先后到四川省志办、东莞市大朗方志馆、深圳市盐田区档案馆等地考察交流。 （深圳市史志办）

【广西壮族自治区志办赴加拿大考察交流】 9月，应加拿大多伦多公立图书馆邀请，广西壮族自治区志办副主任、广西方志馆馆长邓敏杰一行3人赴加拿大多伦多公立图书馆、皇家博物馆等考察交流史志馆藏和地情展览等情况。考察组先后到古籍修复工作室、图书数字化工作室、地方史和地方志藏书室、古籍书库、特色馆、主题展厅等地查阅加拿大中国历代方志、新编地方志、年鉴和广西地方文献，学习借鉴多伦多公立图书馆在保护历代地方志和古籍文献以及编修地方历史等方面经验，了解图书馆数字信息网络资源库的设计结构、收录范围、编目规范以及图书馆数字化管理等共建共享情况。座谈会上，双方就“方志资源网络数字化共享”合作计划进行探讨，对合作共享有关广西华人华侨资料和史志编修进行初步磋商。考察组向多伦多公立图书馆赠送新编《广西通志·照片志》等史志书籍和《广西年鉴》，并参观考察安大略省皇家博物馆、央街、安大略湖等多伦多地情。

（韦晓 刘妍 覃志婷 周珍朱）

【海南省志办赴山东考察交流】 5月24日至28日，海南省志办副主任陈波一行3人赴山东省史志办及临沂市、莒南县和临沭县史志办，就提高年鉴编纂质量和加快年鉴编纂进度、省级年鉴编纂和指导市县年鉴编纂的经验进行考察交流。考察组参观山东省方志馆、沂蒙革命纪念馆、临沂市方志馆和山东抗日纪念馆。

（李鑫）

【四川省志办赴重庆考察交流】 2月23日至25日，四川省志办党组书记、主任马小彬一行赴重庆市就强化管理体制机制、强化区县业务指导、强化依法修志暨宣传工作等进行考察交流。 （黄绚）

【四川省地方志学会暨抗战史料征集组赴台湾收集史料】 5月22日至28日，四川省志办党组成员、机关党委书记王孝平率四川省地方志学会暨抗战史料征集组一行7人赴台湾收集四川抗战相关史料。 （黄绚）

【四川省方志馆建设考察组赴北京、山东、浙江、江苏考察交流】 6月21日至25日，四川省志办党组成员、机关党委书记王孝平率方志馆建设考察组赴北京、山东考察方志馆建设，参观学习国家方志馆、北京市方志馆、山东省方志馆建设经验。6月27日至7月1日，四川省志办党组书记、主任马小彬率方志馆建设考察组赴浙江、江苏考察方志馆建设。参观学习杭州市方志馆、常州市方志馆、江苏省方志馆、南京市方志馆建设经验。（黄绚）

【四川省志办赴陕西考察交流】 7月11日至12日，四川省志办党组书记、主任马小彬一行赴陕西省，就如何发挥地方志工作在服务大局、服务社会、服务群众方面作用，地情资料开发利用的规划思路及组织模式，方志馆运行及信息化建设，地方文献收集整理及开发利用等进行考察交流。（黄绚）

【四川省志办赴新疆维吾尔自治区考察交流】 10月8日至10日，四川省志办党组书记、主任马小彬一行5人赴新疆维吾尔自治区地方志编委会、昌吉回族自治州志办、北庭县志办，就各地地方志工作开展情况、地方志工作基本经验、存在的困难和问题等进行考察交流。（黄绚）

【成都市志办赴台湾考察交流】 4月19日至25日，应台湾高雄市都会发展文教基金会邀请，四川省成都市志办主任高志刚率团赴台湾，就地方志书编纂、地方文献征集与服务、方志馆建设、政府对客家文化的发展与保护等内容进行考察交流。交流中，考察团赠送《华阳国志题襟馆版》《成都旧志序跋集》《成都精览》《蜀藏》（宣传册）12套，接受《台北地图》《台北文献》《观照台北》《现藏台湾文献及文物概述》《台湾文献》《艺乡》《贫僧有话要说》等地情文献。（成都市志办）

【贵州省志办赴广东考察交流】 3月10日，贵州省志办主任田洪一行赴广东省志办，就广东省第二轮修志编辑出版情况、全省综合年鉴编辑出版情况、信息化建设及方志馆建设情况进行考察交流，与广东省志办主任温捷香、副主任丘洪松及相关处、馆负责人座谈。（广东省志办）

【陕西省志办赴广东考察交流】 3月29日，陕西省志办副巡视员李保国一行7人赴广东省方志馆，就方志馆建设各项工作进行考察交流。考察团参观图书阅览室、家谱阅览室、古籍修复室、古籍保护室、图书库房等，阅览省方志馆收藏的志书、年鉴、古籍、家谱。（陕西省志办）

【新疆生产建设兵团第一师史志办赴上海、江西、广东考察交流】 9月6日至21日，新疆生产建设兵团第一师史志办赴党史报刊社《党史信息报·镜周刊》、上海通志馆进行考察交流。9月13日和15日，赴江西省吉安市志办、永新县、贺子珍纪念馆进行考察交流。9月18日和21日，赴深圳市史志办、广东省方志馆，进行考察交流。（第一师阿拉尔市史志办）

【新疆生产建设兵团第三师兵地结对交流活动】 年内，新疆生产建设兵团第三师图木舒克市史志办与喀什市史志局结对共建。双方以互相交流史志业务作为核心内容，签订结对共建活动方案。（陈俊芳）

机构队伍

·机构设置

【北京市地方志编委会办公室】 北京市地方志编委会成立于1988年，下设办公室。北京市志办为负责本市地方志工作的市政府直属并参照公务员法管理的事业单位。内设机关党委、秘书处（人事处）、市志指导处、区县志指导处、研究室、宣传培训处、开发利用处、年鉴指导处8个处室，下属2个事业单位，分别为北京年鉴社和北京市方志馆（北京市地情信息中心）。参照公务员法管理的事业编制37人，在编35人；北京市方志馆编制29人，在编26人；北京年鉴社编制5人，在编5人。

（王韧洁）

【天津市地方志编修委员会办公室】 天津市志办成立于1984年，是具有行政职能的副局级参照公务员法管理的事业单位。内设秘书处、规划研究处、市志指导处、区县志指导处、年鉴指导处5个处，人员编制25人（含工勤人员2人）。所属正处级事业单位天津市地方志馆，编制7人，在编5人。

（天津市志办）

【河北省地方志办公室】 河北省志办内设6个职能科室：综合办公室、省志总编室、市县指导室、年鉴编辑部、理论研究室和资料室，参照公务员法管理人员编制31人，在编24人，其中正处级1人、副处级4人，正科级13人、副科级1人、科员2人、工勤人员3人。河北年鉴社为河北省方志办下属的科级事业单位，编制3人，在编2人。（李苍绵）

【山西省地方志办公室】 2009年1月，山西省编制委员会研究决定将山西省史志研究院分设为中共山西省委党史办公室、山西省志办。7月，山西省志办独立办公。2010年3月，确定省志办是省政府直属正厅级事业单位，是省政府主管全省地方志业务的工作部门和省级地方志编纂部门。编制51人，内设10个处，即综合处、人事处、省志一处、省志二处、市县志处、旧志处、专志处、开发利用处、省情信息处、年鉴期刊处。2012年9月，增设机关党委专职副书记（正处级）1名，2014年8月完成机关党委换届工作，选举产生了新一届机关党委、机关纪委。2015年8月，内设纪检组撤销，归省纪委驻省政府办公厅纪检组管理。2015年12月，经省编办研究同意，在综合处加挂行政审批管理处牌子，并增加副处级领导职数1名。

（杨建中）

【内蒙古自治区地方志办公室】 内蒙古自治区志办成立于1982年9月，2005年实行参公管理，2009年升格为副厅级参公单位，属自治区地方志编委会常设机构，归政府办公厅管理。内设处室4个：综合处、自治区志业务处、盟市志业务处、地情资料处。定编27人，在编24人，聘用4人，在编人员纳入参照公务员法管理范围。自治区地方志编纂委员会主任由自治区主席布小林兼任。内蒙古自治区12个盟市、2个计划单列市设有地方志工作机构。12个盟市中独立建制的方志办有6个，党史和地方志合署办公的有3个，档案、党史、地方志合署办公的有3个，2个计划单列市属于档案、党史、地方志合署办公。（内蒙古区志办）

【辽宁省地方志工作机构设置情况】 辽宁省、市、县三级地方志工作机构有109个。辽宁省志办为独立机构，副厅级单位，由省政府办公厅领导；14个地级市地方志工作机构中，机构独立的5个，归属政府办公厅（室）的2个，与党史办公室合并的6个，与社科院、党史办、社科联合并的1个。100个县（市）区（未含4个经济技术开发区）中有地方志工作机构94个，其中机构独立的7个，属政府办公厅（室）的34个，与党史办公室合并的31个，与档案局（馆）合并的18个，与党史办公室、档案局（馆）合并的4个。辽宁省志办和14个地级市地方志工作机构均参照公务员法管理。（宁芳）

【吉林省地方志编委会】 年内，吉林省地方志编委会编制37人，在编34人。年龄结构方面，50岁以上14人，50岁以下20人（40岁以上的10人，40岁以下的10人）。学历方面，博士学历2人，研究生学历4人，大学本科学历21人，大学专科5人。直属事业单位吉林省方志馆编制15人，在编15人。年龄结构方面，50岁以上3人，50岁以下12人（40岁以上9人，40岁以下3人）。学历方面，研究生1人，本科13人，大专1人。管理人员5人，聘任专业技术人员10人，其中，正高1人（研究馆员），中级7人（馆员6人、助理研究员1人），初级2人（助理馆员1人、研究实习员1人）。（周玉顺）

【黑龙江省地方志办公室】 黑龙江省志办下设秘书处、机关党委、省直指导处、市县指导处、编纂处、研究室、省情信息处。黑龙江省志办人员编制43人，在编人员39人，其中正厅级1人、副厅级3人、正处级7人、副处级9人、正科级11人、副科级3人、科员1人、工勤人员4人。（由岳峰）

【上海市地方志办公室】 上海市志办内设6个职能处室：秘书处（组织人事处）、市志工作处、专志工作处、区县志工作处、年鉴工作处（《上海年鉴》编辑部）、研究室（信息处），编制35人，在编人员34人。下属公益一类事业单位2个，编制35人，在编人员23人，其中上海通志馆编制25人，在编18人；当代上海研究所编制10人，在编5人。上海市16个区均成立志办，实行参照公务员法管理。其中1个区单独设立，6个区与党史办公室合署办公，5个区与档案局（馆）合署办公，4个区与党史办公室和档案局（馆）合署办公。（童庆荣）

【江苏省地方志办公室】 江苏省志办成立于1986年，为省政府直属、参照公务员法管理的副厅级事业单位，是江苏省地方志编委会的办事机构，由江苏省政府办公厅代管。内设秘书处、省志编纂指导处、市县指导处、年鉴工作处、研究室（信息处）5个处室和江苏年鉴杂志社、江苏省方志馆2个全额拨款事业单位。人员编制70人，在编53人。（江苏省志办）

【浙江省人民政府地方志办公室】 浙江省志办下设综合处、省志工作处（《浙江通志》总编室）、市县工作处和研究室4个处室。在编人员中，正高职称5名，副高职称4名；具有博士学位2名，硕士学位13名；省宣传文化系统“五个一批”人才1名。（浙江省志办）

【安徽省地方志办公室】 安徽省志办机关事业编制39名，另接收安置巢湖区划调整人员事业编制2名，机关事业编制共41名。内设人秘处、省志处、市县志处、年鉴处、资料处、机关党委等处室。（章慧丽）

【福建省地方志编纂委员会】 福建省地方志编委会成立于1984年，为福建省政府直属全额拨款正厅级事业单位。2007年12月被批准为参照公务员法管理单位，内设秘书处、省志辅导处、市县志辅导处、志书编辑处、年鉴工作处5个职能处和机关党委，办有方志书库、省情网站及《福建史志》刊物等。单位编制44人，其中厅级领导职数3人、厅级非领导职数

1人；16人具有研究生学历，包括博士6人。

（福建省方志委）

【江西省地方志编纂委员会办公室】 江西省志办成立于1983年12月，是省政府直属的参照公务员法管理的事业单位。内设秘书处、方志处、年鉴处、指导处、机关党委5个处室，下属机关后勤服务中心和江西省方志馆2个事业单位。编制57名，在编50名。（朱岳）

【山东省地方史志办公室】 山东省史志办成立于1981年，原名山东省地方史志编纂委员会办公室，1995年改为山东省地方史志办公室，为省直属全额拨款副厅级事业单位，隶属省政府办公厅领导。2007年被批准为参照公务员法管理单位，主要职责是负责山东省史志资料的编纂和指导工作。内设人事秘书处、省志编审处、市县基层志编纂指导处、年鉴工作处、信息工作处5个处，编制45名，参照公务员法管理；省方志馆为省史志办所属全额拨款事业单位，编制16名。省史志办领导班子编制主任1名，副巡视员职位1名，副主任3名。全省17个市都设有史志机构，隶属市政府或市政府办公室领导，其中副厅级单位2个、正处级单位11个、副处级单位4个，全部参照公务员法管理。137个县（市、区）均设有史志机构。全省三级史志机构共有编制1200余名，加上聘用和兼职人员，全省史志系统有工作人员近2000人。行政管理人员中，副厅级4人，正处级57人，副处级81人，正科级285人，副科级264人，科员及以下409人；专业技术人员中，高级职称57人，中级86人，初级及以下101人；全部工作人员中，博士学历2人，硕士100人，本科872人，大专218人，高中及以下52人。（山东省史志办）

【河南省地方志机构情况】 河南省史志办是由省政府办公厅代管的事业单位，参照公务员法管理。办机关内设5个处室：综合处（机关党委）、省直工作处、市县工作处、年鉴工作处、信息资料工作处。人员编制49名，实有人员44人。其中，厅局级1人，县处级21人，乡科级14人，科员6人，工勤人员2名。在编人员中，研究生4人，大学本科31人，大学专科10人。全省181个市县区均成立地方志机构，其中18个地市级中独立设置14个，属政府办公厅（室）2个，与党史部门合并1个，与党史办、档案局（馆）合并1个。162个县、县级市、区中，独立设置83个，属政府办公厅（室）38个，与党史部门合并24个，与档案局（馆）合并6个，与党史办、档案局（馆）合并11个。18个地市级定编318人，在编280人，聘用6人；162个县、县级市、区定编1160人，在编993人，聘用90人。

（王颖）

【湖北省地方志办公室】 湖北省志办原名为湖北省地方志纂修委员会办公室，1980年9月，核定事业编制15名（含工勤人员），由省社会科学院代管。1980年12月，成立湖北省地方志编纂委员会办公室。编制34名，其中，主任1名，副主任2名，内设机构正处领导2名，副处领导6名，正处级非领导1名，副处级非领导3名。（湖北省志办）

【湖南省地方志编纂委员会】 年内，湖南省、市、县三级政府设有地方志工作机构137个，其中正厅级单位1个、正处级单位13个、副处级单位1个、正科级单位122个；在编人员593名，聘用人员108名。湖南省地方志编委会有内设机构4个，直属二级机构1个，编制53名，在编46名。（张征远）

【广东省人民政府地方志办公室】 根据广东省机构编制委员会印发《关于广东省人民政府地方志办公室机构编制方案的通知》，广东省志办内设机构为人事秘书处、方志处、年鉴处、地方史处、方志资源开发处5个处，下设正处级事业单位广东年鉴社和广东方志馆。共有人员编制66名，其中办机关42名，广东年鉴社14名，广东方志馆10名。（广东省志办）

【广西壮族自治区地方志办公室】　广西壮族自治区志办为广西壮族自治区地方志编委会的常设办事机构，是自治区人民政府直属相当于正厅级事业单位，参照公务员法管理。12 月，广西志办编制 52 名，在编人员 52 名，聘用人员 4 名。其中，主任 1 名，副主任 2 名，副巡视员 2 名；处级干部 22 名；科级干部 16 名；未定级人员 1 名；工勤人员 8 名。有高级职称人员 7 名，占干部人数 15.9%。内设秘书处、通志工作处、市县志工作处、古籍整理处、地情信息处、年鉴处和机关党委。

（韦晓　刘妍　覃志婷　周珍朱）

【海南省地方志办公室】　2002 年 1 月，中共海南省委党史研究室和海南省志办合并，设立海南省史志工作办公室（保留中共海南省委党史研究室和海南省志办牌子），作为省委省政府的工作机构，隶属省委，负责海南中共党史和地方志研究编纂工作，为正厅级事业单位。2004 年 3 月，海南省史志工作办公室更名为海南省志办（中共海南省委党史研究室）。内设秘书处（机关党委、工会）、资料征集处、党史一处、党史二处、科研宣教处、省志编审处、市县志指导处、年鉴工作处 8 个处级机构。在编人员 46 人，其中管理人员 41 人，工勤人员 5 人。在 41 名管理人员中，厅级干部 3 人，处级领导干部 16 人，处级非领导职务 8 人，科级干部 14 人；博士研究生 1 人，硕士研究生 7 人，大学本科 25 人，大学专科 8 人。

（李鑫）

【重庆市地方志办公室】　年内，重庆市志办积极争取调整内设机构名称和职能职责，有关文件已经报重庆市编制办公室，拟设综合处、市志工作处、年鉴工作处、区县志指导处、文献工作处和信息处。截至年底设秘书处、年鉴处、总纂处、编辑处、文献研究室、经营发行处等 6 个处室，正式编制 25 人，实有在编人员 19 人，正厅级领导干部 2 人（其中 1 人任市政协常委）、副厅级领导干部 1 人、处级干部 9 人；硕士研究生学历 3 人，大学本科学历 14 人，大专学历 2 人。

（殷智）

【四川省地方志工作办公室】　四川省地方志工作办公室是省政府直属正厅级事业单位，2006 年实行参照公务员法管理。2015 年 7 月 3 日，四川省政府办公厅下发《关于四川省地方志编纂委员会更名等事项的通知》，将四川省地方志编纂委员会更名为四川省地方志工作办公室。编制 39 名，在编人员 37 名，离退休人员 29 名。内设综合处（与机关党委合署办公）、省志工作处、市县志工作处、政策法规宣传处和省情信息工作处（挂四川省方志馆牌子）5 个处。直属事业单位四川年鉴社，1986 年成立，编制 11 名，在职 6 名。　（朱艳林）

【贵州省地方志编纂委员会办公室】　贵州省志办（贵州省档案局、贵州省档案馆）内设机构为：办公室、政策法规处、业务一处、业务二处、业务三处、业务四处、业务五处、业务六处、业务七处、业务八处、业务九处、业务十处、宣传处、人事处、机关党办、离退休处 16 个处室。编制 132 人，在编 124 人，聘用 3 人。学历结构：硕士 1 人，本科 98 人，大专 17 人，高中以下 8 人。　（贵州省志办）

【云南省地方志编纂委员会及其办公室】　1981 年 8 月 17 日，云南省政府决定成立云南省志编审委员会。1982 年 8 月 20 日，更名为云南省志编纂委员会。1986 年 10 月 12 日，云南省志编纂委员会更名为云南省地方志编纂委员会。云南省志办编制 24 人，在编 21 人。

（郑灵琳）

【西藏自治区地方志办公室】　1996 年成立西藏自治区地方志编纂委员会及自治区地方志办公室，编委会主任由自治区主席担任，自治区地方志办公室挂靠区党委办公厅，与区党委党史研究室合署办公，区党委党史研究室（区地方志办公室）为参照公务员法管理的事业单位。2001 年升格为副厅级单位，内设综合处、党史研究处、地方志处、刊物编辑部 4 个副处级处室，2010 年升格为正处级，撤销地方志处，增设业务指导处和编审处。年内，编制 32 人（含党史），在编 23 人，其中，副厅级 1 名，正处级 4 名，副处级 6 名，正科级 4 名（含事业编制 1 人），副科级 3 名，科员 1 名，工人 4 名。2016 年 11 月 20 日，增设年鉴编纂处。核定事业编制 3 名，县级领导职数 1 名。7 地（市）均成立地方志编纂委员会及常设的地方志办公室。除林芝市地方志办公室主任由市委秘书长兼任，其余 6 地（市）均为正科级事业参公务员法建制。其中，拉萨市、那曲地区单设，日喀则、山南、林芝、昌都、阿里 5 个地（市）均与党史研究室合署办公。

（邹廷波）

【陕西省地方志办公室】 1982 年 6 月 2 日，陕西省政府印发《关于开展地方志编纂工作的通知》，成立了以时任省委书记陈元方为主任的陕西省地方志编纂委员会。1996 年 6 月，更名为陕西省志办，《陕西年鉴》交由陕西省志办主办。陕西省志办为省人民政府直属事业机构，内设机构为秘书处、省志处、市县志处、出版发行处（保留《陕西地方志》编辑部）、监察室。1997 年 9 月，成立陕西年鉴社，为省地方志办公室下属事业单位，编制 5 人。年内，陕西省地方志办公室编制 45 人。（丁喜）

【甘肃省地方志机构设置情况】 甘肃省、市、县三级地方志工作机构中，省级机构 1 个，地市级机构 14 个，县区级机构 86 个；编制 522 人，在编 484 人，聘用 120 人。（梁兴明）

【青海省地方志编纂委员会办公室】 青海省地方志编委会办公室前身为青海省地方志编纂委员会编辑部。2002 年，更名为青海省志办，为省政府办公厅代管的参照公务员法管理的厅级事业单位。设综合处、业务指导处、青海年鉴社。年内，人员编制 22 名，其中厅级领导 3 名（含 1 名非实职领导），县级领导 8 名（含 3 名非实职领导）。（马渊）

【宁夏回族自治区地方志办公室】 宁夏回族自治区志办挂靠宁夏社会科学院，事业单位编制，处级单位。编制 15 人，实有人员 14 人，处长 1 名，副处长 1 名，下设业务指导科、年鉴指导科、资料征集科、综合科，其中正高职称 1 名，副高级职称 8 名，中级职称 5 名。年内，全区共有 24 个市县区地方志工作常设机构，共有专职编修工作人员 100 余人，在编人员全部实行参照公务员法管理。（张明鹏）

【新疆维吾尔自治区地方志编委会】 新疆维吾尔自治区地方志编委会机关编制 48 人，在编 46 人。内设机构有机关党委、综合处、地县志工作处、新疆年鉴工作处、新疆通志工作处、编译处、信息处。年内，有正厅级干部 1 名，副厅级干部 3 名，正处级干部 6 名，副处级干部 11 名。（陈忠）

【新疆生产建设兵团志办公室】 年内，新疆生产建设兵团志办下设综合处、党史处、方志处、年鉴处 4 个处。编制 16 人，其中主任 1 名，副主任 2 名。在编人员全部参照公务员法管理。年内，退休 1 人，实有 16 人（含援疆干部 1 名）。（周崇）

【全国铁路系统修志机构队伍情况】 年内，全国铁路系统有 19 个史志机构。其中，中国铁路总公司档案史志中心为正局级单位；铁路局档案史志室 18 个，其中副处级单位 11 个、正科级单位 7 个。全国铁路有史志工作人员 76 名，在编 52 名，非在编 19 名，行政管理人员 5 名（担任领导职务，不占史志编制）。在编人员中，中国铁路总公司 8 名、哈尔滨铁路局 2 名、沈阳铁路局 4 名、北京铁路局 2 名、太原铁路局 2 名、呼和浩特铁路局 2 名、郑州铁路局 2 名、武汉铁路局 5 名、西安铁路局 1 名、济南铁路局 3 名、上海铁路局 2 名、南昌铁路局 2 名、广州铁路（集团）公司 2 名、南宁铁路局 1 名、成都铁路局 2 名、昆明铁路局 2 名、兰州铁路局 6 名、乌鲁木齐铁路局 1 名、青藏铁路公司 3 名。副高级专业技术人员 12 名（其中副编审 8 名、副研究馆员 1 名、高级工程师 2 名、高级政工师 1 名），中级专业技术人员 23 名（其中编辑 4 名、馆员 5 名、工程师 4 名、政工师 8 名、经济师 2 名），初级专业技术人员 17 名。研究生学历 2 名、本科学历 39 名、大专学历 9 名、大专以下学历 2 名。（叶清）

·表彰先进

【吉林省地方志编委会表彰全省地方志资源开发利用先进单位 14 家】 2 月 25 日，在吉林省地方志工作机构主任会议上，吉林省地方志编委会对吉林省方志馆、长春市地方志编委会、吉林市地方志编委会办公室、辽源市地方志编委会、通化市志办、白山市志办、白城市地方志编委会、延边州地方志编委会、珲春市志办（档案局）、吉林市船营区志办（档案局）、梨树县志办、东丰县志办（档案局）、前郭县志办、乾安县志办等 14 家全省地方志资源开发利用先进单位进行表彰。（周玉顺）

【吉林年鉴编委会表彰《吉林年鉴（2016）》优秀撰稿人】 年内，吉林年鉴编委会印发《关于表彰〈吉林年鉴（2016）〉优秀撰稿人、优秀组稿人等的决定》，表彰丁照恤等 127 名为优秀撰稿人，方国辉等 7 名为优秀组稿人；授予李英奇等 19 人“体例规范奖”、王兴谦等 17 人“条目撰写奖”、尹君等 3 人“图片选送奖”。（李雯）

【河南省表彰先进地方史志工作单位】 1 月 22 日，河南省史志办授予郑州铁路局铁路史志办公室等 53 个单位为 2015 年度河南省地方史志工作综合先进单位，授予河南省教育厅教育史志编辑室等 34 个单位为 2015 年度河南省修志工作先进单位，授予河南省司法厅史志办公室等 35 个单位为 2015 年度河南省用志工作先进单位。（程茜）

【贵州省志办向老同志颁发纪念章】 4 月 22 日，贵州省志办向从事《贵州年鉴》编审工作 30 年、20 年以上的老同志分别颁发“明鉴春秋”金质、银质纪念章。（贵州省志办）

人　　物

·领导名录

中国地方志指导小组办公室

指导小组秘书长兼办公室党组书记、主任：赵芮（2016年6月2日免去主任职务，2016年11月10日免去秘书长、党组书记职务）

指导小组副秘书长兼办公室主任：冀祥德（2016年6月2日任主任）

办公室副主任：刘玉宏　邱新立

北京市地方志编委会办公室

党组书记、主任：陈玲

党组成员、副主任：侯宏兴　张恒彬　谭烈飞

天津市地方志办公室

主任：关树锋

河北省地方志办公室

主任：杨洪进

副主任：宋士青　杨胜旗　王蕾

山西省地方志办公室

党组书记：李茂盛（2016年7月22日离任）

党组书记：张志仁（2016年7月22日任职）

主任：李茂盛

副主任：赵群虎　刘益龄

内蒙古自治区地方志编纂委员会办公室

主任：胡满达（蒙古族）

常务副主任：查干浪涛（蒙古族）

副主任：孟秀芳

辽宁省人民政府地方志办公室

主任：樊文忠（2016年12月调离）

副巡视员：麻志杰

副主任：林燕燕

吉林省地方志编纂委员会

党组书记、副主任：李云鹤

党组成员、副主任：李正奎　赵飞（2016年4月任职）　孟亚男（2016年4月任职）

黑龙江省地方志办公室

主任：隋岩

副主任：袁建勋　石再军　章磊

上海市地方志办公室

党组书记、主任：洪民荣

副主任：生键红

江苏省地方志办公室

党组书记、主任：漆冠山（2016年1月任职）

党组成员、副主任：蔡金良　牟国义　方亚光（2016年9月任职）

浙江省人民政府地方志办公室

主任：潘捷军

副主任：章其祥

主任助理：韩锴（2016年4月退休）

安徽省地方志办公室

巡视员：刘成典

副主任：吴静

福建省地方志编纂委员会

主任：冯志农（2016年10月8日调离）

主任：陈秋平（2016年10月8日任职）

副主任：俞杰　林浩

副巡视员：戴振华

江西省地方志办公室

党组书记、主任：梅宏

党组成员、副主任：周慧　杨志华

山东省地方史志办公室

主任：刘爱军

副主任：刘娟（2016 年 10 月退休）
翟世林　郭永生

河南省地方史志办公室

党组书记、主任：管仁富
党组成员、副巡视员：王中华（2016 年 8 月退休）

湖北省地方志编纂委员会办公室

党组书记、主任：文坤斗
党组成员、副主任：司念堂

湖南省地方志编委会

党组书记、副主任：易介南
党组成员、副主任：邓建平
李晓平（2016 年 12 月退休）
党组成员、副厅级纪检员：毛青山（2016 年 12 月调离）
副巡视员：杨盛让

广东省人民政府地方志办公室

党组书记、主任：温捷香（2016 年 9 月免去党组书记职务）
党组书记：陈华康（2016 年 9 月任职）
党组成员、副主任：许民（2016 年 7 月免职）
丘洪松　刘卫
副巡视员：吕克坚

广西壮族自治区地方志办公室

党组书记、主任：李秋洪
党组成员、副主任：唐中克　邓敏杰
副巡视员：秦邕江　王艳珍

海南省地方志办公室

主任：毛志华
副主任：许达民（2016 年 7 月免去副主任职务，任巡视员）
陈波

重庆市地方志办公室

主任：周焕强（2016 年 11 月 3 日调离）
姚红（2016 年 11 月 3 日任职）
副主任：夏小平

四川省地方志工作办公室

党组书记、主任：马小彬
党组成员、机关党委书记：王孝平

贵州省地方志编纂委员会办公室

主任：田洪
副主任：归然
黄远良
梁贵钢
巡视员：曾健

云南省地方志办公室

主任：任玉华
副主任：陈天武　袁丽萍

西藏自治区地方志办公室

主任：汪德军
副主任：杨付静（2016 年 8 月免职）
赤列旦增（2016 年 2 月任职）
王会世（2016 年 9 月任职、援藏干部）

陕西省地方志办公室

党组书记、主任：秦向东
党组成员、副主任：史天社　吴玉莲
副巡视员：李保国

甘肃省地方史志办公室

党组书记、主任：张军利
党组副书记、副主任：郝宗维（2016 年 12 月任职）
副主任：车安宁
副主任、党组成员：钱旭（2016 年 8 月免职）
李振宇
孙奇明（2016 年 3 月免职）

青海省地方志编纂委员会办公室

主任：高煜
副主任：杨松义

宁夏回族自治区地方志办公室

主任：负有强
副主任：张明鹏

新疆维吾尔自治区地方志编委会

党组书记、副主任：廖运建　刘星　阿不都拉·阿吾提

新疆生产建设兵团志办公室

主任：刘和鸣（2016 年 2 月 25 日退休）
副主任：何喜清（2016 年 3 月主持工作）
副主任：班永杰（援疆干部）

·人物选介

孙继胜　1963年10月生，河北省玉田县人。中共党员，本科学历，历史学学士，秦皇岛市志办主任（正县级）、编审，秦皇岛市第十二、第十三届政协委员。曾被评为全国地方志工作先进个人（享受省劳模待遇）、秦皇岛市首届十佳社科专家等，任中国城市经济学会理事、河北省燕赵文化研究会常务理事、河北省地方志学会副会长等职。主持编辑河北省首部地方综合年鉴《秦皇岛年鉴》，编辑出版22卷，获河北省社会科学成果三等奖、全国地方志系统地方综合年鉴一等奖等。率先在全省实现县（区）级地方综合年鉴全覆盖。组织开展第二轮修志工作，秦皇岛市为全国首批8个试点单位，2009年在全省率先完成市、县（区）志编修任务。他提出一地地方综合志书要进行基本篇目设计、按要素记述志书类目、“两步评审，两步到位”的评审原则。积极开展方志资源开发利用，主持编纂《秦皇岛老照片》《秦皇岛历史辞典》等地情书籍30余部，获河北省档案开发利用一等奖、秦皇岛市社会科学成果特等奖、秦皇岛市“五个一”工程奖等奖励。鼓励有条件的企事业单位编修部门志、行业志，编辑出版《秦皇岛鸟类图志》等专业志书10余部。率先建成全省首家方志馆——秦皇岛市方志馆，2013年开馆以来接待参访者15万余人次，并与河北大学、河北科技师范学院等高校合作共建教学研究和地情研究基地。注重理论与实践相结合，撰写理论文章和编修心得20余篇，参加《青海省科学技术志》等30余部志稿的评审。

（李苍绵）

范育松　女，1952年6月出生。中共党员，大学本科学历，副编审，教授级高级政工师。绥化市政协原副主席，第二轮《绥化市志》主编。1991年至2006年，任绥化市（地区）志办副主任、主任。多次被授予全国、黑龙江省劳动模范，地方志先进工作者、先进工作者标兵，黑龙江省优秀主编，黑龙江省改革百名优秀人物，2005年获全国地方志和全国地方志系统先进工作者。首轮修志，组织指导绥化市（地区）编修出版志、鉴、史书326部，近亿字。其中，19部获国家、省26个奖项。组织编写的《肇东简史》《绥化简史》填补黑龙江省地方简史的空白。《肇东简史》2000年获省第九次社会科学优秀科研成果三等奖。2002年获省社会科学优秀科研成果三等奖，省优秀年鉴一等奖，2004年被评为中国近现代史料优秀成果二等奖。主编、编审《绥化市志》《肇东市志》《绥棱县志》《绥化地区年鉴》等27部志书、年鉴，累计2560万字，其中7部获国家、省优秀成果奖。创新开拓，提出用志“五服务”理念，即为经济发展、领导决策、全局工作、人民群众、社会各界服务，有利于实现志书的功能价值，提高地方志部门影响力。

（由岳峰）

陈新希　1934年出生，浙江省磐安县安文镇市口社区人。1989年调入磐安县志办。任首轮《磐安县志》《磐安年鉴》主编。编纂《磐安方志丛稿》7辑；参与编写《磐安姓氏总录》《磐安人物》《磐安先贤录》《磐城四奇八景》《札记磐安》等地情书200多万字。从事地方志工作27年，2016年离任。

（金华市方志办）

涂小福　1954年12月出生，江西省新建县人。中国民主建国会会员，在职本科学历。1984年进入江西省志办。参加首轮省志启动工作，参加《大事记》等多部省志的前期工作。1989年至1999年借调省政府办公厅任编辑，编纂《江西省人民政府志》。2000年至2009年在年鉴处任副编审，筹备参与编写8部《江西年鉴》，其中多部获全国性年鉴奖项。2009年至2012年，任指导处处长，负责指导市县地方志工作，参与评审多部市县志稿。为完成《汶川特大地震抗震救灾志》的编纂任务，他远赴位于青藏高原的小金县，克服重重困难收集资料，撰写近10万字的江西援建部分。2012年任方志处处长，负责第二轮《江西省志》筹备启动工作，指导几十部省志分志修定编目以及联络指导、督促进度，为几十部省志分志授课修定编目，并对资料收集、长编编辑、志稿纂写等全程进行指导。他多次获省和单位的先进工作者称号，2013年获“江西省地方志工作突出贡献者”称号。2014年退休后，在省文化厅、省环保厅、省质监局等多家省直单位参加指导和开展省志分志编纂工作，直至突发疾病去世。（江西省志办）

郝德禄　1943年11月出生，山东齐河人。中共党员，大专学历。1968年参加工作，曾任齐河县委常委、办公室主任，县委副书记，县人大常委会党组书记、副主任、主任。退休后全身心投入史志工作，先后主编《齐河县志（1990）》《齐河县志（1986—2008）》《中国共产党山东省齐河县组织史资料（1924—1987）》《中共齐河县党史大事记（1924—1987）》《齐河县情（1986—1990）》《齐河县情（1991—1995）》《清康熙 民国〈齐河县志〉校注汇编》《齐河风云录》《齐河县农村简志》《郝秋岩志》《左宝贵志》《时传祥志》《王祝晨志》《齐河县抗日战争志》等10余部史志著作，主编《齐河年鉴》6部，任《齐河投资环境研究》副主编，并著有《岁月集》《四方集》《花甲集》《杖国集》。是德州市史志系统修志业务专家组成员。他主编的《齐河县志（1986—2008）》被评为省优秀县级志书，《齐河年鉴（2015）》被评为全省优秀年鉴县级综合特等年鉴。2008年，被省政府办公厅、省人事厅授予2005—2008年全省史志工作先进个人称号并记三等功；2010年12月，被中国地方志指导小组授予“全国方志系统先进工作者”称号；2011年6月，获“齐鲁新方志奖先进个人”称号；2014年12月，被德州市地方志编纂委员会授予“特殊贡献奖”。

（山东省史志办）

陈守强　1956年10月出生，河南省修武县人。中共党员，历史学学士、工商管理硕士。曾务农、做工、参军，1985年毕业于郑州大学历史系，在河南省地方史志编纂委员会（1994年11月改为河南省史志办）河南省志工作处（河南省志编辑部）工作32年，先后任副处长（编辑部副主任）、处长（编辑部主任）。长期负责实施《河南省志》编纂出版工作，担负《河南省志》执行副总纂、《河南历代方志集成》编辑部副主任兼副主编、《平原省志》总编室副主任兼副主编、《河南史志》副主编等职责。先后主编、副主编或参与编撰《中州名典》《中原崛起之路》《中原崛起之星》《河南省大事记（60年）》《河南通鉴》《河南省保险志》《中华十大圣人》《省志编纂概论》《续志工作手册》等史志书籍120多部5000多万字，公开发表各类文章150多篇，获省部级优秀成果奖70多项。2005年获中国地方志指导小组颁发“全国方志先进工作者”称号和奖章，2012年在公务员考核中因连续3年优秀荣立三等功。2016 年 10 月 17 日，河南省地方史志办公室对陈守强予以通报表彰。

（程茜）

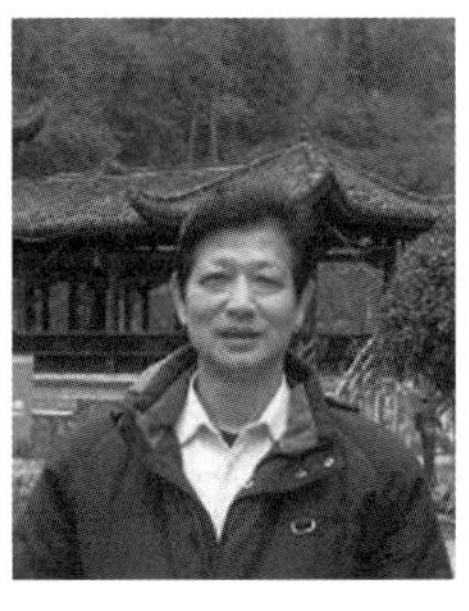

任国瑞 1959 年出生，湖南汨罗人，中共党员，硕士、研究员。从事地方志工作 26 年，先后任汨罗市志办主任兼首届市志主编、湖南省地方志编委会《湖湘春秋》《湖南地方志》执行主编、省志编纂处副处长、省地方文献研究所（湖南方志馆）副所（馆）长、所（馆）长，《文献与人物》杂志常务副主编。国务院首批国学文化专业人才考评专家委员会委员，文化部中国国学研究院孝文化研究院院长，省炎黄文化研究会代会长，中华孝文化学会会长，湖南史志界书画家协会主席。他出版著作 18 部，其中方志学 6 部：《城市区志编纂学通论》《历代名志点评》《清光绪耒阳县志校注》《汨罗市古代大事记》《楚塘乡志》《汨罗市志》（主编）。发表方志学论文 60 余篇，共出版发表个人成果 1200 多万字。主持完成省级重大重点方志学课题 4 项，主编图书 23 种，总纂或参与撰写省志 19 部。先后主编报刊 10 种。

（余勇辉）

尹克发 1961 年 7 月出生，四川岳池人，中共党员。本科学历，2012 年 3 月至 2017 年 3 月任凉山彝族自治州史志办党组书记、主任。在地方志工作岗位上，他努力争取党委政府高度重视史志工作，2012 年至 2016 年州委、州政府连续五年每年召开全州地方志工作会议，安排部署地方志工作；将地方志工作纳入全州综合目标绩效管理考核；以党委政府名义下发《关于进一步加强和改进新形势下地方志工作的实施意见》《凉山州地方志事业第十三个五年发展规划（2016—2020）》。凉山彝族自治州完成州、县市两级第二轮志书续修工作，全面实现州、县市综合年鉴一年一鉴、公开出版目标。2013 年，州史志办被四川省人社厅和四川省地方志编纂委员会评为“四川省地方志系统先进集体”。他主编的多部《凉山年鉴》先后荣获全国、全省、全州多项奖项。

（黄绚）

刘世生 彝族，1967 年 4 月 22 日生，云南石林人。中共党员，大学学历，副编审，任石林县史志办主任。1989 年 7 月参加地方志工作，参加《路南彝族自治县志》《中共石林县委志》《石林七十年》的编纂工作，参与《石林年鉴》编创工作。1991 年、1996 年两次被评为昆明市地方志先进工作者。2007 年、2008 年两次被评为云南省地方志系统先进工作者，2010 年被评选表彰为云南省地方志系统首届“十佳个人”。其学术成果连续两次获得云南省哲学社会科学优秀成果奖。2016 年 3 月刘世生家庭被评为第二届全国“书香之家”，受到国家新闻出版广电总局的表彰。

（云南省志办）

吕芸 1988 年调入云南省云县地方志办从事地方志工作，先后担任年鉴主编、责任编辑，部门志（专业）主编、责任编辑等，并先后担任云县地方志办副主任、主任。从事地方志工作近 30 年来，她始终坚持与时俱进思想品质，努力提高自身

素质，在业务上刻苦钻研方志理论和编纂知识，勇于实践，不断创新。与其同仁一起编辑出版《云县志》2 部，共 250 万字《云县年鉴》25 册，参与指导编写，担任编辑、主编或责编的部门志（专业志）29 部 500 多万字，其他地方志丛书 20 多部。她担任主编或主持编纂的年鉴 10 余卷受到云南省新闻出版局、云南省年鉴研究会表彰，奖项有综合二等奖、栏目设计奖、装帧设计奖、校对质量奖、时效奖和优秀编辑奖。其中 2003 年被中国地方志指导小组办公室、中国地方志协会评为首届中国地方志年鉴奖条目编写优秀奖。1994 年、2006 年被县委、县政府表彰为优秀个人，2004 年被临沧行署表彰为优秀个人，2005 年被县委表彰为“十一五”先进个人，2010 年被云南省地方志编纂委员会表彰为先进个人。

（云南省志办）

侍建华　1953 年 10 月生，甘肃民勤县人。中共党员，大学学历。甘肃省农牧厅调研员，甘肃省地方史志学会理事。1970 年 1 月参加工作。先后在农业规划、产业化经营、纪检监察、农业史志编纂等多领域工作 40 多年。现任甘肃省农牧厅农业志编纂办公室副主任兼《甘肃省志 · 农业志》主编，高级农艺师。出版专著 2 部，参与多部文史作品的编写。在国内有关刊物上发表论文 20 余篇。从事地方史志工作近 20 年来，先后主持参加了一、二轮《甘肃省志 · 农业志》的编纂工作。从 1986 年开始专职从事地方史志编纂工作。参加了首轮《甘肃省志 · 农业志》的编修，同时参加了《甘肃省农业大事记》的编写。1996 年《甘肃省志 · 农业志》荣获甘肃省农业科技进步一等奖，1997 年荣获全国地方志一等奖；并承担完成了省委、省政府下达《甘肃大辞典》农业部分的撰稿。主编《甘肃农业发展史事纪要》《甘肃农业史话》。2013 年 1 月荣获甘肃省地方史志优秀成果一等奖。参编“十二五”国家出版规划重点图书《中国自然资源通典》甘肃卷农业部分；完成《甘肃省志 · 农业志》出版任务。曾先后荣获国家一等奖一项、农业部丰收二等奖一项、甘肃省农业科技进步一等奖一项，甘肃省地方志优秀成果一等奖二项、二等奖二项。

（梁兴明）

朱正凡　1942 年生，上海人，研究员。1956 年 1 月参加工作，先后在平罗县委、县政府任干事、秘书，在县商业局、供销社、物价局任物价干部、副局长。1987 年 8 月，调宁夏回族自治区物价局任主任科员、副处长、处长。2001 年以来，在宁夏价格协会任副会长、秘书长。曾为中国价格协会名誉理事、中国物价年鉴特约编辑、宁夏回族自治区党委研究室专家咨询组成员、宁夏商业学校物价班教师、《宁夏物价》刊物常务副主编、宁夏价格协会专家咨询评审委员会常务副主任。先后有 30 余篇论文在各级期刊发表，其中 4 篇论文获宁夏哲学社会科学优秀成果奖。编著出版《宁夏价格改革研究》《价格问题探索》等书籍，参与《宁夏百科全书》《中华人民共和国新价格政策法规全书》《中国货源大全》《中国产购销市场大全》《个体劳动者法律知识》等书籍的编写。继 1985 年完成《平罗县物价志》主编任务后，又担任宁夏回族自治区物价局修志办公室副主任、主编、总纂。参与编写《宁夏物价志》《吴忠市物价志》《石嘴山市物价志》《灵武物价志》《宁夏通志 · 经济管理卷》《宁夏物价志（1991—2010）》。1997 年被国家计委授予“全国物价工作先进个人”，2011年被宁夏回族自治区党委授予“全区优秀共产党员”荣誉称号。曾多次被评为全区控价工作先进个人、全区修志工作先进个人、全国价格协会系统先进工作者、全区学会先进工作者、全区社会组织优秀工作者。（宁夏自治区志办）

张萍　女，1967年生，中共党员。现任兵团第十二师党史研究室、地方志办公室（以下简称史志办）主任。2015年被评为兵团方志工作先进工作者，连续多年被评为《兵团年鉴》优秀组（撰）稿人。张萍自2005年从事史志工作以来，立足岗位，甘守清贫，刻苦钻研，努力提高自身的业务水平，多次协调各方关系，争取上级领导对史志工作大力支持，主编或参与编撰《农十二师简史》《农十二师大事记》《西山农场简史》《三坪农场组织史资料》等史志书籍20部。（兵团志办）

都晓明　1962年生，中共党员。现任兵团第七师党史研究室、地方志办公室主任科员。1981年参加工作，2008年8月调到七师史志办工作至今。在师史志办工作9年来，先后参与编撰9部《七师年鉴》、1部《农七师简史》及全师10部团场简史的修改评审工作，保质保量完成各项任务。2015年，都晓明被兵团史志办评为2010年至2014年兵团史志系统先进个人。（兵团志办）

文　献

· 修志文件

关于印发全国地方志信息化发展规划（2016—2020 年）的通知

中指组字〔2016〕7 号

各省、自治区、直辖市地方志编委会（办公室），新疆生产建设兵团志办公室：

为贯彻落实《全国地方志事业发展规划纲要（2015—2020 年）》"制定全国地方志事业信息化发展意见"的要求，中国地方志指导小组办公室制定了《全国地方志信息化发展规划（2016—2020 年）》。现印发给你们，请认真贯彻执行。

中国地方志指导小组

2016 年 9 月 5 日

全国地方志信息化发展规划（2016—2020 年）

为深入贯彻落实习近平总书记关于信息化工作的系列重要讲话精神，以及中共中央办公厅、国务院办公厅印发的《国家信息化发展战略》、国务院办公厅印发的《全国地方志事业发展规划纲要（2015—2020 年）》，进一步加快地方志信息化发展步伐，提高地方志信息化建设水平，建设适应地方志事业发展需求的信息化发展体系，推进地方志事业科学发展，助力地方志事业在"四个全面"战略布局中作出更大贡献，制定本规划。

一、充分认识地方志信息化建设的重要性

近年来，全国地方志系统在信息化建设上取得了很大成绩。各级地情网站、数据库、办公自动化等应用系统建设进度不断加快，相关配套制度逐步完善，专业人才队伍进一步壮大，利用信息技术手段服务经济社会发展的能力不断增强。截至 2016 年 8 月，建成国家级网站 2 个、省级网站 27 个、市级网站约 300 个、县级网站近 900 个。有的地方着力推动省、市、县三级地情网站群建设，实现了全省联网、资源共享；有的地方与政府门户网站、图书馆网站实现链接，公共服务能力大大提高；有的地方地方志成果数字化成绩显著，地情资源数据库不断完善充实，将海量数字资源上传到地情网站，供社会各界查阅使用；有的地方开设微博、微信、手机版网站，利用新媒体大力开发地方志资源。但同时也要看到，全国地方志信息化建设还存在顶层设计不够、区域发展不平衡、有的地方对地方志信息化工作重要性认识不足、数据格式和标准不统一、信息化人才队伍结构不合理甚至严重缺乏等问题，亟待统一认识，创新理念，科学谋划，认真研究解决。

（一）加快地方志信息化建设，是服务经济社会发展大局的需要

地方志横陈百科，纵述史实，对地方志资源的运用、研究，可以了解地情演变，为分析解决发展问题提供历史借鉴和现实参考。加强地方志信息化建设，实现海量地方志资源的数字化，在此基础上进行数据统计和分析，有助于提高地方志资源的利用效率，更好地发挥地方志围绕中心、服务大局的功能。

（二）加快地方志信息化建设，是积极参与公共文化服务体系建设的需要

通过加快地方志网络化、数字化、信息化建设，推动形成地方志的公共文化服务特色平台，有助于让旧志、新志、年鉴、期刊、地情书中的内容真正活起来、用起来，切实让地方志成果惠及广大人民群众，更好发挥地方志资源在公共文化服务体系建设中的重要作用。

（三）加快地方志信息化建设，是传播方志文化、提升方志文化影响力的需要

在地方志信息化建设中，充分发挥数字影像、网络、新媒体等各种媒介的作用，宣传推介方志文化，是增强方志文化软实力，展示中华文化独特魅力的重要途径，是扩大中国特色传统文化影响力、推动方志文化走出去的重要载体。

（四）加快地方志信息化建设，是推进地方志智库建设的需要

当前，党中央、国务院高度重视中国特色新型智库建设，专门印发《关于加强中国特色新型智库建设的意见》。近年来，中国地方志指导小组及其办公室稳步推进地方志智库建设，而地方志智库是中国特色新型智库的重要组成部分。通过加强地方志信息化建设，整合全国地方志系统的数字资源，为地方志智库建设提供强大的数据支撑，有利于推出高质量的信息咨询、研究成果和对策建议，发挥地方志启迪未来的作用。

二、指导思想、基本原则和总体目标

（一）指导思想

高举中国特色社会主义伟大旗帜，全面贯彻落实党的十八大和十八届三中、四中、五中全会精神，以邓小平理论、“三个代表”重要思想、科学发展观为指导，深入学习贯彻习近平总书记系列重要讲话精神，紧紧围绕“五位一体”总体布局和“四个全面”战略布局，牢固树立创新、协调、绿色、开放、共享的发展理念，认真贯彻落实《国家信息化发展战略》《全国地方志事业发展规划纲要（2015—2020年）》，顺应“互联网+”发展趋势，以应用需求为导向，以融合创新为动力，以重点工程为抓手，以新一代信息技术为支撑，按照集约发展、融合共享的工作思路，大力推进地方志信息化建设，为提升地方志事业科学化、信息化、现代化水平作出新贡献。

（二）基本原则

1. 坚持正确方向。增强政治意识，牢牢把握正确的政治方向，始终坚持以马克思主义的世界观和方法论指导地方志信息化工作。充分发挥网站群、新媒体传播平台等网络宣传阵地作用，弘扬主旋律，传播正能量。

2. 坚持统一规划。举全系统之力，对全国地方志信息化建设进行统筹规划和科学设计，推进集约化、一体化建设，推动地方志信息化建设实现跨越式发展。

3. 坚持统一标准。注重发挥标准规范对信息化建设的基础性指导作用。在充分调研、科学论证的基础上建立健全系统完善、统一的标准规范体系，防止出现各地信息化建设自成体系、重复建设和低水平应用等问题。

4. 坚持分级建设。中国地方志指导小组办公室综合协调全国地方志系统信息化工作，负责地方志信息化建设的顶层设计、示范引领和督查指导。省级地方志工作机构负责本省地方志信息化建设的科学规划、组织实施和检查指导。市、县级地方志工作机构负责信息化建设

任务的具体落实。

5. 坚持资源共享。对各级地方志工作机构的数字化地情资源按照统一的数据标准和格式，进行二次开发和整理入库，纳入统一规划建设的地方志数字资源中心，坚持共享共用，实现地方志数字资源社会效益的最大化。

6. 注重网络安全。网络安全和信息化是一体之两翼、驱动之双轮，必须统一谋划、统一部署、统一推进、统一实施，做到协调一致、齐头并进；切实防范、控制和化解信息化进程中可能产生的风险，以安全保发展，以发展促安全。

（三）总体目标

到 2020 年，中国方志网、中国地情网、中国国情网进一步融合发展，建成集方志信息发布、地情资源宣传、国情教育展示于一体，在全社会有较大影响的地情资料网站群，形成“一网网天下、志鉴书古今”的格局；依托国家数字方志馆，加快制定相关标准，建设地方志数字资源中心，逐步建成统一、规范的全国地方志全文数据库（包括目录数据库、提要数据库）；基本实现主要新媒体技术在方志系统的覆盖，形成比较健全的方志新媒体传播平台矩阵，逐步扩大方志文化影响力；加大扶持力度，推动民族地区地方志信息化建设水平达到或基本达到全国平均水平；“互联网 + 地方志”成为开发利用方志资源的重要手段，地方志在公共文化服务体系建设中的作用进一步增强。

三、建设内容

（一）加快地方志信息化基础设施建设

积极推进国家地方志大数据中心建设。国家地方志大数据中心是全国地方志信息网络系统的中心节点，是国家数字方志馆的基础平台。各省市县地方志信息化基础设施建设，既可以单独建设，也可以充分依托现有政务公共信息基础设施。

（二）推动地方志信息化标准建设

研究制定全国统一的地方志资源管理标准、技术标准、建设规范和操作指南等，逐步建立一套符合全国地方志系统实际和信息化发展趋势，具有较强前瞻性、科学性和可操作性的地方志信息化标准体系。

（三）逐步建成地方志数据库

依托国家数字方志馆和各级数字方志馆、地情资料库，依据信息化建设相关标准，逐步建立技术领先、国内一流的地方志目录、提要以及全文数据库。

（四）加强对不同类型、不同载体的地方文献收（征）集、保护和开发利用

通过开发全国地方志资源管理系统，实现对方志数据资源的收集、整合、加工、统计和分析，为政府部门、社会公众提供全面优质的地方志资源信息服务。深化与境外相关机构在数字方志资源方面的交流合作。

（五）实现国家、省、市、县四级地方志资源共享

以中国方志网、中国地情网、中国国情网为基础，积极推进国家、省、市、县四级地方志信息网络系统一体化建设。应用现代信息技术，加快实现全国地方志资源的数字化、网络化和资源共享。

（六）支持民族地区地方志信息化建设

采取政策倾斜、资金扶持、精准帮扶等形式，加大对民族地区、经济欠发达地区及信息化基础较弱的地区地方志信息化建设的扶持力度，促进上述地区地方志信息化建设的跨越发展和弯道超车。

四、工作任务

（一）中国地方志指导小组办公室

1. 督促落实《全国地方志信息化发展规划(2016—2020 年)》，牵头组织实施全国信息方志与数字方志建设工程。

2. 研究制定全国统一的地方志资源管理系统架构、信息化建设技术标准和国家数字方志馆建设指南等。

3. 研究制定全国地方志信息化建设的规章制度。

4. 负责国家地方志大数据中心基础设施建设及管理，推动大数据中心建设。

5. 组织开展全国地方志信息化建设人才队

伍培训。

6. 推动地方志统计系统、志鉴编纂系统等应用系统的建设、应用。

7. 支持民族地区、经济欠发达地区及信息化基础较弱的地区地方志信息化建设。

8. 开展地方志信息化工作的督查指导。

9. 推动实施地方志新媒体建设行动计划。

10. 加强对中国地方志学会信息化研究会的管理。

（二）省级地方志工作机构

1. 贯彻执行中国地方志指导小组办公室相关规划、规范、标准，制定实施方案。

2. 按照统一的标准、规范，结合本地实际建设地情网站群。

3. 按照统一的标准、规范，开展地方志资源数字化加工处理、建库、入库，并同步至国家数字方志馆。

4. 根据本地实际，开发志鉴编纂系统等相关业务应用系统。

5. 向中国方志网报送工作动态信息，向中国国情网、中国地情网报送规范的国情、地情信息。

6. 推动微博、微信、手机报等新媒体平台建设。利用新媒体平台做好本区域方志工作以及地情资源的宣传。

7. 信息化发展基础较好的地方志工作机构参与扶持民族地区、经济欠发达地区及信息化基础较弱的地区信息化建设。

8. 开展对本区域地方志信息化工作的督查指导。指导有条件的乡镇（街道）、村（社区）开展地方志信息化建设。

五、保障措施

（一）加强组织领导

建立健全信息化推进工作领导机制，研究发展战略，确定发展方向，决定重大事项，开展顶层设计。各级地方志工作机构要把信息化建设列为“一把手”工程，主要领导要亲自研究部署，将信息化工作列为本省信息化建设计划及议事日程，抓紧抓好，抓出成效。

（二）保障经费投入

加强信息化工作经费保障，各级地方志工作机构要按照《全国地方志事业发展规划纲要（2015—2020年）》“一纳入、八到位”的要求，将信息化建设经费纳入单位财政预算。要加强资金使用管理和监督，实行专款专用，提高资金使用效益。

（三）注重新技术应用

密切跟踪现代信息技术发展趋势，充分发挥云计算、物联网、移动互联网、大数据等新技术作用，力争在拓展应用领域、创新应用模式、提升应用水平等方面取得重要突破。要加快成果转化与推广，提升地方志信息化技术水平。

（四）注重监督指导

要按照统一部署、分级指导的原则，加大对下一级地方志工作机构信息化建设的监督指导力度。定期开展信息化工作情况的督促指导、考核通报、评先树优，确保信息化建设各项任务落到实处。

（五）强化队伍建设

结合本地区实际和工作需求，采取多种方式，引进高素质的信息化专业人才。采取集中培训、与高校联合办学等多种方式，分层分类对现有信息化工作人员进行培训，培养造就一支高水平的信息化人才队伍。

（六）加强宣传推广

充分发挥网站群、报刊、新媒体等传播平台的作用，及时总结宣传数字方志资源建设、应用等方面的典型做法，不断拓展地方志信息化资源开发利用的深度和广度，努力打造信息方志、数字方志的靓丽品牌。

（七）发挥信息化研究会作用

加强中国地方志学会信息化研究会的自身建设，不断提高信息化研究会的制度化、规范化建设水平。定期组织理论研讨、学术交流、科学研究、技术论证等活动，为信息化建设科学决策提供专业咨询，加快推进信息化建设科学化、规范化发展。

关于印发全国年鉴事业发展规划（2016—2020年）的通知

中指组字〔2016〕8号

各省（自治区、直辖市）地方志编委会（办公室），新疆生产建设兵团志办公室，全军军事志指导小组办公室，武警部队政治工作部文艺室，国务院各部委、各直属机构志鉴部门：

为深入贯彻落实《全国地方志事业发展规划纲要（2015—2020年）》，中国地方志指导小组办公室制定了《全国年鉴事业发展规划（2016—2020年）》。现印发给你们，请认真贯彻执行。

中国地方志指导小组

2016年12月22日

全国年鉴事业发展规划（2016—2020年）

年鉴事业是地方志事业的重要组成部分，在我国经济社会发展和社会主义文化强国建设中发挥着重要作用。为推进全国年鉴事业科学发展，推动年鉴事业为全面建成小康社会作出更大贡献，根据国务院《地方志工作条例》和《全国地方志事业发展规划纲要（2015—2020年）》（国办发〔2015〕64号）（以下简称《规划纲要》），结合当前年鉴事业发展实际，制定本规划。

一、发展基础

新中国成立后，特别是改革开放以来，在党中央、国务院亲切关怀和地方各级党委、政府有力领导下，经过各级地方志工作机构、年鉴编纂单位和广大年鉴工作者不懈努力，年鉴工作取得巨大成就，初步形成具有中国特色的年鉴事业格局，在服务党委、政府和相关部门科学决策，辅助科学研究，宣传地方（行业、部门）情况，提升国民文化素质，保存年度文献等方面发挥了积极作用。

截至2015年底，我国已编纂出版32种、770多部省级综合年鉴，338种、4350多部地市级综合年鉴，2300多种、1万多部县区级综合年鉴，以及包括军事、武警年鉴在内的近3000种各级各类专业年鉴，一些地区还编纂出版乡镇（街道）、村（社区）年鉴，配合国家和地方发展战略编纂出版区域性年鉴。编写一批年鉴简本、便民本、年鉴英文版、地情手册、地情概览或实用指南等年鉴衍生品。逐步建立健全质量保障机制，年鉴质量不断提高。建立年鉴数据库或网站，免费提供给社会公众使用。理论研究的氛围渐趋浓厚，产生了一批理论成果。培养了一大批专兼职年鉴编纂人员，年鉴队伍素质不断提高。各地落实依法治鉴的要求，年鉴事业发展得到可靠保障。

目前，全国年鉴事业呈现出良好发展态势和前所未有的大好局面，但也存在着制约事业发展的问题，主要是：事业发展不平衡现象比较突出；少数地区和部门对年鉴工作重要性认识不够；相关法规规章落实不到位；机构不健全，编制、人员和经费不足；年鉴质量有待进一步提高；人才队伍青黄不接，人员素质亟待提升；信息化与开发利用工作比较滞后等。这些问题必须通过科学发展和深化改革，采取有效措施，认真予以解决。

新的历史时期，党和国家对地方志事业提出了新任务新要求，年鉴事业迎来重要发展机遇。要适应经济社会发展新形势，明确年鉴事业在发展改革大局中的目标任务，科学规划，积极创新，推动年鉴事业持续健康发展。

二、指导思想与基本原则

（一）指导思想

高举中国特色社会主义旗帜，以马克思列宁主义、毛泽东思想、邓小平理论、“三个代表”重要思想、科学发展观为指导，深入学习贯彻习近平总书记系列重要讲话精神和治国理政新理念新思想新战略，全面贯彻落实党的十八大和十八届三中、四中、五中、六中全会精神，进一步贯彻落实国务院《地方志工作条例》和《规划纲要》，按照第五届中国地方志指导小组会议、第五次全国地方志工作会议要求，围绕党和政府中心工作，服务全面建成小康社会、全面深化改革、全面依法治国、全面从严治党战略布局，解放思想，实事求是，锐意进取，改革创新，依法全面推动全国年鉴事业发展繁荣。

（二）基本原则

1. 坚持正确方向。坚持走中国特色社会主义文化发展道路，坚持为人民服务、为社会主义服务的方向，通过编纂年鉴和开发利用年鉴资源，为社会提供丰富、优秀的文化产品。

2. 坚持依法治鉴。贯彻落实国务院《地方志工作条例》和《规划纲要》，增强依法治鉴意识。国家地方志工作机构依法统筹规划、组织协调、督促指导全国年鉴工作；省、市、县三级地方志工作机构依法履行组织、指导、督促和检查年鉴工作职责，规范年鉴编纂行为。

3. 坚持全面发展。以年鉴编纂为主业，统筹兼顾质量建设、队伍建设、理论研究、开发利用、信息化建设等工作，实现年鉴事业全面协调可持续发展。

4. 坚持改革创新。认真总结年鉴工作的经验教训，适应经济社会发展形势和时代需要，在遵循基本规范的前提下，深化改革，准确定位，与时俱进，推动理论创新、制度创新、管理创新、方法创新。

5. 坚持质量第一。坚持存真求实，确保年鉴质量。将精品意识贯穿于年鉴编纂出版工作全过程，严把政治关、史实关、体例关、文字关、出版关，编纂出版经得起时代和历史检验、具有鲜明时代特征、年度特点和地域（部门、行业）特色的年鉴。

6. 坚持编鉴为用。发挥年鉴资源优势，全面提升开发利用水平；拓宽用鉴领域，增强服务大局能力，为党政机关、企事业单位、社会各界和人民群众服务；加大宣传力度，提高年鉴的社会影响力。

三、总体目标与主要任务

（一）总体目标

到2020年，全面实现省、市、县三级综合年鉴全覆盖，推动年鉴工作改革创新，加强对各类专业年鉴编纂的业务指导和管理，加快信息化建设，基本形成包括年鉴编纂体系、理论研究和学科建设体系、质量保障和评价体系、资源开发利用体系、工作保障体系在内的年鉴事业综合发展体系，努力实现全国年鉴事业发展新跨越。

（二）主要任务

1. 大力推进省、市、县三级地方综合年鉴工作。到2018年，基本实现省、市、县三级地方综合年鉴全覆盖。到2020年，全面实现省、市、县三级综合年鉴全覆盖，做到一年一鉴，公开出版；理顺管理体制，做到地方综合年鉴由地方志工作机构统一组织编纂。缩短年鉴编纂出版周期，提高时效性。有条件的地区编纂少数民族文字版年鉴和外文版年鉴。积极探索“互联网+”背景下的年鉴编纂。

2. 重视军事、武警、行业、部门、企业、高校等各类年鉴编纂工作。加强对已开展和准备开展年鉴编纂工作的行业、部门、单位的业务指导和管理。鼓励和支持有条件的乡镇（街道）、村（社区）开展年鉴编纂，并做好业务指导和管理。支持区域性年鉴编纂。

3. 加强年鉴理论研究。制定年鉴理论、年鉴学学科建设规划，建立和完善年鉴理论研究学术规范，力争到2020年形成较为成熟的年鉴学学科体系。充分发挥各地地方志期刊的理论研究平台作用。发挥中国地方志学会年鉴研究会及地方各级年鉴社会团体的作用，积极组织省、市、县三级综合年鉴和各类专业年鉴编纂研讨活动。加强与有关学科交流合作，开展年鉴发展史、年鉴编纂、年鉴应用、年鉴管理等理论问题研究，编写出版《年鉴大辞典》《年鉴百科全书》等年鉴类工具书和全国年鉴学通用教材。编辑出版《中国年鉴研究》期刊。

4. 加强人才队伍建设。重视人才选拔、培养和使用，加强专兼职结合、结构合理的人才队伍建设，培养和引进一批高端人才，建设一支高素质的年鉴编纂、研究队伍，造就一批年鉴理论研究专家和学术带头人。

5. 深化年鉴质量建设。严格执行《地方综合年鉴编纂出版规定》，规范编纂出版流程，完善年鉴质量评议、审查验收制度，严把质量关。实施中国年鉴精品工程，到 2020 年，建立覆盖省、市、县、乡（镇）、村的 20 个中国年鉴精品工程试点单位，覆盖各类专业年鉴的 20 个中国年鉴精品工程试点单位；鼓励各级各类年鉴编纂单位申报中国年鉴精品工程，打造 50 部中国精品年鉴。按照国家有关规定进行优秀年鉴成果评比，逐步将年鉴纳入国家及省哲学社会科学奖评比以及有关图书奖评比。

6. 加快年鉴信息化建设。将年鉴信息化建设纳入全国信息方志与数字方志建设工程，充分利用已有信息基础设施和数据资源，加快年鉴信息化建设步伐。支持民族地区年鉴信息化建设。逐步建立年鉴数据库。实现国家、省、市、县年鉴资源共享，面向社会提供优质服务。

7. 提高年鉴资源开发利用水平。加强对年鉴资源的深加工，通过编辑（写）资政报告、年鉴简本、地情书籍等，充分发挥年鉴存史、育人、资政功能。依托方志馆和地情网站，免费为社会提供地方公共文化服务。做好《中国年鉴发展报告》编纂工作。

8. 扩大学术交流与合作。采用学术调研和考察，举办学术研讨会、年鉴成果展览等多种形式，加强与香港、澳门和台湾地区以及国外年鉴编纂机构的学术交流与合作。服务国家文化“走出去”战略，推介一批高质量年鉴成果，充分展示年鉴的当代价值，增强年鉴国际影响力。

四、保障措施

（一）法治保障。进一步明确各级人民政府对年鉴工作的主体责任，加强地方志工作机构履行组织、指导、督促和检查年鉴工作的职责，确保年鉴编纂工作依法开展。地方各级地方志工作机构要联合地方人大、政府法制部门和政府督查部门，推动国务院《地方志工作条例》的贯彻落实，加大地方志工作法规规章的宣传、执行力度，定期开展执法监督检查，依法纠正、查处执行不力和违法行为。

（二）组织保障。年鉴工作要坚持和健全党委领导、政府主持、地方志工作机构组织实施、社会各界广泛参与的工作体制；坚持将地方志工作纳入各地国民经济和社会发展规划、地方各级政府工作任务，做到“认识、领导、机构、编制、经费、设施、规划、工作”到位（统称“一纳入、八到位”）的工作机制。地市级及以上地方志工作机构要有固定的年鉴工作部门和编纂人员，县级地方志工作机构要有固定的年鉴编纂人员，部门设置和人员编制，要与其有效履行职能、顺利开展工作的要求相适应；按照德才兼备原则和专业要求，配齐配强人员，注重稳定队伍。

（三）制度保障。健全地方志工作机构主导、社会各界有序参与编鉴的途径和方式。加强督促检查，健全和完善目标考核责任制、督查通报制，强化责任落实；健全和完善编鉴业务制度和主编责任制，确保在年鉴编纂的每个环节上均有章可循、有序推进。

（四）经费保障。地方各级人民政府和有条件的各类专业年鉴编纂部门应将年鉴工作所需经费列入本级财政预算，加大专项资金支持力度。支持民族地区、贫困地区年鉴编纂工作，实施民族地区与贫困地区年鉴出版资助工程。

（五）队伍保障。建立国家级、省级年鉴专家库。制定年鉴人才培养、引进等政策措施，探索将年鉴学人才培养纳入国民教育体系的方式方法。完善教育培训制度，分级实施对年鉴主编的专项培训，实现编鉴人员岗前培训全覆盖、培训工作常态化；与高等院校、科研机构联合开展年鉴专业方向研究生教育，举办专业进修班，支持年鉴编纂人员接受专业继续教育。按照国家有关规定开展先进集体和先进工作者评选表彰活动，建立干事创业的激励机制，营造良好氛围。

（六）宣传保障。借助各级各类新闻媒体，大力宣传年鉴工作贯彻落实党和国家大政方针的新举措、年鉴工作服务经济社会发展的新成绩、年鉴工作者投身全面建成小康社会过程中的新贡献。挖掘年鉴资源的现实价值，设计宣传主题，创新宣传形式，推出一批贴近社会现实、人民群众喜闻乐见、有较大社会影响力的年鉴宣传精品。

各地区各有关部门要结合本地工作实际，根据本规划要求，制定本地区本部门年鉴事业发展规划或实施方案，加大组织推动力度，全面提高年鉴工作水平，提高年鉴编纂质量，确保全国年鉴事业平稳、有序、健康发展。

军事年鉴事业发展规划由中国人民解放军军事志指导小组制定。

中国地方志指导小组办公室对本规划的落实和执行情况进行督促检查。

关于印发加强全国地方志科研工作意见的通知

中指组字〔2016〕9号

各省（自治区、直辖市）地方志编委会（办公室），新疆生产建设兵团志办公室，全军军事志指导小组办公室，武警部队政治部编研部：

为贯彻落实《全国地方志事业发展规划纲要（2015—2020年）》关于加强方志理论研究、方志学学科建设和人才队伍建设的要求，中国地方志指导小组办公室制定了《关于加强全国地方志科研工作的意见》。现印发给你们，请认真贯彻执行。

中国地方志指导小组

2016年12月30日

关于加强全国地方志科研工作的意见

根据国务院《地方志工作条例》和国务院办公厅《全国地方志事业发展规划纲要（2015—2020年）》的有关规定，为进一步提升地方志科研工作水平，建立健全高效科学的地方志科研工作体制机制，完善科研管理，充分发挥科研工作在推动地方志事业繁荣发展中的重要作用，现就加强全国地方志系统科研工作提出如下意见。

一、充分认识加强地方志科研工作的重要意义

地方志科研工作指与地方志工作开展和地方志事业繁荣发展紧密相关的探索、研究、整理、应用和管理等工作，包括理论研究、学科建设、人才培养、学术交流、项目管理、成果管理等一系列具体工作。

新编地方志工作大规模开展以来，地方志科研工作在整理研究历代方志和总结新编地方志工作实践经验基础上，实践探索，发展创新，取得了丰硕成果。30余年间，共出版志鉴理论著作1000多部，发表研究论文6万余篇，创立了独具特色的新方志理论，不断推进了方志学学科建设，有力指导了地方志工作开展，推动了地方志事业的繁荣发展。在充分肯定地方志科研工作取得巨大成绩的同时，也应看到，这项工作还存在重视程度不够、研究整体水平有待提升、学科建设乏力、人才队伍匮乏、管理工作不够到位等问题。因此，加强全国地方志科研工作，强化统筹安排，对于推进地方志科研工作开展，提升方志理论研究水平，推进方志学学科建设，进一步完善科研工作布局，探索建立科研管理新机制，推动地方志事业繁荣发展，意义重大。

二、指导思想与基本原则

（一）指导思想

高举中国特色社会主义伟大旗帜，以马列主义、毛泽东思想、邓小平理论、“三个代表”重要思想、科学发展观为指导，深入学习贯彻习近平总书记系列重要讲话精神，围绕统筹推进“五位一体”总体布局和协调推进“四个全面”战略布局，根据《地方志工作条例》“推动方志理论研究”的规定，全面落实《全国地方志事业发展规划纲要（2015—2020年）》关于加强方志理论研究、方志学学科建设和人才队伍建设的目标要求，大力推动地方志科研工作发展，为繁荣发展地方志事业作出积极贡献。

（二）基本原则

1. 坚持正确的政治方向和学术导向。地方志科研工作应增强政治意识，牢牢把握正确的政治方向和学术导向，始终坚持以马克思主义的世界观和方法论为指导，把马克思主义基本原理和贯穿其中的立场、观点、方法运用到实践当中，指导地方志科研工作的全过程。

2. 坚持为地方志编纂实践服务。地方志科研工作应以指导地方志编纂实践为出发点、落脚点，紧紧抓牢修志编鉴写史三大实践载体，突出重大理论创新意义和现实应用价值。应集中对实践工作中出现的新情况、新问题进行深入理性的探索研究，总结提炼实践经验，不断提升理论研究水平，揭示地方志工作的本质规律和发展趋势，引领地方志事业健康发展。

3. 坚持创新发展。地方志科研工作应尊重和借鉴前人的科研成果，在继承基础上坚持理念创新、方法创新，促进方志理论创新。应坚持科学的工作思路和举措，加强创新能力建设，进一步推进学科体系、理论与学术观点、科研方法与手段、科研组织与管理创新，为地方志事业创新发展提供理论支撑。

三、总体目标与主要任务

（一）总体目标

不断丰富地方志理论研究成果，提升学术研究水平，通过优化学科结构、凝练学科发展方向、突出学科建设重点，为到2020年初步建立包括地方志编修体系、质量保障体系、资源开发利用体系、工作保障体系在内“五位一体”的地方志事业发展综合体系，形成较为成熟的理论研究和学科建设体系，夯实发展基础，提供理论和人才保障，努力开创地方志科研工作发展新局面。

（二）主要任务

1. 加强地方志理论研究。组织选题策划，制定方志理论研究计划，有重点、分步骤推动关于重大实践问题和理论问题的研究，引领方志学学科体系、话语体系、学术观点和研究方法的创新。建立健全地方志课题立项机制，定期发布方志学基础理论研究课题，不断推出一批批高质量的科研成果。注重调查研究，重视学理研究，加大对方志学基础理论和应用理论研究的支持力度。不断加强地方史和区域地情文化研究，反映党的路线方针政策和国家改革发展方向，及时回应社会广泛关注、人民普遍关心的问题，服务地方经济社会发展。总结历代一统志编修经验，开展编修一统志的可行性研究。

2. 加强学科建设。按照“点面结合、注重实效、凝聚优势、整体提升”的原则，做好学科发展规划，完善学科发展体系，推动符合事业发展新需求和学术发展新方向的学科布局基本形成。总结编纂实践经验和理论研究成果，编写、出版一批方志学、年鉴学通用教材及各分支学科研究论著，不断推进构建方志学学科体系、学术体系和话语体系的系列成果，引领学术研究方向，夯实学科建设基础。始终保持学科建设的学术敏感度和现实敏感度，跟踪学科前沿动态，瞄准学科发展和实践需要，创新发展，推动方志学学科地位不断提升。

3. 加强科研人才队伍建设。重视科研人才选拔、培养和使用，加强专业和年龄结构合理、专兼职结合的人才队伍建设。建立有利于学术骨干成长和学科队伍建设的人才培养机制，通过人才引进、联合培养、短期培训等多种方式，提升人才业务水平、学术能力，建设一支政治立场坚定、理论功底扎实、是非观念分明的地方志科研人才队伍。组织联系海内外高等院校、科研院所学术研究力量，设立不同层级的方志专家库，推动各地成立地方志学术委员会。实施中国地方志学科建设与人才队伍建设工程，搭建平台，组建梯队，不断壮大一流人才队伍，造就一批地方志理论研究专家和学科带头人。

4. 加强学术交流与合作。采用多种形式，推动方志界与学术界的交流互动，扩大地方志工作的影响力。定期组织方志理论研究交流活动，举办专题理论研讨会议，坚持学术年会制度。建立长期稳定的学术研讨、交流机制，以中国地方志学会、中国地方志学术年会、《中国地方志》《中国年鉴研究》等为阵地平台，充分发挥各级地方志学会（协会）和方志期刊的作用，活跃学术研究氛围。依托各级各类方志馆，建立地方志学术研究中心，拓展学术研究范围。加强与中国香港、澳门和台湾地区以及国外高等院校、科研院所、图书收藏机构等的学术交流与合作，拓宽、扩大科研合作和学术交流的领域、渠道和规模。适时召开方志学国际学术研讨会，实施方志文化走向世界工程，不断提升方志学术研究影响力和方志文化传播力。

5. 加强科研管理工作。加大科研管理工作力度，建立完善的方志学术研究规范和相关制度措施，按照有利于出成果、出人才的原则，制定全国地方志科研项目管理办法，贴近科研、服务科研、助理科研。制订、完善科研项目、学术论文、著作及获奖成果的奖励标准和管理办法，完善科研激励机制，健全激励措施，强化绩效考核，奖优汰劣、奖勤罚懒，解决“干与不干一个样，干好干坏一个样”问题。从科研工作实际出发，科学规划，做好科研经费预算，规范项目资金的使用和管理，提高资金使用效益，提升服务质量。调动各种有利因素，整合各方面学术资源，挖掘科研潜力，积极争取纵向、横向课题，推动方志学研究课题列入年度国家社会科学基金项目课题指南，鼓励、支持有关申报工作。

6. 加强科研成果宣传推介工作。利用“互联网＋”，加快推进科研与新媒体的融合发展，互促共进。不断提升研究成果的应用价值，推动科研成果的应用转化，促进研究成果更好更快地服务于地方志事业发展和经济社会发展。拓展宣传推介渠道，创新宣传推介方式手段，打造成果发布和推介的立体传播网络格局，通过综合性或专题发布会等，大力宣介具有重大理论创新、能够引领学术方向、代表学科发展水准、经得起历史和人民检验的优秀地方志科研成果，不断提升成果社会影响力，助推地方志事业发展繁荣。

四、保障措施

（一）组织保障

中国地方志指导小组及其办公室，依托中国地方志学会和各类学术期刊等阵地、平台，具体负责统筹规划、组织协调、督促指导全国地方志系统的科研工作。各省级地方志工作机构、有关系统和部门应加强对科研工作的领导，加大投入力度，创造良好的科研环境，确保出成果、出人才，推动科研工作不断迈上新台阶。

（二）经费保障

中国地方志指导小组及其办公室、中国地方志学会统筹安排，设置科研工作专项研究资金，资助专项课题研究，资助出版有较高学术价值和研究水准的方志学术成果。各省级地方志工作机构、有关系统和部门应根据各自实际，积极争取财政资金支持，设置相应专项资金，保障科研工作发展需要。

（三）人才保障

统筹推进研究人才队伍、管理人才队伍和科研支撑人才队伍建设。充分挖掘现有队伍潜力，注重专业技术人才的引进与培养，加大开展学历教育、专业培训、学术交流等活动的力度，将科研和管理两促进，将管理和服务相统一，建设一支懂科研、擅管理、高效率的科研管理队伍。

（四）制度保障

遵循科研工作规律，强化制度建设，使科研工作健康开展、不断发展有规可循、有矩可依。逐步建立、完善科研成果报偿制度、资源配置制度、学术评价制度和课题项目资助制度，做到“政策明、条文准、程序清”。加强中国地方志指导小组及其办公室与各省级地方志工作机构、有关系统和部门的联系和制度对接，建立联动机制，共同构建年度科研评价指标体系，形成正确的科研导向。建立健全科研绩效考核制度，加强激励制度建设，进一步激发科研工作者的积极性和创造性，最大限度地解放科研生产力，推动地方志科研工作的健康发展。

关于加强全国地方史志期刊工作的意见

中指组字〔2016〕10 号

各省（自治区、直辖市）地方志编委会（办公室），新疆生产建设兵团志办公室，全军军事志指导小组办公室，武警部队政治部编研部：

为贯彻落实国务院办公厅《全国地方志事业发展规划纲要（2015—2020 年）》，进一步加强全国地方史志期刊工作，中国地方志指导小组办公室制定了《关于加强全国地方史志期刊工作的意见》。现印发给你们，请认真贯彻执行。

中国地方志指导小组

2016 年 12 月 30 日

关于加强全国地方史志期刊工作的意见

根据国务院《地方志工作条例》和国务院办公厅《全国地方志事业发展规划纲要（2015—2020 年）》的有关规定，为进一步加强全国地方史志期刊工作，提升办刊水平和期刊质量，促进地方志事业科学发展，充分发挥地方史志期刊在社会主义文化建设中的重要作用，现就加强全国地方志系统史志期刊工作提出如下意见。

一、充分认识加强地方史志期刊工作的重要意义

地方史志期刊是交流工作和学术的重要平台、展示地情的重要窗口、传播方志文化的重要载体、开展理论研究的重要阵地，是学科建设的重要依托、人才培养的重要途径。加强地方史志期刊工作，是服务地方志事业发展的需要，是繁荣发展中国特色哲学社会科学的需要，是建设社会主义先进文化、坚持文化自信的需要。

新编地方志工作大规模开展以来，地方史志期刊围绕地方志事业繁荣发展，报道修志动态、交流修志经验、指导修志实践、推动理论研究、推进学科建设、宣传方志事业、弘扬优秀传统文化，在促进学术研究、传播科研成果、加强学科建设、发现培养人才等方面，发挥着不可替代的作用。截至 2016 年年底，全国地方史志期刊发展到 200 多种，28 个省级地方志工作机构创办了期刊，地方史志期刊发展呈现出数量大、种类多、覆盖广、作用和影响不断扩大的良好局面。但也应该看到，在地方志事业转型发展的新形势下，全国地方史志期刊工作还存在重视程度不够、发展不够平衡、规划不够到位、管理不够规范等问题。各地区、各部门要把握地方志事业发展的新形势，充分认识地方史志期刊在地方志事业发展和社会主义文化建设中的重要地位和作用，切实加强地方史志期刊工作，进一步推动地方史志期刊繁荣发展。

二、指导思想与基本原则

（一）指导思想

高举中国特色社会主义伟大旗帜，以马克思列宁主义、毛泽东思想、邓小平理论、“三个代表”重要思想、科学发展观为指导，全面贯彻党的十八大、十八届历次全会精神和习近平总书记系列重要讲话精神，认真贯彻落实国务院《地方志工作条例》、国务院办公厅《全国地方志事业发展规划纲要（2015—2020年）》，遵循办刊规律，解放思想，实事求是，锐意进取，改革创新，服务地方志工作，推进地方志事业，传播方志文化，为增强文化自信作出贡献。

（二）基本原则

1. 坚持正确政治方向和学术导向。坚持走中国特色社会主义文化发展道路，坚持为人民服务、为社会主义服务的方向；坚持以先进理论和先进文化为导向，以马克思主义世界观和方法论指导地方史志期刊工作；不断增强阵地意识、责任意识、精品意识、忧患意识、改革意识，弘扬主旋律，传播正能量。

2. 坚持质量第一。严格遵守国家新闻出版管理的法规规章，坚决执行国家期刊管理相关质量标准要求，遵守期刊编辑出版规范；提高地方史志期刊编校质量；加强编辑队伍建设，着眼学科发展前沿，加强地方志理论研究，努力推出具有指导意义、创新价值的地方志理论成果。

3. 坚持百花齐放。立足地方志领域，明确期刊定位，突出期刊特色，百花齐放，百舸争流，全面发展；坚持开门办刊，创新办刊，增强学术性，体现实用性，提高可读性，全面提升地方史志期刊社会传播力和学术影响力。

4. 坚持服务主业。紧密结合地方志工作实际，总结交流编纂实践经验，推动理论研究和学科建设，培养人才队伍，服务地方志事业大局；加强地情资源整理开发，加大地方文化宣传力度，服务经济社会发展大局。

三、总体目标与主要任务

（一）总体目标

到2020年，基本形成以《中国地方志》《中国年鉴研究》等为龙头，以省级地方史志期刊为主体，包括市、县级地方史志期刊在内的层次分明、特色鲜明的地方史志期刊集群。推动地方史志期刊数量稳步增长，办刊质量显著提升，培育和打造一批办刊特色鲜明、学术水平高、编校质量精良的地方史志精品期刊。通过加大投入，整合资源，规范管理，建立健全交流、协作、研讨、培训机制。构建统一、开放、共享的地方史志期刊数字化、智能化平台，不断扩大地方史志期刊的整体优势，提升学术影响力、社会影响力、文化传播力，提高知名度和公认度。

（二）主要任务

1. 完善期刊布局。适应地方志事业发展需要，推动地方史志期刊繁荣发展。省级地方志工作机构应当创办地方史志期刊，有条件的市、县级地方志工作机构可创办地方史志期刊，逐步形成以《中国地方志》《中国年鉴研究》等为龙头，以省级地方史志期刊为主体，以公开发行地方史志期刊为骨干，包括市、县级地方史志期刊在内的层次分明、特色鲜明的地方史志期刊群体，不断扩大整体优势。

2. 健全制度规范。遵循期刊办刊规律，强化制度建设，完善编审制度，严格审稿流程。建立、完善地方史志期刊编辑出版规范和质量保障机制，制订地方史志期刊编辑管理、编辑流程、行文规范、出版质量管理等制度规范，建立、完善期刊出版事后审读制度、出版质量评价制度、年度核验制度和出版从业人员资格管理制度，使地方史志期刊工作有章可循、有规可依。

3. 提升办刊水平。关注新编地方志工作重大理论和实践问题，围绕地方志理论和方志学基本问题，办好特色版面，推出专题板块，刊发主题文章，引领方志学学科体系、话语体系、学术观点和科研方法的创新。加强地方史和地域文化研究，努力推出一批高质量的地情研究成果。加大名刊、名栏建设力度，实施名刊工程，培育和打造一批质量好、有特色、影响大的地方史志精品期刊，争取地方史志期刊进入国内权威期刊评价系统的核心期刊名录，提升地方史志期刊的学术影响力和文化传播力。

4. 推进特色办刊。解放办刊思想，转变办刊理念，探索办刊新路子，努力突出特色，增强地方史志期刊的活力和竞争力。学术类期刊应重点关注理论研究和编纂实践中的重大问题，刊发构建方志学学科体系、学术体系和话语体系的系列成果，引导学术研究方向，推动理论创新和学科建设；工作类期刊应加强修志编鉴写史业务研究，增强对实践工作的指导性和实用性；文史类期刊应着力挖掘地方历史文化内涵，开发地情资源，弘扬地域优秀文化。

5. 创新开发利用。加强地方史志期刊数字化、信息化建设，依托全国地方史志期刊资源，建成全国地方史志期刊资料数据中心，为方志学学科建设服务，为地方志事业发展服务，为经济社会发展服务。加强地方史志期刊数字出版和网络传播能力建设，加快推进地方史志期刊与新媒体的融合发展，利用刊网融合互动优势，提高地方史志研究成果的传播水平和传播效率，提升地方史志期刊传播、服务能力。

6. 加强人才队伍建设。重视人才培养和使用，加强专兼职结合、专业和年龄结构合理的人才队伍建设，培养一支高素质的地方史志期刊编辑队伍。组织、联系地方志系统、高等院校、科研院所以及海外学术机构等方志研究力量，吸引优秀作者，培育理论研究队伍，造就一批地方志理论研究专家和学科带头人。

四、保障措施

（一）加强组织领导。各级地方志工作机构应根据“一纳入、八到位”的要求，明确职责职能，进一步落实主办、主管责任，根据国家关于期刊出版管理、期刊出版质量管理等规定，加强对地方史志期刊工作的领导、管理。地市级（含）以上地方志工作机构要根据德才兼备原则和期刊工作专业化要求，把方向正确、知识面广、学问扎实、甘愿奉献的优秀人员选派到期刊编辑部，配齐配强期刊采编队伍并保持相对稳定。

（二）完善工作机制。中国地方志指导小组及其办公室依托期刊处和中国地方志学会史志期刊研究会，建立全国地方史志期刊交流、协作、研讨、培训机制；建立地方史志期刊交流平台，商讨重大问题，做好顶层设计。各地区应根据期刊的主管级别、办刊宗旨、刊载内容，完善相关制度，加强指导，形成分级分类管理与指导的体制机制。

（三）强化队伍建设。培育作者队伍，不断提升撰稿、投稿质量，建立地方史志期刊专家库。完善期刊编辑培训制度，分级、分类对地方史志期刊编辑进行专业培训，提高编辑人员的业务水平和职业素养；力争将期刊编辑培训纳入到国家期刊管理部门、期刊行业协会及有关科研机构的培训项目中，实现期刊编辑人员培训工作规范化、常态化。推动建立期刊编辑资格准入、持证上岗制度，通过引进人才、加大培训力度等形式，造就一批网络时代的期刊管理、编辑和运营人才。按照国家有关规定开展优秀期刊、编辑评选表彰活动，建立激励机制，增强职业荣誉感。

（四）改善办刊条件。省级地方志工作机构以及有条件的市、县级地方志工作机构应将史志期刊工作经费纳入本部门经费预算，保障地方史志期刊工作必要的办公条件、业务经费。积极争取各级政府对地方史志期刊工作给予专项经费支持，保证地方史志期刊工作正常运行。积极争取有关基金项目的资助，改善办刊条件。加强经费使用管理和监督，做到专款专用，提高经费使用效益。根据期刊编辑工作实际，按照国家有关规定发放稿费、编辑费等相关费用。

中共北京市委办公厅　北京市人民政府办公厅关于印发《北京市地方志事业发展规划纲要（2016—2020年）》的通知

京办发〔2016〕26号

各区委、区政府，市委、市政府各部委办局，各总公司，各人民团体，各高等院校：

2010年12月，本市制定并印发了《北京市地方志工作规划纲要（2011—2020年）》（京办发〔2010〕30号，以下简称"原规划纲要"），在各区、各部门、各单位的共同努力下，纲要实施工作取得了积极进展。2015年8月，国务院办公厅印发了《全国地方志事业发展规划纲要（2015—2020年）》（国办发〔2015〕64号），为抓好该文件的贯彻落实工作，推动本市地方志事业取得更大成效，在原规划纲要基础上，经认真研究，制定了《北京市地方志事业发展规划纲要（2016—2020年）》（以下简称《纲要》）。经市委、市政府同意，现将《纲要》印发给你们，请认真组织实施，原规划纲要不再继续执行。

中共北京市委办公厅
北京市人民政府办公厅
2016年6月30日

北京市地方志事业发展规划纲要（2016—2020年）

社会主义新方志编纂是一项全国性文化基础建设工程，也是首都文化建设的一项长期任务。本市自1988年启动第一轮地方志编纂以来，地方志各项工作得到全面推进。完成第一轮《北京志》154部分志、18部区（县）志的编纂任务。2009年全面启动第二轮修志工作，出版了《北京奥运会志》等一批地方综合年鉴、专业年鉴、特色志书和地情丛书，取得了一批理论研究和开发利用成果，建设了一批以北京市方志馆为代表的基础设施，形成了一支专兼职、老中青相结合的修志人才队伍，构建了地方志组织编纂、管理和开发利用有效结合的工作格局。

为贯彻《全国地方志事业发展规划纲要（2015—2020年）》和《北京市国民经济和社会发展第十三个五年规划纲要》精神，推动本市地方志事业科学发展，充分发挥地方志工作在首都经济社会发展和全国文化中心建设中的重要作用，根据《地方志工作条例》（以下简称《条例》）及《北京市实施〈地方志工作条例〉办法》（以下简称《办法》），结合本市地方志工作实际，特制定《北京市地方志事业发展规划纲要（2016—2020年）》。

一、指导思想与基本原则

（一）指导思想

高举中国特色社会主义伟大旗帜，全面贯彻党的十八大和十八届三中、四中、五中全会精神，以邓小平理论、"三个代表"重要思想、科学发展观为指导，深入学习贯彻习近平总书记系列重要讲话和对北京工作的重要指示精神，牢固树立创新、协调、绿色、开放、共享的发展理念，牢牢把握首都城市战略定位，按照第五次全国地方志工作会议要求，解放思想，实事求是，锐意进取，改革创新，以首善标准依法全面推动本市地方志事业繁荣发展，为建设国际一流的和谐宜居之都作出更大贡献。

（二）基本原则

1. 坚持正确方向。坚持走中国特色社会主义文化发展道路，坚持为人民服务、为社会主义服务的方向，通过修志编鉴和开发利用地方志成果，为弘扬传统文化、建设全国文化中心提供有力支撑，为培育和践行社会主义核心价值观提供丰富、优秀的精神文化产品。

2. 坚持依法治志。市、区两级地方志工作机构要认真落实《条例》及《办法》，依法履行组织、指导、督促和检查地方志工作职责，社会各界依法参与和提供支持，建立依法修志的长效机制。

3. 坚持科学发展。以修志编鉴为主业，进一步做好地方志组织编纂、管理和开发利用工作，实现地方志事业全面协调可持续发展。

4. 坚持改革创新。继承和弘扬中华民族修志的优良传统，总结和汲取第一轮、第二轮修志经验，深化改革，与时俱进，推动理论创新、制度创新、管理创新、方法创新。

5. 坚持质量第一。存真求实、确保质量，正确处理质量与进度的关系，严把政治关、史实观、体例关、文字关、出版关，将质量意识、精品意识贯穿于地方志工作的全过程，打造无愧于时代、无愧于人民、无愧于历史、无愧于民族的精品佳作。

6. 坚持修志为用。把不断提高地方志工作服务经济社会发展的能力作为地方志事业发展的出发点和落脚点，全面提升地方志开发利用水平和服务大局能力，为党政机关、社会各界和人民群众服务；加大宣传力度，提高全社会读志用志水平。

二、总体目标

到2020年，全面完成第二轮修志规划任务，实现市、区两级综合年鉴全覆盖，加快信息化和方志馆建设，做好第三轮修志工作准备，加强对社会修志的指导和管理，建立具有首都特色的地方志编修体系、理论研究体系、质量保障体系、资源开发利用体系、工作保障体系“五位一体”的综合体系，开创本市地方志事业发展新局面。

三、主要任务

（一）全面完成第二轮修志规划任务，为启动第三轮修志打好基础

2020年前，完成第二轮《北京志》67部分志和18部区（县）志的编纂和出版任务，高质量地推出一批体现时代特征、首都特色的精品佳作，并为启动第三轮修志做好准备工作。

1. 加强制度化建设。全面梳理总结修志中形成的各项规章制度，结合新形势、新情况、新问题，适时制定一批新的规章制度，逐步完善规章制度体系。

2. 健全志书质量保障体系。严格执行《地方志书质量规定》，建立质量管理、质量监督、质量评议、审查验收等制度，加强修志人员业务培训，落实篇目论证和备案制度，做好资料收集和考证工作，完善承编单位编纂机构、承编单位编纂委员会、市地方志编纂委员会分级把关、各负其责的三审定稿制度，确保志书观点正确、体例严谨、内容全面、特色鲜明、记述准确、资料翔实、表达通顺、文风端正、印刷规范。

3. 创新组织运作模式。进一步明确志书指导人员的工作职责和任务，全面规范指导人员的工作。继续实行主编负责制，保持主编人员相对稳定。按阶段目标分解年度工作任务，科学制定工作计划，有序推动工作落实。

4. 做好启动第三轮修志准备工作。全面总结第一轮、第二轮修志工作经验，组织志书评比，宣传利用修志成果，开展读志用志活动；在此基础上，认真研究第三轮修志的组织管理、运作模式、续修方式等，适时启动第三轮修志工作。

（二）统筹全市年鉴事业发展，提升年鉴编纂工作质量和水平

研究制定各级各类年鉴发展规划，建立和完善年鉴出版质量管理制度，进一步提升年鉴编纂质量。加强对全市年鉴编纂工作统筹，实现资源共享和互补，组织推动各区、各部门、各单位继续办好以《北京年鉴》为代表的各级各类年鉴。

1. 组织推动编纂出版各级各类年鉴。市、区综合年鉴由市、区两级地方志工作机构组织编纂，一年一鉴，公开出版。各部门、各单位要积极创造条件，编纂专业（部门、行业）年鉴。

2. 提升年鉴编纂和出版质量。严格执行《地方综合年鉴编纂出版规定》，根据经济社会发展实际，突出首都特色和年度特点，抓好编纂、出版各个环节，不断提高资料价值和出版质量，努力打造精品年鉴。

3. 统筹年鉴事业发展。加强年鉴编纂工作指导，组织业务培训，定期开展质量评比，推动交流合作，加大优秀年鉴宣传力度，提高年鉴事业发展水平。

（三）加强方志馆和地方志资料信息化建设，提高网络化、数字化水平

加强各类方志馆（室）、地情资料库等基础设施建设，提高地方志资料信息化水平，夯实硬件、软件工作基础。

1. 加强方志馆（室）建设。要将本市方志馆建设成为地方志、地情资料的收藏展示中心，市情、地情的研究咨询中心，地方文化的交流活动中心和爱国家、爱家乡、爱岗位的教育基地。《北京志》各承参编单位要建设资料室，妥善保管地方志资料。各区要把方志馆及乡镇（街道）、村（社区）史馆的建设纳入到公共文化服务体系建设当中，积极推进数字方志馆建设，有条件的区要尽快建成方志馆。

2. 加强地方志资料建设。充分发挥资料收（征）集制度和互联网的作用，运用社会调查、口述史等方法，大范围、多渠道地收（征）集与本市有关的地情资料，健全完善能够全方位适应地方志编纂、地方志事业发展和方志文化建设需要的地方志资料保障机制。各区、《北京志》各承参编单位要建立资料收（征）集、保管、使用等制度，使地方志资料管理规范化、制度化。

3. 加快地方志信息化建设。研究制定本市地方志事业信息化发展意见。应用现代信息技术，完善“北京地情资料网”，建立地方志全文数据库，实现馆藏资源数字化。探索建设本市地方志网络编纂平台和方志新媒体传播平台，加快建设各区地情资料网和《北京志》各承参编单位修志网站，为社会各界提供开放便捷的查阅、咨询服务。

（四）活跃学术研究氛围，推动地方志理论研究

围绕地方志工作实践，深入开展地方志理论研究，推进地方志学科建设，为地方志事业可持续发展提供理论支撑，并及时转化研究成果，指导地方志工作。服务国家文化“走出去”战略和全国文化中心建设，增强本市方志文化影响力。

1. 创新学术研讨形式。在全市营造浓厚的学术研讨氛围，采取选定研究课题，通过组织专人研究或招标等多种形式，深化地方志理论研究。坚持理论研究与指导实践相结合，探讨和解决地方志事业发展遇到的重大问题。

2. 加强理论研究合作。发挥好北京地方志学会的交流合作平台功能，积极与高等院校、科研机构等进行长期合作，探索常态化合作方式和途径，定期组织学术年会和学术论坛。开展与外省区市、港澳台地区及国外的学术交流活动，拓展地方志理论研究的深度和广度。

3. 提升地方志期刊质量。加强对本市地方志刊物的调研和指导，稳步提升地方志期刊的办刊水平和质量。进一步明确和规范各级各类地方志期刊的办刊思路、功能定位，结合本市实践，定期推出具有较高学术研究水平、较强实践指导意义的方志、年鉴理论文章。

（五）推动地方志资源开发利用，服务首都经济社会发展

发挥地方志在公共文化服务中的重要作用，积极探索地方志资源开发利用的新模式和新方法，推动本市地情研究，丰富地方文化。加强对地方志资源的深加工，拓宽服务渠道，增强服务功能，创新服务手段，更好地贴近经济社会发展实际，贴近人民群众需要。

1. 科学合理地开发利用地方志资源。挖掘地方志资源的现实和历史价值，开发利用现有志书、年鉴及编纂过程中收集的地情资料，推

出一批人民群众喜闻乐见、有较大社会影响力的地情文化丛书。发挥地方志的智库作用，组织开展全市地情状况、历史文化资源和风俗民情的系统调查，推出高水平的信息咨询服务、研究成果和政策建议，服务领导机关决策，服务社会各界。做好北京市第二次全国地名普查成果转化相关工作。

2. 鼓励编纂规划外志书。启动乡镇（街道）志、村（社区）志组织编纂工作，做好名镇志、名村志组织编纂工作，鼓励引导社会机构和个人组织编纂行业志、企业志、学校志、山水志等各类规划外志书，并依法进行管理、规范、指导和服务。

3. 推动旧志整理出版。编制全市旧志整理规划，编辑旧志联合目录。加强与高等院校、科研机构、公共图书馆、档案馆等单位的交流与合作，开展旧志点校、辑佚、整理、研究等工作。继续按计划出版《北京旧志汇刊》丛书。

4. 提升地方志文化建设。发挥地方志资源在地方公共文化服务中的重要作用，推动方志文化进机关、进农村、进社区、进校园、进企业、进军营，推动城乡方志文化建设，展示北京历史文化变迁，培育北京历史记忆。

（六）营造有利于人才成长的环境，提升修志队伍素质

组织实施地方志人才培养工程，加强专兼职结合、结构合理的人才队伍建设，培养和引进一批高端人才，建设一支高素质的地方志编修、研究和管理队伍，弘扬修志问道、直笔著史的方志人精神。

1. 完善人才培养工作机制。制定地方志人才培养规划，探索地方志人才培养、引进等政策和措施，加强市、区两级地方志专家库建设，选拔培养从事地方志事业的高素质人才，为其营造良好的工作环境。

2. 加强教育培训工作。完善培训制度，加大培训力度，与高等院校、科研机构及有关部门合作，分级实施对地方志机构新任负责人、志鉴主编（总纂）的专项培训，实现修志编鉴人员岗前培训全覆盖。同时，对地方志专业人员进行定期岗位培训和继续教育，促进其不断丰富更新知识、提高业务素质。

3. 聘请老同志和专家参与修志编鉴工作。可以聘请熟悉情况、经验丰富的退休老同志参加修志编鉴工作，按有关规定给予相应的报酬和提供必要的办公条件。同时，注意吸收高等院校、科研机构等相关学科的专家学者参与地方志工作。

四、保障措施

（一）加强法制建设，推进依法治志

1. 加强法制宣传和培训。面向社会宣传有关地方志的法规规章，使各级领导、各有关部门和社会各界树立依法治志的意识。把相关法规规章列入有关领导、地方志工作人员的教育培训内容，定期开展法制教育，增强其依法治志的主动性和自觉性。

2. 提高依法行政水平。市、区两级地方志工作机构要按照《条例》及《办法》，依法履行组织、指导、督促和检查地方志工作的职责，建立健全配套制度体系，进一步规范地方志工作；联合相关部门依法定期对本行政区域地方志工作开展执法检查和行政督查，细化检查标准，突出检查重点，增强检查实效，着力解决地方志工作中的突出问题。另外，市地方志工作机构要规范“以行政区域名称冠名的地方志组织编纂许可”的程序和流程，将社会修志纳入法制化轨道。

（二）完善领导体制，健全工作机构

1. 加强领导。坚持和完善“党委领导、政府主持、地方志编委会及其办公室组织实施、社会各界广泛参与”的工作体制，把地方志工作纳入区域经济社会发展规划和各级政府工作任务，切实做到认识、领导、机构、编制、经费、设施、规划、工作到位。各区、《北京志》各独立承编单位要成立编纂委员会，行政主要领导任编委会主任，作为修志工作第一责任人，同时明确一名分管领导具体负责地方志工作，确保领导到位。由两个以上单位承编一部志书的，要成立联合编纂委员会。

2. 健全工作机构。地方志工作机构的设置和人员编制，要与其有效履行职能、顺利开展

工作的要求相适应。按照德才兼备的原则，配齐配强地方志工作机构的领导班子，并形成合理的年龄梯次结构。承担修志任务的单位要明确专门的工作机构承担地方志工作，并根据所承担的任务和工作量，配备一定数量的专职工作人员。完善主编负责制，建立一套行之有效的主编选聘和任用机制。

（三）保障经费投入，改善工作条件

1. 地方志工作所需经费要纳入财政预算。市、区两级地方志工作机构所需工作经费、业务经费列入本级财政预算，保证必要投入。《北京志》各分志的编纂经费列入各承编单位的部门预算，由市财政部门核定安排。《北京志》各分志出版经费由市财政承担，区（县）志的出版经费由各区财政承担。

2. 不断改善地方志工作条件和资料收藏条件。各级财政部门要根据实际需要，结合财力，逐步加大对志鉴编纂出版、开发利用、资料收集整理和地方志数字化、网络化建设等方面的投入。

（四）健全奖惩机制，确保任务落实

定期组织表彰活动，对在地方志编纂、管理和开发利用等方面作出突出贡献的先进集体、先进个人依据有关规定给予表彰和奖励。对于违反《条例》及《办法》有关规定，以及未按规划纲要和编纂方案完成编纂出版任务的，依照有关规定予以处理。

（五）加强宣传保障，营造良好氛围

充分利用各类媒体，大力宣传地方志工作机构贯彻落实党和国家大政方针的新举措、地方志工作服务经济社会发展的新成绩、地方志工作者投身现代化建设的新贡献，为地方志工作营造良好的社会舆论氛围。

市、区两级地方志工作机构及有关部门要结合实际，制定本规划纲要实施方案，提出年度工作计划，做到年初有部署、年中有检查、年末有考核，确保实现本规划纲要提出的目标任务。

北京市地方志编纂委员会及其办公室要对本规划纲要落实和执行情况进行督促检查。

天津市人民政府办公厅关于印发天津市地方志事业发展“十三五”规划（2016—2020年）的通知

津政办发〔2016〕40号

各区、县人民政府，各委、局，各直属单位：

《天津市地方志事业发展“十三五”规划（2016—2020年）》已经市人民政府同意，现印发给你们，请照此执行。

天津市人民政府办公厅

2016年4月20日

天津市地方志事业发展“十三五”规划（2016—2020年）

地方志事业是一项重要的文化基础事业，做好地方志工作是各级地方政府管理和发展文化事业的重要职责。为促进和指导今后五年全市地方志事业科学发展，根据《全国地方志事业发展规划纲要（2015—2020年）》（国办发〔2015〕64号），结合我市实际，制定本规划。

一、发展基础

“十二五”期间，在市委、市政府的正确

领导和社会各界的关心支持下，全市地方志事业取得了新进展，为全面反映天津市情、服务经济社会发展、提升文化软实力发挥了独特作用。积极落实党委领导、政府主持、地方志工作机构组织实施、社会各界广泛参与的工作体制。市和各区县建立了以主要负责同志为主任的编修委员会，承担地方志编修任务的部门、单位做到行政一把手负责编修工作，基本形成“把史志工作纳入各地国民经济和社会发展规划、各级政府工作任务，认识、领导、机构、编制、经费、设施、规划、工作到位”（以下统称“一纳入、八到位”）的工作机制。

第二轮修志加快推进，编纂出版市志分志11部，区县志3部，专业志、山水志2部、乡镇志12部。年鉴工作创新增效，编辑出版地方综合年鉴16种90部，基本实现区域全覆盖。读志用志成效显现，编辑出版各类地情资料书23部。旧志整理成果显著，天津历史现存的9部区县旧志经整理点校后全部出版，重印了清康熙十七年《天津卫志》。方志理论研究方兴未艾，出版理论专著2部，发表论文上百篇。注重提高志书年鉴质量，出台了地方志编修流程等规范性文件。

全市修志队伍人才建设、方志资源开发利用、方志资政咨询服务扎实推进。培训专业人员上千人，修志人员业务水平不断提高。坚持专兼职人员相结合，以地方志工作机构为主体，充分发挥专家学者、社会各界人士作用，形成志书编修的合力。市方志馆和市、区县两级地方志网络初步建成。在记录当代、保存历史、传承文明、发展文化、提供经济社会发展历史借鉴和智力支持等方面作用日益明显，地方志编修已成为“为国存史”的一项重要工作。

总的来看，全市地方志事业发展有了一个较好的基础，已经站在一个新的历史起点上。但同时也存在着制约事业发展的困难和问题，主要是：第二轮修志工作进展不平衡，部分市志承修单位重视不够、修志职能不明确，保障措施不到位，影响到2020年全市修志任务的全面完成；区县级地方志机构不健全，归属不统一，有的区县人员编制被占用，区县综合年鉴未能全部公开出版；市和区县方志馆基础设施建设、信息化开发应用严重滞后；读志用志为现实服务的能力有待提高，方志文化的独特作用有待彰显等。这些问题制约了地方志事业发展，必须通过科学发展和深化改革，采取有效措施予以解决。

按照“四个全面”战略部署，党中央、国务院对地方志工作提出了新任务、新要求，习近平总书记强调“要高度重视修史修志”，李克强总理提出“修志问道，以启未来”，全国“十三五”规划纲要首次将加强修史修志列为全国重大文化工程，市委、市政府领导同志高度重视地方志工作，多次作出重要指示、批示，地方志事业迎来重要发展机遇。地方志工作要积极适应新的形势和要求，科学规划，务实创新，持续推进地方志事业健康发展。

二、指导思想与基本原则

（一）指导思想。全面贯彻党的十八大和十八届三中、四中、五中全会精神，认真落实“一纳入、八到位”的总要求，按照市委、市政府的决策部署，围绕中心、服务大局，依法全面推进全市地方志事业科学发展，为建设美丽天津提供精神动力、决策参考、信息服务和智力支持。

（二）基本原则。

1. 坚持正确方向。坚持走中国特色社会主义文化发展道路，坚持为人民服务、为社会主义服务的方向，通过编修和开发利用地方史志成果，为弘扬优秀传统文化、建设美丽天津提供有力支持，为培育和践行社会主义核心价值观提供丰富、优秀的精神文化产品。

2. 坚持依法治志。认真实施国务院《地方志工作条例》（国务院令第467号）和我市地方志工作办法，市和区县两级地方志工作机构依法履行组织、指导、督促和检查职责，其他各部门、单位和社会各界依法履行相关职责和义务。

3. 坚持科学发展。以修志编鉴为主业，统筹兼顾方志馆建设、信息化建设、旧志整理、理论研究、开发利用等工作，实现地方志事业科学发展。

4. 坚持改革创新。继承和弘扬中华民族编史修志的优良传统，认真总结经验，正确把握发展规律，深化改革，与时俱进，推动理论创新、制度创新、管理创新、方法创新，不断拓展工作领域，为公众提供优质文化资源和服务。

5. 坚持质量第一。始终把存真求实和精品意识贯穿于志鉴编纂出版工作全过程，严把政治关、史实关、体例关、文字关、出版关、进度关，编纂出版经得起历史检验、具有鲜明时代特点和地域特色的优秀史志成果。

6. 坚持修志为用。发挥史志资源优势，加快成果转化，利用现代科技手段，拓宽用志领域，全面提升开发利用水平，为党政机关、社会各界和人民群众服务。加大宣传力度，提高全社会读志用志水平，逐步形成修用结合的良性互动局面。

三、总体目标与主要任务

（一）总体目标。到2020年，全面完成第二轮修志任务，做好第三轮修志工作准备。实现市和区县两级综合年鉴全覆盖，并公开出版。全力推动方志馆基础设施建设，大力提升信息化建设水平，努力实现地方志网站升级并覆盖全市。积极组织开展编修地方史工作，加强对社会修志和编修地方史的指导与管理。基本形成基础设施建设、修志编鉴、地方史编修、理论研究、开发利用、信息化建设“六位一体”的地方志事业发展新局面。

（二）主要任务。

1. 推进依法治志。依据国务院《地方志工作条例》，积极与有关部门协商配合，尽快制定出台天津市地方志工作办法，并认真抓好法规宣传和贯彻落实。

2. 完成第二轮市级志书编修任务。加大地方志编修指导、监督、检查力度，建立和完善地方志资料收（征）集、保存、管理制度，实行地方志资料年报制度并形成常态，确保编修任务全面完成。

3. 抓好区县志书编修、乡镇街村志书编纂指导工作。全面完成区县志编修工作，指导有条件的乡镇（街道）、村（社区）开展名镇志、名村志文化工程。

4. 做好第三轮修志准备工作。研究第三轮修志的组织管理、运作模式、续修方式，为启动第三轮修志做好资料收（征）集、队伍培训和理论准备。

5. 做好年鉴编纂工作。加强对已开展和准备开展年鉴编纂工作的行业、部门、单位的业务指导和管理，确保编纂质量。地方综合年鉴实现区域全覆盖，按年度公开出版。按照国家有关规定申报开展精品年鉴评比表彰活动。

6. 启动地方史编修工作。制定实施方案，积极创造条件，牵头有关单位，开展地方史研究，将地方史编修纳入地方志工作范畴。指导有条件的区县开展地方史编写工作。

7. 加强方志馆建设。把方志馆建设纳入市和区县公共文化服务设施建设规划，积极争取改扩建立项，努力改变基础设施滞后现状。开展数字方志馆建设，实现资料数字化、传递网络化、信息共享化、使用便捷化，提高资料管理利用水平。

8. 加快信息化建设。广泛应用“互联网+”等现代信息技术，逐步实现修志编鉴数字化、网络化，建成地方史志全文数据库，面向社会提供服务。加大资金投入，不断升级完善地情网站和地情资料库软硬件设施，建设新的载体平台，构建多界面、多渠道、多元化、全方位的综合服务体系。加强地情网站和地情资料库管理，确保网络信息安全。

9. 深化方志理论研究。加强社会主义新方志和传统编史修志经验总结，用不断发展创新的理论成果指导工作实践。发挥《天津史志》期刊的作用，适时建立天津市史志学术团体，汇聚专家学者智慧，活跃学术研讨，推动理论创新，推出一批有分量的研究成果。

10. 提高史志资源开发利用水平。加强对地方志资源的深加工，拓宽服务渠道，增强服务功能，创新服务手段，更好地贴近经济社会发展实际、贴近人民群众需要。发挥地方志资源在地方公共文化服务中的重要作用，利用各类媒体广泛宣传地方志成果，推动方志文化进机关、进农村、进社区、进校园、进企业、进军营，推动城乡方志文化建设，培育地方历史记忆。

11. 扩大对外交流合作。坚持开门修志，采用多种形式，加强与国外和港澳台地区高等院校、科研机构、档案机构、图书馆等单位的交流与合作，增强我市方志文化的影响力。

四、保障措施

（一）加强组织领导。坚持和完善党委领导、政府主持、地方志工作机构组织实施、社会各界广泛参与的工作体制，全面落实“一纳入、八到位”的工作机制。市和区县地方志工作机构要加强自身建设，并与有效履行职能、顺利开展工作的要求相适应。各部门、各单位要加强组织领导，落实修志人员，保障修志条件，确保按要求完成任务。

（二）加强依法治志。严格落实《地方志工作条例》，逐步完善地方志工作法规规章。加大地方志工作法律法规的宣传、执行力度，定期开展执法监督检查，依法纠正、查处执行不力和违法行为。落实修志工作绩效考评及动态管理机制，定期检查通报工作落实情况，保障地方志事业健康发展。

（三）加强队伍保障。建立健全地方志人才培养、引进、交流的有效机制，实现修志编鉴人员岗前培训工作常态化。建立地方史志专家库，有效发挥专家学者在学术研究、志书评审、人员培训、成果转化等方面的积极作用。按照国家有关规定申报开展先进集体和先进工作者评选表彰活动，建立干事创业的激励机制。

（四）加强舆论宣传。利用各级各类新闻媒体，大力宣传地方志工作服务经济社会发展的新举措、新成绩、新贡献。深入挖掘地方志资源的现实价值、历史价值，设计宣传主题，创新宣传形式，不断推出人民群众喜闻乐见、有较大社会影响力的地方志宣传精品。

各区县、各有关部门要结合工作实际，根据本规划要求，制定本地区、本部门地方志事业发展规划或实施方案，切实加强组织领导和分类指导，加大基础设施建设和人员资金保障力度，全面提高地方志工作水平，确保全市地方志事业平稳、有序、健康发展。

天津市地方志编修委员会办公室负责对本规划的落实和执行情况进行督促检查。

河北省人民政府办公厅关于印发河北省地方志事业发展规划（2016—2020年）的通知

冀政办发〔2016〕20号

各市（含定州、辛集市）人民政府，各县（市、区）人民政府，省政府各部门：

《河北省地方志事业发展规划（2016—2020年）》已经省政府同意，现印发给你们，请认真贯彻执行。

河北省人民政府办公厅

2016年6月14日

河北省地方志事业发展规划（2016—2020年）

为贯彻落实《国务院办公厅关于印发〈全国地方志事业发展规划纲要（2015—2020年）〉的通知》（国办发〔2015〕64号，以下简称《规划纲要》）精神，充分发挥地方志工作在促进我省经济社会发展和文化强省建设中的重要作用，推进全省地方志事业全面有序发展，结合我省实际，制定本规划。

一、总体要求

（一）指导思想。全面贯彻党的十八大和十八届三中、四中、五中全会精神，围绕省委、省政府中心工作和建设文化强省任务，全面落实《规划纲要》总体目标和主要任务，坚持创新驱动、协调发展、开放治志和共享方志理念，全面推动我省地方志事业健康发展。

（二）基本原则

1. 坚持正确方向。坚持走中国特色社会主义文化发展道路，为党立言，为国存史，为民修志。发挥燕赵文化独特优势，为弘扬优秀传统文化、建设文化强省提供有力支撑，为培育和践行社会主义核心价值观提供更加丰富、更加优秀的精神文化产品。

2. 坚持依法治志。各级政府要强化开展地方志工作的法定职责意识，各级地方志工作机构要依法履行组织、指导、督促和检查地方志工作的职责，各地各部门和社会各界要依法履行相关职责和义务。

3. 坚持改革创新。在继承和弘扬我省编史修志优良传统的基础上，与时俱进，推动制度创新、管理创新、理论创新、方法创新，不断拓展地方志工作领域，丰富地方志成果表现形式。

4. 坚持科学发展。以修志编鉴为基础，统筹兼顾信息化建设、方志馆建设、旧志整理、理论研究、开发利用等工作，实现地方志事业科学发展。

5. 坚持质量第一。坚持实事求是、存真求实的科学态度，严把政治关、史实关、体例关、文字关、保密关，将精品意识贯穿于地方志工作全过程，编纂出经得起历史检验、无愧于时代要求的地方志成果。

6. 坚持修用并举。充分发挥地方志资源优势，加快地方志成果转化，提升志书资政功能，拓宽开发利用领域，拓展开发利用途径，形成修用结合、良性互动机制。

（三）总体目标。到2020年，全面完成第二轮地方志书编修规划任务，做好第三轮地方志书编修准备工作；实现省、市、县三级地方综合年鉴全覆盖，一年一鉴，公开出版；省方志馆建成并投入使用。基本形成地方志编修体系、理论研究体系、质量保障体系、资源开发利用体系和工作保障体系“五位一体”的地方志事业发展综合体系。

二、主要任务

（一）全面完成第二轮志书规划任务。到2020年，完成《河北省志》1部（72卷）和《河北省第二轮市、县（市、区）志编纂实施方案》确定的市志7部、县（市、区）志148部的编纂、出版任务，争取出版一批国家级精品志书。

完成第二轮地方志书编修任务的地方与部门，要做好第三轮地方志书编修工作的组织管理、运作模式、编纂方式、编纂体例、编纂内容的调研工作，切实做好第三轮修志工作规划与编纂方案的制定、篇目设计、资料收集、人员培训、规范性文件制发等基础工作，与全国同步启动第三轮地方志书编修工作。

（二）实现地方综合年鉴全覆盖。依法理顺地方综合年鉴工作管理体制，做到省、市、县（市、区）地方综合年鉴均由地方志工作机构组织编纂；2020年前，实现省、市、县（市、区）地方综合年鉴全覆盖，争创全国年鉴知名品牌。各级地方志工作机构要加强对各类专业年鉴编纂工作的指导。

（三）推进史志鉴编纂工作全面发展。重视地方史和全省各类专业志鉴、乡镇村志的编修工作。将地方史尤其是抗日战争史编写纳入地方志工作范畴，统一规范管理；对已开展和准备开展志鉴编纂工作的部门、单位，各级地方志工作机构要建立业务指导机制，建立健全专业志鉴备案制度，把好质量关；指导有条件的乡镇（街道）、村（社区）做好志书编纂工作，积极参与中国名镇志文化工程和中国名村志文化工程。省地方志办公室要积极推进《北京冬奥会志》的编修，完成申办卷的撰写。有条件的县（市、区）结合全国长城普查和地名普查，适时启动编写本地《长城文化志》和《地名志》。积极组织开展谱牒家训的征集和出版工作。

（四）开展旧志普查整理工作。各级地方志工作机构要加强对地情文献资料的研究，重视地方志资源的普查摸底。省地方志办公室要牵头编辑《河北旧志联合目录》，省方志馆要多渠道收集河北省现存历代旧志及谱牒家训等地情典籍；以市为单位开展旧志影印出版工作；有条件的县（市、区）要与高等学校、科研院所、公共图书馆、档案馆等加强合作，进行旧志点校、编纂旧志提要等工作，有序推动旧志整理工作的开展。

（五）深化地方志书质量体系规范建设。严格执行《地方志书质量规定》《河北省地方志书编纂质量标准》《河北省地方综合年鉴编纂规范》，推动地方志质量标准化建设，坚持和完善省、市、县三级志书评审制度，适时组织对志稿的质量抽查，进一步完善主编负责制和执行主编统稿制。

（六）加快“馆、网、库”建设进度。加快省方志馆建设，力争2016年开工，2020年建成并投入使用。有条件的市、县（市、区）要加快方志馆建设步伐，积极推动地方志工作机构与档案馆、图书馆、博物馆等相关机构的工作协调和项目合作，以多种形式推动方志馆工作。各级地方志工作机构要积极参与全国信息方志与数字方志工程建设，逐步实现地方志信息资源共享互通；充分利用已有的信息基础设施和数据资源建成涵盖省、市、县三级志书及地情资料的地情数据标准化全文数据库；大力推进各级地情网建设，积极对接全国地方志信息化工程，拓宽面向公众的方志信息服务渠道。

已建馆单位要注重丰富馆藏，在搜集收藏、开发利用、展览交流、宣传教育等方面充分发挥作用，使方志馆成为地方志和地情资料收藏展示中心、地情研究咨询中心、地方文化对外交流中心、爱国主义教育基地、公民科学素质教育基地和社会科学普及基地。

（七）充分发挥志鉴服务作用。利用志书和年鉴积累的资料，为党委、政府的中心工作服务，使地方志工作机构成为党委、政府科学决策的重要咨询部门；为地方经济社会发展服务，使地方志工作机构成为地方经济社会发展的好参谋；为社会各界服务，充分发挥地方志“一地百科全书”的作用，承载乡愁，延续文脉。各级地方志工作机构要积极开展地情研究和地方文化建设，结合实际编辑出版简志、通鉴、大事记、专题资料、实用手册等各类地情书，大力推动地方志成果进校园、进社区、进企业、进军营。

（八）全面提升队伍整体素质。各级地方志工作机构要重视人才选拔、引进、培养和使用，实行专兼职结合，形成科学合理的人才梯队。省地方志办公室要定期对全省地方志工作者进行政治理论、业务素质和业务能力培训，分级实施对地方志工作机构新任负责人、志鉴主编（总纂）的专项培训，分类组织地方志信息化、方志馆建设等业务培训，鼓励和支持从事地方志工作的人员接受专业继续教育，努力培养一支高素质的地方志工作队伍。建立省级地方志专家库，汇聚一批在全国有影响的方志理论专家。

（九）提高方志理论学术水平。充分发挥全省各级、各类方志学会、协会等学术团体的作用，建立和完善地方志理论研究学术规范，定期召开全省方志理论研讨会，与外地开展学术交流，加强学术研讨。与高等学校、科研院所和专家学者对接，开展地方志编纂、地方志事业发展等重要理论问题的研究，拓展地方志理论研究的渠道与空间。采用多种形式，加强与香港、澳门和台湾地区以及国外的高等学校、科研机构、档案机构与公共图书馆等单位的学术交流与合作。服务国家文化“走出去”战略，推介一批高质量地方志成果走向世界，增强方志文化影响力。

充分发挥方志期刊的作用，继续办好《河北地方志》等各级地方志期刊，不断增强刊物的可读性、理论性和专业性。

三、保障措施

（一）法治保障。各级政府要全面贯彻落实《地方志工作条例》和《河北省地方志工作规定》，制定具体实施办法并每年开展执法检查，依法纠正执行不力和违法行为。要按照

"法定职责必须为"的要求，强化官书官责意识，安排相应的负责同志专门负责地方志工作，分管负责同志要定期听取地方志工作汇报，具体指导地方志工作，强化责任落实。

（二）制度保障。坚持党委领导、政府主持、地方志工作机构组织实施、社会各界积极参与的地方志工作体制，坚持"一纳入、八到位"的工作机制。建立和完善目标考核责任制、督查通报制、年度绩效考评制。各级政府和部门负责同志要及时解决地方志工作中出现的困难和问题，对经督查通报改进不力的单位，及时召开调度会，提出解决方案，消除影响地方志事业发展的不利因素。

（三）机制保障。完善修志编鉴的层级指导和工作运行机制，加大依法收集地方志资料的力度，推行地方志资料年报制。逐步建立健全服务地方志书编纂、地方志事业发展和方志文化建设的地方志资料保障机制。加强与高等学校、科研院所、外省（区、市）的合作，强化教育、交流、培训等工作，建立地方志人才培训机制。

（四）组织保障。地方志工作机构的设置和人员编制，要与有效履行职能、顺利开展工作的要求相适应。按照德才兼备原则和专业要求，配齐配强地方志工作机构的领导班子。要全方位提高修志队伍的整体素质，着力解决人员队伍素质参差不齐及"断档"问题，特别是省直单位地方志兼职编纂队伍问题，努力建设年龄层次、知识结构更加合理，人员相对稳定的创新型队伍。

（五）经费保障。改善地方志工作条件和图书资料收藏保管条件，做好修志、编鉴、出版、科研、开发利用、信息化建设、资料文献保存等工作。各级政府要将地方志工作所需经费列入政府财政预算，建立同经济发展相匹配的经费保障机制。

（六）宣传保障。地方志工作机构要大力宣传党和国家的方针政策、地方志工作服务经济社会发展的新成就、地方志工作者对当地文化建设的新贡献。深入挖掘地方志资源的历史价值和现实价值，树立"共享方志"理念，大力推进"互联网+"，利用电视、报刊等媒体，用人们喜闻乐见的方式传播地方志、宣传地方志，使地方志成果更好地贴近社会发展，贴近人民群众。

各级地方志工作机构要结合实际，制定本地地方志事业发展规划或实施方案，提出年度工作目标任务并确保完成。省地方志办公室要加强全省地方志系统的信息沟通，开展规划落实和执行情况的督促检查并及时通报情况，推广各地好经验好做法，推动全省地方志事业健康发展。

附件：1.《河北省志》进度规划表
2. 河北省第二轮市、县（市、区）志进度规划表
3. 河北省县级年鉴启动规划表
（附件见 pdf 河北）

山西省人民政府办公厅关于印发山西省地方志事业发展规划纲要（2015—2020年）的通知

晋政办发〔2016〕4号

各市、县人民政府，省人民政府各委、办、厅、局：

《山西省地方志事业发展规划纲要（2015—2020年）》已经省人民政府同意，现印发给你们，请认真贯彻执行。

山西省人民政府办公厅
2016年1月7日

山西省地方志事业发展规划纲要（2015—2020 年）

为认真贯彻落实国务院办公厅《全国地方志事业发展规划纲要（2015—2020 年）》（国办发〔2015〕64 号），全面推进我省地方志事业科学发展，充分发挥地方志工作在全省经济社会发展和文化强省建设中的重要作用，结合我省工作实际，制定本规划纲要。

一、指导思想

深入贯彻党的十八大、十八届三中、四中、五中全会精神和习近平总书记系列重要讲话精神，全面落实第五次全国地方志工作会议要求和《地方志工作条例》《山西省地方志工作条例》，坚持正确方向、依法治志、全面发展、改革创新、质量第一和修志为用的基本原则，围绕省委、省政府中心工作，深入研究省情地情，加强对历史与现实相结合的重大课题的专项研究，积极开展资政育人工作，为全省经济社会发展提供可资借鉴的历史智慧和经验。

二、总体目标

到 2020 年，全面完成省、市、县三级第二轮修志规划任务，做好第三轮修志准备工作，实现综合年鉴全覆盖，广泛开展专志编纂，实现地情信息网互联和资源共享，建成省情（方志）馆，推进市、县情（方志）馆建设，进一步完善地方志机构，提高履职能力，基本形成地方志编修、理论研究和学科建设、质量保障、资源开发利用、工作保障“五位一体”的地方志事业发展综合体系，努力开创全省地方志事业发展新局面。

三、主要任务

（一）省志编纂

省地方志办公室继续组织推进第二轮《山西省志》编修工作，到 2020 年全面完成编纂出版任务。

2016 年至 2020 年要编纂出版的《山西省志》是：《总述》《省政府志》《国土资源志》《山河志》《农业志》《林业志》《水利志》《冶金工业志》《材料工业志》《国防科技工业志》《城镇集体工业志》《中小企业（民营经济）志》《测绘志》《国有资产监管志》《开发区志》《扶贫开发志》《烟草志》《旅游志》《城乡建设志》《环境保护志》《银行业志》《保险业志》《证券志》《工商行政管理志》《统计志》《共青团志》《妇女联合会志》《社会团体志》《民政志》《非物质文化遗产志》《报业志》《广播电影电视志》《审判志》《文物志》《医疗卫生志》《民族宗教志》《交通战备志》《农村信用社志》《人物志（下）》《农业科学志》《华国锋志》《名优特产志》《古戏台志》《现代书画家志》《附录》。

（二）市、县志编纂

各市、县继续组织推进第二轮修志工作，到 2020 年，全面完成第二轮市、县志编纂出版任务。

1. 市志编纂

编纂出版《太原市志》《大同市志》《朔州市志》《忻州市志》《吕梁市志》《阳泉市志》《长治市志》《运城市志》。

2. 县（市、区）志编纂

太原市：编纂出版《太原市迎泽区志》《太原市杏花岭区志》《太原市万柏林区志》《太原市尖草坪区志》《太原市晋源区志》《清徐县志》《阳曲县志》《娄烦县志》《古交市志》。

大同市：编纂出版《大同市矿区志》《大同县志》《阳高县志》《浑源县志》《灵丘县志》。

朔州市：编纂出版《朔州市朔城区志》《朔州市平鲁区志》《山阴县志》《怀仁县志》《右玉县志》。

忻州市：编纂出版《忻州市忻府区志》《五台县志》《静乐县志》《五寨县志》《岢岚

县志》《保德县志》《定襄县志》《代县志》《神池县志》《偏关县志》。

晋中市：编纂出版《晋中市榆次区志》《介休市志》《祁县志》《灵石县志》《昔阳县志》《寿阳县志》。

阳泉市：编纂出版《阳泉市城区志》《平定县志》。

长治市：编纂出版《长治市城区志》《长治市郊区志》《潞城市志》《长治县志》《襄垣县志》《屯留县志》《平顺县志》《壶关县志》《长子县志》《武乡县志》《沁县志》《沁源县志》。

吕梁市：编纂出版《吕梁市离石区志》《孝义市志》《汾阳市志》《兴县志》《临县志》《柳林县志》《石楼县志》《岚县志》《方山县志》《中阳县志》《交口县志》。

临汾市：编纂出版《安泽县志》《吉县志》《永和县志》《汾西县志》《古县志》《大宁县志》。

运城市：编纂出版《运城市盐湖区志》《永济市志》《万荣县志》。

（三）综合年鉴编纂

到2020年，全面实现省、市、县三级综合年鉴全覆盖，做到一年一鉴，公开出版。加快年鉴信息化建设，加强对综合年鉴的指导和管理。

1. 省级主要任务：以持续提高质量为目标，继续做好《山西年鉴》编纂出版工作。适时编辑英文版《山西年鉴（简本）》。

2. 市级主要任务：2016年实现市级年鉴编纂工作全覆盖，2017年全省11个市级年鉴当年编纂当年出版。

3. 县级主要任务：2016年实现年鉴覆盖率80%，2017年实现90%，2018年达到100%。

（四）旧志整理

我省历史上留存下来各级各类旧志是珍贵的历史文化遗产，也是研究我省历史文化、历史省情地情的重要文化资源。要以影印、汇刊、分类整理为重点，进一步开展旧志整理和保护工作。

1. 省级主要任务：

（1）普查历代山西方志收藏情况，编辑出版《山西旧志联合目录》《山西地方志总目提要》（多卷本）。

（2）全面收集现存历代山西省府州县志，影印出版《山西历代方志集成·省志辑》《山西历代方志集成·府州志辑》《山西历代方志集成·县志辑》《山西历代方志集成·专志辑》等。

（3）影印出版《山西稀见方志汇刊》。

（4）分类整理旧志资料，编辑出版《山西历代方志廉政文化资料汇编》《山西历代方志经济资料汇编》《山西历代方志人物资料汇编》《山西历代方志墓志碑铭资料汇编》等。

（5）整理出版嘉靖《山西通志》（点校本）。

2. 市、县级主要任务：

（1）完成省地方志办公室交办的旧志整理各项工作。

（2）整理出版本市、县的旧志。

（3）分类整理旧志资料，编辑出版本市、县旧志资料汇编。

（4）开展本市、县的旧志点校、提要、考录、辑佚等工作。

（五）专志编纂

1. 省级主要任务：

（1）继续组织推进“山西旅游景区志系列丛书”的编纂工作，及时出版具备条件的志书。主要项目包括：《山西红色文化旅游志》《平遥古城志》《云冈石窟志》《上党炎帝文化志》《酒都杏花村志》《晋国古都志》《历山志》《大唐蒲州名胜志》《皇城相府志》《洪洞大槐树志》《沿黄风景名胜志》《吕梁风景名胜志》《大同风景名胜志》《临汾风景名胜志》《运城风景名胜志》《忻州风景名胜志》《晋中风景名胜志》《长治风景名胜志》《晋城风景名胜志》等。

（2）组织启动和开展“山西省级专志系列丛书”的编纂工作。主要项目包括：省管大型企业、重点院校、重点科研院所、重点医院、重点工程、重大事项、重大活动等部门、行业、专业志书。省直各单位可根据本部门实际，开展专业志编纂工作。

2. 市、县级主要任务：

（1）根据本地实际，组织启动编纂出版市县级专志系列丛书，包括部门志、行业志、专业志等。

（2）协同省地方志办公室开展属地“山西旅游景区志系列丛书”等专志编纂工作。

（六）开发利用

1. 省级主要任务：

（1）继续按年度序列研创出版《山西省情报告》蓝皮书。

（2）继续按年度编纂《山西重点工程大事志》。

（3）适时启动编纂《山西大百科全书》。

（4）利用地方志成果，开展国际交流与合作，向世界宣传山西，让山西走向世界。

2. 市、县级主要任务：

结合本地实际，以编写简志、历史读物和开展重大专题研究等方式，进一步挖掘地方志资源，积极为党委、政府中心工作服务，为经济社会发展和文化建设服务。

（七）地情资料编纂

1. 省级主要任务：

（1）继续整理出版“民国山西系列丛书”。

（2）整理并影印出版《侵晋日军第一军日志》。

（3）整理出版《西沟档案》。

（4）组织开展家谱、族谱的搜集整理工作。

（5）适时启动编纂《山西文化通览》。

2. 市、县级主要任务：

结合本地实际，组织开展形式多样的市情、县情资料编纂，努力推出一批地情资料新成果。

（八）乡镇（街道）村（社区）志编纂

编纂乡镇（街道）村（社区）志，是传承和抢救乡土文化、服务基层经济社会发展的重要文化工程。省、市、县地方志工作机构要协作发挥专家队伍优势，指导推进全省乡镇（街道）村（社区）志的编纂工作。

1. 省级主要任务：

（1）继续编纂出版“山西省村志系列丛书”。

（2）组织编纂出版“山西历史文化名镇志丛书”“山西历史文化名村志丛书”。

2. 市、县级主要任务：

要加强对乡镇（街道）志、村（社区）志编纂的指导、管理和审查验收。

（九）地方史编写

1. 省级主要任务：

（1）组织编写《山西通史》《山西简史》。

（2）组织编写出版《山西史话》。

（3）加强口述史资料搜集和研究。

2. 市、县级主要任务：

（1）各市组织编写出版市通史、史话。有条件的县（市、区）组织编写出版县（市、区）县史、史话。

（2）各市、县要有重点、有目标地开展本行政区内口述史资料征集和研究工作。

（十）理论研究

1. 以首轮和第二轮修志工作经验回顾总结为主题开展研究交流。

2. 分期分批开展省志、市志、县志编纂理论研讨。

3. 组织开展全省年鉴理论研究讨论。

4. 适时组织开展第三轮修志理论研讨。

5. 组织编写省、市、县三级志书和综合年鉴编纂理论教材，编写志鉴编写实用手册。

6. 继续办好《史志学刊》，力争跨入全国核心期刊行列。

7. 充分发挥地方志学会、年鉴研究会的作用，举办学术年会、专题研讨、文化讲座等，活跃学术氛围。

8. 各市要办好地方志期刊，提高为修志服务的意识，加大为修志服务的力度，发挥修志理论阵地、信息窗口和联系纽带作用。

9. 要以解决关系我省经济社会发展全局和长远发展的基础性、战略性、前瞻性的重大发展问题为着力点，确定一批有经济时效性、有社会影响的科研选题，开展专题攻关，充分发挥省情地情智库作用。

（十一）信息化建设

充分利用已有信息基础设施和数据资源，按照“统一规划、统一标准、分级建设、资源共享、安全保密”的原则，加快全省地方志信息化建设步伐。至2020年，形成覆盖省、市、县三级地方志机构的地方志网站集群，实现地方志资源共享，为各级党委、政府提供信息支撑，向社会提供优质服务。

1. 省、市、县三级方志网站纳入本级政府网站序列。

2. 优化结构、改进栏目、充实信息，全面提升山西省地方志网的水平和质量，使之成为集专业性、时效性、实用性为一体的全省地方志工作的信息中枢。

3. 到2017年，11个设区市要建成地方志网站，并实现省级网站与市级网站的互联互通，提高文件传递、工作推进、业务沟通、稿件交流的传输效率。

4. 各县要在2020年建成本行政区域地方志网站，实现省、市、县三级地方志网站互联互通。

（十二）方志馆建设

1. 大力推进方志馆建设，建设山西省方志馆。各市应积极推进本市的方志馆建设。有条件的县（市、区）也要建设县级方志馆。

2. 以各级各类地方志成果为依托，建设山西省数字方志馆。

四、保障措施

（一）法治保障。贯彻落实《地方志工作条例》及《山西省地方志工作条例》，定期开展执法监督检查。有条件的市要完成地方立法工作，逐步建立健全我省地方性法规规章。

（二）组织保障。坚持和健全党委领导、政府主持、地方志工作机构组织实施、社会各界广泛参与的工作体制，把地方志工作纳入到地方经济社会发展规划之中，做到认识到位、领导到位、机构到位、编制到位、经费到位、设施到位、规划到位、工作到位。地方志工作机构设置和人员编制要与其有效履行职能、顺利开展工作的要求相适应，按照德才兼备原则和专业要求，配齐配强地方志工作机构的领导班子。

（三）制度保障。健全和完善目标考核责任制、督查通报制、主编（总纂）责任制，强化责任落实；健全和完善地情资料收（征）集及管理制度、业务培训制度、志鉴稿审查验收制度、出版报送备案制度，形成有利于地方志工作良性发展的制度体系。

（四）经费保障。将地方志工作所需经费列入本级人民政府财政预算，建立健全同经济发展相匹配、同开展地方志工作需求相适应的财政保障机制。加大投入力度，改善工作条件，配备符合地方志工作需要的现代化设施设备。

（五）队伍保障。按照政治过硬、业务精通、吃苦耐劳的要求，建设一支专职为主、专兼结合、结构合理的修志队伍。高标准、严要求，充实各级地方志工作机构的业务工作人员。建立省级、市级地方志专家库。完善教育培训制度，分级实施对地方志工作机构新任负责人、志鉴主编（总纂）的专项培训，实现修志编鉴人员岗前培训全覆盖、培训工作常态化。建立健全评比表彰激励机制。按照国家及省有关规定，定期开展先进集体、先进工作者、优秀成果评选表彰活动。弘扬修志问道、直笔著史的方志人精神，激励广大地方志工作者爱岗敬业、无私奉献，营造干事创业的良好氛围。

内蒙古自治区人民政府办公厅关于印发地方志事业发展实施方案（2016 年—2020 年）的通知

内政办发〔2015〕141 号

各盟行政公署、市人民政府，自治区各有关委、办、厅、局，各大企业、事业单位：

经自治区人民政府同意，现将《内蒙古自治区地方志事业发展实施方案（2016 年—2020 年）》印发给你们，请结合实际，认真组织实施。

内蒙古自治区人民政府办公厅
2015 年 12 月 23 日

内蒙古自治区地方志事业发展实施方案（2016 年—2020 年）

根据《国务院办公厅关于印发全国地方志事业发展规划纲要（2015—2020 年）的通知》（国办发〔2015〕64 号）精神，为推进地方志事业科学发展，充分发挥地方志工作在全区经济社会文化发展中的重要作用，全面完成第二轮修志任务，结合自治区地方志工作实际，现制定本方案。

一、指导思想与基本原则

（一）指导思想。

以党的十八大和十八届三中、四中、五中全会精神为指导，按照中国地方志指导小组第五次全国地方志工作会议部署，认真落实国家“一纳入、八到位”，即把地方志工作纳入国民经济和社会发展规划、各级人民政府工作任务之中，做到认识到位、领导到位、机构到位、编制到位、经费到位、设施到位、规划到位、工作到位的总体要求，解放思想，实事求是，锐意进取，改革创新，依法全面推动全区地方志事业科学发展。

（二）基本原则。

坚持正确方向，通过编修和开发利用地方志成果，为培育和践行社会主义核心价值观提供丰富、优秀的精神文化产品；坚持全面发展，以修志编鉴为主业，统筹兼顾理论研究、开发利用、信息化建设、方志馆建设、旧志整理等工作，实现地方志事业全面协调可持续发展；坚持改革创新，继承和弘扬中华民族修志的优良传统，推动理论创新、制度创新、管理创新、方法创新；坚持质量第一、存真求实，将精品意识贯穿于地方志编纂出版工作全过程，使编纂出版的地方志成果，经得起历史检验、具有鲜明时代特征、地域特色和民族特色；坚持修志为用，发挥地方志资源优势，全面提升开发利用水平，拓宽用志领域，提高全社会读志用志水平；坚持数字发展，利用“互联网 +”等先进信息技术，整合全区地方志资源，提供便捷高效的信息服务。

二、总体目标与主要任务

（一）总体目标。

到 2020 年，全面完成全区第二轮修志规划任务，实现自治区、盟市、旗县（市、区）三级综合年鉴全覆盖，加快方志馆建设，进一步做好第三轮修志的准备工作，基本形成地方志编修体系、理论研究体系、质量保障体系、资源开发利用体系、工作保障体系“五位一体”的地方志事业发展综合体系，开创地方志事业发展新局面。

（二）主要任务。

1. 全面完成第二轮修志规划任务。目前，通辽市、乌海市、兴安盟、阿拉善盟已完成二轮修志任务，呼伦贝尔市、锡林郭勒盟、乌兰察布市、包头市、鄂尔多斯市、巴彦淖尔市正在编纂中，呼和浩特市、赤峰市已启动二轮修志工作，各有关部门的修志工作形势严峻、问题突出、难度较大，部分还没有启动二轮修志工作。各盟市的二轮修志任务要在2018年全部完成，各旗县（市、区）的二轮修志任务要在2016年全部启动，到2019年基本完成。各有关部门承编的分志任务要在2016年全部启动，到2019年全面完成。自治区、盟市、旗县（市、区）三级地方志工作机构要在2019年全面完成出版任务。在抓紧完成第二轮修志任务的同时，全面总结第一轮、第二轮修志工作经验，认真研究修志工作的组织管理、运作模式、续修方式，为启动第三轮修志，做好资料收（征）集、队伍培训及理论准备等工作。

2. 大力推进地方综合年鉴工作。到2020年，自治区、盟市、旗县（市、区）三级综合年鉴全部由各级地方志工作机构组织编纂，一年一鉴，公开出版。各有关部门要确保有稳定的修志机构或修志人员，按时完成年鉴出版工作。全区未启动年鉴编纂的55个旗县（市、区）要在2018年前全部编纂出版，自治区、盟市、旗县（市、区）三级综合年鉴出版工作要在2020年前完成全覆盖。自治区三级综合年鉴争取在全国版协年鉴质量评比中获奖，并争创1至2个全国知名年鉴品牌。

3. 重视专业志鉴和地方史编纂工作。各级地方志工作机构要加强对专业志鉴编纂工作的业务指导，积极响应中国名镇志、名村志文化工程，加强对地方史编写工作的研究，争取尽快将地方史编写纳入地方志工作范围。

4. 加快地方志信息化建设。按照统一规划、统一标准、分级建设、资源共享、安全保密的原则，制定全区地方志事业信息化发展的意见。各盟市地方志工作机构要加快并完善地方志信息化建设。各旗县（市、区）地方志工作机构要充分利用已有信息基础设施和数据资源，在2017年底前全部建立起地方志数据库。到2018年全面实现自治区、盟市、旗县（市、区）三级地方志网络资源共享，面向社会提供优质服务。要应用现代信息技术，加强对不同载体的地方文献收（征）集、保护和开发利用，推动信息标准化工作。各级地方志工作机构要加大对贫困地区地方志信息化建设的支持力度。

5. 积极开展旧志整理工作。各级地方志工作机构要编制旧志整理规划，编辑旧志联合目录，在2018年前编辑出版历代方志集成，陆续开展旧志点校、提要、考录、影印、辑佚等工作，完成旧志资料分类整理。

6. 提高地方志资源开发利用水平。加强对地方志资源的深加工，拓宽服务渠道，增强服务功能，创新服务手段，更好地贴近经济社会发展实际，贴近人民群众需要。各级地方志工作机构要充分发挥好地方志资源在公共文化服务中的作用，利用各类媒体广泛宣传地方志成果，培育地方历史记忆，推动城乡地方志文化建设再上一个台阶，逐步开展地方志文化进机关、进社区、进校园、进企业、进军营、进农村等活动，2020年前全面建立地方志资源开发利用体系。

7. 加强地方志质量建设。严格执行国家《地方志书质量规定》和《地方综合年鉴编纂出版规定》有关要求。各级地方志工作机构要从2016年开始健全质量管理和质量监督体系及地方志质量评议、审查验收制度。按照国家有关规定，积极申报地方志书、年鉴及优秀学术成果评比奖励项目，逐步将地方志书、年鉴纳入国家及自治区有关图书评奖范围，到2020年，推出一批精品地方志书。

8. 强化地方志资料建设。各级地方志工作机构要从2016年开始建立和完善地方志资料收（征）集、保存、管理制度，推行地方志资料年报制度，并形成常态机制，加大依法收（征）集地方志资料力度；要运用社会调查、口述历史等方法，大力拓展资料收（征）集范围和渠道，到2019年前全面建立能够全方位适应地方志编纂、地方志事业发展的地方志资料保障机制。

9. 推进具有民族、区域特色的地方志工作。各级地方志工作机构要在 2016 年全面启动蒙古文志书翻译出版工作，到 2017 年完成首轮志书的蒙古文翻译出版，到 2019 年前完成二轮蒙古文志书翻译出版工作，开创全区二轮蒙汉“双语”志书编修并举工作的新局面，使蒙汉“双语”志书编修工作走在全国前列。

10. 加强地方志工作的理论研究。制定方志、年鉴理论研究规划。充分发挥《内蒙古方志》和地方志学会的作用，推动方志理论深入发展。

11. 扩大学术交流与合作。采用交流学习、人员互访、志书交换等形式，加强与高等院校、科研机构、档案机构和图书馆等单位的学术交流与合作。为服务自治区文化“走出去”战略，积极推介一批高质量地方志成果，充分展示地方志的时代价值。

12. 加强队伍建设。重视人才选拔、培养和使用，加强专兼职结合、结构合理的队伍建设，培养和引进一批专业人才，建设一支高素质的地方志编修工作队伍，弘扬修志问道、直笔著史的方志人精神。到 2020 年，打造一支由“学术研究带头人”“业务研究骨干”及“业务研究新秀”组成的人才梯队。

三、组织领导与保障措施

（一）组织领导。

国务院《地方志工作条例》明确各级地方志机构是各级人民政府地方志工作的机构，主管本行政区域的地方志工作，履行组织、管理、规划、指导、督促和检查地方志工作的行政职能。各级人民政府要按照国务院《地方志工作条例》和《内蒙古自治区地方志工作规定》要求，将地方志工作纳入国民经济和社会发展规划、文化事业发展规划和年度工作任务及“十三五”规划当中；要把地方志工作摆上重要议事日程，主要领导亲自过问，分管领导定期听取专题汇报，研究部署地方志工作，统筹解决困难和问题；要按照德才兼备原则和专业要求，配强各级地方志机构领导班子；要出台相关配套政策并确保实施到位。各级地方志工作机构要按照各级人民政府的统一部署，加强领导，强化管理，做到依法管志、依法修志、依法用志、依法研志。

（二）保障措施。

1. 加强工作机构建设。各级人民政府要确保地方志工作机构的设置与其履行职能的要求相适应，确保地方志事业顺利开展。盟市、旗县（市、区）可根据本地区工作实际，研究提出地方志机构编制意见，并按规定权限和程序报批。各部门要按照承编分志任务的要求，合理配置修志人员，稳定修志队伍，确保工作有序开展，按时完成任务。针对人员短缺的实际情况，各级地方志工作机构可通过兼职、聘用或购买服务等方式解决人员不足问题。

2. 确保经费到位。各级人民政府要将地方志工作所需经费列入财政预算，逐步加大对贫困地区地方志工作的支持力度，确保地方志工作正常开展。

3. 确保设施到位。各级人民政府要积极改善地方志工作机构的工作条件和志书资料收藏保管条件，因地制宜地积极筹建各级方志馆。自治区人民政府办公厅及自治区地方志办公室要积极协调并争取内蒙古方志馆尽早立项，有条件的盟市要积极筹建方志馆，其他盟市和旗县（市、区）要建立满足基本需求的志书库。各级地方志工作机构要建立地方志专家库和资料库。到 2019 年，全区基本完成各级方志馆、资料库的建设任务。

各级人民政府要加强对地方志工作的督导和检查。各级地方志工作机构要结合自身工作实际，按照本方案要求，制定与本地区地方志事业发展相适应的办法或意见，加强分类指导，全面提高地方志工作水平，确保全区地方志工作任务圆满完成。自治区地方志办公室要对本方案的落实和执行情况进行督促检查。

辽宁省人民政府关于促进全省地方志事业发展的意见

辽政发〔2016〕15号

各市人民政府，省政府各厅委、各直属机构：

为深入贯彻落实国务院《地方志工作条例》和《全国地方志事业发展规划纲要(2015—2020年)》有关规定和部署，推进全省地方志事业科学发展，充分发挥地方志工作在经济社会发展和文化强省建设中的重要作用，为全面建成小康社会作出更大贡献，现就促进全省地方志事业发展提出如下意见。

一、重要意义

编修地方志是中华民族优秀文化传统，历史悠久，连绵不断。新中国成立后特别是改革开放以来，地方志工作取得巨大成就，地方志编修已发展成为为国存史的一项重要工作，在传承文明、发展文化、激发民族自豪感和自信心、推动文化交流合作、提供促进经济社会发展的历史借鉴和智力支持等方面，作用日益显著，为提升国家文化软实力发挥了独特作用。

修志问道，以启未来。按照“四个全面”战略部署，党和国家对地方志工作提出了新任务新要求，强调要高度重视编史修志，把历史智慧告诉人们。地方志事业迎来重要发展机遇。地方志工作要适应经济社会发展新形势，明确在发展改革大局中的目标任务，科学规划，积极创新，有序推进地方志事业持续健康发展。

“治天下者以史为鉴，治郡国者以志为鉴。”各级政府和部门要充分认识地方志工作的重要地位和作用，依法履行地方志工作职能，客观系统全面地记录和反映辽宁老工业基地全面振兴和全面建成小康社会的历史进程，充分发挥志鉴存史、资治、育人功能，为协调推进“四个全面”战略布局，实现民族伟大复兴作出贡献。

二、总体要求

（一）指导思想。

深入贯彻落实党的十八大和十八届三中、四中、五中全会精神，认真落实“将地方志工作纳入各地国民经济和社会发展规划、地方各级政府工作任务，认识、领导、机构、编制、经费、设施、规划、工作到位”（简称“一纳入、八到位”）的总要求，紧紧围绕省委、省政府中心工作，解放思想，实事求是，锐意进取，改革创新，依法全面推动全省地方志事业繁荣发展。

（二）基本原则。

坚持正确方向。坚持走中国特色社会主义文化发展道路，坚持为人民服务、为社会主义服务的方向，通过编修和开发利用地方志成果，为培育和践行社会主义核心价值观提供丰富、优秀的精神文化产品。

坚持依法治志。各级政府和部门、社会各界要依法履行相关职责和义务；省、市、县三级地方志工作机构要依法履行组织、指导、督促和检查地方志工作职责。

坚持全面发展。以修志编鉴为主业，统筹兼顾开发利用、信息化建设、方志馆建设、旧志整理、理论研究等工作，实现地方志事业全面协调可持续发展。

坚持改革创新。继承和弘扬中华民族修志的优良传统，认真总结地方志工作经验，深化改革，与时俱进，推动观念创新、理论创新、制度创新、管理创新、方法创新。

坚持修志为用。发挥地方志资源优势，全面提升开发利用水平；拓宽用志领域，提升服务大局能力，为党政机关、社会各界和人民群众服务；加大宣传力度，提高全社会读志用志水平。

（三）总体目标。

建立健全党委领导、政府主持、地方志工作机构组织实施、社会各界广泛参与的工作体制，全面落实“一纳入、八到位”的工作机制，基本形成志鉴编修、质量保障、开发利用、理论研究、工作保障“五位一体”的地方志事业发展综合体系，努力开创地方志事业发展新局面。

三、主要任务

（一）全面完成第二轮修志规划任务。到2020年，确保完成第二轮地方志书规划任务，省、市、县三级地方志书全部出版。同时做好第三轮修志的资料收（征）集、队伍培训及理论准备等工作。

（二）全面推进地方综合年鉴工作。到2020年，确保实现省、市、县三级综合年鉴全覆盖，做到地方综合年鉴由地方志工作机构组织编纂，一年一鉴，公开出版。

（三）深入开展旧志整理工作。在已有旧志整理成果基础上，加强与国内外高等院校、科研院所、公共图书馆、档案馆、博物馆等单位的交流与合作，开展旧志点校、提要、考录、辑佚等工作。

（四）推动军事、武警及其他各类专业志鉴、乡镇村志和地方史编纂工作。加强对已开展和准备开展志鉴编纂工作的行业、部门、单位的业务指导和管理。积极开展中国名镇志文化工程、中国名村志文化工程组织编纂工作。具备条件的，可研究探索编写地方史工作。

（五）强化地方志资料建设。加大依法收（征）集地方志资料力度，建立和完善地方志资料收（征）集、保存、管理制度，推行地方志资料年报制度并形成常态机制；大力拓展资料收（征）集范围和渠道，建立全方位适应地方志编纂、利用和方志文化建设需要的地方志资料保障机制。

（六）加快地方志信息化建设。按照国家统一部署，充分利用已有信息基础设施和数据资源，加快地方志信息化建设步伐。积极开发数据资源，逐步建立地方志全文数据库。利用互联网技术，依托信息资源平台，向社会提供优质便捷服务实现地方志资源共享。

（七）推进基础设施建设。各地区要从实际出发，积极探索方志馆建设的新途径。鼓励有条件的地区建设集方志编修、收藏、研究、展示、开发、服务于一体，以突出地情展示为特点的方志馆；整合利用现有资源，采取合作、共建等方式，加强与档案馆、图书馆、博物馆、城市规划馆等单位的合作开发建设。依托覆盖全省的三级地方志网站系统，开展数字方志馆建设工作，基本建成全省地情网站群和地情资料数据库。

（八）提高地方志资源开发利用水平。加强地方志资源深加工，拓宽服务渠道，增强服务功能，创新服务手段，更好地贴近经济社会发展实际，贴近人民群众需要。充分发挥地方志资源在地方公共文化服务中的重要作用，利用各类媒体广泛宣传地方志成果，推动方志文化进机关、进农村、进社区、进校园、进企业、进军营，推动城乡方志文化建设。

（九）加强方志理论研究。深入总结社会主义新方志和传统编史修志经验，不断创新理论成果，指导工作实践。充分发挥地方志学会等学术团体的作用，紧密结合修志编鉴实践，积极开展理论研究，活跃学术研讨，推动理论建设。

（十）扩大对外交流与合作。采用多种形式，加强与香港、澳门和台湾地区以及国外的高等院校、科研机构、档案机构、图书馆等单位的学术交流与合作。推介一批高质量地方志成果，推动方志文化走出去，增强方志文化影响力。

四、保障措施

（一）加强组织领导。各级政府要切实加强对地方志工作的组织领导，营造地方志事业发展良好环境。各级地方志工作机构设置和人员编制，要与其有效履行职能、顺利开展工作的要求相适应。按照德才兼备原则和专业要求，配齐配强地方志工作机构的领导班子。各部门要重视修志工作，明确责任、任务、时限，确保修志工作有序开展。各地区要结合工作实际，制定地方志事业发展规划或实施方案，切实加强分类指导，加大组织推动力度，全面提高地方志工作水平，确保地方志事业平稳、有序、健康发展。

（二）加强依法治志。各级政府要高度重

视地方志立法工作，切实提升依法行政的能力和水平。贯彻落实国务院《地方志工作条例》，尽快制定和完善地方性法规或政府规章，进一步明确各级政府对地方志工作的领导责任，强化地方志工作机构履行组织、指导、督促和检查地方志工作的职责，确保地方志工作依法开展。加大地方志工作法规规章的宣传、执行力度，定期开展执法监督检查，依法纠正、查处执行不力和违法行为。

（三）加强制度建设。健全质量管理制度，坚持质量第一，坚持存真求实，加强地方志质量评议、审查验收管理，牢固树立精品意识，严把质量关，编纂出版经得起历史检验、具有鲜明时代特征和地域特色的地方志成果。建立地情资料收（征）集及管理制度，确保资料的全面、准确，构建一座以省情地情为主要内容的地方志资源宝库。加强督促检查，强化责任落实，健全和完善目标考核责任制、督查通报制，确保各项工作有章可循、有序推进。

（四）加强经费保障。各级政府要将地方志工作所需经费列入财政预算，保障志鉴编修、出版、科研、开发利用、信息化建设、资料文献保存等工作顺利开展。积极采取措施，改善地方志工作条件和图书资料收藏保管条件。加大对民族地区、贫困地区地方志工作的支持力度。

（五）加强队伍建设。重视人才选拔、培养和使用，加强专兼职结合、结构合理的人才队伍建设，建设一支高素质的志鉴编修、研究队伍，弘扬修志问道、直笔著史的方志人精神。完善教育培训制度，支持地方志工作人员接受专业继续教育，实现培训工作常态化。建立省级、市级地方志专家库，充分发挥社会各界有关专家、学者作用，为地方志事业发展提供智力支持。广泛吸纳社会力量参与地方志工作，利用购买服务、建立志愿者队伍等形式，拓宽人才渠道，建立灵活的用人机制。按照国家有关规定开展先进集体和先进工作者评选表彰活动，建立干事创业的激励机制，营造良好氛围。

（六）加强舆论宣传。利用各级各类新闻媒体，大力宣传地方志工作机构贯彻落实党和国家大政方针及省委、省政府重大决策部署的新举措、地方志工作服务经济社会发展的新成绩、地方志工作者投身现代化建设的新贡献。挖掘地方志资源的现实价值、历史价值，设计宣传主题，创新宣传形式，推出一批人民群众喜闻乐见、有较大社会影响力的地方志宣传精品。

辽宁省人民政府

2016 年 1 月 25 日

吉林省政府办公厅关于印发吉林省地方志事业发展规划（2016—2020 年）的通知

吉政办发〔2015〕73 号

各市（州）人民政府，长白山管委会，各县（市）人民政府，省政府各厅委办、各直属机构：

《吉林省地方志事业发展规划（2016—2020 年）》已经省政府同意，现印发给你们，请认真贯彻执行。

吉林省人民政府办公厅

2015 年 12 月 28 日

吉林省地方志事业发展规划（2016—2020 年）

为推进我省地方志事业科学发展，根据《地方志工作条例》《吉林省地方志工作条例》（以下简称“两个《条例》”）和《全国地方志事业发展规划纲要（2015—2020 年）》（国办发〔2015〕64 号），结合我省实际，制定本规划。

一、发展基础与机遇

（一）工作体制机制基本建立

我省地方志事业在省委、省政府的领导下，得到全面发展，党委领导、政府主持、人大监督、地方志工作机构依法组织实施、社会各界广泛参与的地方志工作体制更加完善，“志、鉴、用、馆、网、研”六位一体的地方志工作格局初步形成。

（二）法规制度体系更加完善

自 2007 年 1 月 1 日《吉林省地方志工作条例》颁布实施以来，一些地区制定了地方志工作的政府规章，省地方志编纂委员会（以下简称省方志委）先后制定了 24 个规范性制度文件，初步形成了地方法规、政府规章和部门工作制度相配套的法规制度体系，推进依法修志有了坚实基础。

（三）志鉴编纂工作呈现新局面

完成首轮《吉林省志》89 部分志，50 部市（州）、县（市）志的编纂出版工作。组织开展第二轮修志工作，已出版省、市、县三级志书 68 部，终审 87 部。55 个市（州）、县（市、区）启动 2001—2010 年续志资料长编编纂工作。《吉林年鉴》连续编纂出版 29 卷，9 个市（州）全部做到一年一鉴、公开出版。长白山保护开发区及 52 个县（市、区）出版首卷年鉴，省、市、县三级地方综合年鉴编纂工作体系已经形成。严格执行《吉林省志书、年鉴编纂审查验收办法》，创立志稿责任总纂制度，建立全省地方志系统编纂出版物年度质量评估工作机制，形成年鉴质量交叉点评交流工作新模式，志鉴编纂质量全面提升，90 余部志鉴成果在国家和省级评比中获奖。在全国首创地方志资源立项开发新模式，设立地方志资源开发项目 62 个，出版图书 53 部 58 册。连续 13 年组织开展“感动吉林”年度人物评选活动，评选出年度人物 130 人，在社会上产生广泛影响。

（四）基础建设初具规模

建成省级方志馆 1 个，9 个市（州）全部建有独立或合作性的方志馆。全省各级方志馆（资料室）馆藏文献超过 25 万册。编纂《吉林省旧志目录》，收集旧志电子版 500 余部。开通《吉林省情网》，创建“方志吉林”微信公众服务平台。9 个市（州）全部开通拥有独立域名的地情网站，形成以吉林省情网为中心，互联互通、资源共享、覆盖全省的地情网络平台。省情数据库志鉴成果总量达到 349 部，2.7 亿字。

（五）建立队伍建设和理论研究长效机制

组建吉林省志鉴专家库。启动全省市（州）、县（市、区）志书总纂人员长期业务培训规划，切实培养专家型人才队伍。省地方志学会召开五次代表大会、七次学术年会，组织开展“方志理论研究三百工程”，推出方志理论成果 532 篇（部）。编辑省级方志理论期刊《今古大观》187 期。

按照“四个全面”战略部署，党和国家对地方志工作提出了新的要求，强调要高度重视修史修志，把历史智慧告知后人。全省地方志事业呈现良好发展态势，迎来重要发展机遇。各级地方志工作机构要深刻认识承担的历史使命，增强地方志工作的历史责任感，科学谋划，锐意进取，为文化强省建设提供信息服务和智力支持。

二、指导思想与基本原则

（一）指导思想

全面贯彻党的十八大精神，紧紧围绕省

委、省政府中心工作，落实第五次全国地方志工作会议、第八次全省地方志工作会议的各项部署，坚持依法修志，笃行修志问道，加强科学谋划，锐意改革创新，追求志以载道，大力推进全省地方志事业协调健康可持续发展。

（二）基本原则

1. 坚持正确方向。坚持马克思主义的指导，坚持中国特色社会主义道路，坚持为人民服务、为社会主义服务的方向，坚持修志问道，通过不断编修、开发利用地方志成果，深刻总结和忠实记载党领导人民进行中国特色社会主义建设伟大实践的历史经验和丰功伟绩，为实现“四个全面”的战略部署提供翔实、可靠的历史借鉴，为培育和践行社会主义核心价值观提供丰富、优秀的精神文化产品。

2. 坚持依法修志。深入贯彻落实“两个《条例》”，推动全省地方志工作法治化建设，坚定不移走依法修志道路。推动建立各级政府依法履行领导责任、各级地方志工作机构依法履行组织实施和管理职责、政府各部门和社会各界依法履行修志义务的法治化工作格局。

3. 坚持科学发展。坚持推进“一纳入、八到位”（即将地方志工作纳入各地国民经济和社会发展规划、各级政府工作任务，“认识、领导、机构、编制、经费、设施、规划、工作”到位）的贯彻落实，切实加强人才队伍建设，不断完善以志鉴编修为主业，“志、鉴、用、馆、网、研”六位一体协调健康可持续发展的工作格局。

4. 坚持与时俱进。认真总结工作经验，正确把握发展规律，积极探索新时期地方志工作的新途径、新模式，推动理论创新、制度创新、管理创新、方法创新。充分运用现代科技手段，建设现代化公益服务平台，增强地方志事业发展活力。

5. 坚持质量第一。牢固树立质量第一观念，把质量建设放在工作首要位置。健全完善质量控制体系，将“三审制”等质量制度落到实处，编纂出版经得起历史检验的地方志成果。

6. 坚持修用并举。紧紧围绕全省中心工作、社会大众的文化需求，开发利用地方志资源，扩大和提高地方志资源立项开发的影响力与应用水平。拓宽用志领域，加快地方志成果转化，把历史的智慧挖掘出来，为党政机关、社会各界和人民群众服务。

三、总体目标与主要任务

（一）总体目标

到2020年，全部完成第二轮修志规划任务，加强对志鉴编纂的指导和管理，探索开展地方史编写工作。实现省、市、县三级地方综合年鉴全覆盖，稳步提升编纂质量。提升地方志资源立项开发水平，打造全方位的方志开发利用服务平台。大力推进方志馆（资料室）规范化建设，建立资料征集管理的长效机制。完善全省地情网络平台建设，建设信息海量的省情数据库。促进志鉴理论研究持续深入发展，培养一支业务精湛的专业人才队伍，推动地方志事业“志、鉴、用、馆、网、研”六位一体协调健康可持续发展。

（二）主要任务

1. 建设完善地方志工作法规制度体系。继续推动贯彻落实“两个《条例》”，适时开展《吉林省地方志工作条例》的修订工作，推动尚未出台地方志工作法规、规章的地区尽早启动立法程序，研究制定相关规章。进一步健全和完善与“两个《条例》”相配套的制度规范，形成闭合的法规、规章和制度规范体系，为地方志事业发展提供法律依据和制度保障。

2. 完成第二轮修志规划任务。在保证质量的前提下，到2020年，完成《吉林省志》剩余36部分志的终审，加快出版进度。完成剩余5部县（市、区）志的终审，力争全部出版。各市（州）、县（市、区）要完成2001—2020年续志资料长编的全部资料征集工作。认真总结两轮修志工作经验，切实做好第三轮修志的准备工作。省方志委要统筹规划，认真研究，科学编制好全省第三轮修志规划。

3. 实现地方综合年鉴全覆盖。到2020年，各级地方综合年鉴全部实现由地方志工作机构组织编纂，一年一鉴，公开出版。《吉林年鉴》

编纂质量要进入全国前列；市（州）、长白山保护开发区年鉴要达到质量评估优秀等次；县（市、区）年鉴要做到规范编纂。加强对地方综合年鉴编纂的业务指导。逐年编纂出版《吉林省地方志年鉴》。

4. 加强对社会上志鉴编纂的指导管理，开展地方史编写的探索工作。加强对志鉴编纂工作的业务指导和管理。指导有条件的乡镇（街道）、村（社区）开展志书编纂工作。做好中国名镇志文化工程、中国名村志文化工程的组织落实工作。统筹规划地方史编写工作，采取适当措施，开展地方史编写的试点工作，探索规律，积累经验。

5. 提高地方志资源开发利用水平。制定地方志资源立项开发规划，深入挖掘吉林历史和地域文化资源，加强重大选题策划论证工作。到2020年，推出3—5个具有重大存史价值、较高学术水平和较大社会影响的项目。探索运用现代科技手段，开发可读性、趣味性较强的方志读物。继续开展“感动吉林”年度人物评选活动。各地要广泛开展读志用志工作，推动方志成果进机关、进农村、进社区、进校园、进企业、进军营。

6. 认真落实“质量第一”原则。进一步健全和完善质量控制体系。建立覆盖志书、地方综合年鉴、地方志资源开发等地方志工作全过程的质量标准、规范和制度体系，健全完善保证各项质量标准、规范、制度落实的关键环节衔接程序和质量责任追究机制，努力提高全省地方志系统编纂出版物年度质量评估工作的规范性、科学性水平。贯彻分类指导原则，创新业务指导方法，提高业务指导水平。

7. 推进方志馆（资料室）规范化建设。制定全省方志馆建设指导意见，推动方志馆建设标准化。到2020年，完成省方志馆新（扩）建工作，不断丰富馆藏文献，完善地情展室建设，构建数字化方志馆平台。各市（州）要全部建成方志馆，有条件的县（市、区）要争取建立方志馆，其他县（市、区）要有独立的方志资料室，切实发挥方志馆公益服务功能。

8. 加强依法征（收）集资料管理工作。严格执行地方志系统出版物报送备案制度，与全国各级地方志工作机构建立志鉴交换合作关系。大力推动建立资料年报制度，拓展资料征（收）集范围和渠道，建立稳定长效的资料征（收）集机制。加强与高等院校、图书馆、档案馆等单位的合作，开展旧志收集、整理、影印等工作。

9. 加快地方志信息化建设。按照全国地方志事业信息化发展意见，加大对全省地情网络平台建设的投入，做好与国家地方志数据网络的互联共享。不断完善和改进吉林省情网站建设。建设信息海量的省情数据库，到2020年，再完成300部地方志文献的数字化，实现新出版志鉴同步进入数据库。应用现代信息技术，打造“方志吉林”微信公众服务平台等新型载体，构建多界面、多渠道、多元化的综合信息服务体系。

10. 加强专业人才队伍建设。制定人员培训长期规划，建立分级分类培训体制和多层次、全方位的业务培训体系。到2020年，完成全省市、县志书总纂人员五年培训计划，建成一支各市（州）1—2人、各县（市、区）1人，胜任志书总纂和年鉴主编工作的专业队伍，力争实现专家修志。各级地方志工作机构要采取措施吸引优秀人才参加地方志工作。按照国家和我省有关规定，开展全省地方志系统先进集体和先进工作者评选表彰活动。

11. 深化理论研究和学术交流。加强方志理论研究的顶层设计，加大学术研究经费投入，以省地方志学会为平台，推动落实“方志理论研究三百工程”，到2020年，确立100个研究课题，推出100项研究成果，培养100名专业人才。充分发挥各级地方志学会等学术团体和《今古大观》等方志期刊的交流平台作用，积极参加全国性的学术合作、研讨、交流活动，召开学术年会，开展论文评奖，活跃学术研究，促进学术争鸣，造就一批在全国有影响的方志理论专家。

12. 加大宣传力度。要充分利用各种宣传媒介和载体，大力宣传地方志工作机构贯彻落实党和国家大政方针的新举措、地方志工作服务经济社会发展的新成绩、地方志工作者投身中国特色社会主义建设的奉献精神。挖掘地方志资源的现实价值、历史价值，设计宣传主题，创新宣传形式，推出一批人民群众喜闻乐见，有较大社会影响力的地方志宣传精品。

四、加强组织领导

落实国家关于地方志工作要坚持和健全党委领导、政府主持、地方志工作机构组织实施、社会各界广泛参与的工作体制的要求。各地要结合工作实际，根据本规划的要求，制定本地地方志事业发展规划或实施方案。要认真组织实施发展规划和实施方案，保障各项任务落到实处，努力实现全省地方志事业协调健康可持续发展。

省方志委要对本规划落实和执行情况进行督促检查。

黑龙江省地方志工作规定

2014 年 11 月 1 日起施行，2016 年 11 月 15 日修改第十七条第二款

第一条　为了规范地方志编纂工作，科学、合理地开发利用地方志资源，服务经济社会发展，根据《地方志工作条例》，结合本省实际，制定本规定。

第二条　县级以上人民政府应当将地方志工作纳入国民经济和社会发展规划，地方志工作所需经费列入本级财政预算。

县级以上人民政府应当逐步建立方志馆（室）、地方志资料库和地方志网站，明确负责地方志工作的机构，根据实际需要配备专职地方志工作人员，保障地方志工作条件。

第三条　县级以上人民政府负责地方志工作的机构应当履行《地方志工作条例》第五条第二款规定的职责，并做好组织地情调查研究，培训地方志编纂人员工作。

第四条　以县级以上行政区域名称冠名的地方志书、地方综合年鉴，分别由本级人民政府负责地方志工作的机构按照规划组织编纂，其他组织和个人不得编纂。

第五条　以县级以上行政区域名称冠名的地方志书每二十年左右编修一次；地方综合年鉴应当逐年编纂出版。

第六条　按照规划和有关规定承担地方志编纂任务的国家机关、社会团体、企事业单位和其他社会组织（以下统称承编单位），应当确定负责编纂工作的机构和人员，按照时限和质量要求完成地方志编纂任务。

第七条　编纂地方志应当存真求实、客观公正、确保质量，并符合下列要求：

（一）符合有关法律、法规规定；

（二）全面系统、客观地反映本行政区域自然、政治、经济、文化和社会的历史与现状；

（三）符合地方志的体例要求，观点正确，行文规范，记述准确，图表及说明文字齐全。

编纂地方志不得杜撰、篡改历史事实和历史事件。任何单位和个人不得明示或者暗示编纂人员在地方志中作虚假记述。

第八条　地方志书编纂实行承编责任制度，按照下列规定签订承编责任书：

（一）以省、市级行政区域名称冠名的地方志书的承编单位应当与省人民政府签订承编责任书；

（二）以县级行政区域名称冠名的地方志书的承编单位应当与市级人民政府签订承编责任书。

第九条　县级以上人民政府负责地方志工作的机构应当建立资料征集制度，及时征集和保存包括纸介质、电子文档、音像制品、实物和口述资料在内的各种地方志资料，有关单位和个人应当提供支持。

第十条　承编单位撤销、合并或者注销的，应当将所存地方志资料移交人民政府负责地方志工作的机构保存；承编单位承担编纂工

作的机构和工作人员发生变化的，应当向单位移交有关地方志资料。

资料移交前，任何单位和个人不得损毁、出租、出让、转借或者据为己有。

第十一条　地方志书审查验收前，承编单位应当组织有关方面专家对地方志书文稿进行评议。

第十二条　地方志书按照下列规定进行审查验收：

（一）以省行政区域名称冠名的地方志书，经省人民政府负责地方志工作的机构审查后，报省人民政府组织的地方志书审查验收机构终审验收。

（二）以市级行政区域名称冠名的地方志书，经本级人民政府组织的地方志书审查验收机构审查后，报省人民政府组织的地方志书审查验收机构终审验收。

（三）以县级行政区域名称冠名的地方志书，经本级人民政府组织的地方志书审查验收机构审查后，报市级人民政府组织的地方志书审查验收机构终审验收。

第十三条　县级以上人民政府组织的地方志书审查验收机构对地方志书进行审查验收，应当根据需要组织有关方面专家共同评审，经评审不符合第七条规定的，可以将地方志书文稿退回修改或者重新编修。

第十四条　以县级以上行政区域名称冠名的地方志书，经审查验收后可以公开出版；地方综合年鉴，经本级人民政府批准，可以公开出版。

第十五条　县级以上人民政府负责地方志工作的机构应当在地方志出版后依法报送备案，并向本级和上级方志馆（室）、档案馆、公共图书馆无偿提供馆藏书。

方志馆（室）与档案馆、公共图书馆在地方志文献资料的利用方面应当互相协作。

第十六条　鼓励单位和个人向方志馆（室）捐赠地方志资料。

第十七条　县级以上人民政府负责地方志工作的机构应当加强对地方志资源的开发，可以根据本行政区域历史发展和自然资源的特点，立项编纂特色志书，本级人民政府应当在资金等方面给予支持和保障。

鼓励编纂部门志、行业志、专业志、企业志以及乡镇（街道）志、村志等特色志书、年鉴或者其他地情文献。县级以上人民政府负责地方志工作的机构应当提供业务指导和咨询服务。

第十八条　县级以上人民政府负责地方志工作的机构应当将出版后的地方志在政府网站、地方志网站上公布，并通过电视、广播、报刊等公共媒体向社会推介。

方志馆（室）或者地方志资料库应当公示服务项目，免费向公众开放。

第十九条　鼓励有关单位和个人利用地方志资源，按照地方志记载的内容，编写普及性、趣味性读物，制作音像制品。

第二十条　有关单位和个人违反本规定，有下列情形之一的，由县级以上人民政府负责地方志工作的机构责令限期改正，逾期未改正的，予以通报；情节严重的，由有权机关追究有关单位和个人的责任：

（一）明示或者暗示编纂人员在地方志中作虚假记述，或者故意提供虚假地方志资料的；

（二）拒绝承担地方志编纂任务的；

（三）无正当理由不报送或者拖延报送地方志资料的；

（四）未按照规定移交所存地方志资料或者移交前将地方志资料损毁、出租、出让、转借或者据为己有的；

（五）拒不执行人民政府负责地方志工作的机构的督促检查意见的。

第二十一条　县级以上人民政府负责地方志工作的机构及其工作人员有下列行为之一的，由有权机关责令限期改正，逾期未改正的，予以通报；情节严重的，追究有关单位和个人的责任：

（一）故意在地方志编纂中加入虚假资料或者作虚假记述的；

（二）故意损毁地方志资料的；

（三）未按照规定对地方志进行审查验收，

出现重大质量问题的；

（四）未按照规定将出版的地方志报送备案或者无偿提供馆藏书的；

（五）其他滥用职权、玩忽职守、徇私舞弊的行为。

第二十二条　本规定自2014年11月1日起施行。

黑龙江省人民政府办公厅关于印发黑龙江省地方志事业发展规划纲要（2016—2020年）的通知

黑政办发〔2016〕42号

各市（地）、县（市）人民政府（行署），省政府各直属单位：

《黑龙江省地方志事业发展规划纲要（2016—2020年）》已经省政府同意，现印发给你们，请认真贯彻执行。

黑龙江省人民政府办公厅

2016年4月29日

黑龙江省地方志事业发展规划纲要（2016—2020年）

为促进我省地方志事业发展，根据《国务院办公厅关于印发全国地方志事业发展规划纲要（2015—2020年）的通知》（国办发〔2015〕64号）精神，结合全省地方志工作实际，特制定本规划纲要。

一、发展基础

近年来，在省委、省政府正确领导下，经过各地、各部门的不懈努力，全省地方志事业发展取得了显著成绩。

（一）第二轮修志工作取得新进展。省志100部分志中有7部已正式出版、14部完成终审、22部进行了评议、20部完成初稿。市（地）、县（市、区）志156部志书已有60部印刷出版、43部进行了评议、19部完成初稿。

（二）依法治志工作实现新突破。《黑龙江省地方志工作规定》正式颁布施行，我省地方志事业进入了规范化、法治化阶段。

（三）年鉴编纂工作进展顺利。《黑龙江年鉴（2015年）》编纂工作进展顺利，全省13个市（地）和2个省直接管理县（市）已全部开展了年鉴编纂工作。

（四）特色志书编纂成果显著。《黑龙江省志简编》《黑龙江图志·综合卷》《黑龙江省保障性安居工程建设志》《黑龙江省公路建设三年决战志》《黑龙江省参与2010年上海世博会图志》《黑龙江省志大全（电子版）》等一系列突出地情特色、服务中心工作、记载重大事件的特色志书出版发行。

（五）启动旧志整理工作。旧志收集整理工程启动，与国家图书馆出版社签订战略合作协议，完成旧志底本情况排查工作。

（六）平台建设展现新亮点。馆网刊报齐头并进，黑龙江省方志馆正式建成开馆，通过方志馆、地情网站、杂志、简报等形式提高地方志资源利用效率，扩大了地方志工作的社会影响。

（七）方志理论研究和修志队伍建设水平不断提升。建立黑龙江省地方志系统理论研究成果评比制度，推出了一批新成果，培训专业人员上千人，修志人员业务水平不断提高。

总体来看，全省地方志事业发展已经站在一个新的历史起点上，展现出前所未有的大好局面。但也存在一些问题，主要是第二轮修志工作进展还不够平衡，个别地方和承编单位推进力度还需进一步加大，精品意识还需进一步强化；依法治志及“一纳入、八到位”（地方志工作纳入国民经济和社会发展规划、各级政府工作任务之中，做到认识到位、领导到位、机构到位、编制到位、经费到位、设施到位、规划到位、工作到位）要求在一些地区和部门还没有得到很好落实；地方志干部队伍整体素质还有待提升。这些问题必须通过科学发展和深化改革，采取有效措施认真予以解决。

二、指导思想

全面贯彻落实党的十八大和十八届三中、四中、五中全会精神以及第五次全国地方志工作会议精神，按照《地方志工作条例》和国办发〔2015〕64号文件以及《黑龙江省地方志工作规定》要求，围绕中心，服务大局，进一步改革创新、锐意进取、与时俱进、求真务实，全面推进地方志各项事业科学发展。

三、基本原则

坚持正确方向。坚持走中国特色社会主义文化发展道路，坚持为人民服务、为社会主义服务的方向，通过编修和开发利用地方志成果，为培育和践行社会主义核心价值观、服务全省经济社会发展提供丰富、优秀的精神文化产品。

坚持依法治志。省、市、县各级地方志工作机构依法履行组织、指导、督促和检查地方志工作职责；依法拟定地方志工作规划和编纂方案；依法组织编纂地方志书、地方综合年鉴；依法搜集、保存地方志文献和资料，组织整理旧志，推动发展理论研究；依法组织开发利用地方志资源。

坚持科学发展。以编纂地方志书、地方综合年鉴、各种专业志鉴、地情书等工作为基础，全面推进数据库、地情网站、方志馆、方志期刊、理论研究、旧志整理、地方志资源开发利用等工作，实现地方志事业全面协调可持续发展。

坚持改革创新。继承和弘扬中华民族修志的优良传统，认真总结地方志工作经验教训，深化改革，与时俱进，结合我省实际，因地制宜，开拓创新。

坚持质量第一。按照国家《地方志书质量规定》要求和进度服从质量原则，严把政治关、史实关、体例关、文字关、出版关，编纂出版经得起历史检验、具有鲜明时代特征和地域特色的精品佳志。

坚持修志为用。围绕全省经济建设和社会发展大局，树立修志为用、修用结合的理念，积极开发利用方志资源，加快地方志成果转化，为党政机关、社会各界和人民群众服务，不断提高地方志服务水平和能力。

四、目标任务

（一）总体目标。到2020年全面完成第二轮修志规划任务，做好第三轮修志准备工作，全面强化年鉴编纂管理，实现省、市、县三级综合年鉴全覆盖，开展方志资源开发利用，打造地方志文化品牌，深化地方志质量建设，强化地方志资料建设，推进地方志信息化建设，切实加强理论研究和学科建设，加强人才队伍建设，加快方志馆（室）建设，基本形成地方志编修、理论研究和学科建设、质量保障、资源开发利用、工作保障的地方志事业发展综合体系，努力推动“志、鉴、馆、网、刊、协、研、用”八位一体的地方志事业发展新格局。

（二）主要任务。

1. 全面完成第二轮修志任务。第二轮修志工作需要完成《黑龙江省志（1986—2005年）》100部分志、13部市（地）志、65部县（市）志、69部市辖区志、9部林业局志的编纂出版任务。“十三五”期间，要在前期工作的基础上，加大督促检查力度，保障志书编纂质量，全面完成好第二轮修志工作任务。做好全省三级志书电子版的加工录入工作。

2. 做好第三轮修志准备工作。适时启动第三轮修志工作，认真总结第一轮、第二轮修志工作经验教训，制定新的编纂工作方案，切实做好人员培训、资料收（征）集等各项前期准备工作。

3. 强化年鉴编纂管理工作。全省各级地方志工作机构要依法积极推进年鉴编纂工作，加强管理，提高年鉴编纂质量，对尚未开展年鉴编纂工作的地区和单位，地方志工作机构要结合实际，研究切实可行的推进方案，重点推进县级地方综合年鉴编纂工作，力争在2020年前实现全覆盖。要建立健全地方综合年鉴评议、审批、出版、备案、交流、发行工作机制，实现地方综合年鉴编纂和管理法治化、规范化。

4. 搞好地方志资源开发利用。充分利用地方志文化资源，创造性地开发读志用志新成果，推动地方志成果进机关、进军营、进校园、进农村、进社区、进企业。加快修志成果转化，各级地方志工作机构要做好重大事项志、地情资料书等特色志书的开发立项工作，努力打造地方志文化品牌，鼓励有条件的单位和部门编纂部门志、行业志、专业志、企业志以及乡镇（街道）志、村志等特色志书、年鉴或其他地情文献，扩大地方志事业的社会影响力。加快推进旧志整理工作，完成《黑龙江省历代方志集成》出版任务。

5. 深化地方志质量建设。严格执行《地方志书质量规定》《地方综合年鉴编纂出版规定》有关要求，完善地方志质量评议、审查验收制度，严把质量关，以三年为周期开展地方志书、地方志综合年鉴、专业年鉴等地方志工作成果评比活动。

6. 健全地方志资料保障体系。按照《黑龙江省地方志工作规定》和《黑龙江省地方志资料年报制度》要求，建立和完善地方志资料收（征）集、保存、管理制度，与机关、企事业单位、高校、科研院所、图书馆、档案馆等合作，开展社会调研、口述史研究，征集和保存纸质、电子文档、音像制品和实物等各种地方志资料，建立能够全方位适应地方志编纂、地方志事业发展和方志文化建设需要的地方志资料保障体系。

7. 推进地方志信息化发展。加大全省地情网络建设投入力度，充分发挥“中国龙志”网站作用，不断完善以“中国龙志”网站为中心，辐射各市（地）、县（市、区）资源的全省地情网络平台。充分利用“互联网+”在社会资源配置中的优化和集成作用，提升地方志工作的创造力，建好数字方志馆，拓展地方志公共文化服务能力。

8. 加强理论研究和学科建设。加强理论研究、学术交流，建立“地方志系统理论成果评选”常态化模式，每两年召开全省地方志系统理论研讨会、论文评比活动，提升方志理论研究水平。认真研究省内外地方志工作，总结经验，创新理论，通过理论创新带动工作创新。

9. 提升人才队伍素质。要重视人才选拔、培养和使用，加强专兼职结合、结构合理的人才队伍建设，培养和引进一批专业人才。与高校、科研院所等研究机构合作开展中短期理论培训，建立一支高素质地方志编修、研究工作队伍。

10. 加快方志馆（室）建设。要做好黑龙江省方志馆升级改造工作。未建立方志馆（室）的地区，要根据本地实际争取尽快建立。已经建设方志馆（室）的地区要加大投入、增加馆藏、改进设备、完善功能，努力将方志馆（室）建成地方志和地情资料收藏展示中心、地情研究咨询中心、地方文化对外交流中心，建成爱国主义宣传教育基地。

五、保障措施

（一）法治保障。贯彻落实好《地方志工作条例》和《黑龙江省地方志工作规定》，加大地方志工作法规规章的宣传、执行力度，定期开展执法监督检查，依法纠正、查处执行不力和违法行为。

（二）制度保障。建立和完善全省统一的地情资料收（征）集及管理、修志编鉴业务和主编（总纂）责任制等制度，确保在篇目设计、资料收（征）集、总纂统稿、志（鉴）稿评议、审查验收、出版发行、报送备案等环节均有统一标准，有章可循，有序推进，保障志鉴质量。

（三）经费保障。县级以上政府要按照《黑龙江省地方志工作规定》要求，将地方志工作所需经费列入本级财政预算，改善地方志工作条件和图书资料收藏保管条件，逐步加大对地方志工作的支持力度，做好修志、编鉴、出版、科研、开发利用、信息化建设、资料文献保存等工作。

（四）队伍保障。完善黑龙江省志书终审专家库制度。提高教育培训质量，采取请进来、走出去的方式，定期开展和参加志鉴编修、出版装帧、理论研讨、信息化建设等专项培训和业务交流，实现修志编鉴业务培训工作常态化。逐步出台适合地方志工作的人才政策和措施，重视专业人才选拔、引进、培养和使用，鼓励和支持地方志工作人员接受专业继续教育。按照国家、省有关规定开展先进集体和先进工作者评选表彰活动，建立干事创业激励机制，营造良好氛围。

（五）宣传保障。利用各级各类新闻媒体，大力宣传地方志工作机构贯彻落实党和国家大政方针的新举措、地方志工作服务全省经济社会发展的新成绩、地方志工作者投身现代化建设的新贡献。挖掘地方志资源的现实价值、历史价值，设计宣传主题，创新宣传形式，推出一批具有我省特色、人民群众喜闻乐见、有较大社会影响力的地方志宣传精品。

六、加强组织领导

要坚持和健全党委领导、政府主持、地方志工作机构组织实施、社会各界广泛参与的工作体制。各级地方志工作机构要坚持“一纳入、八到位”的工作机制。地方志工作机构设置和人员编制，要与其有效履行职能、顺利开展工作的要求相适应。各级地方志工作机构要根据本规划纲要要求，结合本地实际，制定好本地地方志事业发展规划或实施方案。要加大督促检查力度，促进规划纲要各项目标任务全面完成，确保全省地方志事业平稳有序健康发展。

上海市人民政府办公厅关于印发《上海市地方志事业发展规划纲要（2016—2020年）》的通知

沪府办发〔2016〕55号

各区、县人民政府，市政府各委、办、局：

经市政府同意，现将《上海市地方志事业发展规划纲要（2016—2020年）》印发给你们，请认真执行。

上海市人民政府办公厅

2016年12月2日

上海市地方志事业发展规划纲要（2016—2020年）

为推进上海市地方志事业科学发展，根据《地方志工作条例》《中华人民共和国国民经济和社会发展第十三个五年规划纲要》《全国地方志事业发展规划纲要（2015—2020年）》和《上海市实施〈地方志工作条例〉办法》《上海市国民经济和社会发展第十三个五年规划纲要》，制定本规划纲要。

一、工作基础和发展机遇

多年来，在上海市委、市政府的领导下，在中国地方志指导小组的指导下，经过全市各级地方志工作机构和地方志工作者的不懈努力，上海市地方志事业以修志编鉴为主业，各项工作平稳、有序、健康发展，正呈现良好发展态势。

（一）机构体系和工作格局基本形成

按照地方志工作纳入各地国民经济和社会发展规划、地方各级政府工作任务和确保认识到位、领导到位、机构到位、编制到位、经费到位、设施到位、规划到位、工作到位的要求，上海已经形成较为完整的地方志工作机构体系和具有特色的地方志编纂、收藏、研究和宣传工作格局。市、区县地方志工作机构健全，各区县、各有关部门和单位在地方志工作中各司其职，协调发展。

（二）修志工作进展良好

根据上海市第二轮新编地方志书编纂规划，2010—2020年，全市将完成148部《上海市志（1978—2010）》分志、分卷，70部上海市级专志和25部区县续志编纂工作。截至2015年底，市志编纂启动率达到95%，专志编纂启动率达到70%，区县续志编纂启动率达到96%。

（三）综合年鉴市、区全面覆盖

《上海年鉴》已连续出版20年，并发行英文版、电子版和网络版。各区全部公开出版综合年鉴，提前实现《全国地方志事业发展规划纲要（2015—2020年）》提出的2020年综合年鉴全覆盖的目标。全市拥有行业、部门年鉴近百种。在全国年鉴评比中，上海市获奖等级和数量均居前列。

（四）地情资料编纂成果不断涌现

编纂出版《上海通志（干部读本）》《汶川特大地震上海市对口援建都江堰市志》《汶川特大地震上海市救灾援助实录》等重要地情资料。整理出版《上海府县旧志丛书》《上海乡镇旧志丛书》和《民国上海市通志稿（第一册）》《上海市年鉴（1935）》等具有较大影响的典籍资料。各区、各部门、各单位根据自身特色，编纂出版500余本部门志、专业志、专题志和特色地情图书。

（五）宣传和研究成效明显

开展多种形式的地方志法规宣传活动，营造修志、读志、用志的地方志文化氛围。发挥广播、电视、报刊、图书、网站、微信、微博等作用，宣传地方志工作和成果。通过课题、论文、著作、研讨和论坛，提升地方志研究水平。

上海地方志工作要继续按照党和国家对地方志工作提出的新任务、新要求，适应经济社会发展的新形势，明确在改革发展大局中的目标任务，科学规划，积极创新，实现新的发展。要进一步加强到2020年全面完成第二轮修志工作的推进力度，加强地方志工作队伍建设，加强地方志工作创新和资源开发利用，不断提升地方志工作成效和作用。

二、指导思想和基本原则

（一）指导思想

高举中国特色社会主义伟大旗帜，全面贯彻党的十八大和十八届三中、四中、五中、六中全会精神，以马克思列宁主义、毛泽东思想、邓小平理论、“三个代表”重要思想、科学发展观为指导，深入贯彻习近平总书记系列重要讲话精神，坚持社会主义文化前进方向，坚持以人民为中心的工作导向，坚持改革创新道路，发挥地方志“存史、育人、资政”作用，为上海经济社会发展提供历史借鉴和智力支持，为培育和践行社会主义核心价值观提供优秀精神文化产品，开创具有时代特征、上海特点和全国影响的地方志事业新局面。

（二）基本原则

1. 坚持依法治志。贯彻落实国家地方志法规和规划纲要，健全完善上海市地方志工作规章，宣传依法治志的意义，树立依法治志的理念，培育依法治志的环境，完善依法治志的制度。市、区县地方志工作机构要依法履行组织、指导、督促和检查本行政区域内地方志工作的法定职责；根据地方志工作规划和编纂方案，有编纂任务的相关单位要依法承担地方志工作职责。

2. 坚持全面发展。围绕中心、服务大局，加强修志编鉴著史，统筹兼顾地方志资源开发利用、文献收藏保护、理论研究，推进信息化建设、通志（方志）馆建设、人才队伍建设等各项工作。

3. 坚持继承创新。传承和弘扬中华民族修志优良传统，深化对地方志工作规律和特点的认识，找准时代定位，紧跟时代步伐，勇于改革、敢于创新、善于作为，思想上不断有新突破、理论上不断有新发展、工作上不断有新举措。

4. 坚持质量第一。将求真务实精神和精品意识贯穿于规划、编纂、评审、出版全过程，严把政治关、史实关、体例关、文字关、出版关，打造无愧于时代、无愧于人民的精品佳志，为后世留下堪存堪鉴之记述。

5. 坚持修用并举。顺应发展趋势，创新用志理念，拓展用志广度，加大用志力度，用好地方志资源，形成修用结合的良性互动机制，使地方志成为上海的“精神名片”。

6. 坚持开放共享。创新体制机制，动员社会力量，营造众手成志的工作格局。推进地方志成果社会共知，提高地方志资源社会共享水平，发挥地方志贵在史识、重在致用的重要作用。

三、总体目标和主要任务

（一）总体目标

全面完成上海市第二轮新编地方志书编纂规划，推进专题志和区县部门志、专业志等编纂工作；坚持综合年鉴市、区全覆盖，提升综合年鉴和行业、部门年鉴质量；完成上海通史重修，积极探索地方史规划、编纂、指导和管理工作；加强信息化建设，完成上海市地情资料数字化工程；推进市、区县通志（方志）馆建设，上海通志馆新馆建成运行。基本建成由志鉴史编纂工作体系、质量保障体系、收藏保护体系、开发利用体系和理论研究体系组成的上海地方志事业发展综合体系。

（二）主要任务

1. 全面完成第二轮修志目标。落实工作责任、细化工作任务、创新工作方式，以 2020 年为节点，按照年度推进和落实资料收集、初稿撰写、评审验收和出版工作。

2. 创新年鉴编纂工作。鼓励探索创新，优化体例结构，突出内容特色，拓展形式载体，扩大应用范围，服务社会发展。提高市、区县综合年鉴的时效性、权威性、影响力。加强业务指导和质量管理，支持行业、部门年鉴编纂工作，打造品牌年鉴。

3. 强化地方志质量建设。严格执行地方志书质量规定、地方志书评审验收办法和地方综合年鉴编纂出版规定等规范，完善资料报送、质量评价、评审验收、批准出版以及修订、重修、再版的制度。坚持主编（总纂）负责制，实行目标责任管理。支持社会组织等社会力量参与地方志工作，发挥专家学者在编纂、评审、研究等方面的重要作用。

4. 拓展地方志资料收（征）集和保护。探索地方志资料年报制度。地方志承编单位妥善保管资料，及时向同级通志（方志）馆移交。运用社会调查、口述历史等方法，拓展地方志资料收（征）集范围和渠道，建立地方志资料库，充实市、区县通志（方志）馆馆藏。

5. 开发利用地方志资源。加强对地情文献资料专门研究，编纂出版一批具有上海文化特色的地情书籍和反映上海乡土历史的普及性成果。挖掘地方志丰富的历史经验和启迪，发挥地方志的智库作用。有条件的区县政府、部门、单位可以开展地方史编写工作。推动方志文化进机关、进农村、进社区、进校园、进企业、进军营。加强重大事件资料的收集整理和编纂工作，整理具有重要价值的地方志文献，抢救和保护近现代上海历史文化遗产。

6. 加快信息化建设。推动地方志 + 互联网，发挥新媒体作用，完善各级地情网站内容功能，建立地方志收藏、编修、研究、宣传、服务信息技术平台。推动“数字化上海市地情资料库”和数字化市、区县通志（方志）馆建设。探索地方志信息化标准工作，实现全市地方志资源互联互通、共建共享。

7. 推进地方志理论研究。开展地方志基础与应用研究，以创新的理论成果指导工作实践。发挥学术团体、报刊杂志、研讨会等平台作用，营造学术氛围，推出一批有分量的研究成果。扩大对外学术交流与合作，增强地方志文化影响力。

8. 加强地方志人才队伍建设。采取思想教育与业务指导相结合、专职与兼职相结合、在岗与挂职交流相结合、培养与引进相结合等措施，建立人员稳定、结构合理、政治素质高、业务能力强的人才队伍，形成一批具有全国影响的地方志专家。制定学术带头人制度，探索修志人员专业技术岗位设置。加强地方志工作机构与高等院校、科研院所合作，鼓励和支持专业培养、继续教育与人才交流。完善培训制度，经常性开展有针对性的培训。

四、保障措施

（一）法治保障

贯彻落实《地方志工作条例》《上海市实施〈地方志工作条例〉办法》，健全完善上海市地方志规章制度。加大地方志法规规章的宣传和执行力度，定期开展执法监督检查，依法纠正执行不力和违法行为。

（二）组织保障

坚持和完善党委领导、政府主持、地方志工作机构组织实施、社会组织等社会力量参与的工作体制。各区县政府、各有关部门和单位加强对本行政区域、本系统、本单位地方志工作的领导。健全各级地方志编纂委员会，发挥统筹规划、组织协调、督促指导作用。加强地方志工作机构建设，按照德才兼备原则和专业要求，配齐、配强工作队伍。

（三）制度保障

健全和完善地方志编修工作由地方志工作机构主导、社会各界有序参与的途径和方式。市、区县地方志工作机构加强督促检查，落实目标考核责任制、督查通报制。完善地方志工作评估激励机制，表彰作出突出成绩和贡献的单位与个人。

（四）工作保障

将地方志事业所需经费列入本级财政预算。各区县政府、各有关部门和单位根据地方志事业与经济社会发展需要，加大经费投入力度，健全工作机构，制定实施方案，保障人员编制，稳定编修队伍，完善工作条件，完成编修任务。

（五）宣传保障

创新形式，大力宣传地方志服务上海经济社会发展的新成绩、新贡献。挖掘地方志资源的现实价值，推出一批人民群众喜闻乐见的宣传精品。鼓励全社会利用地方志资源，弘扬地方志文化，推动社会进步。

各区县政府、各有关部门和单位要结合实际，创造性地开展工作，确保本规划纲要落到实处。

上海市地方志办公室负责对本规划纲要的落实和执行情况进行督促检查。

省政府办公厅关于印发江苏省贯彻全国地方志事业发展规划纲要（2015—2020年）实施方案的通知

苏政办发〔2015〕133号

各市、县（市、区）人民政府，省各委办厅局，省各直属单位：

《江苏省贯彻〈全国地方志事业发展规划纲要（2015—2020年）〉实施方案》已经省人民政府同意，现印发给你们，请结合实际认真组织实施。

江苏省人民政府办公厅

2015年12月17日

江苏省贯彻全国地方志事业发展规划纲要（2015—2020年）实施方案

为深入贯彻党中央、国务院决策部署和习近平总书记视察江苏时关于推动文化建设迈上新台阶的重要讲话精神，进一步推动全省地方志事业繁荣发展，充分发挥地方志工作促进经济社会发展和文化建设的重要作用，根据《国务院办公厅关于印发全国地方志事业发展规划纲要（2015—2020年）的通知》（国办发〔2015〕64号）精神，制定本实施方案。

一、重要意义

地方志是自然、政治、经济、社会、文化历史和现实记载的重要资料宝库，是传承和彰显中华文明的重要载体。江苏修志历史悠久，素有"方志之乡"美誉。近年来，我省认真贯彻中央决策部署，坚持把地方志作为重要文化基础工作来抓，各级地方志工作机构认真履行职责，广大地方志工作者不懈奋斗努力，全省地方志事业呈现良好发展态势。工作机制日益完善，省及部分市出台地方志工作法规，地方志法治化建设深入推进，党委领导、政府主持、地方志工作机构组织实施、社会各界广泛参与的工作体制基本形成。志书编修成果丰硕，省、市、县三级首轮修志任务全面完成，《江苏省志》填补了江苏建省300多年无完整省志的空白，第二轮修志工作加快推进，地方综合年鉴在全国率先实现省、市、县三级全覆盖，并率先编纂省级年鉴英文版。做好旧志整理工作，建立较为完备的江苏旧志数据库，启动有史以来整理江苏古代地方文献最大的出版工程——《江苏历代方志全书》。用志领域进一步拓展，方志理论研究、资源开发、信息化建设和方志馆建设等工作协调开展，建成各级各类地方志网站58个、各级各类方志馆13家。发展环境日益优化，地方志工作机构、经费、人员等保障条件不断完善，修志队伍整体素质明显提升。在全国地方志书首轮优秀成果评比中，我省有21部志书获奖；在全国地方志系统第一、二届年鉴奖评比中，我省特等奖年鉴获奖数占全国总数的1/3，特等奖、一等奖获奖数占全国总数的1/5。但也要清醒地看到，工作中还存在一些问题，主要是事业发展不平衡现象仍比较突出，少数地区和部门对地方志工作重要性认识不够，方志人才建设有待加强，方志文化传播方式方法还有待进一步创新等。

在新的发展阶段，中央领导同志就修史修志多次发表重要论述，习近平总书记强调"要高度重视修史修志"，"把历史智慧告诉人们"，李克强总理提出"修志问道，以启未来"。2014年年底习近平总书记视察江苏时，要求协调推进"四个全面"，推动包括文化建设在内的五个方面迈上新台阶，建设经济强、百姓富、环境美、社会文明程度高的新江苏。省委十二届十一次全会对"十三五"发展作出全面部署，要求"加强地方史志研究"。各地、各有关部门和单位要深刻把握新形势新要求，充分认识编修和开发利用地方志有助于强化核心价值引领、形成良好道德风尚，有助于汲取有益历史经验、提高科学执政水平，有助于推进文化传承创新、增强民族凝聚力，进一步明确地方志工作在发展改革大局和文化强省建设中的地位作用，以高度的责任感使命感，着力优化发展思路，强化工作举措，深化改革创新，在新的起点上奋力开创我省地方志事业发展新局面。

二、目标任务

根据《全国地方志事业发展规划纲要（2015—2020年）》，结合我省实际，地方志工作的主要目标是：到2020年，全面完成第二轮修志规划任务，实现省、市、县三级综合年鉴全覆盖。加强对社会修志编鉴工作的指导管理，加快信息化和方志馆建设，充分做好第三轮修志工作的各项准备，基本形成地方志编修、理论研究、质量保障、开发利用、工作保障“五位一体”的地方志事业综合发展体系，确保我省地方志工作继续走在全国前列，扩大方志文化影响力，增强江苏文化软实力。

（一）加大第二轮修志推进力度。力争到2016年年底基本完成市、县（市、区）志编纂任务，到2018年年底基本完成《江苏省志》编纂任务，到2020年全面完成110部省、市、县三级志书出版任务。全面总结第一轮、第二轮修志工作经验和薄弱环节，认真研究第三轮修志的组织管理、运作模式、续修方式等，为第三轮修志做好工作准备。

（二）做好地方综合年鉴工作。进一步理顺管理体制，做到地方综合年鉴统一由地方志工作机构组织编纂，一年一鉴，公开出版。尚未开展年鉴编纂的市辖区，力争在2017年年底前组织编纂年鉴。有条件的地区，要在编纂中文版年鉴的同时，编纂英文版等外文版年鉴。结合年鉴编纂实际，建立和完善年鉴编纂规范。

（三）推进部门、乡镇（街道）、村（社区）等志书年鉴编纂。制定相关制度、规范，加强对已开展和准备开展志书年鉴编纂工作的行业、部门、单位和乡镇（街道）、村（社区）的业务指导和管理。积极参与实施中国名镇志文化工程、中国名村志文化工程。试点乡镇（街道）年鉴编纂工作。具备条件的，可将地方史编写纳入地方志工作范畴，统一规范管理。

（四）开展旧志整理。加强与国内外高等院校、科研院所、公共图书馆、档案馆等单位的交流合作，深入开展旧志整理，抢救保护文化遗产。策应江苏文脉整理与研究工程，做好《江苏历代方志全书》影印出版工作。选编点校《江苏方志典藏》100种，包括历代名志、各府州县代表性志书。完成《江苏历代方志考》《江苏艺文志》出版及《乾隆·江南通志》点校出版任务。各地可结合实际选择有价值的旧志进行整理。

（五）深化地方志质量建设。严格执行中国地方志指导小组制定的《地方志书质量规定》《地方综合年鉴编纂出版规定》以及我省有关志书年鉴审查验收和编纂出版规定，完善地方志质量保障体系。坚持正确方向，坚持质量第一，将精品意识贯穿于地方志编纂出版工作全过程，严把政治关、史实关、体例关、文字关、出版关，编纂出版经得起历史检验、具有鲜明时代特征、代表江苏文化形象的优秀志鉴成果，打造一批在全国有影响的精品志书。

（六）加快信息化和方志馆建设。广泛应用“互联网+”等现代信息技术，加快地情网站建设，到2017年建成集地方志信息发布于一体、实现省、市、县三级联网全覆盖的地情资料网站群。推进数字化建设，建成全社会各界共享共用的江苏方志文献资源数据库。加强现有方志馆建设，积极开展方志资源收藏、研究、展示和咨询服务，努力建设成为志书年鉴和地情资料收藏中心、地情研究咨询开发中心、地方文化对外交流宣传中心及爱国主义教育基地。尚无方志馆的省辖市要积极创造条件，加快方志馆立项和建设。各县（市、区）要充分利用公共图书馆、档案馆等公共资源，通过“一馆多用”等方式，确保有专门场所集中收藏志书年鉴和地情资料。在完善实体方志馆布局的同时，积极推进数字方志馆建设。

（七）提高地方志资源开发利用水平。坚持修志为用，深入发掘地方志资源，积极拓展地方志工作领域和工作内涵，更好发挥存史育人资政作用。将地方志工作纳入现代公共文化服务体系建设范围，拓宽服务渠道，加大宣传力度，推动地方志成果进机关、进农村、进社区、进校园、进企业、进军营，通过开展地方志成果展、书展等特色项目展示，制作纪录片、动画片、微电影以及举办论坛、讲座等多种形式，广泛进行地情宣传和历史文化传播，鼓励和倡导全社会读志、传志、用志。进一步提升《江苏地方志》办刊水平，扩大发行量和影响力。

（八）完善地方志资料保障机制。加大依法收（征）集地方志资料力度，按照规定要求做好地方志资料长编工作。推广运用社会调查、口述史等方法，拓展资料收（征）集范围和渠道，为第三轮修志做好资料准备。加强地方志资料的集中收藏、保存和管理，逐步建立能够全方位适应地方志编纂、地方志事业发展和地情研究需要的资料保障机制。

（九）加强地方志理论研究和学术交流合作。充分发挥方志期刊和各级各类地方志学会的作用，加强地方志基础理论和编纂实践研究，推动理论创新、制度创新、管理创新、方法创新。围绕总结第二轮修志工作、准备第三轮修志工作，开展理论研讨和学术交流，组织撰写第三轮修志培训教材。积极参与文化走出去，采取多种形式，加强与香港、澳门和台湾地区以及国外高等院校、科研机构、档案机构和图书馆等单位的学术交流合作。

三、保障措施

（一）强化组织领导。各地要继续坚持党委领导、政府主持、地方志工作机构组织实施、社会各界广泛参与的工作体制，坚持“一纳入、八到位”的工作机制，即将地方志工作纳入各地经济社会发展规划、各级政府工作任务，确保认识到位、领导到位、机构到位、编制到位、经费到位、设施到位、规划到位、工作到位。各级政府要将地方志工作所需经费列入财政预算。承担编纂任务的国家机关、社会团体、企业事业单位和其他组织要将编纂地方志工作列入年度工作计划。各级地方志工作机构要充分发挥统筹规划、组织协调作用；各有关部门要增强全局观念，加强沟通配合，大力支持地方志工作，确保高质量完成各项目标任务。

（二）强化依法治志。深入贯彻国务院《地方志工作条例》及我省实施办法，逐步健全完善地方性法规规章，进一步明确各级政府对地方志工作的领导责任，加强地方志工作机构履行组织、指导、督促和检查地方志工作的职责，确保地方志工作依法开展。加大地方志工作法规规章的宣传、执行力度，定期开展执法监督检查，依法纠正、查处执行不力和违法行为。

（三）强化队伍建设。各级政府要明确承担地方志工作的机构，到2016年实现全省地方志工作机构全覆盖。地方志工作机构设置和人员编制要与其有效履行职能、顺利开展工作的要求相适应。按照德才兼备原则和专业要求，配齐配强地方志工作机构领导班子。重视人才选拔、培养和使用，加强专兼职结合、结构合理的人才队伍建设，培养和引进一批高端人才，建设一支高素质的地方志编修和研究工作队伍。建立省级地方志专家库，聘请各行各业专家学者参与地方志工作，健全地方志工作机构主导、社会各界有序参与修志编鉴的途径和方式。采取多种形式，分层次分类型加强队伍教育培训。

（四）强化督促检查。各地、各有关部门要结合工作实际，根据本方案要求，制定地方志事业发展规划或推进计划，强化责任落实。按照国家和省有关规定，开展先进集体和个人以及地方志质量评选，形成干事创业的激励机制。完善目标考核责任制、督查通报制，各地要把地方志工作纳入政府督查内容与考核目标，省地方志办公室要对本实施方案落实和执行情况进行督促检查，定期通报工作进展情况，推动全省地方志事业平稳、有序、健康发展。

浙江省人民政府办公厅关于推进地方志事业发展的实施意见

浙政办发〔2016〕166号

各市、县（市、区）人民政府，省政府直属各单位：

为贯彻落实《国务院办公厅关于印发全国地方志事业发展规划纲要（2015—2020年）的通知》（国办发〔2015〕64号，以下简称《规划纲要》）精神，加快推进我省地方志事业发展，经省政府同意，现提出如下实施意见。

一、指导思想和基本要求

坚持以中国特色社会主义理论体系为引领，深入贯彻落实习近平总书记系列重要讲话精神，按照《地方志工作条例》《规划纲要》《浙江省实施办法》和第五次全国地方志工作会议的要求，围绕地方志工作强省建设总目标，解放思想，实事求是，锐意进取，改革创新，依法推动全省地方志事业发展繁荣。

坚持正确方向、依法治志、全面发展、改革创新、质量第一、修志为用的基本原则，适应经济社会发展新形势，明确在改革发展大局中的目标任务。把按既定计划全部完成省志和第二轮市县志编修任务、实现地方综合年鉴编纂出版全覆盖的“两全”目标，作为当前和今后一个时期全省地方志工作的重点，确保如期完成任务。在确保重点任务如期完成的同时，采取各种措施全面完成《规划纲要》所提出的各项工作任务，相关工作继续走在全国地方志系统前列。

二、总体目标和主要任务

（一）总体目标。到2018年基本完成《浙江通志》和第二轮市县志编修任务；到2020年全面完成《浙江通志》和第二轮市县志编修任务，实现地方综合年鉴编纂出版全覆盖。统筹兼顾推进全省地方志各项事业发展，基本形成地方志编修体系、理论研究和学科建设体系、质量保障体系、资源开发利用体系、工作保障体系“五位一体”的地方志事业发展综合体系，努力开创全省地方志工作新局面。

（二）主要任务。

1. 扎实推进《浙江通志》编纂工作。按计划分批推进编纂工作，到2018年基本完成编修任务，大部分志稿完成“三审”，约半数志书正式出版。到2020年全面完成编修任务，所有志稿完成“三审”，大部分志书正式出版。

2. 高质量完成第二轮市县志编修任务。到2018年各市、县（市、区）基本完成第二轮志书编修任务，大部分志稿完成编纂任务并正式出版。到2020年全部完成编修任务，已列入第二轮修志计划的志书全部出版。部分进展迟缓的市、县（市、区）要加大力度，加快进度，确保如期高质量完成任务。已完成第二轮志书编修任务的市、县（市、区），要认真总结两轮修志经验，采取各种方式广泛征集史料，为第三轮修志工作打好基础。同时，积极指导开展专业（部门、行业、企业）志鉴的编修，推动地方志工作不断向基层延伸。

3. 加强综合年鉴编纂出版工作。借鉴志书编纂经验，统筹规划，分步实施，确保到2020年全面完成省市县三级地方综合年鉴编纂任务，并达到“一地一年一鉴”和公开出版要求。注重形式体例和学术理论创新，逐步提升编修质量。鼓励有条件的地方和单位编纂专业年鉴，逐步形成综合年鉴与专业年鉴全面覆盖、协调发展的格局。按《地方志工作条例》要求，逐步理顺管理体制，推动地方综合年鉴由各地方志工作机构统一组织编纂，以适应志鉴一体化的发展趋势。

4. 进一步提高志鉴质量水平。按照打造精品志鉴的要求，妥善处理好编纂进度与质量的关系，把精品意识贯穿于工作全过程。做好资料卡片制作和长编编纂等基础性工作，切实体现志书资料性文献的价值。规范志鉴编纂流程，创新编纂方式，通过试点引领、示范带动、运用在线编纂管理平台等方式，引导编纂工作不断向科学化、规范化发展。强化志鉴编纂业务指导，依托省地方志专家委员会开展指导培训、研讨交流和志鉴评审等活动。强化审查验收制度，切实落实初审、复审和终审的“三审”制度，探索科学规范的评审方法，严把志稿质量关。

5. 不断拓展地方志事业发展领域。各地在做好志鉴编纂工作的同时，要因地制宜，积极推进地方志事业持续发展、全面繁荣。积极推动地方志信息化建设，依托云计算、大数据等新技术新手段，以浙江方志网、数字方志馆等现有载体为基础，不断丰富充实地方志资料数据库。以杭州、宁波、湖州等市和有关县（市、区）为重点，建好用好一批既能体现地方志文化特点又能充分展示各地地情的方志馆。结合公共文化服务设施建设等工作，通过指导农村史志家谱编修等方式传播地方志文化。

6. 深化地方志理论研究和学科建设。充分发挥我省地方志学术研究的传统优势，进一步推动理论研究和学科建设。通过组织课题项目研究、实施全省地方志系统人才梯队建设计划等举措，加大人才培养力度。积极依托各级地方志学会（研究会）、研究中心等团体阵地，与高校、科研院所合作，通过定期开展研讨交流、编辑史志书刊、申报课题项目等方式，持续推进学科建设。继续编好《浙江方志》和各市、县（市、区）的史志刊物，并力求做到“一地一刊”，充分发挥其在传播史志文化中的重要作用。积极开展对外学术文化交流合作，服务文化强省建设和国家文化“走出去”战略。创新思路，不断拓展地方志学术研究领域，有条件的地方要将地方史编写纳入地方志工作范畴并统筹管理。

7. 注重地方志成果的开发利用。各地要高度重视地方志成果的宣传和开发利用。通过举行首发式、发行座谈会、社科科普宣传日等活动，向社会广泛宣传推广第二轮修志工作成果成就。在规范化志鉴成果出版后，通过编纂简志、图志，借助电子版、数字化和公众微信等手段，多层面多角度开发宣传志鉴成果。以点校、提要、考录、辑佚等形式，加大旧志整理和开发利用力度。大力推动地方志文化进机关、进农村、进社区、进校园、进企业、进军营，进一步发挥地方志存史、资政和育人作用，更好地为全省经济和社会发展大局服务。

三、组织领导和保障措施

（一）加强组织领导。按照党委领导、政府主持、地方志工作机构组织实施、社会各界广泛参与的工作体制，进一步加强对地方志工作的领导，落实地方志工作力量和经费、设施等保障。各级地方志工作机构主管本行政区域的地方志工作，依法履行组织、指导、督促和检查等职责。相关部门要进一步加大对地方志工作的支持力度，妥善解决地方志事业发展过程中碰到的编纂经费、工作条件、人员待遇等实际问题。

（二）落实依法治志。认真贯彻落实《地方志工作条例》和《浙江省实施办法》，加强对地方志工作法规规章的宣传，定期开展执法监督检查，依法纠正、查处执行不力和违法行为。对《浙江通志》编纂、市县第二轮修志和年鉴编纂等重点工作，要加大督查考核力度，进一步强化依法治志。

（三）强化队伍建设。坚持新上岗人员岗前培训、各级地方志机构主要负责人定期轮训和志鉴主编等修志骨干集中研讨等制度，不断提升全系统人员素质水平。对全省地方志系统符合条件的人员，鼓励支持到高校、科研院所接受专业培训和继续教育，参与专业技术职称评聘，参加对外学术交流活动。大力弘扬“修志问道、直笔著史”的精神和爱岗敬业、淡泊名利、甘于奉献的价值追求，在全省努力打造一支政治素质高、知识结构合理、业务能力强、专兼职和老中青相结合的地方志人才队伍。

（四）加大宣传力度。各地、各有关部门要积极宣传地方志系统落实党和国家大政方针的新举措、地方志工作服务当地经济社会发展的新成绩、广大地方志工作者积极投身文化强省建设所作的新贡献，积极宣传地方志系统先进工作事迹，增进全社会对地方志工作的认识了解，促进地方志事业持续健康发展。

浙江省人民政府办公厅
2016年12月19日

安徽省人民政府办公厅关于印发安徽省地方志事业发展规划（2016—2020年）的通知

皖政办〔2016〕70号

各市、县人民政府，省政府各部门，各直属机构：

《安徽省地方志事业发展规划（2016—2020年）》已经省政府同意，现印发给你们，请认真贯彻执行。

安徽省人民政府办公厅
2016年11月14日

安徽省地方志事业发展规划（2016—2020年）

为推进我省地方志事业科学发展，充分发挥地方志工作在全省经济社会发展和创新型文化强省建设中的重要作用，根据《国务院办公厅关于印发全国地方志事业发展规划纲要（2015—2020年）的通知》（国办发〔2015〕64号）精神，结合我省实际，制定本规划。

一、指导思想与基本原则

（一）指导思想

全面贯彻落实党的十八大和十八届二中、三中、四中、五中、六中全会精神，深入贯彻落实习近平总书记系列重要讲话精神和视察安徽重要讲话，牢固树立创新、协调、绿色、开放、共享的发展理念，按照党中央、国务院决策部署，以存史、育人、资政为目标，以依法治志为基础，以完善现代地方志工作格局为抓手，推动全省地方志事业全面协调可持续发展。

（二）基本原则

1. 坚持正确方向。坚持走中国特色社会主义文化发展道路，坚持为人民服务、为社会主义服务方向，通过编修和开发利用地方志成果，为培育和践行社会主义核心价值观提供丰富、优秀的精神文化产品。

2. 坚持依法治志。各级地方志工作机构依法履行组织、指导、督促和检查地方志工作职责，加强编纂业务工作。

3. 坚持全面发展。以修志编鉴为主业，统筹兼顾理论研究、开发利用、信息化建设、方志馆建设、旧志整理、队伍建设等工作，推动地方志事业全面协调可持续发展。

4. 坚持改革创新。继承和弘扬中华民族优良修志传统，认真总结经验教训，解放思想，深化改革，与时俱进，推动地方志工作理论创新、制度创新、管理创新和方法创新。

5. 坚持质量第一。坚持存真求实，确保地方志质量。正确处理质量与进度的关系，将精品意识贯穿于地方志编纂出版工作全过程，严把政治关、史实关、体例关、文字关、保密关、出版关，做到思想性、科学性、资料性、应用性有机统一，编纂出版经得起历史检验、具有鲜明时代特征和地域特色的地方志成果。

6. 坚持修志为用。充分挖掘安徽历史文化、红色文化、地域特色文化资源，发挥地方志资源优势，全面提升开发利用水平；拓宽用志领域，提升服务大局能力，为党政机关、社会各界和人民群众服务；加大宣传力度，提高全社会读志用志水平。

二、总体目标与主要任务

（一）总体目标

至2020年，全面完成全省第二轮修志规划任务，实现省、市、县三级地方综合年鉴全覆盖，加快信息化和方志馆建设，做好第三轮修志准备工作，加强对社会修志的指导和管理，持续推进地方志工作的法制化、规范化，基本形成地方志编修体系、理论研究体系、质量保障体系、资源开发利用体系、工作保障体系“五位一体”的地方志事业发展综合体系，努力使全省地方志事业发展整体水平走在全国前列。

（二）主要任务

1. 全面完成第二轮修志规划任务。到2020年，全面完成二轮省志编纂出版任务。鼓励市、县（市、区）编修一批精品通纪体志书。认真总结第一轮、第二轮修志工作的经验，全面做好全省第三轮修志工作各项准备，与全国同步启动第三轮修志工作。

2. 大力推进地方综合年鉴编纂工作。到2020年，省、市、县三级地方综合年鉴全部做到一年一鉴，公开出版，年鉴电子介质版与纸质版同步刊行。各级地方志工作机构要加强年鉴业务指导和规范管理，争创若干全国知名年鉴品牌。鼓励有条件的行业、部门、单位相应开展年鉴编纂工作。

3. 加强乡镇村志、部门行业志、地方图志、地方特色志和地方史编纂工作。继续鼓励和指导有条件的乡镇（街道）、村（社区）、行业、部门、企业、学校做好志书编纂工作。启动安徽名镇志、安徽名村志、安徽名企志、安徽名校志等系列丛书的编纂出版工作。组织参与中国名镇志文化工程、中国名村志文化工程。积极谋划安徽地方图志、地方特色志编纂。把地方史编纂纳入地方志工作范畴，统一规划，规范管理，编纂出版安徽地方史丛书。

4. 深入开展旧志整理工作。进一步完善全省旧志整理规划，编辑旧志联合目录，分类整理旧志资料，建设安徽历代方志数据库。全面完成全省规划的旧志整理出版工作。继续收集现存历代安徽省府州县志，影印出版安徽稀有旧志。加强与高等院校、科研院所、图书馆、档案馆等单位的交流与合作，开展旧志点校、提要、考录、辑佚等工作。

5. 加强地方志理论研究工作。充分发挥地方志学会、期刊平台作用，不断加强地方志理论和编纂实践研究。制定方志理论、年鉴理论研究规划，建立和完善方志、年鉴理论研究学术规范。开展地方志评论研究，编辑出版安徽省新编志书评论集。修编再版方志编纂、年鉴编纂通用教材，推动方志、年鉴理论研究深入开展。

6. 加强地方志队伍建设。建立健全人才选拔、引进、培养和使用的良性机制，加强专兼职结合、结构合理的人才队伍建设，培养和引进一批高端人才，建设一支高素质的地方志编修、研究工作队伍，弘扬修志问道、直笔著史的方志人精神。

7. 强化地方志质量建设。严格执行《地方志书质量规定》《地方综合年鉴编纂出版规定》等有关要求，推动地方志质量标准化建设；不断健全我省地方志编纂质量保障体系，完善志书、年鉴的质量评议、审查验收制度，严把质量关。根据国家和省委省政府有关规定申报设立志书、年鉴及优秀学术成果评比奖励项目，逐步将志书、年鉴纳入有关图书奖评比。

8. 加强地方志资料建设。加大依法收（征）集地方志资料力度，建立和完善地方志资料收（征）集、保存、管理制度，推行地方志资料年报制度并形成常态机制；总结完善志书、年鉴、大事记、地情刊物等多层次、多结构的地情资料保存工作机制；运用社会调查、口述历史、家谱族谱和音像影像资料收（征）

集等方法，大力拓展资料征集范围和渠道，建立能够全方位适应地方志编纂、地方志事业发展和地方志文化建设需要的地方志资料保障机制。

9. 加快地方志信息化建设。根据全国地方志事业信息化发展意见，按照统一规划、统一标准、分级建设、资源共享、安全保密的原则，制定全省地方志信息化建设实施方案，加快地方志信息化建设步伐。充分利用已有信息基础设施和数据资源，积极开展“互联网＋”地方志工作，推动地方志数字化工作。至2020年，建成功能更加健全的安徽地方志门户网站，实现省、市、县三级地方志网站资源共享；建成省、市、县三级志鉴资源全文数据库，实现地方志海量信息迅捷查询；建立全省志鉴在线编纂平台，实现志鉴编纂在线传输、在线编纂、在线管理；加强方志馆、地情数据库、地方志网站建设，努力实现省、市、县三级地方志资源共享，面向社会提供优质服务。

10. 加快方志馆建设。推进省方志馆建设，将其打造成集收藏保存、调阅查询、宣传展示、学研交流和省情教育等多功能于一体的公共文化服务综合场馆。指导推动全省方志馆建设，力争到2020年全省各市和有条件的县（市、区）建成方志馆。

11. 提高地方志资源开发利用水平。加强对地方志资源的深加工，拓宽服务渠道，增强服务功能，创新服务手段，更好地贴近经济社会发展实际，贴近人民群众需要。深入开展地情研究，探索编纂《安徽地情研究报告》，充分发挥地方志资源在地方公共文化服务中的重要作用。利用各类媒体广泛宣传地方志成果，推动地方志文化进机关、进农村、进社区、进校园、进企业、进军营，推动城乡地方志文化建设，培育地方历史记忆。围绕党委、政府中心工作，积极参与城市文明创建、美丽乡村、旅游景区建设以及地名普查和道路、社区命名等工作，实现地方志的资政服务功能。

12. 扩大学术交流与合作。采用多种形式，服务国家文化“走出去”战略，推介一批高质量地方志成果，充分展示地方志的当代价值及永恒魅力；对外展示安徽形象，推动安徽文化走向全国、走向世界，增强安徽影响力。

三、保障措施

（一）依法治志。贯彻落实《地方志工作条例》和《安徽省地方志工作条例》，进一步健全相配套的地方志工作制度规范。加大地方志工作法规的宣传、执行力度，定期开展执法监督检查，依法纠正、查处执行不力和违法行为。

（二）健全制度。健全地方志工作机构主导、社会各界参与修志编鉴的途径和方式。健全和完善目标考核责任制、督查通报制，强化责任落实。健全和完善地方志资料收（征）集及管理制度、修志编鉴业务制度和主编（总纂）责任制，确保在组织启动、篇目设计、资料收（征）集、初稿编纂、总纂统稿、志鉴稿评议、审查验收、出版发行、报送备案等环节均有章可循、有序推进，保障志鉴质量。

（三）经费保障。改善地方志工作条件和图书资料收藏保管条件，做好修志编鉴、印刷出版、方志馆与信息化建设、开发利用、资料文献保存等工作。县级以上人民政府要把地方志工作所需经费列入本级政府财政预算，承编单位应在经费和工作条件等方面予以保障。

（四）队伍建设。开展全省地方志系统中青年学术人才梯队建设；建立完善省级、设区市级地方志专家库，储备政治过硬、业务精通、作风扎实的专业人才。完善教育培训制度，分级实施对地方志工作机构的新任负责人、志鉴主编（总纂）的专项培训，实现修志编鉴人员岗前培训全覆盖、培训工作常态化；通过举办专业进修班等形式，支持地方志工作人员接受专业继续教育。按照国家和省有关规定开展先进集体和先进工作者评选表彰活动，建立干事创业的激励机制，营造良好氛围。

（五）加强宣传。充分利用各级各类新闻媒体，大力宣传地方志工作机构贯彻落实党和国家大政方针的新举措、地方志工作服务经济社会发展的新成绩、地方志工作者投身现代化建设的新贡献。挖掘地方志资源的现实价值、历史价值，设计宣传主题，创新宣传形式，推出一批人民群众喜闻乐见、有较大社会影响力的地方志宣传精品。

四、加强组织领导

坚持和健全党委领导、政府主持、地方志工作机构组织实施、社会各界参与的工作体制。县级以上人民政府和志鉴各承编单位要把地方志工作摆上重要议事日程，研究部署地方志工作，统筹解决地方志工作中存在的困难与问题。

坚持落实“一纳入、八到位”的工作机制。地方志工作机构的设置和人员编制，要与其有效履行职能、顺利开展工作的要求相适应；按照德才兼备原则和专业要求，配齐配强地方志工作机构的领导班子。

县级以上人民政府及志鉴各承编单位要根据本规划要求，结合工作实际，制定本地区本部门地方志事业发展规划或实施方案，切实加强组织推动力度，全面提高地方志工作水平，确保全省地方志事业平稳、有序、健康发展。

省地方志办公室要对本规划落实和执行情况进行督促检查。

福建省人民政府办公厅关于印发《福建省地方志事业发展规划纲要（2016—2020年）》的通知

闽政办〔2015〕161号

各市、县（区）人民政府，平潭综合实验区管委会，省人民政府各部门、各直属机构，各大企业，各高等院校：

《福建省地方志事业发展规划纲要（2016—2020年）》经省政府同意，现印发给你们，请认真组织实施。

福建省人民政府办公厅

2015年12月27日

福建省地方志事业发展规划纲要（2016—2020年）

为推进全省地方志事业科学发展，充分发挥地方志工作在福建加快发展、深化闽台交流、打造21世纪“海上丝绸之路”核心区中的重要作用，根据国务院办公厅《全国地方志事业发展规划纲要（2015—2020年）》，结合我省实际，制定本规划纲要。

一、发展基础

地方志是中华民族特有的文化基因，是探索地情规律、提炼历史智慧、提升治理能力的文献宝库。1980年，我省在全国率先倡议传承优秀历史文化传统、编修社会主义新方志。三十多年来，在全省各级党委政府的领导下，经过广大地方志工作者不懈努力，形成了志鉴主业全面推进、“方志馆（书库）、网站、刊物、学会、用志”协调发展的现代方志工作格局，锻造了一支状态好、工作实、能创新、讲奉献的方志队伍，取得了丰硕成果，充分展示了地方志的当代价值及永恒魅力，为推动全省经济社会发展和文化强省建设发挥了独特作用。

（一）工作体制机制逐步完善。形成党委领导、政府主持、地方志工作机构组织实施、社会各界广泛参与的工作体制；形成将地方志工作纳入全省各地国民经济和社会发展规划、地方各级政府和承担修志编鉴任务的部门单位

（以下简称各承编单位）工作任务、“认识、领导、机构、编制、经费、设施、规划、工作”到位（以下统称“一纳入、八到位”）的工作机制。

（二）依法治志取得重大进展。省政府贯彻国务院《地方志工作条例》，制订施行《福建省实施〈地方志工作条例〉办法》，在全国率先出台《关于进一步加强地方志工作的若干意见》、公布《福建省地方志编纂委员会责任清单》，各地也相应制订了配套的制度规范，进一步明确了各级政府对地方志工作的领导责任，强化了地方志工作机构履行组织、指导、督促、检查的行政职能，推动了地方志工作的法治化。

（三）方志文化成果丰富多元。完成首轮地方志书编修任务，第二轮编修进度过半、进入攻坚阶段，在全国率先实现省、市、县三级地方综合年鉴全部开编。已出版213部省、市、县三级地方志书和数千部特色志、乡镇（村）志、年鉴、地情书籍，加上现存的287种历代方志及其整理成果，以及《福建史志》等方志期刊、大量的地情资料和6.5亿字的地方志数字化资料，构成不断丰富的地方史志成果群。

（四）基础平台建设稳步推进。全力推进省方志馆建设，74个市、县（区）设有方志书库（资料室）；福建省“数字方志”首期工程完成、二期工程启动建设，44个市、县（区）开通地情网站。方志馆、书库、地情网站成为留住乡愁记忆，研究地方历史，提供资政服务，开展地情教育的新载体。

（五）公共服务水平有效提升。通过修志、传志、读志、用志，我省地方志工作机构在闽台交流交往、申报“世遗”“非遗”、寻根谒祖、旅游开发、申报地理标志产品等方面提供大量有效服务，发挥了不可或缺的作用。

（六）闽台方志文化不断融合。通过开展志书合编、志书交换、合作办展、族谱对接、学术研讨等活动，搭建闽台方志文化交流新平台。

修志问道，以启未来。在新的历史时期，党中央、国务院对地方志工作寄予厚望，强调要高度重视修史修志，用历史的智慧推进治理体系和治理能力的现代化。我省地方志工作必须全面贯彻党中央、国务院的指示精神，全面落实省委省政府的决策部署，紧紧围绕工作大局，进一步明确“十三五”期间总体思路、目标任务、方法路径和保障机制，全面推动全省地方志事业发展繁荣。

二、指导思想与基本原则

（一）指导思想。高举中国特色社会主义伟大旗帜，全面贯彻党的十八大和十八届二中、三中、四中、五中全会精神，以马克思列宁主义、毛泽东思想、邓小平理论、“三个代表”重要思想、科学发展观为指导，深入贯彻习近平总书记系列重要讲话精神和对福建工作的重要指示，树立创新发展、协调发展、绿色发展、开放发展、共享发展的理念，按照全国第五次地方志工作会议精神和全省第八次地方志工作会议部署，落实“一纳入、八到位”的工作机制，以存史、资政、育人为目标，以依法治志为导向，以完善现代方志工作格局为抓手，推动全省地方志事业再上一个新台阶。

（二）基本原则

1. 坚持正确方向。坚持走中国特色社会主义文化发展道路，为党立言、为国存史、为民修志，为践行和培育社会主义核心价值观提供精神养分和历史智慧。

2. 坚持质量第一。坚持辩证唯物主义和历史唯物主义的立场、观点、方法，存真求实，严把政治关、史实关、体例关、文字关、保密关、出版关，做到思想性、科学性、资料性有机统一，编纂出版经得起历史检验、具有鲜明时代特征和地域特色的方志文化成果。

3. 坚持改革创新。在继承弘扬中华民族优良修志传统的基础上，解放思想、探索规律、与时俱进，推动思维观念、理论方法、机制制度、管理运作、能力素质等方面创新。

4. 坚持依法治志。坚持依法修志、用志、传志、管志，倡导“开门修志”“众手成志”，汇聚社会各方力量，积极参与地方志工作。

5. 坚持信息引领。利用“互联网＋”的

重大国家战略契机，综合运用现代信息技术，整合汇聚全省地方志资源，推行地方志数据文化，打造“智慧方志”，实现开放共享。

6. 坚持修志为用。充分挖掘福建历史文化资源，紧紧围绕中心、服务大局，适应社会需求、人民需要，积极探索开发利用的新途径，不断拓宽用志新境界。

7. 坚持协调发展。以修志编鉴为主业，统筹方志馆（书库）建设、信息化建设、开发利用、历代方志整理、理论研究、队伍建设等各项工作。

三、总体目标与主要任务

（一）总体目标。至2020年，全面完成全省第二轮地方志书编修规划任务，做好第三轮修志准备工作，省、市、县三级综合年鉴全部公开出版，逐步启动并抓好地方史编写工作，持续推进地方志工作法治化、规范化建设，构建闽台数字方志平台、福建地情展示平台和“海丝”方志文化对外交流平台，基本形成地方志编修体系、质量保障体系、资源开发利用体系、理论研究体系、工作保障体系“五位一体”的地方志事业发展综合体系，丰富和拓展我省现代方志工作格局，努力使我省地方志事业发展整体水平走在全国前列。

（二）主要任务

1. 全面完成第二轮地方志书编修规划任务。2017年基本完成、2020年全面完成全省第二轮地方志书编修规划任务，省、市、县三级地方志书全部出版发行。全面总结志书编修经验，为启动第三轮志书编修做好队伍建设、资料收（征）集和理论准备等工作。

2. 全面推进地方综合年鉴编纂工作。2016年，省、市、县三级综合年鉴全部做到一年一鉴，2020年前全部公开出版。有条件的地方同时出版纸质版和电子介质版。争创若干全国知名年鉴品牌，并争创全国综合年鉴质量评比最佳成绩。

3. 加强特色志鉴和地方史的编纂工作。深入挖掘福建历史文化资源和多元文化内涵，编纂福建“海丝”史料、福建地情、福建特色文化志、福建地方史志读本等精品丛书。指导有条件的乡镇（街道）、村（社区）做好志书编纂工作，参与中国名镇志文化工程、中国名村志文化工程，启动编纂福建省国家级历史文化名镇名村志丛书。加强对已开展和准备开展专业志鉴编纂工作的行业、部门、单位等的业务指导和规范管理。把地方史编写纳入地方志工作范畴，统一规范管理，编纂出版我省首部百科全书式地方文献《福建通鉴》。

4. 深入开展旧方志保护整理工作。实施方志典籍整理工程，重点加强闽台方志文化遗产保护，收集、整理、保存闽台旧方志，2018年全面完成《闽台历代方志集成》项目，2020年建成闽台历代方志数据库。同时，加强旧方志资料的分类整理工作。

5. 加快地方志信息化建设。按照统一标准、分级建设、资源共享、安全保密的原则，制订全省地方志信息化建设实施方案。完成福建省“数字方志”二期工程，启动并实施三期工程。至2020年，全面建成省、市、县三级方志资源全文检索数据库、影像资料数据库、在线修志编鉴系统、地方志资料年报系统和地方志全媒体展示平台，数字化资源达8亿字；与中国地方志指导小组办公室合作，建设闽台数字方志馆免费开放，实现两岸方志资源共享。大力整合方志资源，吸收社会资本参与方志资源的深度开发，发展一批有竞争力的福建特色数字文化产品。

6. 创造条件加快方志馆（书库）建设。2018年，省方志馆开馆运行，打造成集收藏保存、宣传展示、学研交流和省情教育等功能于一体的公共文化服务综合场馆，在国家方志馆支持下，建设国家方志馆闽台分馆；2020年，设区市和有条件的县（市、区）建成方志馆或通过各种方式推进方志馆建设。加强全省方志书库专业化、标准化建设，每个设区市重点建设市本级及1～2个县（市、区）级方志书库，构建多层次读志传志用志免费开放平台。

7. 深化地方志资源开发利用。加强对地方志资源的深加工，拓宽服务渠道，增强服务功能，创新服务手段，更好地贴近经济社会发展实际，贴近人民群众需要。开展家谱、家训、家风、村规民约系列丛书征集、编纂工作，为培育和弘扬社会主义核心价值观提供滋养。引导社会各界开发利用地方志资源，推动地方志成果进校园、进机关、进军营、进企业、进社区、进农村等，推动乡土文化建设，提升成果普及程度，培育地方历史记忆。加强对地情信息的分析研究，探索编纂《福建省情报告》《福建地方志发展报告》。

8. 扩大方志文化交流合作。服务国家文化“走出去”战略，加强与海外有关机构学术交流，探索依托海外闽侨文化中心、闽侨书屋、闽籍同乡会馆等场所设立“方志书屋”或“方志书柜”，推动福建地情文化进华人社区、社团、会馆，推介一批高质量的地方志成果。开展与福建有关的“海丝”文献史料的收集整理工作，为福建打造“海丝”核心区提供历史佐证和新鲜素材。开展两岸共享史料、共修史志、族谱对接、学术研讨等活动，促进闽台方志文化深度融合，2016年完成两岸学者合编的《妈祖文化志》出版工作。

9. 重视地方志资料工作。加大依法收（征）集地方志资料力度，建立和完善地方志资料收（征）集、保存、管理制度，建立全省地方志资料年报制度并形成常态机制。总结完善推广志书、年鉴、月报、日记“四位一体”系统保存地情资料工作机制。与机关企事业单位、高校、科研院所、图书馆、档案馆等协作，开展田野调查、社会调研、口述史和音像影像资料收集，建立能够适应地方志事业发展需要的全覆盖、多渠道的地方志资料工作保障体系。

10. 深化地方志质量建设。严格执行中国地方志指导小组《地方志书质量规定》《地方综合年鉴编纂出版规定》和《福建省地方志书编写通则》《福建省地方综合年鉴管理办法》等，推动地方志质量标准化建设，完善主编负责制和总纂“一支笔”统稿、志稿评议、审查验收等制度，落实地方志编纂、出版、印刷三环节无缝衔接，实施精品志鉴工程，将地方志书、年鉴和学术成果纳入各级社会科学优秀成果奖或有关图书评奖范围。

11. 加强地方志理论研究。开展福建省地方志系统中青年学术人才梯队建设和课题研究，至2020年，形成由“学术研究带头人”“学术研究骨干”“学术研究新秀”组成的人才梯队和一批研究成果。充分发挥《福建史志》等方志期刊作用，加强省地方志学会等团体的标准化建设，开展地方志编纂、地方志事业发展等重要理论问题研究。

12. 加强地方志队伍建设。建立健全人才的选拔、培养、使用、交流的良性机制，加强专兼职结合、结构合理的人才队伍建设，培养和引进一批高端人才，建设一支高素质的地方志编修、研究工作队伍。实施全省地方志人才培训工程，开展分层次、多样化的教育培训。建立完善省级、设区市级地方志专家库，争取有一批专家列入国家级专家库。进一步弘扬修志问道、直笔著史的方志人精神，加强学习型、专业型、创新型、服务型、和谐型方志机关建设和机关党建、精神文明建设。

四、保障措施

（一）法治保障。贯彻落实《福建省实施〈地方志工作条例〉办法》，进一步健全相配套的地方志制度规范。每年5月组织开展全省地方志法规宣传月活动。县级以上人民政府定期组织开展执法监督检查，依法通报、纠正、查处执行不力和违法行为。

（二）制度保障。健全地方志工作机构主导、社会各界参与修志编鉴的途径和方式。健全和完善目标考核责任制、督查通报制、年度绩效考评制，建立志鉴业务指导档案制度，落实责任清单。健全完善地情资料收（征）集及管理制度、修志编鉴业务制度和主编（总纂）责任制，保证在组织启动、篇目设计、资料收（征）集和资料长编编写、初稿编纂、总纂统稿、志（鉴）稿评议、审查验收、出版发行、报送备案等环节均有章可循、有序推进。

（三）机制保障。进一步完善省级地方志书、综合年鉴高层指导的运行机制，各地可根据实际完善相应工作运行机制。建立地方志人才培养机制，探索与高等院校、科研院所和研究团队等合作建立地方志学术研究和培训基地，保障出精品、出人才、出经验。探索项目与经费结合机制，汇集全省方志系统合力。建立地方志工作评估激励机制，在志书、年鉴编纂出版后，县级以上人民政府表彰作出突出成绩和贡献的单位与个人。

（四）经费保障。改善地方志工作条件，保障修志编鉴、印刷出版、方志馆与信息化建设、开发利用、图书资料文献保存、对外交流等工作经费。县级以上人民政府要把地方志事业经费列入本级政府财政预算。各承编单位也要将修志编鉴经费列入本部门单位预算。

（五）宣传保障。充分运用新闻媒体和新兴媒体，以及各级地方志工作机构的宣传平台，大力宣传地方志工作机构贯彻落实党和国家大政方针的新举措、地方志工作服务经济社会发展的新成绩、地方志工作者投身现代化建设的新贡献。挖掘地方志资源的现实价值、历史价值，推出一批人民群众喜闻乐见、有较大社会影响力的地方志宣传精品。

五、加强领导

（一）坚持和健全党委领导、政府主持、地方志工作机构组织实施、社会各界参与的工作体制。县级以上人民政府和各承编单位要把地方志工作摆上重要议事日程，主要领导关心过问，分管领导每年定期听取专题汇报，研究部署地方志工作，统筹解决人财物等实际问题。

（二）坚持和落实“一纳入、八到位”的工作机制。地方志工作机构的设置和人员编制，要与其有效履行职能、顺利开展工作的要求相适应，确保编制人员在编在岗。要按照德才兼备原则和专业要求，配齐配强地方志工作机构的领导班子。省地方志编纂委员会每年针对“一纳入、八到位”落实情况组织开展一次督促检查，并将督查情况报告省政府。

（三）县级以上人民政府和各承编单位要根据本规划纲要的要求，结合工作实际，制定本地区本部门地方志事业发展规划或实施方案，全面提高地方志工作水平，确保全省地方志事业平稳、有序、健康发展。

（四）省地方志编纂委员会要对本规划纲要落实和执行情况进行督促检查，并将督查情况报告省政府。

江西省人民政府办公厅关于印发江西省地方志事业发展规划纲要（2016—2020年）的通知

赣府厅发〔2016〕7号

各市、县（区）人民政府，省政府各部门：

《江西省地方志事业发展规划纲要（2016—2020年）》已经省政府同意，现印发给你们，请认真贯彻执行。

江西省人民政府办公厅

2016年2月22日

江西省地方志事业发展规划纲要（2016—2020年）

为推进全省地方志事业科学发展，充分发挥地方志工作在全省经济社会发展和建设文化强省中的重要作用，依据国务院《地方志工作条例》和《江西省实施〈地方志工作条例〉办法》以及《全国地方志事业发展规划纲要（2015—2020年）》，结合我省工作实际，制定本规划纲要。

一、发展基础与历史机遇

江西地方志编纂源远流长。从三国吴时编纂《豫章旧志》开始，代代相延。新中国成立后，早在20世纪50年代末至60年代初，我省就开始了社会主义新方志的编纂。改革开放以来，在省委、省政府的高度重视和正确领导下，经过各地各部门不懈努力，全省地方志工作取得了重大成就，形成以修志编鉴为主业、各项工作协调开展的事业格局，拓展了方志文化的内涵，为提升江西文化软实力发挥了独特作用。

（一）依法治志取得新进展。2006年，国务院颁布施行《地方志工作条例》，省政府于2008年1月颁布《江西省实施〈地方志工作条例〉办法》，进一步明确了省、市、县三级政府对地方志工作的领导责任，标志着全省地方志工作走上了法制化轨道，实现了从行政推动到依法治志的转型。省地方志办依法依规，制定了《江西省第二轮地方志书审查验收规程》《第二轮〈江西省志〉审查验收规程》《〈江西省志（1991—2010）〉编纂行文规范》，各级地方志工作机构按照有关制度规定加强对续志工作的督查指导与审查验收，市、县两级地方志工作机构除对行政区域志加强指导外，还普遍把专志和乡镇志纳入管理范围，进行督查指导，保证编纂质量。

（二）志鉴编纂成果丰硕。目前，编纂出版首轮《江西省志》分志90部，市、县两级志书92部，二轮市、县两级志书98部；《江西年鉴》连续出版14部，市、县综合年鉴编纂出版300多部；各级各类专志编纂出版3400多部，整理各类旧志55部，还编纂出版了大量的地情书和地域文化著作。这些成果共同构成了一座不断丰富、以省情为主要内容的地方志资源宝藏。

（三）方志馆建设初成体系。省方志馆是江西有史以来第一个以地方志为专题的省级馆藏机构，是全国独立建制的第5家省级方志馆。该馆集收藏、展示、开发、服务为一体，共藏有纸质图书3万余种，7万余册，电子书1万余种，11万余册，藏书量居全国方志馆前茅。全省市、县两级方志馆也在逐步建设中。

（四）信息化建设取得阶段性成果。全省各级地方志工作机构全面开展网络建设。2013年8月，省地方志办主办的官方网站——中国赣网正式开通运行，《江西地方志数据库》《中国数字方志库》《江西影像数据库》可供查阅，“一网三库”初步建成。全省8个设区市，11个县（市、区）开通了地方志工作网站（网页）。“方志江西”微信公众平台对宣传地方志文化发挥了重要作用。

（五）地方志资源开发利用途径多元化。全省各级地方志工作机构充分利用掌握的地情资源，针对不同的社会需求，发掘地方志在资政育人、城市建设、科学研究、文化旅游、招商引资等方面作用。同时，积极转化修志成果，将地方志编纂为易于携带、便于阅读的地方志文化丛书，服务大众。

地方志理论研究逐渐深入。紧密结合修志编鉴实际，开展理论研究。省地方志办长期举办各种业务培训班和学术研讨会，组织对外考察和学术交流，编辑出版各类学术期刊。全省地方志理论研究成果丰硕，出版个人文集和专著100余部，在省级以上地方志刊物发表志鉴编纂论文2000余篇。

人才建设逐步完善。全省已逐步形成一支老、中、青相结合，政治强、业务精、作风硬，甘于奉献的地方志编纂研究人才队伍，涌现出一批地方志专家学者。目前，全省参加修志编鉴专兼职人员超过3000余人，先后参加过地方志编纂工作的有2万余人。2005年以来，我省地方志系统先后有32人次荣获全国先进个人，16个单位荣获全国先进集体。

目前，全省地方志事业呈现出良好发展态势和前所未有的大好局面，但也存在着制约事业发展的一些突出问题，主要是对地方志工作重要性认识不足、规划性不强、法治建设薄弱、各地发展不平衡、机构不健全、工作渠道不畅通、人员专业化程度不高、志书质量有待提高等。这些问题需要在发展中通过深化改革、不断创新加以解决。

二、指导思想与基本原则

（一）指导思想。全面贯彻落实党的十八大和十八届三中、四中、五中全会精神，按照党中央、国务院和省委、省政府的决策部署，贯彻落实好第五次全国地方志工作会议要求，解放思想，实事求是，锐意进取，改革创新，大力提升地方志工作在经济社会发展和建设文化强省中的地位，充实和拓展地方志成果，丰富和挖掘地方志资源，提高开发利用水平，依法全面推进全省地方志事业发展繁荣。

（二）基本原则

1. 坚持正确方向。坚持走中国特色社会主义文化发展道路，坚持为人民服务、为社会主义服务的方向，通过修志编鉴和开发利用地方志成果，为培育和践行社会主义核心价值观提供丰富、优秀的精神文化产品。

2. 坚持依法治志。省地方志办依法做好全省地方志工作统筹规划、组织协调、督促指导等工作。市、县两级地方志工作机构依法履行组织、指导、督促和检查地方志工作职责，加强编纂业务工作，拓展地方志工作新内容、新形式。社会各界依法参与，提供支持。

3. 坚持全面发展。以编纂地方志书、地方综合年鉴、各类专志、地情书等工作为基础，全面推进信息化建设、方志馆、方志期刊、理论研究、地域文化研究、旧志整理、开发利用等工作协调发展，使地方志工作成为全省现代公共文化服务体系的重要组成部分。

4. 坚持改革创新。继承和弘扬中华民族修志的优良传统，认真总结各时期地方志工作的经验教训，密切联系地方志工作实际，紧密结合经济社会发展需要，因地制宜，深化改革，开拓创新。

5. 坚持质量第一。正确处理地方志编纂质量和进度的关系，在确保质量前提下保证进度。坚持实事求是、存真求实，严把政治关、史实关、体例关、文字关、出版关，将精品意识贯穿于地方志编纂出版工作全过程，编纂出版经得起历史检验、无愧于时代发展和要求的优秀地方志成果。

6. 坚持修用并举。修志为用，充分发挥地方志资源优势，紧紧围绕经济社会发展，为党政机关、社会各界和人民群众服务，拓宽开发利用领域，增加开发利用途径，形成修用结合、良性互动机制。

三、总体目标与主要任务

（一）总体目标

全面落实“一纳入、八到位”，把地方志工作纳入国民经济和社会发展规划、各级政府工作任务之中，做到认识到位、领导到位、机构到位、编制到位、经费到位、设施到位、规划到位、工作到位。至2020年，全面完成省、市、县第二轮修志规划任务，做好第三轮修志工作准备，实现省、市、县三级地方综合年鉴全覆盖；完善志鉴质量保障制度，提高志鉴编纂质量，开拓地方志资源开发利用途径，加强旧志收集、保存和整理工作，建设高素质的地方志人才队伍。

（二）主要任务

1. 完成第二轮修志任务。至2020年，列入第二轮修志工作规划的省、市、县三级地方志书出版。全面总结经验，为启动第三轮修志做好准备。

2. 抓好地方综合年鉴编纂工作。各级地方志工作机构切实担负起组织编纂地方综合年鉴的职责，加强年鉴管理，实现一年一鉴，推动设区市和有条件的县（市、区）公开出版。至2020年，实现县（市、区）地方综合年鉴全覆盖。

3. 编纂各类专志和地方史。加强各级各类专志、专业年鉴编纂工作，逐步开展地方史编纂工作，指导有条件的乡镇（街道）、村（社区）做好志书编纂工作。

4. 加强方志馆、地情资料库建设。将方志馆建设纳入各地公共文化服务设施建设规划，至2020年，各设区市全部建成方志馆。鼓励有条件的县（市、区）建设方志馆，条件不具备的地区建设地情资料库。已建馆（库）地区应注重丰富馆藏，在资料搜（征）集、成果收藏、开发利用、展览培训、研究交流与服务社会等方面充分发挥作用。

5. 完善地方志信息化建设。至2020年，设区市地方志机构应该建立地方志网站（网页），有条件的县（市、区）地方志机构可以建立地方志网站（网页）。建成以中国赣网为主干，市、县地方志网站（网页）为分支，覆盖全省的三级地方志网络系统。建成地方志书全文数据库，面向社会提供服务。确保网络信息安全，不断完善网站和数据库的管理维护。

6. 推动旧志整理工作。编制全省旧志整理规划，有序推动旧志整理工作。整理点校出版或原版重印一批旧志，编辑出版旧志目录汇编或提要、索引，类编方志资料，开展《江西历代方志集成》整理出版工作。加强与高等院校、科研院所、图书馆的合作，共同开展旧志整理工作。

7. 整理利用地情资源。加大依法搜（征）集地方志资料力度，提高地方志资源的开发利用水平，通过编写地情读本、开展地域文化研究等，促进地方志成果转化，为党政机关和社会各界提供服务，扩大方志文化影响。

8. 深化地方志理论研究。充分发挥方志期刊和地方志学会的作用，活跃学术研讨，营造良好氛围，推动理论创新。加强与相关学科交流合作，开展地方志编纂、地方志事业发展等重要理论问题研究，推出一批有分量的方志理论研究成果，培养一批在全国有影响力的专家学者。

9. 强化人才队伍建设。弘扬修志问道、直笔著史的方志人精神。打造专业性强，综合素质高，有战斗力、凝聚力的地方志队伍，重视人才的选拔、任用和培养，拓宽人才渠道。建立灵活的用人机制，专职和兼职相结合，吸纳社会力量参与地方志工作。

10. 扩大对外交流合作。坚持开门修志，采用多种形式加强与国外和港澳台地区的修志机构、高等院校、科研机构、档案机构、图书馆等单位的交流与合作。

四、组织领导与保障措施

（一）组织领导

坚持和健全党委领导、政府主持、地方志工作机构组织实施、社会各界广泛参与的工作体制。各级政府应依法治志，全面落实“一纳入、八到位”，健全各级地方志工作机构，配备适应工作要求的人员编制，全省有编纂任务的单位要有专人负责资料的收集、整理和年鉴撰稿工作。

（二）保障措施

1. 法治保障。加大对《地方志工作条例》和《江西省实施〈地方志工作条例〉办法》的宣传力度，适时推动对《江西省实施〈地方志工作条例〉办法》进行修订。省、市、县地方志工作机构定期开展对《地方志工作条例》和《江西省实施〈地方志工作条例〉办法》执行情况的监督检查，推动依法治志。

2. 制度保障。健全地方志工作机构主导、社会各界有序参与修志编鉴的途径和方式。健全和完善目标考核责任制、督查通报制；健全和完善地情资料搜（征）集及管理、修志编鉴业务制度和主编（总纂）责任制，确保在篇目设计、资料搜（征）集、总纂统稿、志（鉴）稿评议、审查验收、出版发行、报送备案等环节上均有章可循、有序推进，保障志鉴质量。

3. 经费保障。各级政府应把地方志事业发展所需经费纳入财政预算，设置地方志、年鉴预算，不断改善地方志工作条件和方志馆（资料库）馆藏条件，为做好修志、编鉴、出版、科研、开发利用、信息化建设、资料文献保存等工作提供保障。

4. 队伍保障。加强省级修志专家库建设，聘请专家、学者参与志鉴编纂工作，提高编纂水平。发挥中青年业务骨干主力军作用，培养专家学者型的修志队伍。完善业务培训制度，建立分层次分类型长效培训机制。全省各级地方志工作机构每年开展相关业务培训和修志人员岗前培训。按照国家有关规定开展先进集体和先进工作者评选表彰活动，营造干事创业的良好氛围。

5. 宣传保障。通过与相关媒体合作开辟地方志专栏，办好地情信息网、杂志和简报等，增加公众对地方志事业的了解。挖掘地方志资源现实价值、历史价值，推出地方志文化精品。

全省各级政府和有关部门要结合实际，制

定落实本规划纲要的具体措施，切实加强分类指导，加大组织推动力度，全面提高地方志工作水平，确保全省地方志事业平稳、有序、健康发展。

省地方志编纂委员会及其办公室负责对本规划纲要落实和执行情况进行督促检查。

山东省人民政府办公厅关于印发山东省地方史志事业发展规划纲要（2016—2020 年）的通知

鲁政办发〔2015〕46 号

各市人民政府，各县（市、区）人民政府，省政府各部门、各直属机构，各大企业，各高等院校：

《山东省地方史志事业发展规划纲要（2016—2020 年）》已经省政府同意，现印发给你们，请认真贯彻执行。

山东省人民政府办公厅

2015 年 10 月 20 日

山东省地方史志事业发展规划纲要（2016—2020 年）

地方史志事业是中国特色社会主义文化事业的重要组成部分，是各级政府行政管理的必要职责。近年来，在省委、省政府的正确领导和社会各界的关心支持下，全省史志事业发展实现了新的突破，多项工作走在全国前列，创造出“山东经验”。目前，第二轮修志加快推进，编纂出版省志分志 29 部，市级志书 4 部 3 册 5 卷，县级志书 83 部。部门（行业）志和乡镇村志编修蓬勃开展，出版部门（行业）志 2000 余部，乡镇村志 800 余部。方志理论研究和修志队伍建设不断加强，推出了一批理论研究成果，实施了人才培训五年规划，培训专业人员上千人，修志人员业务水平不断提高。年鉴工作改革创新、提速增效，服务功能大为增强，各级各类年鉴达到 240 多种，数量和质量均居全国前列，《山东年鉴》2015 卷 6 月底出版，2014 卷荣获全国最高奖项（综合特等奖）。省、市、县三级地情网站全面升级改版，省情资料库入库资料 20 亿字，省情网用户访问量 1200 万人次，微信、微博、英文地情网等极大拓展了信息服务领域。方志馆建设得到加强，建成省级方志馆 1 家、市级 14 家、县级 80 家，各级方志馆不断扩容增藏，软硬件设施改善，社会影响扩大。旧志整理取得突破，《山东省历代方志集成》整理工程启动，完成宣统版《山东通志》整理影印，全省累计整理出版旧志 200 余种。法治化建设全面推进，在全国率先实现省、市、县三级史志工作法规规章体系全覆盖。史志资源开发利用成果丰硕，编纂出版《汶川特大地震山东省救助援建志》《第十届中国艺术节志》、山东纪念抗战胜利 70 周年丛书、《山东省历史地图集》，为现实服务的能力进一步增强。

总体来看，全省史志事业发展已经站在一个新的历史起点上，展现出前所未有的大好局面。但也存在一些制约事业发展的困难和问题：一是第二轮修志进度极不平衡，部分省志承编单位重视不够、进展缓慢，有的市县级志书编纂力量薄弱、保障不力，甚至有的尚未启动，在 2018 年全面完成修志任务难度较大；二是县级综合年鉴逐年连续出版的不足 30%，全部实现一年一鉴、公开出版的难度较大；三是部分地区和部门对史志工作重要性认识不够，特别是县级史志机构不够健全，有的编制、人员、经费严重不足；四是为现实服务的能力有待提高，方志文化的作用有待彰显等。这些困难和问题，必须通过科学发展和深化改革，采取有效措施，认真予以解决。

按照“四个全面”战略部署，党中央、国务院对史志工作提出了新任务、新要求，习近平总书记强调“要高度重视修史修志”，李克强总理提出“修志问道，以启未来”，省委、省政府领导高度重视史志工作，多次作出重要指示、批示，史志事业发展迎来重要机遇。为促进和指导今后五年全省史志事业科学发展，根据《全国地方志事业发展规划纲要（2015—2020年）》，结合我省实际，制定本规划纲要。

一、指导思想与基本原则

（一）指导思想。全面贯彻党的十八大和十八届三中、四中全会精神，认真落实“把史志工作纳入各地国民经济和社会发展规划、各级政府工作任务，认识、领导、机构、编制、经费、设施、规划、工作到位”（以下统称“一纳入、八到位”）的总要求，紧紧围绕省委、省政府中心工作，解放思想，实事求是，锐意进取，改革创新，依法推进全省史志事业科学发展，为加快经济文化强省建设提供精神动力、决策参考、信息服务和智力支持。

（二）基本原则。

1. 坚持正确方向。坚持走中国特色社会主义文化发展道路，坚持为人民服务、为社会主义服务的方向，通过编修和开发利用地方史志成果，为弘扬优秀传统文化、建设文化强省提供有力支撑，为培育和践行社会主义核心价值观提供丰富、优秀的精神文化产品。

2. 坚持依法治志。按照《地方志工作条例》和《山东省地方史志工作条例》，省、市、县三级史志机构依法履行组织、指导、督促和检查职责，各级、各部门和社会各界依法履行相关职责和义务。

3. 坚持科学发展。以修志编鉴为主业，统筹兼顾信息化建设、方志馆建设、旧志整理、理论研究、开发利用等工作，实现史志事业科学发展。

4. 坚持改革创新。继承和弘扬中华民族编史修志的优良传统，认真总结史志工作经验，正确把握发展规律，深化改革，与时俱进，推动理论创新、制度创新、管理创新、方法创新，不断拓展史志工作领域，丰富史志成果表现形式。

5. 坚持质量第一。质量是志书的生命，要将精品意识贯穿于志鉴编纂出版工作全过程，严把政治关、史实关、体例关、文字关、出版关，编纂出版经得起历史检验、具有鲜明时代特征和地域特色的优秀史志成果。

6. 坚持修用并举。发挥史志资源优势，加快史志成果转化，全面提升开发利用水平。拓宽用志领域，创新用志手段，提升服务大局能力，为党政机关、社会各界和人民群众服务。加大宣传力度，提高全社会读志用志水平，形成修用结合、良性互动机制。

二、总体目标与主要任务

（一）总体目标。到2020年，全面完成第二轮修志任务，做好第三轮修志工作准备，实现省、市、县三级综合年鉴全覆盖，进一步提升信息化建设水平，省、市、县三级方志馆全面建成，加强对社会修志和编修地方史的指导与管理，基本形成修志编鉴、理论研究、质量保障、开发利用、工作保障“五位一体”的史志事业发展综合体系，确保我省史志工作继续走在全国前列。

（二）主要任务。

1. 全面完成第二轮修志任务。力争2018年完成省、市、县三级第二轮修志任务。实施齐鲁名镇志、名村志文化工程，推出100部名镇志、名村志精品。健全完善志书质量保障体系，确保志书质量不断提升，打造一批在全国有影响的精品志书。全面总结第一轮、第二轮修志工作经验，认真研究修志工作的组织管理、运作模式、续修方式等，为启动第三轮修志做好准备。

2. 大力推进年鉴编纂出版。各级史志机构切实担负起组织编纂地方综合年鉴的职责。尚未启动综合年鉴编纂的县（市、区）2016年年底前全面启动，所有县（市、区）2018 年全部达到一年一鉴、公开出版，实现省、市、县三级综合年鉴全覆盖。加强对编纂年鉴的行业、部门、单位的业务指导和质量管理，推动年鉴工作改革创新、提速增效，缩短出版周期，增强为现实服务能力。省地方史志办逐年编纂《山东地方史志年鉴》。

3. 加快信息化建设。按照全国地方志事业信息化发展意见，广泛应用“互联网 +”等现代信息技术，逐步实现修志编鉴的数字化、网络化，建成地方史志全文数据库，面向社会提供服务。加大资金投入，不断升级完善地情网站和地情资料库软硬件设施，建设新的载体平台，构建多界面、多渠道、多元化、全方位的综合服务体系。加强地情网站和地情资料库管理，确保网络信息安全。

4. 加强方志馆建设。把方志馆建设纳入各地公共文化服务设施建设规划，确保市、县（市、区）方志馆全部建成。已建成但面积及硬件设施不能满足需要的要升级改造，尚未建设的要抓紧立项建设或利用现有设施进行改扩建。开展数字化方志馆建设，实现资料数字化、传递网络化、信息共享化、使用便捷化，充分发挥“全省志类成果交换平台”的作用，提高资料管理利用水平。

5. 深化方志理论研究。深入总结社会主义新方志和传统编史修志经验，用不断发展创新的理论成果指导工作实践。充分发挥各地史志学会等学术团体和方志期刊等交流平台的作用，活跃学术研讨，营造良好氛围，推动理论创新，推出一批有分量的方志理论研究成果，造就一批在全国有影响的方志理论专家。

6. 强化史志资料建设。加大依法收（征）集史志资料力度，健全完善年报制度并形成常态机制，按年度整理汇编地情基础资料。建立史志资料库，为修志编鉴和地情开发服务。运用社会调查、口述历史等方法，大力拓展资料收（征）集范围和渠道，建立能够全方位适应史志编纂、史志事业发展和方志文化建设需要的史志资料保障机制。

7. 提高史志资源开发利用水平。广泛开展读志用志工作，推动史志成果进机关、进农村、进社区、进校园、进企业、进军营。建立为重大活动修志的常态化工作机制，引导社会各界开展对史志资源的开发利用，进行重大课题研究。加快修志成果转化，利用群众喜闻乐见的形式，制作齐鲁历史文化系列动漫，扩大方志文化影响。全面完成《山东省历代方志集成》整理出版任务，及时将旧志整理成果数字化。完成《山东省对口支援西藏志》《山东省对口支援新疆志》《齐鲁历史名人传略》等编纂工作。发挥史志部门优势，深入挖掘和阐发齐鲁历史文化，深入开展抗战研究，推出一批有分量的研究成果。

8. 扩大对外交流合作。坚持开门修志，采用多种形式，加强与国外和港澳台地区的高等院校、科研机构、档案机构、图书馆等单位的交流与合作。引进一批海外藏山东地情文献资料，推介一批高质量的史志成果，增强齐鲁文化和方志文化的影响力。

三、保障措施

（一）加强组织领导。坚持和完善“党委领导、政府主持、地方史志工作机构组织实施、社会各界广泛参与”的工作体制，全面落实“一纳入、八到位”。各级史志机构特别是县级机构的设置和人员编制要与其履行职能、顺利开展工作的要求相适应。按照德才兼备原则和专业要求，配齐配强史志机构的领导班子。按照政治强、业务精、作风硬的标准，充实史志工作队伍。各级各部门要把关心支持史志工作作为义不容辞的职责，切实解决人员、经费、必要工作条件和工作中的困难。各级政府要把史志工作所需经费列入财政预算。省志承编单位要稳定修志队伍，保障修志条件，确保工作有序开展。

（二）加强依法治志。认真履行《地方志工作条例》和《山东省地方史志工作条例》赋予的各项职责，切实提升依法行政的能力和水平。根据形势发展的要求，进一步完善与两个条例相配套的工作制度体系和实施细则，为全省史志事业发展提供法律依据和制度保障。适时开展《山东省地方史志工作条例》修订工作。开展政府行政执法检查和定期政务督查，依法纠正、查处执行不力和违法行为，推动史志工作法规规章的贯彻落实。建立修志工作动态管理机制，定期检查通报工作进展情况，保障史志事业健康发展。

（三）加强队伍建设。实施新一轮修志人员培训五年规划。建立分层次分类型培训的长效机制，分级实施对修志编鉴、理论研究、开发利用、信息化和方志馆建设、史志资料征集管理等不同层次的专项培训。建立省级、市级史志专家库，充分发挥史志专家和社会各界有关专家、学者的作用，为史志事业发展提供智力支持。吸纳社会力量参与史志工作，利用购买服务、课题外包、建立志愿者队伍等形式，拓宽人才渠道，建立灵活的用人机制。鼓励和支持业务人员接受专业继续教育，不断优化人才成长环境。按照国家有关规定，开展先进集体和先进工作者评选表彰活动，营造干事创业的良好氛围。

（四）加强舆论宣传。利用各级各类新闻媒体，大力宣传史志部门贯彻落实党和国家大政方针及省委、省政府重大决策部署的新举措、史志工作服务经济社会发展的新成绩、史志工作者投身经济文化强省建设的新贡献。挖掘史志资源的现实价值、历史价值，设计宣传主题，创新宣传形式，推出一批人民群众喜闻乐见、有较大社会影响力的宣传精品。

（五）加强督促检查。各级各有关部门要结合各自实际，制定本地区本部门的发展规划或实施方案，搞好任务分解落实，对工作不力的地方和单位及时进行督查，确保各项任务落到实处。

本规划纲要由山东省地方史志办公室负责对落实和执行情况进行督促检查。

河南省人民政府办公厅关于印发河南省地方史志事业发展规划（2016—2020年）的通知

豫政办〔2016〕47号

各省辖市、省直管县（市）人民政府，省人民政府各部门：

《河南省地方史志事业发展规划（2016—2020年）》已经省政府同意，现印发给你们，请认真贯彻执行。

河南省人民政府办公厅

2016年4月25日

河南省地方史志事业发展规划（2016—2020年）

为推进我省地方史志事业科学发展，充分发挥地方史志工作在弘扬优秀传统文化、服务经济社会发展方面的作用，根据《地方志工作条例》（国务院令第467号）、《国务院办公厅关于印发全国地方志事业发展规划纲要（2015—2020年）的通知》（国办发〔2015〕64号），结合我省实际，制定本规划。

一、发展基础与机遇

地方史志是全面系统记述区域自然、政治、经济、文化、社会历史与现状的文献，在储存信息、传承文化、服务当代、垂鉴后世等方面具有独特作用。近年来，在省委、省政府的领导和中国地方志指导小组的指导下，经过全省史志工作者的不懈努力，我省地方史志工作取得了显著成绩。

（一）工作体制机制基本建立。我省基本形成了党委领导、政府主持、地方史志工作机构组织实施、社会各界广泛参与的工作体制；逐步形成将地方史志工作纳入各地国民经济和社会发展规划、各级政府工作任务，“认识、领导、机构、编制、经费、设施、规划、工作”到位（以下简称“一纳入、八到位”）的工作机制。

（二）依法治志得到有效落实。先后公布了《河南省地方志工作规定》（省政府令第140号）、《河南省人民政府办公厅关于做好乡镇志编纂工作的通知》（豫政办〔2013〕89号）等法规文件，部分省辖市、县（市、区）出台了有关史志编修工作的具体方案，地方史志工作法规制度不断完善，逐步进入依法修志新阶段。

（三）修志编鉴走在全国前列。我省修志编鉴工作成果丰富。截至2015年年底，第二轮《河南省志》136个编写单元中完成127个，占93%；市、县两级第二轮志书编纂单位168家中144家出版志书，占86%；乡镇志编纂工作全面启动，出版乡镇志书68部。省、市、县级出版综合年鉴156种，占总数的88%。

（四）用志工作取得显著成效。各级地方史志工作机构围绕我省丰富的方志资源进行多角度、多层次开发，编纂出版了内容丰富、形式多样的方志、地情图书和年鉴月报资料，为领导科学决策、经济社会建设、研究地情文化提供了翔实资料。

（五）基础设施水平不断提升。方志馆、数据库、网站等基础设施建设成效显著，为史志事业繁荣发展提供了有力保障。省、省辖市方志馆建设加快推进。省情网站、数据库系统逐步完善，18个省辖市、53个县（市、区）建设了地情网站，网站访问量持续增长，省情数据库存量超10亿字。史志资源数字化、信息化水平迈上新台阶。

全省地方史志事业呈现良好发展态势，但也存在一些制约事业发展的问题，主要是工作发展不平衡，个别地方志书、年鉴把关不严、质量不高，方志馆建设相对滞后，方志资源开发利用骨干项目较少等。这些问题必须高度重视，采取有效措施，认真予以解决。

2016—2020年是我省全面建成小康社会的决胜阶段，地方史志事业迎来重要发展机遇。地方史志工作要适应经济社会发展新形势，明确在发展改革大局中的目标任务，科学规划、积极创新，勇于担当、锐意进取，为华夏历史文明传承创新区、文化强省建设提供信息服务和智力支持。

二、指导思想和基本原则

（一）指导思想。全面贯彻党的十八大和十八届三中、四中、五中全会精神，深入落实第五次全国地方志工作会议要求，围绕省委、省政府中心工作，服务全省经济社会发展大局，坚持正确的政治方向，坚持依法依规修志用志，统筹推进全省地方史志事业协调健康发展。

（二）基本原则。

1. 坚持正确方向。坚持中国特色社会主义文化发展道路，坚持为人民服务、为社会主义服务的方向，通过编修志书、开发利用史志成果，为弘扬优秀传统文化提供有力支撑，为培育和践行社会主义核心价值观提供丰富文化产品。

2. 坚持依法治志。各级地方史志工作机构依法履行组织、指导、督促和检查地方史志工作职责。按照地方史志有关法规政策，加强编纂业务工作，提高地方史志工作的权威性和严肃性。

3. 坚持全面发展。以修志编鉴为主业，统筹兼顾信息化建设、方志馆建设、开发利用、旧志整理、理论研究等工作，实现地方史志事业全面协调可持续发展。

4. 坚持改革创新。继承和弘扬中华民族修志优良传统，深化体制机制改革，与时俱进，推动理论创新、制度创新、管理创新、方法创新，提升地方史志工作水平。

5. 坚持质量第一。坚持存真求实，正确处理质量与进度的关系，将精品意识贯穿志书编纂出版全过程。严把政治关、史实关、体例关、文字关、出版关，编纂出版经得起历史检验的地方史志成果。

6. 坚持修用结合。发挥资源优势，拓宽用志领域，提升地方史志工作服务经济社会发展的能力。加大宣传力度，引导社会各界读志用志，营造修志用志相互促进的良好局面。

三、总体目标和主要任务

（一）总体目标。扎实做好修志编鉴工作，积极拓展修志用志领域，加快推进信息化和方志馆建设，加强对社会修志工作的指导和管理。到2017年，全面完成第二轮三级修志规划任务，实现省、市、县三级地方综合年鉴全覆盖。到2020年，基本形成具有河南特色的地方史志编修体系、理论研究和学科建设体系、质量保障体系、资源开发利用体系、工作保障体系“五位一体”的地方史志事业发展综合体系。

（二）主要任务。

1. 全面完成第二轮修志任务。保质保量完成三级地方志书出版任务，对第二轮修志工作进行全面总结。2018年开始筹备第三轮修志工作，认真做好规划部署、方案论证、理论研讨、资料收集、队伍培训等准备工作，确保2020年正式启动。启动“新区”（代管乡镇〔街道〕的开发区、新城区、各种园区等）修志工作，成立15年以上的“新区”要开展修志工作，不足15年的“新区”要积极做好修志准备工作。

2. 抓好综合年鉴编纂工作。省、省辖市和已开展年鉴编纂工作的县（市、区）要继续巩固成果、提高编纂质量。尚未出版年鉴的县（市、区）要在2017年启动。利用互联网、大数据等新技术，创新年鉴形式，适时推出网络年鉴、在线年鉴，进一步提升年鉴服务经济社会发展的能力。

3. 推进大事月报编纂工作。进一步丰富完善大事月报编辑内容，充分发挥服务现实的作用。已经开展大事月报编纂工作的省辖市、县（市、区）要着力提高编辑质量，积极拓展编辑范围。尚未开展大事月报编纂工作的省辖市、县（市、区）要创造条件、主动作为，强化措施、积极推进，推动全省大事月报工作普及化。

4. 做好乡镇（街道）志、专业志、地方史编修工作。指导有条件的乡镇（街道）做好志书编纂工作。加强对已经开展和准备开展志鉴编纂工作的行业、部门、单位的业务指导和管理。积极与有关部门沟通衔接，做好地方史研究、编修前期准备工作，推动地方史工作有序开展。

5. 积极开展旧志整理工作。加强对自然破损、日益减少的历代旧志资源的抢救性保护、整理和翻印，发挥旧志资源还原历史面貌、了解历代情况的作用。对我省现存历代志书进行整理出版、开发利用，力争2017年完成《河南历代方志集成》整理出版工作。

6. 加强质量体系建设。牢固树立精品意识，始终坚持“质量第一”，在撰稿、编修的全过程，确保资料真实、准确、全面、系统、有代表性。严格执行志稿评审和验收制度，努力编纂出版具有鲜明时代特征、代表河南文化形象的优秀志鉴成果，打造一批在全国有影响力的精品志书。

7. 加强地方史志基础设施建设。完善现有方志馆功能，丰富馆藏、增加设备，提升服务水平，将方志馆建成地情资料收藏、编研咨询服务、爱国主义教育基地。尚未建立方志馆（室）的省辖市要尽快制订规划，积极创造条件，争取尽早建设。强化地方史志资料建设，加大依法收（征）集资料力度，建立资料收（征）集、保存、管理制度，推行地方史志资料年报制度。积极拓展资料收（征）集范围和渠道，建立适应地方史志编纂、事业发展和文化建设需要的资料保障机制。

8. 加快地方史志信息化建设。应用现代信息技术和新媒体手段，开展“互联网+地方志”工作。加快地情网站和数据库建设，建成省、市、县三级地情信息系统，实现全省地方史志资源共有共享。有条件的县（市、区）要建立地情网站，为全省地情信息普及利用夯实基础。加强地情网站和数据库管理，确保网络信息安全。

9. 提高地方史志资源开发利用水平。加快修志成果转化，以特色项目为抓手、龙头项目为带动，筹划全省性用志项目，适时启动“当代河南名片”系列丛书编纂工程。地方史志工作机构要周密论证、科学选题，组织编辑出版具有地域特色的地情丛书，积极推动地方史志成果进机关、进农村、进社区、进校园、进企业、进军营。

10. 深入开展地方史志理论研究。地方史志工作机构要加强与高校、科研院所、档案馆、图书馆等单位的学术交流与合作，不断提升理论研究水平。充分发挥各级地方史志协会、学会的作用，加强地方史志基础理论和编纂实践研究。已完成第二轮修志任务的单位要认真梳理、系统总结修志经验，努力为地方史志学科建设和地方史志事业可持续发展提供理论支持。

四、保障措施

（一）加强组织领导。各地、各部门要高度重视地方史志工作，坚持党委领导、政府主持、地方史志工作机构组织实施、社会各界广泛参与的工作体制，落实“一纳入、八到位”工作机制。各级地方史志工作机构要加强组织协调和业务指导，落实责任主体，明确职责分工，加强沟通协作，形成工作合力，确保完成各项地方史志工作任务。各级政府要将地方史志工作所需经费列入财政预算，积极改善地方史志工作条件。

（二）加强制度保障。加大对地方史志工作法规规章的宣传、执行力度，定期开展执法监督检查，依法纠正、查处执行不力和违法行为。坚持和完善业务管理、修志承编责任制、目标责任制、主编责任制和督查通报等制度，认真落实国家和我省关于志书审核、印刷、出版、报送的各项规定。根据工作实际，及时完善工作制度和业务规范，持续推进史志工作制度化、规范化建设。

（三）加强队伍建设。探索建立省级地方史志专家库，认真研究地方史志人才培养、引进等政策措施。分级开展地方史志工作机构新任负责人、志鉴主编（总纂）专项培训，实现修志编鉴人员岗前培训全覆盖。与高等院校、科研机构联合培养地方史志专业人才，举办专业进修班，支持地方史志工作人员接受专业继续教育。按照国家有关规定建立完善地方史志工作激励机制，营造干事创业的良好氛围。

（四）加强督促检查。严格执行目标考核责任制、督查通报制，加强对本规划落实情况的督促检查。定期组织地方史志工作情况考核评估，及时通报各地、各部门工作进展情况。各级地方史志工作机构要按照本规划确定的目标任务，结合各自实际，制定年度工作计划，确保各项目标任务落到实处。

湖北省人民政府办公厅
关于印发湖北省贯彻落实全国地方志事业发展规划纲要
（2015—2020年）实施方案的通知

鄂政办函〔2015〕100号

各市、州、县人民政府，省政府各部门：

湖北省贯彻落实《全国地方志事业发展规划纲要（2015—2020年）》实施方案已经省人民政府同意，现印发给你们，请认真组织实施。

湖北省人民政府办公厅

2015年12月3日

湖北省贯彻落实《全国地方志事业发展规划纲要（2015—2020年）》实施方案

根据《国务院办公厅关于印发全国地方志事业发展规划纲要（2015—2020年）的通知》（国办发〔2015〕64号）要求，为进一步做好全省地方志各项工作，不断开创地方志事业发展新局面，现结合我省实际，制定贯彻落实实施方案如下。

一、总体要求

（一）指导思想。深入贯彻党的十八大和十八届三中、四中、五中全会精神以及习近平总书记系列重要讲话精神，认真落实第五次全国地方志工作会议精神，紧紧围绕省委、省政府中心工作，坚持依法修志、改革创新、质量第一、修用结合的原则，推动全省地方志事业全面协调可持续发展。

（二）总体目标。完成全省第二轮修志任务、做好第三轮修志工作准备，实现省、市、县三级地方综合年鉴编纂工作全覆盖，加快地方志信息化和方志馆建设，推进地方志成果的开发利用。通过5年的努力，基本建成具有湖北特色的地方志编修体系、理论研究和学科建设体系、质量保障体系、资源开发利用体系、工作保障体系等“五位一体”的地方志事业发展体系，不断开创我省地方志事业发展新局面。

二、主要任务

（一）稳步推进志书编纂工作。2015年完成省、市、县三级地方志书编纂任务，高质量完成第二轮三级地方志书出版工作，对第二轮修志工作进行全面总结。认真做好第三轮三级地方志书编纂工作的规划部署、方案论证、理论研讨、资料收集、队伍培训等准备工作。2020年，启动全省第三轮省、市、县三级地方志书编纂工作，积极、有序推动乡镇（村）志编纂工作，在全省范围内编纂出版一批名镇名村志。有条件的地方和部门积极做好部门志、行业志等专业志编纂工作。

（二）全面开展年鉴编纂出版工作。大力推进全省三级地方年鉴编纂出版工作，2018年，实现省、市、县地方综合年鉴编纂出版工作全覆盖，做到一年一鉴，公开出版。积极支持行业、部门年鉴发展，支持有条件的机关、企事业单位编纂出版行业、部门年鉴。实现省、市、县三级地方综合年鉴编纂出版工作制度化、规范化，建立年鉴出版备案管理制度、年鉴资料和稿件征集报送制度。到2020年，形成省、市、县三级地方综合年鉴为主体，各级各类专业年鉴为补充的年鉴编纂出版体系。

（三）加强地方志资料、方志馆和信息化建设。建立地方志资料年报制度并形成常态机制，强化地方志资料建设，大力拓展资料收（征）集范围和渠道。积极开展与本地历史文化相关的谱牒、典籍、碑刻等历史文献资料或实物资料的搜集、整理和研究。

加强方志馆建设。将省方志馆升级改造纳入全省经济社会发展“十三五”规划。未建方志馆的市（州）要结合实际，将方志馆建设纳入市（州）经济社会发展“十三五”规划，加快方志馆建设步伐。有条件的县（市、区）要积极建设方志馆。要注重完善方志馆的馆藏功能，加大地方志资源开发利用力度，使方志馆成为地方志和地情资料收藏展示中心、地情研究咨询中心、地方文化对外交流中心和爱国主义宣传教育基地，更好地为当地经济社会发展服务。

加快地方志信息化建设。充分应用现代信息技术，加强对地方文献的收（征）集、保护和管理，推动信息标准化工作。以省政府门户网站为窗口，以湖北方志网为基础平台，建设省、市、县三级地情网站群和全省地情信息全文检索数据库，推进地方志成果和地情书籍的数字化，实现省、市、县三级地方志资源共享和志、鉴、书、馆、网一体化。

（四）积极开发利用地情资源。结合《荆楚文库》编纂工作，组织实施全省旧志的搜集、整理、出版等工作，系统整理、开发利用旧志资源。加强地方志工作机构与高等院校、科研院所、公共图书馆的合作，开展旧志点校、提要、考录、辑佚等工作。

开展地情丛书编纂工作。充分挖掘地情资源，利用第一轮和第二轮湖北修志资源，结合各地实际，编辑出版简志、通鉴、人物传、大事记、专用辞典、专题资料、实用手册等各类地情书籍，为全省经济社会发展服务。具备条件的地方，可将地方史编写纳入地方志工作范畴，统一规范管理。

为经济社会发展决策提供咨询。推动全省各级领导干部带头读志、传志、用志，用历史的智慧推进治理体系和治理能力的现代化。各级地方志工作机构要充分发挥地方志“资政”优势，围绕党委、政府中心工作，积极创造条件建言献策，为促进地方经济社会发展提供历史借鉴和智力支持。

积极服务公共文化建设。通过编修和开发利用地方志成果，为培育和践行社会主义核心价值观提供丰富、优秀的精神文化产品。加大对地方志工作、地情信息和方志文化、地域文化的宣传力度，满足社会各界对方志文化资源的需求。创新服务手段和方式，拓宽服务渠道，用人们喜闻乐见的方式（如地情网站、微信平台、橱窗展览等），推动方志成果进机关、进农村、进社区、进校园、进企业、进军营。

大力开展方志文化交流。采取多种形式，加强与国内外高等院校、科研机构、档案机构和图书馆等机构的交流与合作。服务湖北文化“走出去”战略，推介一批高质量的地方志成果（包括翻译出版一批地情书籍），充分展示地方志的当代价值及独特的文化魅力，推动荆楚文化走向全国和世界。

（五）加强质量体系建设。加强地方志质量建设，将精品意识贯穿于地方志编纂出版工作全过程，编纂出版经得起历史检验、具有鲜明时代特征和地域特色的地方志成果。按照中国地方志指导小组《地方志书质量规定》《地方综合年鉴编纂出版规定》有关要求，结合我省志书、年鉴质量管理相关规定，推动志书、年鉴质量标准建设。

探索建立地方志工作质量保障机制。健全和完善修志编鉴业务流程规范、质量标准，确保在篇目设计、资料收（征）集、初稿撰写、总纂统稿、志（鉴）稿评议、审查验收、报送备案、出版发行等各环节责任明确、有章可循、确保质量。坚持和完善省、市、县三级地方志书和年鉴备案管理、三审定稿和主编（总纂）负责制，强化责任意识，严把政治关、史实关、体例关、文字关、出版关。

建立健全地方志成果奖励机制。定期评选优秀地方志书和年鉴，探索建立理论研究课题制度，建立完善全省地方志系统学术研究工作的规划、评估、推荐、奖励体系，鼓励在全国核心期刊发表学术研究成果并给予奖励。按照国家和省有关规定，对地方志工作突出的单位和个人予以表彰奖励。将地方志的资料收集、整理、编纂、评审、编辑、校对等劳动性报酬纳入相关规定执行。

（六）大力加强人才队伍建设，加强地方志理论研究。重视地方志人才选拔、培养和使用，建设一支高素质的地方志编修、研究工作队伍。完善教育培训制度，实现地方志工作机构人员岗前培训全覆盖，将培训工作常态化。支持地方志工作人员接受专业继续教育，探索与相关高校联合培养地方志方向的高学历人才，培养和造就一批在省内外有影响的学术带头人。

建立省级地方志专家库。大力引进社会各界力量参与地方志工作，打造多层次、多学科、多领域专家参与修志编鉴的编研工作平台。组织专家学者参与地方志书、地方综合年鉴、省情地情丛书等编纂出版工作，建立全省地方志编纂研究人才库，吸收各行业、各部门的专家学者充实地方志专家库。

深入开展地方志理论研究工作。科学制定方志理论研究和年鉴理论研究规划，充分发挥全省各级地方志、年鉴学会作用，组织社会各方面力量，重点研究解决关系地方志编纂、地方志事业发展的基础理论和重大业务问题，为地方志事业科学持续发展提供理论支撑。

三、保障措施

（一）切实加强组织领导。各地各部门要高度重视地方志工作，按照“一纳入、八到位”（即把地方志工作纳入国民经济和社会发展规划、各级政府工作任务之中，做到认识到位、领导到位、机构到位、编制到位、经费到位、设施到位、规划到位、工作到位）的工作要求，将地方志工作纳入重要议事日程。定期听取地方志工作汇报，研究部署地方志工作，统筹解决地方志工作中的困难和问题。各地各部门要落实责任主体，明确工作职责，按时保质完成地方志工作任务。

（二）推动地方志工作法治化建设。加大国务院《地方志工作条例》《湖北省地方志工作规定》的宣传贯彻和执法检查力度，坚持依法治志，依法纠正违反国务院《地方志工作条例》《湖北省地方志工作规定》的行为，不断提升地方志工作的法治化水平。

（三）确保工作机构、人员稳定，保障工作条件和经费。各地各部门要确保有相应的机构和人员承担地方志工作职责，地方志工作机构的设置和人员编制，要与其有效履行职能、顺利开展工作的要求相适应。各级政府要逐步改善地方志工作条件和地方志图书资料收藏保管条件，加大对地方志事业的投入力度，按照部门预算编制和管理有关规定，将修志、编鉴、旧志整理、地情开发、网站建设等工作所需经费列入财政预算。

各地各部门要根据本实施方案要求，结合工作实际，制定本地本部门的实施细则并抓好贯彻落实。省方志办要加强分类指导、督促检查，全面提高地方志工作水平。

湖南省人民政府办公厅关于进一步加强地方志工作的意见

湘政办发〔2016〕11号

各市州、县市区人民政府，省政府各厅委、各直属机构：

编修地方志是中华民族特有的优秀文化传统。为推进地方志事业科学发展，充分发挥地方志工作在我省经济社会发展和文化强省建设中的重要作用，根据《地方志工作条例》（以下简称《条例》）和《国务院办公厅关于印发全国地方志事业发展规划纲要（2015—2020年）的通知》（国办发〔2015〕64号，以下简称《纲要》）精神，经省人民政府同意，现就进一步加强地方志工作提出如下意见：

一、总体要求

（一）指导思想。全面贯彻落实党的十八大和十八届三中、四中、五中全会精神，深入实施《条例》和《纲要》，以客观记录和系统反映湖南全面建成小康社会的历史进程为重点，以发掘、传承和弘扬湖湘文化为主线，依法履行地方志工作职能，充分发挥地方志存史、资政、育人功能，自觉服务全省经济和社会发展大局，为加快文化强省建设，推动社会主义文化大发展大繁荣作出贡献。

（二）基本原则。

坚持正确方向。坚持走中国特色社会主义文化发展道路，坚持为人民服务、为社会主义服务的方向，通过编修和开发利用地方志成果，为培育和践行社会主义核心价值观提供丰富、优秀的精神文化产品。

坚持依法治志。省人民政府地方志工作机构依法统筹规划、组织协调、督促指导全省地方志工作；市州、县市区地方志工作机构依法履行组织、指导、督促和检查地方志工作职责，加强编纂业务工作。

坚持全面发展。以修志编鉴为主业，统筹兼顾理论研究、开发利用、信息化建设、方志馆建设、旧志整理等工作，实现地方志事业全面协调可持续发展。

坚持改革创新。继承和弘扬中华民族修志的优良传统，认真总结全省地方志工作的经验教训，深化改革，与时俱进，推动理论创新、制度创新、管理创新、方法创新。

坚持质量第一。正确处理质量与进度的关系，存真求实，将精品意识贯穿于地方志编纂出版工作全过程，严把政治关、史实关、体例关、文字关、出版关，编纂出版经得起历史检验、具有鲜明时代特征和地域特色的地方志成果。

坚持修志为用。发挥地方志资源优势，全面提升开发利用水平；拓宽用志领域，提升服务大局能力，为党政机关、社会各界和人民群众服务；加大宣传力度，提高全社会读志用志水平。

（三）总体目标。逐步将地方志事业发展纳入各地国民经济和社会发展规划，做到认识到位、领导到位、机构到位、编制到位、经费到位、设施到位、规划到位、工作到位（以下简称“一纳入、八到位”），不断完善地方志编修体系、理论研究和学科建设体系、质量保障体系、资源开发利用体系、工作保障体系“五位一体”的地方志事业发展综合体系，努力开创地方志事业发展新局面。

二、明确任务重点，深入推进地方志工作

（一）加快推进编修工作任务。到2018年，编纂出版《湖南省志（综合本）》，全省第二轮修志任务全面完成，省、市州、县市区三级地方综合年鉴实现“一年一鉴”全覆盖；到2020年，地方志资源开发利用走上规范化、法制化轨道，各级方志馆、地情网站、数据库等基础设施和信息化建设得到明显加强，实现省、市州、县市区三级地方志资源共享。

（二）加强规划编制。省地方志编纂委员会负责制定发布全省地方志事业发展规划及实施方案，地方志事业发展规划应当涵盖地方志编修、地方志资源开发利用、队伍建设、基础设施建设、数字方志馆建设、执法监督、地方志工作宣传等重要内容。各级人民政府要按照科学编制、依法推进、夯实基础、协调发展的要求，逐步将地方志事业纳入本地国民经济和社会发展规划、纳入公共文化服务体系建设。

（三）深化地方志质量建设。严格执行《地方志书质量规定》《地方综合年鉴编纂出版规定》等有关要求，制定质量管理、质量监督等规定，完善地方志质量评议、审查验收制度，严把质量关。按照国家有关规定申报设立志书、年鉴及优秀学术成果评比奖励项目，逐步将志书、年鉴纳入国家及地方有关图书奖评比。加强对地方综合志书、行业志、部门志、专业志、专题志和乡镇（街道）志、村（社）志以及地方综合年鉴、专业年鉴、专题年鉴编纂和地情资源开发利用等工作的指导与管理；健全和完善地情资料收（征）集与管理、修志编鉴业务制度和主编（总纂）责任制，确保在篇目设计、资料收（征）集、总纂统稿、志（鉴）稿评议、审查验收、出版发行、报送备案等环节上均有章可循，依法保障志鉴质量。对地方志书进行审查验收，应当组织统计、保密、档案、法律、经济、军事等方面的专家参加，切实把好政治关、政策关、保密关、法律关、数据关和史实关。

（四）加强地方志理论研究和学术交流。鼓励采取设立学术研究基地、编辑方志刊物、组织课题研究和成果评审、建立人才培养机制等方式，开展地方志理论研究工作；充分发挥方志期刊和各级地方志学会的作用，活跃学术研讨，推动理论建设；加强与香港、澳门和台湾地区以及国内外的高等院校、科研机构、档案机构与图书馆等单位的学术交流与合作。

（五）加快地方志信息化建设。做好旧志、谱牒等地方志资料和各种文献的调查摸底、征集上报、分类整理和归档管理工作，有计划地整理出版旧志集成。支持和引导编纂部门志、乡镇（街道）志、村（社）志。积极应用现代信息技术，加快建立数字方志馆或具有多种功能的方志文献收藏和地情展示中心，加强对不同载体的地方文献收（征）集、保护和开发利用工作，逐步建立地方志全文数据库，使地方志资源更好地服务社会。

（六）提高地方志资源开发利用水平。充分发挥地方志资源在地方公共文化服务中的重要作用，利用各类媒体广泛宣传地方志成果，推动方志文化进机关、进农村、进社区、进校园、进企业、进军营，推进城乡方志文化建设，培育地方历史记忆。

（七）加强地方志人才队伍的素质建设。建立地方志专家库，探索地方志人才培养、引进等政策和措施，探索将方志学人才培养纳入国民教育体系的方式方法。完善教育培训制度，分级实施对地方志工作机构新任负责人、志鉴主编（总纂）的专项培训，实现修志编鉴人员岗前培训全覆盖、培训工作常态化；支持地方志专业人员接受继续教育培养，采取进修研修、提升学历、职称评聘、对外学术交流等方式，培养一批具有较高理论素养、较强业务能力的人才队伍。按照国家有关规定开展地方志工作先进集体和先进工作者评选表彰活动，建立干事创业的激励机制。

三、强化保障措施，不断夯实地方志工作基础

（一）规范机构和人员编制。各级人民政府要依据《条例》和《纲要》规定，科学设置主管本行政区域地方志工作的机构，并依法确定其工作职责；具备条件的地方，可将地方史编写纳入地方志工作机构的职责范畴，统一规范管理。要切实保障地方志工作机构的人员编制。地方志工作机构设置和人员编制，要与其有效履行职能、顺利开展工作的要求相适应；要按照德才兼备原则和专业要求，配齐配强地方志工作机构的领导班子。

（二）落实经费保障。各级人民政府要将修志、编鉴、出版、科研、开发利用、信息化建设、资料文献保存、人才培训等工作所需经费列入本级财政预算，切实改善地方志工作条件和图书资料征集收藏保管条件；要加大对民族地区、贫困地区地方志工作的支持力度；要加快方志馆、地情网站、数据库等基础设施和信息化建设步伐。有条件的地方要率先建设布局合理、特色鲜明、功能齐全的方志馆。各级人民政府应当每年专题研究地方志工作，及时发现和解决工作中存在的问题和困难。

（三）加强法治保障。各级各部门要贯彻落实《条例》和《纲要》，坚持“一纳入、八到位”工作机制，逐步建立健全地方性法规规章，健全完善“党委领导、政府主持、地方志工作机构组织实施、社会各界广泛参与”的工作体制。要加大地方志工作法规规章的宣传、执行力度，定期开展执法监督检查，依法纠正、查处执行不力和违法行为。各级相关部门要依法承担地方志工作任务，根据地方志工作的总体规划，主动承担起行业志、部门志、专业志、专题志等相关志书的编修任务，及时向同级人民政府地方志工作机构提供年度有关资料。

（四）强化督查考核。各级人民政府要建立和完善地方志工作考核责任制、督查通报制，各级地方志工作机构要联合相关部门，定期依法督促和检查本行政区域内的地方志工作，并将检查结果报同级人民政府和上级地方志工作机构。省人民政府将根据工作需要，组织相关部门适时开展督促检查工作。

湖南省人民政府办公厅
2016年1月28日

湖南省地方志事业发展规划纲要（2016—2020年）

为推进地方志事业科学发展，充分发挥地方志工作在促进经济社会发展中的重要作用，根据国务院《地方志工作条例》《湖南省实施〈地方志工作条例〉办法》和《国务院办公厅关于印发全国地方志事业发展规划纲要（2015—2020 年）的通知》《湖南省人民政府办公厅关于进一步加强地方志工作的意见》（以下分别简称《条例》《办法》《纲要》《意见》），结合我省实际，制定本规划纲要。

一、指导思想

全面贯彻落实党的十八大和十八届三中、四中、五中全会精神，以《条例》和《纲要》为工作指针，以坚持正确方向、依法治志、全面发展、改革创新、质量第一和修志为用为基本原则，以客观记录和系统反映湖南全面建成小康社会的历史进程为重点，以发掘、传承和弘扬湖湘文化为主线，依法履行地方志工作职能，充分发挥地方志存史、育人、资政功能，自觉服务全省经济和社会发展大局，为加快文化强省建设，推动社会主义文化大发展大繁荣作出新贡献。

二、总体目标

按照国务院提出的“一纳入、八到位”总要求，建立健全地方志编修体系、理论研究和学科建设体系、质量保障体系、资源开发利用体系、工作保障体系“五位一体”的地方志事业发展综合体系，全省地方志事业发展环境得到进一步优化。到 2018 年，《湖南省志（综合本）》编纂出版，全省第二轮修志任务全面完成；省、市、县三级地方综合年鉴实现“一年一鉴”全覆盖；到 2020 年，地方志资源开发利用走上规范化、法制化轨道，各级方志馆、地情网站、数据库等基础设施和信息化建设得到明显加强，实现省、市、县三级地方志资源信息共享；地方志工作机构和队伍建设得到进一步加强，人员素质进一步提高，地方志系统的服务能力和工作质量显著增强。

三、主要任务

1. 全面完成第二轮修志规划任务。到 2018 年，列入规划的省、市、县三级地方志书全部出版；全面完成《湖南省志（综合本）》编纂出版工作；《湖南乡镇简志》各市州分卷全部出版发行。在确保编修进度的同时，始终坚持志书质量标准，把质量意识和质量管理贯穿修志全过程，编纂出版合格的地方志书；同步实施精品战略，编纂出版一批有特色、有品位、高质量的志书。

2. 全面开展地方综合年鉴编修工作。继续编纂出版《湖南年鉴》和市州级地方综合年鉴，持续推进县市区地方综合年鉴编纂出版工作。到 2018 年，实现省、市、县三级地方综合年鉴“一年一鉴”全覆盖。全面理顺地方综合年鉴工作管理体制，健全完善政府主办、地方志工作机构承编的年鉴工作体制。进一步提升年鉴编纂质量及其文化内涵品位，增强年鉴可读性和适用性，扩大年鉴的社会影响力。《湖南年鉴》力争进入全国省级综合年鉴第一方阵；市州、县市区年鉴质量进一步提升。

3. 积极促进部门、企事业单位和基层修志编鉴工作健康发展。从实际出发，积极倡导和指导部门行业志、专业志、专题志、企事业单位志、开发区志及专业年鉴的编修。在编纂出版《湖南乡镇简志》市州分卷的基础上，引导、鼓励和指导县市区编纂出版乡镇（街道）志、村（社区）志。按照中国地方志指导小组相关要求，积极参与中国名镇志文化工程、中国名村志文化工程，筹划编纂湖南省国家级历史文化名镇名村志丛书。

4. 加强特色志鉴和地方史的编纂工作。深入挖掘湖南历史文化资源和多元文化内涵，编纂出版湖南省级特色志系列丛书。到 2020 年，全面完成《洞庭湖志》《炎帝陵志》《舜帝陵志》《武陵源风景志》《南岳衡山志》《岳麓山志》《沩山志》《岳阳楼志》等省级特色志编纂出版工作。把地方史编写纳入地方志工作范畴，统一规范管理，筹划编纂湖南省地方史。

5. 推进地情资料库和方志馆建设。建立健全方志地情资料收（征）集制度，形成各级各单位报送、方志系统交换和多种渠道采购的资料收集模式，加强方志地情资料征集，丰富方志基础馆藏。继续推进方志馆建设，湖南方志馆要持续广泛征集全省范围内各级各类地方志书和地情资料书籍，在进一步丰富馆藏的同时逐步拓展服务社会的功能；鼓励省会长沙市建成集方志地情资料馆藏、方志文化推介交流于一体的多功能方志地情馆；其他经济发达地区可根据实际情况规划建设多功能方志地情馆。

6. 加快地方志信息化建设。进一步加强全省地方志网站、地方志数据库的建设、改造和升级。以建设“湖南数字方志馆”为基础平台，整合全省地方志网站资源，基本实现省、市、县三级方志地情网站建设全覆盖，逐步建成全省方志系统地方志书全文检索数据库，实现信息共享，服务社会大众。

7. 加强旧志整理、家谱征集工作。继续做好省、市、县三级旧志整理工作，完成《光绪湖南通志校注》编纂出版任务，编辑出版更多的市、县两级旧志影印、点校本。积极开展旧志普查工作，编制全省旧志联合目录及旧志整理规划，规划编辑出版全省历代方志集成，加快旧志数字化建设，有序推动旧志收集整理工作。在全省范围内广泛征集家谱族谱，进一步增强和扩大地方志文献的发掘、保护力度和范围。

8. 加强方志资源开发利用。加强省、市、县三级联动，充分利用全省历代及当代方志成果，深入挖掘地方历史文化资源，编辑出版一系列读者面宽、可读性强的便览性地情资料丛书。围绕现实和中心工作，通过编辑地方月志、党委政府工作日志、重要信息简报，开展地情专题研究、举办地情知识讲座、拍摄制作地情专题影视片等，为各级党政机关、企事业单位及社会各界提供地情信息服务。

9. 加强地方志理论研究与学术交流。结合第二轮修志的进行与第三轮修志工作的准备，制定全省志、鉴理论研究规划，重点研究重大业务和基础理论问题及方志理论热点、难点问题。依托地方志学会、地方志研究与传播中心、地方志文献期刊等平台，有计划地组织开展地方志理论研究和论文评奖活动。采用多种形式，加强与省内外、国内外的高等院校、科研机构、档案馆、图书馆等单位的学术交流与合作，推出一批理论研究新成果。

10. 加强地方志文化宣传。充分利用各级各类媒体广泛宣传地方志成果与地方志文化，推动方志文化进机关、进校园、进社区、进企业、进乡村、进军营，并逐步向省外及海外推介湖南省高质量的地方志成果，发挥地方志资源在地方公共文化服务中的重要作用，使地方志工作平台成为推动乡土文化建设、培育地方历史记忆的重要基地。

11. 加强地方志专业人才队伍建设。根据不断发展的新形势，加强各级地方志人才队伍建设，有梯次地引进和培养地方志年鉴编修、方志理论研究、方志资源开发利用、方志文化宣传等各方面高素质人才，高质量建设省、市、县三级“方志专家库”，逐步构建合理的队伍结构。根据不同时期工作需要，围绕地方志事业发展、地方志书质量管理、地方志资源开发利用、地方志信息化建设、地方志资料收集等工作需要，分层次、分领域开展工作业务培训，全面提高全省地方志队伍整体素质。进一步弘扬志存高远、力学笃行、修志问道、直笔著史的方志人精神，着力加强学习型、创新型、实干型、专业化地方志队伍建设。

12. 做好第三轮修志准备工作。全面总结前两轮修志经验教训，认真研究第三轮修志的组织管理、运作模式、资料收集、上下断限、前后志衔接以及前志修订、再版等问题，根据实际情况选用续修、重修方式，认真做好第三轮修志规划与编纂方案制订、篇目设计研讨、队伍培训等基础工作。根据全国统一部署，及时启动第三轮修志工作。广泛推行地方志资料年报制度，及时收集各年度重要文献资料，为地情开发和后续修志工作服务。

四、保障措施

1. 坚持依法治志。进一步深入贯彻落实《条例》《办法》，积极推动各地制定出台切合实际的地方志法规规章，建立健全各级地方志法治保障体系，确保依法开展地方志工作。加大地方志工作法规宣传、执行力度，定期开展执法监督检查，依法纠正、查处地方志工作中执行不力和违法行为，增强社会各界参与、支持地方志事业发展的主动性和积极性，切实维护好、发展好依法治志的地方志工作法治环境。

2. 完善工作体制。坚持和健全党委领导、政府主持、地方志工作机构组织实施、社会各界广泛参与的工作体制，坚持“一纳入、八到位”的工作机制，逐步将地方志事业发展纳入各地国民经济和社会发展规划，切实做到认识到位、领导到位、机构到位、编制到位、经费到位、设施到位、规划到位、工作到位。

3. 健全机构队伍。依据《纲要》关于“地方志工作机构设置和人员编制，要与其有效履行职能、顺利开展工作的要求相适应”的规定，进一步健全省、市、县三级地方志工作机构，地方志工作机构的人员配备要能有效满足修志、编鉴、地方志资源开发、地方史编修等工作需要，切实保障地方志工作机构依法履行统筹规划、组织协调、督促指导地方志工作的职能。

4. 加大财政投入。建立健全同经济发展相匹配、同地方志事业发展相适应的财政保障机制。要按照《条例》《纲要》和《办法》《意见》的规定，将地方志工作所需经费列入财政预算，改善地方志工作条件和图书资料收藏保管条件，做好修志、编鉴、出版、科研、开发利用、信息化建设、资料文献保存、人才培养和地方志成果评比奖励以及方志馆、数据库、方志网站等基础设施建设等工作，加大对民族地区、贫困地区地方志工作的支持力度。地方各级人民政府要探索地方志项目管理及政府购买地方志公共文化服务的工作模式。

5. 建立激励机制。建立人才培训长效机制，全面实施修志人才岗前培训制度，实现修志人员业务培训全覆盖。切实关心地方志工作人员的政治待遇和生活待遇，逐步出台适合地方志工作的人才政策和措施，重视专业人才的选拔、引进和使用。依照《著作权法》和《地方志工作条例》等相关法律法规，保障地方志编纂人员获取稿酬、编审费等相关报酬的权利。

6. 建立评奖机制。积极组织参与全国志书、年鉴优秀成果评奖及国家有关图书奖评比活动；争取设立地方志成果奖励基金，定期和不定期举办全省地方志书与年鉴质量评比及优秀地方志学术理论成果评比活动，有计划地开展志书、年鉴优稿评选活动；争取将优秀地方志成果纳入社会科学成果评比，参与宣传系统“五个一”评比活动。

7. 健全工作规范。健全完善修志方案备案制、志稿评议审查制、年鉴组稿审稿制、地情著述审查制等业务规范和工作制度，确保地方志各项工作有章可循。建立完善资料收（征）集制度，各级地方志工作机构要广泛收集本行政区域内各类志书、地情书籍及家谱、族谱、照片、录音、录像、口述历史等各种地方文献资料。建立健全各类志书、年鉴及各种地情书籍呈报制度，按规定向上级地方志工作机构呈报赠送地方志书及各类地情文献。

8. 加强督促检查。各级地方志工作机构要根据各个时期的地方志事业发展规划和上级工作部署，制定工作计划，并切实抓好落实。建立省、市、县三级志书编修工作责任制，省志、市州志、县市区志各承编单位分别向省、市州、县市区人民政府签订责任书，并由各级政府或政府授权地方志工作机构不定期组织开展督促检查工作。

广东省人民政府办公厅关于印发广东省地方志事业发展规划（2016—2020年）的通知

粤府办〔2016〕76号

各地级以上市人民政府，各县（市、区）人民政府，省政府各部门、各直属机构：

《广东省地方志事业发展规划（2016—2020年）》已经省政府同意，现印发给你们，请认真组织实施。实施中遇到的问题，请径向省地方志办反映。

广东省人民政府办公厅

2016年7月11日

广东省地方志事业发展规划（2016—2020年）

为进一步推进我省地方志事业科学发展，充分发挥地方志工作在我省率先全面建成小康社会和文化强省建设中的积极作用，根据《国务院办公厅关于印发全国地方志事业发展规划纲要（2015—2020年）的通知》（国办发〔2015〕64号，简称《全国规划纲要》）和《广东省人民政府关于印发广东省国民经济和社会发展第十三个五年规划纲要的通知》（粤府办〔2016〕35号），结合我省实际，制定本规划。

一、发展基础

“十二五”时期，我省圆满完成了《广东省地方志事业“十二五”发展规划》确定的总体目标和主要任务，地方志事业加快发展，成绩显著。《全国规划纲要》提出的多项目标任务提前完成，形成了地方志工作制度体系、志书编纂保障体系和方志文化公共服务体系，为广东经济社会发展和文化强省建设作出了积极贡献，发挥了为党立言、为国存史、为民修志的重要作用。

——工作体制机制基本建立。形成了党委领导、政府主持、地方志工作机构组织实施、社会各界广泛参与的工作体制。省委、省政府高度重视地方志工作，把“重视修史修志”写入了《广东省国民经济和社会发展第十三个五年规划纲要》，纳入省政府的工作任务，初步形成“认识、领导、机构、编制、经费、设施、规划、工作”到位的工作机制（以下简称“一纳入、八到位”）。

——提前6年在全国率先完成第二轮修志任务。出版省志1部43卷、市县区志118部，总字数约2.38亿字，质量较第一轮有新提升。其中，《广东省志（1979—2000）》成为全国唯一被列入“十二五”国家重点图书出版规划的地方志书。

——提前7年在全国率先实现省、市、县三级综合年鉴全覆盖。出版年鉴236种，数量居全国首位，质量大幅度提升，成为全国年鉴大省。创刊《广东年鉴》《广州年鉴》英文版，公开出版全国第一部村庄年鉴，全省第一部乡镇年鉴、第一部街道办事处年鉴。

——2012年在全国率先实现省、市、县三级地情网站全覆盖与资源共享。建立地情网站142个；省情数据库数据量10多亿字，图片6万多幅，视频300多部；广东省情网访问量达到4600万次，居全国同类网站首位，开通手机版广东省情网和“方志广东”微信公众号，全省开通手机地情网2个、微博7个、微信9

个、手机报1个。

——全面开展省、市、县三级地方志资源开发利用工作。围绕中心，服务大局，开展以地情研究、地情展览、地情讲座和编写地情书、拍摄地情片、编辑资政参考资料为主要内容的开发利用工作，全省共申报开发利用项目288项，立项145项，结项73项。形成了《广东资政志鉴》《广东印记》《广东省行政区划图志》《中英街志》《新丰乡情》（学生读本）、《南海香云纱起源、发展及现状调查的报告》等一批有影响力的精品项目，成功举办广东省家谱家训家风展览，地方志进党校、社区、军营，发挥了资政辅治、育人教化的积极作用。

——在全国率先收集、整理、出版《广东历代方志集成》（277册），收录民国及以前历代编纂、现存于国内外且可查的433种省通志、府州志和县志，赠送给国家和省级方志馆、国家与省内大型图书馆及港澳台地区和全省县级以上档案馆、方志馆，抢救保护了一批珍贵历史文化遗产。

——在全国率先全面开展地方志资料年报工作。省级和全省140个建制市、县、区全部开展资料年报工作，收集年报资料约18亿字，为第三轮修志积累了一批有价值的地情资料。

——方志馆建设取得较大进展。全省已建、在建和已立项各级方志馆18个，服务功能不断拓展。广东省方志馆是广东有史以来第一个以地方志命名的省级公共文化机构，是全国最早定位为融综合省情展示、公共文化功能为一体的省级方志馆，现有以地情书为特色的藏书7万册，与国内外40余家单位建立了图书文献交换机制。

——理论研究水平居全国前列。形成了每两年开展一次全省地方志理论研讨活动的制度。“十二五”时期承办全国、国际学术研讨会各一次，出版了50余部地方志理论研究著作（论文集）。全省有60余篇论文参加全国或国际地方志理论研讨活动，60余篇论文发表在核心期刊《中国地方志》，形成了一批在全国有影响力的理论研究成果。编纂省级方志理论期刊《广东史志》31期、省级地情研究期刊《当代广东》8期。

我省地方志事业发展基础好，但仍存在一些不足：地方志资源开发利用不平衡，与党委政府的要求和人民群众的期待还存在差距，总体水平仍有待提高；少数地区和单位综合年鉴编纂、年报资料质量不高，地方志信息化建设与服务水平有待提升；个别地区和部门对地方志工作不够重视，县级地方志工作机构不健全，人员偏少且业务素质参差不齐，工作经费不足，与其有效履行职能、顺利开展工作的要求不相适应等。

二、指导思想与基本原则

（一）指导思想。全面贯彻落实党的十八大和十八届二中、三中、四中、五中全会精神，认真学习贯彻习近平总书记系列重要讲话精神，落实第五次全国地方志工作会议要求，坚持以服务中心工作、服务经济社会发展、服务人民群众需求为出发点与落脚点，坚持创新、协调、绿色、开放、共享发展理念，解放思想、实事求是、大胆探索、先行先试，强队伍、抓主业、补短板、促开发，扩大地方志产品有效供给，满足存史、资政、育人需求，讲好广东故事，建设方志强省，推动地方志事业繁荣发展，为我省实现“三个定位、两个率先”目标作出新贡献。

（二）基本原则。

1. 坚持正确方向。坚持走中国特色社会主义文化发展道路，坚持为人民服务、为社会主义服务的方向，坚持为党立言、为国存史、为民修志，通过编修地方志和开发利用地方志资源，更好地服务大局、服务社会、服务群众，为培育和践行社会主义核心价值观提供丰富、优秀的精神文化产品。

2. 坚持依法治志。各地政府要加强对本行政区域地方志工作的领导，各级地方志工作机构依法履行组织、指导、督促和检查地方志工作职责，依法依规开展地方志工作，各有关单位依法依规按时完成地方志编纂、资料报送等工作。

3. 坚持全面发展。以修志编鉴为主业，统筹兼顾开发利用、信息化建设、方志馆建设、理论研究、旧志整理、地方史编纂等工作，实现地方志事业全面协调可持续发展。

4. 坚持质量第一。坚持存真求实，确保地方志质量。正确处理质量与进度的关系，将精品意识贯穿于地方志编纂出版工作全过程，严把政治关、史实关、体例关、文字关、出版关，编纂出版经得起历史检验、具有鲜明时代特征和地域特色的地方志成果。

三、总体目标与主要任务

（一）总体目标。到2020年，全省各级地方志工作机构组织规划、编纂出版名志名鉴名史约100部，全面完成全省自然村落历史人文普查，做好第三轮修志准备，县级以上综合年鉴全面实现一年一鉴、公开出版，志、鉴、史编修全面协调发展，存史功能更加完备。更好服务党委政府工作大局，精准开发利用地方志资源，资政辅治的新型智库作用显著增强。地方志信息化、方志馆等公共文化设施建设迈上新台阶，服务功能、服务水平更能满足群众需要，育人教化作用日益突显。建立地方志编修体系、质量保障体系、开发利用体系、理论研究体系、工作保障体系“五位一体”的地方志事业发展综合体系，使地方志成为宣传广东省情的重要窗口、弘扬岭南优秀传统文化的重要阵地、联系港澳台同胞和海外华人华侨乡情的重要纽带，推动南粤文化走向世界，大力提升地方志文化软实力，当好实施《全国规划纲要》的排头兵。

（二）主要任务。

1. 打造名志大省。实施名志引领发展战略，编纂出版一批堪存堪鉴的综合志、专题志、镇村志。组织编纂《广东省全面建设小康社会图志》，图文并茂，全面、客观、翔实记述在党中央、国务院和省委、省政府的正确领导下，全省人民艰苦奋斗、团结拼搏，率先全面建成小康社会的光辉历程和辉煌成就。编纂出版《广东省简志》，坚持改革创新、文省事明的原则，利用数以亿字计的省情资源，编纂一部约百万字的简志，简明清晰反映广东省情，为全省各级领导干部和人民群众提供一部权威的省情工具书。组织编纂《广东省对口支援志》，全面记述20世纪90年代以来，我省坚决贯彻落实党中央、国务院决策部署，认真做好对口支援兄弟省（市、区）的基本情况和取得的主要成果。组织编纂《惠能志》。重视军队、武警及其他各类专业志、民族地区地方志、乡镇村志编纂工作。加强对各类专业志、乡镇村志编纂的管理、指导与服务，制定各类专业志、乡镇村志编纂管理办法。到2020年，指导编纂各类专业志约100部、乡镇志约100部、村志约100部，全省中心镇和历史文化名镇基本开展志书编纂。组织实施好中国名镇志、名村志文化工程，指导编纂名镇志、名村志60部以上。

2. 建设年鉴强省。坚持“目标在强、关键在法、活力在新、价值在用”的年鉴发展思路，2016年县级以上综合年鉴全面实现一年一鉴、公开出版。健全综合年鉴出版前评议、出版后审读制度，制定乡镇综合年鉴编纂管理办法。不断扩大年鉴编纂种类。进一步办好《广东年鉴》和市县综合年鉴，每年通过网站等媒介面向社会公开评选广东省年度关注十件大事，载入《广东年鉴》，大幅度提高年鉴编纂和出版质量。积极推动和指导部门、中心镇、历史文化名镇和有条件的村（社区）开展年鉴编纂。到2020年，全省年鉴编纂数量达400种以上。开展“互联网+年鉴”行动，大力提升年鉴数字化、网络化水平。打造百部具有广东特色、在国内外有较强影响力的精品年鉴，增强社会服务功能，扩大阅读使用人群，大力提升年鉴的作用和影响力。

3. 全面开展全省自然村落历史人文普查。完成对全省约18万个自然村的普查，摸清基础省情，全面收集整理自然村历史人文资料，编辑出版约6亿字72万张图片的《广东省自然村落历史人文调查》。建立广东省自然村落历史人文数据库和信息网络服务平台，建设村情基础数据库，完整保存和充分展示全省自然村落丰富的历史人文资料。开展南粤古驿道等专题调查，充分挖掘和整理古驿道史料，完成调查报告、《驿道乡情》编写，组织开展南粤古驿道专题展览，讲好广东故事，传播广东历史文化，提升广东文化软实力。2020 年底前，完成村落历史文化遗产保护现状与对策、农村传统优秀文化与社会主义核心价值观建设、自然村在快速城镇化过程中如何留住岭南文化的根和魂、驿道文化对岭南文化的贡献等研究课题，打造一批名山、名川、名产、名人等专志。

4. 推动地方史编研。贯彻落实中央关于地方史编纂的方针政策，建立地方史编纂管理、指导、服务制度，研究制定全省地方史编纂管理办法。运用通史、专题史、口述史、史话等多种形式，深入挖掘岭南历史文化资源，组织省、市、县编纂出版广东改革开放史等一批地方史丛书。整理编纂《抗日战争广东地方志史料选编》，启动《广东抗日战争人物传》编纂，录制一批抗战亲历者口述影像资料。编写“一带一路”等重大历史题材的文化精品丛书。

5. 构建新一代地方志信息化高地。紧跟世界信息技术变革的时代潮流，按照统一规划、统一标准、统一系统架构以及分级建设、资源共享、安全保密的原则，加快建设高速、移动、安全、泛在的新一代信息基础设施。深入开展“互联网 + 地方志”行动，实施信息化建设系统工程，确保基础数据同步国家数字方志馆、重要信息数据同步国家“三网”（中国国情网、中国地情网、中国方志网）。建设“方志 + 平台 + 终端”的新型传播体系，打造新型的广东省情主要媒介和传播载体，发展和丰富网络方志文化内容，实现方志文化创造性转化和创新性发展，加快地方志信息化标准建设。到 2020 年，建成以广东省电子政务云平台为依托、国家地方志数据华南服务中心为镜像节点，集地方志资源分级报送和智能采集、在线编纂和智能建库、地情方志宣传教育、智能检索和预测决策分析于一体的广东省地情大数据中心和五级地情资源网站集群。开通“南粤村情一点通”、“炎黄子孙寻根网”和“我要修家谱”等网站，全省五级地情网站达 300 个，省情数据库子库达 1200 个、文本数据量 20 亿字、音视频 1000 集、地情资料图片 20 万幅。

6. 提升资政育人的能力和水平。围绕党委政府中心工作、重大战略和社会热点，深入发掘地情资源，组织实施 100 个地方志资源开发利用项目，发挥地方志新型智库作用。借助高等院校、科研机构、民间团体等，采取以初步成果立项的办法，公开征集一批有重大资政价值的开发利用项目。以社会主义核心价值观为引领，加大地方志教化育人力度。传承发展优秀传统文化，弘扬中华传统美德和时代新风，深入挖掘广东历史人文资源，培育良好家风、乡风、校风、行风，营造现代化文明风尚。编好《广东印记》《广东省情图志》《广东经典家训选编》《广东历代官箴选编》等一批精品地情图书。实施省情影视工程，组织拍摄《南海先风——广东敢为人先千个第一》《岭南乡愁》《方志广东》等专题片。实施方志惠民便民工程，落实省委、省政府扶贫攻坚部署，加大方志扶贫力度；依托农村书屋，建设万家乡村方志驿站，发挥重要传统节日、重大礼仪活动、重要节展赛事平台等优秀传统文化的教育功能和重要历史人物的思想熏陶作用，实现地方志产品与群众文化需求对接。开展地情研究和地情教育，举办方志讲坛与地情展览，继续推动方志文化进机关、进校园、进农村、进社区、进企业、进军营。

7. 构建方志馆公共文化服务体系。加强方志馆专业化、标准化建设，加快建设各级方志馆。到 2020 年，各地级以上市要全面建设方志馆，各县（市、区）可从实际出发建设方志馆，鼓励有条件的镇村建设方志馆。优化方志馆功能配置，加强地方文献、地情资料征（收）集力度，征（收）集一批有价值的地方文献，提高馆藏资料数量和质量。开办各类专题地情展览、讲座、论坛、学术沙龙等活动；充分利用现代技术，实现馆藏文献数字化，建设网上方志馆、数字方志馆，实现地情资料在线阅读，网络移动视听，大力提升地方志公共服务水平。发挥省方志馆示范引领作用，将其建成集方志、年鉴、地方史、地情书和家谱文

专栏：地方志信息化建设工程

（一）广东数字方志馆。

建设广东方志馆图书管理查询系统、网上虚拟3D方志馆，向人民群众提供快速、便捷的数字化服务。

（二）国家地方志数据华南服务中心。

依托省电子政务云平台和国家地方志数据，建立华南服务中心，为华南区域各级地方志工作机构提供信息化服务。

（三）广东省情大数据中心。

集基础省情数据中心、地方文献数据中心、地方志数据中心于一体，分门别类存储基础省情、地方文献、地方志工作成果等资源。

（四）特色网站。

“南粤村情一点通”。依托广东省自然村落历史人文普查工作平台和数据库，全面系统宣传推介我省村落历史人文风貌。

“炎黄子孙寻根网”。依托地方志资源库、“广东家谱族谱中心”和谱牒非结构化数据库，为海内外炎黄子孙提供寻根溯祖服务。

“我要修家谱”。依托谱牒网上在线编修平台和谱牒非结构化数据库，为社会各界提供家谱族谱在线编纂服务。

（五）在线工作服务系统。

志鉴在线编纂出版系统。实现在线数字化编纂、实时互动交流、反馈修编意见、控制编纂版本、规范修编流程、组织专家评审、出版印刷、数据建库和发布等一体化工作流程，提高工作效率。

地情资源智能检索系统。利用计算机系统的动态智能分析引擎和人工智慧辅助，为用户精确检索地情资源。

地情资源数据挖掘和预测决策分析系统。利用广东省地情大数据中心海量数据，通过不同维度的数学模型，对地情资源进行数据挖掘和智能分析，生成预测结果，辅助决策。

献收藏研究，国情、省情宣传和爱国主义教育，地方志文化对外交流为一体的基地。2016年，省方志馆完成省情馆布展，正式对外开放，每年举办专题展览。2017年，建成“广东省家谱族谱中心”，广泛收集、展示各种家谱族谱文献并开展研究。到2020年，家谱族谱收藏量达60000册以上。

8. 继续实施广东旧志整理工程。实施新一轮广东旧志保护计划，推动旧志原生性和再生性保护，全面搜集整理未收入《广东历代方志集成》的各种旧志，2020年前整理出版《广东历代方志集成续集》。加强民国时期广东年鉴的保护和开发利用工作，2018年前整理出版《民国广东年鉴汇编》。建设广东旧志年鉴数据库。系统开发《广东历代方志集成》，继续编辑出版《广东历代方志研究丛书》。市、县两级开展本地旧志分类整理以及旧志点校、提要、考录、辑佚等工作。

9. 建设方志理论高地。实施方志理论人才培养计划，重点加强方志、年鉴、地方史理论研究，加强基础省情研究，及时、准确对重大理论和重大实践问题作出方志阐释。坚持每两年举办一届地方志理论研讨活动。充分发挥广东省地方志学会、当代广东研究会和《广东史志》《当代广东》的作用，打造一批高水平的理论研究成果，出版一批在国内具有较大影响力的学术著作。

10. 强化地方志质量建设。按照《地方志书质量规定》《地方综合年鉴编纂出版规定》等要求，严格质量管理、质量监督，完善地方志质量评议、审查验收制度，严把质量关。按照国家有关规定，申报设立志书、年鉴、地方史及优秀学术成果评比奖励项目，逐步将志书、年鉴、地方史纳入省有关图书奖评比范围。

11. 做好第三轮修志准备。组织开展新编地方志书评析，全面总结第一、二轮修志的经验教训，研究完善第三轮修志的组织管理、运作模式、编修方式、体例篇目等，编写第三轮修志培训教材，出版研究专著。2018 年启动第三轮修志试点工作，2019—2020 年做好第三轮修志方案调研、起草、论证和规划报批。加大依法收（征）集地方志资料力度。建立和完善地方志资料收（征）集、保存、管理制度，推行地方志资料年报形成常态机制。采取社会调查、征集、购买等多种方式，拓宽资料收（征）集范围和渠道，建立全方位适应地方志编纂、地方志事业发展和方志文化建设需要的地方志资料保障机制，全面完成上一轮志书下限年至 2020 年的地方志资料搜集整理，为第三轮修志做好资料准备。

12. 提高方志文化开放水平。加强方志文化国际传播能力建设。积极参与“一带一路”建设，加强在“一带一路”沿线国家、地区的地方志传播力度，拓展方志文化海外传播网络，丰富传播渠道和手段。建设广东省情国际大通道和岭南优秀传统文化的展示平台，宣传、塑造广东形象，打造广东方志文化名片。做大广东方志的世界交流范围，拓展方志文化交流合作空间。打好侨牌，依托我国驻外使领馆、孔子学院、海外华人华侨同乡会、宗亲会、商会等组织，促进政府、民间的合作与交流，增进方志文化互信和人文交流。实施网上寻根、编修家谱工程，促进乡情认同和文化认同。重视方志文化安全。加强与兄弟省（市、区）和香港、澳门、台湾地区地方志机构以及国内外高等院校、科研机构、档案文献机构、博物馆、图书馆等单位的学术交流与合作。

四、保障措施

（一）法治保障。全面推进依法治志，加大对《地方志工作条例》《广东省地方志工作规定》的执行力度，定期开展执法检查，依法查处违法行为。加快推动《广东省地方志工作条例》立法。健全地方志工作机构主导、社会各界有序参与修志编鉴和地方史编修的工作机制。加强督促检查，健全和完善目标考核责任制、督查通报制，强化责任落实，建立健全以“一纳入、八到位”为主要内容的全省地方志工作年度考核评价机制，每年进行一次检查考核和通报；健全和完善地方志资料年报、地情资料收（征）集及管理、修志编鉴等业务制度和主编（总纂）责任制，确保在篇目设计、资料收（征）集、总纂统稿、志（鉴）稿评议、审查验收、出版发行、报送备案等环节上均有章可循、有序推进。

（二）组织保障。坚持和健全党委领导、政府主持、地方志工作机构组织实施、社会各界广泛参与的工作体制，坚持“一纳入、八到位”工作机制。各地政府每年要研究一次地方志工作，各级党委和政府主要领导同志要主动关心过问地方志工作，分管领导同志要及时了解和解决地方志工作中的困难和问题。各地政府要高度重视修史修志，关心支持地方志事业发展。各地地方志工作机构设置和人员编制，要与其有效履行职能、顺利开展工作的要求相适应；按照德才兼备原则和专业要求，配齐配强地方志工作机构的领导班子。

（三）经费保障。加快改善地方志工作条件和图书资料收藏保管条件，做好修志、编鉴、地方史编纂、出版、科研、开发利用、信息化建设和资料文献收（征）集保存等工作，加大对民族地区和欠发达地区地方志工作的支持力度。各地政府要将地方志工作所需经费列入同级财政预算。

（四）队伍保障。实施南粤地方志“十百千万”人才工程，着力培养约 10 名国内知名地方志领军人才、约100名省内地方志专家、约1000名志鉴史编修业务骨干、约10000名乡土修史修志人才，形成一支素质高、业务能力强、专兼职和乡土人才结合的地方志编修、研究、传播人才队伍。坚持每年举办一期地方志分管领导培训班；实施新一轮地方志人才培训工程，实现岗前培训全覆盖，分期分批开展专项培训；各地级以上市地方志工作机构要制定五年培训计划，培训本级及所属县（市、区）业务骨干。建设若干个省情专家工作室和方志专家工作室，以老带新、以实施项目带动培训，培养一批专家型方志干部。开展业务技能竞赛，评选业务标兵和业务能手。与高等院校、科研机构联合开展地方志专业教育，举办专业进修班，支持地方志工作人员在职接受专业继续教育。与中山大学、暨南大学、华南师范大学等高校合作共建教学实践基地，建设研究生地方志工作站，吸收一批在读研究生利用实习时间进站开展短期课程研究。健全和完善地方志专家库、省情专家库、地方志编纂研究人才库、高校后备人才库、乡土方志人才库，广泛吸纳各类专家学者和熟悉地情的各界人士参与地方志工作，探索地方志人才培养、引进等政策和措施。按照国家有关规定开展先进集体和先进工作者评选表彰活动，建立干事创业的激励机制，营造良好氛围。大力弘扬“修志问道、直笔著史”的方志人精神、“爱岗敬业、淡泊名利、甘于奉献”的价值追求、“经世致用、秉笔直书、锲而不舍”的史官风范、“恪尽职守、真抓实干、开拓进取”的职业操守，锻造一支政治、思想、业务过硬的人才队伍，为我省地方志事业发展提供人才保障。

（五）宣传保障。利用各级各类新闻媒体，大力宣传地方志工作机构贯彻落实党和国家大政方针的新举措、地方志工作服务经济社会发展的新成绩。加快建设地方志公共文化服务平台，不断拓宽地方志文化公众服务渠道，广泛宣传地方志文化产品，促进读志、用志、传志风尚的形成，充分发挥地方志宣传推介广东的作用。

各地要结合实际，根据本规划要求，制定本地地方志事业发展规划或实施方案，切实加强分类指导，加大组织实施力度，全面提高地方志工作水平，推动我省地方志事业进一步繁荣发展。省地方志办要对本规划落实和执行情况进行督促检查。

广西壮族自治区人民政府办公厅关于印发广西地方志事业发展规划（2016—2020年）的通知

桂政办发〔2016〕97号

各市、县人民政府，自治区人民政府各组成部门、各直属机构：

《广西地方志事业发展规划（2016—2020年）》已经自治区人民政府同意，现印发给你们，请认真组织实施。

广西壮族自治区人民政府办公厅

2016年8月18日

广西地方志事业发展规划（2016—2020年）

为进一步明确“十三五”期间全区地方志事业发展的目标和任务，推动全区地方志事业科学发展，充分发挥地方志工作在广西经济社会发展和民族文化强区建设中的重要作用，为广西“两个建成”作出更大贡献，根据《地方志工作条例》（国务院令第467号）（以下简称《条例》）、《全国地方志事业发展规划纲要（2015—2020年）》（以下简称《规划纲要》）和《广西壮族自治区实施〈地方志工作条例〉办法》（政府令第36号）（以下简称《实施办法》），结合当前工作实际，制定本规划。

一、广西地方志事业发展形势

近年来，全区各级各部门认真贯彻落实《条例》《实施办法》，积极工作，求真务实，在重点组织编纂三级地方志的同时，进一步加强古籍旧志整理出版和地方志资源开发利用工作，积极推进广西方志馆和广西史志博物馆、广西地情网和全区地方志系统网站群建设，初步实现了志、鉴、馆、库、网并进，修志与读志、用志并举，地方志工作取得了显著成绩。

（一）修编工作取得丰硕成果。第一轮修志任务于2010年10月全面完成，共编纂出版自治区、市、县三级地方志书181部，荣获全国地方志优秀成果一等奖5部、二等奖9部、三等奖3部。第二轮修志工作有序推进，截至2015年12月底，第二轮志书《广西通志》计划编修67部专志，已出版19部；市县志计划编修121部，已出版29部；全区地方综合年鉴计划编修125种，已出版105种。

（二）地方志各项工作得到全面加强。2009年以来，全区地方志机构共整理出版古籍旧志50多种。方志队伍建设得到加强，全区各地建立健全地方志工作机构，配足配强地方志工作人员，多措并举狠抓队伍建设。基础设施建设取得新成效，广西方志馆、广西史志博物馆相继建成，广西地情网顺利开通，自治区、市、县三级地情网站全部联网，全区地方志服务党委、政府中心工作和服务社会的能力不断提升。

目前，我区地方志事业发展良好，但也存在一些问题，主要是：事业发展不平衡现象比较突出；少数地区和部门对地方志工作重要性认识不够；相关法规规章落实不到位；地方志机构不健全，编制、人员和经费不足；人才队伍建设有待加强；信息化建设比较滞后；方志文化的作用有待彰显；一些市、县第二轮修志工作进展缓慢；综合年鉴未达到一年一鉴和公开出版的要求；志书质量有待进一步提高等。对这些问题，必须通过科学发展和深化改革，采取有效措施认真解决。

二、指导思想

全面贯彻落实党的十八大和十八届三中、四中、五中全会精神以及自治区党委十届六次全会精神，进一步落实《规划纲要》要求，按照自治区党委、自治区人民政府决策部署，解放思想，实事求是，锐意进取，改革创新，依法全面推动全区地方志事业科学发展、和谐发展、跨越发展。

三、总体目标与主要任务

（一）总体目标。到2020年，全面完成第二轮修志规划任务，实现自治区、市、县三级综合年鉴全覆盖，加快信息化和方志馆建设，做好第三轮修志工作准备，加强对社会修志的指导和管理，基本形成地方志编修体系、理论研究和学科建设体系、质量保障体系、资源开发利用体系、工作保障体系“五位一体”的地方志事业发展综合体系，努力开创地方志事业发展新局面。

（二）主要任务

1. 全面完成第二轮修志规划任务。将原计划编纂的201部三级地方志书调整为188部，其中《广西通志》专志从74部调整为67部，市、县（市、区）志从127部调整为121部。未完成编纂出版任务的各承修单位要根据计划加快编纂出版工作，在2017年底前完成志稿评审，在2020年前出版发行。全面总结第一轮、第二轮修志工作的经验，在广泛调查研究的基础上，探索第三轮修志的组织管理、运作模式、续修方式、记述时限等，开展审验方法改革创新试点。为启动第三轮修志做好资料收（征）集、队伍培训及理论准备等工作，开展修志业务帮助工作，支持后进地区做好地方志编纂。有条件的地区，应根据实际情况，指导开展乡镇（街道）、村（社区）志编纂。

2. 大力推进地方综合年鉴工作。到2020年，做到地方综合年鉴由地方志工作机构组织编纂，一年一鉴，公开出版，实现自治区、市、县三级综合年鉴全覆盖。已出版地方综合年鉴的市、县（市、区）要严格按照年鉴体例，做到一年一鉴、公开出版，逐步提高编纂质量和时效性；尚未出版地方综合年鉴的市、县（市、区）区要抓紧开展编纂工作，确保到2020年实现全区三级地方综合年鉴全覆盖。实施年鉴精品工程，一批地方综合年鉴编纂出版质量跃居全国前列，促进行业年鉴、专业年鉴、部门年鉴编纂出版质量提升。

3. 深入开展古籍旧志整理工作。加强与高等院校、公共图书馆、档案馆等单位交流与合作，整理出版古籍旧志。有条件的地方应编辑出版历代方志集成，分类整理古籍旧志资料。全区古籍旧志按通志、府州县志、古籍丛书、民国典籍四个系列整理出版。到2020年，完成影印明《（万历）广西通志》等6部通志；标点校注明《广西名胜志》等3部古籍，数据化《桂政纪实》等4部民国典籍，每年影印出版2—3部广西府州县志。加强对市、县（市、区）古籍旧志整理工作的指导，2020年底前将各市最急需抢救的古籍旧志整理重版。

4. 稳妥推进地方史编写。在确保全面完成第二轮地方志编修、地方综合年鉴编纂前提下，制定地方史编写工作方案和规范，组织学习培训，开展试点，以点带面，积极稳妥地推进地方史编写工作，留下乡音、记住乡愁。

5. 加强地方志理论研究。制定方志、年鉴理论研究规划，进一步提高《广西地方志》期刊的学术品位，充分发挥广西地方志协会、广西年鉴学会以及《广西地方志》期刊的作用，编纂出版广西史志文化研究丛书。支持地方志工作人员申报研究课题，开展地方志编纂、地方志事业发展等重要理论问题研究，努力推动地方志事业与时俱进。

6. 加强人才队伍建设。重视人才选拔、培养和使用，逐步建成专兼职结合、结构合理、素质优良、能够支撑和引领地方志事业发展的人才队伍。吸纳高学历的专业人才，充实地方志人才队伍，优化人才队伍结构。鼓励地方志工作人员报考专业技术职务，参加专业技术职务评定。到2020年，在全区地方志系统工作人员中，硕士研究生、具有高级职称以上人员所占比例均达到20%以上。开展干部轮岗和选派优秀年轻干部到基层挂职锻炼，丰富实践工作经验。实施地方志人才培训工程，多形式多渠道开展业务学习培训。开展广西地方志系统优秀青年学者评选活动，培养专家学者型专门人才，建设地方志人才梯队。完善广西地方志学术委员会建设，充分发挥社会专业特长人才作用。

7. 深化地方志质量建设。严格执行《地方志书质量规定》《地方综合年鉴编纂出版规定》有关要求，制定质量管理、质量监督等规定，完善地方志质量评议、审查验收制度，严把质量关。按照国家有关规定开展优秀成果、先进集体及个人评比并表彰奖励；鼓励和支持地方志佳作申报广西社会科学优秀成果奖和全国地方志优秀成果奖。

8. 加强收（征）集地方志资料。建立和完善地方志资料收（征）集、保存、管理制度，全面推行地方志资料年报制度并形成常态机制。拓展资料收（征）集范围和渠道，建立能够全方位适应地方志编纂、地方志事业发展和方志文化建设需要的地方志资料保障机制。

9. 加快地方志信息化建设。加快全区地情网站、地情数据库等地情信息化基础设施建设。2016年，实现全区地方志系统地情网站

"县县通"；基于全区地方志系统网站群实现全区地情资料大数据，打造数字方志，智慧方志。加快以地方志资料库、广西方志馆、广西地情网为基础的地方志信息化建设，全面实现自治区、市、县三级地方志资源共享，逐步建成以广西地方志资料库为基础的广西区情中心、以广西方志馆和广西史志博物馆为基础的广西方志教育中心、以广西地情网为基础的广西地情网络信息中心。

10. 提高地方志资源开发利用水平。加强对地方志资源的深加工，拓宽服务渠道，增强服务功能，创新服务手段，更好地贴近经济社会发展实际，贴近人民群众需要。充分发挥地方志资源在地方公共文化服务中的重要作用，夯实地方文化基础。广泛宣传地方志成果，推动方志文化进机关、进农村、进社区、进校园、进企业、进军营，推动城乡方志文化建设，培育地方历史记忆。在编修纸质三级志书的同时，按照"突出地情、创新体式、开发利用"的要求，充分利用现代影视媒体直观、形象的特点，继续组织摄制《广西长寿志》《广西古村落志》等系列广西地情影像志，形成在全国方志界具有影响力的系列修志创新成果，为后世留下具体、直观、形象的地情史料。拓展地情研究成果的传播渠道，扩大地方志的社会影响，创新地方志资料为当地经济社会发展服务、为党政决策服务、为丰富人民群众精神文化生活服务的多种途径和载体形式。

11. 扩大学术交流与合作。加强与港澳台地区以及国外高等院校、科研机构、档案机构和图书馆等单位的学术交流与合作，引进海外收藏的广西历代地方志，研究海外华人华侨奋斗史实，弘扬以地方志文化为重点的中华文化传统。

四、保障措施

（一）法治保障。推动《条例》《实施办法》的深入贯彻落实，逐步健全地方性法规规章。加大地方志工作法规规章的宣传、执行力度，推进政府权力清单制度，强化责任与权力约束。坚持依法修志、用志、管志，将依法治志纳入依法行政、政府督办和绩效考评范畴。各地要加大地方志工作法规规章的执行力度，定期开展执法监督检查，依法纠正、查处执行不力和违法行为。

（二）制度保障。健全地方志工作机构主导、社会各界有序参与修志编鉴的途径和方式。加强督促检查，健全和完善目标考核责任制、督查通报制，强化责任落实；健全和完善地情资料收（征）集及管理、修志编鉴业务制度和主编（总纂）责任制，确保在篇目设计、资料收（征）集、总纂统稿、志（鉴）稿评议、审查验收、出版发行、报送备案等环节上均有章可循、有序推进，保障志鉴质量。

（三）经费保障。改善地方志工作条件和图书资料收藏保管条件，做好修志、编鉴、出版、科研、开发利用、信息化建设、资料文献保存等工作，加大对民族地区、贫困地区地方志工作的支持力度。各级人民政府要将地方志工作所需经费列入财政预算，承编单位也应将修志编鉴经费列入本单位预算，确保工作经费按时、足额到位，为地方志工作顺利开展提供经费保障。

（四）队伍保障。调整广西地方志学术委员会，充实自治区级地方志专家库。探索地方志人才培养、引进等政策和措施，探索将方志学人才培养纳入国民教育体系的方式方法。完善教育培训制度，分级实施对地方志工作机构新任负责人、志鉴主编（总纂）的专项培训，实现修志编鉴人员岗前培训全覆盖、培训工作常态化；与高等院校、科研机构联合开展地方志专业方向研究生教育，举办专业进修班，支持地方志工作人员接受专业继续教育。按照国家有关规定开展先进集体和先进工作者评选表彰活动，建立干事创业的激励机制，营造良好氛围。

（五）宣传保障。利用各级各类新闻媒体，大力宣传地方志工作机构贯彻落实党和国家大政方针的新举措、地方志工作服务经济社会发展的新成绩、地方志工作者投身现代化建设的新贡献。挖掘地方志资源的现实价值、历史价值，设计宣传主题，创新宣传形式，推出一批人民群众喜闻乐见、有较大社会影响力的地方志宣传精品。

（六）组织保障。各地要坚持和健全党委领导、政府主持、地方志工作机构组织实施、社会各界广泛参与的工作体制，坚持“一纳入、八到位”（即将地方志工作纳入各地国民经济和社会发展规划及地方各级政府工作任务，做到认识、领导、机构、编制、经费、设施、规划和工作到位）的工作机制。地方志工作机构设置和人员编制要与其有效履行职能、顺利开展工作的要求相适应；按照德才兼备原则和专业要求，配齐配强地方志工作机构的领导班子，为完成目标任务提供组织、人员、后勤保障。

各地各有关部门要依据《规划纲要》和本规划，制定本地本部门地方志事业发展规划或实施方案。

自治区地方志编纂委员会及其办公室对《规划纲要》和本规划的落实和执行情况进行督促检查。

海南省委办公厅　省人民政府办公厅关于印发《海南省2016—2020年史志工作规划》的通知

琼办发〔2016〕31号

各市、县、自治县党委和人民政府，省委各部门，省级国家机关各部门，各人民团体：

《海南省2016—2020年史志工作规划》已经省委、省政府同意，现印发给你们，请结合实际认真贯彻执行。

海南省委办公厅　省人民政府办公厅

2016年5月27日

海南省2016—2020年史志工作规划

为深入贯彻落实党的十八大和十八届三中、四中、五中全会和全国党史工作会议、第五次全国地方志工作会议精神，切实做好“十三五”时期全省史志工作，充分发挥史志工作“存史、资政、育人”的作用，更好地为海南经济社会发展服务，根据史志工作法律法规和政策规定，结合我省实际，制定本规划。

一、面临的形势

（一）“十二五”时期全省史志工作取得显著成绩。五年来，在各级党委、政府的重视和支持下，全省史志工作部门牢牢把握史志工作正确方向，紧紧围绕省委、省政府中心工作，全面落实《海南省2011—2015年史志工作规划》，史志事业取得长足进步，为做好“十三五”时期史志工作奠定了良好基础。

——工作体制机制形成新格局。不断完善史志工作体制机制，基本形成党委统一领导、党史部门协调指导、有关部门密切配合、社会各方共同参与的“大党史”工作格局和党委领导、政府主持、地方志工作机构组织实施、社会各界广泛参与的地方志工作体制，以及“一纳入、八到位”工作机制。

——编史修志工作实现新跨越。《中国共产党海南历史》第一卷、第二卷已出版发行，第三卷编撰工作已启动，部分市县党史基本著作已出版，尚未出版的也正在加紧编撰中。首轮修志全部结束，规划编修的省、市、县（区）三级地方志书全部出版，第二轮修志进入关键时期；省、市、县综合年鉴编纂出版工作实现全覆盖，并编纂出版了一批行业志、部门志、名镇志、名村志等。

——史志专题研究工作取得新成效。在全省开展革命遗址普查调研活动，组织开展“执政中国”“从党的十七大到十八大”“改革开放实录”等全国性重大课题海南专题的研究，与中国社科院边疆研究所合作开展“海南与海上丝绸之路”课题研究，组织“琼崖革命根据地”“中共早期琼籍人物”“琼崖抗战英杰”等课题研究，每年围绕重大历史事件及重要党史人物纪念活动组织开展征文研讨活动，编辑出版了一批研究成果。

——史志资料征集工作富有新成果。全面完成“海南省抗日战争时期人口伤亡和财产损失调查”课题的资料征编、核查及整理出版工作；广泛征集有关解放海南岛战役的文献、图片资料并编辑出版；组织口述史料征集工作，出版一批社会主义革命、建设和改革开放时期的资料汇编、文集、词典等；购置一大批史志书籍，充实史志资料库。

——史志宣传教育工作迈上新台阶。围绕重要节庆、纪念日和重大党史事件、重要党史人物纪念活动，组建海南史志宣讲团赴党校、高校及革命遗址宣讲党史，广泛开展党史和省情教育。配合有关部门推动党员干部到革命遗址参观和学习党史，接受革命传统教育，积极推动利用革命遗址开展红色旅游；推出一批地方党史题材电视片、文献片等；《海南史志》实现双月刊出版。

——法治建设取得新突破。制定出台《海南省地方志工作规定》。加强史志工作机构依法依规履职能力建设，完善史志工作业务规范，史志工作制度化、法治化、规范化水平得到较大提升。

——基础设施建设呈现新面貌。海南史志网站建成开通并不断完善升级，上传数字化史志资料超亿字，网页更加丰富，网站点击率逐年增加；史志资料库图书存量不断增加，库房硬件及管理软件建设不断增强；海南史志馆主体工程已完成，史志公共基础设施建设不断完善。

（二）全省史志工作仍然存在不少困难和问题。主要有：史志事业发展不平衡现象比较突出，基层史志工作基础普遍薄弱；部分地区和部门对史志工作重要性认识不足，市辖区一级机构不健全，编制、人员、设施等不到位；史志人才队伍青黄不接，结构不尽合理，创新意识不强，素质有待提高；围绕中心、服务大局意识不强，读史用志、资政育人成效需进一步加强；等等。

二、指导思想与基本原则

（一）指导思想。高举中国特色社会主义伟大旗帜，全面贯彻党的十八大和十八届三中、四中、五中全会精神，以马克思列宁主义、毛泽东思想、邓小平理论、“三个代表”重要思想、科学发展观为指导，深入贯彻习近平总书记系列重要讲话精神，按照“五位一体”总体布局和“四个全面”战略布局，牢固树立创新、协调、绿色、开放、共享五大发展理念，以“存史、资政、育人”为根本任务，围绕中心、服务大局，进一步贯彻落实“一突出、两跟进”“一纳入、八到位”要求，提高党史、地方志工作科学化水平，全面准确记录海南历史，真实反映海南自然、政治、经济、文化和社会的历史与现状，为全面建成小康社会和全面建设海南国际旅游岛提供地情信息支持，为实现海南科学发展、绿色崛起提供精神动力和智力支持。

（二）基本原则。

——坚持正确方向。坚持走中国特色社会主义文化发展道路，坚持为人民服务、为社会主义服务的方向，坚持“党史姓党”，为加强党的建设、培育和践行社会主义核心价值观提供丰富优秀的精神文化产品。

——坚持服务大局。充分挖掘和发挥海南史志资源优势，全面提升开发利用水平，主动服务各级党委、政府中心工作，更好地为海南经济社会发展服务。

——坚持法治精神。认真贯彻落实史志工作法律法规和政策规定，不断完善史志工作制度和业务规范，真正做到依法行政，依规管理，更好地履职尽责。

——坚持改革创新。坚持问题导向和目标

导向相结合，解放思想，与时俱进，深化改革，在破解难题中推动工作创新。

——坚持质量第一。将精品意识贯穿于编史修志工作全过程，严把政治关、史实关、体例关、文字关、出版关，编纂出版经得起历史检验、具有鲜明时代特征和地域特色的史志成果。

——坚持全面发展。以写史修志编鉴为主业，统筹兼顾规范化建设、理论研究、开发利用、信息化建设、史志馆建设、文献史料整理等工作，实现史志事业全面协调可持续发展。

三、重点工作任务

（一）全面推进地方党史基本著作的编撰出版。

1. 工作目标。完成《中国共产党海南历史》第三卷（1988—2012）送审稿；各市县全面完成改革开放前党史基本著作出版，启动改革开放新时期党史基本著作编写工作。

2. 主要任务。

（1）2017 年，完成《中国共产党海南历史》第二卷简明读本编写出版工作。

（2）2018 年，完成《中国共产党海南历史》第三卷（1988—2012）初稿；2020 年完成送审稿。

（3）2016 年，相关市县完成新民主主义革命时期党史基本著作送审稿；2017 年完成出版工作。

（4）2016 年，各市县（三沙市、五指山市除外）全面启动社会主义革命及建设时期党史基本著作编写工作，2018 年完成送审稿；2017 年，琼中县、屯昌县完成改革开放前党史基本著作送审稿，五指山市完成改革开放新时期党史基本著作送审稿。

（5）2020 年前，各市县全面启动改革开放新时期党史基本著作编写工作。

（二）开展地方史志专题研究。

1. 工作目标。全省史志专题研究水平明显提升，推出一批高水平、有影响力的专题研究成果。

2. 主要任务。

（1）组织开展琼崖革命精神内涵研究和重要党史人物研究；组织开展中央领导人与海南建设发展等相关专题研究；组织开展“海南近代史”“海南当代史”“史志 + 旅游”“古村落文化”等专题研究。

（2）组织编写反映各条战线各个部门的建设、发展和改革历程、成就与经验的专题或部门史；组织编写海南历史名人传记丛书；组织编写《海南黎族苗族自治州历史》。

（3）以“海南改革开放实录”为总课题，从海南实际出发，每年组织开展若干个专题研究，于 2018 年底纪念中国改革开放 40 周年之际结集出版专题成果。

（4）积极参与中央党史研究室、中国地方志指导小组组织的课题研究。

（三）组织和参与重要纪念及宣传活动。

1. 工作目标。根据中央和省委统一部署，按照有关规定，参与或牵头举办重要节庆日、纪念日和重要党史人物、重要历史事件纪念活动，提升活动的成效和影响力。

2. 主要任务。

（1）2016 年，参与纪念中国共产党建党 95 周年活动、纪念中国工农红军长征胜利 80 周年活动和纪念中共琼崖第一次代表大会召开暨中共琼崖地方委员会成立 90 周年活动，牵头开展《地方志工作条例》颁布实施 10 周年宣传活动。

（2）2017 年，参与纪念中国人民解放军成立暨琼崖纵队成立 90 周年活动。

（3）2018 年，参与纪念党的十一届三中全会召开 40 周年活动、庆祝海南建省办经济特区 30 周年活动。

（4）2019 年，参与纪念五四运动 100 周年活动、庆祝中华人民共和国成立 70 周年活动。

（5）2020 年，参与纪念抗日战争胜利 75 周年活动、纪念海南解放 70 周年活动和纪念海南岛问题座谈会召开 40 周年活动。

（6）做好迎接中国共产党成立 100 周年的谋划和准备工作。

（7）每年就下年度已故的我省重要党史人物逢百逢十周年诞辰纪念活动，向省委报送建议。

（四）全面推进全省第二轮三级志书编修工作。

1. 工作目标。全面完成第二轮《海南省志》和市、县（区）志书编纂出版任务。

2. 主要任务。

（1）2016年，完成《海南省志》全部分志初稿；2017年，审定出版分志20部，完成《总述》《大事记》的编纂；2018年，审定出版分志28部。

（2）到2019年，全面完成第二轮22部市、县（区）志编纂、终审任务，送交出版。

（3）2016年启动《三沙市志》编纂工作，2020年完成出版。

（4）推动“中国名镇志文化工程”“中国名村志文化工程”在海南的实施，积极开展镇志、村志及具有海南地域特色的风景名胜、名优特产志编纂工作。

（五）抓好地方综合年鉴、专业年鉴的编辑出版工作。

1. 工作目标。实现省、市、县（区）三级综合年鉴编纂出版全覆盖；推动更多的单位编纂出版专业年鉴。

2. 主要任务。

（1）每年编辑出版《海南年鉴》中文版及英文简本，不断创新编纂理念，彰显年度和地方特色，提高年鉴质量。

（2）已创刊的市县地方综合年鉴，2016年实现当年年鉴当年编纂出版；未编纂完成2013—2015年年鉴的市县采取补课办法，在2018年前逐步完成出版。

（3）海口市辖区2017年前出版地方综合年鉴的创刊号，三亚市辖区2019年前出版地方综合年鉴的创刊号，以后逐年出版。

（4）加强对部门、行业和企业编纂出版专业年鉴的指导，支持有条件的单位做到每年编鉴，公开出版。

（六）全面加强史志资料征集管理工作。

1. 工作目标。建立健全史志资料征集管理和利用工作机制，促进史志资料征集管理工作制度化、规范化。

2. 主要任务。

（1）建立健全各地区、各部门向史志部门报送史志资料的年报制度。开展资料年报业务培训和年报资料验收工作，落实史志资料年报制度，确保年报资料全面、准确、客观，为编史修志打牢基础。

（2）抓紧抢救“活资料”。有计划、有步骤地征集海南社会主义时期重要当事人的口述史料及回忆录，每年至少完成10位当事人的专访工作。

（3）征集党中央、国务院及党和国家领导人关于海南工作的指示、批示、讲话等文字材料；征集党和国家领导人在海南视察、考察的图片、音像、实物等资料。

（4）广征博集海南各个历史时期的志书、年鉴、谱牒、简报、报刊资料、古籍文献、乡土教材、地图、影音像作品、名人书信、手札、回忆录、字画、照片以及祖籍海南的华人华侨、港澳台同胞的著作和资料。

（5）逐年编撰《海南省大事记》，每五年出版一辑。

（6）推动中国共产党海南省组织史资料（2010.1—2020.1）的编撰工作。

（七）深入开展史志资源开发利用工作。

1. 工作目标。通过开展学史用史、读志用志等活动，积极推介海南优秀历史文化和乡土文化，培育地方历史记忆，提升海南历史文化的知名度和影响力。

2. 主要任务。

（1）审核、审查涉及党史的重大纪念活动，党史重大题材的图书、文稿、展览、影视作品等，把好政治关、史实关。

（2）坚持“在保护下利用，在利用中保护”的原则，参与革命遗址布展陈列工作，提出审查指导意见；审核确定一批党史教育基地，积极参与红色旅游线路的创建工作。

（3）广泛开展党史和地情学习宣传教育活动，编撰出版一批简史、简志，普及学史用史、读志用志活动；推动全省党员干部学习了解海南省情、地情，努力使史志宣讲进企业、进农村、进军营、进学校、进机关、进社区。

（4）加强与省内外报刊、电视、网络等媒

体合作，策划重大纪念活动宣传报道，拍摄制作电视资料片、文献片、电视剧等历史题材影视、音像作品，积极推介海南红色文化、历史文化。

（5）积极推动做好国家级、省级重点文物保护单位和非物质文化遗产的保护与开发利用工作。

（八）积极开展理论研讨和学术交流活动。

1. 工作目标。通过组织理论研讨和学术交流，加强史志理论、学科建设，不断提升史志工作水平。

2. 主要任务。

（1）充分发挥省党史学会、省地方志学会人才智力优势，积极开展地方党史、地方志编研工作，每年至少举办两次全省史志理论研讨会或征文活动。

（2）办好《海南史志》刊物，严格执行学术规范，扩大组稿范围，提高稿件质量，争取2018年办成月刊。

（3）组织史志业务骨干赴省外及国（境）外文史研究机构、社科学术团体等开展学术交流。

（4）2018年，由省地方志学会与台湾丘海学会共同在海口举办一次学术研讨活动。

（九）加强史志工作的法治化、制度化建设。

1. 工作目标。贯彻落实“一突出、两跟进”“一纳入、八到位”要求，推动史志法律法规政策的贯彻执行，不断提升全省史志工作法治化、制度化、规范化水平。

2. 主要任务。

（1）2016年，出台《海南省史志资料年报制度》及相关配套实施细则，规范各地各部门史志资料的编纂和报送。

（2）制定出台一批党史和地方志业务规范，初步建立起比较完善的史志业务规范体系。

（十）加强海南史志工作信息化建设。

1. 工作目标。建成全面系统的海南省史志资料数据库和海南省图片音像资料库，为全省史志资料数据化和网络化打牢基础。

2. 主要任务。

（1）根据实际工作需求，对海南史志网逐年进行改版、扩容和升级，将其打造成海南史志工作信息化的中心网站及社会各界网上史志资料查阅和学习交流的公共服务平台。

（2）2017年，基本建成海南省史志资料数据库和海南省图片音像资料库，并逐步完善。

（3）以海南史志网为中心，加速推进史志书籍为重点的数字化处理，确保每年新出版的史志书籍翌年第二季度完成数字化处理；稳步推进市县史志资料数字化工作，并分类进行发布，逐步实现全省史志资料数据化和网络化。

（4）2016年，申请注册“琼崖史志”微信公众号，面向社会提供史志信息传播服务。

（十一）全面推进全省史志场馆设施建设。

1. 工作目标。完成海南史志馆建设，将其建设成为我省爱国主义教育和革命传统教育的重要基地、省情展示的重要窗口、红色旅游的重要景点；推动有条件的市县建设党史纪念设施或方志馆（室）。

2. 主要任务。

（1）2018年，完成海南史志馆布展工作，向公众开放。

（2）推动各市县史志部门资料库房建设。到2017年，各市县史志部门全面建成独立的资料库房，面积不少于70平方米。

（3）推动有条件的市县，结合区域文化建设的总体规划，统筹建设市县级党史纪念场馆或方志馆（室）。

（十二）加强史志干部队伍建设。

1. 工作目标。建立科学的人才培养体系，按照习近平总书记“五个坚持”要求，努力建设一支政治强、业务精、作风正、纪律严的高素质史志干部队伍。

2. 主要任务。

（1）将史志干部培养纳入各级干部队伍建设总体规划，按照德才兼备原则和专业要求，配齐配强史志部门领导班子，加大史志干部轮岗、交流、挂职锻炼力度，对优秀史志干部注意提拔使用，保持队伍活力。

（2）组织实施“史志英才计划”，每年在全省史志系统内选取若干名40岁以下专业人才，资助其开展科研活动，逐步形成合理的梯次人才结构。

（3）加大史志干部培训力度，每年举办史志干部培训、新任职干部培训各 1 期，举办党史业务和方志业务培训班至少各 1 期；加强与党校、大专院校、科研院所、培训机构的合作，着力提升培训的针对性与实效性。

四、保障措施

（一）强化组织领导。各级党委、政府要切实加强对史志工作的领导，把史志工作列入工作计划和议事日程，及时帮助史志工作部门解决工作中遇到的重大问题和实际困难。

（二）加强督促检查。各级史志工作部门要定期开展史志工作督促检查，及时通报史志工作情况，指导帮助各地各部门不断提升史志工作水平。

（三）注重协调配合。各级史志工作部门要加强与党校、行政学院、高等院校、档案、文化等系统和社会相关专业机构的联系协作，重视发挥热心史志事业人员参与史志工作的积极性，广泛动员、密切配合、形成合力，共同推动我省史志工作向前发展。

（四）落实经费保障。各级政府要将史志工作所需经费列入本级财政预算，加大对史志工作特别是民族地区、贫困地区史志工作的支持力度，改善史志工作条件，确保史志工作顺利开展。

（五）建立激励机制。建立史志工作评估激励机制，开展全省史志系统评先表彰、史志鉴质量评比、优秀史志学术成果评比等活动，激励先进，汇聚正能量，不断开创史志工作新局面。

四川省人民政府办公厅关于印发四川省地方志事业第十三个五年发展规划（2016—2020 年）的通知

川办发〔2016〕27 号

各市（州）人民政府，省政府各部门、各直属机构：

《四川省地方志事业第十三个五年发展规划（2016—2020 年）》已经省政府同意，现印发你们，请结合实际，认真贯彻执行。

四川省人民政府办公厅

2016 年 4 月 21 日

四川省地方志事业第十三个五年发展规划（2016—2020 年）

为推进全省地方志事业未来五年科学发展，根据《国务院办公厅关于印发全国地方志事业发展规划纲要（2015—2020 年）的通知》（国办发〔2015〕64 号）和第五次全国地方志工作会议精神，结合我省实际，制定本规划。

一、指导思想和基本原则

（一）指导思想

坚持以邓小平理论、“三个代表”重要思想、科学发展观为指导，全面贯彻党的十八大和十八届三中、四中、五中全会精神以及习近平总书记系列重要讲话精神，认真落实省委十届三次、四次、五次、六次、七次全会部署，按照第五次全国地方志工作会议、第八次全省地方志工作会议要求，围绕省委、省政府工作大局，解放思想，锐意进取，开拓创新，充分发挥“存史、育人、资政”独特功能，依法推进地方志事业全面发展。

（二）基本原则

1. 坚持正确方向。坚持走中国特色社会主义文化发展道路，坚持为人民服务、为社会主义服务的方向，记录四川发展历史，充分发挥独特优势，为统筹推进“四个全面”提供历史借鉴和智力支持，为培育和践行社会主义核心价值观提供丰富、优秀的精神文化产品。

2. 坚持依法治志。贯彻执行国家、省地方志工作法规规章，增强依法修志、读志、用志、治志意识；落实党委领导、政府主持、地方志工作机构组织实施、各部门（单位）共同参与的工作机制；省、市、县级地方志工作机构依法履行组织、指导、督促和检查本行政区域内地方志工作法定职责。

3. 坚持全面推进。以依法修志为前提，全面推进开发利用、信息化建设、方志馆建设、旧志整理、地方史编写出版、理论研究等工作，实现地方志事业全面协调可持续发展。

4. 坚持创新发展。积极适应新形势、新任务、新要求，不断总结经验、探索规律，与时俱进，推动理论创新、制度创新、管理创新、方法创新。

5. 坚持质量至上。坚持实事求是、存真求实，严把政治关、史实关、体例关、保密关、文字关、出版关，编纂出版经得起历史检验、无愧于时代、符合人民群众需要的具有鲜明时代特征和地域特色的精品良志。

6. 坚持修用并举。遵循修志为用，围绕中心，服务大局，发挥地方志资源优势，拓宽用志领域，提升服务水平和能力，形成修用结合的良性互动机制。

二、总体目标

到2020年，全省地方志工作管理体制机制更加完善，依法治志工作得到加强，第二轮三级志书编修规划任务全面完成，地方综合年鉴编纂出版实现全覆盖，方志馆建设、信息化建设、方志资源的抢救保护与开发利用建设、人才队伍建设全面加强，全省地方志编修体系、资源抢救与保护开发利用体系、质量保障体系、信息化工作体系、工作保障体系等全省地方志事业可持续发展体系基本形成。

三、主要任务

（一）全面完成第二轮三级志书编修和抗震救灾志编纂任务

1. 按照省委、省政府部署要求，2020年全面完成《四川省志》1种（93卷）、市（州）志21种、县（市、区）志181种的第二轮三级志书编修出版任务。

2. 完成《汶川特大地震四川抗震救灾志》和各重灾市（州）、受灾县（市、区）抗震救灾志编纂出版。

3. 依法有序开展行业、部门、企事业、学校、乡镇（街道）、村（社区）地方志工作及志鉴编纂工作，组织开展中国历史名镇（名村）志文化工程（四川部分）。完成《川北区志》《川南区志》编纂出版工作。

（二）做好第三轮三级志书编修工作准备

4. 省、市、县级地方志工作机构开展第三轮三级志书编修工作规划编制、组织管理、运作模式、资料收集、编纂方式、编纂体例等调研工作；启动第三轮三级志书编修试点工作。

5. 各级地方志工作机构依法加强对本级部门志、特色志、年鉴、大事记编纂工作的组织指导监督。

（三）全面开展年鉴工作

6. 各级地方志工作机构要完善地方综合年鉴工作管理体制，加强综合年鉴编纂的组织管理。各级、各部门、企事业单位要按时保质完成组稿任务，省、市、县三级综合年鉴要实现全覆盖，一年一鉴、公开出版。有条件的地方和部门可开展年鉴多语种版的编纂出版工作。提高年鉴编纂出版的及时性、针对性、实用性。

7. 各级地方志工作机构要积极推进并指导部门、行业、企事业单位开展部门（行业、专业）年鉴编纂工作，打造一批年鉴精品。

（四）加强地方志资源开发利用

8. 加大研究和开发利用力度。各级地方志工作机构要围绕构建“一核四带”文化产业发展布局，加强对全省地方志资源的深挖掘和深加工，加大四川巴蜀文化、红色文化、民族文化、科教文化、地震感恩文化等特色文化资源的开发利用工作。加强对各类志书、年鉴的分析研究、综合加工、深度开发，提供深层次、高质量的地方志产品，不断挖掘地方志价值，充分发挥地方志作用，更好地为党委和政府决策管理提供参考，为提高人民群众文化生活水平服务。要配合国家文化“走出去”战略，积极开发适合对外交流合作的地方志产品，增强巴蜀文化的影响力。

9. 编纂各类图志、简志、概览、史话丛书，编辑重要信息简报或月报，编写省情、市情、县情等地情读本，开展经济社会发展和改革方面专题研究，发掘历史文化精髓，为党政机关和社会各界服务、为地方经济社会发展服务。

10. 深入开展读志传志用志。各地、各部门（单位）特别是地方志工作机构要积极整合资源、创新形式，组织编写适合各级领导干部、党员、群众、大中小学生等不同对象阅读的地情读物或乡土教材，鼓励编纂富有地方、行业、时代特色的部门志、专业志、专题志、历史文化名镇（村）志和乡镇（街道）、村（社区）志。鼓励领导干部带头读志传志用志。

11. 创新服务手段和方式。全省各级人民政府要鼓励地方志工作机构发挥人才和资源优势，充分利用现代信息手段，实现地方志资源的整合共享、远程利用。各级地方志工作机构要通过举办地方志展览、制作地情电视节目、发布地情网络视频、发行地情音像制品和送志书年鉴进机关、进学校、进企业、进农村、进社区等多种形式，贴近实际、贴近生活、贴近群众，服务经济社会发展，满足人民群众不断增长的精神文化生活需要。

12. 推动旧志整理出版工作，2017 年完成《四川历代方志集成》编辑出版工作。加快旧志数字化建设，2020 年建成全省旧志目录、全文数据库。

13. 加强地情资料书和地方史的研究编纂出版。2020 年前，省地方志办要完成《四川简史》《四川当代史（1949—2009）》《四川抗战历史文献》《西康通志》《四川羌族志》《四川概览》《四川改革开放三十五周年大事辑要（1979—2014）》等编纂出版工作。

14. 加强对重大事件纪实资料的收集整理和编纂工作。

（五）加强质量体系建设

15. 加强地方志质量标准体系建设，完善资料报送、志稿评审、质量评价、审查验收、批准出版以及志书修订、重修、再版等制度，为志鉴质量提供制度保障。

16. 认真贯彻《地方志书质量规定》《地方综合年鉴编纂出版规定》等规定，配合相关部门，落实省、市、县三级志书三审制度及地方史研究申报审查制度。

（六）加强地方志资源收集和抢救保护

17. 贯彻落实《地方志书和地情文献征集办法》，结合本地实际，开展地方特色文化资料、家谱族谱、历史文化名城名镇名村、重大历史事件、重要历史文化人物、非物质文化遗产文献的文字、图片、照片、录音、录像等地方志资源纸质和电子载体的收集征集及整理工作。运用社会调查、口述史等方法，拓展各级方志馆馆藏及地方文献资料收（征）集范围和渠道，建成全方位的地方志资料建设体系。

18. 充分运用信息技术、古籍保护技术，加强对地方志文献的整理、抢救和保护。已完成修志任务的部门（单位）及时将修志中的资料长编、大事记等资料向同级地方志工作机构或方志馆移交，确保资料妥善保管和有效利用。加强资料安全和保密工作，严防失泄密事件发生。推行资料年报制度，逐步建立并完善省、市、县三级地方志资料年报体系。

（七）加强方志馆建设

19. 加快四川省方志馆库项目前期工作，尽早开工建设并投入使用。推进市、县级方志馆建设，形成从省到市、县三级的文献编修、征集、展示、研究、开发利用体系。已建成的方志馆要加强业务建设，依法免费向公众开放，积极打造成为地方志或地情资料收藏展示、地情研究咨询、地方文化交流中心和爱国主义宣传教育基地，充分发挥方志馆服务社会功能。

20. 制定《四川省方志馆工作通则》等制

度，规范馆藏文献资料的收集整理、保管保护和开发利用；加强对各类地情实物载体、家谱族谱、口述历史、录音录像、照片图册的收集工作；加大对记录四川重大事件、人物和突发自然灾害资料收集整理力度。

（八）加快地方志信息化建设

21. 推进地方志信息化建设，构建覆盖全省的省、市、县三级地方志信息化网络。

22. 应用现代信息技术，加强对不同载体的地方文献收（征）集、保护和开发利用，逐步建立地方志目录、全文数据库，优质服务社会。

（九）坚持规范引导，鼓励社会参与，加强地方志工作交流和理论研究

23. 充分发挥各级地方志学会等社会团体的作用，加强与各高等院校、科研院所、档案机构、图书馆、博物馆等单位的合作交流，动员和组织各类社会力量广泛参与地方志编纂，引入竞争机制，鼓励通过政府转移委托、项目课题制等方式向社会组织购买服务。鼓励单位和个人向方志馆捐赠地方志资料或从事地方志文献开发研究。

24. 发挥方志期刊、网站、微信、微博作用，通过志稿评议、理论研讨、业务培训、学术交流、考察调研等方式活跃学术研讨，加强理论与工作研究。办好《巴蜀史志》等方志期刊。做好《四川方志史》《志书编纂实用教程》《地方综合年鉴编纂实务》等方志学、年鉴学通用教材编写出版工作。做好国家和省哲学社会科学成果评奖、地方志优秀成果评奖的组织、推荐、评审等工作。

（十）支持推动少数民族地区、贫困地区地方志工作开展

25. 支持民族地区做好地方志编纂工作，2016年起，有条件的民族自治地方志书、地方综合年鉴要同时运用汉语言文字和当地通用的少数民族语言文字编纂。支持少数民族地区、贫困地区加入西部欠发达地区志书出版工程、中国名镇（名村）志文化工程及地方志信息化建设。

四、保障措施

（一）坚持统一领导，实行分级管理

地方志工作必须坚持并不断完善党委领导、政府主持、地方志工作机构组织实施、各部门（单位）共同参与的工作机制，确保分工明确、各司其职，密切配合、形成合力，促进地方志事业协调发展。全省各级人民政府要依法加强对地方志工作的领导监督，深入落实“一纳入、八到位”要求，将地方志工作纳入地方国民经济和社会发展规划。健全地方志工作机构主导，社会各界有序参与修志编鉴的途径和方式，加强督促检查，完善目标考核责任制、督查通报制，强化责任落实。地方志工作机构设置和人员编制要与其担负的工作任务相适应，选好配强领导班子，做到认识、领导、机构、编制、经费、设施、规划、工作到位。

（二）坚持依法履职，健全长效机制

各级地方志工作机构主管本行政区域内地方志工作，依法贯彻落实《四川省依法治省纲要》，逐步完善配套地方志工作规范；加大地方志工作法规规章的宣传、执行力度，结合实际制定地方志工作规划纲要，加大执法监督检查，依法纠正、查处执行不力和违法行为；充分利用现代科技手段，创新地方志工作方式方法，健全地方志工作长效机制，努力提高地方志工作科学化规范化水平，推动地方志事业全面协调可持续发展。探索基层地方志管理新模式，拓展地方志工作新领域，指导有条件的企业、学校、乡镇（街道）、村（社区）等开展地方志工作。各部门（单位）要按照地方志工作规划，落实专兼职人员负责本部门（单位）地方志工作，修志任务较重的部门（单位），可明确专门机构或专职人员负责此项工作。

（三）加强队伍建设，强化人才支持

探索地方志工作引才育才机制，完善队伍结构，提高队伍素质和工作技能，培育弘扬修志问道、直笔著史的方志人精神。健全分层分类培训机制，加强对新任负责人、志鉴主编（总纂）和修志人员培训。支持高等院校开办地方志专业硕士生点，完善地方志工作实习基地建设，支持地方志工作人员接受专业继续教

育。争取组织、人力资源社会保障等部门支持，为地方志干部学习培训、挂职锻炼、交流任职等创造条件。按照国家、省有关规定开展先进集体和先进工作者评选表彰活动。

（四）加大宣传力度，扩大社会影响

拓宽宣传渠道，挖掘宣传题材，丰富宣传内容，创新宣传形式，大力宣传地方志工作机构贯彻落实党和国家大政方针的新举措、地方志工作服务经济社会发展的新成绩、地方志工作者修志问道的新贡献。开展《方志四川》拍摄工作。

各地、各部门地方志工作机构要根据本规划要求，结合工作实际，制定本地、本部门地方志事业"十三五"实施方案。

四川省地方志工作办公室要对本规划的落实和执行情况进行督促检查。

省人民政府办公厅关于印发《贵州省贯彻落实〈全国地方志事业发展规划纲要（2015—2020年）〉实施方案》的通知

黔府办函〔2016〕183号

各市、自治州人民政府，贵安新区管委会，各县（市、区、特区）人民政府，省政府各部门、各直属机构：

经省人民政府同意，现将《贵州省贯彻落实〈全国地方志事业发展规划纲要（2015—2020年）〉实施方案》印发给你们，请结合实际认真贯彻执行。

贵州省人民政府办公厅

2016年8月17日

贵州省贯彻落实《全国地方志事业发展规划纲要（2015—2020年）》实施方案

为贯彻落实《国务院办公厅关于印发全国地方志事业发展规划纲要（2015—2020年）的通知》（国办发〔2015〕64号，以下简称《规划纲要》）精神，推进我省地方志事业科学发展，结合实际，制定本实施方案。

一、总体要求

（一）指导思想。深入贯彻党的十八大及十八届三中、四中、五中全会和习近平总书记系列重要讲话精神，认真落实《规划纲要》，坚持正确方向、依法治志、全面发展、改革创新、质量第一、修志为用的基本原则，紧紧围绕全省中心大局，依法全面推动地方志事业发展繁荣，为"守底线、走新路、奔小康"作出积极贡献。

（二）总体目标。到2018年，基本完成全省第二轮修志规划任务；到2020年，全面完成全省第二轮修志规划任务，实现省、市、县三级综合年鉴全覆盖；2016年至2020年，着力提升地方志信息化建设水平，积极推进省、市、县三级方志馆建设，加强地方志队伍建设和人才培养，做好第三轮修志工作准备，加强对社会修志和编修地方史的指导管理，基本形成地方志编修体系、理论研究体系、质量保障体系、资源开发利用体系、工作保障体系"五位一体"的地方志事业发展综合体系，开创地方志事业发展新局面。

二、主要任务

（一）全面完成第二轮修志规划任务。到

2018年，完成全省第二轮志书编纂任务90%以上。到2020年，省、市、县三级地方志书全部出版，其中，完成二轮省志32卷48分册及6卷特色志的编纂出版和其余8部市级志书、52部县级志书的编纂出版。各市县级政府、省有关部门和单位要按照既注重进度又注重质量的要求，扎实推进志书编修工作，保质保量全面完成二轮志书编修任务。

（二）大力推进地方综合年鉴工作。构建完整地方综合年鉴编纂体系，不断提高各级年鉴思想性、资料性、科学性、时效性、实用性、权威性。《贵州年鉴》要坚持省级年鉴属性，突出时代特色、地方特色和民族特色，全面立体反映全省“十三五”期间每年发展新成就、新情况、新趋势，做到信息丰富、覆盖面广，打造全国精品年鉴；市县级综合年鉴编纂出版水平和质量要全面提升；省、市、县三级综合年鉴要做到全覆盖、一年一鉴、规范编纂、按时并公开出版。

（三）积极开展专业志鉴和部门志、特色志、乡镇村志的编纂工作。着力加快铁路民航、工业经济、农业、旅游、文化等方面规划志书编纂，推进《贵州减贫志》《中国梵净山志》《黔东南州斗牛文化志》等一批特色志书和专业年鉴编纂。加强对已开展和准备开展志鉴编纂工作行业、部门、单位等的业务指导和管理。鼓励和指导有条件的地方全面铺开或选择条件成熟的村（社区）开展志书编纂，出版一批传统村落志。各级地方志工作机构要积极响应中国名镇志、名村志文化工程，推进名乡（镇）、名村（社区）志编修工作。

（四）加强地方志信息化建设。按照统一规划、统一标准、分级建设、资源共享、安全保密的原则，制定实施全省地方志事业信息化发展意见。以“贵州档案方志信息网”为平台，进一步完善地情资料数据库工作和专题栏目，努力将各地地方志网站办成反映各地地情的信息展示平台。对已编纂出版的志书和《贵州年鉴》进行数字化加工，逐步实现网上阅读。推进“互联网＋地方志”，全力争取中国地方志资料数据库在贵州建设备份中心。各市县级地方志工作机构要充分利用已有信息基础设施和数据资源，全面建立地方志数据库；要应用现代信息技术，加强对不同载体地方文献的收（征）集、保护和开发利用，推动信息标准化工作。到2020年，全面实现省、市、县三级地方志网络资源共享和志、鉴、书、网一体化，面向社会提供优质服务。

（五）积极开发利用地情资源。编制全省旧志联合目录及旧志整理规划，辑录《贵州历代方志集成》，加强地方志工作机构与高等院校、科研院所、公共图书馆、综合档案馆合作，开展旧志点校、提要、考录、辑佚等工作。充分利用全省历代及当代方志成果，深入挖掘地方历史文化资源，根据资政及社会需求，编辑出版反映地域概况和地域特色的便览性地情资料著述；规划启动编修一系列读者面宽、可读性强的地情资料丛书。通过编纂《贵州减贫志》等特色志书和地方志地情读本、开展专题研究、举办地情知识讲座、制作地情视频音像资料、拍摄专题影视片等，为各级党政机关、企事业单位及社会各界提供地情信息服务。推动地方志成果进校园、进社区、进企业、进乡村，使地方志工作机构成为推动乡土文化建设、培育地方历史记忆方面的重要基地；积极配合中国地方志指导小组推动方志文化走向海外的战略部署，积极向外推介贵州高质量的地方志成果。

（六）加强地方志馆建设。推动贵州省方志馆建设，促进与贵州省档案馆融合发展，有序推进档案、地方志资源共享。到2020年，各市（州）要全部建成方志馆，50%以上县（市、区、特区）建成方志馆，其余县（市、区、特区）要有独立的方志资料室，为开放、开发、利用地方志资源创造有利条件。已建的方志馆要完善馆藏功能，推动方志馆成为地情资源收藏展示中心、地情研究咨询中心、地方文化对外交流中心和爱国主义教育基地。

（七）加强地方志专业人才队伍建设。建立分层次分类型培训的长效机制，全面实施修志人才岗前培训，实现修志人员培训全覆盖。与高等院校联合举办地方志业务培训班，支持地方志工作人员接受专业继续教育，探索与相关高等院校联合培养地方志研究方向的高学历人才途径，培养造就一批在省内外有影响的学术带头人。推进方志、年鉴编纂专业人才团队建设，建立完善省级地方志专家库，聘请各行业专家学者参与地方志工作，健全地方志工作机构主导、社会各界有序参与的修志编鉴途径方式。出台适合和推动地方志事业发展的人才政策措施，完善人才激励制度，重视专业人才选拔、引进和使用，关心修志人员工作和生活待遇，不断优化人才成长环境，营造尊重地方志人才的良好氛围。

（八）加强地方志理论研究。制定实施全省地方志理论研究和年鉴理论研究规划。重点研究解决关系地方志编纂、地方志事业发展的重大业务和基础理论问题，积极吸引社会各界力量参与地方志工作，打造多层次、多学科、多领域专家参与的修志编鉴及编研工作平台。依托地方志学会、地方志期刊等平台，有序开展地方志理论研究和论文评选活动，扩大深化学术交流。

（九）探索推进地方史编写工作。将地方史编写纳入地方志工作范畴，加强对地方史编写研究谋划，在省、市、县三级开展试点和课题研究，统一规范管理，拓展延伸地方志工作领域。

（十）加强质量体系建设。进一步完善地方志工作质量保障机制，确保在篇目设计、资料收（征）集、初稿撰写、总纂统稿、志（鉴）稿评议、审查验收、报送备案、出版发行等各环节责任明确、流程规范、质量过硬。坚持将精品意识贯穿地方志编纂出版全过程，确保经得起历史检验、具有鲜明时代特征和地域特色。按照国家层面《地方志书质量规定》《地方综合年鉴编纂出版规定》和我省志书、年鉴质量管理有关规定，大力推动志书、年鉴质量标准建设。坚持和完善省、市、县三级地方志书和年鉴备案管理、三审定稿和主编（总纂）负责制，强化责任意识，确保志鉴质量。

（十一）大力开展方志文化交流。积极服务贵州文化“走出去”战略，采取多种形式，加强与国内外方志机构、学术研究机构的交流合作，推介一批高质量的地方志成果走向国内外，充分展示我省地方志的当代价值及独特文化魅力，助力贵州特色文化宣传推介。

（十二）扎实做好第三轮修志准备工作。全面总结前两轮修志经验教训，认真研究第三轮修志的组织管理、运作模式、上下断限、前后志衔接以及前志修订、再版等问题，根据实际情况选用续修、重修等方式，抓紧做好第三轮修志规划与编纂方案制订、篇目设计研讨、资料收（征）集、队伍培训和理论准备等基础工作。积极推行地方志资料年报制，及时广泛收集上年度自然、政治、经济、文化、社会等各方面发展情况资料，认真进行整理汇编，形成每一年度翔实、全面、系统资料，在此基础上建立各地地方志资料库，为地情开发和下一轮修志做好服务。

三、保障措施

（一）加强组织保障。各地政府要将地方志事业发展纳入本地国民经济和社会发展规划、文化事业发展规划和年度重点工作计划；要建立健全科学有效的地方志工作组织管理体制，坚持和完善党委领导、政府主持、地方志工作机构组织实施、社会力量积极参与的地方志工作体制和运行机制，切实做到“认识到位、领导到位、机构到位、编制到位、规划到位、经费到位、设施到位、工作到位”；要按照德才兼备原则和专业要求，配齐配强各级地方志工作机构领导班子。对本实施方案等地方志工作相关文件执行情况，由各地政府或其授权本级地方志工作机构组织开展督促检查。

（二）增强法治和制度保障。深入贯彻落实《地方志工作条例》《规划纲要》，修订完善《贵州省地方志工作规定》等，健全地方志工作法规体系。加大地方志工作法规规章宣传和执行力度，定期开展执法监督检查，依法纠正、查处执行不力和违法行为。健全地方志成果奖励机制，定期评选优秀志书和年鉴。完善全省地方志系统学术研究工作规划和评估、推荐、奖励等相关制度，鼓励全省地方志工作者在全国核心期刊发表学术研究成果。按照国家和省有关规定，制定地方志资料收集、整理、编纂、评审、编辑、校对等劳动性报酬相关标准和管理办法，继续开展好先进集体和先进工作者评选表彰活动，健全干事创业激励机制。

（三）完善机构保障。依据《地方志工作条例》规定，进一步健全省、市、县三级地方志工作机构，保障地方志工作机构依法履行职能职责。对各级地方志工作机构要相应配备满足实际工作需要的人员及编制。各地各有关部门和单位要按照承编分志任务要求，合理配置修志人员，稳定修志队伍，确保工作有序开展，按时完成任务。针对人员短缺实际情况，各级地方志工作机构可按规定通过兼职、聘用或购买社会公共服务等方式解决人员不足问题。对未能如期完成二轮修志工作任务的地区、部门和单位，省政府将进行通报批评。

（四）落实经费保障。各地各有关部门和单位要增加对地方志工作的经费投入，所需经费列入本级财政预算，确保地方志工作正常有序开展。建立健全同经济社会发展相匹配、同人民群众需求和地方志事业发展相适应的财政保障机制，不断改善地方志工作条件。加大对少数民族地区、边远贫困地区、革命老区地方志工作的经费支持力度。

各地各部门和单位要结合实际，根据本方案制定细化实施方案。省地方志编纂委员会办公室要将本方案明确的目标任务细化分解到各地各有关部门和单位，制定印发责任分工方案，并定期开展督查通报。

云南省人民政府办公厅关于印发云南省地方志事业发展规划纲要（2016—2020年）的通知

云政办发〔2016〕61号

各州、市人民政府，省直各委、办、厅、局：

《云南省地方志事业发展规划纲要（2016—2020年）》已经省人民政府同意，现印发给你们，请认真贯彻执行。

云南省人民政府办公厅

2016年6月7日

云南省地方志事业发展规划纲要（2016—2020年）

为进一步推进全省地方志事业发展，根据《全国地方志事业发展规划纲要（2015—2020年）》要求，结合我省实际，制定本纲要。

一、指导思想与基本原则

（一）指导思想

全面贯彻落实党的十八大和十八届二中、三中、四中、五中全会以及习近平总书记系列重要讲话精神，按照党中央、国务院和省委、省政府的决策部署，深入落实第五次全国地方志工作会议要求、国务院《地方志工作条例》和《云南省地方志工作规定》，牢固树立创新、协调、绿色、开放、共享五大发展理念，全面推进我省地方志事业繁荣发展，为全省经济社会发展和与全国同步全面建成小康社会作出新的贡献。

（二）基本原则

1. 坚持正确方向。坚持中国特色社会主义文化发展道路，坚持为人民服务、为社会主义服务方向，坚持实事求是直笔著史，为培育和践行社会主义核心价值观提供丰富优秀的精神文化产品和历史智慧。

2. 坚持依法治志。全面推进依法治志，不断加强法治建设，依法开展地方志工作。地方志工作机构依法履行组织、编纂、指导、督促和检查地方志工作职责。

3. 坚持全面发展。以修志编鉴为主，统筹兼顾理论研究、旧志整理、方志馆及信息化建设、开发利用等工作，努力实现地方志事业全面协调可持续发展。

4. 坚持改革创新。弘扬中华民族修志传统，总结修志工作经验，深化改革，与时俱进，推动理论创新、制度创新、管理创新、方法创新。

5. 坚持质量第一。坚持辩证唯物主义和历史唯物主义的立场、观点、方法，存真求实，确保地方志工作质量。正确处理质量与进度的关系，将精品意识贯穿于地方志工作全过程，编纂出版经得起历史检验、具有鲜明时代特征和地域特色的地方志成果。

6. 坚持修志为用。发挥地方志资源优势，全面提升开发利用水平；拓宽用志领域，提升服务大局能力，为党政机关、社会各界和人民群众服务；加大宣传力度，提高全社会读志用志水平。

二、总体目标与主要任务

（一）总体目标

到 2020 年，全面完成全省第二轮修志规划任务，实现省、州市、县三级综合年鉴全覆盖，加快方志馆和信息化建设，加强对地方志资源的开发利用，基本形成志鉴编修、理论研究、开发利用、质量保证、工作保障的地方志事业发展综合体系，开创全省地方志事业发展新局面。

（二）主要任务

1. 全面完成全省第二轮修志规划任务。进一步明确各级政府职责，落实地方志书承编单位工作目标和责任，到 2020 年，编纂出版《云南省志（1978—2005）》68 部分志，州市志 16 部和县市区志 129 部。认真总结经验，全面做好全省第三轮修志工作各项准备。

2. 有力推进地方综合年鉴工作。到 2020 年，做到地方综合年鉴由地方志工作机构组织编纂，一年一鉴，公开出版，实现省、州市、县三级综合年鉴全覆盖。

3. 不断丰富各类地方志成果。各级地方志工作机构应加强业务指导和管理，积极推进特色志、专业志、行业志、部门志、乡镇（村）志和专业年鉴、地方史编纂，推出一批体现云南民族和地方特色的地方志成果。

4. 深入开展旧志整理。各级地方志工作机构要积极开展旧志普查，加强与高等院校、科研院所、图书馆、档案馆等单位交流与合作，适时编制旧志整理规划、编辑旧志联合目录，加大整理出版力度，支持开展少数民族传世典籍整理工作。

5. 深化地方志理论研究。充分发挥地方志学会、期刊平台作用，不断加强地方志理论和编纂实践研究。坚持开门修志，积极开展国内外学术交流，举办理论研讨、讲座和论坛等活动，总结工作经验，系统编纂出版一批地方志学术著作。

6. 继续加强质量建设。严格执行《地方志书质量规定》和《地方综合年鉴编纂出版规定》，规范志鉴编纂业务流程。各地地方志工作机构对所属行政区域内志书的规划、编纂、审查、验收及出版工作质量负责。树立精品意识，坚持质量第一原则，开展优秀志鉴成果评比、表彰活动。

7. 加快方志馆及信息化建设。推进云南省方志馆建设，将各州、市、县、区方志馆和资料室纳入公共文化服务体系建设，逐步形成全省方志资料收藏、查阅体系。加强地方志资料收集保存工作，实行志鉴资料年报制度。推动地方志资料数字化工作，加快地方志网站建设，逐步形成全省地方志系统网络互联、信息互通、资源共享。

8. 提高地方志资源开发利用水平。拓宽服务渠道，增强服务功能，创新服务手段，加强开发利用，发挥地方志在文化遗产保护、旅游开发、城镇建设、民族文化建设等领域的重要作用。推动方志成果以各种形式进机关、进农村、进社区、进校园、进企业、进军营，传承地方文化，培育历史记忆。

9. 加强人才队伍建设。弘扬修志问道、直笔著史的方志人精神。创新人才成长激励机制，加强地方志人才培养，造就高素质地方志队伍。

三、组织领导与保障措施

（一）组织领导

坚持党委领导、政府主持、地方志工作机构组织实施、社会各界广泛参与的工作体制，把地方志工作纳入国民经济和社会发展规划及政府工作任务，做到认识到位、领导到位、机构到位、编制到位、经费到位、设施到位、规划到位、工作到位。

（二）保障措施

1. 法治保障。深入贯彻落实国务院《地方志工作条例》和《云南省地方志工作规定》，逐步完成地方志立法工作，建立健全地方性法规规章。坚持依法治志，开展执法监督检查，纠正违反法规规章的行为，不断提高地方志工作法治化水平。

2. 制度保障。坚持行政首长负责制和主编（总纂）责任制，健全和完善目标考核责任制、督查通报制，以及地情资料收（征）集管理制度、志鉴稿审查验收制度、出版报送制度和在职编修人员培训制度等，依法依规有序推进地方志工作，形成有利于地方志事业良性发展的制度体系。

3. 经费保障。各级政府要将地方志工作所需经费列入财政预算。加大对少数民族地区、贫困地区地方志工作的支持力度，建立健全同地方志事业发展相适应的经费保障机制。承编单位要将本单位日常编修工作经费列入部门预算。

4. 质量保障。严格执行《地方志书质量规定》和《地方综合年鉴编纂出版规定》，制定和完善质量管理、监督工作规范。志鉴审查验收和出版必须严格把关，确保质量。

5. 队伍保障。按照德才兼备原则和专业要求，配备地方志工作机构领导班子。重视地方志工作人才的选拔、培养和使用，保持队伍基本稳定，建设高素质地方志人才队伍。各承编单位应落实责任主体，明确工作职责，配备专、兼职编修工作人员，按时、保质完成编纂任务。

全面推进全省地方志事业向前发展，是一项重要而艰巨的任务。各地各部门要站在对党负责、对人民负责、对历史负责的高度，进一步提高对地方志工作重要性的认识，加强组织领导，明确职责任务，要按照本纲要要求，结合工作实际，制定本地本部门实施方案并抓好贯彻落实。省地方志编纂委员会办公室要加强分类指导、督促检查，全面提高地方志工作水平，确保全省地方志事业平稳、有序、科学、健康发展。

中共西藏自治区委员会办公厅　西藏自治区人民政府办公厅关于印发《西藏自治区贯彻落实〈全国地方志事业发展规划纲要（2015—2020年）〉的实施意见》的通知

藏党办发〔2015〕43号

各地、市委，各行署、政府，区党委各部委，自治区各委、办、厅、局，各人民团体：

《西藏自治区贯彻落实〈全国地方志事业发展规划纲要（2015—2020年）〉的实施意见》已经自治区党委、政府同意，现印发给你们，请结合实际认真贯彻执行。

中共西藏自治区委员会办公厅
西藏自治区人民政府办公厅
2015年12月24日

西藏自治区贯彻落实《全国地方志事业发展规划纲要（2015—2020年）》的实施意见

为全面贯彻落实《全国地方志事业发展规划纲要（2015—2020年）》（国办发〔2015〕64号，以下简称《规划纲要》）精神，推进西藏地方志工作科学发展，结合我区修志编鉴工作实际，提出如下实施意见：

一、认清面临的形势

党中央、国务院历来高度重视史志工作。党的十八大以来，习近平总书记多次就史志工作作出重要指示，强调“要高度重视修史修志，以史鉴今，启迪后人，激发我们的民族自豪感和自信心，坚定全体人民振兴中华、实现中国梦的信心和决心。”李克强总理作出了“修志问道，以启未来”的重要批示。为加快推进全国地方志事业发展，国务院办公厅制定印发了《规划纲要》，对当前和今后一个时期的地方志编修工作作出了全面安排部署，提出了明确具体的要求，并强调“要重视民族地区地方志编纂工作”、“支持民族地区做好地方志编纂”。自治区党委、政府坚决贯彻落实党中央、国务院的决策部署，紧紧围绕“为谁修志、修什么志、怎样修志”这一根本问题，坚持正确方向，强化质量提升，我区地方志事业取得了良好的发展成就。

在肯定成绩的同时，也要清醒认识到当前我区地方志工作与全国的要求和各省（区、市）的质量进度差距明显。截至目前，全区首轮规划的三级志书任务完成率仅为52%，74个县（区）志书任务完成率仅为51.4%；全区第二轮修志工作启动缓慢，地方综合年鉴编纂工作滞后，完成国务院《规划纲要》确定目标的任务十分艰巨。各地各部门一定要充分认识到地方志工作是传承中华文明、发掘历史智慧的重要载体，是一项国家基础性文化建设工作。西藏是重要的国家安全屏障和反分裂斗争的主战场，编修好西藏社会主义新方志是一项重大的政治工程、战略工程、文化工程、固边工程。要从坚持党的治藏方略、维护祖国统一、加强民族团结、巩固党在西藏的执政基础、增强各族干部群众“五个认同”的重要战略高度，充分认识加强地方志工作的重要性、必要性和紧迫性，采取有效措施，加快工作进度，提升工作质量，坚决圆满完成好国务院《规划纲要》确定的目标任务，充分发挥地方志在我区经济社会发展中的重要作用，为推进西藏经济社会发展和长治久安、与全国一道全面建成小康社会作出更大贡献。

二、明确指导思想

西藏地方志工作要始终高举中国特色社会主义伟大旗帜，深入贯彻落实党的十八大和十八届三中、四中、五中全会精神，以邓小平理论、“三个代表”重要思想、科学发展观为指导，贯彻落实习近平总书记系列重要讲话精神特别是治国必治边、治边先稳藏的重要战略思想和“加强民族团结、建设美丽西藏”的重要指示，坚持以“四个全面”战略布局为统领，坚持党的治藏方略，坚持依法治藏、富民兴藏、长期建藏、凝聚人心、夯实基础的重要原则，坚持正确方向，强化依法治志，推进改革创新，提升质量标准，扩大用志领域，用无可辩驳的史志事实，展示西藏政治、经济、社会、文化、生态文明等各方面取得的辉煌成就，展示西藏翻天覆地的变化和各族人民幸福安康的美好生活，为推进西藏长足发展和长治久安提供智力支持和史志保障。

三、明确目标任务

按照国务院《规划纲要》要求，到2020年我区地方志工作的总体目标是：全面完成全区第一轮和第二轮修志规划任务，实现自治区、地市、县（区）三级综合年鉴编纂全覆盖，加快信息化和方志资料建设，做好第三轮修志工作准备，积极构建地方志事业发展综合体系，努力开创西藏地方志事业发展新局面。

（一）全面完成第一轮、第二轮修志规划任务。到2020年，已经完成第一轮修志规划任务的（包括进入总编、编辑阶段的）自治区部门、各地市和各县（区）启动并完成第二轮修志规划，确保全部出版；进入复审、终审阶段的自治区各相关部门和各相关县（区），在2018年前完成第一轮修志规划任务，并立即启动第二轮修志规划，确保2020年完成并出版；还处在初审和撰写初稿阶段的自治区各相关部门和各相关县（区），按照第一轮、第二轮志书合并编修的要求，2020年全面完成志书规划任务，确保全部出版。第二轮志书内容时间下限到2010年。

（二）全面完成地方综合年鉴编纂出版工作。已开展年鉴编纂工作的单位在精益求精的基础上，继续做好年鉴编纂出版工作；还未开展年鉴编纂工作的单位，积极创造条件，加快推进年鉴编纂工作。到2020年，实现自治区、地市、县（区）三级地方综合年鉴编纂工作全覆盖，做到一年一鉴、公开出版。

（三）深化地方志质量建设。严格执行《地方志书质量规定》《地方综合年鉴编纂出版规定》有关要求，完善地方志质量评议、审查验收制度，强化质量管理、质量监督，有效提高修志编鉴工作质量。

（四）加快西藏地方志信息化建设。按照统一规划、统一标准、分级建设、资源共享、安全保密的原则，制定全区地方志事业信息化发展意见，抓住国家支持民族地区地方志信息化建设的机遇，切实加快地方志信息化建设步伐，利用现代信息技术采集全区地方志信息，加强对不同载体的文献收（征）集、保护和开发利用，逐步建立地方志全文数据库，逐步实现自治区、地市、县（区）三级地方志资源共享，为社会提供权威、准确、全面的优质信息服务。

（五）加快推进依法治志。按照国务院《地方志工作条例》要求，结合我区实际，制定颁布《西藏自治区实施国务院〈地方志工作条例〉的办法》，用法治手段全面推进地方志工作。

（六）推动地方志资料建设。加大依法征集地方志资料力度，建立和完善地方志资料收（征）集、保存、管理制度，推行地方志资料年报制度并形成常态机制；运用社会调查、口述史等方法，拓展资料的征集范围和渠道，建立能够全方位适应地方志编纂、地方志事业和文化建设需要的地方志资料保障机制。建立地方志资料征集补助机制，对开展地方志资料征集工作成效突出的单位和部门给予适当补助，鼓励地方志从业人员开展口述史的征集工作，努力抢救散失在民间的史志资料。

（七）启动特色行业志编纂工作。在全面完成地方志志书编修规划的同时，组织动员有条件的单位、已经完成第二轮修志规划任务的单位，编修风景名胜志、专业文化志、乡镇名镇志等特色行业志，不断丰富志书编修成果。

（八）做好第三轮修志启动工作准备。在完成第二轮修志工作的同时，全面总结第一轮、第二轮修志工作的经验教训，认真研究第三轮修志的组织管理、运作模式、续修方式等，为启动第三轮修志做好资料收（征）集、队伍培训等准备工作。

四、加强组织领导

（一）强化地方志工作领导机制建设。按照国务院提出的“一纳入、八到位”要求，切实将地方志工作纳入各地国民经济和社会发展规划、文化事业发展规划和各级党委、政府工作任务之中，做到认识到位、领导到位、机构到位、编制到位、经费到位、设施到位、规划到位、工作到位，全面形成党委领导、政府主持、负责地方志工作机构组织实施、社会各界广泛参与的地方志工作体制机制。各级政府主要领导、各部门党政一把手要亲自担任地方志编纂委员会主任，常务副职要分管地方志工作，明确一名班子成员主管史志工作，定期研究、及时解决史志工作面临的困难和问题，推进地方志事业科学发展。要积极探索地方志援藏工作新渠道、新方式，争取将地方志援藏工作纳入对口支援省份的援藏工作总计划，依托援藏省市的项目、资金、人才优势，为我区地方志事业发展提供有力支持。

（二）强化地方志工作机构建设。按照德才兼备原则和专业要求，配齐配强各级地方志工作机构领导班子。自治区地方志办公室要强化职能发挥，进一步加大对全区地方志工作的指导管理，促进地方志工作规范化、制度化、标准化建设，提升全区地方志工作整体水平。根据地方综合年鉴编纂等新任务的需要，自治区地方志办公室新设年鉴编纂处，有效启动自治区、地市、县（区）三级地方综合年鉴编纂工作。要高度重视基层地方志工作机构建设，积极创造条件，采取地市内部调剂余缺的办法，适当增加地市级机构、编制，每县（区）至少安排 1 个地方志工作专项编制，专人专编、专人专办，切实解决县一级地方志工作无专职人员的问题，形成适应新形势发展要求的地方志工作体系。自治区各部门要进一步强化地方志工作力量，做到任务明确清晰、人员相对固定、支撑保障到位、工作持续推进。

（三）强化地方志工作人才和队伍建设。坚持严明政治纪律、突出提升能力素质，积极培养地方志工作领军人物和学科带头人，大力培育地方志工作后备人才，努力建设一支政治强、业务精、作风正、纪律严的高素质地方志干部队伍。要完善地方志教育培训制度，分级分类强化各方面教育培训，实现修志编鉴人员岗前培训全覆盖、培训工作常态化。要采取灵活多样的方式，广泛动员社会力量参与地方志工作，特别要本着专兼职结合的原则，注重调动和发挥亲身经历西藏革命和建设事业的老领导、老专家、老学者、老同志等的作用，建立自治区地方志专家库和专家聘请经费保障制度，集中精力开展地方志编纂、审稿等工作，为地方志事业发展提供重要的智力支持和力量保障。充分发挥自治区地方志办公室驻成都办公室在修志编鉴工作中的重要作用。

（四）强化工作任务落实和监督。逐级层层签订地方志编纂和地方综合年鉴编纂工作责任书，明确质量要求、进度安排和完成时限。要把志鉴编纂任务完成情况列入各级党委、政府督查工作计划，每年进行一次集中督查和工作评比，对后进地市、县（区）和部门实行问责制，督导推动工作落实和进度跟进，确保到 2020 年如期实现《规划纲要》确定的“两个全面”目标任务。

（五）强化对地方志事业发展的支持。各级机构编制委员会要重视地方志工作机构建设，协调解决必要编制，满足地方志事业加快发展的需要。各级宣传文化部门要大力宣传地方志事业，制定宣传方案，丰富宣传载体，推动地方志文化进机关、进农牧区、进社区、进学校、进企业、进军营、进寺庙，更好地发挥地方志传承文明、记录历史、弘扬文化、服务社会、借史鉴今、启迪后人的作用。各级发展改革部门要将地方志基础设施建设纳入重点项目建设总体规划，积极推动西藏革命建设改革纪念馆、方志资料库、方志信息化等建设项目，不断改善地方志事业发展条件。各级财政部门要切实为修志、编鉴、出版及方志资源开发利用、方志人员培训、地方志专家库建设及聘用、自治区地方志成都办公室修缮、资料征集等提供经费保障。要动员全社会支持方志事业，鼓励和倡导全社会“读志”、“传志”、“用志”，努力构建大方志的工作格局。

各地市、县（区）和自治区各有关部门，要根据国务院《规划纲要》和本实施意见精神，结合本地本部门实际，制定工作实施方案，确保我区地方志事业有序、规范、健康发展。

陕西省人民政府办公厅关于印发省地方志事业发展规划（2016—2020年）的通知

陕政办发〔2016〕76号

各设区市人民政府，省人民政府各工作部门、各直属机构：

《陕西省地方志事业发展规划（2016—2020年）》已经省政府同意，现印发给你们，请认真贯彻执行。

陕西省人民政府办公厅
2016年8月19日

陕西省地方志事业发展规划（2016—2020年）

为贯彻落实《国务院办公厅关于印发全国地方志事业发展规划纲要（2015—2020年）的通知》（国办发〔2015〕64号）精神，进一步推进我省地方志事业科学发展，充分发挥地方志工作在我省经济社会发展和文化强省建设中的重要作用，为同步全面建成小康社会作出更大贡献，结合我省实际，制定本规划。

一、指导思想与基本原则

全面贯彻落实党的十八大和十八届三中、四中、五中全会精神及省委十二届六次、七次、八次、九次全会精神，按照党中央、国务院决策部署，落实第五次全国地方志工作会议和全省地方志工作会议要求，坚持正确方向、依法治志、全面发展、改革创新、质量第一、修志为用的基本原则，解放思想，实事求是，锐意进取，改革创新，依法全面推动全省地方志事业繁荣发展。

二、总体目标与主要任务

（一）总体目标。到2020年，全面完成第二轮修志规划任务，实现省、市、县三级地方综合年鉴全覆盖，加快信息化和市、县地方志馆建设，做好第三轮修志工作准备，加强对社会修志和地方史编纂的指导和管理，努力开创地方志事业发展新局面。

（二）主要任务。

1. 全面完成第二轮修志规划任务。到2018年，全面完成第二轮省、市、县三级地方志书编纂任务，2020年118部志书全部出版。

2. 大力推进地方综合年鉴工作。地方综合年鉴由地方志工作机构组织编纂，一年一鉴，公开出版，省地方志办公室负责对全省年鉴的管理和指导。在办好《陕西年鉴》的基础上，鼓励各地、各部门编纂出版部门、行业和专业年鉴。

3. 重视军事、武警、厂矿、乡镇村志及其他各类志鉴和地方史编纂工作。加强对已开展和准备开展志鉴编纂工作的行业、部门、单位等的业务指导和管理。做好名镇名村志组织编纂工作。将地方史编写纳入省、市、县地方志工作，进行统一规范管理。

4. 加快地方志馆建设。省、市及有条件的县区都应建立地方志馆，对已建成的地方志馆要加强业务管理，充分发挥其地方志书收藏展示、地情研究咨询、地方文化交流和爱国主义宣传教育等作用。暂不具备条件的要建好地情资料室，为地方志馆建设积累各类文献资料。

5. 打造方志品牌，扩大交流合作。实施《陕西通志》《陕西历代旧志文库》《西部大开发陕西志》等重点工程，继续做好《陕西省地情丛书》编纂工作，进一步提高地方志资源开发利用水平。加强与省内高等院校、科研院所、公共图书馆、档案馆等单位的交流与合作，开展志书编修、旧志整理和修志理论研究等工作。

6. 加强人才队伍建设。重视人才选拔、培养和使用，加强专兼职结合、结构合理的人才队伍建设，进一步充实完善陕西地方志专家库，建设一支高素质的地方志编修、研究工作队伍，弘扬修志问道、直笔著史的方志人精神。

7. 深化地方志质量建设。严格执行《地方志书质量规定》《地方综合年鉴编纂出版规定》《陕西省第二轮三级志书行文规范》《陕西省第二轮三级志书出版印刷规范》等有关要求，完善地方志质量评审、验收制度，实施志书和综合年鉴精品工程。

8. 强化地方志资料和地情资料建设。加大依法收（征）集地方志资料力度，运用社会调查、口述史等方法，大力拓展资料收（征）集范围和渠道，建立能够全方位适应地方志编纂、地方志事业发展和方志文化建设需要的地方志资料保障机制。

9. 加强地方志信息化建设。办好陕西省政府地情门户网站，提升“陕西地情网—陕西地情资料库”信息化水平，加快推动市、县地情网站群建设。进一步与互联网企业深化合作，办好陕西数字方志馆，打造更加方便快捷的地方志信息服务平台。

三、保障措施

（一）法制保障。贯彻落实《地方志工作条例》《陕西省实施〈地方志工作条例〉办法》，加大地方志工作法规规章的宣传、执行力度，适时开展执法监督检查，依法纠正、查处执行不力和违法行为。

（二）制度保障。进一步建立健全地方志资料收（征）集、保存、管理制度，推行地方志资料年报制度，逐年统一征集第三轮修志资料。制定省级地情丛书编纂管理办法和地方史研究管理办法。

（三）经费保障。改善地方志工作条件，保障修志、编鉴、出版、科研、开发利用、信息化建设、资料文献保存等工作。大力支持全省地方历史文化研究、地情丛书编纂、旧志整理、地方志历史文化宣传与交流、地方志馆建设等项目。各市、县、区政府要加大对地方志事业发展的投入力度，将地方志工作所需经费列入财政预算。

（四）队伍保障。进一步完善培训制度，省、市、县分级实施对地方志工作机构新任负责人、志鉴主编（总纂）等业务骨干的专项培训。按照国家有关规定，每五年对全省地方志工作先进集体和先进个人进行评选表彰。

四、加强组织领导

地方志工作要坚持和健全党委领导、政府主持、地方志工作机构组织实施、社会各界广泛参与的工作体制，坚持“一纳入、八到位”（即把地方志工作纳入各地国民经济和社会发展规划、地方各级政府工作任务，“认识、领导、机构、编制、经费、设施、规划、工作”到位）的工作机制。地方志工作机构设置和人员编制，要与其有效履行职能、顺利开展工作的要求相适应；按照德才兼备原则和专业要求，配齐配强地方志工作机构的领导班子，建立健全省、市、县三级地方志编纂委员会。

各地、各有关部门要结合工作实际，加强分类指导，加大组织推动力度，全面提高地方志工作水平，确保全省地方志事业平稳、有序、健康发展。

甘肃省人民政府办公厅关于印发甘肃省地方志事业“十三五”发展规划的通知

甘政办发〔2016〕72号

各市、自治州人民政府，兰州新区管委会，省政府各部门、各单位：

《甘肃省地方志事业“十三五”发展规划》已经省政府同意，现印发给你们，请结合实际，认真组织实施。

甘肃省人民政府办公厅

2016年5月23日

甘肃省地方志事业“十三五”发展规划

为推进全省地方志事业科学发展，充分发挥地方志工作在全省经济社会发展和文化大省建设中的重要作用，根据《国务院办公厅关于印发全国地方志事业发展规划纲要（2015—2020年）的通知》（国办发〔2015〕64号）精神，结合我省实际，制定本规划。

一、发展基础与机遇

编修地方志是中华民族优秀文化传统，历史悠久，连绵不断。多年来特别是“十二五”以来，全省地方志工作按照“以三级志书为主体，以地方综合年鉴为主导，以信息化平台为依托、以服务社会为支撑”的总体工作思路，全面贯彻落实国务院《地方志工作条例》（以下简称《条例》）和《甘肃省地方志工作规定》（以下简称《规定》），大力推动地方志工作基础条件建设、业务建设、队伍建设、制度建设和理论建设，各项工作取得了长足发展。

——工作体制机制基本建立。基本形成党委领导、政府主持、地方志工作部门组织实施、社会各界广泛参与的工作体制。“一纳入”（即将地方志工作纳入各地国民经济和社会发展规划）、“八到位”（即“认识、领导、机构、编制、经费、设施、规划、工作”到位）的工作机制初步形成。

——法规政策体系进一步完善。1985年省人大作出《关于重视编修地方史志的决定》，2008年省政府颁布《甘肃省地方志工作规定》，2013年省政府下发《关于进一步加强地方志工作的意见》，初步形成了我省地方志工作法规和政策体系。各地也相应制订了配套的制度规范，进一步明确了政府对地方志工作的领导责任，强化了地方志工作部门履行组织、指导、督促、检查的行政职能，地方志工作法治化、规范化程度显著提升。

——编修成果不断丰富。首轮修志任务全面完成，二轮修志稳步推进，年鉴编辑工作全面展开。累计出版省、市、县三级地方志书272部，部门志、行业志、乡镇（村）志800多部，综合年鉴、部门行业年鉴400多部，与现存280多部历代旧志和2000多册各类地情资料丛书，构成不断丰富的地方史志成果群。

——基础平台建设稳步推进。建成省级地情资料室1个，市州、县市区方志馆（地情资料室）26个。建成省级地方志网站1个、市州地方志网站9个，县市区地方志网站30个，方志馆（地情资料室）、地方志网站逐步成为研究地方历史、提供资政服务、开展地情教育的新载体。

——服务社会能力不断提升。各级地方志工作部门自觉围绕党委、政府中心工作，深入挖掘历史文化资源，系统整理传统民俗文化，主动参与重大专题问题研究等，积极发挥促进区域文化交流、申报“世遗”、“非遗”、寻根谒祖、旅游开发、申报地理标志产品等方面的作用，地方志工作资政、存史、教化、育人的功效日益彰显。

——理论研究逐步深化。紧密结合修志编鉴实践，积极开展理论研究，以《中国地方志》《甘肃史志》等期刊和史志简报为平台，推出了一批有价值的志鉴理论研究成果，为志书编纂和年鉴编辑提供了理论指导。

目前，全省地方志事业呈现出良好发展态势，但也存在一些制约事业发展的困难和问题，主要是：少数地方和部门对地方志工作重要性认识不够，地方志工作未纳入日常工作；个别市州、县市区地方志工作机构不健全，编制、人员、经费严重不足；现有队伍业务能力还不能适应修志编鉴的需要，人员素质有待提升；方志理论研究不够深入，志书质量有待进一步提高；信息化建设与方志馆建设进展滞后，基础条件有待改善等。这些问题必须通过进一步深化改革、采取有效措施加以解决。

二、指导思想与基本原则

（一）指导思想。高举中国特色社会主义伟大旗帜，全面贯彻党的十八大和十八届三中、四中、五中全会精神，以马克思列宁主义、毛泽东思想、邓小平理论、“三个代表”重要思想、科学发展观为指导，深入学习贯彻习近平总书记系列重要讲话精神和视察甘肃时的重要指示精神，按照全国第五次地方志工作会议精神和省第十二次党代会决策部署，锐意进取，改革创新，依法全面推动全省地方志事业发展繁荣。

（二）基本原则。

1. 坚持正确方向。坚持走中国特色社会主义文化发展道路，坚持为人民服务、为社会主义服务的方向，通过编修和开发利用地方志成果，为经济社会发展提供经验借鉴和资信支持，为培育和践行社会主义核心价值观提供丰富、优秀的精神文化产品。

2. 坚持依法治志。省地方史志办公室依法组织、指导、督促和检查地方志工作，根据国家统一要求和我省实际及时拟定地方志工作规划和编纂方案，认真做好地方志文献和资料的搜集、整理、保存工作，有序开展地方志书、地方综合年鉴的编纂和开发利用工作，依法规范社会修志用志行为。各市州、县市区地方志工作机构依法做好各自职责范围内地方志工作组织、指导、督促和检查。

3. 坚持全面发展。按照“志为主体，史志年鉴和信息化建设多元一体”的工作格局，统筹抓好地方志书、地方综合年鉴和各种专业志鉴编纂，全面推进信息化建设、方志馆建设、理论研究、旧志整理、专题资料编写和地方史研究编纂及地方志资源开发利用等工作。

4. 坚持改革创新。在继承弘扬中华民族优良修志传统的基础上，解放思想、探索规律、与时俱进，推动体制机制、理论方法、管理运作、能力素质等方面创新。利用“互联网＋”等国家重大战略契机，整合汇聚全省地方志资源，打造“数字方志”、“智慧方志”，实现方志资源开放共享。

5. 坚持质量第一。坚持实事求是，存真求实，确保志鉴质量。正确处理质量与进度的关系，将精品意识贯穿于地方志编纂出版工作全过程，严把政治关、史实关、体例关、文字关、出版关，编纂出版经得起历史检验、具有鲜明时代特征和地域特色的地方志成果。

6. 坚持修用并举。发挥地方志资源优势，围绕经济建设和社会发展大局，全面提升开发利用水平。拓宽用志领域，增强全社会修志用志意识，提升地方志工作服务社会效能。

三、总体目标与主要任务

（一）总体目标。到2020年，全面完成第二轮修志任务，实现省、市、县三级综合年鉴全覆盖，积极推进省、市、县三级方志馆（地情资料室）建设，进一步提升信息化水平，加强对社会修志的指导与管理，组织开展地方史的研究编纂，做好第三轮修志准备工作，基本形成修志编鉴、理论研究、质量保障、开发利用、工作保障“五位一体”的地方志事业发展综合体系，努力开创全省地方志事业发展新局面。

（二）主要任务。

1. 全面完成第二轮修志任务。到2020年，全面完成省、市、县三级二轮修志规划任务。按照《“十三五”时期二轮省志编纂规划表》（见附件1）、《“十三五”时期二轮市县志编纂规划表》（见附件2）进度要求，确保省、市、县三级地方志书全部出版。全面总结第一轮、第二轮修志工作经验，认真研究修志工作的组织管理、运作模式、续修方式等，为启动第三轮修志做好准备。

2. 提升地方综合年鉴工作水平。逐步做到地方综合年鉴由地方志工作机构组织编纂，按照《“十三五”时期综合年鉴编纂规划表》（见附件3）进度安排，到2018年，县级以上综合年鉴全部启动；到2020年，实现一年一鉴，公开出版，省、市、县三级综合年鉴全覆盖。加强对年鉴工作的业务指导和质量管理，推动年鉴工作改革创新，缩短出版周期，增强服务能力。

3. 重视部门志、行业志、乡镇村志等各类专业志鉴和地方史编纂工作。加强对已开展和准备开展志鉴编纂工作部门、行业的业务指导和管理。指导有条件的乡镇（街道）、村（社区）做好志书编纂工作，积极响应实施好中国名镇志、名村志文化工程。积极创造条件，争取将地方史编写纳入地方志工作范畴，统一规范管理。

4. 加强地方志信息化建设。按照分级建设、资源共享、安全高效的原则，加快省、市、县三级地方志网站建设进度。未完成地方志网站建设的市州、县市区要创造条件，尽快建成。已开通地方志网站的市州、县市区，要按照全国地方志事业信息化发展意见的有关要求，不断升级完善地情网站和地情资料库软硬件设施，广泛应用“互联网+”、微信平台等现代信息技术手段，逐步实现修志编鉴的数字化、网络化，构建多界面、多渠道、多元化、全方位的信息化综合服务体系。

5. 推进方志馆建设。积极推进省方志馆的规划论证和争取立项工作和已立项的市州、县市区方志馆建设。提倡市州一级建设方志馆，鼓励有条件的县市区建设方志馆。暂不具备建设条件的市州、县市区要加强地情资料室建设和管理工作，确保各类藏书安全和读志用志需要。

6. 开发利用地方志资源。编制全省旧志目录及旧志整理规划，统一整理出版全省历代方志集成。引导社会各界开发利用地方志资源，推动地方志成果进校园、进机关、进军营、进企业、进社区、进农村等。加强对地方志资源的深加工，拓宽服务渠道，增强服务功能，创新服务手段，更好地贴近经济社会发展实际，贴近人民群众需要。推动乡土文化建设，开展家谱、家训、家风、村规民约系列丛书征集和编纂工作，提升成果普及程度，培育地方历史记忆。

7. 深化地方志质量建设。严格执行中国地方志指导小组《地方志书质量规定》《地方综合年鉴编辑出版规定》和我省《第二轮修志有关问题的几项规定》《地方综合年鉴管理办法》等规定，规范地方志工作目标责任考核、督查通报、志书“一评三审”等制度，认真执行志书印刷出版有关规定，健全志书质量保障体系。实施精品志鉴工程，将地方志书、年鉴和学术成果纳入各级社会科学优秀成果奖或有关图书评奖范围。建立落实各类志书、年鉴及各种地情资料向上级业务部门及方志馆呈报制度。

8. 开展地方志理论研究工作。制定全省地方志工作理论研究规划，加强对方志理论研究和当地历史文化研究的引导和支持。依托各级地方志学会，有计划地组织开展地方志理论研究和论文评奖活动，活跃学术研讨，推动理论建设。

四、保障措施

（一）法治保障。认真履行《条例》《规定》赋予的各项职责，切实提升依法行政的能力和水平。进一步完善与《条例》《规定》相配套的工作制度体系和实施细则，适时开展对《规定》的修订工作，并争取纳入省人大立法规划。开展政府行政执法检查和定期政务督查，依法纠正、查处执行不力和违法行为。

（二）制度保障。健全地方志工作部门主导、社会各界参与修志编鉴的工作格局。加强督促检查，健全和完善目标考核责任制、督查通报制，强化责任落实。健全完善地情资料收（征）集及管理制度、修志编鉴业务制度和主编（总纂）责任制，保证在组织启动、篇目设计、资料收（征）集、初稿编纂、总纂统稿、志（鉴）稿评议、审查验收、出版发行、报送备案等环节均有章可循、有序推进。

（三）经费保障。改善地方志工作部门条件，保障修志编鉴、印刷出版、方志馆与信息化建设、开发利用、图书资料文献保存、对外交流等经费。县级以上人民政府要把地方志事业经费列入本级政府财政预算，做到足额及时拨付。省财政要支持做好省志各分卷出版工作和修志人员培训等工作的经费保障。

（四）队伍保障。各级地方志工作部门的设置和人员编制，要与其履行职能、开展工作的要求相适应。各市州、县市区地方志办公室、承担省志编纂工作的省直部门应在保证编制内人员到位的情况下，根据工作需要，按照专兼职相结合的办法，解决好地方志编纂工作专业力量不足的问题。加大对全省地方志部门负责人、志鉴主编（总纂）、修志业务骨干的专项培训力度，实现修志编鉴人员岗前培训全覆盖、培训工作常态化。建立省级地方志工作专家库，吸收相关领域的专家学者、熟悉省情地情的老同志参与志书编纂审核工作。建立干事创业的激励机制，按照有关规定，定期开展全省地方志系统先进集体和先进工作者评选表彰活动。

（五）宣传保障。充分运用新闻媒体和新兴媒介，以及各级地方志工作部门的宣传平台，大力宣传地方志工作部门贯彻落实党和国家大政方针的新举措、地方志工作服务经济社会发展的新成绩、地方志工作者投身现代化建设的新贡献。挖掘地方志资源的历史价值、现实价值，推出一批人民群众喜闻乐见、有较大社会影响力的地方志成果精品。

五、加强组织领导

继续坚持党委领导、政府主持、地方志工作部门组织实施、社会各界广泛参与的地方志工作体制和“一纳入、八到位”的工作机制。依法依规理顺工作关系，进一步明确和强化政府修志主体责任，各市州、县市区政府及省志各分卷承编单位主要负责人为修志工作第一责任人，分管负责人是直接责任人。

市州、县市区人民政府和各承编单位要根据本规划要求，结合工作实际，制定本地区、本部门地方志事业发展规划或实施方案，全面提高地方志工作水平，确保全省地方志事业平稳、有序、健康发展。

省地方史志编纂委员会要对本规划落实和执行情况每年进行督促检查，并将督查情况报告省政府。

青海省人民政府办公厅关于印发青海省地方志事业发展“十三五”规划纲要的通知

青政办〔2016〕164号

各市、自治州人民政府，省政府各委、办、厅、局：

《青海省地方志事业发展“十三五”规划纲要》已经省政府同意，现印发给你们，请结合实际，认真贯彻落实。

青海省人民政府办公厅

2016年8月26日

青海省地方志事业发展“十三五”规划纲要

地方志事业是中国特色社会主义文化事业的有机组成部分，是推进文化名省建设的一项重要基础工程。为进一步加强和改进全省地方志工作，充分发挥地方志为当代提供资政辅治之参考、为后世留下堪存堪鉴之记述的重要功能，根据《地方志工作条例》《青海省地方志工作规定》和《全国地方志事业发展规划纲要（2015—2020年）》《青海省国民经济和社会发展第十三个五年规划纲要》，结合我省地方志工作实际，制定本规划纲要。

一、指导思想与基本原则

（一）指导思想。

深入贯彻党的十八大和十八届三中、四中、五中全会及习近平总书记系列重要讲话精神，按照党中央、国务院和省委、省政府决策部署，牢固树立创新、协调、绿色、开放、共享的发展理念，紧紧围绕全省经济社会发展大局，坚持和完善党委领导、政府主持、地方志工作机构组织实施、社会各界广泛参与的工作体制，认真落实“一纳入、八到位”（即把地方志工作纳入各地国民经济和社会发展规划、各级政府工作任务，做到认识、领导、机构、编制、经费、设施、规划、工作到位）的总体要求，积极践行修志问道、以启未来的历史使命和责任担当，解放思想，实事求是，锐意进取，改革创新，依法推动全省地方志事业科学发展，为全省经济社会发展提供精神动力、决策参考、信息服务和智力支持。

（二）基本原则。

1. 坚持正确方向。坚持为党立言、为国存史、为民修志。通过编修和开发利用地方志成果，为弘扬优秀传统文化、传承区域特色文化、建设文化名省提供有力支撑，为培育和践行社会主义核心价值观提供丰富、优秀的精神文化产品。

2. 坚持依法治志。大力推进《地方志工作条例》《青海省地方志工作规定》的贯彻落实。各级地方政府加强对地方志工作的领导，不定期开展地方志工作执法检查；各级地方志工作机构依法履行组织、指导、督促和检查职能，做到依法修志、用志、传志、管志。

3. 坚持科学发展。以修志编鉴为主业，统筹兼顾理论研究、开发利用、信息化建设、方志馆建设、旧志整理、特色志编纂、队伍建设等工作，强化地方志工作的要素支撑，实现地方志事业全面协调可持续发展。

4. 坚持改革创新。认真总结地方志工作的经验教训，正确把握发展规律。适应形势发展，推动理论创新、制度创新、管理创新、方法创新，不断拓展地方志工作领域，丰富地方志成果表现形式，提升地方志工作水平。

5. 坚持质量第一。坚持求真存实，正确处理质量与进度的关系，将精品意识贯穿于地方志编纂出版工作全过程，严把政治关、史实关、体例关、文字关、出版关，做到思想性、时代性、科学性、资料性有机统一，编纂出版经得起历史检验、具有鲜明时代特征和地域特色的优秀方志文化成果。

6. 坚持修志为用。充分发挥地方志资源优势，加大宣传力度，推动地方志成果转化，提升开发利用能力和水平；拓宽用志领域，形成修用并举、修志为用的良性发展机制，全面提高全社会读志用志水平。

二、总体目标与主要任务

（一）总体目标。

到2020年，全面完成全省第二轮修志规划任务，做好第三轮修志工作准备；实现省、市（州）、县（区）三级综合年鉴全覆盖，积极开展专业年鉴编纂出版工作；深入挖掘地方历史文化，启动并抓好地方史编写工作；加快地方志信息化和方志馆建设，推进地方志成果的开发利用；加强对社会修志的指导和管理，丰富和拓展地方志工作格局；基本形成具有青海特色的地方志编修体系、理论研究体系、质量保障体系、资源开发利用体系、工作保障体系“五位一体”的地方志事业发展综合体系，努力开创地方志事业发展新局面。

（二）主要任务。

1. 全面完成第二轮修志规划任务。到2020年，全面完成剩余《青海省志》57部分志的验收出版，完成剩余7部市（州）志的验收出版，完成剩余38部县（区）志的验收出版。同时，全面总结第一轮、第二轮修志工作经验教训，认真探索和研究第三轮修志工作的组织管理、运作模式、续修方式，为启动第三轮修志做好准备。省地方志编纂委员会办公室要提前着手，统筹协调，科学编制好全省第三轮修志工作规划。

2. 大力推进年鉴编纂出版工作。到2020年，全面实现省、市（州）、县（区）三级综合年鉴全部由各级地方志工作机构组织编纂，一年一鉴，公开出版。《青海年鉴》要在规范提质上下功夫，编纂出版质量要进入全国前列。市（州）力争到2017年、尚未启动年鉴编纂工作的县（区）力争到2018年全面实现各级综合年鉴“一年一鉴、公开出版”。

3. 加强特色志鉴和地方史编纂工作。到2018年，全面完成《玉树大地震救灾重建志》和规划特色志书的编纂出版工作。积极探索推动特色志鉴编纂工作的新模式、新途径，更好地贴近经济社会发展实际，贴近党和政府工作大局，贴近人民群众需要，适时谋划启动编纂一批特色志鉴和其他地情文献。加强对特色志鉴编纂工作的业务指导和规范管理。指导有条件的乡镇（街道）、村（社区）开展志书编纂工作，积极争取和编纂中国名镇志、名村志。将地方史编写纳入地方志工作范畴，开展试点，探索规律，积极稳妥地推进地方史编写工作。

4. 深化地方志质量建设。严格执行《地方志书质量规定》《地方综合年鉴编纂出版规定》和《〈青海省志〉行文规范》《青海省志（1986—2005年）出版印刷规范》。坚持分类指导，创新业务指导方法，提高业务指导水平，认真落实志书编修“三审一验收”制度。建立覆盖地方志书、地方综合年鉴、地方志资源开发等地方志工作全过程的地方志质量控制体系。

5. 强化地方志资料建设。加大依法收（征）集地方志资料力度，建立全省地方志资料年报制度并形成常态机制。运用社会调查、口述史等方法，大力拓展资料收（征）集范围和渠道。加强与高等院校、图书馆、档案馆等单位的合作，逐步建立能够全方位适应地方志编纂、地方志事业发展和方志文化建设需要的地方志资料保障机制。严格执行地方志系统出版物报送备案制度，与全国各级地方志工作机构建立志鉴交换合作关系。

6. 积极开展旧志保护整理工作。启动旧志整理工作，编制全省旧志整理规划，举办旧志保护整理出版相关知识培训，开展对所缺旧志版本的收集、复制、购置工作，并积极运用现代科技手段，结合传统抢救方法，陆续开展旧志点校、提要、考录、影印、辑佚等工作。编写出版《青海旧志集成大全》《青海旧志提要》。

7. 加快信息化和方志馆建设。不断优化和完善青海省地方志网，积极构建省、市（州）、县（区）三级地方志网络互联互通建设。加快建设地情数据库，完成已出版第一轮、二轮志书和《青海年鉴》及地情书籍的数字化，实现新出版志鉴同步进入数据库。

以健全功能、体现价值为原则，加快推进省方志馆建设，使其成为集地方文献编修、收集保存、宣传展示、研究交流、开发利用为一体的综合场馆。鼓励有条件的市（州）规划建设方志馆，县（区）要有独立的方志资料室，确保地方志资料的科学保管和有效开发利用。

8. 提高资源开发利用水平。充分挖掘地方历史文化资源，利用第一轮和第二轮修志资源，积极编辑出版简志和地情读本等书籍。积极拓宽地方志资源的服务渠道，充分利用现代信息手段和信息传输网络及平台，实现地方志资源的整合共享。逐步开展家谱、家训、家风、村规民约系列丛书的征集工作。引导社会各界开发利用地方志资源，利用各类媒体广泛宣传地方志成果，大力推动方志文化进机关、进农村、进社区、进校园、进企业、进军营，努力提升地方志成果的普及程度，发挥好地方志资源在公共文化建设中的作用。

9. 加强地方志理论研究和学术交流。充分发挥地方志学会的作用，加强对地方志理论研究的统筹规划。根据地方志工作实际和地方志事业发展的需要，确定理论研究的专题和内容，组织全省地方志工作者及省内大专院校、社会科学研究单位的史志理论研究人员开展地方志理论研讨与交流活动，重点研究解决关系地方志编纂、地方志事业发展的基础理论和重大业务问题，推动理论建设；定期召开地方志学术研讨年会，开展地方志论文评奖，活跃学术研讨，为地方志事业的科学持续发展提供理论支撑。积极参加学术合作、研讨、交流活动，采用交流学习、人员互访、志书交换等形式，加强与高等院校、科研机构、档案机构和图书馆等单位的学术交流与合作。

10. 加强人才队伍建设。重视人才的选拔、培养和使用，加强专兼职结合、结构合理的队伍建设，建立健全走出去、请进来、分层次的队伍培训机制，提高修志编鉴人员的业务理论素养和工作实践能力。根据形势需要，不断甄选、吸收各行业各部门的专家学者充实地方志专家库。弘扬修志问道、直笔著史的方志人精神，大力推进地方志文化建设，营造干事创业的良好氛围。

三、加强领导与保障措施

（一）加强组织领导。坚持和完善“党委领导、政府主持、地方志工作机构组织实施、社会各界广泛参与”的工作体制，坚持“一纳入、八到位”的工作机制。县级以上人民政府发改、财政、文化新闻出版等有关部门应当按照职责做好地方志相关工作。

（二）推动依法治志。加强地方志工作法治建设，逐步建立健全与《地方志工作条例》《青海省地方志工作规定》相配套的规章体系。各级政府和地方志工作机构要依法履行职责，切实提高依法治志的能力和水平。建立地方志工作督查通报和动态管理制度，确保责任落实。加大对地方志法规制度的宣传力度，营造依法治志的良好社会环境。

（三）加大经费投入。各级政府要适应新时期地方志工作要求，将地方志工作所需经费列入同级财政预算，保障修志编鉴、印刷出版、队伍培训、开发利用等工作经费，确保地方志工作经费与地方志业务发展相适应。逐步改善地方志工作条件，加强信息化和方志馆等基础设施建设。

（四）加强机构队伍建设。探索地方志人才培养、引进等政策和措施，完善各层次人才教育培训制度，关心地方志工作人员的成长与进步，建立干事创业的激励机制，建设一支结构合理、整体素质较高的地方志工作队伍。各级地方政府要建立健全地方志工作机构，地方志工作机构的设置和人员编制要与其履行职能、顺利开展工作的要求相适应；要按照德才兼备的原则和专业要求配齐配强地方志工作机构的领导班子。

（五）加强舆论宣传。坚持弘扬主旋律，传导正能量，切实加强和改进地方志宣传工作。利用各级各类媒体，大力宣传地方志工作部门贯彻落实党和国家大政方针及省委省政府重大决策部署的新举措、服务经济社会发展的新成绩、投身文化名省建设的新贡献。深入挖掘地方志资源，聚焦地方志功能，设计宣传主题，创新推介形式，逐步形成一批人民群众喜闻乐见、有较大社会影响力的文化精品。

本规划纲要的落实和执行情况由青海省地方志编纂委员会办公室负责进行督促检查。

宁夏回族自治区人民政府办公厅关于印发宁夏回族自治区地方志事业发展实施方案（2016—2020 年）的通知

宁政办发〔2017〕83 号

各市、县（区）人民政府，自治区政府各部门、各直属机构：

《宁夏回族自治区地方志事业发展实施方案（2016—2020 年）》已经自治区人民政府同意，现印发给你们，请认真贯彻实施。

宁夏回族自治区人民政府办公厅
2017 年 4 月 27 日

宁夏回族自治区地方志事业发展实施方案（2016—2020 年）

为进一步推动我区地方志事业科学发展，充分发挥地方志工作促进经济社会发展和文化建设的重要作用，根据《国务院办公厅关于印发全国地方志事业发展规划纲要（2015—2020年）的通知》（国办发〔2015〕64 号）和《宁夏回族自治区地方志工作发展规划（2008—2020 年）》，结合我区地方志工作实际，制定本实施方案。

一、重要意义

地方志是记载自然、政治、经济、社会、文化历史和现实的重要资料宝库，是传承和彰显中华文明的重要载体。近年来，自治区坚持把地方志工作作为重要的文化基础工作来抓，各级地方志工作机构认真履职，广大地方志工作者努力拼搏，全区地方志工作机制日益完善，地方志事业呈现出良好的发展态势，区、市、县三级首轮修志任务全面完成，《宁夏通志》填补了宁夏没有省级综合志书的空白，地方综合年鉴在全国率先实现区、市、县三级全覆盖，多部志书、年鉴在全国地方志书首轮优秀成果评比中获奖，为推动我区文化事业发展作出了积极贡献。

在新的历史发展阶段，按照“四个全面”战略部署，党和国家对地方志工作提出了新任务新要求，强调要高度重视修史修志，把历史智慧告诉人们。地方志工作要适应经济社会发展新形势，明确在发展改革大局中的目标任务，科学规划，积极创新，有序推进地方志事业持续健康发展。各地、各部门（单位）要深刻把握新形势新要求，优化发展思路，强化工作举措，深化改革创新，努力开创宁夏地方志事业发展新局面，为加快开放富裕和谐美丽宁夏建设、与全国同步建成小康社会提供有力支撑。

二、目标任务

（一）总体目标。到2020年，全面完成第二轮修志规划任务，在区、市、县三级综合年鉴全覆盖的基础上，确保按规划正常出版。加强对社会修志编鉴工作的指导管理，加快信息化和方志馆建设，做好第三轮修志工作的各项准备，基本形成地方志编修、理论研究、质量保障、开发利用、工作保障的地方志事业发展体系。

（二）主要任务。

1. 完成第二轮修志规划任务。到2020年，完成剩余11部市、县（区）志书出版任务（见附件1）。全面总结第一轮、第二轮修志工作经验，客观分析存在的问题和困难，认真研究第三轮修志的组织管理、运作模式、续修方式等，为启动第二轮修志做好资料收（征）集、队伍培训及理论准备等工作。

2. 推进行业（部门）、乡镇（街道）、村（社区）等志书编纂。制定志书编纂相关工作制度，加强对行业、部门和单位志书编纂工作的业务指导和管理。力争到2020年，完成49部首修与续修合一专业（部门）志书和13部续修专业（部门）志书的编修出版工作（见附件2）。鼓励各市、县（区）积极开展镇志、村志编修工作，自治区地方志办公室及时指导帮助解决志书编修工作中存在的问题和困难。支持、鼓励自治区有关部门、单位开展未作具体规划但具有地方特色的名山、名产、名胜志、工业园区志、经济开发区志、能源化工基地志、企业志、学校志等志书的编修出版工作。

3. 做好地方综合年鉴和行业年鉴编辑工作。理顺年鉴编辑和管理工作机制，地方综合年鉴统一由所在地地方志工作机构组织编辑，一年一鉴，争取公开出版（见附件3）。鼓励各级党政机关、企事业单位开展本部门、本单位的年鉴编辑出版工作，进一步完善和规范年鉴编辑工作。

4. 开展旧志整理。地方志工作机构加强与自治区有关高等院校、科研院所和各级公共图书馆、档案馆等单位的交流合作，深入开展旧志整理，抢救保护文化遗产，力争整理出版一批反映宁夏历史发展和文化遗产传承的代表性作品。

5. 加强地方志质量建设。严格执行中国地方志指导小组制定的《地方志书质量规定》《地方综合年鉴编纂出版规定》和宁夏地方志办公室制定的《各类志书、年鉴及地情资料类书籍送审制度》等志书、年鉴编纂出版有关规定，不断加强地方志质量保障体系。自治区各类志书、年鉴及地情资料类书籍的编辑出版工作要坚持正确方向和质量第一，严格实行志书编修出版初审、复审、终审“三审”定稿和自治区地方志办公室批复出版制度，严把政治关、史实关、体例关、文字关、出版关，打造一批经得起历史检验、具有鲜明时代特征、代表宁夏文化形象的优秀志书、年鉴成果。积极开展志书、年鉴质量评比活动，推荐优秀志书、年鉴参加国家级优秀学术成果评比活动。

6. 加快地方志信息化建设。充分利用已有信息基础设施和数据资源，加快推进我区地方志信息化基础设施建设，加强对不同载体的地方文献收集、保护和开发利用，推动信息标准化工作。在现有银川、吴忠两市地方志网站的基础上，继续优化网络资源，加快志书、年鉴及地情资料类书籍的数字化进程，努力实现地方志资源共享，面向社会提供优质服务。

7. 提高地方志资源开发利用水平。坚持修志为用，加强地方志资源的深加工，拓展服务渠道，增强服务功能，创新服务手段，更好贴近经济社会发展实际，贴近人民群众需要，推出好水川战役、绥西抗战、唐肃宗灵武登基等一批专题性较强的地方历史书籍，为全区人民提供更好的区情普及读物。

8. 完善地方志资料保障机制。加大地方志资料收（征）集力度，认真做好地方志资料长编工作。推广运用社会调查、口述史等方法，拓展资料收（征）集范围和渠道，为第三轮修志做好资料准备。加强地方志资料的集中收藏、保存和管理，逐步建立能够适应地方志事业发展需要的资料保障工作机制。

9. 加强地方志理论研究和学术交流合作。自治区地方志办公室要进一步做好《宁夏史志》的编辑出版工作，加强地方志基础理论和编纂实践研究，推动理论创新、制度创新、管理创新、方法创新。支持地方志工作人员申报地方史志研究课题，鼓励开展方志理论研究，不断提高理论水平。加强与周边省（区）地方志工作机构的学术交流，积极协办全国和地区性的志书、年鉴学术会议，不断提升我区地方志工作水平。

三、保障措施

（一）加强组织领导。各地、各部门按照党委领导、政府主持、地方志工作机构组织实施、社会各界广泛参与的工作体制，坚持“一纳入、八到位”的工作机制开展工作，将地方志工作纳入各地经济社会发展规划、各级政府工作任务之中，做到认识到位、领导到位、机构到位、编制到位、经费到位、设施到位、规划到位、工作到位。各市、县（区）要将地方志工作所需经费列入财政预算，确保地方志工作经费与地方志事业发展相适应。承担编纂任务的各级党政机关、社会团体、企业事业单位和其他组织要将编纂地方志工作列入年度工作计划，认真组织实施。各级地方志工作机构要充分发挥统筹规划、组织协调作用，加强与有关部门、单位的沟通配合，确保高质量完成各项目标任务。

（二）坚持依法治志。全面贯彻落实《国务院地方志工作条例》和《宁夏回族自治区〈地方志工作条例〉实施办法》，逐步健全完善地方性法规规章，强化地方志工作机构的组织、指导、督促和检查职责，确保地方志工作依法开展。加大地方志工作法规规章的宣传、执行力度，定期开展执法监督检查，依法纠正、查处执行不力和违法行为。

（三）加强队伍建设。按照德才兼备原则和专业要求，加强地方志工作人员队伍建设，选拔、培养和引进一批高端人才，建设一支高素质的地方志编修和研究工作队伍。建立自治区级地方志专家库，聘请各行各业专家学者参与地方志工作，健全地方志工作机构主导、社会各界有序参与修志编鉴的途径和方式。采取多种形式，分层次分类型加强队伍教育培训。

（四）强化督促检查。各地、各部门要结合工作实际，根据本方案明确的工作任务和主要内容，制定推进本地区、本行业、本部门地方志事业发展的工作计划，强化责任落实。自治区地方志办公室要加强对全区的修志工作的检查、督促和指导，对发现的问题，及时督促整改落实，重大问题上报自治区地方志编审委员会研究解决。

（五）建立激励机制。由自治区地方志编审委员会办公室根据我区地方志事业发展实际，适时对全区地方志工作成效进行总结评估，并按照国家和自治区有关规定，开展先进集体和先进工作者评选活动，提请自治区地方志编审委员会审定后以自治区地方志编审委员会名义予以表彰，营造干事创业的良好氛围。

新疆维吾尔自治区人民政府办公厅关于贯彻落实《全国地方志事业发展规划纲要（2015—2020年）》的实施意见

新政办发〔2016〕58号

伊犁哈萨克自治州，各州、市、县（市）人民政府，各行政公署，自治区人民政府各部门、各直属机构：

为推进新疆地方志事业科学发展，充分发挥地方志工作在促进新疆经济社会发展、引领现代文化方面的重要作用，根据国务院《地方志工作条例》《全国地方志事业发展规划纲要（2015—2020年）》，以及《新疆维吾尔自治区贯彻〈地方志工作条例〉实施办法》，结合当前新疆地方志工作实际，制定本实施意见。

一、指导思想与基本原则

（一）指导思想。

以马克思列宁主义、毛泽东思想、邓小平理论和“三个代表”重要思想、科学发展观为指导，深入贯彻习近平总书记系列重要讲话精神，全面贯彻落实党的十八大、十八届二中、三中、四中、五中全会和第二次中央新疆工作座谈会、全国第五次地方志工作会议精神及自治区党委八届七次、八次、九次、十次全委（扩大）会议精神，解放思想、实事求是、锐意进取、改革创新，依法全面推动全区地方志事业繁荣发展。

（二）基本原则。

1. 坚持正确方向。坚持走中国特色社会主义文化发展道路，坚持为人民服务、为社会主义服务的方向，通过编修和开发利用地方志成果，为培育和践行社会主义核心价值观提供丰富、优秀的精神文化产品，筑牢维护民族团结、祖国统一和社会稳定的思想基础。

2. 坚持依法治志。认真贯彻执行国务院《地方志工作条例》和《新疆维吾尔自治区实施〈地方志工作条例〉办法》，各级党委和政府履行对当地地方志工作的领导、主持职责，自治区、地（州、市）、县（市、区）三级地方志工作机构依法履行组织、指导、督促和检查地方志工作职责，加强编纂业务工作。

3. 坚持全面发展。以修志编鉴为主业，统筹兼顾理论研究、开发利用、信息化建设、地方志馆建设、旧志整理等工作，实现地方志事业全面协调可持续发展。

4. 坚持改革创新。继承和弘扬中华民族修志的优良传统，认真总结地方志工作的经验教训，深化改革，不断推动地方志理论创新、制度创新、管理创新、方法创新。

5. 坚持质量第一。牢固树立质量是地方志生命的理念，正确处理质量与进度的关系，将精品意识贯穿于地方志编纂、审定、编译、出版工作全过程，严把政治关、史实关、体例关、文字关、翻译关、出版关，编修出经得起历史检验、具有鲜明时代特征和地域特色的地方志成果。

6. 坚持修志为用。发挥地方志资源优势，全面提升开发利用水平。拓宽用志领域，提升服务大局能力，加大宣传力度，提高全社会读志用志水平，为新疆社会稳定和长治久安提供强有力的智力支持。

二、工作基础

自1983年我区开展社会主义新编地方志编修工作以来，在自治区党委、自治区人民政府的正确领导下，经过全区各地、各有关部门不懈努力，地方志工作取得很大成就，形成以修志编鉴为主业、各项工作协调开展的事业格局，在促进全疆政治、经济、社会、文化和生态文明建设、引领现代文化、维护民族团结和社会稳定等方面发挥了独特作用。

（一）工作体制机制建立并不断完善。

形成党委领导、政府主持、地方志工作机构组织实施、社会各界广泛参与的工作体制；初步形成将地方志工作纳入自治区、地（州、市）、县（市、区）三级国民经济和社会发展规划及政府工作任务，“认识、领导、机构、编制、经费、设施、规划、工作”到位（以下统称“一纳入、八到位”）的工作机制。

（二）依法修志取得新进展。

2006年国务院公布施行《地方志工作条例》后，我区积极筹划制定地方性法规规章，于2009年颁布实施《新疆维吾尔自治区实施〈地方志工作条例〉办法》，进一步明确了各级政府对地方志工作的领导责任，加强地方志工作机构履行组织、指导、督促和检查地方志工作的职责，确保地方志工作依法开展。

（三）编修成果不断丰富。

截至2015年，我区首轮修志结束，第二轮修志进入关键时期，已出版209部自治区、地（州、市）、县（市、区）三级地方志书，42部少数民族文字版志书，72种、700多部地方综合年鉴，40多种、400多部专业年鉴，以及大量地情类书刊。这些成果与现存的50多种旧志，构成了一座以地情为主要内容并不断丰富的地方志资源宝库。

（四）工作条件设施不断完善。

全区各级地方志机构的办公室、资料室，计算机、打印机、复印机等办公设备配备基本到位；已建成自治区本级网站——“新疆地情”网，数字化新疆地方志库建设进展迅速，地方志工作公共基础设施建设迈上新台阶。

（五）队伍建设、业务研究取得进展。

注重编纂人员业务培训工作，制定计划，提出要求，分层次、分专题、有重点的常抓不懈，做到业务培训全覆盖。在机构制度改革中，自治区各级地方志工作机构均参照公务员管理，稳定了近千人的专职队伍。同时，紧密结合修志编鉴实践，充分利用《新疆地方志》（汉文版、维吾尔文版）平台，积极开展学术理论和业务工作研究，组织全疆修志骨干撰写文章，相互交流，相互提高，不断深化地方志理论研究。

（六）存史育人资政作用日益彰显。

通过修志编鉴、开发利用地方志资源，地方志编修已发展成为存史、育人、资政的一项重要工作，在记录当代、保存历史、传承文明、发展文化、激发爱国爱疆意识、加强民族团结、维护祖国统一、推动区内外文化交流合作、提供促进经济社会发展的历史借鉴和智力支持等方面，成绩日益突出、作用日益显著。

三、总体目标与主要任务

（一）总体目标。

全面落实“一纳入、八到位”。到2020年，全面完成第二轮修志规划任务，实现自治区、地（州、市）、县（市、区）三级综合年鉴全覆盖，加快信息化和地方志馆建设，做好第三轮修志工作准备，加强对社会修志的指导和管理，基本形成地方志编修体系、理论研究和学科建设体系、质量保障体系、资源开发利用体系、工作保障体系“五位一体”的地方志事业发展综合体系，努力开创“依法治志”的事业发展新局面。

（二）主要任务。

1. 全面完成第二轮修志规划任务，做好启动第三轮修志工作准备。

按照国务院《全国地方志事业发展规划纲要（2015—2020年）》要求，到2020年，我区要全面完成第二轮地方志书编修任务。为此，结合全区第二轮修志工作实际，对原有自治区、地（州、市）、县（市、区）三级志书编纂规划进行适当修正，重新部署如下：

（1）新疆通志。

按照《新疆维吾尔自治区第二轮〈新疆通志〉编纂方案》要求，采取分层实施、梯次展开、陆续完成的方式，至2020年，完成《新疆通志（1986～2005）》（简志）8卷和已部署编修的第二轮《新疆通志》专业志40部的编纂出版任务。

截至2015年，已完成《新疆通志（1986～2005）》（简志）各专编（章）初稿编纂任务；完成16部第二轮《新疆通志》专业志编纂出版任务。

在此基础上，计划 2016 年，完成《新疆通志（1986～2005）》（简志）汇稿通稿工作，完成 5 部《新疆通志》专业志编纂出版任务；2017～2018 年完成《新疆通志（1986～2005）》（简志）总纂及审定工作，完成 10 部《新疆通志》专业志编纂出版任务；2018～2020 年，完成《新疆通志（1986～2005）》（简志）编纂出版任务，完成其余已部署编修的《新疆通志》专业志的编纂出版任务。

（2）地县志。

按照《新疆维吾尔自治区第二轮地、县两级志书编纂实施方案》要求，2020 年全面完成第二轮 79 部志书编纂出版任务。

截至 2015 年，已完成 15 部地、县两级志书。在此基础上，计划每年平均完成 14 部地、县两级志书，确保 2020 年应编修志书全部出版。《2015～2020 年新疆地县两级志书出版规划表》附后。

在抓紧完成第二轮修志规划任务的同时，全面总结第一轮、第二轮修志工作的经验教训，认真研究第三轮修志的组织管理、运作模式、续修方式等，为启动第三轮修志做好资料收（征）集、队伍培训及理论准备等工作。

2. 大力推进地方综合年鉴的编纂工作。

夯实自治区年鉴事业发展基础，构建完整的地方综合年鉴编纂体系。到 2020 年，做到自治区、地（州、市）、县（市、区）三级综合年鉴全覆盖，实现一年一鉴，公开出版。不断提高各级年鉴的思想性、资料性、科学性、实用性、权威性，争创在全国具有较大影响力的新疆年鉴品牌。

（1）新疆年鉴。

按照“坚持年鉴属性，突出时代特色、地方特色和民族特色，反映区情，扩大信息覆盖，提高实用价值，打造品牌”的要求，每年编纂翻译出版《新疆年鉴》（汉文版、维吾尔文版），出版电子版《新疆年鉴》，打造全国精品年鉴。

（2）地（州、市）级年鉴。

按照“规范编纂、连续出版、整体推进、稳步提高”的要求，各地（州、市）每年必须编纂出版地方综合年鉴，并做到当年出版，以提高年鉴的时效性。至 2020 年创建 3～4 个全国知名年鉴品牌。

（3）县（市、区）级年鉴。

按照“全面启动、依法编纂、逐步规范”的要求有序推进。至 2020 年，实现全疆各县（市、区）编辑出版地方综合年鉴，创建 2～3 个全国知名年鉴品牌。

3. 高度重视少数民族文字版地方志书、年鉴的翻译出版工作，不断提高编译水平和质量。

按照《新疆维吾尔自治区实施〈地方志工作条例〉办法》要求，汉文版地方志书及年鉴出版后，应及时组织翻译出版相应的少数民族文字版志书、年鉴。第二轮地方志书汉文版出版后，应尽快翻译出版少数民族文字版本。

4. 重视各类行业（部门、单位）志鉴、乡镇村志编纂工作。

制定自治区关于行业、部门、单位编纂志书、年鉴的管理规定，加强对有关行业、部门、单位的编纂业务指导和管理。支持指导全区有条件的乡镇（街道）、村（社区）开展志书编纂工作，积极参与中国名镇（村）志文化工程。

5. 适时启动旧志整理工作。

根据新疆旧志现存状况，编制全区旧志整理工作规划，加强与国内外高等院校、科研院所、公共图书馆、档案馆等单位的交流与合作，有序开展旧志点校、提要、考录、辑佚等工作。编辑《新疆旧志目录》，编纂出版《新疆现存历代方志集成》，分类整理旧志资料。

6. 加强地方志理论和工作业务研究。

制定研究规划，建立和完善有关制度，充分发挥自治区地方志学会的作用，构建以《新疆地方志》（汉文版、维吾尔文版）为主导的学术引领、理论研究平台，形成地方志系统重视理论研究的风气，开展地方志编修、地方志事业发展等重要理论问题研究，提高地方志工作者理论指导实践的能力，提升地方志工作整体水平。

7. 强化地方志人才队伍建设。

树立人才是事业发展第一战略资源的思想，重视人才选拔、培养和使用，大力培养少数民族专业人才，加强专兼职结合、结构合理的人才队伍建设，造就一支政治可靠、业务精湛、作风过硬的学习型、研究型、创新型、服务型地方志队伍，拥有一批新疆乃至全国的学科和学术带头人。

建立健全地方志系统自治区、地（州、市）、县（市、区）三级培训体系，制定切实可行的人才成长激励机制。2020 年，新疆地方志工作者接受继续教育培训的覆盖面达到 100%。

8. 深化地方志书、年鉴质量建设。

严格执行国家《地方志书质量规定》《地方综合年鉴编纂出版规定》有关要求，在制定出台《新疆维吾尔自治区地方志、年鉴编纂管理办法》《新疆维吾尔自治区地方志行文通则》《新疆通志编审工作质量管理办法》《关于第二轮新疆通志人物部分编纂的若干规定（试行）》《关于第二轮地县两级志书编纂程序的规定》《关于第二轮地县两级志稿审查验收规定》《新疆维吾尔自治区第二轮地（州、市）、县（市、区）志篇目要点（试行）》《新疆维吾尔自治区综合年鉴质量管理规定》等有关规定的基础上，进一步完善质量管理、质量监督体系，完善地方志质量评议、审查验收制度。组建全区地方志专家库，建立志稿质量评审体系，参与地县两级志稿的评审工作，严把志稿评审关。按照国家有关规定申报设立志书、年鉴及优秀学术成果评比奖励项目，将志书、年鉴纳入自治区哲学社会科学优秀成果评奖及政府有关图书奖评比。

9. 加强地方志资料收集和保管工作。

至 2020 年，逐步建立能够全方位适应地方志编纂、地方志事业发展和方志文化建设需要的地方志资料保障机制。建立和完善地方志资料收（征）集、保存、管理制度，实行地方志资料年报制度，依法收（征）集地方志资料，拓展资料收（征）集范围和渠道；科学规范资料（图书）收藏管理工作。各地及有关部门编纂的志书、年鉴，要向自治区地方志编委会报送存档的志书和年鉴（包括电子版），其中，第二轮志书和地方综合年鉴要在出版后 3 个月内向自治区地方志编委会分别报送 80 册和 50 册，并上报国家地方志馆。

10. 加快地方志信息化建设。

制定自治区地方志事业信息化发展意见，充分利用已有信息基础设施和数据资源，加快全疆地方志信息化建设步伐。至 2020 年，按照循序渐进、由小到大、安全经济的原则，依托自治区电子政务外网，在“新疆地情”网基础上，形成上下贯通的自治区、地（州、市）、县（市、区）三级地方志网站，实现资源共享，面向社会提供优质服务。同时，应用现代信息技术，加强对不同载体的地方文献收（征）集、保护和开发利用，建立自治区地方志全文数据库，推动信息标准化工作。

11. 提升地方志服务功能，加快地方志馆（地情展示馆）建设。

适应我区地方志事业科学发展的要求，规划“十三五”期间建成新疆地方志馆。各地（州、市）地方志馆建设分步实施、逐步推进。有条件的县（市、区）也要逐步推进地方志馆建设。建成的所有地方志馆均向社会免费开放，成为面向基层、服务各界的具有志书年鉴的收集、保存、查阅，地情信息的收集、研究、咨询，区情地情的展示、教育等功能的综合地情馆。

12. 提高地方志资源开发利用水平。

围绕全区稳定和发展的大局，加强对地方志资源的深加工，拓宽服务渠道，增强服务功能，创新服务手段。做好《新疆工作大事记》《新疆大事记》《新疆地情通览》等其他地情类书籍的编纂工作。把地方志工作纳入现代公共文化服务体系建设范围，发挥地方志资源在地方公共文化服务中的重要作用，利用各类媒体广泛宣传地方志文化，开展读志用志传志活动，推动地方志书和年鉴进机关、进农村、进社区、进校园、进企业、进军营，培育地方历史记忆。

13. 扩大对外交流。

坚持开门修志，积极推动地方志援疆工作。

四、保障措施

（一）法治保障。

推动国务院《地方志工作条例》《全国地方志事业发展规划纲要（2015—2020年）》和《新疆维吾尔自治区实施〈地方志工作条例〉办法》《新疆维吾尔自治区贯彻落实〈全国地方志事业发展规划纲要（2015—2020年）〉实施意见》的贯彻落实，制定完善与上述法规相适应的具有地域特点且操作性较强的地方志工作制度及实施细则，确保依法修志。加大地方志工作法规规章的宣传、执行力度，定期开展执法监督检查，依法纠正、查处执行不力和违法行为。同时，就制定出台《新疆维吾尔自治区地方志工作条例》的可行性进行调查研究和专家论证。

（二）组织领导保障。

坚持和健全党委领导、政府主持、地方志工作机构组织实施、社会各界广泛参与的工作体制，县级以上人民政府应当加强对本行政区域地方志工作的领导，坚持“一纳入、八到位”工作机制。地方志工作机构主管本行政区域的修志编鉴工作，在本级地方志编纂委员会指导下履行职责，其机构设置和人员编制，要与其有效履行职能、顺利开展工作的要求相适应；按照德才兼备原则和专业要求，配齐配强地方志工作机构的领导班子。有编纂任务的国家机关、社会团体、企事业单位和其他组织，要将地方志工作列入年度工作计划。

（三）制度保障。

健全地方志工作机构主导、社会各界有序参与修志编鉴的途径和方式。加强督促检查，健全和完善目标考核责任制、督查通报制，强化责任落实。健全和完善地情资料收（征）集及管理、修志编鉴业务制度和主编（总纂）责任制，确保在篇目设计、资料收（征）集、总纂统稿、志（鉴）稿评议、审查验收、出版发行、报送备案等环节上均有章可循、有序推进。建立志书年鉴质量管理监督体系，注重质量，实施精品工程，严格执行志书年鉴审定验收制度，强化全过程的质量控制，出佳志、创名鉴，全力打造文化精品。

（四）经费保障。

改善地方志工作条件和图书资料收藏保管条件，做好修志、编鉴、出版、科研、开发利用、信息化建设、资料文献保存等工作，加大对贫困地区地方志工作的支持力度。自治区、地（州、市）、县（市、区）政府要将地方志工作所需经费列入本级财政预算。

（五）队伍保障。

借助对口援疆省市力量，探索地方志人才培养、引进等政策和措施。组建自治区地方志专家库，发挥社会各方面专家人才的作用。完善教育培训制度，分级实施对地方志工作机构新任负责人、志鉴主编（总纂）的专项培训，实现修志编鉴人员岗前培训全覆盖、培训工作常态化；鼓励与高等院校、科研机构联合开展地方志专业进修培训，支持地方志工作人员接受专业继续教育。按照国家有关规定开展相关评选表彰活动，建立干事创业的激励机制，营造良好氛围。

（六）宣传保障。

利用各级各类新闻媒体，大力宣传地方志工作机构贯彻落实党和国家大政方针的新举措、地方志工作服务经济社会发展的新成绩、地方志工作者投身现代化建设的新贡献。挖掘地方志资源的现实价值、历史价值，设计宣传主题，创新宣传形式，推出一批人民群众喜闻乐见、有较大社会影响力的地方志宣传精品。

自治区地方志编纂委员会负责对本实施意见的落实和执行情况进行监督检查。

附件：2015—2020年新疆地县两级志书出版规划表

新疆维吾尔自治区人民政府办公厅

2016年5月6日

2015—2020 **年新疆地县两级志书出版规划表**　单位：部

地州市＼类别	规划志书	备注
乌鲁木齐市	4	
克拉玛依市	2	
伊犁哈萨克自治州州直	7	
塔城地区	8	
阿勒泰地区	4	
博尔塔拉蒙古自治州	4	
昌吉回族自治州	7	
哈密市	1	
吐鲁番市	2	
巴音郭楞蒙古自治州	8	
阿克苏地区	6	
喀什地区	7	
克孜勒苏柯尔克孜自治州	3	
和田地区	1	
合计	64	

关于转发兵团党委党史研究室　兵团志办公室兵团史志工作“十三五”发展规划的通知

新兵党办发〔2016〕21号

各师（市）、院（校）党委，兵团机关各部门、各直属机构党组（党委）：

现将兵团党委党史研究室、兵团志办公室《兵团史志工作“十三五”发展规划》转发给你们，请认真贯彻执行。

兵团党委办公厅
兵团办公厅
2016年5月3日

兵团史志工作“十三五”发展规划

为全面贯彻落实《中共中央关于加强和改进新形势下党史工作的意见》（中发〔2010〕10号）、国务院《地方志工作条例》及《全国地方志事业发展规划纲要（2015—2020年）》（以下简称《规划纲要》）精神，发挥兵团史志工作以史鉴今、资政育人，修志问道、以启未来的作用，推动兵团史志事业科学发展，结合兵团实际，制定本规划。

一、指导思想

高举中国特色社会主义伟大旗帜，全面贯彻党的十八大和十八届三中、四中、五中全会精神，以马克思列宁主义、毛泽东思想、邓小平理论、“三个代表”重要思想、科学发展观为指导，深入贯彻习近平总书记系列重要讲话精神，全面落实中发〔2010〕10号文件、《地方志工作条例》及《规划纲要》精神，围绕中心，服务大局，以“创新、协调、绿色、开放、共享”五大发展理念为引领，不断完善“党委领导，行政主持，史志机构依法组织实施，社会各界广泛参与”的史志工作机制。以编史修志为主要任务，以牢牢把握好史志工作的正确导向为根本职责，牢固树立马克思主义历史观，传播好党的声音，讲好兵团故事，旗帜鲜明地反对历史虚无主义。坚持依法治志，坚持全面发展，坚持质量第一，统筹推进各项工作。发挥史志工作在文化强兵团战略中的特殊作用，为维护新疆、兵团社会稳定和长治久安提供更多的历史借鉴与智力支持，不断开创兵团史志工作新局面。

二、工作着力点

（一）发挥史志工作以史鉴今、资政育人作用，提升兵团文化软实力

以史鉴今、资政育人是史志工作的根本任务。习近平同志在全国党史工作会议上指出：“围绕中心、服务大局，是党史工作实现自身价值的重要途径；以史鉴今、资政育人是党史工作的职能和优势所在。”

做好兵团史志工作，发挥职能优势，重点要做好以下九个方面的工作。一是做好史、志、鉴书籍的编纂和研究工作，包括对中国共产党历史和兵团发展史的研究、重大事件和重要人物的研究、地情研究等；二是做好史志资料征编工作，包括文字、音像、口述史、回忆录等；三是做好史志咨询工作，即向各级党委、社会组织提供资料和咨询服务；四是开展重大历史事件和历史人物纪念活动；五是做好史志宣传教育工作，推动史志进教材、进课堂、进基层、进影视作品、进网络；六是做好史志图书和影视作品的审读审查工作；七是做好历史遗迹遗址保护、纪念场馆建设和屯垦戍边爱国主义教育基地建设的业务指导工作；八是会同有关部门参与红色旅游景点宣传教育等工作；九是做好史志业务工作指导，包括业务培训、史志著作审查、评优等工作。这几项工作，既是史志工作者的本职工作，也是史志工作全面协调可持续发展的基本内容。各级史志部门要紧紧围绕党委的中心工作，服务中心，服务大局，进一步探索和拓宽资政育人的新途径、新方法，不断提升兵团文化软实力。

（二）全面贯彻落实《规划纲要》精神，大力推进依法治志

《规划纲要》是我国第一部全国地方志事业规划性文件，也是地方志事业发展进程中的重要里程碑。兵团各级史志工作部门要在深入学习宣传《规划纲要》的基础上，按照“一纳入、八到位”要求，（“一纳入”即将史志工作纳入各地经济社会发展规划之中；“八到位”即认识到位、领导到位、机构到位、编制到位、经费到位、设施到位、规划到位、工作到位），立足弘扬优秀传统文化，服务经济社会发展的宗旨，全面谋划和推进史志工作，进行顶层设计和统筹安排。要结合本单位工作实际，加快兵团第二轮修志工作进度，确保到2020年与全国同步完成兵、师、团三级修志工作任务。要加强与完善各师（市）综合年鉴编纂工作，未启动综合年鉴编纂工作的师（市），“十三五”期间必须启动并编纂出版，以实现兵、师两级综合年鉴全覆盖。

深入贯彻落实《地方志工作条例》《规划纲要》，加大地方志工作法规规章的宣传力度。坚持依法修志、依法治志，依法履行组织、指导、督促和检查地方志工作职责，统一把史志工作纳入绩效考核。

（三）进一步做好党史研究工作

新时期党史研究要坚持“一突出两跟进”，即：进一步突出开创和发展中国特色社会主义时间段历史研究，即时跟进十八大以来党中央的决策部署，即时跟进以习近平同志为总书记的党中央的理论发展。要尊重历史研究的客观规律，围绕兵团党委中心工作开展资政课题研究，统筹谋划、突出重点，抓好深化党史研究这个第一位任务，努力拓展研究领域，创新研究方法，提升研究水平，多出接地气的资政成果。一是要做好史料征集工作。加快抢救和深入挖掘历史资料，产生一批有影响力的研究成果，通过优秀史志成果的传播和引领，不断汇聚兵团发展的正能量。继续做好《兵团历史文件选编》《兵团史料选辑》编辑出版工作。二

是兵团各级史志机构要重点做好老红军、老八路军的史料抢救工作，进一步传承红色血脉，增强兵团精神的影响力、感召力，激励广大兵团人以更加奋发有为的精神状态，投身维稳戍边新实践。三是要围绕兵团党委的中心工作，深入研究兵团各个发展时期的成就与经验教训，为各级领导决策提供历史借鉴。

（四）全面谋划建立兵团“大史志”工作格局

史志工作是党的一项重要工作。各级史志部门要积极协调机关各职能部门共同做好史志工作，采取有效措施整合史志资源。机关各部门要有分管史志工作的领导，部门要有人负责收集整理本单位、本系统的史志资料，完整记录本单位、本系统的发展历史。要主动加强同区内外史志部门的横向联系，积极借鉴自治区和内地省市的先进经验，全面谋划推进“大史志”工作格局的形成。

三、主要目标任务

（一）持续推进五项重点工作

1. 出版一部图集。由兵团党委党史研究室牵头，与兵团老干部局、兵团档案局，师（市）、院（校）史志办联合编辑出版一部图文并茂、可读性较强的《新疆生产建设兵团老红军老八路军图集》，以传承红色血脉，增强兵团精神的影响力、感召力。

2. 启动兵团口述史资料征集工作。组织采访部分有代表性的老红军、老八路军的子女，通过他们回忆口述自己父母扎根兵团、建设兵团、奉献兵团的感人事迹，激励兵团人投身维稳戍边新实践。

3. 全面完成师（团）简史编纂任务。对未完成师（团）简史编纂任务的单位，要尽快启动编纂工作，上级史志机构要加大督查工作力度，尤其要加大对任务重、困难多的南疆部分师（团）简史编纂工作的业务指导力度，有效推进师（团）简史编纂工作顺利开展，力争2019年全面完成兵团师（团）简史编纂出版工作。

4. 建设兵团数字史志馆。在充分调研论证的基础上，依托兵团政务网站平台，建设一个数字史志馆，实现史志著作网络化。同时，积极推进“兵团史志网”建设。史志地情资料信息化建设工作十分重要，建好兵团数字史志馆是“互联网+”时代的客观需要。它具有开放性、共享性、传播快等特点。兵、师、团各级史志部门要积极创新，运用网络这一现代传媒工具，积极开发利用史志资源，大力推进史志工作数字化、网络化，将兵、师、团三级史志书籍逐步电子化，构建兵团史志资源共享数据平台

5. 建设一支好队伍。从抓队伍、强素质、重学习入手，建设一支政治强、业务精、作风正，热爱史志事业，具有开拓精神，甘愿为史志事业作奉献的工作队伍，推动兵团史志工作持续科学发展。配齐配强史志工作人员，加强干部学习培训，抓好人才培养和储备。坚持政治家、专家修史修志，确保政治上可靠，史学观点正确，为党立言，为国存史，为民修志。精确记史、精准修志、精心编鉴，切实增强史志工作者的责任感和使命感。

一是建设“四个一流”的史志工作队伍。史志工作者要按照兵团办公厅提出的做一流的服务员、一流的研究员、一流的战斗员、一流的保洁员的要求，强化队伍建设，打造“学习型、创新型、服务型、研究型、和谐型”史志工作队伍，坚持解放思想、更新观念、科学发展、提升能力，更好地完成兵团党委赋予的历史使命，不断提升兵团史志工作科学化水平。

二是加强人才培养，提高专业素质。积极探索适合兵团史志工作的人才政策和措施，重视专业人才的选拔和引进，采取多种措施吸引优秀人才参与史志工作，建设专兼职结合、老中青并举，知识结构合理的人才队伍；完善教育培训制度，分级实施对史志工作机构新任负责人、业务骨干的培训，以在岗学习和以会代培、以评代培的形式培训基层史志人员，实现培训工作常态化；不断优化人才成长环境，鼓励各级史志工作机构开展多种形式的人才交流活动，鼓励和支持史志工作者接受专业继续教育。

三是弘扬直笔著史、修志问道的史志人精神。在兵团史志队伍中，着力打造有崇高的理想信念、饱满的工作热情和求真务实的科学精神，能够自觉秉持人民至上、修史修志为民的

理念，自觉坚守直书实录、实事求是的原则，自觉发掘经世致用、资政育人的智慧，自觉固守苦练内功、辛勤耕耘的高素质史志队伍。

（二）全面完成兵团第二轮修志任务

根据《规划纲要》《新疆生产建设兵团第二轮修志工作规划（2009—2020年）》要求，到2020年，分阶段完成兵团、师（市）、团场三级志书的出版任务：2016年，完成第一批15个第二轮修志试点单位志书编纂出版任务，以点带面，为全面开展第二轮修志工作积累经验；2018年，完成1部300万字的《新疆生产建设兵团志（1986—2010年）》编纂工作，同时，完成自治区地方志编纂委员会部署的1卷50万字《新疆通志·新疆生产建设兵团卷》编纂任务；2018年，完成兵团第二批63部师（市）、团场志编纂工作；2019年，完成第三批84部师（市）、团场志书编纂工作。

1. 加强方志理论研究。认真总结第二轮修志试点单位工作经验，开展修志理论研究，不断探讨兵团方志编纂特点和规律，应用于指导二轮修志实践，推动兵团方志事业又好又快发展。

2. 强化方志资料保障建设。依据《地方志工作条例》，加大依法征集地方志资料力度，健全兵团、师（市）、团场三级资料收集、保存管理工作制度。各修志承编单位在完成修志任务后，编制的资料长编统一入馆管理，以便更好地保存和开发利用第二轮修志成果。

3. 进一步提高志书质量。兵团各级史志部门要把精品意识贯穿于修志工作的全过程和各个环节，严格把好政治关、史实关、体例关、保密关、出版关等环节。要严格执行中国地方志指导小组《关于第二轮地方志书编纂的若干意见》《地方志书质量规定》《兵团志书三级评审验收办法》《兵团第二轮志书出版印刷规范》等文件要求，健全和完善志书编修业务流程，强化编修责任，严格志书出版质量管理标准，力争多出垂鉴后世的名志佳作。

4. 积极开发利用兵团志书资源。要发挥地方志记载历史功过、传承历史文脉重要使命的优势，坚持修志为用的原则，不断创新服务手段和方式，拓宽服务渠道，发挥好修志辅政的作用。

（三）按照《规划纲要》要求，实现兵、师（市）综合年鉴全覆盖

国务院要求，到2020年，全国要实现省、市、县综合年鉴全覆盖。结合兵团实际，到2020年，要实现兵、师两级综合年鉴全覆盖，一年一鉴，公开出版。

四、保障措施

1. 组织保障。坚持和健全党委领导、政府主持、史志机构组织实施、社会各界广泛参与的工作机制，切实做到“一纳入、八到位”。各级党委要重视史志工作，关心史志事业的发展，切实加强领导，定期听取史志工作汇报，研究部署史志工作，统筹解决史志工作中存在的困难和问题。要强化依法修治、依法治志的观念，确保国务院办公厅颁布的《规划纲要》的目标任务圆满完成。

2. 经费保障。兵团各级要将史志工作所需的资料征集、调研、评审、稿酬、出版以及聘用人员等劳酬费用列入本级财务（政）预算，为重大课题研究和信息化建设提供经费保障。积极改善史志工作办公条件和图书资料收藏保管条件，保证史志工作正常开展。

3. 队伍保障。“一纳入、八到位”，人才保障是根本。各史志工作机构要加强对史志专业人才的教育和培养，做到在政治上多关心，生活上多关照，积极营造人才成长环境。要完善教育培训制度，支持史志工作人员接受专业继续教育，全面提高个人的业务素质和能力素质。广大史志工作者要牢记习近平总书记提出的“五个坚持”，主动担当，积极作为，以务实的作风，鼓足的干劲，饱满的热情投身兵团史志事业。建立干事创业的激励机制，继续开展五年一度的先进集体和先进工作者评选表彰活动。

4. 加强党的领导。史志工作是党的事业的重要组成部分，加强党的领导，是做好史志工作的重要保障。要始终坚持党的正确领导，保持正确的政治方向，坚持“史志工作姓党”的根本原则，自觉把史志工作融入党委工作大局中，积极主动争取各级党委和领导对史志工作的支持。

·领导讲话摘要

在暨南大学历史文献学专业（方志学方向）研究生课程班结业仪式上的讲话

（2016年1月13日）

冀祥德

大家好，非常高兴来到广州，来到暨南大学，参加中国地方志指导小组办公室和暨南大学合办的历史文献学专业（方志学方向）研究生课程进修班的结业仪式。首先，我代表中国地方志指导小组办公室向顺利结业的各位同学表示衷心的祝贺，也向暨南大学、广东省学位委员会办公室和具体负责此次研究生课程进修班的暨南大学中国文化史籍研究所表示衷心的感谢。

2013年2月，中国地方志指导小组办公室和暨南大学文学院签署联合举办历史文献学专业（方志学方向）硕士研究生课程进修班的协议，6月14日，中国地方志指导小组办公室印发《关于与暨南大学联合举办历史文献学专业（方志学方向）研究生课程进修班的通知》（中指办字〔2013〕17号），开始面向全国地方志系统招生。同时，该班也得到广东省学位委员会办公室批准（粤学位办〔2013〕24号），并列入2013年度广东省高等学校举办研究生课程进修班名单中。经过一系列前期筹备，2013年11月10日，该研究生课程进修班开班典礼在暨南大学举行。中国地方志指导小组秘书长兼办公室主任李富强，暨南大学党委书记、副校长蒋述卓，广东省人民政府地方志办公室主任陈强，暨南大学文学院院长王列耀、暨南大学研究生院副院长史学浩等领导出席并致辞，在座的同学一定都还记得当时的情景，时间很快，一眨眼两年时间已经过去。两年来，中国地方志指导小组办公室和暨南大学通力合作，从研究生教学和在职人员的特点出发，为大家合理安排了集中学习的课程和一系列由全国方志界、高校著名专家学者举办的专题讲座，为大家提供了良好的学习环境。该班招收的20多名学员，大多来自全国各地的地方志工作机构，听说你们当中部分学员还可以申请到暨南大学的硕士学位，很替你们高兴，这也从一个侧面证明这次联合举办的研究生课程班还是很有成效的。在暨南大学这两年的学习，不仅会对你们今后的工作学习有很大的帮助，也一定会让你们记住这段美好的时光。

和暨南大学联合举办研究生课程进修班，是中国地方志指导小组办公室首次和高等校院以这种方式进行合作，也算一次创举。你们很荣幸，成为了首批学员，当然你们也应该感到骄傲。这个研究生课程班有两个重要意义：一是通过和暨南大学这样的名校合作，为地方志事业培养高层次的方志学高级专门人才，从而进一步提升修志人员专业素养，为志书、年鉴的编修提供强大的人才储备；二是通过这次合作，能为今后加强方志学理论研究和方志学学科建设，奠定一个很好的基础，使这两项能够推动地方志工作健康发展的基础性工作，有一个实实在在的抓手，可以以点带面，稳步推进。

2015年8月25日，国务院办公厅印发了《全国地方志事业发展规划纲要（2015—2020年）》，这是继2006年国务院《地方志工作条例》颁布实施以来方志界的又一大盛事。2015年12月29日，全国地方志系统先进模范座谈会在人民大会堂召开。中共中央政治局常委、国务院总理李克强作出重要批示，中共中央政治局委员、国务院副总理刘延东接见与会代表并讲话。这些都表明党和国家对于地方志事业十分重视，地方志工作进入了全面发展与快速发展的新时期。中国地方志指导小组办公室为了全面贯彻落实李克强总理的重要批示、刘延东副总理的重要讲话精神和《全国地方志事业发展规划纲要（2015—2020年）》，结合地方志工作实际，已经启动了“十大工程”，涉及方志编纂、出版、信息化等诸多方面。地方志工作大有可为。

在此我也希望，今后还能继续和暨南大学通过各种方式进行全面的合作，培养地方志人才，推动方志理论研究，提升方志学学科的地位，加强地方志系统与科研机构、高等院校的合作与交流。另外，也希望在座的各位学员能把你们这两年在暨南大学学到的理论知识运用到地方志工作实践中，能在编鉴修志的具体工作中更进一步提升自己的专业技能，为地方志事业的发展作出应有的贡献。

最后，再次对暨南大学表示感谢，对在座的各位学员表示祝贺。

在东莞市大朗镇《巷头年鉴》创刊号首发仪式上的致辞

（2016年1月14日）

冀祥德

尊敬的陈强主任、张科常务副市长、丘洪松副主任、邓卫洪镇长，各位领导、各位嘉宾：

大家上午好！在深入贯彻落实《全国地方志事业发展规划纲要（2015—2020年）》的开局之年，在激动人心的全国地方志系统先进模范座谈会落幕不久，东莞市大朗镇举行《巷头年鉴》首发式，这是全镇文化建设的一件喜事、盛事，也是全国年鉴编纂向基层延伸的创举和尝试，意义重大，令人振奋。我谨代表中国地方志指导小组及其办公室，向《巷头年鉴》顺利问世表示热烈的祝贺，向一直关心爱护地方志工作的东莞市委市政府、大朗镇党委政府表示衷心的感谢，向为《巷头年鉴》编纂出版付出辛勤劳动的大朗镇地方志工作者和年鉴编纂人员致以崇高的敬意！

党的十八大以来，党中央、国务院更加重视地方志工作。习近平总书记两次对地方志工作作出重要指示，2014年2月在北京首都博物馆考察时，强调要高度重视修史修志，把历史智慧告诉人们；2015年7月在主持中共中央政治局第二十五次集体学习时，要求地方志部门与其他机构共同对中国人民抗日战争进行系统研究，做到让历史说话，用史实发言。李克强总理三次对地方志工作作出重要批示，2014年4月对第五次全国地方志工作会议作出批示，提出“修志问道，以启未来”的殷切期望；11月，就《汶川特大地震抗震救灾志》出版作出批示，要求有关方面认真研究志书总结的汶川抗震救灾经验；去年12月28日，对全国地方志系统先进模范座谈会作出批示，希望地方志工作者“直笔著信史，彰善引风气”“为当代提供资政辅治之参考，为后世留下勘存勘鉴之记述”。刘延东副总理先后五次对地方志工作发表重要讲话或作出重要批示，提出“一纳入、八到位”的总体要求，即将地方志工作纳入各地经济社会发展规划和政府工作目标任务之中，切实做到认识到位、领导到位、机构到位、编制到位、经费到位、设施到位、规划到位、工作到位。此外，为更好地贯彻落实2006年5月国务院颁布施行的《地方志工作条例》，大力推动依法治志，去年8月25日，国务院办公厅印发《全国地方志事业发展规划纲要（2015—2020年）》，并于9月3日，即中国人民抗日战争暨世界反法西斯战争胜利纪念日正式向社会公布，将地方志工作纳入到地方各级政府工作任务当中，凸显了地方志事业的巨大价值和无穷魅力。习近平总书记、李克强总理、刘延东副总理的重要指示、重要批示、重要讲话精神，《规划纲要》提出的目标任务，我们要认真学习领会，坚决贯彻落实，不辜负党中央、国务院的厚望和重托。

党中央、国务院的关心支持，地方各级党委政府的坚强领导，广大地方志工作者的接续奋斗，推动全国地方志事业呈现出喜人的强劲发展势头，可谓高潮迭起、春天常驻。作为地方志事业发展坚固支撑和重要组成部分的年鉴事业，也取得了值得称赞的不凡业绩。突出表现在：一是年鉴种类数量快速增加。目前全国省、市、县三级综合年鉴达到2300多种，北京、上海、安徽、湖北、广东等省市实现地方综合年鉴编纂全覆盖；一些地区还配套编纂出版综合年鉴英文版和简本，创办珠江三角洲、长江三角洲、武汉城市圈等经济区域年鉴和乡镇村年鉴，使年鉴大家庭时常有新的面孔、新的惊喜出现。二是年鉴编纂出版质量不断提高。各地按照中国地方志指导小组颁发的《地方综合年鉴编纂出版规定》，在编纂体例、资料搜集、内容记述、编校质量等方面严格规范、勇于创新、狠下功夫，全力打造品牌年鉴；中国地方志指导小组办公室通过开展队伍培训、举办质量评比、开展年鉴工作试点、实施中国年鉴精品工程等措施，引领年鉴编纂方向，推动年鉴质量不断迈上新的台阶。三是年鉴的社会影响力和使用价值日益增强。各地利用编纂年鉴所搜集到的年度统计数据、地方大事要闻和各类图片资料，编纂出版形式多样的地情资料书籍和地域文化著述，为党委政府科学决策提供信息参考，为社会各界提供咨询服务；通过数字化、网络化建设，广泛传播年鉴资料信息，推动年鉴成果惠及更广大的人民群众。

在全国地方志事业发展的大好形势下，在广东省地方志工作一直作为全国排头兵的良好氛围中，东莞市和大朗镇的地方志工作，既扎实前行，又敢为人先，成绩可圈可点，亮点随处可见。比如，东莞市在广东省第一个全面铺开镇街志编修，编纂出版全国第一部篮球志，编纂出版广东省第一部规范性村志；以《东莞年鉴》为龙头，带动全市13个中心镇编纂年鉴；成功承办第三届中国地方志学术年会，活跃理论研究气氛；编纂系列地情书籍，服务党委政府中心工作和经济社会发展大局；积极开展地方志成果进校园、进社区、进企业活动，强化乡土感情，弘扬东莞精神；大朗镇成立全省第一个镇级方志馆，公开出版全国第一部乡镇级综合年鉴、第一部村级年鉴，等等。综合来看，东莞市和大朗镇的地方志工作走在全国同级地方志工作的前列。也正是因为成绩显著，2015年，东莞市地方志办公室受到国家人力资源和社会保障部、中国地方志指导小组的联合表彰，被授予全国地方志系统先进集体荣誉称号。

今天，《巷头年鉴》出版发行、走向社会，不仅为东莞市和大朗镇的方志文化宝库增添了一颗璀璨明珠，作为新的年鉴品种，也必将引发全国年鉴界的关注，引发对年鉴编纂的新思考和新定位。因此，《巷头年鉴》编纂工作者要敢于面对挑战，勇于承担使命，发挥引领作用。

一要抓质量、创品牌。质量是年鉴的灵魂和生命。在年鉴编纂出版中，要毫不动摇地坚持质量第一的原则，始终坚持政治的坚定性、框架的科学性、资料的实用性、体裁的灵活性、文风的朴实性、编校的严谨性、出版的时效性；要牢固树立创新理念和开放意识，建立健全信息搜集、专家评议制度，努力打造出具有年度特点和地方特色的高质量文化品牌，努力成为中国年鉴精品工程中的出色成员，努力成为全国村级年鉴编纂的试验田和引领者。

二要抓开发、增效益。年鉴编纂，重在致用。只有用鉴，才能体现年鉴的价值，才能提升年鉴的生命力。要扩大宣传，普及年鉴知识，提高年鉴的社会知名度；要放下身段，主动作为，推动年鉴走进机关、走进企业、走进千家万户。要以年鉴为依托，开展重大事件、优秀人物的评选，激发社会正能量，弘扬社会主义核心价值观；要以年鉴为纽带，促进生长在这块地方、生活在这块地方的各个阶层、各个群体的联系，使人们更加热爱自己的家乡，更加钟情于这片沃土；要以年鉴为窗口，宣传本地的风土人情和发展成就，吸引更多的有识之士来投资兴业。

三要抓队伍、固根本。队伍壮、人才旺，方能事业兴。没有高素质的年鉴队伍，年鉴的发展最终只能是镜中花、水中月。要建立培训机制和学习机制，为年鉴撰稿人、组稿人、编辑队伍提供更多的学习机会，提高他们的理论素质和业务水平，真正成为年鉴编纂的行家里手；要建立激励机制和交流机制，让熟悉地方情况的年鉴编纂人员感到工作有盼头、社会有位置，发展没有天花板；要为他们创造更好的工作环境和生活条件，根除后顾之忧，提高他们工作的积极性、主动性、创造性。唯有培养了人才，留住了人才，年鉴质量才能保证，年鉴事业才能持续健康发展，地方文化建设才能永葆生机和活力。

最后祝《巷头年鉴》越办越好，祝东莞市和大朗镇的地方志工作取得更多成绩，为全市经济社会发展和文化建设作出新的更大贡献！

新春佳节就要到了，借此机会，给大家拜个早年，祝工作顺利，万事如意，身体健康，阖家幸福！

在重庆市调研地方志工作时的讲话

（2016年4月20日，根据录音整理）

冀祥德

刚才大家的工作汇报中，谈到对地方志工作的一些认识，取得的一些成绩，对地方志工作目前的定位和发展的一些困惑以及对地方志工作开展的一些意见和建议，谈得都很实在。对大家提到的问题和建议，我做个简单回应。

第一，关于适时启动修订《地方志工作条例》（以下简称《条例》），依法修志。大家提到，《条例》中没有强制性、约束性的法律规范。用法律专业话来说，就是没有“违法责任”这一章，只规定有关部门应当提供资料，应当编修志书，但没有规定如果不这么做应该承担什么法律后果，这是立法中必须有的一章，就是违法责任。《条例》作为地方志工作的“根本法”，需要不断适应新形势、吸纳新经验、确认新成果，才能具有持久的生命力。随着依法治国的进一步推进，地方志事业的进一步发展，《条例》的修订迫在眉睫，中指办已经将此项工作纳入了2016年工作计划。下一阶段，将通过全方位梳理，尽快启动修订程序。同时，探索启动《中华人民共和国地方志法》立法工作，提高地方志工作的法律地位。重庆既然有这方面的认识和建议，希望你们可把这个问题进一步研究，书面报中指办。

第二，关于设立一些课题项目或者提供一些经费来扶持地方志工作。自2015年以来，中指办启动和实施了民族地区与贫困地区志书出版资助工程、正在筹备全国地方志科研工作会议，在加快推进民族地区、贫困地区志书编纂工作的同时，正在探索以课题研究方式设立面向各级地方志工作机构和高校、科研机构的专项项目，扶持各地地方志工作。

第三，关于制定激励机制，发扬“修志问道、直笔著史”的方志人精神。方志人默默无闻、无私奉献，有的甚至是数十年如一日。目前，人社部把全国地方志系统先进集体、先进工作者表彰已经正式纳入国家荣誉表彰体系。近期，中指办正在积极与人社部、国家公务员局沟通协调，探索出台全国地方志系统的奖励表彰办法。各省级地方志工作机构也可按照国家、省有关规定，开展先进集体和先进工作者评选表彰活动，建立干事创业激励机制，营造良好氛围。

第四，关于加强地方志队伍培训问题。刚才8位同志先后发言，其中7位同志谈到培训。王伟光组长和李培林常务副组长非常关心地方志人才队伍培养，也一直强调培训问题。中指办从2015年开始加大了培训力度，仅2016年以来就召开了年鉴、基层基础工作、方志馆建设等方面的多次培训工作会议，下半年还相继有省志、市志、县志、乡镇志、村志等编纂业务培训班；中国地方志学会换届后，也把培训列为工作重点之一，相应的培训活动将会与中指办的相关处室及方志出版社联动，加快推进培训工作。今后将把公益性培训和商业性培训密切结合。从去年开始，培训已经开始体系化的设置，统一培训规划，统一培训教材，规范培训师资，科学培训方式等，今后中指办将会针对各地实际开展培训工作。

第五，关于如何强化地方志的职能，提高依法治志水平。强化地方志工作机构职能，领导重不重视固然重要，但是各级地方志工作机构和工作者作不作为、有什么样的作为尤其重要。《条例》的颁布解决了地方志工作的开展无法可依、靠行政命令修志的局面，实现了依法修志。伴随《规划纲要》所制定的基本原则第二条“依法治志”的确定和颁行，依法修志已经成为依法治志的七大外延之一，我们应该在依法治国的新背景下，在依法治志的视野下来认识、研究、从事地方志工作，不断提高依法治志水平。地方志正在实现从一项工作到一项事业的转型。2006年的《条例》将其定位为一项工作，2015年《规划纲要》定位为地方志事业，这不是一个简单的概念的转化，而是对地方志不同时期的认识和定位。《条例》是一部行政法规，《规划纲要》是部门规章，都属于法律形式，对地方志的定位具有法定性，因此，从《条例》到《规划纲要》，从工作到事业，正在进行一个转型。

第六，关于加强宣传，提高认识。大家建议在党校举办相关培训班，尤其领导干部培训班中增设地方志的专题讲座；对青少年进行地方志知识宣传。这些建议非常好。地方志不能藏在深山人未识，一定要加大宣传力度，让广大人民群众共享地方志工作成果，让地方志成果进入寻常百姓家。中指办2015年以来编纂出版了《中国古代为官箴言》《中华家训精编100则》，启动了中国名镇志文化工程，马上要启动中国名村志文化工程，都是有益的探索。加强宣传，要开拓思路、找准方法、拓宽路径，要多方面促进地方志工作机构职能的开拓，提高对地方志的认识。

第七，关于制定地方志工作标准规范。这个建议提得好。培林常务副组长多次强调，要编写专门的志鉴编纂规范。地方志事业发展标准、规范的制定和应用事关重大，中指办正在制定地方志的管理规范，将站在促进地方志事业发展的高度，结合全国地方志工作实际，探索建立志鉴编纂规范，不断提高志鉴质量，多出精品佳志。

第八，关于做好地方志信息化建设。这些建议既有前沿性，又有热点性。地方志信息化是地方志事业的重要组成部分，事关事业的科学发展水平。目前，全国地方志信息化顶层设计方案即将颁布、相关标准规范的拟定正在全力推进，中指办正在对中国地情网进行第二期改造，中国国情网正在布建中，国家数字方志馆正在推进，将打造出中国哲学社会科学中资源最丰富、价值最珍贵的海量数据库。重庆市要抓住党和国家高度重视信息化建设的重大机遇，认真落实国家“十三五”规划和《规划纲要》，深入思考地方志信息化建设的新思路、新方向、新措施，加快步伐，做到边建设、边使用、边宣传、边完善。同时，要加强同其他省（自治区、直辖市）的工作交流，促进信息共享。

至于大家谈到的部门冷僻，人才流动慢，领导重视口头化，部门地位边缘化，修志工作自娱化，人才队伍老龄化，这不仅是重庆的问题，而且是全国性的问题。这些问题，我们有同感，有共识，也是我们这次来调研的目的之一，就是进一步了解这些问题，分析问题原因所在，然后考虑怎样解决这些问题。

下面，我结合重庆市地方志工作谈两点感受，和大家共勉。第一点是转型与创新，第二点是沟通与联动。所谓转型与创新，就是现在全国地方志都在从一项工作向一项事业转型，重庆要紧跟步伐，做好转型，实现创新。现在是深化改革和创新发展的时代，地方志也要创新，中国名镇志文化工程和中国名村志文化工程，就是地方志工作创新的重要举措。通过创新，把地方志这个冷部门炒热，做热。所谓沟通与联动，要请进来，要走出去。重庆市地方志办公室和区县地方志办公室相互之间要多走动、多沟通，和全国兄弟地方志工作机构之间更要多联系、多走访，取人之长补己之短，用他山之石攻重庆之玉。同时，要加强重庆各级地方志工作机构和中指办的沟通，积极参与到中指办启动的“十大工程”等顶层设计中来，推进重庆市地方志事业持续健康发展。通过今天的调研，听了大家的汇报，我感到地方志在重庆很有活力，已经在春意萌动，鲜花灿烂的季节很快就会到来。

在中国地方志学会信息化研究会第一届理事会第一次会议上的讲话

（2016 年 4 月 26 日）

冀祥德

中国地方志学会信息化研究会（以下简称研究会）第一届理事会第一次会议已经完成了预定的各项议程，即将闭幕。选举产生了研究会第一届理事会和领导机构，为研究会发展壮大奠定了坚实基础。在此，我代表中国地方志指导小组办公室（以下简称中指办）、中国地方志学会，对大会的圆满成功表示诚挚的祝贺！向各位当选的理事、常务理事致以热烈的祝贺和亲切的问候！大家在各自领域和所在单位都承担着重要岗位职责，平时工作都很忙，今天能克服困难按时参会，在此向大家表示衷心的感谢！

这次会议选举我为会长，是各位代表和理事对我的信任。对此，我深表感谢，也深知使命的光荣和责任的重大。我将遵照学会章程的规定，认真履行自己的职责，竭诚为广大会员服务，同全体理事一起努力，把研究会办好，不辜负各位代表和理事的重托。

党的十八大以来，新一届中央领导集体非常重视传统文化在中国特色社会主义建设中的重要作用，十分关心地方志工作，多次发表重要讲话、作出重要批示。习近平总书记 2014 年 2 月到北京首都博物馆考察时强调要“高度重视修史修志”，2015 年 7 月在中共中央政治局第 25 次集体学习时提出地方志工作机构要在抗日战争研究上发挥应有作用，这些重要指示将地方志工作列为传承优秀文化传统的重要抓手，为弘扬修志优秀文化传统提供了根本遵循。李克强总理 2014 年 4 月就第五次全国地方志工作会议召开作出重要批示，强调“修志问道，以启未来”，11 月又就《汶川特大地震抗震救灾志》出版工作作出重要批示，对地方志工作提出了殷切期望和明确要求。2015 年 12 月 29 日，李克强总理对全国地方志系统先进模范座谈会作出重要批示：“希望地方志工作者继续发扬方志人精神，志存高远，力学笃行，直笔著信史，彰善引风气，为当代提供资政辅治之参考，为后世留下堪存堪鉴之记述。”刘延东副总理 2014 年 4 月与第五次全国地方志工作会议部分代表座谈时发表了重要讲话，就进一步做好地方志工作提出明确要求；2014 年 11 月、2015 年 1 月又先后作出两次重要批示，要求切实采取有效措施，推动地方志事业迈上新台阶；2015 年 12 月 29 日接见全国地方志系统先进模范座谈会与会代表并发表重要讲话。在两年多的时间内，中央领导同志如此密集地就地方志工作作出重要批示、发表重要讲话，充分肯定了地方志工作的重要作用，对地方志工作提出了新任务、新要求，是极为罕见的。上个月，“加强修史修志”写入国家“十三五”规划，是贯彻落实习近平总书记系列重要讲话精神和李克强总理、刘延东副总理重要批示、重要讲话精神的重要举措，充分体现了党中央、国务院对地方志工作的高度重视和殷切期望。

当前，整个社会正处于信息化时代，移动互联网、大数据、云计算等信息技术发展日新月异。在信息技术变革日新月异的时代背景下，地方志工作只有顺应时代潮流，加大信息技术在地方志工作中的应用，才能为地方志事业科学发展、持续发展提供不竭动力。

新一届中指组领导高度重视信息化建设。2013 年 12 月以来，王伟光组长、李培林常务副组长先后到 29 个省（自治区、直辖市）和新疆生产建设兵团调研地方志工作，多次就信息化工作作出具体指示和要求。2015 年 3 月，中国社会科学院党组将名志建设纳入名优建设工程，将地方志网站、数据库、综合办公平台建设纳入全院的信息化建设，进行通盘考虑。新一届中指办领导班子也非常重视信息化工作，不仅重视顶层设计，而且成立专门机构创建中国国情网、中国地情网、中国方志网，“方志中国”微信公众平台，“方志中国”手机报，《中国方志》报等，卓有成效地推进全国地方志信息化工作。2015 年 8 月 25 日，国务院办公厅印发《全国地方志事业发展规划纲要（2015—2020 年）》（以下简称《规划纲要》），把信息化建设列为今后五年地方志事业发展的重要支撑，对地方志信息化建设提出明确要求。

近年来，全国地方志系统信息化建设取得了显著成绩。各级网站、数据库、办公自动化等建设进度不断加快，相关配套制度逐步完善，专业人才队伍进一步壮大，利用信息技术手段服务经济社会发展的能力不断增强。截至 2015 年 10 月底，建成省级网站 26 个、市级网站 230 个、县级网站 816 个。有的地方着力推动省、市、县三级地情网站群建设，实现了全省联网、资源共享；有的地方与政府门户网站、图书馆网站实现链接，公共服务能力大大提高；有的地方地方志成果数字化成绩显著，地情资源数据库不断完善充实，将海量数字资源上传到地情网站，供社会各界查阅使用；有的地方开设微博、微信、手机版网站，利用新媒体大力开发方志资源。

在这种大背景下，成立研究会，顺应“互联网＋地方志”的发展趋势，符合全国地方志系统信息化工作实际，符合全国地方志系统信息化建设的顶层设计要求，符合全国地方志系统的期盼和呼声。做好研究会工作，离不开每位理事的辛勤付出和大力支持，希望各位理事积极参与研究会组织的各项活动，多为地方志信息化建言献策，特别是为解决重大、疑难问题提供良方良策。中指办也将积极为研究会的工作创建条件，加强工作联系，充分发挥好研究会的作用。

今年是全面贯彻落实《中华人民共和国国民经济和社会发展第十三个五年规划纲要》（以下简称“十三五”规划）的开局之年，是全面贯彻落实《规划纲要》的关键之年，也是《关于全国地方志信息化发展的若干意见》推出并积极推进的关键之年。借此机会，我就研究会下一步工作谈四点意见。

第一，要切实增强全局意识。地方志信息化是地方志工作的重要组成部分，在很大程度上事关地方志事业科学发展。研究会如何发挥支撑、参谋和桥梁纽带作用，很大程度上取决于研究会理事会的工作；各位理事要站在促进地方志事业发展的高度，结合各自的工作实际，研究和探索地方志信息化相关标准制定与应用、系统运维保障和信息安全管理等问题，找准切入点，谋划地方志信息化长远发展。

第二，要认真履行工作职责。当前，地方志信息化发展迎来了重要发展机遇，研究会应当总结经验、把握机遇、创新方式，做好“四个加强”，即加强整合地方志信息资源，推动地方志信息工作；加强地方志信息化重大项目建设，做到边建设、边使用、边宣传、边完善；加强地方志信息化机构建设，提高组织保障和支撑能力；加强各省（自治区、直辖市）地方志信息化工作交流，促进信息共享。目前，全国地方志信息化顶层设计方案即将颁布、相关标准规范的拟定正全力推进，希望研究会针对制约地方志信息化发展的难点和瓶颈问题，深入开展调研，了解存在问题，理清工作思路，提出解决办法，特别是要围绕解决顶层设计、优化业务流程、创新服务模式、构建整体系统等方面，组织地方志信息技术与理论研究，跟踪信息技术领域的新成果、新进展。建议各位理事着重思考以下几个关键问题，多提建议，一是如何更好地让地方志信息化为地方志事业决策服务，二是如何更好地让地方志信息系统落地应用，三是如何更好地整合地方志信息系统，四是如何更好地强化安全保障。

第三，要加强组织机构建设。要按照研究会《规程》规定的条件和标准，积极发展会员、完善专家队伍，把那些热心地方志信息化建设的人员吸收到队伍中来，发挥其聪明才智。要加大专业培训力度，建立健全地方志信息化骨干人才培养机制，打造一支高素质的信息化人才队伍。要强化学术交流。采用多种形式，加强与高等院校、科研机构、档案与图书馆等部门、单位的学术交流、合作，开拓视野，提高素质。要认真贯彻执行国家关于社团管理的有关规章制度，用制度规范研究会的活动，健全完善工作制度，进一步提高研究会工作的规范化、制度化水平。

第四，要充分发挥自身优势。研究会的业务范围涉及诸多方面，聚集了地方志行业很多方面的人才，具有组织优势、人才优势和专业优势。希望大家运用好这一平台，发挥好纽带和桥梁作用，利用自身专长和优势，努力为地方志事业发展提供有效、全面的信息技术支撑。在座的各位理事、常务理事是研究会的重要成员，有些是地方志工作机构的负责同志，多年身处信息化工作前沿，具有多年的实践经验；有些是科研院所、高等院校的专家学者，身处信息技术研究与应用第一线，对信息化研究具有很高的造诣和水平。各位理事应做到学习在先，掌握在前，增加知识储备，深入调研，勤于思考，带头研究解决信息化建设过程中的实际问题，正确处理好本职工作和研究会工作的关系，积极参与研究会的各项活动，出主意、想办法，认真负责地发表意见、提出建议，使研究会成为团结共事的专业学术团队，为各级地方志工作机构科学决策更好地发挥研究会的作用。

同志们！研究会的成立，为地方志信息化建设搭建了新平台，提供了新动力。我们要抓住党和国家高度重视信息化建设的重大机遇，在中国地方志学会的领导下，认真落实国家“十三五”规划和《规划纲要》，深入思考地方志信息化在地方志工作中的新思路、新方向、新措施，共同推进地方志信息化不断前进，为地方志事业科学发展提供有力的技术支撑和基础保障。

在第一次全国年鉴工作会议上的总结讲话

（2016年7月16日）

冀祥德

第一次全国年鉴工作会议圆满完成各项议程，马上就要结束了，根据会议安排，下面，我对这次会议作简要总结，就下一步工作谈几点意见。

这次会议是新中国成立以来召开的第一次年鉴工作会议，是全国年鉴界的一次盛会，也是一次举旗的会议。中国地方志指导小组及其办公室对这次会议高度重视，做了精心的筹划和筹备。培林常务副组长出席会议并发表题为《统一思想，凝心聚力，深入贯彻落实〈规划纲要〉，努力实现年鉴事业发展新跨越》的重要讲话。讲话全面总结了改革开放近40年来尤其是国务院《地方志工作条例》（以下简称《条例》）颁布施行10年来，年鉴工作取得的显著成绩和宝贵经验，指出了困扰年鉴事业发展的突出问题。立足国家发展改革大局和社会主义文化事业建设全局，深刻阐释了省、市、县三级综合年鉴全覆盖和年鉴质量建设、队伍建设的重大意义。围绕《全国地方志事业发展规划纲要（2015—2020年）》（以下简称《规划纲要》）贯彻落实，提出要继续加大宣传力度，逐步在全社会培育浓厚的年鉴意识，使年鉴编纂成为一个时代的文化自觉；大力推动依法治鉴，狠抓“一纳入、八到位”落实，督促如期完成年鉴工作任务，尤其是省、市、县三级综合年鉴全覆盖的任务；始终坚持创新理念，以创新思维来考虑问题、解决问题，创新工作模式、管理方式、工作手段。培林常务副组长的讲话站位高、立意远，理论性、实践性强，是指导当前和今后一个时期年鉴事业发展的重要文献，我们要认真学习领会，做好贯彻落实工作。

会议还通报表扬了全国优秀年鉴编纂单位，希望获得表扬的单位以此为新的起点，与时俱进、开拓创新，努力编纂出真正经得起时代和历史检验的精品佳作。山西、上海、江苏、安徽和全军军事志指导小组办公室5个单位，分别介绍了各自的经验做法，这些经验做法是辛苦探索的结晶，有较强的借鉴意义。会上，中国地方志指导小组办公室（以下简称中指办）还对《全国年鉴事业发展规划（2016—2020年）》编制情况作了说明，举行了方志出版社太原工作站揭牌仪式。三个小组围绕培林常务副组长的讲话和《全国年鉴事业发展规划（2016—2020年）》，结合本地本部门实际，进行了热烈讨论，提出许多好的意见和建议。从刚才小组召集人的汇报可以看出，大家充分肯定年鉴事业发展的成绩，对年鉴事业的未来充满信心。总体看来，这次会议内容丰富、主题突出、效率很高、催人奋进，达到了预期效果。

根据会议主题，围绕会议精神，我再强调几点。

一是抢抓难得的发展机遇，善用良好的发展环境。当前，全国年鉴事业发展迎来了又一个春天，发展形势振奋人心，发展机遇千载难逢。党的十八大以来，中央领导同志高度重视地方志工作。习近平总书记两次对地方志工作作出重要指示，李克强总理三次对地方志工作作出重要批示，刘延东副总理两次接见全国地方志工作者代表并发表重要讲话，多次对地方志工作作出重要批示。在短短三年多的时间里，中央领导同志如此关心关怀关注地方志工作，连续对地方志工作作出指示、发表讲话，这在新中国地方志发展史上是不多见的。这些重要指示、重要讲话从激发民族自豪感和自信心的层面，站在坚定全体人民振兴中华、实现中国梦的信心和决心的高度，对地方志工作寄予厚望，意蕴深远、发人深思。既向各级党委政府及社会各界指明地方志的独特价值，也明确指出了当前和今后一个时期地方志事业发展的努力方向，为我们干事创业提供了基本遵循和有力依据，更有利于形成支持地方志工作的良好社会氛围。今年6月底，经全国哲学社会科学规划领导小组批准，由中指办牵头的国家社科基金抗日战争研究专项工程项目《中国抗日战争志》批准立项，就是有关部门落实中央领导指示精神的一项重要举措。

正是由于党中央、国务院的高度重视，去年8月，国务院办公厅印发了《规划纲要》，强调推动《条例》的贯彻落实，逐步建立健全地方性法规规章。加大地方志工作法规规章的宣传、执行力度，定期开展执法监督检查，依法纠正、查处执行不力和违法行为。要求坚持和健全党委领导、政府主持、地方志工作机构组织实施、社会各界广泛参与的工作体制，坚持“一纳入、八到位”的工作机制。明确提出地方志工作机构设置和人员编制，要与其有效履行职能、顺利开展工作的要求相适应；按照德才兼备原则和专业要求，配齐配强地方志工作机构的领导班子。此外，在国家“十三五”规划中，“加强修史修志”作为加强社会主义文化强国建设的重要内容写入其中。这些规定要求，为年鉴事业发展提供了有力的法治保障、组织保障和经费保障。

新一届中国地方志指导小组（以下简称中指组）领导也一直把地方志工作摆上重要议事日程，多方调研、科学谋划地方志工作，不断破解地方志事业发展难题。2013 年 12 月第五届中指组组建以来，伟光组长、培林常务副组长先后到 29 个省、自治区、直辖市开展地方志工作调研，看望奋战在第一线的地方志工作者，推动《规划纲要》和第五次全国地方志工作会议精神的贯彻落实。昨天上午，培林常务副组长在百忙之中出席第一次全国年鉴工作会议，对全国年鉴工作者提出希望和要求，下午组织召开山西省地方志工作座谈会，了解基层情况，听取大家的意见和建议。中国地方志指导小组领导的工作作风、工作方法和务实态度为广大地方志工作者树立了榜样。我们相信，在新一届中指组的带领下，年鉴事业一定能实现新的辉煌。

近年来，中指办紧紧围绕中央领导同志的重要指示、重要讲话精神，《规划纲要》提出的目标任务、中指组领导提出的指示要求，不断创新工作模式，开拓新的工作领域，相继启动“十大工程”，即：民族地区与贫困地区志书出版资助工程、中国志书精品工程、中国年鉴精品工程、中国名镇志文化工程、中国名村志文化工程、全国地方志“一体两翼”用志工程、全国信息方志与数字方志建设工程、方志馆研究建设及全国地方志专业出版基地建设工程、中国地方志学科建设与人才队伍建设工程、中国方志文化走向世界工程。现在，这些工程已经取得阶段性成果，在社会上的影响力也逐步加大，相信以“十大工程”为总抓手，必将推动地方志事业这艘文化航船乘风破浪，奋力前行。

二是统一思想，凝聚推动年鉴事业发展的强大力量。经过改革开放以来近 40 年的发展，年鉴已经实现从“一本书”到一项事业的转型，仅从机构和队伍来讲，全国有 2700 多个地方志工作机构编纂省、市、县三级地方综合年鉴，包括解放军、武警部队在内，还有 2000 多个行业、部门、企事业单位编纂各种类型的专业年鉴，专兼职编辑人员有 2 万多人，可以说，这是一支能战斗、能吃苦、能奉献的文化建设生力军，各级党委政府和全社会应当关心爱护这支队伍，建设好这支队伍。

但是，长期以来，从全国层面来讲，年鉴编纂工作缺乏统一规划、统一管理，年鉴编纂机构和队伍缺乏统一领导，形不成有效的向心力和合力，严重影响年鉴事业的健康发展。针对这种工作状况，《条例》明确规定：地方综合年鉴编纂是地方志工作的重要组成部分，国家地方志工作指导机构统筹规划、组织协调、督促指导全国地方志工作。《规划纲要》强调：要重视军事、武警年鉴工作，加强对已开展和准备开展年鉴编纂工作的行业、部门、单位等的业务指导和管理。根据《条例》和《规划纲要》，中指组及其办公室在法律上和政策上具有管理和指导全国年鉴工作的职责。

俗话讲：众人拾柴火焰高。下一步，中指组及其办公室将以中国地方志学会年鉴研究会为依托，广泛团结全国年鉴工作者，共同谋划地方志事业科学发展。也希望各地各部门地方志工作机构、年鉴编纂单位和广大年鉴工作者牢固树立大局意识，排除外界干扰，和中指组及其办公室一道，凝心聚力，攻坚克难，确保如期完成《规划纲要》提出的年鉴目标任务。

三是大力推进中国年鉴精品工程，打造更多精品佳作。中国年鉴精品工程是中指办实施的“十大工程”之一，2015 年上半年已经正式启动。实施中国年鉴精品工程，对于提升年鉴质量，筑牢全国年鉴事业健康发展的根基，有着举足轻重的作用。中国年鉴精品工程也是一项探索工程、创新工程，没有成熟的经验可以借鉴。本着稳妥推进的原则，中指办通过各省级地方志工作机构推荐，邀请专家评审，并区别不同区域和类型，选取山西省地方志办公室、山东省地方史志办公室、广东年鉴社、南京市地方志办公室、拉萨市地方志编纂办公室、温州市地方志办公室、驻马店市地方史志办公室、北京市海淀区党史地方志办公室、吉林省延吉市史志办公室、四川省威远县史志办公室等10家单位为首批中国年鉴精品工程试点单位，作为打造精品年鉴的试验田。中指办计划等取得创新成果和成功经验后，再逐步向全国推广，争取更多的年鉴进入工程，成为精品，努力实现年鉴数量和质量齐增长、双丰收。

这次会议还通报表扬了全国优秀年鉴编纂单位，既是对大家以往辛勤工作的肯定和总结，又是对今后工作的鼓励和鞭策。这次优秀年鉴成果评审，也是强化精品意识、打造精品年鉴的关键一环。今后，我们将努力争取国家评比表彰达标部门的关心支持，将优秀年鉴成果评审活动正常化、规范化，激励编纂出更多的传世佳作。

此外，中指办准备在实施民族地区与贫困地区志书出版资助工程的基础上，有计划、有针对性地实施民族地区与贫困地区年鉴出版资助工程，旨在早日实现省、市、县三级综合年鉴全覆盖，努力推动民族地区与贫困地区进一步提高年鉴编纂水平。

四是加快年鉴信息化建设，不断扩大年鉴的影响力。当前，整个社会正处于信息化时代，移动互联网、大数据、云计算等信息技术发展日新月异。党中央、国务院高度重视网络化、信息化建设，党和国家领导人多次作出重要批示，要求对互联网安全和信息化建设进行顶层设计。2015年7月，国务院印发《关于积极推进“互联网+”行动的指导意见》，为加快推动“互联网+地方志”深入融合和创新发展指明了方向。“十三五”规划提出，实施网络强国战略，实施“互联网+”行动计划，发展分享经济，实施国家大数据战略，推进数据资源开放共享。为了顺应“互联网+”的新形势，进一步适应地方志事业发展的新任务、新要求，中指组领导对信息化工作提出了更高的要求。在这种大背景下，中指办顺应“互联网+”的发展趋势，结合全国地方志系统信息化工作实际，正式启动“全国信息方志与数字方志建设工程”。这是从国家层面对全国地方志系统信息化建设进行的顶层设计，对发掘历史智慧、弘扬方志文化、扩大方志影响具有重要作用。

近年来，各地开发利用地方志资源的手段不断丰富，建网站、数据库，开设微信公众号、手机地情网等，收到很好的社会效果。下一步，我们将把年鉴信息化建设纳入全国信息方志与数字方志建设工程，充分利用已有信息基础设施和数据资源，加快年鉴信息化建设步伐。支持民族地区年鉴信息化建设，逐步建立年鉴数据库。实现国家、省、市、县年鉴资源共享，面向社会提供优质服务。充分利用信息化手段，整理、挖掘、分析年鉴中的相关内容，向社会各界提供个性化信息服务。根据用户个性化需求，通过订阅、智能搜索等功能实时向不同的人群提供其所需的年鉴信息资料。

在“互联网+地方志”的新形势下，广大年鉴工作者也要善于运用互联网思维，实现以创新思维谋思路，以融合思维促发展，以用户思维强服务，以协作思维聚力量，以快速思维提效率，力争在年鉴资源开发利用的手段上取得新发展、新突破，使年鉴资源活起来，从而为全国年鉴事业科学发展创造良好的社会氛围。

五是加强人才队伍建设，夯实年鉴事业发展的根基。要做好年鉴工作，机构编制、人才队伍是重要保障。中央对人才工作高度重视，今年召开全国人才工作会议，对人才队伍建设提出一系列明确要求。我们要充分把握好时机，利用好政策，促进人才队伍建设。

为贯彻落实中央精神，根据伟光组长、培林常务副组长关于加强全国地方志人才队伍建设的指示要求，今年上半年，中国社会科学院人事教育局、中指办联合组成调研组，赴吉林、黑龙江、广东、江西等省调研地方志人才队伍建设情况。通过深入调研，力争加强与国家相关部门的协调和沟通，努力解决地方志工作机构队伍建设面临的困难和问题，为全国地方志人才队伍建设服务。

下一步，中指办将充分利用中国社科院作为马克思主义的坚强阵地、我国哲学社会科学研究的最高殿堂、党中央国务院重要的思想库和智囊团的独特地位，加强全国地方志工作与中国社科院的对接与联系，培养和引进一批高端人才，建设一支高素质的年鉴编纂、研究队伍，造就一批年鉴理论研究专家和学术带头人。

同志们！第一次全国年鉴工作会议谋划了年鉴事业发展的蓝图，吹响了年鉴事业踏上新征程的号角。希望全国年鉴工作者心往一处想，劲往一处使，开拓创新，奋力进取，努力完成《规划纲要》提出的年鉴目标任务，在全面建成小康社会的伟大征程中展风采、显身手，谱写出年鉴事业发展的新华章。

在新疆地方志工作调研座谈会上的讲话

（2016 年 8 月 10 日）

冀祥德

听了大家的汇报和这两天的实地调研，我首先谈一下我的感受。之前通过到新疆开展信息化专题调研，以及与廖运建书记在不同场合的沟通交流，对新疆地方志工作有了较深的了解。这次陪同伟光组长再次来新疆调研并召开座谈会，大家在汇报中介绍了许多成绩、经验和做法，使我对新疆地方志工作有了更深的了解和认识。新疆地方志工作在廖运建书记的领导下，在人员少，但又承担多项任务的形势下，主动作为，谋划有方，攻坚克难，乘势而上，成绩突出，信息化等工作走在全国前列，可谓难能可贵。

下面，我就廖运建、胡国强两位同志提出的几个建议，简要做个回应。第一，关于 19 省市援疆的问题。关于这个问题，中指组有一个明确的指示，中指办按照中指组的要求，正在进一步修订完善援疆援藏工作方案。在这期间，一直与廖运建同志保持密切沟通和联系。第二，关于专业人才匮乏，希望加大培训力度。2014 年 11 月，伟光组长在福建省调研地方志工作时提出要把 2015 年确定为全国地方志工作的培训年以来，中指办在这方面做了大量工作，从 2015 年年初至今，已举办 14 次包括志、鉴、方志馆等方面的全国性培训班，新疆都派人员参加了培训。8 月 16 日还要在呼伦贝尔市鄂温克族自治旗举办全国地方志工作机构新任负责人培训班，新疆也派人员参加培训。除此之外，中指办还协调有条件的省份加强对新疆、西藏等地区地方志人才的培训，比如 8 月 20 日山东省将要举办的全省精品志书编修培训班，通过沟通协调，在人才培训上给予新疆较大的支持。第三，关于对少数民族地区地方志经费方面的支持问题。2015 年，伟光组长就这个问题在兰州召开的甘青宁地方志工作调研座谈会上提出明确要求。中指办为落实伟光组长的指示，启动了民族地区与贫困地区志书出版资助工程。财政部每年以项目的形式给予经费支持，中国社会科学院也从出版项目经费中给予一定的支持。新疆、西藏等地区，符合条件的，可以按照中指办制定的方案逐级进行申报。除了志书出版资助工程，下半年中指办还要启动民族地区与贫困地区年鉴出版资助工程。刚才胡国强同志介绍说，和田地区有两部年鉴已经编纂出来，但没有经费出版，你们可以提出申请，中指办将按照方案的要求给予一定的支持。总之，下一步中指组及其办公室将在顶层设计、经费支持、人员培训等方面给予新疆大力支持，为新疆到 2020 年实现《规划纲要》提出的“两全”目标提供有力指导。

最后，就新疆下一步地方志工作提几点要求：

一是要认清形势，抓住机遇。当前，全国

地方志事业发展迎来千载难逢的发展机遇，并且进入高位运行的态势。从新疆自身来看，近期自治区党委、政府领导相继对地方志工作作出批示，并召开全疆地方志工作会议，形势一片大好。因此，新疆地方志工作者要认清形势，抓住机遇，切实增强做好地方志工作的责任感和使命感。

二是要明确目标，突出中心。《规划纲要》提出的志鉴编修、理论研究和学科建设、方志资源开发利用以及信息化建设等 11 项任务，即是近五年的工作目标，而中心任务即是志鉴的“两全”目标，只有明确目标才能找准方向，只有突出中心才能抓住关键。

三是要立足本地，抓住特色。新疆地方志工作在自治区党委、政府的正确领导下，经过全区各地、各有关部门不懈努力，取得显著成就。下一步要从新疆本地实际情况出发，围绕新疆经济社会发展中心工作，谋划地方志事业发展，干出具有新疆特色的地方志事业。

四是要上下联动，协调发展。一方面要进一步加强与中指组及其办公室的联系沟通，积极参与中指组及其办公室实施的“十大工程”；另一方面要加强与兄弟省（自治区、直辖市）的沟通交流，互通有无，取长补短，不断推动新疆地方志事业跨越发展。

在辽宁省地方志工作调研座谈会上的讲话

（2016 年 8 月 14 日）

冀祥德

听了大家汇报后，我谈谈我的一些看法和感想。这次座谈会比较有特点，省政府佟昭副秘书长亲自来主持，省志办樊文忠主任介绍了全省地方志工作情况，省水利厅、民航东北管理局负责人介绍了专业志编纂情况，沈阳市、大连市、绥中县、昌图县、大连市旅顺口区地方志工作机构主要负责人先后介绍了本地区地方志工作情况。大家在介绍中谈了很多成绩、经验和做法，也提了一些建议。实事求是的说，我以前对辽宁地方志工作开展情况是不太了解的。听了大家的情况介绍后，对辽宁省地方志工作的总体情况有了一定的认识，有些地方给我留下了比较深刻的印象。

下面，我先就大家较为关心的、在全国具有共性的三个问题，简单做个回应。第一，关于加大对地方志基层工作人员培训的力度。2014 年 11 月，中国社会科学院院长、中国地方志指导小组组长王伟光同志在福建省调研地方志工作时就发现了这个问题，提出要把 2015 年确定为培训年，加大对全国地方志人才队伍的培训。根据王伟光同志的要求，我们从 2015 年至今已举办 14 次全国性的培训，本月 16—20 日还要在呼伦贝尔市鄂温克族自治旗举办全国地方志工作机构新任负责人培训班，年底前还要举办民族地区地方志工作、地方志信息化建设、史志期刊编辑、省级年鉴编纂等方面的培训，以及志鉴政法篇目编修方面的业务指导。辽宁省志办要加强和中指办的沟通，及时掌握信息，将省里的工作安排和上述活动结合起来，同时也可以把存在的困难和有关要求提出来，我们一起想办法来解决。第二，关于加强对全国地方志工作的顶层设计。第五届中国地方志指导小组自 2013 年 12 月组建后，就一直在积极推动这方面工作。2015 年 8 月，国务院办公厅印发《全国地方志事业发展规划纲要（2015—2020 年）》（以下简称《规划纲要》），这是我国地方志发展史上具有里程碑意义的事件，充分体现了中国地方志指导小组及其办公室在顶层设计方面作出的努力。为了贯彻落实《规划纲要》，中国地方志指导小组及其办公室研究推出“十大工程”，包括民族地区与贫困地区志书出版资助工程、中国志书精品工程、中国年鉴精品工程、中国名镇志文化工程、中国名村志文化工程、全国地方志“一体两翼”用志工程、全国信息方志与数字方志建设工程、方志馆研究建设及全国地方志专业出版基地建设工程、中国地方志学科建设与人才队伍建设工程、中国方志文化走向世界工程，就是为了进一步强化顶层设计。《规划纲要》明确了11项主要任务、77项具体任务，落实这些任务的最主要抓手就是“十大工程”。希望辽宁省将自身工作与中国地方志指导小组及其办公室的统一安排协调一致起来。第三，关于年鉴出版书号改刊号问题。根据国家政策，现在申请刊号非常困难，取得书号则相对容易，但也需要钱。为此，中指办在向财政部申请的明年预算经费中，已经在“十大工程”中民族地区与贫困地区志书出版资助工程的基础上，增加民族地区与贫困地区年鉴出版资助工程，计划申请经费300万元，以便为到2020年省、市、县三级综合年鉴全覆盖提供坚强的保障。辽宁省有符合条件的年鉴，也可以进行申请。

本次调研给我印象深刻的是，近年来，辽宁省地方志工作在人员少、任务重，经济发展遇到困难，地方志工作开展不平衡的情况下，新一届班子开动脑筋、主动作为，取得领导重视和社会支持，工作起色明显、后劲很足，但是，在地方志工作立法、方志馆建设、信息化建设等方面依然存在一些不足。通过刚才的汇报了解到，2016年在全省财政经费整体压缩70%的情况下，省志编修经费不但没有减少，而且还有所增加。另外，省政府领导也已经同意将地方志工作纳入到省政府督查工作中，这对辽宁省地方志工作是很大的支持，使得我们推进工作有了重要抓手，也使得完成《规划纲要》的“两全”目标有了保证。可以说，这是一把“尚方宝剑”。汇报中还提到，本溪、辽阳等市地方志工作机构的主要负责人已成为市委、市政府调研的重要随行人员，还有一些地方志工作机构负责人参与接待考察团，这充分反映了各级党委、政府对地方志工作的重视。这些都是非常可喜的现象，值得充分肯定。

下面，我就下一步做好辽宁省地方志工作谈几点意见：

一是要加强沟通，抓住机遇。辽宁省志办编制只有20人，长期以来一直是“小马拉大车”，在人员少、任务重的情况下，借鉴“他山之石”，弥补自身不足，就显得比较重要。比如，山东、广东、四川、河北等地都有一些很有特点的经验，值得学习。希望辽宁省志办既要加强与中指办的沟通交流，也要加强省际、市际、县际之间地方志工作机构的交流，将内挖潜力与学习借鉴相结合，乘势而为，顺势而上。

二是要克服困难，完成任务。《规划纲要》颁布实施马上就到一周年了，中国地方志指导小组及其办公室正在着手与国务院办公厅联系沟通，计划联合对《规划纲要》贯彻落实情况进行督查。从今年开始，中国地方志指导小组及其办公室还要通过编写发布《中国方志发展报告》《中国年鉴发展报告》，在每年年初公布各省（自治区、直辖市）第二轮志书完成情况和年鉴全覆盖情况，各方面情况要分类进行排名，并上报国务院办公厅。希望辽宁省志办认真分析辽宁省地方志工作现实，采取切实可行措施，攻坚克难，确保《规划纲要》任务完成。

三是要立足长远，提高质量。刚才参观辽宁省地方志成果小型展览，发现编纂出版的地方志成果很多，但在出版环节上还存在一些比较明显的质量问题。比如，关于志鉴政法部分记述中存在的问题及其纠正，我已在全国性的培训上讲过多次，刚才在翻阅你们在一些出版社出版的志鉴时，发现这些问题几乎普遍存在。我们不仅要在数量上完成修志编鉴任务，还要高度重视志鉴编纂出版的质量，所以希望你们在志鉴编纂出版环节上，要立足长远，加强学习，可以考虑与专业出版机构加强联系与合作，通过他们的业务指导，进一步提高志鉴出版质量。

四是要更新理念，紧跟步伐。现在，全国地方志事业已进入依法治志的时代，正在实现从依法修志到依法识志、依法修志、依法用志、依法管志、依法存志和依法传志等的转型发展。《规划纲要》明确将“坚持依法治志”作为六大基本原则的第二条，适应了当前我国建设社会主义法治国家的要求，把依法治志纳入依法治国范畴之中，使得地方志工作成为依法治国中必不可少的组成部分。这是推进依法治志的最根本的落脚点。国务院《地方志工作条例》和《规划纲要》都规定了各级政府、各级地方志工作机构在地方志工作中的法定职责，《规划纲要》更规定了要坚持和健全“党委领导、政府主持、地方志工作机构组织实施、社会各界广泛参与”的工作体制，都明确了贯彻落实《规划纲要》首先是各级党委、政府的任务，而不仅仅是地方志工作机构的职责，这才是“依法治志”的要义所在。希望辽宁省地方志工作者要打开视野，更新理念，紧跟步伐，主动融入全国地方志事业转型发展的大趋势之中，尽快实现从依法修志到依法治志的转变。

当前，全国地方志事业发展迎来一个春天，并且进入高位运行态势，希望辽宁省地方志工作者以贯彻落实《规划纲要》为中心任务，以“一纳入、八到位”为核心目标，以“十大工程”为重要抓手，以依法治志为工作保障，扎实推动各项工作的开展。同时，也希望辽宁省志办在下一步工作中进一步加强与中指办的沟通和联系，与全国地方志工作机构一起，共同圆满完成《规划纲要》各项任务，为下一个五年的地方志事业发展规划纲要制定奠定良好的基础。

在第六届中国地方志学术年会上的讲话

（2016 年 9 月 5 日）

冀祥德

大家上午好！今天，第六届中国地方志学术年会在“黄河之都”兰州隆重开幕了。在此，我谨代表中国地方志指导小组及其办公室和中国地方志学会，向来自全国各地的方志专家、学者和地方志工作机构的同志们表示热烈的欢迎！向给予本届学术年会以大力支持的甘肃省委、省政府领导，西北师范大学领导，以及为承办这次会议付出艰辛劳动的西北师范大学、甘肃省地方史志办公室的同志们表示衷心的感谢！

中国地方志学术年会已经连续举办了五届，是中国地方志指导小组办公室和中国地方志学会重点打造的一个品牌性学术会议。本届年会主题为“‘一带一路’与地方志创新”，是为进一步贯彻落实《全国地方志事业发展规划纲要（2015—2020 年）》，充分发挥地方志资源优势，推动方志文化走向世界，增强方志文化影响力，为“一带一路”构想提供智力支持。此次会议由中国地方志指导小组办公室、中国地方志学会联合主办，西北师范大学承办，甘肃省地方史志办公室协办。

我们都知道，“一带一路”是丝绸之路经济带和 21 世纪海上丝绸之路的简称，2013 年 9 月和 10 月习近平总书记分别提出建设“新丝绸之路经济带”和“21 世纪海上丝绸之路”的构想。“一带一路”战略构想旨在借用古代“丝绸之路”的历史符号，发展与沿线国家的经济合作伙伴关系，共同打造政治互信、经济融合、文化包容的利益共同体、命运共同体和责任共同体。建设“一带一路”是党中央作出的重大战略部署，是我国开创全方位开放新格局的重要举措，影响十分深远。今年 8 月 17 日，习近平总书记出席推进“一带一路”建设工作座谈会时也强调，要切实推进舆论宣传，积极宣传“一带一路”建设的实实在在成果，加强“一带一路”建设学术研究、理论支撑、话语体系建设。因此本届地方志学术年会就是要围绕国家的“一带一路”倡议，推动地方志工作的创新。

2015 年 8 月 25 日，国务院办公厅印发《全国地方志事业发展规划纲要（2015—2020年）》（以下简称《规划纲要》），对地方志工作提出“到 2020 年，全面完成第二轮修志规划任务，实现省、市、县三级综合年鉴全覆盖”的具体要求，能否在规定时间，完成规定任务，是摆在我们面前的一个重要课题，所以在今后这几年，贯彻落实《规划纲要》提出的要求是地方志工作的一项重要任务。《规划纲要》中提出的旧志整理工作、方志理论研究、方志学学科建设、人才队伍建设等任务，都要求我们要不断加强学术交流与合作，提升地方志学术研究水平，展示地方志的当代价值及永恒魅力，推动方志文化走向世界，增强方志文化的影响力。

方志学与其他中国特色哲学社会科学一样，要体现继承性、民族性、原创性、时代性、系统性、专业性的特点，地方志学者也要有立时代之潮头、通古今之变化、发思想之先声，积极为党和人民述学立论、建言献策的责任感和使命感。

首先，地方志学术研究要围绕中心、服务大局，主动服务和融入国家发展战略。

地方志作为全面系统地记述本行政区域自然、政治、经济、文化和社会的历史与现状的资料性文献，编修传统绵延数千年不断。历朝历代留存的方志达 8000 余种，占我国现存古籍的十分之一。改革开放以来编修的省市县三级志书近 7800 种、省市县三级综合年鉴达 16000 部、部门志行业志 22000 余部、专业年鉴近 7200 部、山水名胜志和乡镇村志近 5000 部，整理出版了历代方志近 2500 种和大量的地情书，内容极为丰富，覆盖了“一带一路”建设区域的政治、经济、文化、社会、生态文明建设的方方面面。地方志工作者要发挥能动性，主动围绕国家经济社会发展的中心工作和国家战略提供智力服务。

第二，地方志学术研究要展示地方志的当代价值及永恒魅力，推动方志文化走向世界，增强方志文化影响力，为提升国家文化软实力发挥独特作用。

中华民族创造了辉煌灿烂的文化，地方志是具有独特价值的文化载体。地方志的发展经历了从雏形到发展，从发展到成熟的过程，不同历史时期的地方志记录了各地独具特色的社会状况，具有鲜明的区域性、连续性、资料性的特征。卷帙浩繁的地方志资源是成为我国特有的一种地情资源。这一文化现象不仅影响了我国的历史传承，同时也影响了世界上其他的国家和地区，而且将来它的影响力还会不断地扩大，方志存史的传统不仅属于中国，同样也应该属于世界。现在世界各地一些重要的图书收藏机构和研究机构，都藏有大量的中国地方志，地方志作为介绍中国国情，宣传中国文化的媒介，发挥着越来越重要的作用。

第三，地方志学术研究更要为志鉴编纂实践服务，积极利用现有研究成果指导地方志、年鉴的编纂、利用。

思想是行动的先导，理论是实践的指南。地方志学术研究必须要沉下心来，有意识地把理论研究的成果转化成地方志编修实践的工作指南。理论研究如果只是空对空，脱离工作实践，那就是无用的空谈，研究的价值就会失去其应有的意义。为实践服务是地方志理论研究和建设方志学学科的主要目标和依归。

第四，地方志学术研究要开拓视野，提升水平，加强与学术界与海内外相关机构的广泛交流。

一直以来，方志界的研究者囿于自身的学术水平和学术视野，与海内外学术机构和学者的交流不够，这既影响了我们自身学术能力的提高，也不利于扩大方志学研究和方志学学科建设的健康发展，方志文化的推广与弘扬。方志人“修志问道，直笔著史”，固然要有淡泊名利、甘于寂寞的问学态度，但也要有与人学习切磋的意识。“独学而无友，则孤陋寡闻”，只顾低头闭门造车，自娱自乐的学术研究终究上不了台面。中国地方志学术年会就是给全国的方志工作者和学术界搭建了一个高层次、高水平的交流平台，希望大家相互学习，相互砥砺，让学术界更加了解我们的新方志工作，也让方志界在与学术界的交流中真正把握住地方志工作的学术价值和意义。

本届中国地方志学术年会是中国地方志指导小组办公室、中国地方志学会第一次与高校合作，这也是我们在工作模式上的一种尝试和创新，这也符合我们希望不断提升理论研究水平和推动方志学学科体系建设的目标。地方志工作想要谋求更为长远的发展，必须坚持社会各界广泛参与的工作体制。

最后，再次感谢各位与会嘉宾的莅临，感谢承办方和协办方的辛苦工作，预祝大会圆满成功！清代兰州学者江得符有诗句说：“我忆兰州好，秋天景最多。”时逢金秋，祝大家在兰州有所得，有所获。

在第一次全国方志馆工作会议上的讲话

（2016 年 9 月 10 日）

冀祥德

尊敬的殷美根副省长、刘晓艺副秘书长、钟志生书记、梅亦市长、熊皓副市长，各位专家老师，同志们：

今天，第一次全国方志馆工作会议在我国著名的“瓷都”江西省景德镇市顺利召开了。在此，我代表中国地方志指导小组办公室、国家方志馆、中国地方志学会，对大家的到来表示热烈的欢迎！对江西省委省政府、景德镇市委市政府、江西省地方志办公室、景德镇市地方志办公室对这次会议的召开给予的大力支持，表示衷心的感谢！

党的十八大以来，党中央、国务院高度重视地方志工作。习近平总书记2014 年2 月在北京首都博物馆考察时强调，要“高度重视修史修志”“把历史智慧告诉人们，激发我们的民族自豪感和自信心，坚定全体人民振兴中华、实现中国梦的信心和决心”；2015 年 7 月在中央政治局第 25 次集体学习时强调，要整合协调党史、军史、地方志等机构力量对中国人民抗日战争进行系统研究。李克强总理 2014 年 4 月就第五次全国地方志工作会议的召开专门作出了“修志问道，以启未来”的重要批示；2015 年 12 月 28 日，就全国地方志系统先进模范座谈会又专门作出重要批示，要求各级政府都要关心和支持地方志事业发展，也希望地方志工作者继续发扬方志人精神，志存高远，力学笃行，直笔著信史，彰善引风气，为当代提供资政辅治之参考，为后世留下堪存堪鉴之记述。刘延东副总理2014 年4 月在与第五次全国地方志工作会议部分代表座谈时发表重要讲话，提出了“一纳入、八到位”的工作要求；2015 年 12 月 29 日在北京人民大会堂亲切接见全国地方志系统先进集体和先进个人，并发表重要讲话，要求切实采取有效措施，推动地方志事业迈上新台阶。2015 年 8 月 25 日，国务院办公厅还专门印发了《全国地方志事业发展规划纲要（2015—2020 年）》（以下简称《规划纲要》）。中央领导同志的重要批示、重要讲话精神和《规划纲要》文件精神，为全国地方志工作提供了基本遵循，为全国地方志事业的发展指明了方向。

在党中央、国务院的亲切关怀下，全国地方志事业实现了跨越式发展，取得了令人瞩目的成就，形成了以修志编鉴为主业、各项工作协调开展的格局，在提升国家文化软实力、建设社会主义文化强国进程中发挥了独特而不可替代的重要作用。方志馆建设作为全国地方志事业发展的重要组成部分，一个时期以来，在各级党委、政府的关心和支持下，在各级地方志工作机构的积极努力下，已经取得了重要阶段性成果。

一是方志馆数量不断增加。据统计，截至 2016 年 8 月底，全国地方志系统已经建成各级方志馆 400 余家，其中国家方志馆 1 家，省级方志馆17家，市级方志馆90余家，县级方志馆300余家。此外，上海、安徽、福建、海南、西藏、新疆等省级方志馆获得立项或正在施工建设中，河北、山西、四川等省申报立项工作取得实质性进展。其他各地各级方志馆也正在积极申报筹建。

二是馆藏资源不断丰富。馆藏资源是方志馆的立身之基。各级方志馆克服起步较晚、资料征集难度较大等不利因素，坚持以志鉴收藏为中心，通过征集、捐赠、报送、购买以及交换、对接、共享等多种途径，入藏志鉴、家谱、地方史及其他各类地情书、实物、音像等，馆藏资源体系日渐完善、质量不断提高，为开发馆藏资源、服务社会需要奠定了坚实的基础。其中，江西省方志馆在图书资料的布局上，以设区市为单位，设有省志馆、11个设区市馆、家谱馆、著作馆、报刊馆、史籍馆、域外馆等。深圳市方志馆专门设立了历史影像编辑保存中心和深圳口述历史中心，收集、保存、整理、制作深圳本土各类历史图片、影像和视频资料。广西方志馆收藏历代《广西通志》12种327册；历代广西府志、州志、县志等229种661册；广西以外的部分省、市、县的旧志91种887册；民国时期广西地方文献及古籍线装书10088册。四川省方志馆自1997年挂牌以来，尽管新馆舍尚未建成，但是通过多年积累，现已藏有四川省和全国各级各类志鉴资料、历史文献以及各门类图书、工具书约20万册，另外建有“四川名人名作珍藏馆”，专馆收藏四川各界精英的代表作品和相关资料。

三是地情展览各具特色。地情展览是方志馆不同于图书馆、博物馆、规划馆等场馆展览展示的一个重要体现。各级方志馆本着大力建设地情馆的宗旨，注重挖掘地域特色和地情特点，合理规划、优化设计、精心布展，通过各类形式多样的长期和短期展览，充分展示地情风貌、区域特点、发展成就和地域文化，为社会各界认识地情、了解地情提供了重要窗口。北京市方志馆先后举办“科技让生活更幸福”“老北京商业民俗文化展”“梅派艺术薪传展”“侯仁之眼中的古都北京”“印象民防”“记住乡愁”等9期专题展，宣传北京市情及历史文化。广东省方志馆开馆后，举办以家谱家训家风为主题的大型展览，展出家谱11123册，其中，线装639种7315册，涉及200多个姓氏，其中包括名人谱、国外谱、彩谱等珍品，以及经典家训150则、“2015年广东最美家庭”先进事迹等，赢得社会各界的广泛赞誉。

四是数字方志馆建设开始起步。加快数字方志馆建设是方志馆适应信息化、网络化潮流，提升服务能力的必由之路。具备条件的地方，努力推动数字方志馆与实体方志馆协调发展。2016年5月13日，国家数字方志馆正式揭牌，中国地方志指导小组办公室、国家方志馆正在全面打造国家数字方志馆信息化平台。北京、江苏、陕西等省数字方志馆已经建成并投入运营，一些市县也有数字方志馆陆续建成上线。各级数字方志馆积极开展信息化、数字化建设，上传海量数据，开设网上展厅，提供信息咨询，大力传播地情信息和方志文化，积极为社会各界提供便利服务。其中，江苏省数字方志馆共建成馆藏书目数据库、新方志数据库、年鉴数据库、旧志数据库、工具书数据库、学术期刊数据库、博硕论文数据库、江苏方言库、中华再造善本数据库等9个专题数据库，数据总规模近1.5T，可实现书目在线查询、方志期刊博硕论文全文检索下载、省内三个方言区70个方言点的7400个方言词汇的在线试听，较好地实现了数字方志馆与实体方志馆的良性互动，融合发展。

五是编研能力逐步提升。开发馆藏资源，组织地情编研是方志馆工作的进一步深化。各级方志馆以馆藏资源为依托，紧紧围绕地情及志鉴理论研究，编辑出版各类地情资料和学术著作，参与规划编制、旅游开发、招商引资、历史文化遗产发掘保护、防灾减灾等方面的工作组织，宣传推介风土人情，服务社会需要和地方志事业发展。

六是教育基地建设稳步推进。教育基地建设是方志馆工作发挥服务社会功能的直接体现。各级方志馆与当地中小学校、有关单位加强合作，在方志馆建设国情教育基地、爱国主义教育基地、乡土教育基地等各种形式的教育基地，积极传播优秀传统文化和社会主义核心价值观，培育爱国、爱家乡的深厚情怀。北京市方志馆与工大附中英才分校、北京科技大学、北京工业大学等学校联合开展教育基地建设，针对青少年群体普及地情知识，开展爱国教育。江苏省方志馆与南京大学、南京师范大学、金陵科技学院合作共建教育科研实习基地，进一步拓展方志馆服务功能，扩大方志馆的社会影响。

总体看来，方志馆已经成为地方志服务中心工作、服务社会需要的桥头堡，已经成为全国地方志事业发展新的增长点。同时，也应该看到，由于全国方志馆建设还属于一个新鲜事物，可资借鉴的经验不多，还面临着诸多瓶颈问题，如：部分地方对方志馆建设基本问题认识模糊、建馆定位不准；方志馆建设与发展不均衡，经济欠发达地区建设资金匮乏；一些已经建成的方志馆，馆藏资源比较贫乏，展览特色不突出，开馆后参观量较少，资源利用率偏低等等。这些问题严重制约着方志馆的建设与长远发展。能否妥善解决这些问题和困难，对于各级地方志工作机构是一个严峻挑战。

借此机会，我就全国方志馆理论研究与建设发展谈几点意见：

第一，要正确认识并大力宣传方志馆在国家文化战略中不可替代的作用。虽然我们在方志馆理论研究和实践发展中取得了很大成绩，但是，我们必须清醒而客观地看到，很多，而不是少数地方党委政府领导，甚至是我们的地方志负责同志对方志馆的功能与定位认识不清、甚至错误，对建设方志馆的重要性认识不足。他们认为，已经有了档案馆、博物馆、展览馆、文化馆、规划馆等，方志馆建设可有可无，甚至是多此一举。我们应该把方志馆独有的功能与定位认识清楚，并宣传清楚，尤其是向有关领导同志说清楚，让他们认识到，方志馆不是可有可无的，而是必不可少、不可或缺的。我认为，这是目前方志馆理论和实践中最值得关注，也是最迫切需要说清楚并达成共识的问题。

同时，还要认识到“有了方志馆，才有了我们真正的家”。方志馆，姓方，名志，是真正的我们自己的“一亩三分地”。

第二，要在全国公共文化服务体系建设大局中谋求发展。当前，国家正在大力加强公共文化服务体系建设。2015 年，中共中央办公厅、国务院办公厅联合下发了《关于加快构建现代公共文化服务体系的意见》，对公共文化服务体系建设提出了明确的思路和方向。《规划纲要》也对加快方志馆建设明确提出了总要求。各级地方志工作机构要充分认识地方志工作在社会主义文化强国建设中的重要作用，充分认识方志馆建设对于推动地方志事业发展、助力公共文化服务体系建设的重要意义，紧紧抓住这个难得的历史机遇，主动担当，迎头赶上，力争把方志馆建设纳入经济社会发展规划，积极在全国公共文化服务体系建设的大局中树立形象、扩大影响、展示魅力。通过发挥方志馆的公共文化服务功能，把地方志工作服务中心工作和社会需要的价值和意义推介出去，让社会更加清晰地认识地方志工作，更加充分地认可地方志事业，更加深刻地认同方志文化。

第三，要把方志馆建设与推动促进当地经济社会发展中心工作结合在一起谋划开展。一些地方党政领导之所以不重视地方志工作，除去其自身学识水平、视野眼界原因之外，还有一个十分重要的因素就是，地方志工作的开展没有紧密围绕推动促进当地经济社会发展而谋划开展。据我在调研中所知，辽宁省有的地方的地方志工作者，成为当地党委政府接待外来考察团的核心成员，有的甚至成为市委书记、市长的座上宾，“数字大连”就是大连市地方志办公室围绕大连市经济社会发展为党政领导提供智力支持的很好例证。方志馆的建设也是这样，当你提出要建设一个方志馆时，领导一定要首先考虑，为什么要建？这就需要我们先把这个问题的答案作出来、做好，然后再去找领导。我认为，这个问题的正确答案就是方志馆建设如何有效推动促进当地经济社会中心工作。最近，正在推进中的国家方志馆黄河分馆暨东营市方志馆就是找准了这个路径。

第四，要注意整合各级方志馆的集体力量。方志馆是区域地情资源和信息服务的中心，全国各级方志馆的有机整合，就是一座蕴含丰富资源的国情地情宝库。各级方志馆要树立全国方志馆建设与发展一盘棋的意识，争取在方志馆大家庭中谋发展，争取在各级方志馆的共同发展中寻找依托和动力。为此，要注重发挥国家方志馆和即将成立的中国地方志学会方志馆研究会的枢纽和平台作用，积极组织理论研讨，推动工作交流，开展业务培训，服务信息传递，促进资源流动，强化资源共享，推动各级方志馆的馆际交流与合作，加快推进方志馆的系统化、体系化建设，建立畅通的工作和业务交流渠道，把全国各级方志馆打造成为一个信息资源联盟和文化服务“集团”，在协作发展、整合发展的过程中实现各级方志馆的互利共赢。

第五，要高度重视强本固基工作。方志馆不同于地方志办公室，有自己独立的运作模式，有直接的社会服务对象，有特殊的资源储备要求。没有坚实的发展基础或者基础非常薄弱，无法承担应有的服务功能，提供公共文化服务就没有实质意义，实现方志馆长远发展就是一句空谈。方志馆的发展之基，就是指方志馆人才队伍的能力和水平、馆藏资源数量和质量、地情展览展示的效果和特色、建设与管理的科学化和规范化。因此，谋划方志馆事业的长远发展，必须着力推进方志馆的功能建设，特别是收藏和展示功能建设；必须着力推动方志馆建设与管理的制度化、规范化，特别是要尽快制定出台《方志馆建设标准》，全面推进各级方志馆建章立制，规范运行；必须着力强化方志馆的办馆特色，特别是要突出地情展示和地情信息服务特点。通过强化基础性建设，切实提高办馆实力和服务能力的前提下，让方志馆以更加雄厚的基础面向社会，以更加稳健的步伐向前迈进。

第六，要注重吸收借鉴其他公共文化服务设施的建设经验。尽管以往有通志馆之类的机构，但是与我们现代意义上的方志馆并不相同，今天的方志馆建设仍然属于新生事物，面临着缺少现成模式可以参考的问题。因此，各级方志馆建设，要坚决避免闭门造车、自娱自乐的做法，要多走多看，深思熟虑，最大程度地学习吸收图书馆、博物馆、规划馆、档案馆、文化馆等发展相对成熟的各类场馆建设经验和做法，特别是在如何强化自身特色方面，要在融会贯通的基础上，解放思想，创新理念，执着探索，打造品牌，准确把握方志馆功能定位，切实保障方志馆建设的科学性、可行性和实用性，通过各级方志馆的共同努力，探索出一条能够展示方志文化魅力的独具特色的方志馆建设与发展之路。

同志们，今天全国方志馆同仁齐聚一堂，召开第一次全国方志馆工作会议，这在方志馆建设史上，乃至在中国方志发展史上都具有开创性意义。希望全国各级地方志工作机构、全国各级方志馆，以及方志馆专家学者和方志馆工作者，要以此次会议的召开为契机，进一步抓住历史机遇，凝聚发展共识，争取后发优势，努力实现方志馆建设的跨越式发展，积极构建起具有中国特色的全国方志馆体系。

今天，正值我国第32个教师节，我代表中指组及其办公室、代表中国地方志学会，特别向出席本次会议的各位老师表示节日的祝贺与诚挚的问候。桃李芬芳满天下，春华秋实又一载。我认为，也深信，地方志、方志馆是你们播洒汗水，并且将有巨大收获的又一片肥沃天地。

在西北五省区暨新疆生产建设兵团地方志工作协作会议上的讲话

(2016 年 10 月 12 日)

冀祥德

尊敬的夏红民副省长，同志们：

大家上午好！很高兴再次参加西北地区地方志工作协作会议。西北五省区和新疆生产建设兵团通过举办这种区域性联席会议，搭建互学互鉴、互帮互助的平台，齐心聚力，共同推动西北地区地方志工作科学发展，这是值得推广的好思路、好模式、好做法。本届会议地点选择在既是丝绸之路交通要道，又具有深厚文化内涵的敦煌，以“丝绸之路经济带建设与地方史志事业”为主题展开研讨，充分体现出西北方志人的时代意识、开放意识、大局意识、责任意识和担当意识，必将进一步展示地方志的巨大价值，提升地方志工作的社会影响力。首先，我谨代表中国地方志指导小组办公室(以下简称中指办)，对会议的召开表示热烈祝贺！向一直关心支持地方志工作的甘肃省委、省政府表示衷心感谢！向出席会议的各位代表，并通过你们向辛勤耕耘、默默奉献的西北地区广大地方志工作者表示诚挚问候和崇高敬意！

上一届西北地区地方志工作协作会是 2015 年 8 月 5 日在青海省西宁市召开的，我代表中指办参加了会议并与青海省的地方志工作者代表进行了座谈。一年多来，中国地方志指导小组及其办公室一如既往地高度重视西北地区的地方志工作。继伟光组长、培林常务副组长 2014 年 6 月在兰州主持召开甘青宁三省区地方志工作座谈会，培林常务副组长 2014 年 8 月参加在西安召开的首届西北地区地方志工作协作会并对陕西省地方志工作进行调研之后，去年 10 月，赵芮书记陪同培林常务副组长又到新疆维吾尔自治区地方志编委会和新疆生产建设兵团开展工作调研；今年 8 月，我陪同伟光组长到新疆克拉玛依、和田等地调研地方志工作，上个月陪同培林常务副组长到青海、宁夏调研，了解《全国地方志事业发展规划纲要(2015—2020 年)》(以下简称《规划纲要》)贯彻落实情况。去年和今年 9 月，中指办分别在银川和兰州举办了全国地方综合年鉴编纂高级研修班和第六届中国地方志学术年会。开展这些活动，充分表明中指组和中指办是将西北地区地方志工作放在全国地方志事业发展全局的重要位置来考量的，也表明对西北地区方志人是满怀期待的。

一年多来，西北五省区和新疆生产建设兵团不负重托，紧紧围绕《规划纲要》的学习宣传和贯彻落实，尤其是紧紧扣住“两全”目标的如期完成，以西北人特有的胆识和豪情，主动作为，谋划有方，攻坚克难，成绩巨大，一些工作还走在全国前列，打造出了地方志工作的西北特色。

比如，陕西省印发了本省的地方志事业发展规划，继续推动《陕西通志》《西部大开发陕西志》《陕西历代旧志文库》三项方志工程，通过比赛选拔出十大修志能手，建立起全省地方志专家库。甘肃省印发本省的地方志事业“十三五”发展规划，新一届省地方史志办领导班子思路新、力度大，采取有效措施督促省志编纂，加大对市县志业务指导的工作力度，努力扩大市县两级综合年鉴编纂的覆盖面，各项工作突飞猛进。青海省将地方志工作纳入本省“十三五”经济社会发展规划，印发全省地方志事业发展“十三五”规划纲要，建立了二轮志书编修督促机制，启动了第二批特色志编纂工作、旧志整理项目及志鉴数字化工程，建立了对市州级年鉴的审稿机制。宁夏回族自治区完成《宁夏通志》的编纂出版和《宁夏旧方志集成》的整理出版，实现了自治区、市、县三级综合年鉴编纂的全覆盖，“宁夏地方史话丛书”编写取得丰硕成果。新疆维吾尔自治区党委、政府主要领导相继对地方志工作作出批示，印发贯彻落实《规划纲要》的实施意见，自治区地方志编委会强力推动第二轮修志和年鉴编纂工作，翻译出版维吾尔文字的志书和年鉴，以迎接自治区成立60周年为契机，组织编纂《新疆地情通览》和《新疆大事记》，利用地方志资源为经济社会发展的中心工作服务。新疆生产建设兵团全面完成《新疆生产建设兵团志》送审稿的审查验收工作，努力抓好《兵团年鉴》的创新发展和师团两级综合年鉴的创办和编校质量。以上所列举的这些成绩，虽然仅仅是丰富多彩的西北地区地方志工作的一部分，但已经足够表明西北五省区和新疆生产建设兵团的地方志工作正在蒸蒸日上，呈现出良好的发展势头和强大的后劲。

当前，全国地方志事业发展迎来千载难逢的发展机遇。党的十八大以来，党中央、国务院高度重视地方志工作，习近平总书记、李克强总理、刘延东副总理等党和国家领导人就地方志工作作出一系列重要指示、重要批示。其中，在我看来，2014年4月，李克强总理“修志问道，以启未来”的批示，是对新时期地方志事业的新定位；2015年12月，李克强总理“直笔著信史，彰善引风气”的批示，是对当代地方志工作者的新定位；李克强对地方志事业和地方志工作者的定位，为地方志事业发展指明了前进方向，为方志人树立自信、敢于担当提供了动力。在党中央、国务院的关心支持和地方各级党委、政府的坚强领导下，经过各级地方志工作机构和广大地方志工作者的艰苦努力，地方志事业进入高位运行态势。西北地区也是喜讯不断、好事连连，一方面中央不断加大对西北地区的投入，丝绸之路经济带建设深入推进；另一方面西北各省区党委、政府对地方志工作日益重视，不断出台支持地方志工作的政策。古人讲，明者因时而变，知者随事而制。西北各地各级地方志工作机构要抢抓机遇，善于借力，发挥优势，拉长短板，实现地方志工作的新突破。借此机会，我谈几点意见，与大家共勉。

第一，要全面贯彻落实《规划纲要》，确保“两全”目标按期完成。《规划纲要》是国务院对全国地方志事业发展的顶层设计，也是向地方各级政府和有关部门下达的工作指令，按照法定职责必须为的原则，地方各级政府有责任、有义务贯彻落实好《规划纲要》。《规划纲要》提出了方志编修、年鉴编纂、地方史编写、人才培养、理论研究和学科建设、信息化建设、地方志资源开发利用以及方志文化传播等11项任务，而中心任务就是志鉴的“两全”目标，即到2020年，全面完成第二轮修志规划任务，实现省、市、县三级综合年鉴编纂出版的全覆盖。

各级地方志工作机构作为本级政府管理地方志工作的部门，必然承担着完成这些任务的职责。其中，如期实现“两全”目标，是全国地方志系统向全面建成小康社会的献礼，更是地方志工作者向党中央国务院和全国人民立下的军令状，是政治硬指标、硬任务，绝不能借口这样或那样的困难拖延时间，大打折扣，甚至使其成为一句空洞的口号。目前来看，西北地区因为受经济发展水平、人才相对匮乏等方面的限制，按时实现“两全”目标的困难会多一些，这就需要各地各级地方志工作机构和地方志工作者付出更多更艰辛的努力。西北五省区的省级地方志工作机构要勇于承担使命，真正履职尽责，围绕“两全”目标，明确时间表、路线图，建立倒逼机制，加强对省志编修和市县两级地方志工作机构的督促检查，确保和全国其他省区市同步实现“两全”目标。当然，抓编修进度也不能忽视志鉴质量，没有质量的进度只能是一串毫无意义的数字符号，进度和质量要相辅相成，相得益彰，协同共进。

第二，要配合实施中指办推出的“十大工程”，抓实抓好民族地区与贫困地区志书出版资助工程。中指办根据《规划纲要》提出的目标任务，研究推出全国地方志“十大工程”，作为贯彻落实《规划纲要》各项目标任务的主要抓手。“十大工程”内容丰富，涵盖面宽广，包括民族地区与贫困地区志书出版资助工程、中国志书精品工程、中国年鉴精品工程、中国名镇志文化工程、中国名村志文化工程、全国地方志“一体两翼”用志工程、全国信息方志与数字方志建设工程、方志馆研究建设及全国地方志专业出版基地建设工程、中国地方志学科建设与人才队伍建设工程、方志文化走向世界工程。一年多来，在伟光组长、培林常务副组长的关心下，经过各级地方志工作机构和广大地方志工作者的共同努力，“十大工程”有的即将启动实施，有的已经启动并取得阶段性成果。比如，第一批纳入中国名镇志文化工程的11部志书已经公开出版，中指办于今年5月在人民大会堂举办了中国名镇志丛书出版座谈会暨中国名镇论坛，第十届全国政协副主席徐匡迪出席会议并讲话。中国名村志文化工程即将在本月底正式启动，计划明年隆重举办第一批中国名村志丛书出版座谈会暨中国名村论坛。全国地方志“一体两翼”用志工程的《中国地情报告》正在优化篇目，计划明年举办《中国地情报告》出版座谈会暨中国地情论坛；《中国方志发展报告（2015）》已经出版，《中国年鉴发展报告（2016）》已经进入编辑阶段。作为全国信息方志与数字方志建设工程的中国方志网、中国地情网与方志中国微信公众平台已经开通运行，《中国方志》报正式创刊。作为方志馆研究建设及全国地方志专业出版基地建设工程的国家方志馆“方志中国”展览已经开展，“魅力中国”展览进入深化设计阶段。刘延东副总理在2015年12月29日接见全国地方志系统先进模范代表时指出：“回顾浩瀚的人类历史长河，审视世界不同文明的源流演变，我国历代先贤圣哲通过修史修志，以文字记述为主要形式，传承着中华民族的文化血脉，这体现了中华文化和中华民族之伟大。”她提出“要通过学术交流与合作，推介高质量地方志成果，充分展示地方志的当代价值和恒久魅力，展示中国形象，讲好中国故事，服务中华文化走出去，增强中华文化影响力，让世界更多了解中国的过去，更好理解中国的现在和未来”。为此，按照《规划纲要》要求，中指办近期要启动中国方志文化走向世界工程，加强与国际及港澳台地区的学术交流，弘扬光大方志文化。

当前，“十大工程”在全国地方志系统的知晓度越来越高，影响力越来越大，西北五省区和新疆生产建设兵团要积极参与、给予支持，其中重中之重是稳妥推进民族地区与贫困地区志书出版资助工程。中指办启动民族地区与贫困地区志书出版资助工程，是根据伟光组长在甘青宁地方志工作调研座谈会上的指示作出的重要决策。经过多方争取，财政部每年以项目的形式给予经费支持，中国社会科学院也从出版项目经费中给予一定的资助，目的是要帮助西部地区解决志书出版中的实际困难。西北各省区要继续加大对该工程的宣传力度，符合条件的，可以按照中指办制定的方案逐级进行申报，真正发挥这项工程在如期实现“两全”目标中的效力。待条件成熟后，中指办还要启动民族地区与贫困地区年鉴出版资助工程，加大对西北地区地方志工作的援助力度。

第三，要全面推进依法治志，用法治手段解决地方志工作面临的困难。《规划纲要》在依法治志的大背景下，明确提出要坚持依法治志的原则，这个“法”，既包括我国宪法、法律、行政法规等根本法、基本法，也包括《地方志工作条例》和《规划纲要》特别法。按照“法定职责必须为”的要求，编鉴修志作为地方政府的一项“法定职责”，约束性非常强，不是想做或不想做的工作，而是必须完成好的法定工作职责。《规划纲要》强调：国家地方志工作机构依法统筹规划、组织协调、督促指导全国地方志工作；省、市、县级地方志工作机构依法履行组织、指导、督促和检查地方志工作职责。所以，各级地方志工作机构要紧紧扣住这些规定，注重运用法治思维、法治方式来思考谋划《规划纲要》的贯彻落实。要以《条例》和《规划纲要》为依据，让主管领导明白当地党委、政府应当担负的法定职责，努力争得他们的关心和重视；要争取人大、政府法制部门和政府督查部门的支持和配合，定期开展执法监督检查或行政督查，解决地方志机构、编制、人员、经费等问题，督促如期完成任务，尤其是“两全”目标任务。

我在调研中发现，各地的工作实践也充分证明，凡是依法治志力度大的地方，“一纳入、八到位”就会落到实处，实际问题就能得到解决，地方志工作就能做得风生水起、生机勃勃；凡是有法不依、执法不严或者对法视而不见的地方，就会出现缺机构、缺人员、缺经费的“三缺”现象，甚至产生无机构、无人员、无经费的“三无”极端情况，地方志工作就会比较滞后、落后。

毋庸讳言，西北地区地方志工作正处于爬坡过坎的关键阶段，工作面临着许多困难和挑战，《规划纲要》的贯彻落实尤其是“两全”目标的实现压力很大，其原因主要是依法治志没有完全到位，地方各级政府未能很好地履行抓地方志工作的主体责任。现在，国务院颁布实施《地方志工作条例》已经10年了，国务院办公厅印发《规划纲要》已经1年多了，西北五省区也相继出台了各自的地方志工作法规规章，所以，各级地方志工作机构要注重运用法治思维、法治方式来思考谋划工作，要敢于找领导，反复找、反复讲，让主管领导明白地方志工作是官职、官责，是各级政府的一项重要工作，是记录当代、泽被后世的神圣事业，努力争得各级党委、政府领导的关心和重视；要争取人大、政府法制部门和政府督查部门的支持和配合，定期开展执法监督检查或行政督查，解决机构不健全、编制紧缺、人员不到位、经费不足等问题。地方志工作机构自身也要建立督促检查制度，依照《规划纲要》提出的目标要求，对所属地区、各有关部门的工作进行督办检查。

第四，要善于为经济社会发展服务，做到以有为谋有位。地方志工作机构最大的优势就是熟悉当地历史文化、熟知当地情况，掌握的最宝贵资源就是志书、年鉴等地情资料和各种历史文献资料。我们要善于利用这种优势，开发好地方志资源，为经济社会发展和文化建设服务。现在，全国地方志系统在探索地方志资源开发利用方面，已经有了一套成熟的做法，取得了一些成功的经验，涌现出不少的创新和亮点。一年多来，中指办为配合社会主义核心价值观教育和“三严三实”专题教育活动，组织编辑了《中华家训精编100则》和《中国古代为官箴言》，取得了良好的社会反响；启动了中国名镇志文化工程，通过编纂出版历史文化名镇志、经济强镇志、特色镇志，力求在快速的城镇化进程中留下乡音、记住乡愁；根据习近平总书记在2015年7月中央政治局第25次集体学习时的讲话精神，申报编纂11卷近3000万字的《中国抗日战争志》，已由全国社科规划办作为抗日研究重大工程立项，近期将组织方志界、高校和科研机构的专家学者正式启动；为配合我国维护南海主权的斗争，计划于今年年底在海南举办南海论坛，启动《南海志》和《三沙市志》编纂，向世界宣示：南海主权，有志为证。各地也积极谋划，主动作为，有的为当地党委政府科学决策提供咨询，有的通过举办历史文献展览提高当地知名度，有的为申报世界文化遗产提供资料，有的为旅游开发提供历史依据，有的利用地方志成果帮助招商引资，这些举措展示了地方志工作的价值，促使当地党委政府更加重视、社会更加认可地方志工作，相应地也提升了地方志工作机构的知名度和话语权。

西北地区的地方志工作要想突破困境，让冷部门热起来，让冷事业火起来，逐步摆脱被边缘化的尴尬局面，必须做好地方志资源开发利用这篇大文章，把地方志工作放在各地党委政府的工作大局中，放在经济社会发展大局中，用创新的思维、创新的方法、创新的成果，为党委政府的中心工作服务好，为社会各界服务好。西北地区有灿烂的文化遗产，有丰厚的文化积淀，也有很好的工作基础，相信这篇大文章一定能做得更精彩。这届协作会议以丝绸之路经济带建设为着眼点，就抓住了西北地区地方志工作服务大局的“牛鼻子”，可以预见，利用地方志工作机构的资源和优势，扣住这个主题做下去，西北地区的地方志工作一定会大有起色、大有前途。

以上几点意见，是我对西北地区地方志工作的一些思考，在这届会议上提出来，供大家讨论思考。当然，做好地方志工作，还有队伍建设、理论建设、信息化建设、方志馆建设等问题，由于时间关系，我就不一一详谈了。

今天早晨，我在宾馆门前的敦煌景观大道跑步时，一边呼吸敦煌新鲜的空气，一边感受敦煌独特的文化，一边欣赏道路两旁的风景。我注意到耸立在道路两旁的路灯杆上，还有“首届丝绸之路（敦煌）国际文化博览会”的宣传标语：“文明因互鉴而丰富；文明因交流而多彩；共享机遇，共迎挑战”。我颇有感慨，我们今天召开的“西北五省区暨新疆生产建设兵团地方志工作协作会议”不就是省级地方志机构之间的互鉴与交流吗？西北五省区暨新疆生产建设兵团地方志工作者，乃至全国的地方志工作者不就是在共享机遇，共迎挑战吗？

借此机会，我希望全国地方志工作机构及其地方志工作者，进一步深化互鉴与交流，以互鉴谋发展，以交流求创新，共享机遇，共迎挑战，全面推动地方志从一项工作向一项事业转型，实现到2020年省省有志、市市有志、县县有志，以这种伟大的文化创举向全面建成小康社会贡献“志”礼。

祝愿本届会议取得圆满成功！

在中国地方志学会方志学研究会成立大会开幕式上的讲话

（2016年10月25日）

冀祥德

经上报中国地方志指导小组领导和中国地方志指导小组办公室、中国地方志学会研究批准，成立中国地方志学会方志学研究会（以下简称方志学研究会）。恰逢初秋，在楚汉名城长沙召开方志学研究会成立大会，这是全国地方志系统加强地方志理论研究的一件大事、喜事。大会得到了湖南省地方志编委会、长沙市委市政府、长沙市地方志办公室的大力支持，我代表中国地方志指导小组办公室表示衷心的感谢。方志学研究会的成立，得到了全国地方志系统、中国社会科学院职能部门、有关研究所，以及北京大学、中国人民大学、复旦大学、宁波大学等高等院校的大力支持，共有90个成员单位推荐了134名理事人选，具有广泛的代表性。我代表中国地方志指导小组办公室和中国地方志学会，对各单位给予的大力支持表示衷心的感谢，对与会各位代表表示热烈欢迎。成立方志学研究会，是贯彻国务院办公厅印发的《全国地方志事业发展规划纲要（2015—2020年）》的重要举措，意义重大。下面，我对会议的召开提几点要求：

一、认真履行程序，确保过程公开透明

成立大会的召开，是方志学研究会的出生证明。大会环节多，要求具体，各个阶段都有不同的内容和要求，特别是参会代表有不同的范围要求，在座的各位代表务必严格遵守大会安排，严格遵守主持人的要求，参加哪一阶段的会议、需要完成什么工作，必须做到了然于胸。会议期间按照布置需要暂时离开的代表，要服从大会服务人员的安排，认真等候，不得离会，避免出现下一阶段会议召开缺席情况出现。公开透明、程序严谨，是成立大会必须遵守的基本要求，也是保证大会真实有效的程序正义，各位代表务必高度重视，认真履行程序，确保会议召开紧凑、圆满。

二、认真履行职责，确保选举公平公正

方志学研究会的成立，目的是团结全国地方志系统、高等院校、科研机构的专家、学者，搭建方志理论研究和学术交流平台，为方志事业发展建言献策，为方志学科建设提供理论支持。这次理事的推荐工作十分顺利，推荐的范围广、机构多、规格高。方志学研究会成立筹备处根据国家有关规定和《中国地方志学会章程》，草拟了《中国地方志学会方志学研究会规程（草案）》《中国地方志学会方志学研究会会员登记办法（草案）》等文件；在各单位推荐的基础上，提出了《中国地方志学会方志学研究会第一届理事会理事人选推荐名单》《中国地方志学会方志学研究会第一届理事会常务理事人选推荐名单》等，规程、登记办法等文件是会议召开的制度保障，有关的推荐名单是根据相应的规则和条件优中选优。各位代表是代表各自成员单位来履职尽责，一定要严格遵守会议各个文件要求，认真审核，履行权利，建立起方志学研究会今后规范运作的系列规章制度，同时确保选举过程公平公正，把最有代表性、最有典型性、最能助推方志研究会工作开展的人选推选出来。

三、认真履行义务，确保会议圆满成功

成立方志学研究会，是中国地方志指导小组及其办公室、中国地方志学会经过深思熟虑而作出的决定。最近两年，从地方志从一项工作向一项事业转型的实际，为筑牢事业发展基础，搭建平台，团结力量，齐心聚力，在中国地方志学会下面先后设立了信息化研究会、年鉴研究会、方志馆研究会、史志期刊研究会，这次要成立方志学研究会，下一步根据需要还要成立编辑出版研究会。各研究会的成立，对于构建地方志理论研究体系，推动地方志事业多业并举，意义重大。各位代表是方志学研究会成立的参与人、见证者，除了履行职责外，还承担着促进研究会发展，推动地方志理论研究，宣传推动研究会各项工作的义务。今天召开方志学研究会成立大会，是新的起点，是地方志理论研究做大做强新的征程的起步，是构建完善的地方志理论研究体系的再动员、再出发，希望在座的各位代表要牢记使命，切实履行义务，为促进地方志理论研究多出一份力，为地方志学科建设多发一点光。

最后，祝方志学研究会成立大会取得圆满成功。

在中国名镇志丛书编纂业务培训班上的讲话

（2016 年 10 月 26 日）

冀祥德

今天，在我国历史文化名城长沙召开第二期中国名镇志丛书编纂业务培训班，来自全国各地的近 150 位名镇志文化工程的联络员、申报单位名镇志主编和编纂人员参加培训，我代表中国地方志指导小组办公室（以下简称中指办），对大家的到来表示热烈欢迎，对大家为名镇志编纂工作付出的辛勤努力致以亲切问候。中国名镇志文化工程自 2015 年启动以来，取得了重要的阶段性成果。截至目前，已出版和即将出版近 30 部名镇志，各地申报的接近 130 部，引起了社会各界的广泛关注与好评，初步形成了全国地方志系统的重要文化品牌。作为中国名镇志文化工程的核心组成部分，编纂高质量的名镇志是深入推进该工程的根本保障。这次培训班的举办，目的就是要统一思想，提高编纂业务能力，确保编修出一系列的高质量的名镇志。下面，我就培训班提几点要求：

一、要充分认识实施中国名镇志文化工程的重大意义

（一）实施中国名镇志文化工程是全面贯彻落实习近平总书记、李克强总理、刘延东副

总理重要指示的重要举措

习近平总书记一直十分关心地方志工作，每到一个地方的第一件事情就是看地方志书。1982—1985 年，习总书记在河北正定工作期间，就利用地方志书的记载指挥开展抗灾工作和城市建设。1985 年 6 月，习总书记在即将任厦门市副市长时，通过自己在清华大学的同班同学林江汀向厦门市方志办借阅了地方志书。他在担任宁德地委书记期间，出席了 1989 年 8 月召开的全区地方志工作会议并发表讲话。他在担任浙江省委书记期间，2004 年 10 月视察江山市凤林镇白沙村，看到村民自发编修的《白沙村志》时，鼓励村民把村志继续编修下去，要求把农村的新变化写入新村志；2006 年 12 月在温州市苍南县考察台风“桑美”灾后重建工作时，调阅了《苍南县志》，并用志书中的记载告诫地方干部要以史为鉴。他在担任上海市委书记期间，2007 年 3 月专门吩咐秘书致电上海市地方志办公室，要求报送《上海通志》以备查阅。2014 年 2 月，他在首都博物馆考察时指出，要在展览的同时高度重视修史修志，让文物说话、把历史智慧告诉人们，激发我们的民族自豪感和自信心，坚定全体人民振兴中华、实现中国梦的信心和决心。2015 年 7 月，习总书记在中共中央政治局第 25 次集体学习上指出，要整合全国学术机构和研究队伍，协调各地党史、军史、档案、政协文史资料、地方志、社科院、高校等部门和机构的力量，扶持民间研究，从军事、政治、经济、文化、社会、外交、国际等领域对抗战进行系统研究，推出高水准的权威专著和通俗读物。2015 年 11 月，习总书记与马英九先生在会面时指出，两岸史学界携起手来，共享史料、共写史书，共同弘扬抗战精神，共同捍卫民族尊严与荣誉。

2014 年 4 月，李克强总理在第五次全国地方志工作会议召开之际，专门对地方志工作作出重要批示，提出“修志问道，以启未来”的地方志工作定位。2015 年 12 月，在全国地方志系统先进模范座谈会召开时，他又提出“直笔著信史，彰善引风气”的地方志工作者定位。

刘延东副总理作为国务院分管地方志工作的领导，多次作出重要批示，发表重要讲话，明确提出“切实做到认识到位、领导到位、机构到位、编制到位、经费到位、设施到位、规划到位、工作到位，将地方志工作纳入各地经济社会发展规划之中”的“一纳入、八到位”，强调要进一步强化地方志文化资源的开发利用，创新服务手段和方式，拓宽服务渠道，用人们喜闻乐见的方式利用地方志、传播地方志，让中国方志文化走出国门并影响世界。

从中央领导同志对地方志的关心重视，大家可以感受到地方志的重要作用和价值。为了贯彻落实中央领导同志的重要指示，在中国地方志指导小组（以下简称中指组）王伟光组长、李培林常务副组长的关心和直接领导下，中指办 2015 年启动了中国名镇志文化工程，这是全国地方志工作的一项重大创新，也是进一步扩大地方志社会影响力，充分发挥地方志的价值作用，让广大人民群众共享地方志成果的重要尝试。

（二）实施中国名镇志文化工程是贯彻《全国地方志事业发展规划纲要（2015—2020 年）》的重要举措

2015 年 8 月，国务院办公厅印发《全国地方志事业发展规划纲要（2015—2020 年）》（以下简称《规划纲要》），明确规定“指导有条件的乡镇（街道）、村（社区）做好志书编纂工作，做好中国名镇志文化工程、中国名村志文化工程组织编纂工作。”中国名镇志文化工程除被纳入国务院《规划纲要》外，还被财政部纳入长期财政经费保障项目，被国家新闻出版广电总局纳入“十三五”国家重点出版图书规划项目。因此，作为被国务院办公厅、财政部、国家新闻出版广电总局确定的国家级重大文化工程，中国名镇志文化工程在国家文化建设中具有重要的地位和作用。

与此同时，最近几年乡镇村志编纂在全国地方志系统逐渐形成热潮，特别是在部分地区已经成为乡镇村群众的文化自觉，编纂出版了大量的成果，成为全国地方志事业发展新的增长点。中指办实施中国名镇志文化工程另一目的就是通过名镇志的编纂出版，规范、引导全国乡镇志的编纂出版活动。

（三）实施中国名镇志文化工程是展示改革开放成果，全面、翔实记录我国新型城镇化进程，抢救保护传统文化的重要举措

改革开放近40年来，我国社会发生巨大变化，乡镇、村落、家庭变化更为深刻。城镇化作为国家经济社会发展的必然趋势，也是现代化的重要标志，是全面建成小康社会的必由之路。最近一个时期，对于城镇化的总体思路在转变，从以前只注重乡镇城市化转变为更注重环境保护、文化保护和人文关怀等，提出让居民望得见山，看得见水，记得住乡愁。

乡镇承载着中华民族世世代代的文化寄托和心理守望，承载着丰富生动的传统文化和历史记忆，传承着中华文明血脉。现在新型城镇化日新月异，基层政区变动频繁，乡镇、村落在快速城镇化进程中不断消失，大量乡镇甚至是千年古镇所承载的重要历史文化信息、传统文化信息不断消亡，乡土文化和民俗文化流失严重。如果我们这一代人不再进行保护，这些重要的历史文化信息就会消亡殆尽。

“方志乃一方之信史。”乡镇志作为全面、权威的地情资料文献，是完整记录乡镇历史，留得住乡愁的重要载体。用乡镇志来记住乡愁，既是各级地方志工作机构的责任，也是各乡镇党委政府的职责所在，对国家推进新型城镇化有重要价值。同时，科学记录城镇化进程，展示乡镇个体发展脉络，摸索乡镇化建设经验，提炼发展思路，梳理发展模式和发展道路，反映城镇化成就，挖掘历史智慧，也是今后探索城镇化发展规律的基本要求。

（四）实施中国名镇志文化工程是充分发挥地方志存史、资治、教化功能，培育爱乡、爱国情怀的重要举措。

“国有史，邑有志。”中国自古就有注重修史修志的传统。连绵不断地编修地方志是中华民族特有的文化基因，为中华文明代代相继、血脉相承发挥了至关重要的作用。中国现存古志有8000余种，占古籍的十分之一。自中华人民共和国建立以来，编纂的省市县三级志书累计近8000种，部门志、行业志、专题志23000多部，乡镇志、村志4300多部，年鉴数万部，总字数以百亿计，形成以反映国情、地情为主要内容，全面系统、持续不断、卷帙浩繁的社会科学成果群，在国家文化建设中发挥着越来越重要的作用。

地方志最重要的功能就是“存史、资治、教化”。中国社会变迁最精彩、最生动的内容发生在基层乡镇，要完整记录，必须形成省、市、县、乡镇、村志链条式的成果体系。乡镇志能够补市县志之所缺，能够通过微观的材料反映历史变迁。中国人素有“家国情怀”，故乡的山水，乡音、乡情、乡俗的记忆，乡土的气息和家乡菜的味道，总是最能触动心弦。编纂一部全面梳理乡镇历史人文，“名”“特”突出的镇志，挖掘文化特色，让老百姓亲身感受本土本乡自然的优美、历史的醇厚、人物的杰出等，对培育人民群众爱乡爱国情怀意义重大。

二、要进一步强化名镇志丛书的组织编纂

（一）在组织管理上要充分发挥各级地方志工作机构的作用

和省市县综合志书编纂管理模式不同，中国名镇志文化工程是由中指组领导倡议，由中指办发文启动，名镇志编纂委员会领导，名镇志丛书编纂委员会办公室负责具体组织实施，省市县三级地方志工作机构具体落实，建立了一整套的管理机制。从实际效果上看，由中指办直接牵头，省市县三级地方志工作机构联动，特别是发挥县级地方志工作机构的组织领导作用，对于推进工程的实施效果明显。下一阶段，省级、市级地方志工作机构要加强组织协调、统筹规划和条件保障，县级地方志工作机构要加强业务指导，尤其是在编纂业务方面要主动牵头，在经费预算方面要提供保障。

（二）在志书编纂上要坚持接好地气

讲好中国故事，用群众喜闻乐见的方式编纂名镇志，是地方志成果走向寻常百姓家的重要尝试。名镇志在编纂体例、内容方面

有了诸多创新，注重突出名和特，注意控制容量，通俗易懂，用最直接、最简便的方式向读者呈现各镇的个性和特点，得到了各级领导和各镇读者的认可。下一阶段，务必继续坚持在名镇志丛书编纂中接好地气，让大家爱看、爱读，让名镇志成为案头书和了解名镇的指南。

（三）在宣传推广上要坚持多种手段

经过不断摸索，中国名镇志文化工程形成了系列内容，包括编纂中国名镇志丛书、举办全国名镇论坛、拍摄名镇宣传片和纪录片等。同时，还通过报纸、网站、微信公众号等加大宣传，大大提高了宣传效果，大大提升了地方志的社会认知度。中国名镇志文化工程要打造成全国地方志系统的重要文化品牌，离不开宣传和推广，宣传得越好，社会效益才能更加突出。大家千万不能简单认为就编好一本书，而是要在编好名镇志的同时，把收集整理到的系统资料利用好，通过报纸、网络、微信等宣传好名镇，用真实的历史吸引人，让名镇志成为宣传名镇、开发名镇最重要的名片。

（四）在受众上要坚持明确定位

与以往地方志书作为“官书”，其定位是资料性文献，难以走入寻常百姓家不同，名镇志在坚持“官书”的基础上，受众明确为普通老百姓，让名镇志走入寻常百姓家。第一批名镇志出版后，从实际效果来看，受众面不断拓展，普及性不断增强，收到了很好的实效。因此，在坚持名镇志作为资料性文献性质的基础上，要不断加强篇目设置、内容记述等方面的创新，让名镇志成为可读、可鉴、喜闻乐见的通俗读物。

（五）在发展目标上坚持打造品牌

地方志资源丰富，是一座巨大的宝库，但也面临着社会认知度较低，没有形成叫得响的品牌，特别是让社会公认受到广泛关注的文化精品。名镇志从一开始就注重品牌的打造，设计了标识、统一了封面风格和版式，在设计装帧上也精益求精，为打造名镇志品牌奠定了坚实的基础。打造一个在社会上具有重要影响力的文化品牌，是一个长期的过程。有了前面的经验，第二批、第三批及其以后编纂出版的名镇志，更要精益求精，更上一层楼，为名镇志形成真正的文化品牌作出更大贡献。

三、要通过培训全面提升编纂能力

（一）要在培训中认真理解名镇志编纂的基本要求

这次培训班在课程设置上完全围绕名镇志编纂业务来设计，既有组织管理方面的要求，又有编纂规范的要求；既有案例分析，又有实践经验的总结和提炼；既有理论方面的介绍，又有对实际操作需要注意的问题的剖析。主要目的是告诉大家名镇志是什么，名镇志跟一般乡镇志书有什么区别，怎么编好名镇志，编纂过程中需要注意什么问题等。培训时间虽然只有短短的两天，但是内容丰富。希望大家要认真学习，深刻领会，入脑入心，真正做到学有所成、学有所用，实实在在地提高编纂业务能力。

（二）要严格遵守纪律和培训期间的安排

参加本期培训班的学员都是自愿报名，要珍惜学习机会，遵守培训班的各项安排，遵守纪律，认真学习。参加了这次培训，就要真正成为名镇志合格的编纂者，还要涌现出一些乡镇志编纂的专家或行家里手，成为典型，做到出书、出人、出经验。没有规矩，不成方圆，会务组的同志一定要加强管理，对于培训期间缺席的同志要登记下来，通知本省、本市、本县的地方志工作机构。

（三）要加强交流和借鉴

培训班同时也是很好的交流学习平台，大家在编纂名镇志中碰到的困难和问题，可以进行沟通交流，相互学习，相互借鉴。如果有什么意见建议，要向授课老师和会务组请教和反映。同时，也可以结合本镇的特点，比如来自历史文化名镇或者经济强镇的学员，可以跟类似镇来的学员进行业务探讨和交流，比较各自镇的优势是什么，特点有哪些，为编好自己的名镇志做充分准备。

最后，祝培训班取得圆满成功。

在中国年鉴精品工程专家指导会议上的讲话

（2016 年 11 月 13 日）

冀祥德

大家上午好！初冬时节，在美丽的“榕城”福州，中国年鉴精品工程专家指导会议召开了。召开这次会议的主要目的，是为了深入贯彻落实《全国地方志事业发展规划纲要（2015—2020 年）》（以下简称《规划纲要》），推动中国年鉴精品工程顺利进行，进一步提高年鉴编纂质量，全力打造高质量高水平的精品年鉴，为实现年鉴事业发展新跨越打牢坚实根基。这次会议得到了福建省地方志编委会，福州市委、市政府和福州市地方志编委会的大力支持，特别是福州市地方志编委会的同志们为举办这次会议付出了辛勤劳动，在多重压力下主动请缨，勇挑重担，敢于担当。在此，我代表中国地方志指导小组办公室（以下简称中指办）向大家表示衷心的感谢！同时，向参加会议的各试点单位代表和各位专家表示热烈的欢迎！

党的十八大以来，习近平总书记、李克强总理、刘延东副总理等中央领导同志高度重视地方志工作，向各级党委政府及社会各界指明地方志的独特价值，有利于形成支持地方志工作的良好社会氛围。我们要深刻领会和认真贯彻落实他们关于地方志工作的重要指示、重要批示、重要讲话精神。刚刚结束的党的十八届六中全会就推进全面从严治党作出了战略部署，全国地方志工作者要认真学习贯彻会议精神，同时发挥地方志资源优势，积极参与到习近平同志治国理政思想的研究与落实中来。

《规划纲要》明确将地方志工作定位为一项事业，为适应这种要求，一年多来，中指办加快工作节奏，在全国范围内全面推动地方志从一项工作向一项事业的转型，为增强地方志的权力和拓展功能提供了法律依据。为此，中指办强化顶层设计，主要抓了四个方面的工作：一是抓中心。中指办今后几年的核心任务就是贯彻落实《规划纲要》，特别是《规划纲要》确定的“两全”目标。到 2020 年，我们要全力实现省省有志、市市有志、县县有志，这样伟大的世界文化壮举，为全面建成小康社会贡献“志”礼。希望大家毫不动摇地为实现这个伟大目标贡献力量。二是抓拓展。长期以来，地方志工作之所以不被重视，原因就在于功能拓展不够，自身拳头不够硬。《规划纲要》在这方面提出了很多具体任务，如正在实施的中国名镇志文化工程、中国名村志文化工程等，就是非常积极的尝试，并且取得了阶段性成果，社会反响很大。三是抓质量。全国地方志“十大工程”中有中国志书精品工程和中国年鉴精品工程两大工程，就是要在抓中心、抓拓展的同时，狠抓志鉴质量建设，确保志鉴质量。四是要抓队伍。队伍不整齐、专业人员匮乏、青黄不接是全国地方志队伍的共性问题，中指办在狠抓“机构到位、人员到位”的同时，已经与中国社会科学院研究生院合作，着力培养地方志专业人才，今后还要与一些高校和科研机构合作，采用多种形式不断提升地方志队伍素质水平。

经过一年多的努力，在中指办推出全国地方志“十大工程”中，中国名镇志文化工程、中国名村志文化工程、民族地区与贫困地区志书出版资助工程、全国地方志“一体两翼”用志工程、全国信息方志与数字方志建设工程、方志馆研究建设及全国地方志专业出版基地建设工程等均取得很大进展，其他工程也在大力推进。

中国年鉴精品工程是“十大工程”的第三大工程，它与第二大工程中国志书精品工程是姊妹工程。中国年鉴精品工程也是一项探索工程、创新工程，没有多少成熟的经验可以借鉴。本着稳妥推进的原则，2015 年 12 月，通过各省级地方志工作机构推荐、专家评定，中指办从 53 家单位中选定 10 家单位为首批全国年鉴工作暨中国年鉴精品工程试点单位，并在北京召开的全国地方志机构主任工作会议上举行了授牌仪式。

2016 年 4 月，中指办在北京密云召开全国精品年鉴指导培训暨《中国年鉴发展报告》启动会议，重点就 10 个试点单位编纂的年鉴框架进行评议。与会专家敢于突破陈旧模式，在遵循基本规范的基础上勇于创新，找出了每种年鉴框架的优点和不足，取长补短，相互借鉴，共同设计出了相对科学的年鉴框架，为打造精品年鉴开了个好头。

2016 年 7 月 15 日，中指办在太原召开了第一次全国年鉴工作会议。会议的主题是统一思想，凝心聚力，努力完成《规划纲要》提出的年鉴工作目标任务。会议提出要大力推进中国年鉴精品工程，打造更多精品佳作，还通报表扬了全国优秀年鉴编纂单位。这既是对大家以往辛勤工作的肯定和总结，又是对今后工作的鼓励和鞭策。

2016 年 10 月 27—28 日，也就是两周前，中指办又在北京召开了中国年鉴精品工程专家评稿会议。会议对《山西年鉴》《广东年鉴》《南京年鉴》《拉萨年鉴》《温州年鉴》《驻马店年鉴》《延吉年鉴》《威远年鉴》等 8 部年鉴稿进行逐一评审，从框架设计、内容记述、表现形式等方面全方位研讨，提出修改意见和建议。经过严肃认真的研讨，会议达成一些重要共识，明确了下一步推进中国年鉴精品工程的方向。这些共识主要有：一是要研讨制定更为科学、更切实际的《中国年鉴精品工程实施方案》。二是中国年鉴精品工程应不分地域、不设比例，成熟一部，入选一部，从严掌握，严格标准，宁缺毋滥。纳入中国年鉴精品工程的年鉴要严格按照相关文件和评审标准，认真打磨，不能急于求成。三是要适当拓宽申报范围，为各类年鉴进入中国年鉴精品工程创造机会。四是中国年鉴精品工程要与中国志书精品工程相辅相成，协调统一，形成姊妹工程。会后，我们第一时间将专家的意见和建议反馈给各试点单位。同时，充分考虑到年鉴出版时间的要求和各单位的具体工作实际，在会上决定今天召开中国年鉴精品工程专家指导会议，由指导专家与试点单位进行面对面研讨交流。

以上是召开这次会议的背景情况。下面，就开好这次专家指导会，我提几点意见：第一，要充分认识实施中国年鉴精品工程的重要意义。我已多次系统地讲过这个问题，这里就不多讲了。今后，纳入中国年鉴精品工程的试点单位年鉴，我们将重点扶持，使其成为年鉴编纂的典型和标杆，成为精品年鉴不断涌现的助推器和催化剂。二是会议准备时间短，但各位指导专家都精心做了充分的准备，希望与会专家要以高度负责的态度，认真点评年鉴，把年鉴稿存在的问题及修改意见或建议毫无保留地提出来。三是各试点单位要虚心采纳指导专家的修改意见，会上可充分交流，但会后必须认真消化吸收，将专家意见坚决落到实处。四是中国年鉴精品工程办公室和方志出版社要通力合作，做好上传下达工作，保证中国年鉴精品工程顺利推进。

最后，祝愿这次会议取得圆满成功！

在内蒙古区情网蒙古文网站、内蒙古区情网手机网站、方志内蒙古微信公众平台开通仪式暨蒙古文多功能数据库启动仪式上的讲话

（2016年11月25日）

冀祥德

今天，很高兴来到美丽富饶的“绒城”鄂尔多斯，参加内蒙古区情网蒙古文网站、内蒙古区情网手机网站、方志内蒙古微信公众平台开通仪式暨蒙古文多功能数据库启动仪式。这是内蒙古自治区地方志信息化建设上的一件大事，是内蒙古地方志事业发展中的一件好事、喜事，也是全国地方志事业转型升级发展中的一件好事、喜事。在此，我谨代表中国地方志指导小组办公室、中国地方志学会及其信息化研究会，向内蒙古自治区地方志办公室、自治区地方志信息化领导小组及自治区的地方志同仁表示衷心的祝贺，向今天出席开通仪式、启动仪式的各位同仁并通过诸位向奋战在内蒙古自治区地方志一线的同志们表示诚挚的问候、致以崇高的敬意！

当今世界，以大数据、云计算、“互联网+”、物联网等为代表的网络信息技术日新月异，全面融入社会生产生活，深刻改变着全球经济格局、利益格局、安全格局。面对信息化革命浪潮，党中央、国务院高度重视信息化工作。特别是党的十八大以来，习近平总书记亲自担任中央网络安全和信息化领导小组组长，站在战略高度和长远角度，通过亲自主持召开网络安全和信息化工作座谈会、主持中共中央政治局第三十六次集体学习等，就互联网发展尤其是网络强国战略发表了一系列具有重大现实意义和深远历史意义的重要讲话。这些重要讲话是习近平总书记治国理政思想的重要组成部分，为深入推进网络强国战略指明了前进方向。今年7月27日，中共中央办公厅、国务院办公厅印发《国家信息化发展战略纲要》，要求以信息化驱动现代化，加快建设网络强国。国务院也陆续出台了一系列有关信息化的法规规章、政策文件，要求紧紧把握历史契机，以信息化培育新动能，用新动能推动新发展。2015年8月25日，国务院办公厅印发《全国地方志事业发展规划纲要（2015—2020年）》（以下简称《规划纲要》），把地方志信息化建设列为今后五年地方志事业发展的十一项主要任务之一，提出明确要求。

2013年12月以来，在新一届中国地方志指导小组（以下简称中指组）领导王伟光、李培林等同志的高度重视和有力领导下，地方志事业迎来了千载难逢的发展机遇。为顺应信息化时代的发展要求，中国地方志指导小组办公室（以下简称中指办）积极贯彻落实《规划纲要》，大力强化地方志信息化建设顶层设计，全力实施全国信息方志与数字方志建设工程，一年多来在强本固基、蓄积后劲方面做了很多工作，取得了较大的成绩。这些成绩主要包括：2015年5月，中指办专门成立信息处；2015年7月1日，方志中国微信公众号正式开通；2015年9月1日，方志中国手机报正式开通；2015年12月1日，中国方志网、中国地情网正式开通；2016年4月26日，中国地方志学会信息化研究会成立；2016年9月5日，《全国地方志信息化发展规划（2016—2020年）》（以下简称《信息化发展规划》）由中指组印发；2016年11月8—11日，即半个月前，第一期全国地方志信息化业务培训班在云南普洱举行；近期，中国地情网二期、国家数字方志馆建设正在积极推进。同时，各地地方志信

息化建设也取得长足的发展，主要表现在：地情网站群覆盖面逐步扩大，地方志数据库（数字方志馆）规模快速扩容，方志业务信息系统建设加速推进，方志新媒体矩阵初具规模，信息化制度建设逐步健全等等。可以说，地方志信息化建设在地方志事业发展的大好形势下，同样面临着难得的战略机遇。

近年来，内蒙古自治区地方志办公室顺应时代要求，紧抓发展机遇，科学谋划，扎实工作，特别是积极贯彻落实《规划纲要》和中指组《信息化发展规划》，在地方志信息化建设方面取得了可喜的成绩。今天，不仅开通了区情网的蒙古文网站、手机网站和方志内蒙古微信公众号，还启动了蒙古文多功能数据库，涉及网站、微信公众平台、地情数据库三个方面，加上原先的工作基础，可以说初步形成了自治区地方志的信息化建设新格局，这必将在讲述好“内蒙古故事”、推动地方志文化资源开发利用以实现更大的社会效益方面发挥不可估量的作用。我相信，在自治区地方志办公室的正确领导下，在自治区各盟（市）、旗（县、市、区）地方志同仁的共同努力下，自治区地方志信息化建设一定会取得更大的成绩。

在此，我提几点希望：

第一，要进一步在思想上高度重视地方志信息化建设。网站、微信公众平台开通，数据库建设启动，只是万里长征走完了第一步，接下来还有很多“硬骨头”要啃、很多困难要克服，要做大量扎实细致的工作。希望大家从抢抓机遇的高度和固本强基的角度来深刻认识地方志信息化建设对推进地方志事业发展的重大意义，不断加强地方志信息化建设，为地方志事业科学发展提供重要支撑。认识到位，才能积极主动作为，不断提高地方志信息化建设水平。

第二，要进一步深入贯彻落实《规划纲要》和中指组《信息化发展规划》。《信息化发展规划》是《规划纲要》中“加快地方志信息化建设”有关要求的具体化，是第一个全国地方志信息化建设的规划文件，第一次对全国地方志信息化建设作出顶层设计。只有以《信息化发展规划》为引领，地方志信息化建设的方向才会更清晰、步伐才会更稳健。希望自治区地方志信息化建设主动与《信息化发展规划》进行衔接，将《信息化发展规划》的要求和部署与自身工作安排融合推进，与中指办和其他兄弟省份一道，共谋信息化建设大发展。

第三，要进一步推进“互联网＋地方志”建设。希望大家紧紧抓住“互联网＋”迅猛发展的大趋势，使传统手段与互联网新媒体结合起来，加快开发利用志鉴成果中蕴藏的宝贵知识资源，既服务群众、服务生活，又传递乡愁、延续文脉。

第四，要进一步加强省际间的互学互鉴。有些省份在地方志信息化建设上走在前列，有很多成功的经验和做法，也有一些可资改进的地方。希望自治区地方志办公室加强与这些省份地方志工作机构的交流，将内挖潜力与学习借鉴相结合，扬长避短，少走弯路，将区情网站、微信公众平台和地方志数据库建设得越来越好。

最后，祝内蒙古自治区地方志信息化建设不断迈上新台阶，为自治区地方志事业乃至全国地方志事业发展作出更大的贡献。也祝出席这次开通仪式、启动仪式的所有同仁身体健康，工作顺利！

在第一次全国地方志工作经验交流会暨2017年全国地方志机构主任工作会议上的总结讲话

（2016年12月7日）

冀祥德

在全体与会代表的共同努力下，第一次全国地方志工作经验交流会暨2017年全国地方志机构主任工作会议（以下简称广东两会）圆满完成各项议程，马上就要闭幕了。下面，我代表中国地方志指导小组办公室（以下简称中指办）对会议作总结。

一、“广东两会”的基本情况和总体评价

这次会议，是全面贯彻落实党的十八大和十八届三中、四中、五中、六中全会精神的一次重要会议，是贯彻落实《全国地方志事业发展规划纲要（2015—2020年）》（以下简称《规划纲要》）的一次重要会议。中国社会科学院副院长、中国地方志指导小组（以下简称中指组）常务副组长李培林同志在讲话中明确提出，在全国范围内全面推进地方志从一项工作向一项事业转型升级，这次会议就是要统一认识，明确方向，找准定位，齐心聚力，共谋发展。会议全面分析当前地方志事业全面转型升级的形势，深入总结交流新方志编纂工作开展以来近70年的经验与教训，探寻方志事业内在发展规律，分析存在的问题，研究解决问题的对策，部署下一步工作任务，是一次成功的经验交流会和年度主任工作会议。具体表现在：

第一，领导重视程度高。中指组领导非常重视此次会议。这次会议是根据中国社会科学院院长、中指组组长王伟光同志2015年在广东调研地方志工作时的提议召开的。他指出，要在全国范围内召开一次地方志工作经验交流会，搭建一个省、市、县三级地方志工作机构经验交流平台，全面系统梳理新方志编纂工作开展以来的经验与教训，以确保《规划纲要》目标任务的完成。鉴于广东提前完成“两全”目标，在全国地方志工作中处于领头羊位置，他建议在广东召开。本次“广东两会”从筹备伊始，中指组领导就多次对会议的召开听取汇报、提出要求。尽管王伟光组长再三协调工作时间，还是因为中央临时安排出访任务，未能参加本次会议。李培林常务副组长在繁忙工作中，到会并作了很重要、很全面的讲话。广东省政府党组成员陈云贤到会致辞。有关领导的高度重视，确保了此次会议成功举办。

第二，会议准备足。一是早。会议筹划早，2016年年初就明确任务，做到心中有底；会议准备早，今年的会议在10月份就开始动手准备，做到心中有数。二是广。这次会议不仅有省级地方志工作机构主任，还有市县、解放军、武警部队、香港特别行政区的地方志工作机构负责人参加，是近年来召开规模最大的一次会议。三是多。这次会议材料多，不仅有工作总结、工作计划，还有近100份的省、市、县三级经验交流材料。四是严。中指办党组对“广东两会”高度重视，在充分调查研究基础上，对会议的安排进行了精心部署。会议文件撰写中，多次征求部分省市地方志工作机构负责人及专家的意见，严把文稿质量。

第三，会议主题明确，内容丰富。这次会议虽然只有两天时间，但主题突出有新意，内容丰富有深度。会上，李培林常务副组长作了题为《全面推动地方志事业转型升级》的重要讲话。讲话紧紧结合当前地方志的新形势、新要求，紧紧围绕贯彻落实《规划纲要》，主题突出，内涵丰富，立意深远，对2016年的工作进行了系统总结，对2017年任务进行了全面部署。会上，为刚刚退出地方志工作机构负责人岗位、在地方志工作机构任职10年以上的朱文根、周焕强、刘和鸣三位同志颁发了“你真方志”荣誉牌匾和证书，肯定了他们为地方志事业发展作出的贡献。32家参会单位分别以志鉴编纂、信息化与方志馆建设、开发利用、工作保障为主题，进行了大会交流，大家的主题发言紧扣实际，亮点纷呈，有的问题发人深省，值得反思；有的经验成熟有价值，值得推广。与会代表分为5个小组，围绕李培林常务副组长的讲话，结合本地区的工作，就经验总结和教训汲取进行了广泛深入交流，就如何做好2017年的地方志工作进行了充分的讨论，提出了很多有价值的意见和建议。

就中指办工作而言，2015年确定为调研年、培训年，主要目标是摸清全国地方志工作基本情况，针对全国地方志工作者亟须培训的现状，加大了培训力度。2016年是在2015年调研基础上，确定为改革年、创新年，主要目标是加强全国地方志工作顶层设计。2017年确定为督查年、落实年，主要目标是全面督促检查落实《规划纲要》的11项任务，特别是实现“两全”目标。2017年是在全国范围内全面推进地方志从一项工作向一项事业转型升级的第一年，也是关键一年。我们要进一步加大《规划纲要》贯彻落实力度，首先就是要准确理解和把握这次会议的主题和精神实质。会议结束后，大家要及时向当地政府和上级主管领导汇报，尽快把会议精神传达到各级地方志工作机构以及每一位地方志工作者，把思想和行动统一到此次会议的精神上来。同时要结合本地实际，博采众长，吸收在会议上形成的各地好的经验，探索适合本地地方志事业转型升级的新举措、新思路、新方法。

二、全面总结经验，准确把握地方志事业发展规律

“欲知大道，必先为史。”要把握地方志事业发展的“大道”，全面推进地方志事业转型升级，就必须从地方志发展历史中总结经验，汲取教训，借鉴智慧，探寻规律，在自觉把握历史潮流中开辟事业的成功之路。新编地方志工作开展以来，各地陆续积累了很多很好的经验，但遗憾的是，在全国范围内还没有全面系统总结过，还没有建立起一个国家级地方志经验交流平台供大家交流。这次召开第一次全国地方志工作经验交流会的意义就在于此。

总结新编地方志工作近70年的经验，主要有：

一是坚定不移坚持正确政治方向。新方志编修工作开展以来，全国各级地方志工作者坚决站在党和人民的立场上，贯彻落实党的理论和路线方针政策，在思想上、政治上、行动上同党中央保持高度一致，坚持党的领导、坚持中国特色社会主义道路、坚持国家利益和人民利益至上，为党和国家重大决策服务、为中国特色社会主义事业服务，着力解决“为了谁，依靠谁，我是谁”的问题。秉承史家优良传统，坚持实事求是，自觉运用马克思主义的观点方法指导修志编鉴。“直笔著信史”，把地方志工作定位在“记载人民创造的历史”这个历史唯物主义的高点上，如实记录中国特色社会主义革命、建设取得的伟大成就。坚持理论联系实际，关注重大理论和现实问题，通过编修和开发利用地方志成果，为培育和践行社会主义核心价值观提供丰富、优秀的精神文化产品。地方志事业的全面转型升级必须沿着正确的政治方向推进，我们要坚决坚持。

二是不断完善党委领导、政府主持、地方志工作机构组织实施、社会各界广泛参与的工作体制，明确“一纳入、八到位”的工作要求。事业发展保障体系的基石就是体制机制问题。根基不牢，地动山摇。纵览新编地方志工作开展近70年，特别是改革开放近40年来的地方志工作实践，最重要的一条经验，当莫过于此。完善体制，落实“一纳入、八到位”，就是抓住了转型发展的牛鼻子，这样，实际问题就能得到解决，地方志工作就能做得有声有色。如北京、内蒙古、辽宁、吉林、上海、福建、江西、广东、四川、云南、青海等省（区、市）和新疆生产建设兵团均将地方志工作纳入当地国民经济和社会发展规划。北京、辽宁、吉林、江苏、安徽、福建、江西、山东、河南、湖北、广东、广西、重庆、四川、贵州、云南、陕西、新疆等省（区、市）还将地方志工作纳入政府工作报告及重点工作分工方案之中。北京、天津、内蒙古、吉林、黑龙江、江西、山东、湖南、海南、四川、贵州、云南、陕西、甘肃、青海、宁夏等省（区、市）以及新疆生产建设兵团领导高度重视，在实践中不断完善体制机制，落实“一纳入、八到位”，健全行政管理体系，落实“官职”“官责”，全力推动，保障到位。其中四川积极推行政府主导的“三审制”，努力构建“政府修志、政府审志”的工作格局。实践证明，完善体制、落实“一纳入、八到位”要求是全面推进地方志事业转型升级的根基，我们必须要进一步夯实。

三是持续不断推进地方志法治化建设。已经延续了2000多年的方志发展史证明，地方志编修持续不断，与“官修”传统分不开，与各级政府积极推动分不开。新中国成立后，地方志工作大体经历了三大发展阶段：第一阶段是新中国建立至2006年5月，为依令修志阶段。在国家层面，先后出台了《关于新修地方志提纲（草案）》《关于编写地方志工作的几点意见》《新编地方志工作暂行规定》《关于进一步加强地方志编纂工作的通知》《关于地方志编纂工作的规定》等。与此同时，各级地方政府和地方志工作机构根据党中央、国务院及有关部门的规定，也制定了一系列的规章制度，逐步加大以行政命令推动地方志工作力度。但是依令修志存在一些弊端，如工作开展与否随意性强、受领导主观好恶影响大等。第二阶段是2006年5月至2015年8月，为依法修志阶段。《地方志工作条例》（以下简称《条例》）的公布，标志着地方志工作进入有法可依的法制化新阶段和大规模、正规化修志的新时代。《条例》颁布近10年来，各地地方志工作机构不断深入贯彻落实，地方志法规体系不断健全，依法履职不断规范，依法修志环境不断优化。但是随着地方志从一项工作转向一项事业，尤其是在全面推进依法治国、建设社会主义法治国家的大背景下，《条例》已难以适应地方志事业不断发展的需要，亟待从法制化走向法治化。第三阶段是2015年8月之后，为依法治志阶段。《规划纲要》明确将“坚持依法治志”作为六大基本原则之一，其颁布施行标志着全国地方志从依法修志走向依法治志。各地坚持依法治志，通过地方志立法、建章立制、督促检查考核等深化制度化、法治化建设。如山西、吉林、安徽、山东、四川等省以地方立法为抓手，着力构建了保障地方志事业长远发展新体系。目前全国已有28个省（区、市）由人大常委会或政府出台了地方志工作条例、规定、实施办法等。山东省在全国率先实现省、市、县地方志规章全覆盖，全省17个市、137个县市区全部颁布了地方志规范性文件，形成较为完善的法规体系。四川省人大常委会在《四川省地方志工作条例》颁布实施10周年之际对该条例进行了修订，较原条例增加了很多内容。各地陆续开展相关条例、规定、实施办法的修订工作。北京、天津、河北、浙江、西藏、新疆等省（区、市）及新疆生产建设兵团通过制定各项工作规范和标准，初步构建志鉴编修的规范体系。其中，北京联合市财政等部门制定地方志编修中审稿费等标准；河北建立修志工作调度会制度和督促检查通报制度；浙江坚持总编领导下的副总编分工负责制。北京、山西、上海、安徽、福建、江西、广东、广西、四川等省（区、市）明确本级地方志工作机构的行政权力清单，将地方志工作纳入政府依法行政范畴。把地方志工作列入政府年度重点工作目标绩效考核，已经成为各地各级推进地方志工作的重要方式。北京、河北、河南、湖北、海南等省（市）建立督促检查考核机制，大部分省（区、市）依法加大地方志法规规章的执行力度，定期开展人大执法检查或政府督促检查，依法纠正、查处执行不力和违法行为。上海、河北、福建、湖南、甘肃、宁夏等省（区、市）及新疆生产建设兵团坚持每年开展“5·18”地方志宣传推介活动，开展法规宣传。法治化建设是地方志事业全面转型升级的重要保障，要进一步坚持。

四是始终坚持质量至上。李克强总理2015

年12月就全国地方志系统先进模范座谈会召开作出的重要批示中要求："为后世留下堪存堪鉴之记述。""堪存堪鉴"就是李克强总理对地方志质量的要求。新编地方志工作大规模开展以来，一直将质量问题摆在重要的地位，始终坚持质量至上。各级地方志工作机构不断完善质量控制体系，制定编纂规范，健全志稿评议、审查验收、质量评估等制度，在确保志鉴质量方面做了大量工作。如内蒙古、吉林、河南、海南、云南等省（区）分别建立健全规范业务质量体系、质量控制体系、质量监督保证体系、志鉴质量保障机制、编审制度等，严把资料关、编纂关、审核关；辽宁坚持对志书编写全程跟踪指导；浙江通过"创优工程"评选等方式推动《浙江通志》编纂，依托省专家委员会平台强化全省志鉴指导；福建涵养"工匠精神"；江西强调反复打磨志稿，坚持严格审查，精雕细琢，精选出版机构，严编严校；湖北在省志编纂中落实四个三审程序加总纂委员会终审定稿制度；广西优化志鉴编纂、评审程序，分类指导，典型引路，提高编纂出版质量；重庆坚持一抓编修规划，二抓人员培训，三抓志稿纂写，四抓重点推进，五抓总纂定稿，六抓评审验收，七抓统一出版，保证志书编纂质量；四川加强规范审查，严控出版，力求工作成果高质量，实现形式内容相统一；贵州坚持严把质量关口，确保编纂出版的志书经得起历史的检验；新疆完善内部质量管理体系，实行志书质量责任制，严格执行审查验收制度，从程序上和制度上保证志书的质量，等等。强化质量意识，打造堪存堪鉴的地方志成果，是地方志的生命所在，要进一步坚持。

五是以有为谋有位，服务经济社会发展大局。修志为用，地方志存在的价值就是"为当代提供资政辅治之参考，为后世留下堪存堪鉴之记述"，就是围绕党委政府中心工作，服务经济社会发展大局。近年来，各地地方志工作机构主动作为，深入挖掘地方历史文化资源，创新服务手段，拓宽服务渠道，增强服务功能，强化对地方志资源的深加工，为各级党委政府科学决策提供重要的借鉴和依据，为中国特色社会主义建设服务，为广大人民群众服务，积累了很多值得借鉴学习的经验，抓出了亮点，形成了特色，扩大了影响力与话语权。通过调研，我们发现，凡是能把地方志工作与当地的中心工作有机结合，在服务经济社会发展大局工作上有措施、有成效的地方，地方志事业发展就红红火火、后劲充足；反之，地方志工作开展就冷冷清清、困难重重。如北京、福建、四川等省（市）积极打造方志文化品牌，发挥地方志资源在当地文化中心建设和公共文化服务中的作用；山西、河南以资政服务为根本，不断拓展服务领域，全力提升地方志工作的影响力；吉林深挖方志资源开发模式，社会公益服务实现多元化并举；江苏坚持由被动承接向主动对接转变，由"边缘"工作向贴近中心大局转变，由传统修志编鉴向现代多元开发转变，由相对单一的文化服务向经济社会综合服务转变，积极主动服务于江苏政治文化和经济社会建设，不断提升地方志的整体地位；山东以有为谋有位，善于谋长远、抓关键、借势借力，紧紧围绕中心、服务大局，赢得各级领导的高度重视，近三年来，省领导对史志工作作出83次批示，其中省长批示21次，将地方志事业摆在前所未有的重要位置；湖南大力推进省市县三级志书、年鉴和地情资源开发利用工作；贵州、云南、陕西、甘肃、青海、新疆等省（区）坚持修用并举，加大开发利用力度，服务中心工作能力不断提升。服务经济社会发展大局，是地方志事业发展的价值所在，要进一步坚持。

六是科学规划，统筹发展。科学规划、统筹发展是地方志事业发展的必然要求，只有通过科学规划、统筹发展，才能厘清地方志创新的基本思路、主要目标，才能以新的发展理念推动新的发展，提出一些具有标志性的重大战略、重大工程、重大举措，解决制约发展的突出问题。各地注重谋划布局，构建地方志事业发展格局。北京、天津、河北、山西、吉林、黑龙江、上海、安徽、福建、江西、山东、河南、湖南、广东、广西、海南、四川、云南、陕西、甘肃、青海等省（区、市）及新疆生产建设兵团先后出台本地地方志事业发展规划或规划纲要，内蒙古、江苏、湖北、贵州、西藏、新疆等省（区）先后出台贯彻《规划纲要》的实施意见或方案，辽宁出台进一步加强地方志工作的意见，坚持顶层设计和理念创新，注重谋篇布局，统筹规划本级的地方志事业发展。河北配发进度规划表，增强规划的可行性；上海突出“大”格局，协调社会各方开展地方志工作，打造“全”方位，按照“存史、育人、资政”要求，完善工作体系、机构设置和平台建设；湖北、广西等省（区）科学规划志书编纂，湖北周密计划，充分论证，确保编纂方案和篇目可操作性强，广西填补1932年广西成立省级修志机构以来没有编纂出版省级综合志书的空白，同时适时调整专志、市县志编修计划；陕西坚持抓主业，基础不断稳固，谋长远，科学发展步伐不断加快；青海正确处理“抓牛鼻子”与“弹钢琴”的关系，统筹推进地方志事业协调发展，坚持突出规划的引领性和制度的保障性，加强顶层设计，努力探索地方志工作规律。科学规划、统筹规划，是地方志事业发展的必然要求，要进一步坚持。

七是创新引领，推陈出新。党的十八届五中全会指出，“创新是引领发展的第一动力。”地方志历经千年，持续保持蓬勃生命力，就在于其常变常新，不断创新，不断适应时代发展的需要，不断拓展工作领域。经过几代方志人的不断创新，地方志事业已经形成以志鉴编纂为主业，多业并举的新格局，地方志在各地经济社会发展的定位更加清晰。各地不断创新工作理念、工作方式、工作手段，打造地方特色。如上海探索“新”实践，创立“一纲三目”志书新体系、年鉴齐全新系列、旧志点校新成果；安徽注重在修志实践中总结和推广新经验，积极探索修志新方法；贵州坚持理论创新、制度创新、管理创新，不断拓展地方志工作领域，丰富地方志成果。内蒙古、上海、江苏、浙江、福建、山东、湖南、广东、广西、四川、新疆等省（市、区）打造“互联网+地方志”模式，推动志鉴信息化和数字化建设步伐，创新修志方式，其中浙江通过研发志鉴编纂信息系统等方式提升工作效率，广西编修影像志，开创立体修志之先河。创新是地方志全面转型升级的不竭动力，要进一步坚持。

八是修志问道，直笔著史。理想指引人生方向，信念决定事业成败。正是在信念的引领下，几代方志人秉承“为天地立心，为生民立命，为往圣继绝学，为万世开太平”的传统，以强烈的责任感、使命感，淡泊名利，默默坚守，甘于奉献，锲而不舍，笔耕不辍，在艰苦、辛苦、清苦的工作岗位上，凝练形成了“修志问道、直笔著史”的方志人精神。正是有了这种精神，才打造出数以百亿字计的地方志成果，为国家创造出一笔巨大的精神文化财富。实践证明，凡是方志工作开展较好的地区，必然有一支能战斗、有能力、讲奉献、有干劲的工作队伍，也必然有一股精气神。各地以机关建设为支撑，奋力营造干事创业新环境，并通过多种途径，弘扬方志人精神，强化人才队伍建设。如：河北通过评比表彰和经验交流，树立典型，引领示范；山西、内蒙古、吉林、黑龙江、安徽、福建、江西、山东、四川、贵州、宁夏等省（区）及新疆生产建设兵团注重固本强基，建立健全方志人才培养长效机制，着力建设专兼职结合、结构合理、热爱修志、乐于奉献、务实敬业、修志问道、铁笔著史的地方志人才队伍；浙江利用科研管理体制优势，强化人才梯队建设；宁夏注意吸收修志人才。“修志问道、直笔著史”的方志人精神是地方志事业转型升级的内在驱动，要进一步弘扬；人才队伍建设是地方志事业转型升级的内在支撑，要进一步加强。

除上述基本经验外，各地还有不少创新做法，如本次会议的承办方广东省，不断完善体制机制，全力保障地方志事业发展；始终坚持服务大局、服务人民群众，把地方志作为一项大事业科学谋划，做到理念先行、制度先行、人才先行、工作先行；形成主业突出，多业并举，自选项目精准，横向到边、纵向到底的工作格局，率先完成第二轮修志规划任务，不断推动地方志事业协调发展、创新发展、跨越式发展。这些经验来自于实践，必将指导实践，推进地方志事业全面转型升级。

三、牢固树立方志文化自信，凝聚地方志事业转型升级动力

要完成时代赋予我们的任务，就必须认清形势，明确方向，坚定文化自信，牢固树立方志文化自信，强化方志文化自觉，不断增强事业转型升级的内在驱动力。

第一，牢固树立方志文化自信，是贯彻落实习近平总书记系列重要讲话精神和治国理政新理念新思想新战略的必然要求。在习近平总书记治国理政新理念新思想新战略中，“文化自信”是继道路自信、理论自信和制度自信之后，中国特色社会主义的“第四个自信”，是更基础、更广泛、更深厚的自信，融入治国理政的方方面面。习近平总书记强调，在5000多年文明发展中孕育的中华优秀传统文化，在党和人民伟大斗争中孕育的革命文化和社会主义先进文化，积淀着中华民族最深层的精神追求，代表着中华民族独特的精神标识。文化自信鲜明地体现在三个方面，即中华优秀传统文化、革命文化和社会主义先进文化。方志文化自信是文化自信的重要组成部分，是对方志文化价值层面所拥有力量的坚强信心和充分肯定。纵观历史长河，编修地方志是中华民族优秀文化的有机组成部分。地方志已经融入了中华民族文化的血液之中，成为中华民族特有的文化基因，代代相传，历久弥新。立足现实视角，地方志忠实记录着我们党领导人民革命、建设新中国以及坚持和发展中国特色社会主义的光辉历程和丰功伟绩，为社会主义核心价值观提供最宝贵的思想源泉和最直接的精神纽带，是以马克思主义为指导的优秀革命文化和先进社会主义文化的重要载体。放眼未来发展，地方志将持续不断地保存民族记忆，传承民族优秀传统文化、革命文化和社会主义先进文化，翔实记载中华民族走向伟大复兴的历史进程，永葆当代价值和恒久魅力，成为中华民族最为独特的精神标识。贯彻习近平总书记系列重要讲话精神和治国理政新理念新思想新战略，坚定文化自信，就要牢固树立方志文化自信，通过方志文化科学阐释中华优秀传统文化、革命文化和社会主义先进文化，通过方志文化充分肯定我们党带领人民开拓奋进的伟大历史进程，通过方志文化为实现中华民族伟大复兴提供更基础、更深入、更持久的力量。

第二，牢固树立方志文化自信，是建设社会主义文化强国的客观要求。习近平总书记指出：“中华民族创造了源远流长的中华文化，也一定能够创造出中华文化新的辉煌。”要建设社会主义文化强国，创造中华文化新的辉煌，就必须立足中国优秀传统文化、革命文化，坚持社会主义先进文化前进方向，加快文化改革发展。国家“十三五”规划明确将地方志事业发展置于我国社会主义文化强国建设的伟大实践中。作为国家文化战略的重要内容，牢固树立方志文化自信是大势所趋。坚定文化自信，增强文化自觉，牢固树立方志文化自信，就是要真正担负起传承民族文化的历史使命，通过编修、开发利用地方志成果，参与公共文化服务体系建设，在加强社会主义精神文明建设、培育和践行社会主义核心价值观、掌握意识形态工作领导权和话语权，提升中华文化软实力，建设社会主义文化强国等方面发挥不可替代的积极作用；就是要主动把地方志工作融入国家战略，配合国家文化“走出去”战略，凝聚中国力量，讲好中国故事，传播好中国声音，突出中国特色、中国风格、中国气派，推动方志文化走向世界，向全世界展示中国魅力的有力话语体系，提升中国的理论、制度和文化影响力。

第三，牢固树立方志文化自信，是全面推进地方志事业转型升级的发展要求。习近平总书记在哲学社会科学工作座谈会上指出：“当代中国正经历着我国历史上最为广泛而深刻的社会变革，也正在进行着人类历史上最为宏大而独特的实践创新。”在社会转型时期，党中央国务院高度重视地方志工作，并将地方志事业放在“四个全面”战略布局中统筹把握，地方志事业迎来了千载难逢的发展机遇。习近平总书记就传承弘扬中华传统文化发表了一系列重要讲话，还就修史修志工作作出一系列重要指示。李克强总理近两年来对地方志工作作了三次重要批示，其中“修志问道，以启未来”明确了新时期地方志事业的定位；“直笔著信史，彰善引风气”明确了当代地方志工作者的定位；“留下堪存堪鉴之记述”明确了地方志的使命和质量要求；2016 年 4 月 25 日，他在夜访成都宽窄巷子时，指出应该把过去的历史资料、成都志，特别是有关宽窄巷子的历史脉络梳理清楚。刘延东副总理两次接见全国地方志会议代表并发表重要讲话、两次作出重要批示。2016 年 5 月 12 日，王勇国务委员出席《汶川特大地震抗震救灾志》出版座谈会并发表讲话。在两年多的时间内，中央领导同志如此密集地就地方志工作作出重要批示、发表重要讲话，足见党中央国务院对地方志工作之重视。在党中央国务院的亲切关怀和地方各级党委、政府的坚强领导下，全国地方志事业实现了跨越式发展，取得了令人瞩目的成就，进入高位运行态势。但是，必须承认的是，地方志尚未形成普遍的社会意识、家喻户晓的公众意识，在一些地区，地方志仍被看作可有可无的工作；部分地方志工作者对地方志的价值还缺乏认同感和自豪感，对地方志事业的转型升级信心不足，对实现《规划纲要》目标任务有畏难情绪。这就要求我们，要坚定文化自信，牢固树立方志文化自信，强化方志文化认同，增强全面推进地方志事业转型升级的责任感、使命感和自豪感。

四、保持高位运行态势，全面推进地方志事业转型升级

当前是地方志事业发展的黄金时代，面对实现中华民族伟大复兴的时代主题，要全面推进地方志事业转型升级，实现“两全”目标是一项伟大的世界文化创举，在“四个全面”战略布局、社会主义文化强国建设和中华民族伟大复兴的征程中有所作为，有所成就，就要牢固树立方志文化自信，以强烈的事业认同感、荣誉感以及责任感，敢于担当，勇于创新，脚踏实地，干在实处，走在前列。

第一，坚定信念，坚持正确政治方向。习近平总书记在哲学社会科学工作座谈会上强调：“坚持以马克思主义为指导，是当代中国哲学社会科学区别于其他哲学社会科学的根本标志，必须旗帜鲜明加以坚持。”从一定意义上讲，地方志属于哲学社会科学范畴，地方志事业的全面转型升级，必须坚持以马克思主义为指导。首先，要主动地学习马克思主义，掌握马克思主义方法论，树立马克思主义世界观，做到真学、真懂、真信、真用，自觉地运用马克思主义的立场、观点、方法来指导地方志实践，把中国特色社会主义理论体系贯穿于地方志工作始终。其次，要始终围绕“为什么人”的核心问题开展工作，坚持“以人民为中心”，坚持为人民服务、为社会主义服务的立场，牢固树立人民是真正英雄的历史观，把党和人民满意作为检验地方志成果的最高标准，把人民群众作为评价地方志工作的最高裁决者，创作出无愧于时代、无愧于人民的精品佳作。再次，要坚持求真务实。一方面，要不唯书、不唯上、只唯实，把志鉴编修成“信史”；另一方面，要“问道”，追求真理、探究规律，为全面建成小康社会，实现中华民族伟大复兴提供重要的理论支持。

第二，强化法治意识，坚持依法治志。依法治志是在我国建设社会主义法治国家的背景下提出的，是全面推进依法治国的应有内涵和必然要求。我们要以“一纳入、八到位”为总要求，以地方志法规规章为根本依据，以行政督促检查为重要手段，全面推进依法治志，全面保障地方志事业转型升级。一是要强化法治意识。一方面，“法定职责必须为”，各级政府、各级地方志工作机构要明确在地方志工作中的法定职责，并依法履行相关职责。另一方面，要克服依靠行政命令推动工作的老思维、老习惯，转变思维模式、工作方式，坚持用法治思维来突破发展瓶颈、破解发展难题，切实提高依法治志的自觉性和主动性。二是要健全地方志法律体系。随着依法治国的进一步推进和地方志事业的快速转型发展，《条例》已经不适应地方志事业发展需要，亟须启动修订或者立法程序，吸纳新经验，确认新成果，适应新要求。三是要严格执法程序。坚持依法治志的关键就是在法律框架下严格执法。要强化地方志工作的督促检查，加大地方志法规规章的执行力度，预防处理地方志违法行为。

第三，勇于挑战，树立创新理念。习近平总书记强调："创新是一个民族进步的灵魂，是一个国家兴旺发达的不竭动力，也是中华民族最深沉的禀赋。"创新也是地方志事业发展的时代要求，惟创新者进，惟创新者强，惟创新者胜。方志人要适应时代发展，就必须迎接挑战，敢于创新。一是要善于思考。"学而不思则罔，思而不学则殆。"思考的关键就在于发现问题，提出问题，并找到解决问题的正确思路和有效办法。可以说，发现问题就是找到了创新的起点，解决问题的思路与方法就是创新的成果。地方志事业就是在不断发现问题、不断思考问题、不断解决问题的过程中一步步向前，不断创新，不断发展的。二是要善于学习。学习是立身的永恒主题，也是创新的重要基础。在信息化的今天，知识爆炸，各种新知识、新情况、新事物层出不穷，这就要求我们学习、学习、再学习，否则容易陷入本领恐慌。这次经验交流会，就是给大家提供一个互相学习交流的平台。交流学习，切忌搞"拿来主义"，不顾实际，生搬硬套；切忌"蜻蜓点水"，装模作样，纸上谈兵，这对地方志事业的发展是有百害而无一利的。学习的关键是要以他山之石，来攻己之玉，真正地解决问题。三是要善于创新。要找准地方志事业发展突破点，找准本地经济社会发展和地方志事业转型升级的有机结合点，真正使创新落地生根，开花结果。要从地方志发展的实践以及本地的经济社会发展水平出发，通过梳理总结自身经验，充分借鉴兄弟单位好的经验，在思想上寻求新突破，在理论上实现新发展，在工作上形成新举措、新经验，以创新引领地方志事业全面转型升级。

第四，善作善成，向全面建成小康社会贡献"志"礼。《规划纲要》已经绘就地方志事业发展蓝图，我们要发扬钉钉子的精神，一张蓝图绘到底，切实干出成效来，在全国范围内全面推进地方志事业的转型升级。一是要明确刚性任务必须刚性完成。《规划纲要》是国务院向各级政府提出的目标要求，确定了到2020年全国地方志事业发展的法定目标任务，各级政府和地方志工作机构必须紧紧围绕既定任务，切实落到实处，扎扎实实、锲而不舍、不折不扣地按时保质完成"两全"目标等硬指标、硬任务，一个县都不能少。在抓进度的同时，更要以"堪存堪鉴"为标准，抓好质量。二是要以全国地方志"十大工程"为主要抓手推动完成规划任务。《规划纲要》明确了11项主要任务，为了更科学高效贯彻落实《规划纲要》，中指组及其办公室研究推出全国地方志"十大工程"，作为最主要的抓手。面对这些任务、工程，我们要有"功成不必在我"的气魄，敢于承担，勇于亮剑，保质保量完成规定动作。三是要适应信息化发展的大趋势，主动作为，拓宽服务路径，丰富服务内容，创新服务模式，做好、做大服务经济社会发展的文章，不断完成有特色的自选动作。

同志们，在全国范围内全面推进地方志事业从一项工作向一项事业转型升级的号角已经吹响，《规划纲要》任务已经非常明确，我们要响应时代召唤，不负党和人民重托，就要坚定方志文化自信，不忘初心，以"雄关漫道真如铁、而今迈步从头越"的气魄，以"自信人生二百年、会当水击三千里"的勇气，以"咬定青山不放松"的韧劲儿，脚踏实地，在全国范围内全面推动地方志事业转型升级，为全面建成小康社会提供"志"力、贡献"志"礼。

最后，我代表中指办对大家2016年来的辛勤付出和取得的丰硕成果表示慰问与感谢，并通过大家向全国地方志工作者致以2017年新春的问候，祝愿大家万事胜意。

在北京市地方志编纂委员会扩大会议上的讲话

（2016年5月24日）

北京市市长　王安顺

党中央、国务院历来高度重视修史修志工作。党的十八大以来，中央领导同志多次就地方志工作作出重要指示。习近平总书记在视察北京工作时强调，要高度重视修史修志。李克强总理先后两次对地方志工作作出重要批示，刘延东副总理也多次就做好地方志工作提出明确要求。去年8月，国务院办公厅印发了《全国地方志事业发展规划纲要（2015—2020年）》（以下简称《规划纲要》），对当前和今后一个时期全国地方志事业的发展作出了新的全面部署。

做好首都地方志工作，推动地方志事业健康发展，对于落实首都城市战略定位、加快全国文化中心建设，具有重要的现实作用和长远的历史意义。市委、市政府一直十分重视和支持地方志事业发展。郭金龙书记专门调研地方志工作，提出了“记述快速发展的历程、坚定实现中国梦的信心”的明确要求。市政府在“十三五”规划和今年的政府工作报告中，都对地方志工作作出了具体部署，并将地方志工作列入市政府折子工程加以督促落实。

今天会议审议通过的《北京市地方志事业发展规划纲要（2016—2020年）》（以下简称《北京规划纲要》），很好地体现了中央的精神，反映了北京的实际，具有较强的前瞻性和科学性，为首都地方志事业发展描绘了美好的蓝图。下面，我就落实好《北京规划纲要》，推动首都地方志事业科学发展，谈三点意见。

一、以改革创新精神开创首都地方志事业发展新局面

国务院印发的《规划纲要》，是对地方志事业发展的顶层设计，也是“四个全面”战略布局在文化领域推出的一项重大举措，标志着地方志从一项工作向一项事业、从依法修志向依法治志的升级转型。我们在工作理念、工作布局、工作体系、方式方法等各个方面，都要积极创新。要加强对《规划纲要》的学习，敏锐捕捉地方志事业发展的新形势新趋势，准确把握地方志转型的新任务新要求，解放思想，改革创新，不断提升地方志事业发展的水平和质量。

一是以五大发展理念引领地方志事业发展。深入学习贯彻党的十八届五中全会精神，牢固树立创新、协调、绿色、开放、共享的发展理念，用新发展理念指导地方志各项工作，贯穿于地方志事业发展全过程。创新发展，就是要把创新作为地方志事业发展的核心动力，推动地方志理论创新、实践创新、制度创新、管理创新、方法创新，拓宽地方志工作领域，丰富地方志成果表现形式。协调发展，就是要统筹推进地方志编纂、管理和开发利用各项工作，努力建设具有首都特色的地方志编修体系、理论研究与学科建设体系、质量保障体系、资源开发利用体系、工作保障体系“五位一体”的地方志事业发展综合体系。绿色发展，就是要尊重城市发展规律，忠实记述城市绿色发展，建设人与人、人与自然和谐共处美丽家园的历程；广泛运用信息技术推动地方志的数字化、网络化，提升地方志工作的效率。开放发展，就是要坚持开门修志、众手成志，加强与社会各界的交流与合作，健全地方志工作机构主导、社会各界有序参与的途径和方式，推动方志文化走向社会、走向世界，彰显中华文化的独特魅力。共享发展，就是要让人民共享地方志成果，全面提升地方志的开发利用水平，传承历史智慧，促进人的全面发展，坚定人民实现中华民族伟大复兴中国梦的信心和决心。

二是坚持围绕中心、服务大局。“治天下者以史为鉴，治郡国者以志为鉴”。地方志包罗万象，资源丰富，仅我市第一轮规划志书就已达1亿字以上，其中蕴含着深刻的历史智慧和理政思想。要充分发挥地方志的资政功能，主动将地方志工作纳入我市经济社会发展全局，围绕率先全面建成小康社会、加快建设国际一流的和谐宜居之都，积极开发地方志资源，总结历史规律，提供历史借鉴，为市委、市政府提供资政辅治的参考。要按照中国特色新型智库建设的要求，科学规划地方志机构参与中国特色新型智库建设的定位和途径，努力推出高水平的资政信息、研究成果和政策建议，当好首都经济社会发展的地情服务专家。

三是发挥地方志资源在公共文化服务方面的作用。习近平总书记视察北京时指出，历史文化是城市的灵魂，要像爱惜自己的生命一样保护好城市历史文化遗产。中央城市工作会议也对城市的文化定位、历史文化保护、发挥文化驱动力等方面提出了明确要求。地方志作为传承中华文明的重要载体，维系着中华民族的血脉亲情，在继承优秀传统文化、延续城市历史文脉方面发挥着不可替代的重要作用。要研究发挥地方志公共文化服务作用的途径和方式，找准着眼点和切入点，利用各类媒体广泛宣传地方志成果，进一步提升方志馆建设水平，推动城乡方志文化建设，培育历史记忆，讲好北京故事，使人们望得见山、看得见水、记得住乡愁。要发挥方志文化在文化交流中的独特作用，让国际友人通过方志文化更好地了解北京，扩大北京文化的国际影响力。

二、以首善标准确保全面完成规划纲要目标任务

“建首善自京师始”。首都的各项工作都要走在全国前列，发挥模范带头作用，地方志工作也不例外。《北京规划纲要》提出，到2020年，全面完成第二轮修志规划任务，实现市、区两级综合年鉴全覆盖。从目前看，我市第二轮规划志书编纂进度总体良好，但也有个别编纂单位进度滞后、质量不高。同时，个别区县的综合年鉴也尚未公开出版。这些都需要尽快解决。承担第二轮修志规划任务的各单位要切实落实“一把手”责任，完善主编负责制，主编不仅要抓好编纂进度，更要抓好编纂质量，以首善标准完成规划纲要的目标任务，努力编纂出无愧于时代、无愧于人民、无愧于历史、无愧于首善之区的精品佳志。

一是坚持正确的政治方向。要深入学习贯彻习近平总书记系列重要讲话和对北京工作的重要指示精神，贯彻落实中央关于地方志工作的重要指示精神，自觉武装头脑，指导编纂实践，认真把好政治关。要在党的领导下开展社会主义新方志编纂工作，始终坚持马克思主义的立场、观点和方法，坚持辩证唯物主义和历史唯物主义的世界观、历史观和方法论，自觉弘扬社会主义核心价值观，旗帜鲜明地反对历史虚无主义。

二是坚持质量为先。质量是地方志价值高低、生命力强弱、影响力大小的决定性因素。按照《地方志书质量规定》的要求，健全质量管理、质量监督、质量评议等制度，努力形成具有首都特色的志鉴质量标准和评价体系。坚持和完善分级把关、各负其责的“三审”“三校”制度，发挥好志鉴、行业、历史、文化等各方面专家的作用，认真把好史实关、体例关、文字关和出版关。

三是坚持存真求实。第二轮规划志书记述的时限是从上个世纪90年代中期至2010年前后，这一时期最鲜明的特点是改革开放，最显著的成就是快速发展。要从改革开放和快速发展这两个维度出发，深刻把握首都发展规律和阶段性特征，客观全面准确地记述首都自然、政治、经济、文化、社会和生态的历史与现状，加强对新事物、新技术、新产业、新组织、新阶层等的记述力度，努力把首都这段辉煌的发展历程实事求是地记述下来，既要记述取得的成绩与经验，也要记述发展中遇到的困难和挫折，发挥好地方志的“存史”功能，为后世留下堪存堪鉴之记述。

三、以方志人精神打造高素质地方志队伍

“盛世修志，志载盛世”。地方志事业的繁荣发展，需要打造一支政治素质高、业务能力

强、专兼职结合、老中青搭配的工作队伍。各区、各部门都要重视地方志队伍建设，不断充实力量，保持机构和队伍稳定，切实改善工作环境和待遇，拓宽社会各界参与地方志工作的途径和渠道。

一是弘扬方志人精神。伟大的事业需要伟大的精神。地方志工作相对比较清苦，任务又很繁重，特别需要弘扬“修志问道、直笔著史”的方志人精神，自觉增强做好地方志工作的使命感、责任感和荣誉感。要继承优良的修志传统，把老一辈方志人的传统发扬光大，培养对地方志工作的感情，激发对地方志事业的热爱，以对国家、对历史、对人民负责的态度，“直笔著信史，彰善引风气”。

二是提升综合素质能力。地方志是一门大学问。做好地方志工作，不仅需要方志知识，而且需要加强对国情市情、各行各业的学习和掌握。特别是《规划纲要》拓展了地方志工作领域，对地方志工作者提出了新的更高要求，迫切需要地方志工作者刻苦钻研业务知识，不断提升自身素质和能力，不仅要成为修志编鉴的行家里手，而且也要努力成为熟悉地情文化、善于文化传播、懂得依法管理、精于开发利用的专家能手。

三是发挥好老同志的作用。熟悉市情、经验丰富的老同志是地方志事业的宝贵财富。我市社会主义新方志编纂以来取得的成果，都凝结着老同志的心血和汗水。在第二轮规划志书编纂中，有相当一部分老同志担任了《北京志》分志和区县志的主编、执行主编和副主编，也有相当一批老同志直接执笔修志。在这里，我要代表市委、市政府和市地方志编委会，向各位老同志致以崇高的敬意和亲切的问候！要关心参与地方志工作的老同志们的身体，改善他们的工作条件，给予相应的工作报酬，保护好老同志的工作热情，发挥好老同志的传帮带作用。

编修志书是功在当代、利在千秋的文化建设基础工程。各区、各部门都要关心和支持地方志事业，按照《规划纲要》的要求，落实好“一纳入、八到位”（把地方志工作纳入国民经济和社会发展规划、各级政府工作任务之中，认识、领导、机构、编制、经费、设施、规划、工作到位），为推动地方志事业健康发展提供良好的环境和条件。市地方志办和各有关部门要加强组织协调，及时通报工作进展情况，把《北京规划纲要》的落实情况纳入督查范畴和业绩考核，切实把纲要落实好。各级领导干部都要加强对北京历史文化的学习，深入掌握国情、市情，热爱北京、服务北京，自觉以首善标准做好各项工作。

同志们，做好史志工作，责任重大、使命光荣。我们要结合开展“两学一做”学习教育，深入学习贯彻中央关于地方志工作的重要指示精神，认真落实《北京规划纲要》，积极推动首都地方志事业健康发展，更好地服务全国文化中心建设和文化强国战略，为加快建设国际一流的和谐宜居之都作出新的贡献！

在2016年全市地方志工作会议上的讲话

（2016年6月14日）

北京市副市长　王　宁

这次全市地方志工作会是经市委、市政府批准召开的一次重要会议，会议的主要任务是：学习传达中央领导同志关于地方志工作的重要指示精神，贯彻落实市地方志编委会扩大会议精神，部署“十三五”时期地方志事业发展目标任务和2016年主要工作。

去年12月29日，全国地方志系统先进模范座谈会在人民大会堂举行，李克强总理专门作出重要批示，刘延东副总理接见与会代表并发表重要讲话，为地方志事业发展指明了方向。前不久，市地方志编委会召开扩大会议，审议通过了《北京市地方志事业发展规划纲要(2016—2020年)》，市长、市地方志编委会主任王安顺同志在会上作了重要讲话，对高质量完成规划纲要提出的目标任务、开创首都地方志事业发展新局面、建设高素质地方志工作队伍提出了明确要求，反映了市委、市政府对地方志工作的高度重视和寄予的殷切希望。我们要深入学习中央领导同志关于地方志工作的重要指示精神和市地方志编委会扩大会议精神，统一思想，提高认识，用更加扎实有效的工作开创首都地方志事业发展的美好明天。

刚才，陈玲同志代表市地方志办作了工作报告，对2015年的工作做了实事求是的总结，对2016年的工作做了务实可行的部署。对此，我都同意。六位来自市志、区县志承编单位的同志交流了各自的工作经验，他们的创新和探索值得大家学习借鉴，以更好地推动本地区本部门的地方志工作。现在，我就进一步深化对地方志的认识、做好“十三五”时期的地方志工作谈三点意见。

一、进一步提高对地方志的认识

思想是行动的先导。做好工作，推动事业发展的前提和基础在于深刻认识工作的价值和意义，形成文化自觉和内生动力。地方志工作不是可有可无的，而是一项具有长远历史价值和重大现实意义的工作。发展好地方志事业功在当代、利在千秋，从事地方志工作责任重大、使命光荣，这是由地方志在中华文明传承中的地位和作用决定的，也是由建设文化强国、扩大国家文化软实力现实需要决定的。

中华文明得以传承延续，历代连续编修志书发挥了重要的、不可替代的作用。中华民族生生不息，历经磨难而百折不挠，始终屹立于世界民族之林，除了血缘、地缘的因素外，更重要的是文化的认同和传承。梁启超先生指出，“最古之史，实乃方志”。地方志是中华民族优秀的文化传统，志书编修起始于春秋战国，发展于秦汉隋唐，成型于两宋，清代臻于鼎盛，至今2000多年绵延不衰。历朝历代都高度重视地方志，明代以后更被制度化，或反复颁布修志诏谕，或下令设方志馆、方志局，编修省、地、县三级志书，或编修国家一统志。正是由于不间断地编修志书，形成了中华民族完整统一的历史记忆、价值观念和风俗习惯，构筑了对中华民族牢不可破的文化认同，为维护国家统一和领土完整发挥了重要作用。

作为“一方之全史”和一地之“百科全书”，地方志是传承中华文明、发掘历史智慧的重要载体，承载了源远流长、光辉灿烂的中华文明，是传统文化不可或缺的基础和母体。它纵贯古今，横陈百科，包罗万象，对一地上至天文，下至地理，自然、政治、经济、文化、社会的历史与现状作出全面系统记述，是所有国情书、地情书中最全面、最翔实、最客观的，其内容之丰富、范围之广泛，是其他文献难以比拟和替代的。据不完全统计，我国现存方志8500多种，11万余卷，约占现存古籍总数的1/10。可以说，志书记录着中华民族的历史演变和文化积淀，对中华文明作出了全景式展示。对此，世界著名科技史学者、英国人李约瑟指出，“古代罗马，乃至近代英国，都没有与中国地方志相比拟的文献”。地方志已经成为中华民族特有的文化基因和具有民族特征的标志性文化形式，在中华传统文化中自成一脉，独树一帜。

地方志在地域文化的形成中发挥了重要作用，是地域文化的重要组成部分。北京以历史文化名城、世界著名古都著称，有着3000余年的建城史和近千年的建都史，拥有世界首都发展史上唯一未曾中断、延续至今的文化，这在一定程度上是和地方志编纂密不可分的，北京地方志构成了北京丰富厚重的文化。北京有着悠久的地方志编纂历史，据缪荃孙等所纂《（光绪）顺天府志》《纪录顺天事之书》中记载，“纪录顺天事见于史书者以《燕十事》为始”。北京地方志编纂史上具有里程碑意义的是元代熊梦祥所纂《析津志》。自元以后，北京地区的志书编修从未间断。北京历代编纂的府志中以《析津志》《（永乐）顺天府志》《（万历）顺天府志》《（康熙）顺天府志》《（光绪）顺天府志》为代表，其中由张之洞、缪荃孙总纂的《（光绪）顺天府志》体量最大，内容最丰富，全书约350万余字。据不完全统计，北京现存民国以前的旧志有100余种，包括府、州、县等地方志，为人们了解北京的自然、建置、风土人情等提供了丰富翔实的历史资料。

新中国成立以来，党和政府高度重视地方志工作。特别是改革开放以来，国家在省、市、县三级设立地方志工作机构，动用大量人力、物力、财力编纂社会主义新方志，取得巨大成就。2006年，国务院颁布《地方志工作条例》，使地方志工作纳入依法修志的轨道。党的十八大以来，党中央对地方志事业发展提出了一系列新的要求和任务。习近平总书记在2014年考察北京工作时强调，“要高度重视修史修志，让文物说话、把历史智慧告诉人们，激发我们的民族自豪感和自信心，坚定全体人民振兴中华、实现中国梦的决心和信心”，其后还在多个场合对地方志工作提出明确要求，作出重要指示。李克强总理先后两次专门就地方志工作作出重要批示，提出“修志问道、以启未来”，指出“地方志是传承中华文明、发掘历史智慧的重要载体，存史、育人、资政，做好编修工作十分重要”，强调要“直笔著信史，彰善引风气，为当代提供资政辅治之参考，为后世留下堪存堪鉴之记述”。刘延东副总理多次就做好地方志工作发表讲话，指出，“推动地方志事业的发展，既能展示中华文化的博大精深和无穷魅力，也能体现现代文明与历史文明的一脉相承，特别是能够更好地凝聚人心，提升民族自信心和自豪感，对实现‘两个百年’和中华民族伟大复兴中国梦的奋斗目标具有重要意义”。2015年8月底，国务院办公厅专门印发了《全国地方志事业发展规划纲要（2015—2020年）》，明确了地方志事业在国家发展改革大局中的目标和任务，首次把地方志事业的发展纳入“四个全面”战略布局，与实现“两个一百年”奋斗目标和中华民族伟大复兴的中国梦紧密联系，成为国家战略在文化领域不可或缺的组成部分。中央领导同志的重要指示和全国地方志事业发展规划纲要，对地方志的价值和功用给以充分肯定，凸显了地方志作为国家基础性文化建设的重要性。

自1988年我市启动第一轮修志工作以来，历届市委、市政府领导都高度重视地方志工作。贾庆林、刘淇、王岐山同志先后就做好我市地方志工作作出重要指示。2008年，郭金龙同志在市第六届地方志编委会扩大会议上指出，“启动新一轮修志工作，不仅是建设‘人文北京’的一项内容，还可以达到‘资治、存史、教化’的目的，更好地为建设‘科技北京、绿色北京’提供服务”“扎实开展地方志编纂工作，是贯彻落实科学发展观，促进经济社会协调发展的需要；是促进首都文化大发展、大繁荣，提升首都软实力的需要，对加快建设繁荣、文明、和谐、宜居的首善之区具有重要意义”。2014年，郭金龙同志还专门调研地方志工作，对我市地方志工作提出“记述快速发展的历程、坚定实现中国梦的信心”的明确要求。同年，王安顺同志在市第七届地方志编委会扩大会议上指出，“北京作为文化名城，方志编修历史悠久，为我们了解北京的自然、建置、风土人情等提供了丰富的历史资料。读史明志，我们从志书宝库中得到很多启示，更加热爱这座伟大的城市，增强了提高建设与管理水平的使命感、责任感”。今年1月，市十四届人大四次会议审议通过的《北京市国民经济和社会发展第十三个五年规划纲要》和政府工作报告中都对地方志工作作出了具体部署，强调要“发挥地方志资源在公共文化服务中的重要作用”，为全国文化中心建设作出贡献。

同志们，早在1981年，时任国务院副总理万里向市委领导传达了周总理生前的嘱托：一定要修好北京志。这既是中央对北京的要求和希望，也是北京地方志工作者肩上的责任和使命。我们一定要深化对地方志事业的认识，以首善标准落实好规划纲要提出的各项任务，以改革创新精神开创首都地方志事业发展的新篇章，不辜负党和人民对我们的期望。

二、进一步发挥地方志在城市工作中的作用

城市政府的首要职责就是规划建设管理好城市。地方志中蕴含着深刻的历史智慧。古人常讲，“治天下者以史为鉴，治郡国者以志为鉴”。存史、资治、教化，是大家公认的地方志三大功能。存史，可作存史镜鉴，“察民风，验土俗，使前有所稽，后有所鉴，甚重典也”；资治，可作资政辅治之参考，“究兴衰之由，陈利弊之要，补救时政之阙失，研求民生之荣枯”；教化，可作教化育人，“传述忠孝节义，凛凛冽冽，有声有色，使百世而下，怯者勇生，贪者廉立”。一部地方志书在手，便知一方历史兴亡、政权更替、经济枯荣、文化盛衰、社会变迁、民族分和等等。地方志工作是一项借鉴历史、资治当今的工作，要从历史中获得规律性的认识，探索和挖掘历史智慧，“把历史智慧告诉人们”。地方志所记涵盖百行百业，可以为各个行业提供借鉴。

当前，我市正在贯彻落实习近平总书记考察北京时的重要讲话精神和中央城市工作会议精神，加快建设国际一流的和谐宜居之都。前不久，市委十一届十次全会专门研究新形势下的城市工作，出台了《全面深化改革提升城市规划建设管理的意见》，明确了首都城市工作的指导思想、总体思路和重点任务。要找准地方志在服务首都城市规划建设管理的切入点和着力点，开阔思路，聚焦发力，积极发挥作用。

（一）发挥地方志在提高市民文明素质中的作用

市民是城市政治、经济、文化和社会活动的主体。中央城市工作会议明确提出，要提高市民文明素质。建设国际一流的和谐宜居之都，不仅要有以高楼大厦为代表的高度发达的物质文明，而且要有以市民素质为代表的高度发达的精神文明。提高市民文明素质的关键在于弘扬中华民族传统美德，自觉践行社会主义核心价值观。旧志中有“古来志书半人物”的说法，人物在志书中占据特别重要的地位。入志人物大体分为两类：一类是激励后人的先贤，例如《（光绪）顺天府志》中用很大的篇幅记述了大量“先贤”，以期“景仰名德，遗言逸事，甄采靡遗，所以传先哲之风规，示后人以法式，意至美也”，先贤们承载的“仁义礼智信”“忠孝节义”的传统美德，对于加强市民道德建设仍有重大价值和意义；另一类则是“以警后世”的“鉴诫”人物，从不仁不义、不忠不孝的角度来记述，成为后人的反面教材。

新编地方志记述的人物更加具有时代特色。例如一轮《人物志》中记述了大量为维护和巩固国家统一与独立、推动人民解放和民族独立事业、促进各族人民团结与合作、解放和发展社会生产力、促进先进文化发展、维护社会稳定、促进人民生活水平提高等的杰出人物。这些杰出人物生动地诠释了社会主义核心价值观的真谛，传扬他们的事迹，比单纯的说教更能发挥思想政治工作“润物细无声”的作用。

全市地方志工作者要深入挖掘志书精髓，加大对体现社会公德、职业道德和家庭美德人物和事例的收集整理，加大对优秀家训、家风的收集整理，注重用典型人物的言行事迹来感召人，用优秀的道德思想来鼓舞人，大力弘扬和传播社会主义核心价值观，凝聚正能量，鼓励市民通过各种方式参与城市建设、管理，真正实现城市共治共管、共建共享。

（二）发挥地方志在研究城市和管理城市中的作用

作为展示一地自然和社会全貌的地情资料书，地方志在研究城市、管理城市中具有天然的优势。地方志书开篇记述的是自然地理环境，而环境是城市研究中的背景和基础。地方志展示了城市的环境因素，将一地的疆域、形胜、风土、山川、险隘详加记述，对于准确认识和把握城市具有重要意义。通过地方志对北京城市环境的记述，可以看到北京地质地貌、物种矿藏、水文气候、自然灾害等的演变情况，以及长期以来人们对城市不间断的开发建设。在展示北京的地理环境的优势方面，志书花费了大量笔墨，如《大金国志》记述，“燕

都地处雄要，北依山险，南压区夏，若坐堂隆，俯视庭宇……燕京地广土坚，乃礼仪之邦”；《宛平县志》记载，“皇居右肋，千山拱护，万国朝宗。山奥而深，土肥而衍”；《大兴县志》记载，“气势庞厚，文武之丰镐不是过也”。这些对于认识北京的自然环境优势，有序开发城市是很重要的参考。特别是当前高水平规划建设城市副中心，也可以从志书中汲取历史智慧和历史借鉴，把城市规划好、建设好、管理好。

北京在历史上曾经是有着重要影响的世界城市，元大都在世界上的影响力和所处的地位，是当时任何一个城市都难以企及的，明清北京城也有广泛的影响力，这些情况在北京的旧志和古籍中都有记载。对后世影响深远的《考工记》中提出有关都城的城市规划方案，“匠人营国，方九里，旁三门。国中九经九纬，经涂九轨。左祖右社，面朝后市”，具规划思想对历代都城的规划均产生过潜在影响，辽南京、金中都、元大都与明清北京城的设计规制无一不取自于《考工记》，其中元大都对《考工记》的规划思想体现最为彻底。而新编地方志所包含的资料更加丰富。首轮《规划志》《建筑志》《房地产志》《环境卫生志》等志书，全面翔实记述了北京城市建设和管理方方面面的发展情况，包括各方面的经验和教训，可供今天的城市建设和管理借鉴。

地方志还可以弥补正史记载的不足，如正史中记载了城市建设管理方面的制度，但缺乏实际执行的效果，这些内容在地方志中可以找到。利用地方志资料可以使城市研究更为具体细致，更加接近历史真实，可以得出一些新的结论。历史在不断延续，地方志也在不断编纂，可以提供源源不断的参考资料。要修好志，从历史中总结和提炼规律，用历史的智慧提升城市建设和管理的水平。

（三）发挥地方志在城市历史文化保护中的作用

文化是城市的灵魂和软实力，习近平总书记强调，要像爱惜自己的生命一样保护好城市历史文化遗产。北京文化底蕴深厚，是享誉世界的历史文化名城，丰富的历史文化遗产是北京的一张金名片，传承保护好这份宝贵的历史文化遗产是首都的职责。随着改革开放和首都经济社会发展，城市进程日益加快，一些具有价值的古建筑纷纷被拆，许多老的胡同、四合院不复存在，经济飞速发展与城市历史文化保护之间的矛盾日益突出。城市历史文化保护工作是一项系统工程，需要政府和社会通力协作来完成。地方志工作机构应利用自身的资源优势，在保护城市历史文化中积极作为，牢牢守住历史传统根脉，保护好北京古都风貌这张中华文明的金名片。近年来，市地方志办已经组织编纂了《北京胡同志》《北京四合院志》等特色志书，对胡同、四合院建筑和人文进行了全面系统记录，把胡同、四合院的文化形态长久地保存于历史的记忆之中，使人们望得见山、看得见水、记得住乡愁。

北京有很多的历史遗存已经淹没在历史的长河中，这方面的资料在相关志书中可以找到记载，不仅展示了有形的文化遗存，而且挖掘了北京特有的文化内涵，使北京作为历史文化名城的特点得到充分反映。在社会的发展中，实体文物弥足珍贵，应该倍加珍惜和保护，但实体文物总有消亡的时候。把旧的实体文物消亡和新的实体文物产生的过程记述下来，把消亡的实体文物的物质和精神形态记述下来，是地方志工作者的重要职责，也是实现历史文化得以永续利用的有益实践。比如北京历史上的一些胡同、会馆等，已经在城市的建设发展中不复存在，要把它们记录在《地名志》中，使后人能够感受到北京当时的城市格局和在历史中的发展变迁，这是十分有意义的事情。

《北京市国民经济和社会发展第十三个五年规划纲要》提出，“要统筹保护和利用历史文化资源”“弘扬传统优秀文化，延续城市历史文脉”，地方志工作者要担负起这一沉甸甸的责任，深入挖掘北京的历史文化资源，深化对北京各类优秀历史文化资源的研究利用，延续首都城市历史文脉。

三、进一步挖掘利用地方志的丰富资源

“夫修志者，非示观美，将求其实用也”，

"贵在史识，重在致用"，地方志是一座不断丰富、取之不竭的巨大文化宝库。修志不仅仅是为了存史，更重要的是为了使用，而且首先是要为当代人服务。地方志开发利用的水平是衡量地方志工作成绩的重要标准，开发利用做得越好、推广得越多、运用得越广泛，地方志工作的现实价值和历史贡献就越大。

前些天有个消息大家都很关注，著名作家、茅盾文学奖获得者陈忠实去世。大家都知道陈先生的《白鹿原》，却很少有人知道它和地方志的渊源，这部小说是陈先生花了两三年的时间查阅蓝田、长安和咸宁三地县志后写出来的。《白鹿原》中的不少人物，都可以从县志中找到影子。从这个角度上讲，陈先生可以说是读志用志的典范。

地方志在首都改革开放和经济社会发展中也发挥了积极作用。税制改革时，《财政志》编辑部提供了"民国时期分税制"和"历史上的税费改革情况"等资料，成为决策的重要参考。颐和园、天坛、十三陵申报世界文化遗产，燕山化工股份有限公司在美国和中国香港上市的相关文件，天坛神乐署、颐和园耕织图景区等恢复建设，都是基于丰厚的地方志资料。

地方志开发利用的基础在于深入挖掘地方志资源。地方志特别是新编地方志书一般体量都比较大，二轮规划的《北京志》分志一般是50万字，区县志是80万字。在当前互联网信息技术飞速发展、知识传播速度日益加快的背景下，地方志工作者要牢固树立"互联网+"思维模式，像开采宝藏一样，把志书中的精华，根据不同需要、运用各种方法挖掘出来，提供快速便捷的信息服务，更好地服务党政机关和社会群众。

（一）加强对地方志资源的综合研究和统筹

地方志资源宝库中蕴含着丰富的历史文化财富，要加强对地方志资源的深加工，重视地情文献资料的普查摸底和专门研究，加强对包括旧志在内的文化典籍的整理和利用，努力打造地方志资源的大数据库。

旧志对于研究修志规律、服务当代经济社会发展，具有重要的学术和实用价值。北京市于2006年组成了旧志整理编委会，制定了整理标准和规范，计划对元明清以及民国时期记载北京现行政区划内的府志、州志、县志，以及各种厅志、关志、山志、水志、街巷志、寺庙志进行点校整理，形成了以《北京旧志汇刊》为代表的初步成果。这项工作要坚持下去，力争把北京现存旧志全部点校整理，实现古为今用。

新编地方志书也要在利用上下功夫。可以按照自然、政治、经济、文化、社会、生态等大门类，将一轮、二轮规划志书的内容进行分类整理，深入研究，既要提炼成功的经验，也要总结失败的教训，努力形成资料资源库。各种规划外志书以及志书编纂过程中收集的各种资料也要有计划地加以整理。

年鉴是地方志的重要组成部分，也是十分宝贵的资源。据初步统计，北京地区目前拥有各级各类年鉴300余种，相当一批专业年鉴已经成为科学研究、数据分析等不可或缺的资料。要重视年鉴的重要作用，加强对年鉴的研究和开发利用。

当前，要结合首都城市定位、京津冀协同发展战略、构建"高精尖"经济结构、治理大城市病、环境保护、改善和保障民生、历史文化名城保护等发展重大课题，打通新旧志书、规划外志书和年鉴的使用，形成相应的专题数据库，为提供决策咨询和参考资料夯实基础。

（二）提升地情信息、方志文化服务决策、服务社会的水平

地方志是各级领导、专家学者、广大群众了解国情、地情最为权威的资料性著作，可以为各级领导决策提供借鉴，为社会各界提供翔实可靠的地情资料，为开展爱祖国、爱北京、爱家乡教育提供素材，满足多种文化事业的需求。要坚持围绕中心、服务大局，主动将地方志工作放在我市经济社会发展全局中，围绕党政中心工作和社会热点焦点问题，拓宽地方志资源的服务渠道，总结历史规律，提供历史借鉴，通过编辑信息简报或月报、编写地情读本、开展专题研究，努力推出高水平的信息咨

询、研究成果和政策建议，为党和政府提供资政辅治之参考。深入研究中国特色新型智库建设的要求和内涵，科学规划地方志机构参与中国特色新型智库建设的定位和途径，当好首都经济社会发展的地情服务专家。通过多种方式和途径，拓宽发行、交换、赠阅等渠道，鼓励社会各界读志用志，千方百计扩大读志用志覆盖面。大力推动地方志成果进机关、进农村、进社区、进校园、进企业、进军营，全面展示地方志成果和地方志事业。

要培育历史记忆，结合“十三五”规划提出的北部长城文化带、西部西山文化带和东部运河文化带建设，讲好北京故事，把志书内容编入乡土教材，作为中小学生的辅助读物，培养爱祖国、爱家乡的优良品质。针对社会各界的不同需求，将地方志资源科学划分门类，根据服务对象的差异和特点，拓宽服务渠道，可以分门别类地编辑一些志书的精装本、普及本和简写本，如编纂部分名胜古迹的文化简本，摆进旅游景点或旅游书店，向游客展示北京深厚的历史文化，提升地方志资源的社会影响和效益。

找准着眼点和切入点，研究发挥地方志资源公共文化服务作用的途径和方式。自觉把地方志纳入公共文化服务体系建设当中，加快方志馆、地情网站、数据库等基础设施建设。做好各种地情文献的研究、分类、整理和归档工作，将这些资料妥善保存在方志馆、地情文献中心，同时为社会各界查询和借阅提供条件。注意运用现代科技手段开发利用地方志资源，开展数字化、网络化建设，做好地方志资源的整合、共享与开发利用，为社会各界提供便捷、高效的服务。举办各种地情展览，征集并展示能够反映北京城市历史文化线索、元素的文字、图片、实物等展品，大视野、多层次展示北京城市文物古迹、历史建筑和街坊风貌留存的基本情况，讲述城市的文化底蕴和发展历程。

（三）采用多种方式途径宣传扩大地方志影响力

酒香也怕巷子深。要牢固树立宣传意识，主动加强与传统媒体和新兴媒体的合作，用人们喜闻乐见的形式，加大对地方志工作、地情信息和方志文化、地域文化的宣传力度，满足社会各界对地方志资源的需求。加强与电视台、电台、报刊、网络等新闻媒体的合作，扩大官方微博、微信等新媒体的受众面；开发地情类 APP，通过手机和智能终端等新载体，提供终端应用阅读、查询；充分利用现有交通领域的户外数字广告，如地铁隧道动画广告，火车站、飞机场液晶显示屏等，嵌入宣传地方志成果的宣传片或宣传画。

扩大宣传范围，加大优秀地方志的宣传和推广力度，让更多的人了解地方志、喜爱地方志、应用地方志。要创新地方志文化资源的开发和传播方式，将地方志从书籍的形式转化为数字、墙体、石碑、宣传栏形式，通过“志”来直接展现一条胡同、一个景区、一个建筑物；选择历史悠久、文化氛围浓郁的传统街区、历史建筑，设立文化信息标识牌，留存北京城市记忆；在社区设立公益广告宣传栏，制作各类地情文化折页，在公交站点、机场车站、酒店等人流量大的区域发放，使城市的历史文化渗透到社会的各个角落。举办一系列公益性的历史文化和地情知识讲座、竞赛活动，提高市民对地方历史文化的兴趣。注重发挥志愿者的作用，加深公众对城市的感情和热爱，增强市民参与保护城市文化的意识。

配合国家文化“走出去”战略，通过国际学术交流与合作，推动地方志成果走出去。重点推介一批高质量的地方志成果，加强对外以及对港澳台地区的方志文献学术交流，推动方志文化走向海外，充分展示地方志的当代价值和恒久魅力，展示中国形象，讲好中国故事，增强中华文化的凝聚力、影响力和国际竞争力。要发挥方志文化在文化交流中的独特作用，使国际友人通过方志文化更好地了解北京的前世今生，扩大北京文化的国际影响力。

最后，我再强调一下完成“十三五”时期地方志事业发展目标任务的问题。《北京市地方志事业发展规划纲要（2016—2020 年）》是对“十三五”时期地方志事业发展的顶层设计、战略规划和制度安排，体现了市委市政府对地方志工作的要求，是我市加强全国文化中心建设的一项战略举措。“到2020年，全面完成第二轮修志规划任务，实现市、区两级综合年鉴全覆盖”，是未来我市地方志事业发展的核心目标和任务，也是全市地方志工作者向市委市政府立的军令状。确保“两全”目标任务的顺利完成，既需要各级地方志工作机构和全市地方志工作者的辛勤努力，也需要各级政府和有关部门的大力支持。今年是国务院《地方志工作条例》颁布10周年，要抓住这个契机，加大依法治志工作力度，完善相关规章制度，开展执法检查，进一步落实政府的法定职责和主体责任，切实把地方志工作放在政府整体工作布局中加以谋划和推进。要坚持问题导向，深入研究完成目标任务的难点和问题，拿出切实可行的解决方案和工作措施，进一步深化改革，建立健全地方志事业发展的体制机制和配套政策，绵绵用力，久久为功。要强化督责和检查，将规划纲要的落实情况纳入市委办公厅和市政府办公厅督查范畴和工作考核，市地方志办公室做好组织协调、统筹推进工作。希望承担第二轮规划志书的各区、各部门与市地方志办一道，科学制定路线图和时间表，按时保质完成规划任务。全市地方志工作者要增强做好地方志工作的责任感和使命感，本着对历史、对人民负责的态度，直笔著信史，彰善引风气，为当代留下资政辅治之参考，为后世留下堪存堪鉴之记述。

同志们，地方志事业前景广阔，大有可为，实现明天美好的蓝图，更需要我们扎实做好今天的工作。今年是“十三五”开局之年，也是实施地方志事业发展规划纲要的起步之年，做好今年的工作至关重要。让我们牢固树立创新、协调、绿色、开放、共享的发展理念，进一步把握地方志事业发展的规律和要求，进一步认清自身所肩负的职责和使命，进一步增强做好地方志工作的信心和决心，解放思想，开拓创新，为党立言，为国存史，为民修志，进一步做好地方志组织编纂、管理和开发利用工作，充分发挥地方志存史资治教化功能，为建设全国文化中心和国际一流的和谐宜居之都建设作出新的贡献。

以崇高使命担当编纂精品通志

——在《浙江通志》编委会上的讲话要点

（2016年5月4日）

浙江省委副书记、省长李强

一、提高思想认识，进一步增强做好编史修志工作的责任感和使命感

以古为鉴，可知兴替。地方志作为全面、客观、系统记载历史和现状的资料性文献，具有存史、资政、教化的重要功能。编修地方志是中华民族优秀文化传统，历史悠久，连绵不断，是一项十分重要而有意义的工作。党中央、国务院高度重视编史修志工作。习近平总书记、李克强总理非常关心地方志工作，多次作出重要指示批示。我们一定要认真学习、深刻领会。

从我省来看，浙江悠久的历史、灿烂的文化，包括兴盛于斯的古越文明，义利双行、工商兼本的商业文明，好学笃志、耕读传家的文教传统，之所以能传承延续至今，影响惠及我们，与浙江“方志之乡”代代相传的编史修志息息相关。由于种种原因，自清雍正年间编纂《浙江通志》以来，我省已有近300年未编纂出版过真正意义上的《浙江通志》，编修《浙江通志》的任务落在了我们这一代人身上，为党立言、为国存史、为民修志，这是崇高的使命担当。传承浙江文明、谱写历史新篇章需要修志。建国以来特别是改革开放以来，浙江人民探索实践中国特色社会主义取得了巨大成功，创造了弥足珍贵的浙江精神，需要在《浙江通志》及全省地方志书中充分反映。以史为鉴、以资政事、更好地服务浙江转型发展需要修志。修志问道，以启未来。当前，我省正处于转型升级的关键时期，很多发展难题亟须破解，一些问题可在史志中得到启迪。编史修志就是力求修以致用，让史志服务于现实需要，从史志中汲取智慧和经验，更好地推动浙江转型发展。浙江建设文化强省、提升文化软实力需要修志。通过编史修志，可以深入挖掘浙江丰富的文化积淀，建设好我们的精神家园，讲好浙江故事，广泛宣传浙江博大精深、源远流长的历史文化，让全国乃至世界更加充分地了解浙江、认识浙江。

二、明确目标责任，按计划高质量完成通志编纂任务

省委、省政府高度重视地方志和《浙江通志》编纂工作。今年2月，省委、省政府成立《浙江通志》编纂委员会。《浙江通志》是文化强省建设的一项标志性工程，规划113卷，约8500万字，现在已经到了关键阶段。总的看，各地、各部门积极配合，编纂工作进展顺利，但也存在不少问题，有些单位领导不够重视，至今没有主编、编辑部主任和必要的编辑人员；有的单位缺少必要的经费、办公场所等保障；有的单位转包给外单位编纂当起了“甩手掌柜”；等等。

编纂《浙江通志》是省委、省政府的重大决策，省里投入了大量财力、人力，社会各界也给予大力支持。这项工作有明确的时间要求，2018年要基本完成。下一步，要切实履行好两大职责：一方面，各责任单位要履行好编纂职责。几乎每个系统、行业在《浙江通志》中都已单独成卷。各责任单位一把手要高度重视，切实承担起职责，各位主编要负起责任，既要挂帅、也要出征，既抓编纂进度、也抓志书质量。要配齐、配好编辑班子，实行单位年度目标责任考核，落实经费和办公条件保障，确保交出精品志书；在志书未正式出版以前，各单位已建立的编纂班子不能撤销，做到善始善终。另一方面，《浙江通志》编纂班子和省方志办要履行好把关职责。省方志办要进一步聚焦主业，按照“三个一批”计划要求，倒排时间，精心组织，切实做到计划不变、要求不降、进度不减。要进一步明确和完善总编负责制，各位副总编和省方志办要各司其职，按进度高质量完成任务，每年要向省政府报告工作情况。

三、形成工作合力，努力为通志编纂工作提供有力保障

《浙江通志》编纂工作是一项系统的文化工程，历史跨度大，涉及面广，工作任务重，难度不小，需要各方面的支持和配合。

一要强化责任担当。各地、各部门要把《浙江通志》编纂工作摆在重要位置，强化责任意识，定期听取汇报，研究部署工作。从今年起，省政府督查室将会同省方志办，通过采取行政督查、工作约谈、政府通报和目标责任考核等有效措施，加强对各地、各单位的督促，确保如期完成《浙江通志》编纂任务。

二要确保通志质量。质量是志书的生命所系、价值所在。要妥善处理好进度与质量的关系，既要树立效率意识，加快编纂进度，也要树立全员、全方位、全过程的质量意识和精品意识，坚持“三审”程序、严把专家评审关，狠抓志书质量，打造精品通志。

三要做好保障工作。各地、各部门要切实解决好编史修志工作中存在的机构设置不健全、办公场所难落实等困难，为编纂工作顺利开展提供必要的条件。省财政厅、省社联、省档案局、省社科院等单位前期已经为通志编纂做了大量工作，今后要继续给予大力支持。各责任单位要建立高素质的编纂队伍，关心他们的工作和生活。

最后，就地方志工作提点要求：

去年8月，国务院办公厅印发了《全国地方志事业发展规划纲要（2015—2020年）》（国办发〔2015〕64号），对“十三五”时期我国地方志事业发展作出了全面部署，这也是指导我省地方志工作的纲领性文件。我们一定要认真学习，抓紧出台我省具体的贯彻落实措施。当前重点抓好两项工作：

一是要力求到2018年基本完成市县二轮志书编纂工作，实现综合年鉴编纂全覆盖。到2020年，全部完成市县二轮志书编纂任务，实现全省各市、县（市、区）综合年鉴编纂全覆盖，这是《规划纲要》对全国各地三级政府提出的明确目标，也是我省各地地方志工作的重点。中国地方志指导小组对浙江提出更高要求，希望浙江到2018年基本完成任务。现在，我省各地地方志编纂工作总体较好，但也存在进度不一、部分市县进展迟缓等问题。下一步，各地要切实把市县二轮志书编纂任务和综合年鉴编纂这两项任务抓紧抓好抓到位。进展迟缓甚至尚未启动编纂工作的县（市、区）要抓紧时间，加快进度，确保高质量如期完成编纂出版任务。

二是要统筹兼顾，促进全省地方志事业全面发展。拓宽编志领域。各地可结合“中国名镇志”和“中国名村志”编纂等工作要求，做好乡镇村志的编纂工作，开展专业（部门、行业、企业）志和专业年鉴编纂等工作。加强地方志学科建设。各地要通过成立学会、编辑史志刊物、举办研究论坛等多种方式，进一步推动理论建设和方志学科建设。注重方志开发利用。现在社会各界对方志资源的需求越来越大，各地要创新用志理念，进一步拓展用志的深度和广度，为当地经济社会发展服务。加强地方志信息化建设。各地要主动适应“互联网+”趋势，以信息化和方志馆建设等为新载体，提升全省方志工作现代化和信息化水平。

编纂好《浙江通志》，做好全省地方志工作，是时代和人民赋予我们的崇高使命。希望大家齐心协力，扎实工作，全力打造精品佳志，以出色业绩为文化强省建设作出新贡献。

发展地方史志事业　弘扬优秀传统文化

《大众日报》2016年2月3日第9版

山东省副省长　王随莲

党的十八届五中全会提出要“构建中华优秀传统文化传承体系，加强文化遗产保护”。地方史志是传统文化的重要载体，编史修志是传承优秀传统文化的有效途径。2015年10月，省政府办公厅印发《山东省地方史志事业发展规划纲要（2016—2020年）》（以下简称《规划纲要》），规划了“十三五”时期全省地方史志事业科学发展的蓝图。这是国务院办公厅印发《全国地方志事业发展规划纲要（2015—2020年）》后，第一个由省级政府办公厅印发的地方史志事业发展规划纲要，是省政府为繁荣发展地方史志事业、加快建设文化强省作出的重要部署，意义重大而深远。

编史修志是我国的优秀文化传统，我省地方史志工作成绩斐然

地方史志是中国独特的文化典籍，承载着传承中华文明、弘扬历史传统的重任，在世界文化典籍中独树一帜，堪称世界地方文献之翘楚。如果以周初的“古国史即古方志”算起，至今已有3000多年的历史；若从汉代的“郡书”算起，至今也有2000多年的历史。自隋确立方志官修制度以来，历代都把修志确定为一种官职、官责。千百年来，地方史志编修代代相继，为中华文明的世代传承发挥了至关重要的作用。据不完全统计，全国现存新中国成立前编修的旧志8000多种、10万多卷，约占现存古籍的十分之一。它们是我国历史文化遗产中弥足珍贵的部分，是推动中华文化繁荣发展的资料宝库、知识宝库、智慧宝库，是传承和彰显中华文明、发掘历史智慧的重要载体。

“盛世修志，志载盛世。”新中国成立后，

特别是改革开放以来，我国开始大规模编修社会主义新方志，地方史志工作成为一项“为党立言、为国存史、为民修志”的崇高事业。我省的地方史志事业在省委、省政府的正确领导和社会各界的关心支持下，经过几代史志工作者三十多年的努力，取得了一大批优秀的志鉴成果，为改革开放和现代化建设提供了有益的历史借鉴，为子孙后代留下了珍贵的文化财富，为加快经济文化强省建设作出了重要贡献。特别是近两年来，我省地方史志事业不断取得新的突破，多项工作走在全国前列，被中国地方志指导小组誉为“山东经验”。地方史志工作法治化建设全面推进，在全国率先实现省、市、县三级地方史志工作法规规章体系全覆盖，出台的法规规章和规范性文件总量约占全国总量的80%。第二轮修志加快推进，目前省志工作进度高出全国23个百分点，县级志书工作进度高出全国12个百分点。年鉴工作改革创新、提速增效，《山东年鉴（2014）》荣获全国最高奖项“综合特等奖”，2015卷6月底出版，继续保持全国第一。全省修编各级各类年鉴240多种，数量和质量均居全国前列。在全国率先建成省、市、县三级地情网站，成为全国的样板，2015年实现市、县地情网站第二轮改版升级，县级地情网站数量占全国的30%。方志馆建设得到加强，建成省级方志馆1个、市级14个、县级80个，市、县级分别占全国总数的23%、40%。旧志整理取得突破，《山东省历代方志集成》整理工程启动，完成宣统版《山东通志》整理影印，全省累计整理出版旧志200余种。地方史志资源开发利用成果丰硕，编纂出版《汶川特大地震山东省救助援建志》《第十届中国艺术节志》和《山东纪念抗战胜利70周年丛书》等各类地情资料书籍5000余种，为全省经济社会发展服务的能力进一步增强。

发展地方史志事业是贯彻落实总书记重要指示精神、开创经济文化强省建设新局面的必然要求

党的十八大以来，党中央高度重视弘扬中华优秀传统文化。习近平总书记在首都博物馆参观北京历史文化展览时强调，要“高度重视修史修志，让文物说话、把历史智慧告诉人们，激发我们的民族自豪感和自信心，坚定全体人民振兴中华、实现中国梦的信心和决心”。这一重要论述精准地概括了史书、方志等文献典籍的当代功用和历史价值，明确了新时期地方史志事业的发展方向。山东是中华文明的重要发祥地之一，习近平总书记在视察山东时指出，“中华民族伟大复兴需要以中华文化发展繁荣为条件”，要求山东用好齐鲁文化资源丰富的优势，并赋予山东弘扬优秀传统文化、建设社会主义核心价值体系的重大责任。我们要认真贯彻落实习近平总书记重要指示精神，深入挖掘齐鲁丰富文化资源，大力弘扬优秀传统文化，推动地方史志事业繁荣发展。

中共山东省委十届十三次全体会议提出，“十三五”时期是我省在全面建成小康社会进程中走在前列的决胜时期，要把山东建设成具有较强核心竞争力、文化软实力和生态承载力的省份。山东全面建成小康社会和建设经济文化强省的伟大实践为地方史志事业的发展提供了广阔空间。一方面，经济文化强省建设中形成的珍贵资料需要我们搜集、整理和记录；另一方面，我们多年来积累的地方史志成果和地情资料，必须得到开发和利用。“十三五”时期，全省史志系统必须按照《规划纲要》的部署要求，攻坚克难，锐意进取，全力抓好各项任务落实，在加快建设经济文化强省、全面建成小康社会的战略布局中发挥更大作用。

全面贯彻落实《规划纲要》，推进地方史志事业科学发展

全国地方志系统先进模范座谈会近日在北京召开，李克强总理对会议作出重要批示，要求各级政府关心和支持地方志事业发展，希望地方志工作者直笔著信史、彰善引风气，为当代提供资政辅治之参考，为后世留下堪存堪鉴之记述。刘延东副总理在接见全国地方志系统先进模范代表时，再次强调全国《规划纲要》提出的“两全”目标，要求到2020年“全面完成第二轮修志规划任务，实现省市县三级地方综合年鉴全覆盖”。我省《规划纲要》根据全省地方史志工作实际，将“两全目标”完成时间确定为2018年，这是全省地方史志事业科学发展的核心任务。全省史志系统要认真贯彻中央领导同志的重要指示、批示精神，按照《规划纲要》要求，不断加快第二轮修志工作进度，积极推进年鉴编纂出版，深入开展地方史志资源开发利用，切实加强信息化和方志馆建设，努力开创我省史志工作新局面。

深入贯彻依法治志理念。依法治志是依法治国方略在地方史志工作领域的具体体现。各级政府要坚持依法治志的基本原则，进一步完善地方史志法规规章制度体系，为地方史志事业可持续发展提供重要的法律依据和制度保障。要依法开展地方史志工作，推动建立各级政府依法履行领导责任、各级地方史志工作机构依法履行组织实施和管理职责、社会各界依法参与和提供支持的法治化工作格局，做到依法修志、依法管志、依法用志，用法治的思维和方式推动地方史志事业科学发展。

努力打造经得起历史检验的文化精品。质量是地方史志事业发展的根基所在、活力所在、价值所在，关乎民族文化传承的根本。《规划纲要》明确提出“坚持质量第一”原则，要求把精品意识贯穿于志鉴编纂出版工作全过程。全省史志系统要高举中国特色社会主义伟大旗帜，坚持历史唯物主义和辩证唯物主义的立场、观点、方法，始终把握正确的政治方向。要以对历史、对后人高度负责的态度，全面、客观、真实地记录历史，做到秉笔直书、求真存实。要建立健全志书质量保障体系，严格执行质量管理、质量监督的相关规定，以科学认真的态度、精益求精的作风，努力打造无愧于时代、无愧于人民、无愧于历史、无愧于民族的精品佳作。

积极发挥服务经济社会发展作用。“一邑之典章文物，皆系于志。”地方史志工作是对省情、地情的客观记载，是对自然与社会发展状况的综合研究，可以为推动经济社会发展和深化改革提供智力支持，为各级领导干部了解熟悉地情提供咨询服务，为推进治理体系和治理能力现代化提供历史借鉴，是推动经济文化强省建设的重要力量。全省史志系统要紧紧围绕各级党委、政府的中心工作，找准史志工作与现实需求的结合点，积极开展资政课题研究，多出针对性强、参考价值高的资政成果。要进一步发掘史志资源的利用潜能，不断拓宽用志领域，创新用志手段，提升服务能力，形成修用结合、良性互动的工作新机制。

切实加强公共文化服务功能。地方史志工作是重要的文化基础事业，是建设经济文化强省的有机组成部分。必须把地方史志工作纳入公共文化服务体系建设中，加快方志馆、地情网站、数据库等基础设施建设，有效搭建公共文化服务平台。要从人民群众的实际需求出发，积极敞开大门、面向公众，使研究成果贴近群众、贴近生活，激发群众的阅读兴趣，引导群众主动利用传播地方史志成果。大力推动地方史志工作与互联网融合发展，积极创新传播渠道，通过微博、微信等群众喜闻乐见的形式，主动把研究成果呈现到公众面前，为广大群众提供独具特色和魅力的地方史志文化服务。

在全省推进依法治志工作会议上的讲话

（2016 年 5 月 6 日，根据录音整理）

湖南省副省长　蔡振红

刚才，介南同志代表省地方志编纂委员会作了一个工作报告，全面总结了过去一段时期全省地方志工作情况，客观分析了当前和今后一个时期面临的形势，安排部署了下阶段主要工作任务，特别是就贯彻落实《全国地方志事业发展规划纲要（2015—2020 年）》提出的具体要求，符合湖南实际，请大家认真抓好贯彻落实。岳阳市政府、永州市政府、省国土厅和省妇联分别作了典型发言，交流了地方志工作的经验做法，值得大家认真学习借鉴。

近年来，在省委、省政府的正确领导下，全省各级各部门深入学习领会习近平总书记系列重要讲话精神，大力实施《地方志工作条例》和《湖南省实施〈地方志工作条例〉办法》，认真贯彻落实第五次全国地方志工作会议和全省第七次地方志工作会议精神，我省第二轮修志工作的进度和质量迈入全国先进行列，地方志资源开发利用成果丰硕，地方志特有的存史、育人、资政功能得到很好发挥，地方志事业取得了明显成效。借此机会，我代表省人民政府，向关心、重视和支持地方志工作的全省各级各部门领导、社会各界及广大地方志工作者，表示衷心的感谢！

下面，我就做好下一步地方志工作，强调三点意见。

一、深刻认识做好地方志工作的重要意义

地方志作为全面、客观、系统记载历史和现状的资料性文献，是中华民族优秀文化的璀璨瑰宝，是我国独有的传统文化形式，具有独特的存史、育人、资政功能。做好地方志工作，意义重大。

第一，编修地方志是治国理政与推进国家治理能力现代化的必然要求。治天下者以史为鉴，治郡国者以志为鉴。历朝历代统治者都把地方志视为“官书”“政书”，把修志作为治理国家、加强政权建设的重要举措。党的十八大以来，党和国家更加重视地方志工作。习近平总书记指出“以史鉴今、启迪后人，要高度重视修史修志，把历史智慧告诉人们，激发我们的民族自豪感和自信心，坚定全体人民振兴中华、实现中国梦的信心和决心”，李克强总理也批示强调“修志问道、以启未来”“地方志是传承中华文明、发掘历史智慧的重要载体，存史、育人、资政，做好编修工作十分重要”“方志流传绵延千载，贵在史识，重在致用”。习近平总书记和李克强总理的重要指示，都深刻阐述了编修地方志对于加快建设中国特色社会主义、实现中华民族伟大复兴中国梦具有重要意义。通过编修地方志，能够让我们准确把握历史发展脉络和规律，坚定道路自信、理论自信、制度自信，用历史智慧助推治理体系和治理能力的现代化。

第二，做好地方志工作是加快文化强国、强省建设的重要基础。持续不断地编修地方志是我国独有的文化基因，是传承了两千多年的优秀文化成果。地方志全面翔实地记录中华民族自强不息、绵延辉煌的悠久历史，记录中国共产党领导全国各族人民谋求民族独立解放、国家繁荣昌盛的奋斗历程，记录我国社会主义建设和改革开放的伟大历程。可以说，地方志既是历史智慧的结晶，也是维系中华民族血脉亲情的重要力量；既是传承中华文明的纽带，也是展示当代中国风范的载体。做好地方志工作，既能展示中华文化的博大精深和无穷魅力，也能体现现代文明与历史文明的一脉相承，为反对历史虚无主义、培育和践行社会主义核心价值观提供了大量真实而生动的教材，特别是能够有力促进我省文化大发展、大繁

荣，展示湖湘文化的深厚底蕴，进一步提升湖南文化软实力。

第三，发展地方志事业是服务湖南经济社会发展的重要途径。地方志横陈百科，纵述历史，堪称“一方之全史”“一地之百科全书”。全省大量的各级各类志书和年鉴，为各级领导认识省情地情、鉴往知来、科学决策提供了参考依据，也为海内外了解湖南、社会各界研究湖南提供了基础资料平台。“十三五”时期，是我们全面落实中央“四个全面”战略布局和“五大发展理念”，促进我省“三量齐升”、推进“五化”同步发展，实现全面建成小康社会目标的关键时期。推动地方志事业的发展，加强志鉴编修和地方志资源开发利用，有效发挥好地方志存史、育人、资政作用，能够为全面建成小康社会、全面深化改革、全面推进依法治国提供历史借鉴和智力支持，对于服务全省经济社会发展有着重要的作用。各级各有关部门尤其是领导干部要深入学习贯彻习近平总书记和李克强总理对加强新时期地方志工作的重要指示精神，深刻认识做好地方志编修工作的重大意义，切实将思想认识统一到党中央、国务院和省委省政府的部署要求上来，不断加强地方志工作，进一步发挥地方志的功能和作用。

二、大力推动地方志事业又好又快发展

当前和今后一个时期，各级各部门要深入贯彻落实《全国地方志事业发展规划纲要(2015—2020年)》，进一步强化依法治志的工作理念，夯实地方志工作基础，完善地方志编修体系，加快推动地方志事业发展。

一是要抓好规划编制。国家“十三五”规划明确提出“加强修史修志”，我省也将“加强地方志工作”写入了全省“十三五”规划，省地方志编纂委员会将在今年内印发全省地方志事业发展的具体规划。各地要按照科学编制、依法推进、夯实基础、协调发展的要求，及时做好涵盖地方志书编修、地方综合年鉴编辑出版、地方志资源开发利用、队伍建设、基础设施建设、数字信息化建设、执法监督、地方志工作宣传等重要内容的地方志事业发展规划，逐步将地方志事业纳入本地国民经济和社会发展规划、纳入公共文化服务体系建设。

二是要加强质量管理。地方志质量是地方志事业发展的根基所在。各级地方志工作机构和地方志工作者要秉承为党立言、为国存史、为民修志的使命意识和质量意识，始终坚持质量第一原则，以科学认真的态度、精益求精的学风，本着为湖南负责、为历史负责、为民族负责的精神把好质量关，将质量意识贯穿于地方志工作的全过程。要加强对地方志包括部门志、行业志、专题志、乡镇村志和各类年鉴编纂的业务指导和服务，完善资料报送、志稿评审、质量评价、审查验收、批准出版等制度，打造无愧于时代、无愧于人民、无愧于历史、无愧于民族的系列精品佳志。

三是要强化开发利用。地方志是一座巨大的文化宝库，是各级领导和广大人民群众熟悉地情、了解地方发展历史的重要载体。各地要支持和督促地方志工作机构加强对地情文献资料的专门研究，重视地方志资源的普查摸底，开展数字化、网络化建设，做好地方志资源的整合、共享与开发利用。各级地方志工作机构要创新服务手段，拓宽服务渠道，用人们喜闻乐见的方式利用地方志、传播地方志。编修地方志是一项严谨的文化事业，但是传播地方志的形式和方式应该是生动活泼的，可以按照地方志记载的内容编一些动漫作品，出一些普及性、趣味性读物，借助网络平台进行宣传。

四是要更好地服务发展大局。各级各有关部门要紧跟时代特点，以发展的眼光观察湖南、研究湖南，真实反映湖南全面深化改革、加快转型升级过程中的历史性成就。要通过提炼、总结丰富的历史资料，进一步探寻湖南发展的经验和规律，为省委、省政府科学决策当好参谋助手。要客观、全面、准确地记录全省广大人民在新的历史时期所创造的光辉业绩和展现的精神风貌，多角度、全方位反映出湖湘文化的丰富性、多样性和独特性，通过编修地方志，激发全省上下加快全面建成小康社会的激情和热情。

三、切实优化地方志事业发展环境

编修地方志是一项系统工程，需要各方面的力量来参与，更需要强有力的组织措施来保障。要按照“党委领导、政府主持、地方志工作机构组织实施、社会各界广泛参与”的工作体制，坚持“一纳入、八到位”的工作机制，着力优化地方志事业发展环境。

一是要加强组织领导。各级各有关部门要继续深入贯彻落实《地方志工作条例》，依法履行修志的法定职责，建立和完善地方志工作考核责任制和督查通报制，为地方志事业持续健康发展提供有力的组织保障。要把地方志工作经费足额列入本级本部门财政预算，保障编纂、管理等工作有效开展。各级领导干部要切实肩负起组织领导责任，定期听取地方志工作情况汇报，及时研究解决地方志工作中存在的突出困难和问题，支持地方志工作机构依法履行职能。

二是要加强机构和队伍建设。地方志工作机构既承担着组织、指导、督促和检查地方志工作的行政管理职能，又肩负着组织编纂地方志、开发利用地方志资源的业务工作，对人才有着特殊要求。志书编修工作是二十年一个周期，时间跨度长，如因机构和队伍建设的问题影响编修工作，将造成难以弥补的损失。各地要本着对历史负责、对湖南负责、对本地区负责的态度，进一步健全各级地方志工作机构，并依法确定其工作职责，特别是还没有明确专门机构以及人员队伍不足的地区要深入研究，加强机构队伍建设，着力解决好人员编制和队伍建设等问题。要按照德才兼备的原则和专业要求，配齐配强地方志工作机构的领导班子。要转变用人观念，及时将一些优秀、适用人才充实到地方志工作队伍中来。

三是要加强协作配合。各相关部门和单位要加强协作配合，切实形成工作合力。要按照地方志工作机构的要求，建立并落实资料年报制度，及时提供真实可靠的文献资料和年度性有关资料，主动承担起相关志鉴的编修任务。要积极参与地方志书的审查和验收工作，切实把好政治关、政策关、保密关、法律关、数据关和史实关。各级地方志工作机构要主动作为，依法统筹规划、组织协调和督促指导地方志工作，联合有关部门定期督促和检查本行政区域内的地方志工作，推动工作落实。

同志们，做好地方志工作，功在当代、利在千秋。广大地方志工作者承担着传承文明、记录历史、弘扬文化、服务社会的光荣使命，在全面建成小康社会和全面深化改革的伟大进程中，地方志工作大有可为。我们要按照党中央、国务院和省委、省政府的部署要求，求真务实，开拓进取，推动全省地方志事业不断向前发展，为全面建成小康社会作出新的更大的贡献！

在全区地方志工作会议上的讲话（摘要）

（2016年1月9日）

西藏自治区党委副书记、自治区主席　洛桑江村

在新的一年刚刚来临，全区上下深入贯彻落实党的十八届五中全会、中央经济工作会议、中央第六次西藏工作座谈会和区党委八届八次全委会精神，全面开启“十三五”工作的关键时刻，自治区组织召开全区地方志工作会议，具有十分重要的意义。

刚才，我们认真传达学习了李克强总理及陈全国书记的重要批示精神，通报了《西藏自治区贯彻落实〈全国地方志事业发展规划纲要(2015—2020年)〉的实施意见》（以下简称《实施意见》），与地市和部门代表签订了地方志、行业志工作目标责任书。李克强总理的重

要批示，充分肯定了全国地方志工作取得的突出成就，明确提出了下一步工作要求，特别是“为当代提供资政辅治之参考，为后世留下堪存堪鉴之记述”的批示，为我们指明了工作方向。陈全国书记的批示，从弘扬优秀西藏文化、展示党的领导下西藏发生巨大变化的战略高度，深刻阐述了地方志工作的重要性，进一步增强了我们做好地方志工作的紧迫感、责任感、使命感。自治区的《实施意见》明确提出了我区“十三五”时期地方志事业发展的指导思想、目标任务和具体要求。我们一定要把思想和行动统一到中央精神上来，统一到李克强总理及陈全国书记的重要批示精神上来，切实贯彻落实好自治区的《实施意见》，不断开创全区地方志工作的新局面。

一、统一思想、提高认识，切实增强做好地方志工作的责任感和使命感

“治天下者以史为鉴，治郡国者以志为鉴。”党中央、国务院历来高度重视地方志工作，特别是党的十八大以来，习近平总书记反复强调要知史爱国、知史爱党，要求广大干部要读党史、国史、军史，要求“高度重视修史修志，以史鉴今，启迪后人，激发我们的民族自豪感和自信心，坚定全体人民振兴中华、实现中国梦的信心和决心”。李克强总理在近期召开的全国地方志系统先进模范座谈会上，明确要求“各级政府要关心和支持地方志事业发展”。去年8月25日，国务院办公厅印发《全国地方志事业发展规划纲要（2015—2020年)》（以下简称《规划纲要》)，对新时期地方志工作作出了全面安排部署，提出了新的任务要求。特别是《规划纲要》中明确提出，要“重视民族地区地方志编纂工作”“支持民族地区地方志信息化建设”“加大对民族地区、贫困地区地方志工作的支持力度”，这充分体现了党中央、国务院对民族地区地方志工作的高度关心和大力支持，也对我区地方志工作提出了更高的要求。

西藏是重要的国家安全屏障，编修好西藏社会主义新方志意义十分重大。自治区党委、政府对地方志工作始终高度重视，认真贯彻落实党中央、国务院的决策部署，紧紧围绕“为谁修志、修什么志、怎样修志”这一根本问题，坚持正确方向，强化质量提升，使我区地方志事业取得了良好的发展成就，较好地发挥了史志“存史、资政、教化、育人”的作用，已成为我区中国特色社会主义文化建设事业的重要组成部分。广大方志工作者切实承担起传承文明、记录历史、弘扬文化、服务社会的光荣使命，在基础弱、条件差、困难多的情况下，完成了90多部志书的出版发行工作，为我区方志事业发展作出了重要贡献。

在充分肯定成绩的同时，我们也要清醒地认识到，我区地方志工作与全国的要求相比，与内地省（区、市）的工作相比，还有较大差距。一些地方和部门抓地方志工作的持续性和持久力不够，存在着前紧后松、时紧时松等问题；个别地方和部门对地方志工作没有引起足够的重视，志书编纂任务下达将近20年，极个别单位的工作至今仍停留在资料收集阶段；一些地方和部门忽视地方志队伍和人才建设，人员变动频繁，工作缺少长远打算和延续性；一些地方和部门对地方志工作的支持保障不够，经费得不到及时解决，条件得不到及时改善，协调指导不够及时，影响了编纂工作的顺利推进。

地方志是传承中华文明、发掘历史智慧的重要载体，是激发民族热情、汇聚民族信心的重要思想结晶，是维护祖国统一、反对民族分裂的重要历史教材。全区各级各部门一定要站在深入贯彻落实党的十八大、十八届三中、四中、五中全会和中央第六次西藏工作座谈会精神，贯彻落实习近平总书记系列重要讲话精神、特别是治国必治边、治边先稳藏的重要战略思想和“加强民族团结、建设美丽西藏”的重要指示，坚持“四个全面”战略布局，坚持党的治藏方略，坚持依法治藏、富民兴藏、长期建藏、凝聚人心、夯实基础重要原则的战略高度，充分认识做好地方志工作的深远历史意义和重大现实意义，按照李克强总理、陈全国书记的重要批示精神和区党委八届八次全委会的总体要求，切实把编修社会主义新方志作为一项重大的政治工程、战略工程、文化工程和固边工程，作为各级党委、政府和各部门的一项重要职责，作为“十三五”时期的一项重要工作任务，从讲政治的高度，采取有力措施，加快工作进度，提升工作质量，坚决完成国务院《规划纲要》和我区《实施意见》确定的目标任务，充分发挥地方志在全区经济社会发展、维护和谐稳定和文化建设中的重要作用，为全面建成小康社会和长治久安作出更大的贡献。

二、理清思路、明确目标，坚决圆满完成地方志发展规划任务

自治区的《实施意见》明确提出“十三五”时期我区地方志工作的重点任务，其中最艰巨、最繁重、最核心的任务就是“两个全面”，即全面完成第一轮、第二轮规划修志任务，全面完成地方综合年鉴编纂出版工作。全区各级各部门要深刻认识到，编修社会主义新方志，不是可修可不修、想修不想修的问题，而是必须切实修好，修出质量、修出成果的重大政治任务；“十三五”时期地方志事业发展的规划任务，不是可落实可不落实、可完成可不完成的问题，而是必须坚决完成的艰巨任务。各级各部门一定要按照中央和自治区的要求，进一步强化措施、狠抓落实，不折不扣地完成既定的目标任务，不断推进全区地方志工作向前发展。

一要坚持正确方向。始终高举中国特色社会主义伟大旗帜，以马列主义、毛泽东思想、邓小平理论、“三个代表”重要思想、科学发展观为指导，深入贯彻落实习近平总书记系列重要讲话精神，坚持历史唯物主义和辩证唯物主义的立场、观点、方法，坚持方志为人民服务、为中国特色社会主义服务的方向，切实把政治要求作为地方志工作的第一要求，把政治准则作为地方志工作的第一准则，坚决做到任何时候、任何情况下都要在思想上、政治上、行动上同以习近平同志为总书记的党中央保持高度一致，对以习近平同志为总书记的党中央绝对忠诚。要坚持把地方志作为稳藏的重要史料、治藏的重要依据、兴藏的重要内容和建藏的重要任务，用无可辩驳的历史事实，全面系统地展示中国共产党领导西藏人民开创西藏和平解放、民主改革、社会主义建设、改革开放和贯彻党的民族宗教政策的光辉历程，全面系统地展示西藏经济、政治、文化、社会、生态文明建设等方面取得的辉煌成就，全面系统地展示我区各族人民幸福安康的美好生活，展示新旧西藏不同的社会状况，展示祖国命运与西藏地方命运的密切联系，使我区的地方志成为一部权威的社会主义新西藏史志、客观的爱国主义教育读本、生动的核心价值观历史教材、优秀的中华民族文化集成，为推进西藏长足发展和长治久安提供智力支持和史志保障。

二要坚持规划引领。各地各部门要根据中央和自治区的统一要求，紧密结合本地本部门实际，作出详细的规划部署，制订具体的实施方案，明确本地区、本部门贯彻落实的时间表、任务书和路线图，确保地方志工作各项目标任务和对策措施落到实处。要正确处理本地本部门总体发展规划与地方志工作规划之间的关系，真正把地方志工作纳入本地本部门总体规划，摆上重要议事日程，切实做到统筹部署、精心安排、强力推动。要正确处理核心任务与全面任务之间的关系，切实把实现“两个全面”目标作为重中之重的任务，在安排上体现重中之重的要求，在落实上体现重中之重的力度；同时，注重其他方面工作任务的落实，促进地方志事业全面协调发展。要正确处理解决问题与建立长效机制之间的关系，一方面坚持问题导向，解决本地本部门地方志工作面临的突出问题和困难，一方面立足长远发展，强化制度建设，搞好顶层设计，为地方志事业加快发展、创新发展提供持久动力。已经完成第二轮修志工作的地县和部门，要继续引导地方志事业向纵深发展，力争“十三五”期间在乡镇志书编纂、特色志书编纂、藏文版志书编译等方面实现率先，为第三轮修志编鉴工作探索路子、提供样板。

三要坚持依法治志。为顺应全面推进依法治国的新要求，加快地方志事业的法治化进程，自治区人民政府决定将《西藏自治区实施国务院〈地方志工作条例〉的办法》纳入2016年政府规章计划，为地方志事业发展提供有力的法规支撑。自治区政府法制办、自治区地方志办公室要加强协作配合，扎实开展前期调研、规章起草、征求意见、提交审定等各环节的工作，确保年内制定并出台实施。各地各部门要把学习宣传、贯彻落实国务院《地方志工作条例》和我区的《实施办法》作为推动地方志工作科学、规范发展的重要保障。一方面要广泛深入宣传，不断提升各级各部门、社会各界、广大人民群众重视、支持、关心地方志工作的自觉性、主动性和积极性，为地方志事业发展营造良好的社会环境；另一方面要严格规范落实，承担依法职责，遵循法规要求，强化依法执行力度，切实把地方志工作纳入法治化管理的轨道。各级政府法制部门要发挥统筹指导作用，各级地方志工作机构要发挥行业督导作用，深入开展地方志执法检查和行政督查，依法查处问题、纠正不足，依法规范管理、保障发展，用法治手段全面推进地方志工作。

四要坚持改革创新。改革创新是引领发展的第一动力，地方志事业同样需要靠改革来引领、靠创新来推动。“十三五”时期是全面建成小康社会的决胜阶段，地方志事业发展面临着新形势、新任务和新要求。各地各部门要在继承和弘扬中华民族修志的优良传统，认真总结我区地方志工作经验教训的基础上，解放思想、深化改革，与时俱进、开拓创新，不断促进地方志工作迈上新台阶。要创新地方志工作渠道途径，在继续强化地方和部门党政职责的同时，牢牢抓住新时期全国进一步加大对口支援西藏工作力度的机遇，努力将地方志援藏工作纳入对口支援省份援藏工作总计划的盘子，确定具体的援藏项目、资金、人才、编纂出版等工作任务，为我区地方志事业发展提供有力支持。要创新地方志工作制度，在强化自治区统筹指导的基础上，进一步简政放权，明确责任，落实任务，规范初审、复审、终审、验收等制度，真正形成区地县三级、自治区地方志办公室与区中直部门分清责任、协调联动的良性工作机制。要创新地方志工作方式，抓住信息化加快发展的有利机遇，制定地方志事业信息化发展的规划，运用现代信息手段促进方志资料数据化、方志资源共享化、方志成果标准化，提升地方志事业的现代化水平。要创新地方志文化传播方式，推动方志成果开发利用与爱国主义教育、社会主义核心价值观教育相结合，积极开展方志文化进机关、进农牧区、进社区、进学校、进企业、进军营、进寺庙活动，为社会主义新西藏文化建设提供有力的方志保障。

五要坚持质量标准。质量是地方志的第一生命力。自治区地方志办公室要坚持把精品意识贯穿于地方志编纂出版工作全过程，根据国务院《地方志工作条例》以及《地方志书质量规定》《地方综合年鉴编纂出版规定》等有关要求，结合我区具体实际，进一步完善地方志资料报送、志稿评审、质量评价、审查验收、总编出版等制度，强化质量管理、质量监督，打造无愧于时代、无愧于人民、无愧于历史的系列精品佳志。要根据我区的特殊区情和特殊矛盾，严把志书政治关，确保志书符合党和人民的利益，符合中国特色社会主义事业的方向，符合国家统一、民族团结的要求；严把保密关，坚决做到凡涉及党和国家机密的内容、凡影响祖国统一、民族团结、社会稳定的内容绝不载入志书；严把史实关，坚持实事求是原则，全面记述历史，真实反映现实，准确描绘发展，确保志书成果经得起历史的检验。

三、加强领导、落实责任，努力开创地方志事业发展新局面

全区各级各部门要按照要求，切实将地方志工作纳入各地国民经济和社会发展规划、文化事业发展规划和各级党委、政府工作任务之中，做到认识到位、领导到位、机构到位、编制到位、经费到位、设施到位、规划到位、工作到位。

一是要强化组织领导。抓好地方志工作，组织领导是关键。要坚持和健全党委领导、政府主持、地方志工作机构组织实施、社会各界广泛参与的工作体制，确保各项工作任务落到实处。各级党委政府、各部门主要领导再忙也要亲自过问研究地方志工作，各级政府主要领导、各部门“一把手”要亲自担任地方志编纂委员会主任，常务副职要分管地方志工作。同时，要明确一名班子成员主抓地方志日常工作，确保地方志工作任务件件有落实、事事有人抓。

二是要强化机构建设。为满足地方综合年鉴编纂工作新任务的需要，自治区决定在区地方志办公室新设年鉴编纂处，切实启动区、地市、县三级地方综合年鉴编纂工作，加快推动第一轮、第二轮修志。各地市要采取内部调剂余缺的办法，适当增加地市地方志办公室机构、编制，明确每县至少安排1个地方志工作编制，实行专人专编、专人专办制度，切实解决大多数县地方志工作无专职人员的问题。承担史志工作任务的区中直部门要配齐配强力量，相对固定人员，形成接续推动的长效机制。

三是要强化人才队伍建设。高度重视地方志干部队伍的稳定和培养工作，采取有效措施，突出政治要求和能力素质，强化针对性培养和专业化教育，注重工作的延续性推动和队伍的梯次性建设，坚决防止因人员流动过繁带来的培训反复低效等问题，努力培养建设一支政治强、业务精、作风正、纪律严的高素质地方志干部队伍。要拓展地方志人才支撑渠道，注重动员社会力量参与地方志工作，注重动员热爱方志事业、熟悉政策和业务、具有较强能力水平的“老一辈”专家、学者和干部投身方志事业，建立方志专家库，为地方志事业发展提供有力的人才支撑。

四是要强化支撑保障。要将地方志工作所需经费纳入各级财政年度预算，切实保障工作的正常运转，为志鉴编纂出版及志鉴资源开发利用、方志人员培训提高等提供必要的经费支持。要重视地方志基础设施建设，特别要尽快做好西藏革命建设改革纪念馆建设工作，落实好征地费用，解决好征地拆迁等问题，提升项目设计质量和层次，确保早建成、早见效。

五是要强化职能发挥。各级地方志工作机构要依法发挥好统筹规划、组织协调、督促指导等职能，努力促进地方志工作制度化、规范化、标准化建设。特别是自治区地方志办公室要切实担负起主管全区修志编鉴业务的责任，在完成好组织省级志书和年鉴编纂任务的同时，加大对地县两级修志工作的业务指导和审定把关，不断提升志鉴的质量水平。各有关部门要加强对方志机构建设、基础建设、队伍建设的支持，保障方志经费，宣传方志文化，为方志事业发展创造良好条件。

六是要强化责任落实和督促检查。各地各部门要逐级层层签订、落实地方志工作目标责任书，制定地方志工作目标责任考核评比办法，把志鉴编纂任务完成情况列入各级党委、政府督查工作计划，每年进行一次集中督查和工作评比，建立表彰激励机制和通报批评机制，以强有力的督导考核手段，确保到2020年如期实现“两个全面”的任务。

地方志事业发展使命光荣、任务艰巨。让我们紧密团结在以习近平同志为总书记的党中央周围，在区党委的坚强领导下，鼓足干劲、坚定信心，锐意进取、攻坚克难，为推动西藏与全国一道实现全面建成小康社会，谱写好中华民族伟大复兴中国梦西藏篇章，作出新的更大的贡献！

在西北五省区暨新疆生产建设兵团地方志工作协作会议上的致辞

(2016 年 10 月 12 日)

甘肃省副省长、省地方史志编委会主任　夏红民

举世瞩目的首届丝绸之路（敦煌）国际文化博览会刚刚落下帷幕，余韵尚未散去，我们又一次齐聚敦煌，隆重召开西北五省区暨新疆生产建设兵团地方志工作协作会议。在此，我谨代表甘肃省人民政府向各位领导和专家学者表示热烈的欢迎！向中国地方志指导小组办公室长期以来给予甘肃省工作的关心和支持表示衷心感谢！

甘肃是中华民族和华夏文明的重要发祥地，历史悠久、文化厚重、资源丰富、自然风光独特、民族风情浓郁，是名副其实的中华民族文化资源宝库。甘肃自古就是丝绸之路的战略通道和商埠重地，丝路东西横贯全境 1600 多公里，千百年来创造了“使者相望于道，商旅不绝于途”的盛况。这里既有麦积山、月牙泉等神奇景观，也有始祖文化、丝路文化、黄河文化、民俗文化等交相辉映；既有公元 609 年举办“万国博览会”的传奇故事，也有当下举办世所瞩目的首届丝绸之路（敦煌）国际文化博览会的空前盛景。“丝绸之路三千里，华夏文明八千年”，是对甘肃的生动写照。习近平总书记“一带一路”倡议的提出，重新点亮了千年丝绸古路，使其迎来了重焕荣光的历史契机，散发出璀璨夺目的时代光芒。也为甘肃发展提供了千载难逢的历史机遇，让甘肃站在了振兴发展的新起点上，发展变化日新月异。特别是首届丝绸之路（敦煌）国际文化博览会以丝路文化交流为主题，吸引了 85 个国家、5 个国际组织、95 个代表团参会，云集了政界、学界、商界 1500 多名精英翘楚，特别是习近平总书记对敦煌文博会的贺信和刘延东副总理的主旨演讲进一步深刻阐释了“和平合作、开放包容、互学互鉴、互利共赢”的丝路精神和多样共存、互鉴共进、合作共享的人类文明观，奏响了思想共鸣、达成了合作共识，播撒了友谊的种子，为丝绸之路经济带甘肃段的建设添上了浓墨重彩的一笔。

地方志是具有独特历史文化和学术价值的资料性文献，具有“存史、资治、教化”的功能。两千多年来，编修地方志代代相传，历久不衰。国有史，方有志，国史和方志形成了我国历史文化的两大支柱，也是我国历史文化传承的两大载体，在全面系统记述自然、政治、经济、文化和社会历史与现状的同时，传承着中华民族的优秀文化，弘扬着中华民族的传统美德。甘肃省委、省政府历来重视地方志事业发展，2009 年，我省颁布了《甘肃省地方志工作规定》，2013 年印发了《关于进一步加强地方志工作的意见》，今年 5 月编制印发了《甘肃省地方志事业“十三五”发展规划》。这些政策规定的出台，使全省地方志事业进入以法治志、科学发展的新阶段，为全省地方志事业健康快速发展奠定了坚实的基础。近年来，我省地方史志工作按照“三级志书为主体，地方综合年鉴为主导，信息化平台为依托，服务社会为支撑”的总体思路，形成了党委领导、政府主持、地方志工作部门组织实施、社会各界广泛参与的工作体制和“一纳入、八到位”的工作机制；首轮修志任务全面完成，二轮修志进展顺利，年鉴编辑全面展开，编修成果不断丰富，累计出版地方志书 272 部，部门志、行业志、乡镇（村）志 800 多部，综合年鉴、部门行业年鉴 400 多部；基础平台建设稳步推

进，建成地情资料库（方志馆）27个，地方志网站40个。全省地方志工作基础条件建设、业务建设、队伍建设、制度建设和理论建设有了很大提高，各项工作取得了长足发展，服务社会能力不断提升，地方志工作呈现出良好的发展势头。

西北五省区暨新疆建设兵团地方志工作协作会议在我省敦煌召开，给我们提供了一个学习借鉴的机会，对我们的工作将是一次大的促进。与会的各位领导和专家学者，都是地方志工作的行家里手，有着宽广的视野、深厚的积累、丰富的经验、笃实的精神、前瞻的研究，相信通过会议期间的交流，一定会对我省地方志工作带来许多有益的启发和促进。敦煌是中国、印度、希腊、伊斯兰四大文化体系唯一的交汇地，历史文化积淀非常深厚，会议期间，欢迎大家多走走、多看看，领略敦煌的大漠风光，感受多元文化的和谐之美，度过美好时光，留下难忘回忆。同时，也希望各位专家学者不吝赐教，为我省经济社会发展传经送宝，为我们文化大省建设和华夏文明传承创新区建设以及敦煌国际文化名城建设多提宝贵意见，帮助我们更好地推进各项工作。

最后，预祝会议取得圆满成功！祝各位领导、专家学者在敦煌期间生活愉快，诸事顺意。

在第六次全省地方志工作会议上的讲话

（2016年3月11日）

青海省副省长　高　华

六年多来，全省地方志工作者秉持信念、执着守望、辛勤耕耘，做了大量有成效的工作。主要体现在：二轮三级志书编修有序推进，年鉴编纂扩面提质，特色志、地情书编纂亮点突出，地方志信息化建设和资源开发利用迈出新步伐；特别是《青海省地方志工作规定》的颁布实施，标志着我省地方志工作进入了依法治志的新阶段。感谢同志们务实、敬业的工作。刚才，高煜同志作的工作报告，我完全赞成。海北州政府、化隆县政府、省农牧厅、省粮食局、国家电网青海分公司负责同志分别作了工作交流，希望大家学习借鉴。下面，我再强调三点意见。

一、进一步深化对地方志工作重要性的认识

编纂地方志是我国独有的沿袭两千多年的优秀传统文化。作为一项承上启下、继往开来、服务当代、有益后世的重要事业，地方志工作已成为全面反映经济建设、政治建设、文化建设、社会建设、生态文明建设和党的建设伟大成果的一项系统工程。要站在大局的高度认识地方志工作的重要性。《地方志工作条例》明确规定："县级以上地方人民政府应当加强对本行政区域地方志工作的领导"。在政府的各方面工作中，地方志工作有特殊的工作方式、工作特点和工作规律，产生特殊的工作成果，它通过"存史"在"资政"和"育人"方面发挥着特殊的重要作用，只有在大局中定位，在大局中行动，才能承担起"修志问道，以启未来"的职责。要站在历史的高度认识地方志工作的重要性。自隋唐以来，历代都把修志作为一种官职、官责，并颁布政令对修志进行统一规范。新中国成立以来，在老一代党和国家领导人的推动下，我们开启了地方志编纂工作，历年来编修的大量志书为全社会提供了不可替代的精神动力、信息服务和智力支持。我们要以对历史对人民负责的态度，切实担负起地方志工作的责任。要站在执政的高度认识地方志工作的重要性。"治天下者以史为鉴，治郡国者以志为鉴"。地方志记载了前人治国理政的思想与智慧，记载了他们成功的经验与失败的教训。"一个领导干部不善于从历史中汲取营养，就不可能成为高明的领导者；一个政党不善于从总结历史中认识和把握社会发展的规律，就不可能成为顺应历史潮流的自觉的政党”。加强党的执政能力建设，提高各级领导干部的执政能力，很重要的一项内容就是要了解历史，总结经验，吸取教训，把握规律。

二、严格按照时间节点，保质保量完成各项志书编纂任务

去年8月25日，国务院办公厅印发《全国地方志事业发展规划纲要（2015—2020年）》，提出了“到2020年，全面完成第二轮修志规划任务，实现省、市、县三级综合年鉴全覆盖”的总体目标。各地各部门要深刻认识到“两全”目标是必须做好、必须完成的任务，在这个问题上来不得半点马虎，更不能拖全省全国的后腿。这次提交会议的《青海省地方志事业发展“十三五”规划纲要》，既体现了国家《规划纲要》的精神，又结合青海实际进行了细化明确，列出了各级志书修编的时间表和路线图，各地各部门要下大力气抓紧抓好贯彻落实工作。要加快修志进度。省政府2006年8月印发的《总体规划》提出“到2015年，总体完成全省第二轮修志和年鉴编纂任务。”刚才，高煜同志在工作报告中讲，截至2015年底，全省完成出版验收的三级志书只有20部，仅占规划总数的16.5%。同志们，到2020年完成二轮三级志书编修工作的任务仅剩了不到5年的时间，可谓时间紧迫、压力很大。各地各部门要根据《青海省人民政府办公厅关于加快推进全省二轮三级志书及〈玉树大地震救灾重建志〉编纂工作的通知》的要求，按照省地方志办公室《全省二轮省级志书编纂工作进度表》，加强领导，倒排时间，全力推进。职能部门要加强督促检查力度，建立地方志工作督查通报制度，每年进行一次集中督查。要坚持质量、应用并重。不论是历史书还是志书，能够几百年、几千年流传到现在人们还耳熟能详，还能去读、去用，主要因为它内在质量的厚重。中央领导同志反复强调修志要坚持质量第一的原则，我认为这就是修志成功不成功的主要衡量标准。各地各部门要静下心来认真地搜集资料，认真地进行编写，认真地进行讨论，邀请一些专家内行，有政策水平、写作水平和文字水平的人来把关，确保把志书写成当代人爱看、后代人不忘的精品佳志，真正发挥志书“存史、资政、育人”的作用。同时，要在志书体例、版式设计、开发利用方式上积极探索，开发出喜闻乐见的文化产品，不断满足和丰富文化市场，把富集的地方志资源优势转变为服务社会各界的工作优势；要积极利用政府信息公开平台、借助信息化手段，推动地方志文化进机关、进农村、进社区、进校园、进企业、进军营，推进地方志成果转化，让地方志成果在政务决策、经济建设、远景规划、科学研究、教书育人中发挥积极作用。

三、加强组织领导，为地方志工作发展创造良好环境

地方志工作是一项复杂的社会系统工程。在青海这样一个经济社会欠发达的地区开展地方志工作，面临的困难和问题是全国大多数地区都无法想象的。因此，实现地方志事业的科学发展，需要各级领导去重视、关心和支持。要切实加强领导。各级各有关部门要把修志工作纳入各地经济社会发展规划和各级政府工作的重要议程，制定和完善地方志事业发展规划，大力推进相应体制机制创新，及时研究解决遇到的困难和问题，为地方志工作开展提供坚强有力的组织保证。要主动担当作为。全省地方志工作机构和地方志工作者要进一步增强从事地方志工作的光荣感和责任感，继承弘扬“修志问道、直笔著史”的精神，坚持守土有责、守土尽责、守土有成，特别是省地方志办公室要在完成好组织省级志书和年鉴编纂任务的同时，加大对州市、县两级修志工作的业务指导，努力实现全省地方志事业全面协调可持续发展。要注重协同配合。做好修志工作，不仅要靠地方志部门同志们的努力，还要充分调动各有关部门的积极性和主动性，广泛吸纳社会各界的力量。各级有关部门要牢固树立一盘棋思想，按照地方志编纂委员会的统一安排和部署，各司其职、各尽其责，加强配合、密切协作，努力形成推动地方志工作顺利开展的整体合力。要强化队伍建设。在班子建设上，要把那些公道、正派，综合素质高、事业心强的同志选配进领导班子，不断提高领导科学修志的能力。在队伍建设上，要坚持培养与引进相结合，加强业务培训，改善知识结构，提升专业水平，努力构建起既包括一批年富力强的专职工作者，又有一些专家、学者和离退休老同志共同参与的修志队伍。在机制建设上，要结合实际，大胆创新，积极建立健全培养、使用和奖惩等激励机制，努力形成爱岗敬业、拼搏进取、甘于寂寞、默默奉献的良好氛围。

同志们，今年是“十三五”开局之年，也是《条例》颁行10周年和青海省地方志工作机构成立30周年。地方志事业正处在一个新的历史起点上。我们要以这次全省地方志工作会议的召开为契机，振奋精神，锐意进取，改革创新，依法全面推动全省地方志事业发展繁荣，为讲好青海故事、续写中国梦青海篇章作出新的更大贡献。

在纪念社会主义新方志编纂工作开展暨省地方志工作机构成立30周年座谈会上的讲话

（2016年8月2日）

青海省副省长　杨逢春

今天，我们在这里召开纪念社会主义新方志编纂工作开展暨省地方志工作机构成立30周年座谈会，主要是回顾过去30年来全省地方志工作取得的成绩，认真总结前两轮修志工作经验，深入分析当前面临的新形势、新任务，进一步谋划全省地方志事业科学发展。首先，我代表省政府对我省社会主义新方志编纂工作开展暨省地方志工作机构成立30周年纪念活动表示热烈祝贺，对曾经为全省地方志事业发展作出贡献的老领导、老同志致以崇高的敬意，对执着守望、辛勤耕耘在地方志工作战线的广大修志工作者致以诚挚的问候！

郝鹏省长对这次会议非常重视，会前专门作出批示，刚才杨松义副主任已作了传达。郝鹏省长对我省广大修志工作者和地方志工作给予了充分肯定，并提出了殷切希望。我们要很好地学习领会，认真地贯彻落实。刚才，大家从不同的角度做了很好的发言，听了很受鼓舞和启发。下面，我再讲几点意见。

“治天下者以史为鉴，治郡国者以志为鉴。”地方志作为“一方之全史”，全面系统地记载了一地自然、政治、经济、文化、社会的历史与现状。通过记录历史的变迁、社会的发展、文化的传承，赋予人们积极进取、奋发图强的精神力量，这也是地方志编纂绵延两千多年的价值之所在。编纂地方志是延续历史、实录当代、传承文明的一项文化工程。自隋唐确立史志官修制度以来，历朝历代都把修志作为一种国家行为，作为一种官职官责，并颁布政令对修志进行统一规范。新中国成立之后，党和国家赓续传统，对地方志工作给予了高度的重视，地方志事业开启了新的历史纪元。我省于1986年6月成立了地方志工作机构，启动了社会主义新方志编纂工作。在半个甲子的修志实践中，全省各级地方志工作机构和全体修志人员在省委、省政府的正确领导和中国地方志指导小组及其办公室的精心指导下，自觉承担崇高使命，致力于为当代提供资政辅治之参考，为后世留下堪存堪鉴之记述，创新理论，力学笃行，顺利完成了第一轮社会主义新方志编纂任务，启动了第二轮志书编修工作，编纂出版了一批地情文献，为全省改革开放和现代化建设提供了有益的历史借鉴，为子孙后代留下了弥足珍贵的文化财富，为繁荣发展地方志事业和促进经济社会发展作出了积极贡献。

——30 年来，推动地方志事业发展的机制逐步完善。自我省启动社会主义新方志编纂工作以来，各地、各部门陆续成立了地方志工作机构，配备了工作人员，逐步把地方志工作纳入了各级政府的日常工作当中，地方党委政府主要领导亲自担任编委会主任，为新方志编纂提供了坚强的组织保障，使第一轮、第二轮社会主义新方志编纂工作得以顺利开展，并取得丰硕成果，填补了我省有史以来没有系统的地方志书的空白，逐步形成了党委领导、政府主持、地方志工作机构组织实施、社会各界广泛参与的地方志工作体制。

——30 年来，地方志工作领域不断拓展。各级地方志工作机构积极顺应时代发展潮流，不断丰富工作内涵，扩展工作外延。30 年间，完成了第一轮社会主义新方志编纂任务，启动了综合年鉴编纂工作，开展了志书续修，积极争取和推动基础设施建设，开通了省级地方志网站，地方志工作正从过去仅修一本志向志、鉴、馆、网、开发利用、理论研究、旧志整理等多业发展，初步形成了修志编鉴、理论研究、质量保障、开发利用、工作保障“五位一体”的地方志事业发展综合体系。

——30 年来，方志工作主动服务改革发展稳定大局。30 年来，各级地方志机构立足于发挥地方志存史、资政、育人之功能，积极编纂精品佳志，特别是围绕大局、服务现实，编写了各类地情资料书籍，撰写了很多有分量、有价值的资政文章。如省志办结合改革开放 30 周年纪念活动，承编了《青海改革开放 30 周年巡礼》；结合二轮修志工作和近年来地方志事业发展，着眼于挖掘我省独特的地理、民族、宗教、文化方面的特色，启动编纂第一批、第二批、第三批特色志书。各地围绕当地实际，也编纂了不少地情文献，发挥志书在宣传交流、传播文化方面的作用，致力于服务全省改革、发展、稳定工作大局。

——30 年来，培养锻炼了一支无私奉献的修志队伍。过去的 30 年，全省地方志工作为适应形势发展要求，加强队伍建设，培养造就了一支相对稳定，甘于在清苦、辛苦、艰苦的修志岗位上数十年如一日伏案执笔、默默奉献的专兼职修志队伍，成为传承文明、推动文化大繁荣的重要力量。

30 年的工作实践，彰显修志工作的重大意义。回顾 30 年的奋斗历程，取得的成绩令人振奋、令人欣慰。展望未来，我们深知任务艰巨、责任重大。需要我们顺应地方志事业发展形势，坚持依法治志，统筹推进地方志事业科学发展，在更高层面上服务于全省工作大局。

（一）坚持推动依法治志。做好地方志工作是各级政府的法定职责。我们要注重运用法治思维来深化对地方志工作重要性的认识，注重用法治方式来谋划和考量地方志工作。要按照《地方志工作条例》和《青海省地方志工作规定》提出的“法定职责必须为”的要求，落实各级政府的工作责任，推动依法修志、依法管志、依法用志、依法传志。要健全和完善“党委领导、政府主持、各级地方志工作机构组织实施、社会各界广泛参与”的工作体制和“一纳入、八到位”（把地方志工作纳入国民经济和社会发展规划、各级政府工作任务之中，做到认识、领导、机构、编制、经费、设施、规划、工作到位）的工作机制，切实把地方志事业发展纳入国民经济和社会发展规划，摆上议事日程，促进地方志事业科学发展。

（二）确保完成“两全”目标任务。到 2020 年全面完成二轮修志任务，全面实现省、市、县三级综合年鉴全覆盖，这是国务院办公厅《规划纲要》提出的目标要求，是当前摆在我们面前务必如期完成的基本任务。针对当前我省二轮修志及年鉴编纂工作相对滞后的实际，各地各部门要下大决心、花大力气，严格按照规定时限，加大力度，统筹推进，确保按时完成二轮修志任务和综合年鉴的覆盖工作。要坚持把提高志书质量放在首位，把精品意识贯穿到修志工作的各个环节，努力编修出经世致用、流传千古的名志佳鉴。

（三）坚持服务中心工作。加快地情资源的开发利用，发挥地方志工作的社会效益，是地方志工作围绕中心、服务大局的重要任务。各级地方志工作机构要紧紧围绕党委政府的中心工作，合理开发地方志资源，规划编纂有价值的地情文献，特别要做好旧志整理工作，发挥其鉴史价值；编纂好特色志书，发挥其宣传代言价值；积极推动地方志信息化建设，创新服务手段，提升服务能力，不断丰富服务经济社会发展的载体和手段，吸引更多的人到地方志资源的宝库中“寻宝”“探宝”，使地方志成果发挥更大的社会效益，服务于文化名省建设，服务于全省中心工作。

（四）加强自身建设。“打铁还需自身硬”。做好当前及更长时期的地方志工作，不仅需要健全的工作机构、完善的工作制度，更需要一支综合素质过硬的工作队伍。要按照“一纳入、八到位”的要求，依法推动地方志工作机构、编制人员、工作经费等基本保障的落实，省政府将一如既往地支持地方志事业发展。各级地方志工作机构要坚定不移地加强队伍建设，注重培养和锻炼一支素质较高、相对稳定、专兼职结合的地方志工作队伍，大力弘扬方志界历经千年形成的“淡泊名利、甘于奉献、恪尽职守、锲而不舍、开拓进取”的优秀传统和“修志问道，直笔著史”的修志人精神，安心坐热“冷板凳”，专心编撰精品佳志，完美诠释地方志工作者热爱本职、奉献社会、爱国报国的情怀和历史担当。要抓好地方志制度建设，完善地方志业务指导、督促检查和工作通报等制度，进一步规范地方志编纂工作，建立和完善地方志工作长效机制。

同志们，地方志是伴随中华民族生生不息、永不竭尽的光荣事业。我省地方志事业新的征程已经开启，我们要乘势而上，奋发进取，努力开创全省地方志事业发展新局面。

索　　引

说　　明

1. 本索引采用主题分析索引法编制，主题词以正文出现的地方志工作机构名、志书年鉴名、地情资料书名为主。特载、大事记、理论研究、文献、志鉴人物等类目的内容不在标引范围内。

2. 本索引按汉语拼音音序排列（阿拉伯数字0～9放在汉语拼音前），首字相同时，则以第二字排序，依次类推。

3. 索引款后的数字和拉丁字母（a、b）分别表示内容所在的页码和栏别（a表示左栏，b表示右栏）。

0～9

A

B

C

D

E

F

G

H

J

K

L

M

N

O

P

Q

R

S

T

W

X

Y

Z